沙坪坝年鉴

2021

重庆市沙坪坝区地方志编纂中心 编

方志出版社
Publishing House of Local Records
·北　京·

图书在版编目（CIP）数据

沙坪坝年鉴. 2021 / 重庆市沙坪坝区地方志编纂中心编. —北京：方志出版社，2021.12
ISBN 978-7-5144-5034-7

Ⅰ. ①沙… Ⅱ. ①重… Ⅲ. ①沙坪坝区—2021—年鉴
Ⅳ. ①Z527.193

中国版本图书馆CIP数据核字（2021）第275621号

责任编辑：顾　洁
责任校对：刘玉霞
责任印制：赵　楚
出 版 者：方志出版社
地　　址：北京市朝阳区潘家园东里9号（国家方志馆4层）
邮　　编：100021
网　　址：http://www.zgfzcb.cn
发　　行：方志出版社图书营销中心　电话（010）67110500
印　　刷：重庆巴南彩印厂
开　　本：889毫米×1194毫米　1/16
印　　张：32.25
字　　数：702千字
版　　次：2021年12月第1版
印　　次：2021年12月第1次印刷
定　　价：300.00元

沙坪坝区地方志编纂委员会

顾　　问： 唐小平　江　涛　赖明才　黎万宏

主　　任： 肖庆华　常　斌

副 主 任： 户　邑　贾　宇　陈忠荣　周红玲　郭明月

委员单位：

区委办公室	区人大常委会办公室	区政府办公室	区政协办公室
区纪委监委机关	区委组织部	区委宣传部	区委统战部
区委政法委	区委编办	区委党史研究室	区发展改革委
区教委	区科技局	区经济信息委	区民政局
区司法局	区财政局	区人力社保局	区生态环境局
区住房城乡建委	区城管局	区交通局	区农业农村委
区商务委	区文化旅游委	区卫生健康委	区退役军人事务局
区应急局	区审计局	区国资委	区体育局
区统计局	区物流办	区人武部	区公安分局
区检察院	区法院		

《沙坪坝年鉴》编辑部

主　　　编： 陈　铿　姚　明

副　主　编： 陈朝辉　马　原　鄢廷婷

编　　　辑： 甘　黎　张靖雅

封 面 题 字： 戴　文

重庆市地方志办公室审稿人员

郭永彬

沙坪坝区审稿人员

户　邑　贾　宇　陈忠荣　周红玲　郭明月　谭顺清　吴加祥

编辑说明

一、《沙坪坝年鉴》坚持以马克思列宁主义、毛泽东思想、邓小平理论、“三个代表”重要思想、科学发展观、习近平新时代中国特色社会主义思想为指导，坚持辩证唯物主义和历史唯物主义的立场、观点和方法。

二、《沙坪坝年鉴》由沙坪坝区人民政府主办，重庆市沙坪坝区地方志编纂中心编纂。自2014年始创，2018年公开出版，一年一卷。该卷为第8卷，全面记录和反映沙坪坝区域内自然、政治、经济、文化、社会、生态文明等方面情况，为社会各界了解和研究沙坪坝区提供系统、翔实的年度信息资料。

三、《沙坪坝年鉴（2021）》记述范围为沙坪坝区所辖行政区域，记述时限为2020年1月1日至2020年12月31日。为便于保存和积累地方文献资料，部分内容、数据作适当上溯。

四、《沙坪坝年鉴（2021）》采用分类编辑法，由类目、分目、条目组成，分为特载、专文、大事记、沙坪坝概览、中国共产党沙坪坝区委员会、沙坪坝区人民代表大会、沙坪坝区人民政府、中国人民政治协商会议沙坪坝区委员会、中国共产党沙坪坝区纪律检查委员会 沙坪坝区监察委员会、民主党派 工商联、群众团体、法治、军事、经济管理、农业、工业、交通 邮政 通信、城乡建设、应急管理、生态环境、商贸服务业、旅游业、古镇保护与开发、科学技术、教育、文化、卫生健康、体育、社会事务、社会工作、镇 街道、人物 荣誉、附录、索引。

五、《沙坪坝年鉴（2021）》采用规范的语体文、记叙体，直陈其事，用第三人称书写。机构、政党、群团名称，使用规范化简称。

六、《沙坪坝年鉴（2021）》的数据资料均使用法定计量单位。数字用法、标点符号用法均执行国家《出版物上数字用法》《标点符号用法》的标准。

七、《沙坪坝年鉴（2021）》载录的内容分别由沙坪坝区各有关部门和单位提供并署名，并经各供稿单位审核。统计资料由沙坪坝区统计局提供，未纳入区统计局统计范围的，采用主管部门的数据；因统计口径等原因，存在个别数据与统计资料数据不尽一致的情况。

数字沙坪坝

（2020 年度）

辖区面积	395.8 平方千米
年末户籍人口	90.39 万人
地区生产总值	1013.9 亿元
固定资产投资	471.6 亿元
社会消费品零售总额	486.4 亿元
年末金融机构人民币存款余额	1960.7 亿元
年末金融机构人民币贷款余额	1834.4 亿元
进出口总额	2993.9 亿元
各类教育事业单位	279 所
高等院校	12 所
各级卫生机构	598 个
城镇常住居民人均可支配收入	44055 元
农村常住居民人均可支配收入	23142 元

沙坪坝区东部城区全景

（李文森摄）

2020 年 12 月，黄金湾·智谷

（郑惠文摄）

光谷·智创园　　　　（区融媒体中心供图）

重庆大学设计创意产业园

（区融媒体中心供图）

金沙星座·科创园

（区融媒体中心供

西部地质科技创新研究院入驻黄金湾·智谷　（区融媒体中心供图）

重庆虚拟现实技术研发与产业聚集基地
（区融媒体中心供图）

跨境电商智能公共监管仓
（区融媒体中心供图）

团结村集装箱中心站
（区商务委供图）

2020 年 10 月 28 日，重庆获批陆港型国家物流枢纽

2020 年 9 月 1 日，中欧班列（渝新欧）全国列跨境电商 B2B 出口专列出发

（区商务委供图）

重庆西部现代物流园的集装箱码头

（区商务委供图）

（郑惠文摄）

兴隆场编组站　　（区商务委供图）

铁路保税物流中心的跨境电商智能公共监管仓（区商务委供图）

国际物流枢纽园区为“四向”通道起
累计开行跨境班列突破 10000 列
（区商务委供

位于沙坪坝区的重庆西站综合交通枢纽，是以铁路为主，集长途汽车、公交、轨道交通等多种交通方式于一体的综合交通枢纽　（唐安冰摄）

沙坪坝站是重庆“三主两辅”客运枢纽体系的两辅之一，是一座集高速铁路、轨道交通、公交等多种交通方式于一体的综合交通枢纽　（区融媒体中心供图）

红岩魂陈列馆　　（唐安冰摄）

重庆歌乐山烈士陵园　　（区融媒体中心供图）

重庆大学理学院楼，该楼建筑主体部分为双层带阁楼，屋顶为重檐歇山形式，作为重庆大学早期建筑的重要组成部分，被公布为第八批全国重点文物保护单位

重庆大学虎溪校区　　（区融媒体中心供图）

（区外事办供图）

重庆图书馆　　（韩　平摄）

磁器口古镇　　（区融媒体中心供图）

（何万全摄）

沙坪坝区滨江区域夜景　　（皖　庆摄

沙坪坝区三峡广场　　（李鸣林摄）

沙坪公园　　（李鸣林摄）

沙坪坝区杨公桥立交 （李鸣林摄）

2020 年 6 月，航拍沙坪坝区石井坡街道滨江区域
（李 瑞摄）

沙坪坝区西部城区夜景
（黎 潞摄）

融创茂　（区融媒体中心供图）

2020 年 12 月 30 日，沙坪坝区龙湖金沙天街开业

（区融媒体中心供图）

沙坪坝区万达广场

（区融媒体中心供图）

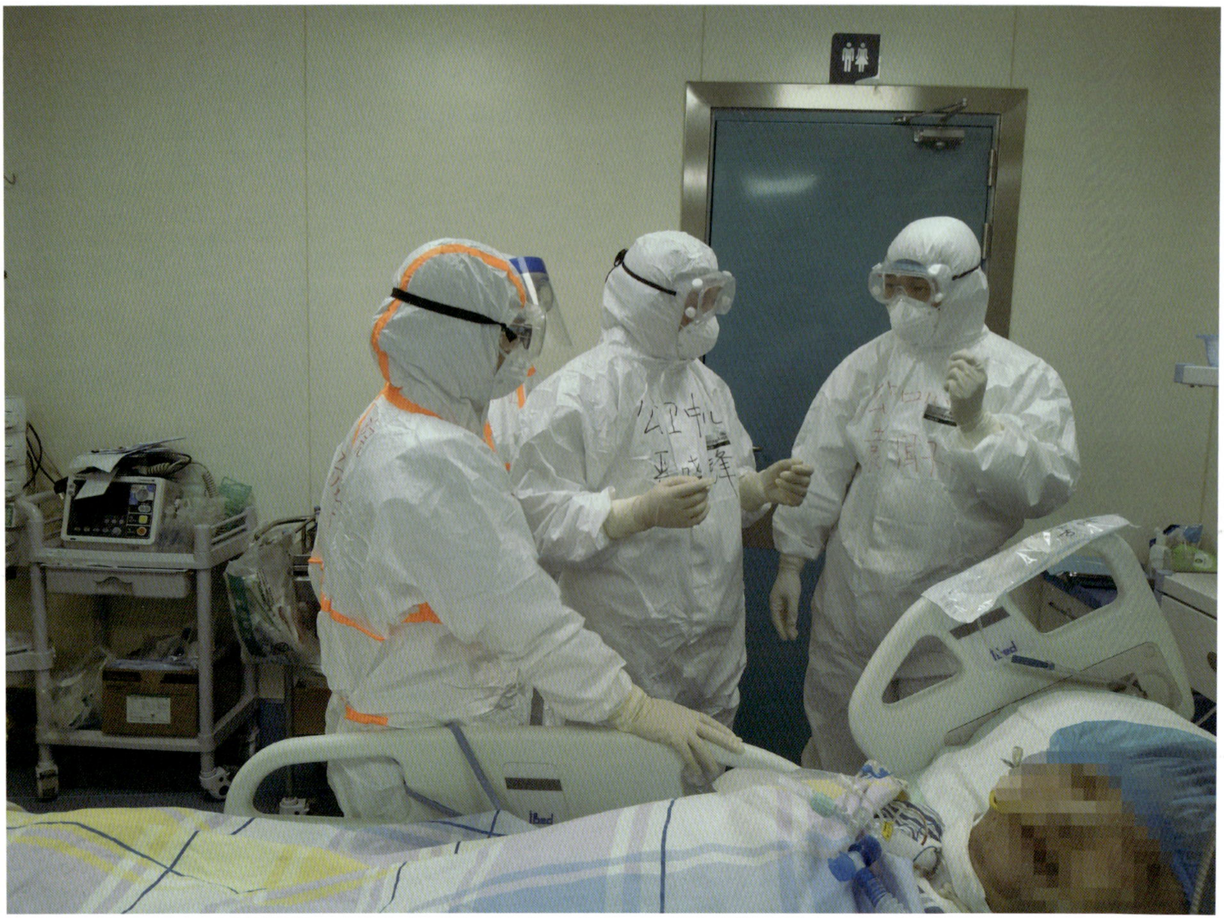

2020 年 2 月，重庆市公共卫生医疗救治中心医生在隔离病房讨论危重病人的治疗方案（罗亚东摄）

2020 年 2 月，战“疫”前线的工作人员（杨玉媛摄）

2020 年 2 月 28 日，重庆西站发出首个复产复工专列
（区融媒体中心供图）

2020 年，疫情防控期间多措并举推进农民工群体返岗复工　（区网信办供图）

2020 年 4 月，西藏中学返校学生在机场依次排队检测体温乘坐公交专线
（杨玉媛摄）

2020 年，沙坪坝区井口街道美丽阳光社区养老服务中心，社工教老年人制作手工花

（区融媒体中心供图）

2020 年 4 月，提升改造后的街道政务大厅　　　（刘婷婷摄）

2020 年，沙坪坝区开展服务民生志愿活动现场　　（区融媒体中心供图）

2020 年，沙坪坝区开展关爱老年人活动　　（区融媒体中心供图）

2020 年 8 月，沙坪坝区磁器口街道党员冲锋在前转移受灾群众

（区融媒体中心供图）

2020 年，沙坪坝区红岩志愿者到红岩漂书角开展志愿活动

（区融媒体中心供图）

2020 年 10 月，梨树湾社区工作人员在建成后的重庆市退休人员社会化管理服务示范社区多媒体教室指导退休人员上网

（杨　兰摄）

沙坪坝区中梁镇的开心农场

（王家成摄）

沙坪坝区休闲农业与乡村旅游基地太寺垭森林公园

2020年11月，下天池清淤后新貌

（李文森摄）

（歌乐山街道办事处供图）

“非遗”文化体验场所“远山有窑”　　（田　琦摄）

2020 年 3 月，回龙坝镇通往“彩月岭”的公路　　（张成勇摄）

S545 中土路（中梁镇—土主镇）彩色抗滑薄层提高行车安全性　（区融媒体中心供图）

萤火谷文创农场　（丰文街道办事处供图）

目　录

特　载

专　文

大事记

沙坪坝概览

中国共产党沙坪坝区委员会

沙坪坝区人民代表大会

沙坪坝区人民政府

中国人民政治协商会议 沙坪坝区委员会

中国共产党沙坪坝区纪律检查委员会 沙坪坝区监察委员会

民主党派 工商联

群众团体

法 治

军　事

经济管理

工 业

交通 邮政 通信

城乡建设

应急管理

生态环境

商贸服务业

旅游业

古镇保护与开发

科学技术

教 育

文　化

卫生健康

体　育

社会事务

社会工作

镇　街道

人物　荣誉

附　录

特 载

重庆市沙坪坝区人民政府工作报告

——2021 年 1 月 13 日在重庆市沙坪坝区第十八届人民代表大会第七次会议上

重庆市沙坪坝区人民政府区长 常 斌

“十三五”时期及 2020 年工作回顾

一、“十三五”经济社会发展回顾

过去五年，是沙坪坝发展进程中极不平凡的五年。五年来，特别是党的十九大以来，我们坚持以习近平新时代中国特色社会主义思想为指导，深入贯彻习近平总书记对重庆工作的重要指示要求，在市委、市政府和区委的坚强领导下，在区人大、区政协的有力监督下，坚持稳中求进工作总基调，深入贯彻新发展理念，持续打好三大攻坚战，深入实施“八项行动计划”，统筹推进稳增长、促改革、调结构、惠民生、防风险、保稳定，推动全区各项事业迈上新台阶。当前，全区高质量发展动能持续增强，干部群众精神风貌持续向上，社会和谐稳定局面持续巩固，“十三五”规划目标任务总体完成，全面建成小康社会胜利在望。

过去五年，是经济保持健康发展、综合实力持续增强的五年。预计“十三五”期末，地区生产总值 1020 亿元、突破千亿大关、年均增长 5.9%，规上工业总产值 2448 亿元、年均增长 6.5%，社会消费品零售总额 480 亿元、年均增长 4.9%，一般公共预算收入（减税降费后）41.8 亿元，全体居民人均可支配收入 4.3 万元、年均增长 7.4%，固定资产投资累计达 2605 亿元、年均增长 5.4%，高质量发展势头强劲。

过去五年，是创新驱动深入实施、产业转型步伐加快的五年。创新能力持续增强，高端研发机构加快聚集，创新创业活力持续释放，万人发明专利拥有量保持全市第一。先进制造业优先发展，“芯核器网服”产业链加快构建，战略性新兴产业增加值增长 25%。现代服务业提质发展，创意设计、现代物流、金融贸易等产业不断壮大。

过去五年，是改革开放全面深化、发展活力

不断迸发的五年。“放管服”改革持续深化，行政审批效率大幅提升，营商环境明显改善，新增市场主体10万户。要素市场化配置、国资国企、投融资体制等改革持续深化。西部陆海新通道上升为国家战略，建成全市首个整车进口口岸、铁路邮件处理中心，自贸试验区、中新互联互通示范项目、国际物流城等开放平台能级持续提升，多项贸易规则试点经验全国推广，“四向齐发、全域开放”格局初步形成。

过去五年，是城乡融合发展步伐加快、城市品质明显提升的五年。城市功能更加完善，重庆西站、沙坪坝站两大高铁枢纽投用，轨道环线建成通车，新增通车里程90千米。城市面貌加快改变，改造老旧小区、棚户区432万平方米，拆除违法建筑1200万平方米，新建公园51个，新增绿化面积513万平方米，红岩景区焕然一新，磁器口扩容提质。乡村振兴战略加快实施，农村人居环境不断改善。城市化进程快速推进，新增建成区面积14平方千米，常住人口城镇化率达96%。

过去五年，是生态文明建设不断加强、环境质量大幅改善的五年。严格落实林长制，扎实推进缙云山、中梁山生态保护，整治“散乱污”企业3887家，绿色生态屏障功能增强。严格落实河长制，新改建污水管网320千米，主要水体水质达Ⅳ类以上，空气质量稳步改善，土壤环境质量保持稳定，山清水秀美丽之地加快建设。

过去五年，是社会民生持续改善、群众生活水平不断提高的五年。民生支出占财政支出比重保持在80%以上，1830户农村建卡贫困户、1543户城市困难职工稳定脱贫脱困。新增城镇就业28万人，基本养老、医疗保险参保率稳定在95%以上。优质教育覆盖面持续扩大，卫生服务短板加快补齐。全民健身活动深入开展，文化事业、文化产业繁荣发展。社会治理体系更加完善，平安建设深入推进。成功创建全国卫生城区、文明城区，全国双拥模范城实现“六连冠”。

二、2020年工作回顾

过去一年，我们走过了一段极不寻常的历程。面对突如其来的疫情冲击，面对复杂严峻的国际国内形势，风险挑战前所未有。我们认真落实党中央、市委决策部署和区委工作要求，统筹推进疫情防控和经济发展，抓“六保”促“六稳”，经济逐季恢复、稳定转好，较好地完成了区十八届人大六次会议确定的年度目标任务。预计地区生产总值增长3%，规上工业总产值增长13%，固定资产投资总额增长9.5%，一般公共预算收入增长0.6%，区级税收增长0.3%，全体居民人均可支配收入增长6%，为如期实现决胜小康社会目标奠定了坚实基础。

一年来，主要做了以下工作。

（一）全力应对三场大考，圆满交出合格答卷

战疫情取得重大成果。坚持人民至上、生命至上，全力打好疫情防控阻击战，万名医护人员义无反顾、冲锋在前，十万党员干部闻令而动、恪尽职守，百万群众风雨同舟、团结奋战，构筑起抗击疫情的强大防线。坚持科学防治、精准施策，完成核酸检测106万例次，半个月实现新增确诊病例零增长，两个月实现确诊病例、住院病例“双清零”，展示了全区人民众志成城、自强不息的精神风貌。

战复工取得良好成效。有序推动复工复产、复市复销、复课复学，落实“支持企业40条”，出台“惠民援企16条”，减税降费34亿元，减免租金1.2亿元，常态开展政银企对接，帮助企业融资25亿元，4900余家企业3月底全面复工复产，26万名师生开学复课。在全市率先开展汽车、房地产、大宗商品促销活动，拉动消费65亿元，生产生活秩序快速恢复，凝聚了和衷共济、共克时艰的强大合力。

战洪水取得全面胜利。面对百年不遇的特大洪水，统筹做好监测预警、应急处置、转移避险和灾后重建，紧急转移6600余名群众，成功应对洪峰过境，有力保护群众生命财产安全。特别是李克强总理亲临视察，让我们备受鼓舞、倍增动力，坚定了战胜洪水、恢复重建的信心和决心。

（二）持续推进产业转型，经济结构不断优化

创新驱动深入推进。全面融入科学城建设，环大学创新生态圈加快发展，引进中科院广州能源所、西部地质研究院等独立法人研发机构13个，深圳慧思科技、重庆智能信息研究院等高新企业19家，新增科技型企业476家、增长83%，创新主体不断壮大。黄金湾·智谷建成投用，重庆工业设计城、青凤高科孵化中心、首创高科集成电路产业园加快建设，创新平台不断拓展。组建集成电路产业基金，新建院士专家工作站2家，柔性引进院士5人、高层次专家152人。成功举办国际前沿科技创新大会、全国工业设计高峰论坛，创新生态不断优化。

先进制造业提质增效。青凤高科产业园建设形象初显，工业投资增长60%。引进光电传输集成芯片、博宇工业机器人等19个智能制造项目，中电科·吉芯科技、小康智能网联汽车等22个项目加快建设，科德数控、高孚动力、万普隆能源科技等15个项目投产，集成电路、高端装备等高新技术产业产值增长16%。数字经济与实体经济深度融合，30家企业“上云上平台”，开物工业等31家企业完成智能化改造，新建智能工厂4个、数字化车间8个，建成5G基站2700个。规上工业增加值、数字经济增加值分别增长8.5%、10.8%。军民融合发展取得新成效。

现代服务业加快发展。融创文旅城、龙湖天街、磁器口后街开业投运，佛罗伦萨小镇即将开业，陕旅金碧正街、华宇城商贸综合体加快建设，重庆特钢创意产业园完成方案设计，打造特色商业街区3个，落户首店25家，新增高端酒店4个，439家市场主体升规上限。新增金融机构2家，引进广州正创、国通智慧产业园等现代服务业项目26个。获批国家文化旅游消费试点城市。

（三）持续深化改革开放，市场活力不断增强

重点领域改革取得新进展。深化“放管服”改革，行政审批一次办理、全程网办比例分别提高55%、83%，1天完成开办企业审批，29天实现工业项目获地开工，成立全国首个“区块链+政务服务”联盟，核发全市首张“跨省通办”营业执照，新增市场主体2.2万户，加快营商环境智慧监管平台建设，营商环境不断优化。深化国资国企改革，完善监管制度37项，处置闲置资产47宗，国有资产实现集中监管。改革红利不断释放。

对外开放成效明显。获批国家陆港型物流枢纽。通道建设高质量发展，全国首批中欧班列集结中心示范项目落地，新增3个海外分拨仓，开行国际班列4875列、货值1100亿元，分别增长89%、76%。首次药品口岸、冷链仓建成投运，进口整车4800辆。成立“一带一路”法律智库中心。落实自贸区改革措施98项，新增企业1000家。实际利用外资8亿美元，进出口总额达3000亿元。全面融入双城经济圈，中欧班列“成渝号”实现首发，成渝城际实现1小时直达，成渝中线科学城站选址落地，与成都市武侯区和青白江区建立友好合作关系。

招商引资成果丰硕。坚持把招商引资作为政府工作的第一抓手，迎难而上，签约项目138个、1512亿元，先进制造业占比达45%，中电光谷·西部科技城、绿地全球贸易港等2个百亿级项目落地。项目开工率达90%，产业发展后劲不断增强。

（四）持续推进城乡融合，人居环境明显改善

城市提升加快推进。完成分区规划编制，严

格建筑风貌、景观设计方案审查，城市空间形态持续优化。轨道9号线、27号线加快建设，渝昆高铁加快拆迁。基础设施建设提速，142千米城市道路全面开工，滨江路二期、凤潮大道、天陈路下穿道等47千米道路建成通车，二横线、土主隧道等104条道路快速推进。完成城市征收21万平方米、农村征地526.69公顷，拆除尾欠户851户。改造棚户区1500户，整治老旧小区20万平方米，依法拆除违法建筑160万平方米，迁改管线20千米。47万平方米菁云湖、25万平方米五云湖生态景观全面建成，绿化美化坡坎崖53处，新建20千米景观大道，新增绿化面积130万平方米。“两江四岸”治理提升扎实推进，开展清水溪、凤凰溪“清水绿岸”综合整治，磁童路步行街、磁横街风貌加快改造，完成磁器口景观码头、歌乐山索道提档升级，新建山城步道27千米。新增公共停车位5000个，新改建公厕9座。城市管理七大工程深入推进，生活垃圾分类全面推行，城市环境干净整洁有序。

乡村振兴加快实施。村级集体产权制度改革全面完成，“三变”改革试点扩大到9个村，“三社”融合发展全面推开。新增特色农旅融合项目7个。打造34平方千米中梁都市村庄，建成环斐然湖步道5千米、生态景观30万平方米，启动120栋农房改造。全面完成农村人居环境整治三年行动任务，新改建“四好农村路”72千米，改厕1912户，建成美丽庭院200个，解决2000户饮水安全问题，农村人居环境不断提升。

环境质量明显改善。加快推进中央环保督察反馈问题整改。重点整治“散乱污”企业649家，空气质量优良天数达314天、同比增加27天，历史性突破300天。深入开展河道“三乱”专项整治，全面禁止肥水养殖，完成歌乐山上下天池等6个湖库治理，水质均达Ⅲ类。完成全域管网普查，新改建管网35千米，梁滩河水质提升至Ⅳ类。建成“无废城市细胞”50个，修复废弃矿坑133.34公顷，国土绿化1133.39公顷。成功创建“中国天然氧吧”。

（五）持续增进民生福祉，生活水平稳步提高

民生保障扩面提质。21件民生实事全面完成。“两不愁三保障”突出问题动态清零。新增就业4万人。加强社会救助兜底保障，发放各类帮扶资金6800万元、惠及10万人次。社会福利护养中心全面建成，新建养老服务中心7个，社区居家养老服务实现全覆盖。新改建村、社区便民服务中心16个，人防宣教中心、妇女儿童活动中心、青少年活动中心、文化中心开工建设，新增儿童之家35个。

社会事业加快发展。幼儿园公办率、普惠率分别提高至52%、80%，建成凤凰实验学校等中小学5所，与驻区高校共建附属学校4所，在全市率先建立未成年学生心理干预机制，义务教育实行“公民同招、民办摇号”。人民医院主体完工，疾控中心、妇幼保健院完成方案设计。新增全民健身场地14万平方米。新建文化服务中心18个，新增市级历史建筑2处、非遗种类31个。开展第七次全国人口普查。完成土主镇撤镇设街。国防动员和后备力量建设稳步推进。

风险防控扎实有效。争取上级资金28亿元，消减存量债务43亿元，政府综合债务率大幅下降，债务风险平稳可控。开展“生命通道”清障行动，完成201栋高层建筑消防隐患整治，改造老旧电梯61部，安全生产事故起数、死亡人数双下降。开展市域社会治理现代化试点，化解信访积案145个，扫黑除恶专项斗争全面收官，社会大局平安稳定。

（六）持续推进效能提升，自身建设全面加强

政治建设不断加强。巩固“不忘初心、牢记使命”主题教育成果，进一步增强“四个意识”、坚定“四个自信”、做到“两个维护”。严明党的政治纪律和政治规矩，严格执行重大事项请示报告制度，全面彻底肃清孙政才恶劣影响和薄熙来、王立军流毒。

依法行政扎实推进。自觉接受人大的法律监督、工作监督和政协的民主监督，办理人大代表建议意见359件、政协委员提案221件，满意率(基本满意率)达100%。稳步推进综合行政执法改革。严格执行重大行政决策程序。区政府集体学法12次，行政复议与应诉工作全面加强。

廉政建设不断强化。认真履行全面从严治党“两个责任”，保持惩治腐败高压态势。大力整治形式主义、官僚主义，区政府发文量下降12%。严格落实过“紧日子”要求，压减公用经费支出30%。扎实推进绿色机关建设。持续开展重点领域审计全覆盖，修订出台征地征收、工程建设、财政资金等管理制度34个，廉政风险防范机制进一步健全。

同时，民族、宗教、外事、保密、台侨、档案、地方志、供销、残疾人、红十字和对口支援等工作取得新成绩。

各位代表！回顾走过的光辉历程，全区干部群众同心同德，砥砺前行，在开拓奋进中践行使命，在攻坚克难中展现担当，办成了一批干部群众热切期盼的大事，各项事业焕发出勃勃生机。我们深切体会到：要做好政府工作，必须对标看齐、感恩奋进，只要听从党中央号令，只要牢记嘱托、不忘初心，就能沿着正确的方向胜利前行。必须心系群众、造福百姓，只要始终与群众想在一起、干在一起，带着感情解决群众“急难愁盼”的问题，就能让发展更有温度。必须勇于创新、开拓开放，只要紧紧扭住发展第一要务，敢于打破思维定式和路径依赖，就能在新征程中抢占先机、走在前列。必须保持定力、敢于斗争，只要面对困难不回避，较真碰硬不退缩，就能啃下“骨头”，奏响干事创业最强音。必须上下同心、苦干实干，只要克服形式主义，坚持清单化管理、项目化推进，务实求实、干在实处，未来就有希望！

我们也清醒地认识到，我区经济社会发展仍然面临一些突出问题：产业转型尚需时日，公共服务短板仍在，城市提升有待强化，营商环境还需改善，风险防控压力未减，干部作风需要改进。对此，我们一定要高度重视，直面问题，认真加以解决。

“十四五”发展目标任务和二〇三五年远景目标

“十四五”时期是沙坪坝开启社会主义现代化建设新征程、谱写高质量发展新篇章的关键五年。遵照党的十九届五中全会和市委五届九次全会精神，按照区委十二届九次全会部署，我们编制了《沙坪坝区国民经济和社会发展第十四个五年规划和二〇三五年远景目标纲要（草案）》，提请大会审议。

“十四五”时期，我区经济社会发展的指导思想是：高举中国特色社会主义思想伟大旗帜，深入贯彻党的十九大和十九届五中全会精神，坚持以马克思列宁主义、毛泽东思想、邓小平理论、“三个代表”重要思想、科学发展观、习近平新时代中国特色社会主义思想为指导，全面贯彻党的基本理论、基本路线、基本方略，统筹推进“五位一体”总体布局，协调推进“四个全面”战略布局，深入贯彻习近平总书记对重庆提出的营造良好政治生态，坚持“两点”定位、“两地”“两高”目标，发挥“三个作用”和推动成渝地区双城经济圈建设等重要指示要求，准确把握新发展阶段，深入践行新发展理念，积极融入新发展格局，担当新发展使命，坚持稳中求进工作总基调，以推动高质量发展为主题，以深化供给侧结构性改革为主线，以改革创新为根本动力，以满足人民日益增长的美好生活需要为根本目的，统筹发展和安全，加快建设现代化经济体系，推进治理体系和治理能力现代化，实现经济行稳致远、社会安定和谐，确保社会主义现代化建设新征程开好局、起好步。

“十四五”时期，我区经济社会发展的主要目标是：以建成高质量发展高品质生活新范例为统领，高质量发展实现重大突破，改革开放活力得到充分释放，社会文明程度得到明显提高，城乡协调发展得到全面提升，生态文明建设取得重大进展，高品质生活实现长足进步，治理效能得到显著增强，努力建设成为引领重庆高质量发展的“科创智核”、承载“一带一路”倡议的“开放高地”、传承巴渝历史文脉的“文化名城”、彰显重庆山水魅力的“美丽都市”。

展望二〇三五年，我区将与全国一道基本实现社会主义现代化，综合经济实力、科技实力大幅提升，经济总量和城乡居民收入再上新台阶，科技强区、文化强区、教育强区、人才强区、体育强区基本建成，东中西发展更趋协调，开放程度和国际化水平在中西部领先，高品质生活充分彰显。

“十四五”期间，我们将在双城经济圈和科学城建设中抢抓机遇，在构建新发展格局中开创新局，努力成为双城经济圈重要增长极、都市区高质量发展先行区和科学城核心功能承载地。重点推进九个方面的工作。一是加快建设重庆科学城，全面塑造发展新优势。聚焦科学之城、创新高地，全面融入科学城建设。加快搭建创新平台，壮大创新主体，优化创新生态，实现高端研发机构、高新技术企业、科技型企业数量翻番，研发投入占比达4%。激发人才创新活力，营造“近悦远来”人才发展环境。二是加快构建现代产业体系，推动经济体系优化升级。加快制造业高质量发展，打造全市重要的先进制造业基地。做大做强现代服务业，加快发展科技服务、创意设计、现代物流等产业。推动数字经济和实体经济融合发展，完善“芯核器网服”全产业链、“云联数算融”全要素群、“住业游乐购”全场景集。三是提升改革开放水平，持续增强发展动力活力。打造市场化法治化国际化营商环境，激发各类市场主体活力。巩固“四向齐发、全域开放”格局，推进陆港型物流枢纽建设，强化国际物流枢纽支撑。深化陆上贸易规则探索，提高开放型经济质量。四是深度融入新发展格局，构建区域合作和竞争新优势。加快消费升级，积极扩大有效投资，更好融入以国内大循环为主体、国内国际双循环相互促进的新发展格局。五是推动城乡区域协调发展，加快提升城市影响力和竞争力。持续推进城市提升，以规划为引领，统筹推进东中西协同发展。提升城市治理现代化水平，实现城市整洁有序、山清水秀城美、宜居宜业宜游。全面推进乡村振兴，精心打造都市花园。六是繁荣发展文化事业和文化产业，加快建设文化名城。巩固全国文明城区创建成果，提高社会文明程度。推动文旅深度融合发展，加快歌乐山·磁器口大景区创建国家AAAAA级景区，提升旅游品牌的美誉度和吸引力。七是坚持生态优先绿色发展，建设山清水秀美丽城区。共建长江上游重要生态屏障，统筹山水林田湖草系统治理，深入打好污染防治攻坚战，加快推动绿色低碳发展，河流水质实现稳定达标，空气质量优良天数稳定在300天以上。八是努力创造高品质生活，建设共建共治共享美好家园。千方百计稳定和扩大就业。巩固提升教育强区地位。健全基本医疗和公共卫生服务体系。积极推进全民参保计划，完善社会救助体系。加快构建居家社区相协调、医养康养相结合的养老服务体系。九是统筹发展和安全，筑牢安全发展底线。突出抓好经济安全，加强债务管控。保障公共安全，坚决遏制重特大事故发生。不断提升社会治理现代化水平，营造安全稳定的社会环境与发展环境。

2021年工作安排

今年是中国共产党建党100周年，是社会主义现代化建设新征程开局之年，区委明确今年为“质量提升年”，做好政府工作意义重大。全区经济社会发展主要预期目标是：地区生产总值增长6%以上，固定资产投资总额增长8%，工业增加值增长8%，社会消费品零售总额增长7%，进出口总额增长2%，一般公共预算收入增长3%，税收收入增长5%，居民收入增长与经济增长基本同步，空气质量、节能减排降碳完成年度目标。

要实现上述目标，必须重点抓好以下九个方面的工作。

一、坚定不移实施创新驱动战略，加快集聚高质量发展动能

坚持创新在产业化中的核心地位，加快完善创新生态链，全力打造引领重庆高质量发展的“科创智核”。

推动科学城建设。坚决扛起科学城主战场的责任，举全区之力、集全区之智，建好“科学家的家、创业者的城”。聚焦科学主题“铸魂”，紧扣“五个科学”“五个科技”，支持驻区高校建设高水平大学，加快环大学创新生态圈建设，抓好量子通信核心光电子器件等一批重大项目落地，推动高校院所建设基础学科研究中心，组建重庆大学产业技术研究院金沙分院、智慧肿瘤研究院，打造重庆科技创新的重要发源地。面向未来发展“筑城”，高起点规划空间形态，高标准建设配套功能，高水平优化业态布局，推动科学大道等标志性工程，加快大成湖湿地公园、木鱼石公园建设，推进梁滩河综合整治，打造高品质生活宜居地。加强与高新区协调联动，支持直管园建设，推动全域创新“赋能”，打造创新产业集聚地。

构建创新版图。打造嘉陵江科技创新带，推动金沙星座·科创园、重大创意设计产业园发展，加快特钢创意产业园、地质仪器厂数字产业园、英诺科创孵化园、凤凰山创意园建设。打造西部科创走廊，建成32万平方米自贸区创新服务中心、15万平方米联东国际企业港，加快33万平方米青凤高科孵化中心、50万平方米中电光谷·西部科技城建设，中电光谷·智创园实现产值10亿元，黄金湾·智谷企业入驻率达70%。

引育创新主体。培育新型研发机构，引进中国网安区块链研究院、特色医学检验中心等6个研发机构，建成中科院广州能源所、西部地质科技创新研究院等10家研发机构，促进创新主体加快集聚。培育创新型企业，引进瑞邦检测等20个高新技术项目。组建企业创新联合体5个，培育国家高新技术企业20家，市级技术中心8个、科技型企业200家。

优化创新生态。完善科技金融体系，大力引进创投基金，用好种子基金、知识产权信用贷，推动产业、科技、金融有效循环，研发投入占比达到3.6%。引进国家级技术转移机构中心，促进科技成果就地转化。开展“一企一策”“一院一策”人才工作，实施人才服务“快办行动”，营造“近悦远来”人才发展环境。办好各类品牌创新活动，创建全国科普示范区。

二、坚定不移突出大数据智能化，加快制造业转型升级

把经济发展的着力点放在以制造业为根基的实体经济上，推动产业基础高级化、产业链现代化，不断提升产业发展能级。

发展先进制造业。新一代信息技术产业，完善设计、制造、封测全产业链，引进中科院寒武纪芯片、智芯微科技等10个项目，确保中电科·吉

芯科技、三福电子封装研发基地等项目建成投产，扩容升级重庆智能信息产业研究院，首创高科集成电路产业园主体完工。下一代汽车产业，加快向高端化、智能化、新能源化升级，确保小康高端智能网联汽车、金康新能源动力等项目建成投产，中科慧眼、未动科技、普强信息、前卫科技等项目投产放量。高端装备产业，围绕精密仪器、成套设备等方向，加快中科国机地球资源装备产研基地等项目建设，推动万普隆非常规油气开采、大连光洋科德数控等项目释放产能。生物医疗产业，聚焦高端医疗器械、体外诊断等领域，加快海尔生物西南区域细胞制备中心、普门科技、德润俊医疗等项目建设，推动深圳慧思科技、康克唯肿瘤疫苗等项目投产。新材料产业，以电子材料和高性能材料为主攻方向，确保中科纳通电子材料产业园建成投产，壮大北威新材料产业园产业规模。

发展数字经济。提升“芯核器网服”价值链，大力发展人工智能、区块链等大数据产业，完善工业互联网体系，促进线上线下融合发展，实现智能产业规模 1800 亿元。构建“云联数算融”要素群，完善“数字沙坪坝”云平台功能，推动公共数据资源各行业互通共享。新建数字化车间 8 个、智能化工厂 6 个，完成开物工业、水泵厂等 10 个技改项目。提升军民融合发展水平。打造“住业游乐购”场景集，新建 5G 基站 1500 个，拓展智慧政务、智慧交通、智慧医疗、智慧教育、智慧旅游等智能化应用。实现数字经济增加值增长 15%。

三、坚定不移促进消费升级，加快现代服务业提质增效

协调推进供给侧结构性改革和需求侧管理，贯通生产、流通、消费各环节，推动服务业向高端化转型，把内需的潜力转化为构建新发展格局的动力。

融合发展文化旅游业。加快建设歌乐山·磁器口大景区，编制大景区文化旅游发展等 4 项专规，完成磁童路步行街改造、磁横街风貌提升，建成游客中心、特钢之星旅游码头、金碧剧院、青瓷坊等 20 个项目，加快建设金碧正街、磁器口后街二期、枣子堡山城巷子等 8 个项目，优化大景区综合路网系统，持续创建国家 AAAAA 级景区，将磁器口创建为全国特色商业示范街区，把磁器口古镇全新的面貌和更高的颜值奉献给全市人民。加快建设融创文旅城音乐小镇，创建市级夜间文旅消费集聚区。推出“重庆·1949”红色精品剧目。实现旅游总收入增长 10%。

提质发展商贸服务业。实施消费升级行动计划。优化传统商贸业，加快三峡广场、万达广场商圈提档升级，推动佛罗伦萨小镇开业运营，华宇城商业综合体主体完工，建成 2 个社区商业中心、1 个特色街区，新增 50 万平方米商业载体。引进 20 个首店品牌、15 个高端品牌。大力发展电子商务，引进滴滴西南社区平台等 5 家电商企业，网上零售额增长 10%。升规上限市场主体 200 家。

培育壮大生产性服务业。加快发展创意设计，引进西南设计之都、奥地利基司卡等知名工业设计企业，确保重庆工业设计城建成投用，打造工业设计产业高地。加快发展现代物流业，建设国际货运中心，引进美宜佳西南总部、多来点西南总部等物流项目 20 个。大力发展专业服务业，推动新东方教育西南总部落地，引育法律、会计、审计、管理咨询等机构 20 家。大力发展现代金融业，新增金融机构 2 家，增加值增长 8% 以上。

四、坚定不移扩大对外开放，加快建设内陆开放高地

深度融入国家对外开放战略，主动融入成渝地区双城经济圈建设，扩大内陆开放新优势，提高外向型经济水平。

推动成渝地区双城经济圈建设。牢固树立一体化发展理念，唱好“双城记”，共建经济圈。深化与成都国际铁路港合作，推动中欧班列（成渝）共建共享，形成运价统一、口岸共享、产业协同的合作格局。深化与成都市武侯区合作，全面加强产业、文化、教育、医疗、就业等领域协同发展。强化重庆西站、沙坪坝站枢纽功能。

加快陆港型物流枢纽建设。服务“四向通道”稳定运行，推动渝新欧线路向北欧市场延伸，实施集结中心示范工程。优化西部陆海新通道路网结构，建成箱管中心。提升渝满俄、渝甬班列运行能力。大力发展多式联运，建成二横线、团结村连接道等外联通道，提升运输规模和效率。建成铁路口岸综合监管查验场所、大数据智慧口岸应用平台，加快铁路中心站第三线束建设。深化沿边沿海通关协作，持续压缩通关时间，中转货物量增长10%。进口整车3000辆。

发展口岸经济。积极拓展“一带一路”沿线国家市场，培育供应链金融、跨境电商等新型贸易业，提升外贸进出口质量。吸引10家外资企业设立研发、物流、结算、营销总部，实际利用外资8亿美元。加快绿地全球贸易港、传化智联西南运营中心等30个项目建设。建成“一带一路”法律智库中心，落实自贸区58项创新改革任务，新增1000户市场主体。

五、坚定不移全面深化改革，加快释放市场主体活力

坚持问题导向，狠抓改革落地，提升改革实效，推动改革和发展深度融合、高效联动。

优化营商环境。对标世行营商环境评价体系，深化“放管服”改革，持续精简行政审批事项和环节，推动“不见面”“零材料”审批，“一窗综办”比例提高至80%以上。建成营商环境智慧监管平台，对新产业新业态新模式实行包容审慎监管。以优质营商环境增强招商引资竞争力，瞄准产业链“高精尖缺”和价值链前端企业，加快落地一批高质量招商项目，实现签约金额1500亿元，先进制造业占比50%以上，开工率达70%以上。

深化重点领域改革。实施国企改革三年行动，完善国企薪酬制度，健全市场化经营机制，落实国资监管权责清单制度，分层分类推进混合所有制改革，提升市场竞争力。深化投融资体制改革，强化资金、资源、资产统筹，开展医疗、供电等领域融资租赁，推动产业基金市场化运作。加强政府投资项目管理。清除“僵尸企业”，规范市场经济秩序。用好国务院债务风险化解试点政策，化解存量、优化结构，提升债务管控实效。

大力发展民营经济。全面落实“减税降费”政策，加强政银企对接，引导金融机构增加民营企业贷款投放，帮助解决融资难题，推动2家企业上市。处理好产业与基础、市场与政府的投资关系，激发民间有效投资活力，实现民间投资占比80%以上、民营经济增加值占比40%以上。持续开展民营企业大走访活动，建立规范化、机制化政企沟通渠道，弘扬企业家精神，构建亲清政商关系。

六、坚定不移强化板块联动，加快城市化进程

统筹生产、生活、生态三大布局，强化规划引领，系统推进城市开发建设，形成东中西协调发展格局。

加速东部旧城改造。建立国土空间规划留白机制和动态调整机制，优化上新、沙磁、井双等重点片区空间布局。完善交通网络，加快西南医院下穿道、平顶山隧道等109条道路建设，滨江路全线通车，建成井双景观大道等40条道路，开通轨道9号线，加强轨道站点接驳，构建内畅外联交通路网体系。加快城市更新，推动中心城区“瘦身健体”，改造840户棚户区、130万平方米老旧小区，加快特钢厂、探矿厂等老工业片区改造，

持续改善城市风貌。实施重庆西站二期、新桥车场 TOD 综合体建设，推动万基山、地质仪器厂等滨江商业带开发，打造嘉陵江智能创新湾区。

加强中部治理提升。加快歌乐山保护提升规划落地，编制风景名胜区保护规划。完成 17 千米歌乐山生态步道、13 千米缙云山生态环道建设，开展上下天池沿湖综合整治，中井路建成通车。推进生态修复，治理 66.67 公顷废弃矿坑，加强地灾隐患整治。强化林长制，新增 800.04 公顷国土绿化，打造“城市肺叶、市民花园”。

加快西部开发提质。高标准建设国际物流城，拓展 3.6 平方千米发展空间。建成自贸区企业创新服务中心，完善西部公共服务功能。加快二横线、大学城复线隧道等 5 条外联通道建设，推动 7 号线等 4 条轨道线落地。加快北拓区开发，推进“两纵一横”骨架路网建设。加快青凤高科产业园建设，拓展 66.67 公顷用地空间，投用智荟大道、凤回路等 8 条 10 千米道路，完善水电气讯配套，打造产城融合示范区。

七、坚定不移提升城市品质，加快改善城乡面貌

统筹抓好城市提升和乡村振兴两个基本面，推动城市与乡村协同发展，不断改善城乡人居环境。

提升城市品质。深入推进城市提升行动计划，着力提高城市规划、建设、管理水平，大力推进坡坎崖绿化美化，建成和平山、石壁山城市公园等 12 个绿化项目，新增绿化面积 120 万平方米。开展城乡接合部综合整治，加快 45 个久征未尽地块拆迁扫尾，拆除 100 万平方米违法建筑。高水平打造“两江四岸”，完成沙滨路贯通工程和自然岸线修复，新建 30 千米山城步道。深化“大城三管”，推进“马路办公”向背街小巷延伸，实施城区“路平工程”，新增 7000 个公共停车位、5 个公厕、4 座人行天桥，完善智慧城管数字平台，推行城市综合治理“一网统管”、城市运行态势“一屏通览”，让城市运行更智慧、更精准、更高效。

抓好乡村振兴。加快中梁都市村庄建设，建成 24 千米环线道路，提升 1300 栋农房风貌，建设“六和馆”高端民宿，打造乡村振兴“样板间”。开展农村人居环境“五清理一活动”整治，改造农村危房 70 户，新建“四好农村路”50 千米，改厕 1500 户。完成 2000 户饮水安全巩固提升工程。大力发展休闲农业、乡村旅游，创建市级农旅融合品牌 3 个。坚决遏制耕地“非农化”、防止“非粮化”，确保“米袋子”“菜篮子”供应。深化“三变”改革，推进“三社”融合，发展新型集体经济，促进农民增收致富。

改善环境质量。持续推进中央生态环保督察反馈问题整改，完成 487 家“散乱污”企业整治。完成沙田污水处理厂一期、井口污水处理厂三期建设，新改建 60 千米管网。加快清水溪、凤凰溪、詹家溪、跳蹬河综合治理。建成空气质量监测预警平台，确保优良天数 300 天以上。开展绿色小区创建，推广绿色生产生活方式，推行生活垃圾分类。持续推进“无废城市”建设，治理修复 20 万平方米污染土壤，保持土壤质量稳定。

八、坚定不移保障改善民生，加快提升人民群众获得感

坚持把人民利益作为发展的出发点和落脚点，优化公共服务供给，加强和创新社会治理，兜牢民生保障底线。

抓好常态化疫情防控。严格落实常态化疫情防控措施，毫不放松抓好“外防输入、内防反弹”。加强中高风险地区来区人员健康管理，严格实施进口冷链食品定期检测消毒，强化重点场所防控，坚决阻断疫情输入扩散渠道。完善多点触发实时监控机制，加大重点人群健康检测频次，增强早期监测预警能力。开展疫苗接种，加强应急物资储备。引导群众养成良好卫生习惯，筑牢常态化疫情防控的社会防线。

加强民生保障。坚持尽力而为、量力而行，

用心办好民生实事。完善重点群体就业支持体系，实现新增就业 2.6 万人。促进社保精准扩面。全面推行“一门受理、协同办理”社会救助制度改革，加强急难型临时救助，保障困难群众基本生活。深入实施惠残工程。着力解决“一老一小”问题，健全养老服务体系，实施独居老人关爱计划，照顾好监护缺失儿童，创建全国儿童友好城区。提升退役军人服务保障质量，打造退役军人示范服务站 8 个。

发展社会事业。提高学前教育普惠率，加快建设树人和平小学等 11 所中小学。保障普通高考综合改革落地，实施职业教育“双优”“双高”计划。深化新时代教育评价改革，实施教师“区管校聘”试点，严格规范教育培训机构，加强体育美育劳动教育，关注学生心理健康。建成投用人民医院，开工建设疾控中心、妇幼保健院，通过国家卫生区复评、市级健康城市评审。大力推进文化惠民，建成人防宣教中心，新改建 2 个基层文化服务场所，修缮李四光旧居、金九公馆。新增 30 个全民健身点。

推进社会治理现代化。推进市域社会治理现代化试点，深化矛盾纠纷联防联排联调联治，妥善化解信访积案。完善立体化智能化社会治安防控体系，常态化推进扫黑除恶专项斗争，打造 3 个标准化公安派出所。严厉打击各类非法金融活动。完成村、社区换届。扎实开展安全生产大排查大整治大执法，全面完成高层建筑消防隐患整治，全部拆除可燃雨棚，持续打通“生命通道”，改造 50 部老旧电梯，强化食品药品安全治理，确保城市安全、社会安定、市民安宁。

九、坚定不移加强自身建设，加快提升政府服务效能

忠诚履职，依法行政，加快建设人民满意的服务型政府。

坚持政治引领。深学笃用习近平新时代中国特色社会主义思想，增强“四个意识”、坚定“四个自信”、做到“两个维护”。坚持把区委的领导贯穿政府工作全过程，严格执行重大事项请示报告制度。注重从讲政治的高度做工作，善于用政治眼光观察和分析经济社会问题。扎实推进中央巡视反馈问题整改落实。全面彻底干净肃清孙政才恶劣影响和薄熙来、王立军流毒，巩固风清气正的政治生态。

坚持依法行政。健全重大决策事前评估制度，严格规范公正文明执法，加快法治政府、法治社会建设。深化行政复议规范化建设，做好行政复议与应诉工作。认真执行区人大的决议和决定，高质量办好人大代表建议和政协委员提案，主动接受人大法律监督、工作监督和政协民主监督。深化政务公开，自觉接受社会监督，让权力在阳光下运行。

坚持廉洁从政。聚焦工程建设、招商引资、金融信贷、征地拆迁、民生资金等重点领域，坚决整治群众身边腐败和侵害群众利益问题。坚持过“紧日子”，强化预算执行刚性约束，加大审计监督力度。深化拓展“以案四说”，全面推进“以案四改”，筑牢拒腐防变的思想防线、制度防线。

坚持实干担当。态度决定能力，勤奋决定水平。强化抓落实的使命担当，持续纠治“四风”特别是形式主义、官僚主义，系统治理慢作为、乱作为，不说全力以赴，只讲使命必达。全面提升干部“七种能力”，加强思想淬炼、实践锻炼、专业训练，提升抓落实的本领，努力成为构建新发展格局的行家里手。完善正向激励和容错纠错机制，激发干部担当作为，营造良好的干事创业氛围。

名词解释

1. **放管服：**“放”即简政放权，降低准入门槛；“管”即公正监管，促进公平竞争；“服”即高效服务，营造便利环境。

2. **三大攻坚战、八项行动计划：**指打好防范化解重大风险攻坚战、精准脱贫攻坚战、污染防治攻坚战。实施以大数据智能化为引领的创新驱动发展战略行动计划、乡村振兴战略行动计划、城市提升行动计划、军民融合发展战略行动计划、科教兴区和人才强区行动计划、内陆开放高地建设行动计划、保障和改善民生行动计划、生态优先绿色发展行动计划。

3. **万人发明专利拥有量：**指每万人拥有经国内外知识产权行政部门授权且在有效期内的发明专利件数，是衡量一个地区科研产出质量和市场应用水平的综合指标。

4. **西部陆海新通道：**指由重庆国际物流枢纽园区始发至广西北部湾钦州港的出海出境国际铁路通道（原南向通道•渝黔桂新铁路班列）。通道北衔丝绸之路经济带，南连21世纪海上丝绸之路，协同衔接长江经济带，在区域协调发展格局中具有重要战略地位。

5. **四向齐发、全域开放：**“四向齐发”指西向中欧班列（成渝），北向渝满俄国际铁路通道，东向渝甬铁海联运班列，南向西部陆海新通道。“全域开放”指依托重庆铁路口岸、国际物流城、自由贸易试验区、中新互联互通合作示范项目等载体，构筑内陆国际要素资源聚集区域，打造内陆开放高地。

6. **数字经济：**指通过大数据的识别、选择、过滤、存储、使用，实现资源的快速优化配置与再生，推动经济高质量发展的经济形态。在技术层面，包括大数据、云计算、物联网、区块链、人工智能、5G通信等新兴技术。在应用层面，包括新零售、新制造等业态。

7. **上云上平台：**指围绕研发设计、生产管控、经营管理、售后服务等核心业务环节，建立产业资源池，解决需求侧、供给侧的问题，同时培育技术、产品、模式领先的工业互联网平台。

8. **国家文化旅游消费试点城市：**指国家通过开展文化和旅游消费试点，支持试点城市因地制宜、改革创新、特色发展，推动形成促进文化和旅游消费的经验模式，促进文化和旅游消费高质量发展。

9. **国家陆港型物流枢纽：**2020年11月，国家发改委授予重庆国际物流枢纽园区“陆港型国家物流枢纽”称号。枢纽将集中实现货物集散、存储、分拨、转运等多种功能，辐射区域广、集聚效应强、服务功能优、运行效率高，在全国物流网络中发挥关键节点、重要平台和骨干枢纽作用。

10. **“一带一路”法律智库中心：**指由重庆国际物流枢纽公司与新加坡管理大学、西南政法大学联合组建，针对“一带一路”沿线国家法律法规和陆上贸易规则等方面进行研究的机构，助推我区在国际贸易中占据主动权，进一步提高我区对外开放水平。

11. **分区规划：**指在重庆市国土空间总体规划的基础上，对沙坪坝区土地利用、人口分布、公共设施、城市基础设施配置等方面所作的专题规划研究。

12. **尾欠户：**指长达6年以上30年以下未达成补偿安置协议的被拆迁户。

13. **两江四岸：**指将主城区“百公里两江四岸”打造成为“山水之城•美丽之地”城市品牌的典范，使“山、水、城、桥”相互辉映的美景成为重庆城市名片。沿长江，上起九龙坡区西彭镇，下至江北区五宝镇。沿嘉陵江，上起北碚城区，下至渝中区朝天门。河道中心线长度约180公里，两侧岸线总长约394公里。

14. **“三变”改革：**指资源变资产、资金变股金、农民变股东的改革。

15. **“三社”融合：**指供销社、农民专业合作社、信用社（农商行）融合发展。

16. 河道“三乱”专项整治：指污水乱排、岸线乱占、河道乱建专项整治。

17. 无废城市细胞：指以城市固体废物产生量最小、资源化利用充分、处置安全为目标，选取社会生活组成单元（主要包括中小学校、小区、公园、商圈、饭店、机关、景区等），推行“无废生活”。

18. 中国天然氧吧：指由中国气象局颁发的荣誉称号，被评对象为我国境内气候舒适，生态环境质量优良、配套完善，适宜旅游、度假、养生的区域。至2020年，全市共有沙坪坝区、铜梁区、石柱县、巫山县、奉节县、万盛经济技术开发区黑山旅游度假区、云阳龙缸国家地质公园7个“中国天然氧吧”。

19. 幼儿园普惠率：指公办园和普惠性民办园在园幼儿在全区在园幼儿中的占比。

20. 公民同招、民办摇号：“公民同招”指将民办义务教育学校招生纳入审批地统一管理，与公办学校同步招生。“民办摇号”指民办学校按招生计划实施分类报名、分类录取，报名人数小于或等于招生计划的采取登记注册方式直接录取，报名人数超过招生计划的由区县教育部门统一组织电脑随机摇号录取，未被录取的学生由公办学校兜底。

21. “生命通道”清障行动：指消除堵塞消防车道、占用消防救援场地等重点隐患，提升消防灭火通行保障水平的专项行动。

22. 质量提升年：指为贯彻落实中央和全市经济工作会议精神，对标高质量发展要求，结合沙坪坝区实际，要准确把握新发展阶段，深入践行新发展理念，积极融入新发展格局，着力在创新驱动、产业发展、改革开放、城市建设、生态环境、民生保障等方面提升质量，确保在开局之年起好步、打好基础。

23. 五个科学、五个科技：“五个科学”指科学教学、科学研究、科学实验、科学设施、科学机构，“五个科技”指科技人才、科技企业、科技金融、科技交易、科技交流。

24. 芯核器网服：指沙坪坝区先进制造业发展方向。“芯”即芯片设计、研发、制造，“核”即新能源汽车核心零部件，“器”即高端智能装备，“网”即工业互联网、云计算等，“服”即工业设计、软件信息等生产性服务业。

25. 云联数算融：“云”指统筹全区云服务资源，构建共享共用共连的云平台服务体系。“联”指建设新一代信息网络体系。“数”指建设城市大数据资源中心，形成统一数据资源体系和数据治理架构。“算”指建设以智能中枢为核心，边缘算法、AI计算为补充的超级算法能力。“融”指大数据、人工智能等新一代信息技术和经济社会各领域融合发展。

26. 住业游乐购：指物联网、云计算等新一代信息技术在居住环境、就业创业、文化旅游、娱乐休闲、消费购物等领域的智能化应用。

27. 中欧班列（成渝）：指由重庆市和四川省成都市共同建立的中欧班列名号，也是全国首个两地合作开行中欧班列的统一品牌。

28. 一窗综办：指行政服务大厅“前台综合受理、后台分类审批、窗口统一出件”的工作模式。

29. 僵尸企业：泛指在市场经济中多年未开展实质性生产经营和按规定进行年报公示的市场主体。

30. 五清理一活动：指以清理“蓝棚顶”、清理无人居住的废旧房、清理房前屋后的杂物堆、清理田间地头的废弃物、清理管线“蜘蛛网”，深入开展农村爱国卫生运动为主要内容的农村人居环境整治专项行动。

31. 区管校聘：指落实义务教育以区县为主管理体制，优化区县域内义务教育教师队伍统筹管理，健全完善编制岗位、公开招聘、职称评聘、交流轮岗和城乡一体化配置等管理体制机制，引导教师向基层一线流动，加强区县域内的师资优质均衡配置，推动实现义务教育优质均衡发展。

32. 市域社会治理现代化试点：主要以设区的市为社会治理载体，以治理理念、治理体系、治理能力三个现代化为重点内容，以防范化解市域重大风险为着力点，以增强市民获得感、幸福感、安全感为落脚点，探索具有中国特色、时代特征的市域社会治理新模式，建设人人有责、人人尽责、人人享有的社会治理共同体，推动平安中国建设迈上新台阶，为实现社会治理现代化夯实基础。2020年6月15日，沙坪坝区被确定为全国、全市第一批市域社会治理现代化试点地区，试点工作为期三年，通过验收后将被授予“全国市域社会治理现代化试点合格城市”称号。

专 文

沙坪坝区“十三五”成就

“十三五”时期是全面建成小康社会的决胜阶段，也是沙坪坝区发展史上极其重要的五年。全区上下坚持以习近平新时代中国特色社会主义思想为指导，坚持稳中求进工作总基调，深入贯彻新发展理念，深化供给侧结构性改革，克服新冠肺炎疫情影响，统筹推进稳增长、促改革、调结构、惠民生、防风险、保稳定，经济社会发展取得新进展，全面建成小康社会目标如期实现，为开启社会主义现代化新征程奠定坚实基础。

综合实力跃上新台阶

地区生产总值迈入千亿元级，产业结构持续优化。“芯核器网服”智能产业全面发展，规模以上工业总产值 2490.3 亿元，战略性新兴产业增加值增长 25%，高技术产业增加值在规模以上工业增加值中占比达 86%；现代服务业增加值占服务业增加值比重达 81%，发展质量和效益明显提升。

创新发展实现新突破

主动融入西部（重庆）科学城建设，有国家级研发平台 18 个、省部级研发平台 287 个，全社会研究与开发支出占生产总值比重为 3.5%，高于全市和全国平均水平，高新技术企业和科技型企业数量质量居全市前列，创新能力不断提升。创新资源加速集聚，中电光谷·智创园、黄金湾·智谷等平台投运，新增科创孵化空间 120 万平方米。环大学创新生态圈加快建设，组建创投基金 3 支，引进国家高层次专家 520 余人，万人发明专利拥有量保持全市第一，创新氛围日渐浓厚。

协调发展呈现新格局

拓展发展空间，高铁、轨道、主次干道构成的立体综合交通网基本成型，重庆西站、沙坪坝站两大高铁枢纽投用，轨道环线建成通车，新增通车里程 90 千米。城乡融合发展步伐加快，新增建成区面积 14 平方千米，常住人口城镇化率 96%。东部旧城改造、西部新城开发提速，改造老旧小区、棚户区 432 万平方米，“两违”整治拆除违法建筑 1200 万平方米，新建公园 51 个，新增绿化面积 513 万平方米，城市品质明显提升，成功创建国家卫生城区。乡村振兴稳步推进，农村面貌得到改善，农旅融合加快发展，创建国家卫生镇 5 个、市级最美小镇 3 个，建成乡村振兴示范村 7 个。

绿色发展取得新进展

严格落实林长制，推进缙云山、中梁山生态保护。成功创建“中国天然氧吧”。污染防治攻坚推进，铁腕整治“散乱污”企业 3900 家。严格落实“河长制”，新改建污水管网 320 千米，主次河流消除黑臭，主要水体水质达Ⅳ类以上，清水溪、凤凰溪“清水绿岸”示范段完成整治。全区单位生产总值能耗、水耗分别累计下降 16.5%、14%，土壤环境质量保持稳定，空气质量优良天数历史性达到 314 天。

2020年11月，中梁镇永宁寺村王家沟片区整治后的废弃矿山　（区网信办供图）

改革开放实现新跨越

“放管服”、要素市场化配置、国资国企、投融资体制等重点领域改革取得突破性进展，健全财经管理、人员聘用等关键环节政策机制，行政审批时限压缩87.8%，新增市场主体10万户，营商环境跃居全市前列。西部陆海新通道上升为国家战略，“四向齐发”国际开放大通道全面形成，西向中欧班列（渝新欧）、北向渝满俄国际铁路通道、东向渝甬铁海联运班列、南向西部陆海新通道累计开行8500余班，保持内陆开放引领地位。完善开放功能，在新加坡、中国香港地区等布局海外仓和海外分拨中心5个，重庆国际物流枢纽园获批陆港型国家物流枢纽，建成全市首个整车进口口岸、铁路邮件处理中心，2项贸易规则试点经验在全国复制推广。开放经济持续壮大，实际利用外资累计58亿美元，进出口总额累计实现11500亿元。

共享发展水平持续提升

人民生活水平显著提高，教育、就业、社保、医疗、养老等民生事业全面发展，民生支出占一般公共支出比例保持80%以上。脱贫攻坚战全面收官，“两不愁三保障”（不愁吃、不愁穿，义务教育、基本医疗、住房安全有保障）突出问题动态清零，1830户农村建卡贫困户、1543户城市困难职工脱贫脱困。全区城镇新增就业28万人，全体居民人均可支配收入年均增长8%，基本养老、医疗保险参保率稳定在95%以上。统筹疫情防控和经济社会发展成效明显，社会治理体系更

表 1 沙坪坝区“十三五”规划主要发展指标完成情况一览表

分类	序号	指标名称	单位	指标属性	发展目标	完成情况
全面建成小康社会	1	全区生产总值年均增长率	%	预期性	5★	5.9★
	2	全体居民人均可支配收入年均增速	%	预期性	8★	8★
创新发展	3	服务业增加值占全区生产总值比重	%	预期性	58	68
	4	现代物流、文化旅游、健康服务、教育培训四大优势产业增加值占全区生产总值比重	%	预期性	30	31
	5	工业总产值	亿元	预期性	2400	2490.3
	6	战略性新兴产业产值占工业总产值比重	%	预期性	50	86
	7	固定资产投资总额	亿元	预期性	【2500】	【2605】
	8	社会消费品零售总额年均增长率	%	预期性	4.5★	5.2★
	9	一般公共预算收入	亿元	预期性	40	41.8
	10	全社会研究与开发支出占全区生产总值比重	%	预期性	2.5	3.5
	11	专业技术人才总量	万人	预期性	22	22
	12	众创空间数量	个	预期性	【40】	【50】
	13	万人发明专利拥有量	件	预期性	26	49
协调发展	14	户籍人口城镇化率	%	预期性	90	90.4
	15	建成区面积	平方千米	预期性	130	107.5
	16	土地规模化经营率	%	预期性	55	55
	17	新增公共停车泊位数	个	预期性	【20000】	【20000】
	18	公共交通分担率	%	预期性	65	65
绿色发展	19	森林覆盖率	%	约束性	27.5	32.6
	20	人均公共绿地面积	平方米	约束性	9	9
	21	单位生产总值能源消耗降低率	%	约束性	市下任务	完成市下任务
	22	主要污染物排放总量减少（化学需氧量、氨氮、二氧化硫、氮氧化物）	%	约束性	市下任务	完成市下任务
	23	城市生活污水集中处理率	%	约束性	96	96
	24	空气质量优良天数	天	约束性	>265	>300
开放发展	25	实际利用外资	亿美元	预期性	【25】	【58】
	26	实际利用内资	亿元	预期性	【1500】	—
	27	进出口总额年均增长率	%	预期性	6★	12.9★
	28	渝新欧班列	列	预期性	700	2100
	29	整车进口数量	辆	预期性	【10000】	【19337】
	30	新增世界 500 强企业数量	个	预期性	【5】	【14】
共享发展	31	城镇新增就业人数	万人	预期性	【22】	【28】
	32	城镇登记失业率	%	约束性	3	—
	33	城乡养老保险参保率	%	约束性	≥ 95	98.2
	34	符合义务教育入学条件的流动人口子女入读公办学校比例	%	约束性	95	95
	35	新增公共文化设施面积	万平方米	预期性	3	【3.88】
	36	人均体育场地设施面积	平方米 / 人	预期性	2	2
	37	居民平均预期寿命	岁	预期性	78.5	78.5
	38	亿元生产总值生产安全事故死亡率	%	约束性	4	3 以下
	39	食品安全风险监测平均合格率	%	预期性	96	96
	40	公众安全感	%	预期性	>90	>98.7

备注：带★为五年年均增速，带【 】为累计数，带—为不再统计指标

加完善，民主法治建设、平安建设取得进步，获批全国市域社会治理现代化首批试点城市。实现全国双拥模范城“六连冠”。文化事业和文化产业繁荣发展，成功创建全国文明城区，三次蝉联全国科普示范区。（区发改委）

打造“科创智核”创新驱动实现高质量发展

沙坪坝区是国家创新型试点城市（区）、全国科技工作先进区、国家级星火技术密集区。“十三五”期间，坚持“发展是第一要务，人才是第一资源，创新是第一动力”，深入推进科技领域改革，大力实施以大数据智能化为引领的创新驱动发展战略行动计划，坚持以高校院所为引领、以科技企业为核心、以市场价值为导向、以社会环境为依托，打造引领高质量发展的“科创智核”。截至2020年年底，全区有重庆大学、重庆师范大学等高校16所、校区19个，有中国工程科技发展战略重庆研究院等国有独立科研机构3家，有机械传动、输配电、镁合金材料、免疫生物制品等国家级重点（工程）实验室、工程（技术）研究中心、企业技术中心等研发平台17个、省部级研发平台286个，全区研发经费投入强度超过3.55%，双创综合指数居重庆市前列。

围绕产业引育创新主体

紧扣全区新一代信息技术、下一代汽车、高端装备制造、高技术服务业等“3+1”主导产业，外引内育并重，一手抓研发创新，一手抓补链成群，壮大创新主体。项目引进方面，落地中国工程科技发展战略重庆研究院、万普隆非常规油气研究院、工信部五所赛宝工业技术研究院、东微科技集成电路研究院、西部（重庆）地质科技创新研究院等一批重大项目，引进首创高科、吉芯科技、中关村高孚动力、光宝联合等高新技术项目23个，新建院士专家工作站3家。主体培育方面，国家高新技术企业超过1000家，科技型企业超过100家，培育独立法人研发机构7家、市级高端研发机构5家。世纪科怡、博张机电、百转电动汽车等24家科技型企业在重庆OTC科创板挂牌；中集物流、艾艺荷马、光宝联合等企业完成B轮融资，启动主板上市申报工作。

围绕功能壮大创新平台

聚焦科技研发、成果转化、产业培育等关键环节，统筹推进创新平台建设。科学布局研发平台，围绕产业链布局创新链，编制创新平台建设项目库，规划建设信息技术、高端制造、生物科技等5大方向21个重点研发平台，引进重庆市专用智能移动通信创新中心等6家市级技术创新中心，推动组建重庆大学国际联合研究院、人工智能研究院，协助重庆大学启动超瞬态物质大科学装置预研。提质发展转化平台，完善双创载体分类管理和绩效评价体系，对10个双创载体优化提升，浪尖渝力获批国家级科技企业孵化器、工业设计中心，引进武汉光谷、武汉光研院、四川互联同创3家运营机构，中电光谷·智创园运营，金沙星座·科创园、成渝高校·同创园启动建设，推进方正高密、西南药业国家企业技术中心建设。高标建设产业平台，全面拉开青凤工业园建设格局，完成“三横两纵”市政道路、绿化景观建设，实现106家企业签约注册；建成28.5万平方米的铁路口岸创新中心和10万平方米的自贸园区企业创新中心；大力发展楼宇经济，新建、集约创新空间超过120万平方米。

围绕转化深化校地合作

立足科教大区优势，坚定不移推进环大学创新生态圈建设。围绕“高校引领、智创未来”主题，坚持高校主体、市场主导、政府引导、项目牵引四大原则，集聚高等院校、科研机构、科技企业、

位于沙滨路的国际创客港 （区融媒体中心供图）

科技服务四大主体，促进校、地、企、介、银合作。创新路径模式，编制环重庆大学、环重庆师范大学、环科技学院、环重庆建筑职业学院、环重庆电子职业学院5所高校创新生态圈方案，启动环西南政法大学—四川外国语大学创新生态圈建设方案编制，推动成渝高校协同创新，探索实践“一校一圈”“一校多圈”“多校一圈”“跨区建圈”等四种建设模式，建成重庆大学设计创意产业园、重庆大学国际联合研究院、重庆应用数学中心等重点项目11个，启动建设项目10个，前期筹备项目9个。突显各自特色，打造共享工投·产创园、浪尖渝力·意创园、学苑U街·创业园、中电光谷·智创园、金沙星座·科创园、成渝高校·同创园6大校地融合园区，引导华为科技、大连光洋、前卫集团、中聚高科、点检生物等知名企业与高校协同创新，唱响“双城记”，融入高新区，建设科学城。

围绕服务优化创新生态

全面落实国家、重庆市科技创新相关政策，形成“人才＋财政＋金融＋税收＋土地”创新政策包。加强人才引育，出台“沙磁工匠”计划，柔性引进院士32人、国家高层次专家520余人，组建创新创业团队400余个，集聚创新创业人才2300余名。强化金融支撑，组建5000万元规模创业种子基金，向135家企业发放知识价值信用贷款2.3亿元；组建种子、汉新、育成、集成电路4只创投基金，总金额超过12亿元。提升服务水平，举办重庆市第一届、第二届技术经理人培训班，建设技术转移机构5个，组建技术市场协会、民营科技企业商会，2019年技术合同成交120项、成交额1.1亿元；开展“民营企业创新发展服务月”活动，为1000余家企业开展科技创新政策、科技统计培训服务，走访企业1200余家，积极协调解决企业融资、人才招聘等难题。营造创新氛围，举办“沙磁创新论坛”12期，承办第四届全国模具制造2025高峰论坛、首届全国摩尔材料论坛、2次国际前沿科技大会，组织开展中国工程院“民营企业院士行”活动；建成市级科普基地32个、区级科普基地32个，大力开展科学技术普及和科技大赛活动，支持社会领域科学研究，立项决策咨询与管理创新项目126个。

围绕保障强化知识产权保护

贯彻落实《中华人民共和国知识产权法》和中共中央办公厅、国务院办公厅《关于强化知识产权保护的意见》，驰而不息建设重庆市科技文化大区和全国知名知识产权强区。促进知识产权创造，按照“区别对待、分类发展、针对特点、发挥所长”的工作思路，对全区15个知识产权工作站下达不同的工作目标，把任务分解到不同的工作站；将专利特派员工作总体划分为专利包装申请、知识产权培训、知识产权战略策划等三类，确定具体的专利特派员入园进企开展企业发明专利挖掘与提升工作；持续开展授权专利资助。促进知识产权转化运用，发挥沙坪坝区创新生产力中心的科技服务平台优势，结合专利特派员的专业知识，为区域内专利成果转化提供指导服务；继续推动从事知识产权技术评估、鉴定、交易服务的知识产权中介机构落户沙坪坝区。提升知识产权管理服务水平，在科技招商工作中，加入知识产权评议环节，做到客观评价招商引资项目，避免知识产权侵权风险。完善知识产权保护体系，区知识产权工作协调领导小组印发《沙坪坝区加强互联网领域侵权和假冒行为治理实施方案》《沙坪坝区知识产权执法维权“护航”专项行动方案》，作为各部门开展打击侵权知识产权和制售假冒伪劣商品重点工作的指引，推动“双打”工作规范化、制度化、常态化；组织专利特派员上门指导企业开展知识产权保护、维权等具体工作，提高企业运用知识产权保护制度的能力。（区科技局）

融入成渝地区双城经济圈建设

推动成渝地区双城经济圈建设，是以习近平同志为核心的党中央着眼全局和长远发展作出的战略部署。沙坪坝作为重庆重要的主城区，区位重要、资源富集、基础良好，是联动成都的关键纽带，在支撑重庆高质量发展和构建对外开放新格局中具有独特而重要的作用。2020年，是成渝地区双城经济圈建设的开局起势之年。沙坪坝区与成都市武侯区、青白江区及广安市等四川地区建立合作关系，签订科技创新、产业协同、文化旅游、社会治理等合作协议26个；与武侯区、青白江区等四川地区策划储备“双城圈”双边项目30余个。

推动交通基础设施互联互通

助力成渝大通道建设。配合成渝中线高铁和科学城站开展前期工作，成渝复线高速连接道、快速路二横线、西站二期等项目加快推进，完成17个市区共建项目455.27万平方米交地任务。签订《全面加强成渝两城火车站地区管理共同助推成渝地区双城经济圈建设合作框架协议书》，建立成渝双城要客火车站服务机制。推动区域内畅通互联。加快推动区内畅通便利度，发挥中心城区成渝桥头堡区位优势，轨道环线西南半环、5号线建成投用，轨道9号线、27号线加快建设，全区140余条142千米道路全面开工，天陈路下穿道、凤潮大道等36条47千米道路完工，内畅外联综合交通体系基本形成。

加快构建现代产业体系

引进四川优质企业。引进中创五联西南智慧医疗中心项目、西部民用航空技术应用研究院项目等川渝共建项目5个，其中成渝·同创园首批入驻项目6个、总投资6800万元。宽窄巷子、磁器口古镇携手打造文商旅融合高端综合体。壮大先进制造业。携手承办成都市新经济基金招商推介会暨投融资对接会、线上智博会工业设计高峰论坛。提升“芯核器网服”“云联数算融”产业链，大连光洋科德数控、中关村高孚动力、航天用特种吸波材料等15个项目投运，博宇工业机器人、中电科·吉芯科技、光电传输集成芯片等22个先进制造业项目加快推进。提质现代服务业。重庆融创文旅城、龙湖光年综合体、磁器口后街、佛罗伦萨小镇开业投运，陕旅金碧正街、华宇城综合体加快建设，重庆特钢创意文化产业园设计完成，新增高端酒店4个。推进农旅融合发展。以斐然湖为核心，加快建设34平方千米乡村振兴示范区，打造“两山”生态屏障保护带。

提升协同创新发展能力

加快西部（重庆）科学城建设。以建设西部（重庆）科学城为抓手提升成渝地区创新能级，中电光谷·智创园产值突破1.5亿元，28.5万平方米黄金湾·智谷主体投用，33万平方米青凤高科创新孵化中心开工，新增科创孵化空间120万平方米。柔性引进院士5人，集聚高层次科技人才278人，推动创业种子基金、集成电路产业发展基金组建，举办国际前沿科技创新大会等创新创业活动30余场次，创新创业氛围更加浓厚。推动成渝高校间合作。重庆大学、四川大学牵头成立成渝地区双城经济圈高校联盟；重庆师范大学与四川师范大学签署教师教育协同创新战略合作框架协议；促进重庆大学与四川大学华西公共卫生学院在分析检验检测方面开展学科共建。

推动协同对外开放

在成渝两地中欧班列累计开行10000列之

2020年3月27日，成渝两大铁路港联手，中欧班列（成渝）10000列同时两地发车驶向欧洲　（区商务委供图）

际，重庆国际物流枢纽与成都国际铁路港达成战略合作协议，在通道口岸互联、产业招商互补、开放创新互享、机制协同互促4个领域、20个层面展开深入合作，共同推进成渝两大铁路港融合发展。加强通道建设合作，采取成熟线路相互喂给、新线路合作开拓，推动成渝中欧班列运行价格和补贴标准逐步统一、集货方式市场化。实施境外联合采购，联合投资布局核心港口场站，形成价格联盟，共同争取国内外最优运输价格。推进口岸功能共享，坚持优势互补，逐步实现成渝铁港医药、整车进口、植物种苗、粮食、肉类等口岸功能共享，共同向上争取新口岸。建立大通关机制，加强沙坪坝、青白江两地“单一窗口”和电子口岸的合作，促进两地信息互认、执法互助。

优化国土空间布局

对接新一轮国土空间规划修编，完成分区规划编制，明确东、中、西板块发展定位，拟拓展发展空间21平方千米。编制歌乐山·磁器口大景区综合提升规划、国际物流城规划等10个专项规划，严格审查磁童路步行街等75个项目设计方案，提高城市规划管理水平。

加强生态环境保护

深入开展工业企业废气治理等专项攻坚，整治“散乱污”企业649家。完成6个湖库治理，水质达到Ⅲ类。新改建管网35千米，梁滩河水质提升至Ⅳ类。创建中国天然氧吧，完成“林长制”试点各项重点任务，实施国土绿化提升行动1133万平方米，治理污染场地35.6万平方米，空气质量优良天数历史性达到314天。中央生态环境保护督察问题整改落地落实。

推进体制机制创新

推动形成自由流动的统一开放市场，推动协同开放机制创新。推动政务服务跨省通办。与武侯区政务服务中心多次学习交流，签订《“跨省通办”政务服务战略合作协议》。推动企业抱团发展。与武侯区、自贡市、都江堰市等地区签订《友好工商联合作协议》，推动企业优势互补、抱团发展，开展各类经贸活动。推动干部队伍交流。武侯区新提拔领导干部综合素养能力提升专题培训班在沙坪坝区委党校开班。

推动公共服务共建共享

推动人社领域合作。与武侯区签订人力社保合作协议，联合开展高校毕业生、退役军人等“云招聘”专场7场、达成用工意向7800余人，在破除影响人力资源合理流动和高效集聚体制机制障碍、构建川渝一体区域就业和创新创业市场、深化人才交流合作机制、推进社会保障公平可持续发展等方面开展合作。推动教育领域合作。与武侯区签订教育协同合作协议，共同搭建两地教育合作常态化机制，在学前教育、基础教育、中职教育、社区教育等领域实现全面对接、深度融合。推动医疗领域合作。与武侯区签订《重庆市沙坪坝区卫生健康委员会成都市武侯区卫生健康局合作框架协议》《沙坪坝区武侯区医疗保障合作协议》，探索公共卫生联防联控，推进大健康产业共同发展。推动社会治理合作。与广安市等地区开展政法交流合作，与青白江区等地区开展检察合作，推动治安联防、矛盾联调、应急联动等领域合作。（区委办公室统筹）

西部（重庆）科学城沙坪坝片区建设

西部（重庆）科学城沙坪坝片区位于重庆市主城都市区西部槽谷中心偏北位置，包括沙坪坝区青木关、凤凰、回龙坝3个镇和陈家桥、丰文、土主3个街道全域，面积约147平方千米。沙坪坝片区定位为科学城的科学教育中心、技术研发中心、成果转化中心、国际交流中心、科技金融中心。片区内创新资源丰富，与重庆大学等高校密切合作，汇集重庆医药高等专科学校、重庆电子工程职业学院等8所专业性大学，布局建设青凤高科产业园作为创新产业主要承载地，高品质创新空间突破100万平方米。开放优势明显，作为重庆向西发展的桥头堡，集聚自贸区、高新区、综保区、铁路口岸等国家级开发开放平台，第一条中欧班列（渝新欧）从沙坪坝始发，率先打通西部陆海新通道并成功上升为国家战略，规划布局成渝中线高铁科学城站，形成铁路物流大通道“东西南北”四向齐发的开放格局。

立足高起点规划，精准定位发展方向

突出“科学之城、创新高地”总体定位，构建沙坪坝片区科创版图。实施强有力统筹。制定实施《加快建设西部（重庆）科学城沙坪坝区片区工作方案》，成立由区委书记、区政府区长任双组长的沙坪坝区推动科学城建设领导小组，区委、区政府相关区领导任副组长抓好专项工作，分管科技创新的区领导任领导小组办公室主任，负责日常工作，部署实施100项重大项目、计划投资2500亿元，举全区之力、集全区之智高标准建设科学城。编制高质量规划。对接成渝地区双城经济圈规划纲要、重庆高新区发展规划、科学城建设规划，完善全区总规和科技创新专规，编制科学城沙坪坝片区国土空间规划，提前布局沙坪坝片区147平方千米“多规合一”，确保“一张蓝图干到底”。坚持多方位联动。全面融入双城经济圈，强化与成都市武侯区、青白江区协作，对接四川大学、成都电子科大等高校，推动科技创新合作交流。加强与高新区协同，注重科学城“一核四片”互补并进，共同打造重庆科技重要发源地和新兴产业策源地。

围绕高质量发展，聚焦科学主题“铸魂”

紧扣“五个科学”“五个科技”，打造引领重庆高质量发展的“科创智核”。抓创新主体引育。加快建设环大学创新生态圈，建成中电光谷·智创园、生命科学产业园等13个项目，引进工信部五所赛宝研究院、中科院广州能源所、中国网安区块链研究院等独立法人研发机构31家，落地重庆智能信息研究院、中关村高浮动力等高新技术项目75个。培育国家高新技术企业52家、市级高端研发机构4家，科技型企业突破550家。抓创新平台提升。28.5万平方米黄金湾·智谷、中电光谷·智创园建成投用，签约入驻项目96个。50万平方米中电光谷西部科技城、33万平方米青凤高科孵化中心、32万平方米自贸区企业服务中心等创新平台加快建设。抓创新生态优化。营商环境持续升级，行政审批一次办理、全程网办比例分别提高55%、83%，1天完成开办企业审批，29天实现工业项目获地开工，成立全国首个“区块链+政务服务”联盟，核发全市首张“跨省通办”营业执照。柔性引进院士19人、高层次创新人才500余人，组建集成电路、创业种子等7只创投基金总规模20亿元，对接国家级、市级技术转移机构打造西部科技成果交易中心，成功举办国际前沿科技创新大会、全国工业设计高峰论坛等创新活动，成为全市科创版图的重要支撑。

突出高品质生活，面向未来发展“筑城”

立足“科学家的家、创业者的城”功能定位，补短板、强弱项，加快提升城市功能品质。对外开放水平提升。获批国家陆港型物流枢纽，全国首批中欧班列集结中心示范项目落地，新增3个海外分拨仓，开行国际班列4875列、货值1100亿元，分别增长89%、76%。首次药品口岸、冷链仓建成投运，进口整车4800辆。成立“一带一路”法律智库中心。基础设施建设提速。轨道7号线、15号线、17号线、27号线加快建设，渝昆高铁加快拆迁。115千米城市道路全面开工，凤潮大道等42公里道路建成通车，二横线、土主隧道等73公里道路快速推进。新建5G基站860个。

完成47万平方米菁云湖、25万平方米五云湖生态整治，新建20千米景观大道，新增绿化面积110万平方米。公共服务配套提标。新建凤凰实验学校等中小学和幼儿园8所、改扩建3所，区妇幼保健院、疾控中心迁建完成方案设计，布局科技馆、文化馆、科普基地等公共场馆，逐步引导沙坪坝区优势资源西迁，西部城区公共服务配套加快完善。

（区科技局）

建设重庆内陆开放高地

沙坪坝区立足在内陆开放格局中的区位、资源、发展优势，加大对外开放力度，打造“一枢纽三中心”，为全市建设内陆国际物流枢纽、口岸高地和开放高地，在国家区域开放和对外开放格局中发挥独特而重要的作用提供强力支撑。2020年，重庆国际物流枢纽园区完成固定资产投资103亿元、同比增长40%，其中政府投资45亿元，社会投资58亿元。入库税金50亿元，其中关税22亿元，中央与地方共享税28亿元、同比增长16%。融资121.73亿元，实际化解隐性债务11.77亿元。争取上级资金7.8亿元、同比增长538%。取得征地批文21.58万余平方米、林地指标62.23万平方米，完成征地拆迁47.6万平方米。土地出让56.06万余平方米，实现土地收入36.61亿元。签约项目40个，协议金额达402.91亿元。新增市场主体1100家，累计在册企业达3800家。企业营业收入920亿元、同比增长15%，其中四上企业营业收入726亿元。完成房屋建设29万平方米，实施市政道路48千米。实际利用外资5亿美元，B保贸易额3.8亿美元。中欧班列（渝新欧）开行2642列、同比增长61%；陆海贸易新通道开行1285列、同比增长40%；渝甬班列开行335列、同比增长168%。

提速枢纽建设

建成以团结村枢纽港为“母港”，“东西南北”四向齐发的铁路货运通道，形成铁公水一体的多式联运体系，参与组建陆海新通道（重庆）运营

重庆国际物流枢纽园区　　（区商务委供图）

公司并实现注资，战略性入股广西钦州港，加快陆海新通道重庆无水港项目建设，启动中国·重庆“一带一路”智库中心建设。2020年，国际铁路开行4272列，货值超1100亿元，重箱率超90%。在新加坡、中国香港地区等布局海外仓和海外分拨中心5个，辐射96个国家和246个港口。主动融入成渝地区双城经济圈建设，与青白江国际铁路港开展合作，建立中欧班列（成渝）信息共享发布机制，促进西部陆海新通道运价统一、设施共享、产业协同，增强通道影响力和辐射力。2020年11月，获批陆港型国际物流枢纽，进一步强化重庆在全国乃至整个欧亚大陆的物流枢纽地位。

强化口岸功能

成功获批全国首批中欧班列集结中心示范项目，编组站至中心站连接道、铁路口岸综合性指定监管场地加快建设，口岸保障能力、智慧化程度提升。1.6万平方米集装箱监管场地完成整治，3400平方米冷链仓库开始试运行，口岸服务能级进一步增强。建成整车口岸第二检测线，获准线下环保视频检测，全年进口整车5051辆，累计进口整车19784辆，继续保持内陆第一。国际邮运中心常态化运营，邮包出口2041万件，货值2.38亿美元，成为内陆口岸营运的亮点。医药生物制品口岸进口实现零的突破，货值达12亿元。与重庆海关、广西海关深度合作，建立铁路箱水运出境、海运冷藏原箱查验便利化通关机制，通关时限再压缩40%。

推进产业升级

加快打造产业集群。落地45万平方米绿地全球贸易港项目，开拓国际贸易、终端零售、商业运营、商贸物流领域等全产业链布局。引入德国汉宏、北京中林、浙江传化等国内外500强物流企业7家，广州宝能、广州正创、中集物流等物流贸易企业26家；民生电商产业园、新能源智慧汽车产业园等15个项目开工建设，进口医药分拨中心、传化西南供应链等10个项目正式运营，商贸物流产业加速集聚。加快发展供应链

中国(重庆)自由贸易试验区西永片区　　　　（区商务委供图）

金融。小米金融产融数据平台建设稳步推进，成功开展第一笔试点业务，金额 1.45 亿元。

推动城市建设

坚持世界眼光、国际标准、本底特色、高点定位，统筹生产、生活、生态，建设宜居宜业国际化城区。市政道路管网覆盖超 60%，城市框架初步成型；铁路口岸创新中心基本建成，自贸区创新服务中心即将收尾；招商蛇口、融创等一批高品质商业地产项目陆续建设，学校、医院等城市配套建设加快推进；五云湖景观完成 70%，大成湖水库策划全面启动，城市品质与生态环境显著提升。启动成渝中线高铁科学城站周边 4 平方千米区域 TOD 站城融合项目规划工作。完成土地开发约 25 平方千米，完成征地 27.5 平方千米，土地出让 620.4 万平方米，建成项目 126 个、道路 47 千米、房屋 287 万平方米。

优化营商环境

推动企业复工复产，帮助企业返岗人员筛查、复工复产现场验收，最短时间内实现 21 个投运项目、17 个在建工程、735 家企业复工，复工率 100%，全园区无一例新冠肺炎感染者。协助 15 家企业落实扶持贷款资金 21.22 亿元。出台《园区营商环境十条》，特设铁路口岸服务窗口，增设建筑项目服务分厅，精简企业各项开办流程和费用，对一般企业、国际贸易企业、建设投资项目，实现“一网通办、一窗受理、并联办理，不见面办理”。持续探索陆上贸易规则等首创性差异化改革，累计开具铁路提单 67 份。

（国际物流枢纽公司）

成功创建全国文明城区

沙坪坝区自 2015 年 9 月启动创文工作以来，围绕“改善民生、推动发展、促进和谐”的创建目标，坚持“优先保障、为民创建、全民创建、示范引领、对标对表、逗硬考核”六大原则，全区众志成城、群策群力，于 2020 年 11 月被中央文明委评为第六届全国文明城区。

坚持科学谋划、优先保障，推进机制完善顺畅，全方位提升创建合力

书记、区长任区创文领导小组组长，区委副书记任常务副组长；领导小组下设“一办十组”，均由区领导任组长主任，为创文提供坚强的领导保障。区财政每年拨付专项资金用于创文考核评比及日常工作，另行安排并优先保障资金用于硬件建设和其他专项工作，为创文提供充足的经费保障。聘请参与过国家创文验收的专家，就实地考察和问卷调查指标逐一现场指导，就档案资料逐一审查把关，开展分级分类培训 20 余次，为创文提供先进的技术保障。建立责任明晰、追责有力的“三级责任制”，研究重点事项的“三级议事制”，解决各类问题的动态台账和销号制，严格的“四级督查”和“三类奖惩”机制，为创文提供健全的制度保障。

坚持问题导向、为民创建，群众获得感增强，市民满意度大幅提升

结合创文指标，“心贴心”定期入户收集 23 类民生问题近 4000 条，制定“创文民生菜单”，办结率 95%。“点对点”抓群众投诉集中的问题，实现全区投诉电话及信箱全覆盖，接访 87 件，解决 72 件，得到群众高度评价。“实打实”对照指标查找问题、研究对策，针对管理类易丢分指标，实施十类专项整治，通过三方不定期暗访督促常态保持；针对硬件类未达标指标，实施十项硬件建设，明确牵头单位，优先保障经费，重点督办推进。三方民调数据显示，沙坪坝区创文满意率超过 95%。

坚持全域统筹、全民创建，共建共享平台完备，知晓率参与率迅速提升

坚持把动员群众和服务群众融为一体，通过

多种形式吸引全区群众参与创文。拓宽参与渠道，积极承办全市大型活动，开展“小手牵大手”十大创文主题亲子活动，12万学生带动50万名家长参与；牵头单位轮流承办“共建共享文明城”月度活动，全区实名注册志愿者开展创文志愿服务活动1400场，在（社区）村开展院坝互动活动近5000场，覆盖群众近80万人。发挥社会力量共建共享，邀请全国、市、区三级党代表、人大代表、政协委员参与现场测评，提升创文关注度；将创文纳入人大、政协议事范围，开展创文视察、会议20余次，1000余人次代表委员参与。打造涵盖媒体、户外、活动的立体式宣传氛围，实现机关彩铃电脑、广场广播、户外LED、围挡、天桥创文宣传全覆盖。推动全区22个街镇、79个部门、15所高校、57所医院同步创建、同步考核，实现全区创文无死角。三方数据显示，沙坪坝区创文知晓率93.5%，参与率92.3%。

坚持培育典型、示范引领，榜样作用发挥明显，影响力美誉度持续提升

打造创文示范项目35个，评选优秀示范项目10个，提升创文竞争力；选树一批可敬可信可亲可学的榜样人物，举办承办各级各类道德典范学习宣传活动80余场，营造崇德向善氛围；选取创文工作中成绩优异、表现出色的单位，总结一批创建先进经验，在全区推广。发挥郭沫若、冯玉祥、张治中等历史人文教育阵地作用，弘扬和传承抗战精神。在磁器口后街、三峡广场等城市风貌建设中深度融入巴渝文化、抗战文化元素，将家国情怀和红色基因融入市民血脉。选树道德典范，坚持面向基层和群众开展各级各类先进评选表彰活动，先后推选全国道德模范及提名奖4人，中国好人5人，重庆市各类道德典范60余人。彰显道德力量，举办“好人在身边微访谈”“感动人物事迹报告会”等各类道德典范学习活动80余场。

坚持严格奖惩、逗硬考核，建立健全长效机制，制度化规范化不断提升

坚持书记、区长带队现场督办重难点事项，每季度书记、区长带队，全体区领导参加，三级三类代表、委员及先进典型、群众代表参与，现

位于三峡广场的创文宣传栏
（区委宣传部供图）

场督办重难点事项并测评打分。开展三方机构定期暗访模拟迎检实战，针对实地考察和问卷调查指标，委托三方机构，模拟国家测评方式，开展集中暗访8次，民调2.7万人次，实地考察5980个点位。创文办和牵头单位双重考核确保质量，针对网上申报指标，由10个牵头单位全程指导、分组考核，区创文办聘请专家逐一评审档案资料，会同区纪委统分排名。

坚持条块联动、对标对表，创文指标整体达标，八大环境质量全面提升

将测评指标细化分解为861项考评内容，建立以牵头部门为龙头、主要责任部门为骨干，各街镇为基础的责任体系，条块结合联动创建，推动创文工作整体达标。在全市率先打造“互联网+”智慧政务，区行政服务中心集中受理率和按时办结率100%，开通数字城管系统，年均处理投诉30余万件，城市品质考核多次排名主城第一，政务环境更加廉洁高效；被评为“六五”普法全国先进区，法治环境更加公平正义；建成“信用沙坪坝”平台，实现信用信息共享互通，市场环境更加诚信守法；义务教育发展更加均衡，公共文化服务体系逐步健全，人文环境更加健康向上；新建中小学和幼儿园12所、科普活动阵地67个、市级健身点38个、青少年心理健康辅导站5个、社区家长学校119所，国培计划惠及乡村教师700余人，开展网吧、校园周边环境专项整治行动，社会文化环境更有利于青少年健康成长；新建爱心驿站、健康步道、主题公园、公厕及垃圾站777处，实现区级、镇街、村社区三级新时代文明实践站所全覆盖，城市基础设施逐步完善，投入逾千万元完善无障碍设施，新建公厕366座，新增绿化面积400万平方米，新建排污管网195千米，完成4个饮用水水源地规范化建设，饮用水水源地水质达标率100%，清水溪等4条河流基本消除黑臭，生活环境更加和谐宜居；成功构建“五张网”社会治安防控体系，刑满释放人员帮教率超过95%，安置率超过80%，建成24个治安防控体系示范点，社会环境更加安全稳定。

（区创文办）

新冠肺炎疫情防控综述

2020年，沙坪坝区坚决落实中央、重庆市新冠肺炎疫情防控决策部署，做好患者救治，全面加强防控一线工作。坚持一手抓疫情防控，当好主力军、打好主动仗、守好主阵地；一手抓卫生服务，夯基础、补短板、解难题，在疫情防控中体现担当，在公卫服务中彰显情怀。截至2020年年底，全区累计发生确诊病例9例，境外输入无症状感染者1例，均治愈出院。辖区700余名医护人员圆满完成援鄂任务，无一例感染，全区97所学校26万名学生复课，近5000家企业复工复产，疫情防控工作取得积极成效。

强化组织领导，科学指导疫情防控

疫情发生后，区委、区政府全面加强组织领导和统筹调度，迅速成立新冠肺炎疫情防控工作领导小组，区委书记江涛、区政府区长常斌任组长，下设“一办十五组”疫情防控架构，组建疫情防控快反小组、常备工作组，定期汇总防控政策，细化疫情防控指挥体系。分管领导始终分兵把守，实行领导小组指挥长负责制，纵向实施区领导包镇街、镇街包村社、村社包楼栋制度，横向与驻区高校、驻区部队、驻区企事业单位建立防控联动机制，构建起全区上下协同作战、辖区单位联防联控工作格局，凝聚起抗击新冠疫情的强大合力。

落实防控策略，严防疫情蔓延扩散

早响应，全面部署各项防控策略。2020年1月16日召开全区新冠肺炎专题风险评估会，部

2020年2月20日，沙坪坝区支援湖北医疗队出征（区融媒体中心供图）

署疫情防控措施，清点采购疫情防控物资，组织疫情防控培训，贮备疫情防控能力；统筹全区医疗资源，27小时完成区中医院定点隔离区打造，制定全区疑似/确诊病例转运、隔离、救治流程；组建流行病学调查和医疗救治两个专业队伍，率先在全市开展密切接触者、居家解除隔离者和发热门诊病人核酸检测，实施“排查、流调、监测”三个不过夜，确保第一时间发现病例。

把关口，强化重点环节管理。强化监测预警。区监督执法支队牵头持续对全区600余家医疗机构开展不间断巡查，严禁个体诊所、村卫生室等非发热门诊医院接诊发热患者，全区10家发热门诊全部落实“三分区、两通道”，规范开展院感防控，实现院内“零感染”；落实“四早原则”，坚持实施病例监测，对发热患者、新住院患者及陪护、医疗机构工作人员等重点人群持续开展“应检尽检”免费核酸检测，其余人群实施“愿检尽检”，完成4家区属二级医院PCR实验室建设，累计检测超20万人次。强化重点人员管理。严格分类管控，分类管理，做好确诊病例、密切接触者、中高风险区和入境等人员核酸筛查、转运和隔离管控。坚持集中和居家隔离相结合，确定山隐秋鸣酒店、五云山寨宾馆、海石公园、嘉陵宾馆和融汇丽笙酒店5个集中隔离点、475个房间，抽调卫生、公安、社区工作者和心理咨询专家组成工作组24小时值守服务。常态化防控后固定设置五云山寨为集中隔离点，保留24间隔离房间，储备5家酒店1000间隔离房间作为应急备用隔离场所。全区治疗并管理确诊病例9例、无症状感染者1例，协助高新区处理确诊病例2例、无症状感染者2例；累计完成密切接触者664人、密切接触者的密接接触者42人、中高风险地区到（返）区3663人检测管理。强化心理服务。组建抗疫心理危机干预队伍，设立“四线两网一平台”，安排精神科医师值守定点医院及4个集中隔离点，开展心理干预服务174人次、现场疏导21人次。强化母婴安全。组建新冠肺炎母婴安全领导小组、新冠肺炎孕产妇和新生儿医疗救治专家组，确定沙坪坝区新冠肺炎孕产妇定点救治医院，力保疫情防控期间母婴安全。

早报告，落实疫情信息报告制度。健全信息报告机制，严格疫情信息“日报告、零报告”制度，落实落细信息报告质量，避免出现错报、误报、漏报和迟报现象；整合各级医疗卫生机构及疫情防控部门，形成疑似病例、密切接触者等重点人群的核酸检测结果6小时内反馈，其他人群检测结果12小时内反馈工作机制；组织相关部门开展疫情常态化防控风险研判，评估行业内风险隐患，指导其防范整改；收集并报送疫情有关信息31种6000余次。回应社会关切，主动公开确诊病例活动轨迹，召开新闻发布会2次。

重协调，做好物资保障。划拨4000万元专项防疫资金，专项用于患者救治、防疫物资采购、诊断治疗设备及快速诊断试剂采购；统筹通过铁路口岸采购、多渠道联系企业，紧急采购医用N95口罩、医用防护服等医疗物资。协调本地企业重庆杏林医疗用品公司转型生产口罩，日产量约25万只；接受社会各界、爱心企业、海外国家捐赠的医疗防疫物资；区、镇人大代表、区属各部门党组织，机关支部党员、积极分子积极捐款，捐赠口罩和消毒物品。联合区市场监管局严厉打击销售假冒伪劣防护口罩、护目镜、药品、器械、消毒酒精等防疫物资的违法行为。

强动员，做好疫情知识科普宣传。卫生健康系统广泛开展以“爱卫月专项行动、病媒生物预防控制行动、控烟行动、卫生创建行动、健康知识普及行动”五大行动为重点的爱国卫生运动，全面整治环境卫生，指导开展规范性环境消毒和病媒生物消杀。加大健康教育宣传力度，发送各种科普资料32万份，“健康沙区”微信公众号发布新冠肺炎相关防治信息250余条。累计宣传报道先进党组织6个、党员41人次、医务工作者48人次。先后向市卫生健康委等推荐先进个人近30人次。典型事迹先后被央视网、《健康报》、学习强国、沙磁荟等各级媒体报道120余次。编印工作简报18期。

注重落实，做好常态化疫情防控

全面加强重点环节防控。强化学校防控。全区实行13名区领导“一对一”联系驻区高校，22名区领导分片包78所中小学，107名卫生副校长和驻校医生蹲点值守，“一校一策”保障疫情防控，开展各类专题培训、指导和保障17次，筛查管理发热学生1900余人，重点地区返校人员2601人，新冠核酸结果均为阴性，排除输入风险，为学校复学提供保障。强化车站防控。在两个火车站、两个汽车站设置医疗点，开展发热病人排查，累计排查中高风险到（返）区人员约50万人，上门开展核酸采样检测282人次。在绕

2020年3月5日，沙坪坝区当地企业口罩生产线投产（区融媒体中心供图）

城高速凤凰下道口、319国道山洞村和G93沙坪坝收费站关口设卡点对过往车辆内的人员体温筛查，筛查15万余台车辆，27万余人。闭环排查出境外确诊病例1例，管控各类风险隐患。强化重点场所防控。联合卫生监督、市场监管等部门组成专项工作组，采取不打招呼、不听汇报、直奔现场的方式，对全区美容美发、沐浴场、超市、餐饮等人群聚集单位开展调研和暗访检查，对排查组暗访检查反馈的问题逐一整改。强化农村地区防控。制发相关文件13个，召开相关会议5次；开展返乡人员、重点场所等核酸检测2196人（件）次，结果均为阴性；9个涉农镇街全面禁止村民办无事酒，倡导婚丧嫁娶从简；通过张贴《告市民书》、大喇叭宣传、微信点对点推送等形式，确保疫情防控政策逐户知晓。

人物同防，做好重点环节筛查。全面落实“人物同防”疫情防控策略。坚持实施重点场所监测，对火车站、长途汽车站、养老院等民政服务机构、公安监管场所、学校和托幼机构、农贸市场等场所进入人员和工作人员开展核酸检测，累计排查超100万人，所有疑似症状人员均予以排除新冠可能；坚持重点人员和环境抽检，对全区发热人员、冷链食品、渝新欧、医疗机构、农贸市场、快递、外卖各环节工作人员及相关食品、外包装和环境开展核酸抽样检测，覆盖全区39个农贸市场、159个冷链食品经营场所和11家医疗机构，累计开展核酸抽样检测73018次。

统筹高效，做好应急疫情处置工作。建立健全快速反应机制，多部门统筹联动，快速响应处置新冠肺炎疫情应急事件。成功处置全市首起厄瓜多尔进口冻白虾外包装阳性事件，妥善处置英国包机无症状感染者事件、彭水无症状感染者密接追踪、高新区阳性牛肉排查、大渡口冻库阳性物表暴露人员管理、浙江输入密接隔离等17起事件。主动承担高新区4例确诊病例疫情处置，协助处置SK海力士韩籍员工回国后检出新冠病毒核酸阳性疫情，指导处置2例湖北输入新冠无症状感染者疫情。累计核酸检测、血清抗体检测高危及暴露人员853人次，均未发现阳性情况；累计核酸检测相关物品、外包装、存放流通环境3182件次，发现阳性样本3件次，均按规范予以处置。

协同推进，助力复工复产平稳推进。紧扣“优化协作流程、强化技术培训、实行扁平化管理、准确出具复工证明”四环，推出“网上办、预约办、上门办、延期办、自助办”等便民便企措施。统筹相关疫情防控部门，指导辖区企业落实落细疫情防控措施，为4257家企业提供复工服务，免费出具外出务工人员健康证明57585人次。积极保障企业招工、召开大规模聚集会议或活动，累计参与防控指导及保障约20次。

及时准备，加强卫生应急储备

强化人员准备。组织开展2轮“疾控大培训”，组建医疗救治骨干队伍100人、备勤医护队伍120人、采样队伍1035人、核酸检测队伍82人、流调队伍396人、心理干预队伍20人、消杀队伍10人、社区防控队伍262人，完成4轮区级培训，考核平均分逐轮提升。强化物技准备。全区设置医院外采样点230个，培训采样人员1000余人。单管日最大检测能力从300例提升到1.12万例，统筹驻区医院检测资源后达到1.92万例；落实物资三级储备模式，医疗卫生机构按45天满负荷运转需求量进行物资储备，随时保障应急所需。强化演练准备。全区制作防控作战网格图、采样检测网络分布图、应急处置工作路径图等系列实战地图，时刻指导作战；组织开展2次区级大规模人群核酸检测实战演练、1次桌面演练，22个镇街分别开展辖区内实战演练。

（区卫生健康委）

大事记

1月

2日

重庆市委书记陈敏尔到沙坪坝区调研老旧小区改造工作。

3日

区委召开第十二届第一百一十五次常委会。

沙坪坝区“沙磁人才信息系统”上线运行。

4日

2020年沙坪坝三峡广场首届消费扶贫年货购物节暨沙坪坝第十四届年货消费节在三峡广场开幕。

5日

政协沙坪坝区召开第十四届委员会第五次会议。

6日

沙坪坝区第十八届人民代表大会第六次会议召开。

区委书记江涛、区长常斌带队到重庆警备区交流双拥工作情况并慰问警备区官兵。

7日

区政协第十四届委员会第五次会议闭幕。

8日

区第十八届人民代表大会第六次会议闭幕。

11日

沙坪坝区与奉节县第32次对口帮扶对接。

16日

沙坪坝区召开全市“两会”精神传达学习会暨“不忘初心、牢记使命”主题教育总结会。

重庆市政协主席王炯到陆军勤务学院、陆军工程大学通信士官学校、龙湖U城永辉超市、覃家岗街道映泉花园小区、山洞街道林园社区开展春节走访慰问活动。

17日

区委召开第十二届第一百一十六次常委会。

区政府召开十八届第九十六次常务会议。

19日

重庆西站机场城市候机楼启用，空铁联运有效衔接。

20日

区委书记江涛带队前往天星桥街道、磁器口古镇、石井坡街道检查节前安全及市场供应工作情况。区长常斌带队到沙坪坝火车站等地开展节前安全检查工作。

21日

区委召开第十二届第一百一十七次常委会。

重庆市市长唐良智到沙坪坝区开展春节前慰问并调研节日期间市场保供情况。

市人大常委会主任张轩到陆军军医大学开展春节走访慰问活动。

沙坪坝区召开专题会议安排部署新型冠状病毒感染的肺炎疫情防控工作。

22 日

区委书记江涛、区长常斌到区疾控中心走访慰问一线医务工作者。

24 日

沙坪坝区成立新型冠状病毒感染的肺炎疫情防控工作领导小组，统筹重大突发公共事件 I 级响应各项工作。

27 日

区委书记江涛到重庆西站、新桥街道高滩岩社区、区人民医院和区中医院，实地调研新冠肺炎疫情防控工作，看望慰问疫情防控一线工作人员。

28 日

国际友好交流城市韩国仁川市桂阳区向沙坪坝区捐赠 5 万只 KF94 口罩和 1 万双医用防护靴套，帮助沙坪坝区采购 2 万只医用口罩。

30 日

国务院督察组到重庆西站督察“新型冠状病毒感染的肺炎”疫情联防联控工作。

2 月

1 日

沙坪坝区召开新型冠状病毒感染的肺炎疫情防控工作新闻发布会。

3 日

区委召开第十二届第一百一十八次常委会。

区委书记江涛调研新冠肺炎疫情期间储备物资市场保供、价格及粮食储备工作情况。

沙坪坝区设置 9 个 24 小时公路防疫检查点，51 个公交始发站（点）、13 个轨道站疫情防控测温点。

4 日

区委书记江涛、区长常斌到重庆东华医院、井口社区卫生服务中心、区中医院慰问医疗机构及一线医务工作者。

5 日

区委书记江涛、区长常斌带队检查高速路收费站疫情防控、农村疫情防控、高校疫情防控、物业小区疫情防控工作。

6 日

区委书记江涛、区长常斌带队检查沙坪公园疫情防控、农贸市场疫情防控、公交车站疫情防控、古镇景区疫情防控工作。

7 日

区委书记江涛、区长常斌带队检查水、电、气、电信、邮政保供、窗口企业运行情况及疫情防控工作。

10 日

区委书记江涛、区长常斌到丰文街道现场开展学府悦园公租房小区新增新型冠状病毒肺炎确诊病例处置及疫情防控工作。

12 日

召开专题研究公租房疫情防控工作会议。

出台《沙坪坝区抗击新型冠状病毒感染的肺炎疫情网络评论引导专项工作方案》，推动基层干部多层次开展宣传引导工作。

14 日

区委书记江涛、区长常斌带队到重庆国际物流枢纽园区和青凤工业园，检查重点工程建设项目工地疫情防控措施及复工前期准备工作。

15 日

重庆市市长唐良智到沙坪坝区检查保供情况。

17 日

区委书记江涛到海石公园集中医学观察点检

查该集中医学观察点启用前准备工作。

区委书记江涛、区长常斌看望慰问牺牲在疫情防控一线的民警潘继明家属。

19 日

国务院应对新冠肺炎疫情联防联控机制第二十一指导组到沙坪坝区指导高校疫情防控和复学准备工作。

区委召开第十二届第一百一十九次常委会。

区委书记江涛带队检查企业复工复产和新冠肺炎疫情防控工作情况。

20 日

区政府召开十八届第九十七次常务会议。

沙坪坝区举行第一批公立医院支援湖北医疗队出征仪式，30 名医护人员前往湖北孝感，抗击新冠肺炎疫情。

21 日

区委书记江涛、区长常斌等区领导召开专题研究疫情防控对经济发展影响会议。

22 日

沙坪坝区召开企业和项目复工复产专题工作会。

25 日

区政府召开十八届第九十八次常务会议。

26 日

区委书记江涛慰问陆军军医大学第二附属医院（新桥医院）、沙坪坝区人民医院援鄂医疗队队员家属。

27 日

区委书记江涛调研春耕备耕，农业企业复工复产工作。

29 日

区长常斌召开专题研究中梁镇永宁寺村乡村振兴示范村建设工作会议。

3 月

3 日

区政府召开十八届第九十九次常务会议。

4 日

区委召开第十二届第一百二十次常委会。

5 日

区委书记江涛到重庆杏林医疗用品公司实地检查调研转产企业投产扩能工作。

6 日

沙坪坝区召开招商引资工作领导小组会议。

9 日

沙坪坝区举行招商引资项目“云签约”活动，签约 15 个招商项目，总协议金额 248.1 亿元。

10 日

区委书记江涛到青木关镇调研缙云山国家级自然保护区生态搬迁、四楞碑村人居环境整治、新青路危岩及泥石流地质灾害隐患点整治等工作并召开座谈会。

11 日

重庆市市长唐良智调研重庆金美汽车电子有限公司、重庆郭氏洪伸科技有限公司，了解企业疫情防控及复工复产工作推进情况。

区委召开第十二届第一百二十一次常委会。

区委书记江涛带队检查民政服务机构新冠肺炎疫情防控工作。

沙坪坝区向国际友好交流城市韩国仁川市桂阳区回赠 10 万只医用口罩，区长常斌代表区委、区政府向桂阳区厅长朴亨宇致慰问信。

12 日

沙坪坝区召开党的工作会。

区政府召开十八届第一百次常务会议。

沙坪坝区召开 2020 年党的工作会电视电话会，区长常斌、区人大常委会主任赖明才、区政协主席黎万宏等区领导参加会议。

重庆西站长途汽车站恢复25条市内及省际客运班线运营。

13日

沙坪坝区召开2020年农村工作和扶贫帮困工作会。

14日

沙坪坝区召开复产复工复市专题会议。

17日

沙坪坝区召开推动成渝地区双城经济圈建设集中调研座谈会。

18日

区委召开第十二届第一百二十二次常委会。

区委书记江涛会见中国工程院院士、北斗卫星专家谭述森一行。

区委书记江涛检查小微企业和个体工商户复工复产情况。

19日

区长常斌调研东部城区道路集中攻坚指挥部，安排部署东部城区道路建设相关工作。

24日

区政府召开十八届第一百零一次常务会议。

25日

区委召开第十二届第一百二十三次常委会。

26日

沙坪坝区启动“故里故事”活动，活动历时半年，22个街镇、66件外宣作品面世。

27日

区委书记江涛调研东部城区道路集中建设和磁器口古镇景区开放情况。

4月

1日

区委书记江涛调研沙坪坝区学校开学准备情况。

区政府召开十八届第一百零二次常务会议。

2日

区委书记江涛到松鹤陵园、土主镇明珠山村和区福利养护中心建筑工地检查疫情防控、森林防火和安全生产工作。

3日

中欧班列（渝新欧）“中国邮政号”专列全国首趟正式发车。

区长常斌检查森林卡点、上下天池整治情况。

7日

沙坪坝区召开东部城区征地拆迁工作专题会。

8日

重庆市委书记陈敏尔调研南开中学复课准备工作。

区委召开第十二届第一百二十五次常委会。

重庆市支援湖北医护人员结束隔离休养欢送仪式在融汇丽笙酒店举行。

9日

区政府十八届第一百零三次常务会议召开。

10日

沙坪坝区召开区委理论中心组（扩大）专题学习会暨推动成渝地区双城经济圈建设集中调研成果交流会。

12日

重庆西站开通“川渝贵”省际环线动车。

13日

沙坪坝区召开2020年春季学期学校开学工作视频会议。

16日

区委召开第十二届第一百二十六次常委会。

沙坪坝区2020年春季房交会暨都市消费节在三峡广场开幕。

17日

重庆市市长唐良智到沙坪坝区调研主城区坡

坎崖绿化美化工作。

18日

区长常斌检查开学复课准备工作。

20日

区委书记江涛调研西南医院下穿道项目、轨道9号线沙坪坝区段、土湾安置房、杨公桥小学重点基础设施和民生实事项目建设情况。

区政府召开十八届第一百零四次常务会议。

沙坪坝区中小学、幼儿园陆续分批开学，首批高三、初三、中职学校毕业年级学生开学复课。

21日

区政协召开与各民主党派工作联系会。

22日

沙坪坝区召开2020年退役军人工作会。

23日

重庆大学、沙坪坝区人民政府合作共建重庆大学附属中小学签约仪式举行。

24日

沙坪坝区举行招商项目集中开工（入驻）活动。

26日

区委召开第十二届第一百二十七次常委会。

27日

沙坪坝区召开2020年第一季度经济形势分析会。

重庆市人大常委会主任张轩调研梁滩河沙坪坝段综合整治工作。

28日

沙坪坝区召开中国共产党重庆市沙坪坝区第十二届委员会第七次全体会议。

沙坪坝区与高新区召开工作对接会。

29日

区委书记江涛慰问重庆“五一劳动奖章”获得者吕珍律，为重庆“工人先锋号”获得单位重庆小康工业集团股份有限公司保安管理部授牌。

区政府召开十八届第一百零五次常务会议。

5月

7日

区委召开第十二届第一百二十八次常委会。

区政府召开十八届第一百零六次常务会议。

8日

生态环境部西南督察局副局长柏伦章一行到沙坪坝区调研水环境综合整治情况。

“重庆造”乘用车首次通过中欧班列（渝新欧）专列批量出口德国。

12日

区政府召开十八届第一百零七次常务会议。

沙坪坝区召开统计工作专题会。

13日

区委召开第十二届第一百二十九次常委会。

14日

区委召开第十二届第一百三十次常委会。

沙坪坝区举行“政银携手助力中小微企业复产达产”银企集中签约仪式。

15日

区委书记江涛到中渡口码头、磁器口滨江片区调研河长制工作。

20日

区政府召开十八届第一百零八次常务会议。

21日

区委召开第十二届第一百三十一次常委会。

区委书记江涛到三峡广场商圈、大川建材市场检查全国两会期间平安稳定和安全工作情况。

22日

区委书记江涛调研歌乐山街道“散乱污”企业整治工作。

重庆市首个校园纠纷人民调解委员会——沙坪坝区校园纠纷人民调解委员会在区司法局挂牌成立。

25 日

区委书记江涛、区长常斌带队到陆军军医大学，围绕新一轮军地合作等相关工作开展交流座谈。

沙坪坝区召开第七次全国人口普查领导小组第一次会议，安排部署第七次全国人口普查工作。

27 日

区政府召开十八届第一百零九次常务会议。

28 日

区委召开第十二届第一百三十二次常委会。

沙坪坝区举办“全国科技工作者日”院士专家座谈会。

区长常斌到中梁镇庆丰山村调研乡村振兴示范带建设情况。

29 日

沙坪坝区举行招商引资项目“云签约”活动，区委书记江涛致辞，区长常斌主持仪式。签约 12 个招商项目，总协议金额 177 亿元。

区委书记江涛到凤鸣山小学、高滩岩小学看望慰问少年儿童，区长常斌到联芳小学、名校联小慰问少年儿童。

区委书记江涛会见统一战线代表人士。

31 日

中欧班列（渝新欧）首次开行出口防疫物资专列。

6 月

1 日

沙坪坝区召开国土空间分区规划专题汇报会。

2 日

重庆市市长唐良智到光谷智创业园调研。

3 日

区政府召开十八届第一百一十次常务会议。

区委书记江涛、区长常斌带队到土湾街道调研豫丰里遗址、中国国际广播电台发电厂旧址。

4 日

区委召开第十二届第一百三十三次常委会。

重庆大学振动台实验室完成全国首个“足尺寸实体 6 层冷弯薄壁型钢结构房屋”的振动台试验并取得成功。

5 日

沙坪坝区召开 2020 年城市管理暨三项重点专项工作部署会议。

9 日

区政府十八届第一百一十一次常务会议召开。

“重庆·1949”剧院开工奠基仪式在磁器口金碧正街举行。

沙坪坝区召开全区首次网络安全工作大会。

10 日

中梁镇庆丰山村乡村振兴示范点建设专题会召开。

11 日

沙坪坝区统一战线推动成渝地区双城经济圈建设调研座谈会暨主委主席联席会议召开。

12 日

沙坪坝区召开 2020 年河长制、林长制暨推动长江经济带发展领导小组会议。

区长常斌主持召开全区防汛抗旱调度会，部署防汛抗旱相关工作。

沙坪坝区收集整理的一批与桂阳区共同抗击新冠肺炎疫情的相关实物及资料被重庆中国三峡博物馆作为新冠肺炎疫情防控代表性物证收藏。

13 日

重庆市爱国卫生志愿服务推进活动在沙坪坝区小龙坎广场启动。

15 日

区政府召开十八届第一百一十二次常务会议。

沙坪坝区在三峡广场开展防范非法集资宣传日活动。

16 日

沙坪坝区召开中华人民共和国成立 70 周年安保维稳工作成效突出表彰会暨防范化解重大风险攻坚战推进会。

区长常斌考察字节跳动重庆大数据管理中心。

沙坪坝区 2020 年重点项目集中开工（入驻）仪式举行，15 个重点项目集中开工，总投资 64 亿元。

磁器口古镇景区内重庆市永霞工艺品有限公司（沙磁乱针绣）和重庆大琼刺绣工艺品有限公司（琼缘刺绣）入选重庆市第一批非物质文化遗产传习所。

18 日

区委召开第十二届第一百三十四次常委会。

19 日

区委书记江涛出席沙坪坝区与四川外国语大学合作共建四川外国语大学附属小学签约仪式，烈士墓小学将更名为四川外国语大学附属小学。

22 日

沙坪坝区召开统一战线代表人士、重点民营企业负责人座谈会。

23 日

二横线土主隧道出口段提前 130 天到达贯通里程。

24 日

区政府十八届第一百一十三次常务会议召开。

28 日

国务院长江流域重点水域禁捕和退捕渔民安置保障工作推进电视电话会议以及全市长江流域禁捕和退捕渔民安置保障工作电视电话会议召开。

29 日

重庆市市长唐良智在沙坪坝区调研沙坪坝站铁路综合交通枢纽及 TOD 项目建设，并到重庆一中出席第十二届重庆市青少年科技创新市长奖颁奖仪式，为获奖者颁发青少年科技创新市长奖。

30 日

区委召开第十二届第一百三十五次常委会。

7 月

1 日

区委书记江涛到新山路、中土路等地检查强降雨后道路受损情况。

2 日

沙坪坝区与红岩联线管理中心召开工作对接座谈会，区委书记江涛参加座谈。

区长常斌检查 2020 年普通高考备考工作。

3 日

区政府召开十八届第一百一十四次常务会议。

7 日

重庆口岸数字产融一体化服务平台正式上线。

8 日

区委书记江涛到梨园社区养老服务站、沙滨学校、圣泉社区公园等项目现场，调研民生实事推进情况。

沙坪坝区召开第七次全国人口普查领导小组（扩大）第二次会议。

重庆首个社区基层立法联系点在沙坪坝区石井坡街道中心湾社区挂牌。

9 日

区委召开第十二届第一百三十六次常委会。

10 日

区十八届人大常委会第三十五次（扩大）会议召开。

沙坪坝区与交通银行重庆市分行签署战略合作协议。

13 日

区政府召开十八届第一百一十五次常务会议。

15日

区委召开第十二届第一百三十七次常委会。

17日

沙坪坝区召开征地征收工作调度会。

18日

区委书记江涛、区长常斌到抗洪防汛工作一线看望慰问干部职工，并检查指导工作。

20日

区政府召开十八届第一百一十六次常务会议。

沙坪坝区2020年全国文明城区工作推进会召开。

沙坪坝区“无废城市细胞”单位命名：沙坪坝万达广场被命名为“沙坪坝区无废商圈”，重庆融汇上泉坊酒店、重庆沙磁时光酒店、重庆融汇丽笙酒店、重庆岷山饭店被命名为“沙坪坝区无废饭店”，重庆市沙坪坝区商务委员会被命名为“沙坪坝区无废机关”。

21日

第八届沙坪坝区青少年科技创新区长奖颁奖活动在树人凤天小学举行，区长常斌出席活动并为获奖学生颁奖。

沙坪坝区第七次全国人口普查综合试点启动仪式在三峡广场举行。

24日

沙坪坝区召开2020年上半年经济形势分析会。

26日

重庆市市长唐良智到沙坪坝区现场调度防汛救灾工作。

27日

区委书记江涛、区长常斌到磁器口古镇现场检查防汛工作情况。

区长常斌看望慰问抗美援朝老战士程铭。

28日

区委召开第十二届第一百三十八次常委会。

29日

歌乐山街道成功创建国家卫生镇。

30日

沙坪坝区召开2019年度考核表彰会。

区政府召开十八届第一百一十七次常务会议。

31日

国务院联防联控机制电视电话会议在北京召开，沙坪坝区组织收听收看国务院联防联控机制电视电话会议。

8月

4日

区长常斌到中梁镇、井口街道检查调研乡村振兴示范带建设进展和文物保护利用工作。

5日

沙坪坝区召开第三季度安全生产和自然灾害防治工作会。

6日

区政府召开十八届第一百一十八次常务会议。

重庆融创文旅城“雪世界”开业。国家体育总局原局长刘鹏、区委书记江涛出席“雪世界”开业仪式。市体育局局长丁洪为重庆融创文旅城授“重庆市冰雪运动体验基地”“重庆市青少年滑雪培训基地”牌。

区委书记江涛出席重庆全球贸易港项目签约活动。

中国社会工作联合会“安心小屋”落户沙坪坝区。

7日

沙坪坝区召开事业单位管理工作大会。

10日

区委召开第十二届第一百三十九次常委会。

11日

沙坪坝区召开2020年统一战线暑期谈心活

动行前动员会暨半年经济形势通报会。

12日

区委书记江涛带队前往三峡广场、磁器口慰问基层警务人员和消防员，并前往凤凰桥村龙洞槽卡点、丰文街道盐堰路边坡塌方点检查治理、建设情况。

区政府召开十八届第一百一十九次常务会议。

14日

区长常斌调研磁器口洪峰过境情况。

17日

重庆“双晒”第二季沙坪坝区专场在全网开启宣传推介。

18日

沙坪坝区召开创建全国文明城区迎检工作动员会。

19日

重庆市委书记陈敏尔调研磁器口防汛救灾工作。

国家防总工作组到沙坪坝区检查防汛救灾工作。

区长常斌主持召开全区防汛救灾指挥调度会，安排部署沙坪坝区防汛救灾工作。

区委召开第十二届第一百四十次常委会。

20日

中共中央政治局常委、国务院总理李克强视察沙坪坝区防汛救灾和恢复重建工作情况，重庆市委书记陈敏尔、国务院秘书长肖捷、重庆市市长唐良智陪同调研。

“嘉陵江2号”洪峰过境磁器口站，最高水位达到192.65米。

21日

区长常斌到歌乐山观光索道下站房、红梅林停车场、红岩景区老铁路隧道开展“马路办公”，实地检查景区重要节点改造提升、绿化管理维护、基础设施建设、突出问题整治等相关工作情况。

24日

区政府召开十八届第一百二十次常务会议。

27日

沙坪坝区召开第七次全国人口普查重点社会单位工作推进会。

9月

1日

烈士墓小学更名为四川外国语大学附属小学。

中欧班列（渝新欧）全国首列跨境电商B2B出口专列驶出国际物流枢纽园区团结村中心站，重庆正式开启跨境电商B2B出口新篇章。

西部陆海新通道签发全国首张CIFA多式联运提单。

2日

全国人大常委会副委员长沈跃跃到民丰化工厂调研土壤污染防治工作。

区委召开第十二届第一百四十一次常委会。

3日

重粮集团人和臻源米业大米加工厂开业揭牌活动在重庆国际物流枢纽园区举行，年产4万吨大米加工厂于园区意大利维龙物流基地内正式投运。

4日

永辉物流和浙商中拓2家国际物流枢纽园区入驻企业跻身全市百强。

7日

区政府召开十八届第一百二十一次常务会议。

8日

区长常斌走访磁器口受灾户。

9日

重庆市委书记陈敏尔带队到重庆大学信息物理社会可信服务重点实验室调研并看望教师

代表。

10 日

区委召开第十二届第一百四十二次常委会。

11 日

西部(重庆)科学城集中开工 79 个重大项目，其中沙坪坝区集中开工 16 个项目。

14 日

区政府召开第一百二十二次常务会议。

15 日

沙坪坝区召开第七次全国人口普查工作推进会。

16 日

2020 年线上智博会工业设计高峰论坛活动在沙坪坝区开幕。

沙坪坝区举行招商引资项目集中签约仪式，签订合作协议 41 个，投资金额 437.67 亿元。

17 日

区委召开第十二届第一百四十三次常委会。

18 日

自然资源部副部长凌月明到沙坪坝区中梁镇龙泉村中梁山岩溶地面塌陷一级专业监测预警点和塌陷治理点调研。

21 日

区委书记江涛带队开展第三季度巡河工作。

区政府召开第一百二十三次常务会议。

22 日

市人大常委会主任张轩率重庆市部分全国人大代表到重庆电子工程职业学院、重庆师范大学、四川美术学院、重庆大学生就业创业公共服务中心，就“稳定和扩大就业保基本民生”有关情况开展专题调研。

23 日

沙坪坝区召开 2020 年国庆节厅级老领导座谈会。

24 日

区委召开第十二届第一百四十四次常委会。

沙坪坝区“故里故事”系列活动在三峡广场启动巡展。

25 日

沙坪坝区召开西部（重庆）科学城建设专题部署会。

26 日

区委召开第十二届第一百四十五次常委会。

重庆融创文旅城举行开业仪式，区委书记江涛出席。

28 日

沙坪坝区召开十二届第八次全体会议。

29 日

区委书记江涛检查企业、建筑施工现场、居民小区、商贸中心等地安全工作。区长常斌到重庆西站、茅山峡公路、融创文旅城等地开展安全检查。

30 日

重庆市 2020 年烈士光荣证颁授仪式在红岩联线管理中心小剧场举行，区长常斌参加仪式。

平顶山公园和绿壁公园成功创建重庆市“无废公园”。

10 月

1 日

沙坪坝区凤凰山隧道及东西连接道通车。

9 日

区政府召开一百二十四次常务会议。

12 日

重庆市庆祝中国少年先锋队建队 71 周年主题队日活动在沙坪坝区第一实验小学校举行。

13 日

区委召开十二届第一百四十六次常委会。

16 日

第十六届和谐人机环境联合会议（2020·重庆）在沙坪坝区召开，人机交互、普适计算和可穿戴计算领域近 300 名专家学者出席开幕式。

19 日

区政府召开第一百二十五次常务会议。

20 日

沙坪坝区再次获得“全国双拥模范城”称号，重庆西藏中学校党委书记、校长李宗良获“全国爱国拥军模范”荣誉称号。

21 日

沙坪坝区人民检察院与成都市青白江区人民检察院举行协作共建座谈会暨检察合作协议签约仪式。

22 日

区委召开十二届第一百四十七次常委会。

2020 重庆国际创投大会在西部（重庆）科学城开幕。

23 日

区委书记江涛到回龙坝镇四龙村看望慰问抗美援朝老战士景纯熙，并颁发“中国人民志愿军抗美援朝出国作战 70 周年”纪念章。

第十四期“沙磁创新论坛”暨“物联网与大健康产业发展论坛”举办。

24 日

庆祝四川外国语大学建校 70 周年暨成渝地区双城经济圈高校外语联盟成立大会召开。

26 日

区政府召开第一百二十六次常务会议。

27 日

沙坪坝区召开中央生态环境保护督察整改部署大会。

沙坪坝区召开“十四五”规划专家座谈会。

28 日

沙坪坝区召开 2020 年三季度经济形势分析会，分析盘点全区经济运行形势，安排部署四季度重点工作。

29 日

区委召开十二届第一百四十八次常委会。

沙坪坝区招商项目集中开工（入驻）活动在青凤工业园举行，集中开工 15 个项目，总投资额 148 亿元。

30 日

区人大常委会主任赖明才带队调研区枫桥式派出所建设暨公安基层基础工作。

11 月

1 日

第七次全国人口普查登记开始。

2 日

沙坪坝区召开互联网行业委员会暨沙坪坝区互联网行业联合会成立大会。

3 日

区政府召开第一百二十七次常务会议。

4 日

区委召开十二届第一百四十九次常委会。

5 日

“荟萃金沙·磁聚英才”沙坪坝区 2020 年首场人才发展主题活动在重庆大学启动。

沙坪坝区与奉节县第 33 次对口帮扶对接。

6 日

重庆市举行双拥模范城（县）命名暨双拥模范单位和个人表彰大会，沙坪坝区连续六届荣获“重庆市双拥模范城”称号；区退役军人事务局、区教委、新桥街道高滩岩社区居委会 3 家单位获得重庆市拥军优属模范单位表彰；重庆西藏中学校校长李宗良、区就业人才和服务局副局长官晓燕、覃家岗街道新鸣社区党委书记刘德军被评为重庆市拥军优属模范个人；陆军军医大学第一附属医院等7家驻区部队单位获得重庆市拥政爱民模范单位表彰；陆军工程大学通信士官学校政治工作处干事吕浩等6名驻区官兵被评为重庆市拥政爱民模范个人。

沙坪坝区奉节特产旗舰店（沙坪坝—奉节消费扶贫示范专馆）在三峡广场开业运营。

7日

重庆市产学研创新联合体成立大会在沙坪坝区举办。

9日

区政府召开第一百二十八次常务会议。

10日

沙坪坝区召开歌乐山·磁器口大景区建设专题会议。

11日

中国共产党十九届五中全会精神中央宣讲团报告会在重庆市委党校举行。

区委召开十二届第一百五十次常委会。

沙坪坝区与成都武侯区、雄安新区、西安雁塔区等“四省六区”签订“区块链+政务服务”“跨省通办”政务服务战略合作协议。

沙坪坝区与成都武侯区打印出首张“区块链+政务服务”营业执照。

沙坪坝区为四川喜玛仓储科技有限公司发出全市首张“跨省通办”营业执照。

13日

沙坪坝区召开招商引资调度会，区长常斌参加会议。

沙坪坝区召开民主党派、工商联、知联会、新专联2019—2020年度调研结题会暨推动成渝地区双城经济圈建设调研协商座谈会。

16日

沙坪坝召开第八次归侨侨眷代表大会。

17日

德国、法国、白俄罗斯等14个国家驻华使领馆代表到沙坪坝区参加“中欧班列沿线国家执法安全合作会商会”纪念号专列发车仪式。

18日

区政府召开第一百二十九次常务会议。

20日

全国精神文明建设表彰大会在北京举行，沙坪坝区被授予“全国文明城区”荣誉称号。

第四届国际前沿科技创新大会（ICFTI-2020）开幕式在沙坪坝区举行。

第四届国际装配式建筑前沿技术与人才培养学术论坛在沙坪坝区举行。

23日

区政府召开第一百三十次常务会议。

24日

区委召开十二届第一百五十一次常委会。

沙坪坝区被中国气象局授予“中国天然氧吧”称号，这是全国都市核心区的首个“中国天然氧吧”。

25日

《沙坪坝区志（1986—2015）》出版发行新闻发布会召开。

30日

区政府召开第一百三十一次常务会议。

12月

1日

沙坪坝区召开中国共产党十九届五中全会和市委五届九次全会精神会议宣讲会。

2日

区委召开十二届第一百五十二次常委会。

3日

2020年全市机关事务标准化工作现场推进会在沙坪坝区召开。

4 日

沙坪坝区档案馆新馆投入使用。

5 日

沙坪坝区召开全区安全生产工作会。

7 日

沙坪坝区召开 2020 年区委网络安全和信息化委员会网络安全专题会议。

区政府召开会议，研究“十四五”规划及 2021 年主要经济指标设定及重点项目编制情况。

8 日

区政府第一百三十二次常务会议召开。

9 日

区委召开十二届第一百五十三次常委会。

全市安全生产和社会稳定工作电视电话会议召开。

12 日

十三届全国政协副主席、党组成员，交通运输部党组书记杨传堂到重庆国际物流枢纽园区调研，视察中欧班列发车。

区长常斌开展“马路办公”，研究推动轨道九号线旁边绿化建设、杨家山片区风貌提升等工作。

14 日

沙坪坝区召开党外人士座谈会，就《中共沙坪坝区委关于制定沙坪坝区国民经济和社会发展第十四个五年规划和二〇三五年远景目标的建议（征求意见稿）》，听取各民主党派区委会、区工商联负责人和无党派人士代表的意见、建议。

15 日

区委召开十二届第一百五十四次常委会。

沙坪坝区与重庆市高速集团开展工作对接座谈。

沙坪坝区首例国企混改项目在重庆联交所成功挂牌。

16 日

区政府第一百三十三次常务会议召开。

沙坪坝区召开 2020 年干部集体退休仪式。

17 日

沙坪坝区召开十二届区委第九次全体会议。

18 日

陆海新通道印度进口辣椒交易平台暨中国西部辣椒分拨中心在国际物流枢纽园区启动。

沙坪坝区举办沙坪坝区教育学会 2020 年学术年会暨现代学校治理高峰论坛。

19 日

陆军军医大学、沙坪坝区人民政府共同主办的第一届智能生物制造前沿交叉国际论坛暨“中智医谷杯”创新创业大赛举行。

21 日

区政府召开第一百三十四次常务会议。

22 日

全国、全市长江禁捕退捕工作推进电视电话会议先后召开。

23 日

区委召开十二届第一百五十五次常委会。

沙坪坝区召开座谈会，征求民主党派、工商联对政府工作报告的意见。

24 日

重庆市市长唐良智到沙坪坝区参加成渝高铁 1 小时通达列车首发活动并检查消防安全。

成渝高铁提质提速，成渝高铁直达最新型的 CR400AF 复兴号动车组上线，两地将首次实现 1 小时互通，成渝间高铁公交化运营 1 小时直达。

25 日

重庆高速石油销售有限公司揭牌仪式在重庆高速公路集团有限公司举行。

区政府召开十八届四次全体会议。

28日

区委召开十二届第一百五十六次常委会。

沙坪坝区入选第一批国家文化和旅游消费试点城市。

沙坪坝区天陈路南北段建成通车。

沙坪坝区救助管理站（沙坪坝区未成年人救助保护中心）新站改建工程竣工。

29日

重庆市爱卫办确认沙坪坝区为首批“重庆市健康城市建设示范单位”，土主镇、中梁镇、中梁镇龙泉村、丰文街道三河村为首批“重庆市健康细胞建设示范单位”。

重庆市军休工作调研座谈会在沙坪坝区举行。

30日

沙坪坝区召开经济工作会议，总结2020年经济工作，分析经济发展形势，安排部署2021年工作任务。

沙坪坝区举行招商项目云签约暨开工活动，活动采用视频连线、线上线下结合的方式同步进行。签订合作协议49个，投资金额达600亿元；集中开工14个项目，总投资210亿元。

沙坪坝区在重庆市政府新闻发布召开深化陆港型国家物流枢纽建设新闻发布会。

沙坪坝区龙湖光年金沙天街开业。

31日

区政府召开第一百三十五次常务会议。

沙坪坝概览

基本地情

【地理】 沙坪坝区位于重庆市主城区西部，东隔嘉陵江与江北区、渝北区相望，东南紧邻渝中区，南接九龙坡区，西依缙云山与璧山区毗邻，北与北碚区相连。全区面积约 395.8 平方千米，约占重庆市总面积的 0.48%。沙坪坝区最北端在中梁镇新发村，位于北纬 29°46′36″；最南端在歌乐山街道山洞村，位于北纬 29°27′13″；最东端在滴水岩，位于东经 106°31′35″；最西端在曾家镇西部的青木关林区，位于东经 106°14′36″。南北相距 29 千米，东西相距 24.3 千米。海拔最高点位于中梁山北端的白杨湾，为 705 米，海拔最低点位于区东南滴水岩濒临嘉陵江处，为 175 米，相差 530 米，平均海拔 263 米。沙坪坝区地貌归属于盆东平行岭谷低山丘陵区，地形由窄条状山脉和宽缓的丘陵台地组成。在地貌内外引力作用下，地表起伏明显，自西向东分布有缙云山、中梁山两列背斜低山，其间为宽缓的向斜丘陵台地。山脉两侧地势陡峻，坡度较大。山脊高程一般为 500 ~ 700 米。山脉之间宽阔的丘陵台地相对低缓，丘顶高程多为 250 ~ 450 米。中梁山以东、嘉陵江以西为地势较平坦的丘陵台地。本区主要地貌特征为：低山与丘陵、台地（平坝）相间分布；丘陵、台地面积大，山地面积小，其中丘陵、台地面积约 257.5 平方千米，占全区总面积的 65%，山地面积约 138.3 平方千米，占全区总面积的 35%；地貌发育受地质构造和岩性的双重控制；坡面冲刷强烈，崩塌、滑坡等重力地貌发育。

【历史沿革】 沙坪坝区地域历史上长期隶属巴县。清康熙、乾隆年间分属巴县直里、智里、正里、祥里。1935 年 10 月，划入巴县第三区。1935 年 11 月 8 日，巴县重新划为五区，定龙隐镇为第一区治所，区署驻磁器口，辖 1 个镇、17 个乡，今沙坪坝区属第一区。1938 年 2 月 6 日，“重庆沙坪文化区自治委员会”成立；1939 年 1 月 30 日，更名为“巴县沙坪文化区社会事业促进会”，协助巴县政府管理文化区社会事务，形成重庆沙磁文化区。1939 年 8 月，沙坪坝、磁器口、小龙坎等处原属四川省巴县管辖区域划归重庆市建制。8 月 16 日，“重庆市政府沙磁区临时办事处”成立，办公地点设于小龙坎树人小学。1940 年 9 月，重庆市政府办理省市划界事宜，其中以巴县第一区高店乡、新丰乡辖区建置重庆市第十三区，下设高店子、歌乐山、山洞、新桥、上桥 5 个镇；以巴县第一区龙隐实验乡（龙隐镇）辖区建置重庆市第十四区，下设小龙坎、红槽房、沙坪坝、磁器口、金沙街、童家桥 6 个镇，相应撤销重庆市政府沙磁区临时办事处（沙磁区名沿用至1949年），并将以上两区定为甲种区。因歌乐山、高店子、山洞驻有国民政府重要部委机关、大学、医疗卫生机构，1941年8月，重庆市政府在歌乐山设立“重庆市政府歌乐山郊区办公处”，实施市政府政令。抗战结束后，“歌乐山郊区办公处”撤销。1949年11月30日，沙坪坝解放。1950年4月，重庆市人民政府将接管的原第十三、第十四区合并组成重庆市第三区，定为一等区（地专级）。5月5日，重庆市第三区人民政府成立。1951年全区辖7个乡、7个街道。1952年10月，第四区（今九龙坡区）佛图关、化龙桥、歇台子、石桥铺4个街道和黄泥、歇台、石桥3个乡划归第三区。1953年，第六区（今北碚区）井口乡划归第三区。1955年10月24日，重庆市第三区定名为重庆市沙坪坝区，第三区人民政府改称沙坪坝区人民委员会，全区有9个乡、7个街道办事处、3个厂区办事处、4个街道民政室。1958年，北碚区同兴乡划归沙坪坝区管辖。同年，全区农村实行人民公社化，合并组成4个人民公社。1959年撤销各街道办事处，建立街道人民委员会。是年，全区有4个农村人民公社、6个街道、1个镇、1个厂区办事处、4个民政室。1961年，江北县人和区大石公社辖区内国营重庆第二机制砖瓦厂家属区行政管理权划归沙坪坝区。1963年5月，同兴农村人民公社、同兴街道民政室划归北碚区管辖。1968年10月，沙坪坝区人民委员会被“革命委员会”取代。到1978年，全区有4个农村人民公社、16个街道办事处。1980年8月，沙坪坝区革命委员会更名为沙坪坝区人民政府。1984年，成立石桥、覃家岗、歌乐山、井口4个乡人民政府。1993年撤乡建镇。1995年1月，重庆市实施行政区划调整，将沙坪坝区所辖大坪、化龙桥2个街道和石桥镇红岩村划归渝中区，石桥铺街道、石桥镇（联芳村保留）划归九龙坡区，将原巴县所辖青木关、陈家桥、虎溪、西永、土主、曾家、回龙坝、凤凰8个镇及中梁乡划归沙坪坝区。3月，设立重庆沙坪坝联芳经济园区。7月，中梁乡撤乡建镇。9月，新划入9个镇原有的154个行政村调整为72个行政村。全区共辖13个街道、12个镇、1个园区，设173个居民委员会、87个村民委员会。2009年2月，撤销覃家岗镇，设立覃家岗街道。2011年9月，撤销陈家桥、虎溪和西永3个镇，调整小龙坎街道行政管辖范围，设立陈家桥、虎溪、西永和联芳4个街道。2015年1月，詹家溪街道更名为双碑街道。2016年6月，增设丰文街道、香炉山街道。2019年8月，撤销歌乐山镇、井口镇，保留歌乐山街道、井口街道。12月，西永微电园全域，曾家镇、西永街道、虎溪街道、香炉山街道全域纳入重庆高新区直管园范围，凤凰镇、青木关镇、回龙坝镇全域和丰文街道、陈家桥街道、土主镇部分区域纳入高新区拓展园范围。2020年1月，重庆高新区管委会对直管园实行经济社会一体化管理，行使有关区级行政管理权；统筹拓展园的发展规划、产业布局、政策制定、经济统计等有关经济管理事务。12月，撤销土主镇，设立土主街道。调整后，全区辖21个街道、5个镇。

（鄢廷婷）

表 2　　2020 年沙坪坝区行政区划一览表

镇街	社区、村民委员会
青木关镇	2 个社区：青云街、新青路 5 个村：管家桥、石碾桥、青木湖、四楞碑、关口
凤凰镇	1 个社区：凤凰 7 个村：皂角树、凤凰桥、八字桥、胡南坝、杨家庙、五福、威灵寺
回龙坝镇	2 个社区：回龙坝、聚龙城 10 个村：大桥、大水沟、梁滩桥、真武山、保龙、回龙坝、五云山、四龙、西溪桥、青龙庙
中梁镇	1 个社区：新店子 6 个村：茅山峡、石院、龙泉、庆丰山、永宁寺、新发
曾家镇	6 个社区：曾家、龙荫、五里、汤家、龙桥、龙台 7 个村：双龙、龙安、白林、虎峰山、清明、福来、五里冲
覃家岗街道	9 个社区：新立、新鸣、梨园、金星、新凤、梨泉、马家岩、金桥、凤天路 4 个村：梨树湾、上桥、新桥、童家桥
渝碚路街道	10 个社区：杨梨路、杨公桥、白鹤岭、沙杨路、南友村、站东路、双巷子、沙南街、汉渝路、新体村
沙坪坝街道	8 个社区：一心村、沙正街、建工村、劳动路、饮水村、中渡口、新华村、松林坡
小龙坎街道	4 个社区：龙泉路、嘉新、康宁村、快乐里
天星桥街道	9 个社区：石碾盘、小正街、天陈路、晒光坪、柑子村、都市花园、红槽房、梨树湾、泉景
土湾街道	6 个社区：民主村、新生村、模范村、金沙、工人村、滨江
新桥街道	5 个社区：新桥、凤鸣山、高滩岩、上桥、张家湾
双碑街道	4 个社区：双碑街、自由村、堆金村、勤居村
石井坡街道	7 个社区：和平山、建设坡、光荣坡、中心湾、团结坝、远祖桥、石滨路
童家桥街道	5 个社区：五灵观、文苑、壮志路、和睦村、阳光
磁器口街道	4 个社区：金碧、金蓉、凤凰山、磁建村
山洞街道	2 个社区：山洞、林园
歌乐山街道	3 个社区：大土村、高店子、矿山坡 5 个村：金刚、歌乐、天池、新开寺、山洞
井口街道	7 个社区：经济桥、果园、松堡、柏杨村、江家院、美丽阳光家园、宏城名都 4 个村：双碑、南溪、井口、二塘
土主街道	5 个社区：土主、团结湾、永祥、双龙、西盛 6 个村：明珠山、田坝、向家坪、四塘、力量、三圣宫
陈家桥街道	8 个社区：桥南、桥北、桥东、学府、学林、学苑、官房寺、天马山
联芳街道	6 个社区：学堂堡、联芳桥、圣泉、双朝门、平顶山、香榭里
丰文街道	4 个社区：丰文、清悦、崇贤、丰盛 2 个村：人和门、三河
西永街道	4 个社区：永兴、棕树湾、微电园第一社区、富康新城 5 个村：中柱、童善桥、香蕉园、兴隆沟、劳动
虎溪街道	8 个社区：虎兴、花马、石牛岗、复兴寺、虎溪花园、大成湖、熙美、学智 1 个村：建新
香炉山街道	5 个社区：康居西城第一社区、康居西城第二社区、康居西城第三社区、思贤、学善 2 个村：双佛、香炉山

【气候】　沙坪坝区地处四川盆地东部平行岭谷低山丘陵区，属亚热带季风性湿润气候。由于冬季受偏北季风控制，夏季受偏南气流影响，加之盆地周围山脉阻挡，地形起伏，植被分布不均，形成独特的气候特点：冬暖春早，夏热秋雨，四季分明；降水丰沛，空气湿润，雨热同步；日照少，多云雾，少霜雪；立体气候明显，气候资源丰富，气象灾害频繁。年平均气温 18.4℃，冬季极端最低气温多在 0℃以上，少霜雪；夏季极端最高气温多在 40℃以上，多酷暑。辖区内的缙云山山脉

与中梁山山脉，海拔在 500 ~ 700 米，空气流畅，气温相对较低，冷冬年会出现短时的霜雪天气；年降水量呈现北少南多、东南部最多的分布状况，年总降水量 1108 毫米，夏、秋两季降水量占全年降水量的 68%左右，冬季降水量最少；年平均日照时数 963 小时，是全国日照时数最少的地区之一；年平均相对湿度 80%左右。

2020 年，沙坪坝区年平均气温 19.3℃，比常年偏高 0.9℃，为 1951 年以来第 4 高值；年降水量 1178 毫米，比常年偏多 6%，正常；年总日照时数 1012.2 小时，比常年偏多 5%，正常。其气象灾害特点：涝重于旱，气象灾害较常年和 2019 年偏重。全年暴雨偏早，暴雨过程集中、首尾相接，局地强度偏强；连阴雨偏多，秋季偏重；气温波动较大，高温开始偏晚，阶段低温明显；气象干旱总体偏轻。农业气象条件属正常略差年景。

2020 年，全年暴雨强度总体偏弱，局地偏强。各气象观测站监测到暴雨天气过程共 8 场次（51 站次），其中局地暴雨 5 场次，全区大范围暴雨 3 场次。本站（主城）出现 4 场次暴雨天气过程。全年中，“6・27”“7・1”“7・26”暴雨天气过程，使个别镇街不同程度受灾。全年过境洪涝灾害偏重发生。由于四川境内暴雨不断，造成长江、嘉陵江水位上涨。8 月 14 日嘉陵江 1 号洪峰、20 日嘉陵江 2 号洪峰过境磁器口，均超警戒水位。洪水来袭造成沙坪坝沿江街道、商户（单位）、车库被淹，磁器口古镇景区暂停接待游客；造成滨江路沉降、下穿道漏、清水绿岸工程被淹等交通、市政、防洪、民生工程设施损毁。全区无人员伤亡。全年共出现 8 段连阴雨天气过

2020 年 8 月 20 日，嘉陵江 2 号洪峰过境磁器口（张　云摄）

程，主要出现在秋季，强度较常年和2019年偏重。连阴雨对在土作物的光合生长以及收晒有一定不利影响。强降温。全年出现3次强降温过程，总体强度较常年略偏重。其中，春季特强降温还伴随阵性大风，造成个别镇街草莓大棚垮塌，遭受损失。全年共出现35℃以上高温天气42天，比常年偏多12天，比2019年多10天；其中，一般高温（最高气温≥35.0℃）24天，中度高温（最高气温≥37.0℃）16天，严重高温（最高气温≥40.0℃）2天。高温开始期略晚，阶段性高温集中在7月23日到8月31日；年极端最高气温为40.5℃（8月23日）。2020年气象干旱较常年和2019年均偏轻。4月24日起出现轻度春旱，在5月14日降水过程后得到缓解；7月下旬后期以来，沙坪坝大部持续高温天气，土壤水分蒸发量大，失墒明显，局地出现旱象。但由于前期降水丰沛，底墒充足，伏旱影响不大，有利于病虫害防治和成熟大春作物的收晒。（张玉蓉）

【水文】

嘉陵江高水位过程情况 2020年入汛以后，沙坪坝区嘉陵江沿线遭遇16次洪峰过境过程，分别是“6·19”“6·28”“7·2”“7·12”“7·18”“7·24”“7·27”“8·1”“8·8”“8·10”“8·14”“8·20”“8·26”“9·2”“9·12”“9·19”等嘉陵江洪峰过境过程。“6·19洪峰”水位172.71米、“6·28洪峰”水位172.18米、“7·2洪峰”水位174米、“7·12洪峰”水位172.45米、“7·18洪峰”水位180.27米、“7·24洪峰”水位177.11米、“7·27洪峰”水位182.69米、“8·1洪峰”水位177.87米、“8·8洪峰”水位173.30米、“8·10洪峰”水位173.98米、“8·14洪峰”水位185.08米、“8·20洪峰”水位192.65米、“8·26洪峰”水位179.14米、“9·2洪峰”水位175.93米、“9·12洪峰”水位169.77米、“9·19洪峰”水位174.7米。最高水位为“8·20洪峰”水位192.65米，洪峰的频率及高程均较往年强。（寇　磊）

【环境质量】

环境空气质量 2020年，沙坪坝区环境空气质量达标天数为314天，与上年同比增加27天，在主城11区中排名第10。空气质量达优天数为119天，同比增加9天；空气质量达良天数为195天，同比增加18天；超标天数为52天（占14.2%）。其中，细颗粒物（PM2.5）作为首要污染物9天，同比减少16天；臭氧作为首要污染物43天，同比减少10天（注：2019年365天，2020年366天）。

主要污染物浓度4项下降、1项持平、1项上升。细颗粒物（PM2.5）浓度30微克/米^3，达标，同比下降21.1%；可吸入颗粒物（PM10）浓度53微克/米^3，达标，同比下降7%；臭氧浓度168微克/米^3，超标0.05倍，同比下降3.4%；二氧化氮（NO_2）浓度33微克/米^3，达标，同比下降2.9%；二氧化硫（SO_2）浓度11微克/米^3，达标，同比持平；一氧化碳（CO）浓度1.1毫克/米^2，达标，同比上升10.0%。

无酸雨情况产生，降水pH值范围为5.73～7.36，平均值6.63，降水pH值均值同比下降5.8%。降尘量为2.29吨/千米^2·月，低于参考标准，同比下降2.1%。

水环境质量 2020年，梁滩河沙坪坝区段水质改善明显，西西桥出境断面水质年均值达到Ⅳ类，满足Ⅴ类水域功能要求，与赖家桥入境断面相比，西西桥出境断面总磷、氨氮及化学需氧量水质年均浓度值分别降低15.6%、6.3%、5.9%。嘉陵江高家花园和井口两处城市集中式饮用水水源地水质均达到Ⅱ类标准，满足并优于Ⅲ类水域功能要求。

声环境质量 2020年，重庆市生态环境局在沙坪坝区设置两个噪声自动监测点：重庆大学柏树林（1类）、天星桥金都花园（2类）。1类、2类监测点昼间等效声级分别为54分贝、58分贝，与上年相比，1类测点持平、2类测点上升2分贝；1类、2类监测点夜间等效声级分别为48分贝、46分贝，与上年相比，1类、2类测点均下降2分贝。

辐射环境质量 2020年，沙坪坝区辐放射环境质量保持稳定，放射性废物收贮安全，未发生辐放射污染事故。

土壤环境质量 2020年，沙坪坝区农用地、建设用地安全利用率达95%以上，建设用地土壤环境质量保持稳定。 （张文斌）

【自然资源】

土地资源 全区湿地面积73.15万平方米、耕地面积6483.17万平方米、种植园用地面积1460.88万平方米、草地面积530.9万平方米、商业服务业用地面积1287.24万平方米、工矿用地面积2547.92万平方米、住宅用地面积4480.16万平方米、公共管理与公共服务用地面积2264.83万平方米、特殊用地面积380.02万平方米、交通运输用地面积4534.3万平方米、水域及水利设施用地面积1532.09万平方米，其他土地面积1007.58万平方米。

矿产资源 截至2020年年底，沙坪坝区内共发现矿产14种。其中，查明资源储量的矿产10种，矿产地21处。观音峡背斜（中梁山）和温塘峡背斜（缙云山）是矿产资源富集区。区内优势矿产资源为石灰岩、砖瓦用页岩和地热水，石英砂岩、耐火黏土等具有较大的资源潜力。辖区主要矿产资源有天然气、煤炭等。

石灰岩：区内优势矿产，分布在观音峡、温塘峡背斜轴部，在观音峡背斜已查明熔剂用灰岩中型矿床1个，水泥用灰岩小型矿床3个，氧化钙含量均在52%以上，总资源储量1.945亿吨，预测沙坪坝区远景资源储量为17亿吨（含已查明量）。

砖瓦用页岩：区内优势矿产，广泛分布于梁滩河槽谷地区（北碚向斜中段），未作专项地质勘查工作，预测沙坪坝区远景资源储量为21亿吨。

石英砂岩：查明大、中、小型矿床各1个，二氧化硅含量大于95%，可用于冶金、铸型、玻璃等行业，已查明资源储量（包括冶金用石英岩和铸铁用砂岩）1378万吨。

耐火黏土：查明小型矿床2个，三氧化二铝含量33%～36%，资源储量135万吨。

地热水：区内优势矿产，有天然温泉、地热钻井两种类型，其中钻井3口，水温29℃～54℃，允许开采量2973立方米/日。

矿泉水：查明水源地（钻井）4处，以锶、偏硅酸矿泉水为主，目前矿权已全部注销。

此外，区内有含钾凝灰岩、建筑用石料砂岩、建筑用砂等矿产。

动物资源 沙坪坝区有陆生野生动物两栖纲2种、爬行纲15种、哺乳纲45种、鸟纲131种，分属55科、130属。 （张　驰）

植物资源 沙坪坝地处亚热带，植被种类丰富。自然植被类型有亚热带常绿阔叶林、针阔混交林、竹林等；人工植被主要为马尾松纯林。森林植物主要种类有90科、250属、785种。珍稀植物主要有银杏、水杉、楠木、香樟、杜仲、鹅掌楸、红豆杉、罗汉松、白辛树、蓝果树、山桐子等。其中，属于国家重点保护的树种12种。2020年全区水果面积624.33公顷，主要种植品种为柑橘、桃、梨、葡萄、枇杷、草莓、李子、蓝莓等；花卉面积810公顷，主要种植有桂花、樱花、

凤凰花海
五云山寨
国立音乐院纪念亭
川仪十六厂旧址
海石公园
七彩祥耘开心农场
萤火谷文创农场
龙湖U城天街
重庆炮兵学校旧址
万达文旅城
熙街
沙坪坝博物馆（复兴寺）
张治中旧居
四川美术学院
冯玉祥旧居
郭沫若旧居
上天池度假村
重庆大学
虎峰山生态旅游区
林园

沙坪坝手绘地图

（沙坪坝区文化旅游委供图）

黄桷树、紫薇、玉兰、海棠等多个品种。

（刘　萍　肖吉峰　徐天雄）

水资源　2020 年，沙坪坝区水资源量相对比较丰富。其中，地表水资源主要由降雨产生，总量为 2.11 亿立方米，比上年减少 12.56%；地下水资源量为 3183 万立方米。全区过境水主要来自嘉陵江和梁滩河。全区多年平均年径流量 2.1 亿立方米。（许东城）

【旅游资源】　沙坪坝因嘉陵江水冲蚀积沙成坝而得名。域内自西向东分布缙云山、中梁山两列背斜低山，中梁山脉纵贯南北，将辖区内平坝和丘陵地带分作东西两部。东部老城濒临嘉陵江，西部新城背靠歌乐山，区域内分布常年性河流 13 条，是名副其实的“依山傍水”之地。沙坪坝区文化底蕴深厚，是享誉中外的科教文化名区、全国首批文化先进区、全国文物工作先进区，重庆对外开放的重要门户和山水之都重要旅游目的地。融巴渝文化、沙磁文化、抗战文化于一炉，是红岩精神的重要发祥地。已形成巴渝文化之旅、抗战遗址之旅、工业博览之旅、校园研学之旅、都市时尚之旅、乡村乐园之旅等富有文化内涵的旅游品牌。磁器口古镇是“中国历史文化名街”，磁器口民俗文化餐饮街被评为“中华美食街”；歌乐山烈士陵园景区是全国十大红色旅游景区之一；歌乐山国家森林公园被誉为“山城绿宝石”；融汇温泉小镇是重庆温泉之都的领军者；沙坪坝抗战名人旧居（郭沫若纪念馆、张治中纪念馆）被国务院公布为全国重点文物保护单位，冯玉祥纪念馆被重庆市人民政府公布为市级文物保护单位，成功创建全国统一战线传统教育基地、市级爱国主义教育基地、重庆市对台交流基地等。全区有星级酒店 5 家，国家 A 级旅游景区 6 个，每年接待中外游客上千万人次。2020 年，获评“中国天然氧吧”，入选第一批国家文化和旅游消费试点城市。（于　歌）

【人口】　2020 年年末，沙坪坝区户籍人口 90.39 万人，比上年增加 17382 人。其中，城镇人口 81.1 万人，增加 20395 人，乡村人口 9.29 万人，减少 3013 人。户籍人口中，男性人口 44.25 万人，女性人口 46.14 万人。

表 3　2020 年年末户籍人口数及其构成统计表

指标名称	户籍人口（万人）	比重（%）
年末总人口	90.39	100
城镇人口	81.10	89.7
乡村人口	9.29	10.3
男性	44.25	49.0
女性	46.14	51.0

（张辉明）

【民族】　2020 年年末，沙坪坝区有少数民族人口 3.79 万人。其中，常住少数民族 12188 人，流动少数民族 25741 人。少数民族 40 余个，主要有土家族、苗族、彝族、壮族、回族、蒙古族、藏族、维吾尔族等。

【宗教】　2020 年年末，有佛教、道教、天主教、基督教 4 个宗教团体，认定备案的宗教教职人员 37 人，信教群众 9 万余人。批准开放的宗教活动场所 20 处，其中佛教 3 处、道教 2 处、天主教 3 处、基督教 12 处。（熊豫渝）

经济社会发展

【经济运行情况】　2020 年，沙坪坝区实现地区生产总值 1013.9 亿元，同比增长 3%。其中，第一产业增加值 4.5 亿元，同比增长 2.6%；第二产业增加值322.4亿元，同比增长7%；第三产业增加值687亿元，同比增长1%。三次产业结构比为0.4 ： 31.8 ： 67.8。

全区实现规模以上工业总产值2490.3亿元，同比增长14.8%。分行业看，电子信息制造业实现产值2211.9亿元，同比增长18.0%；传统工业实现产值278.4亿元，同比下降5.6%。传统工业中，汽车制造业实现产值43.4亿元，同比下降12.4%；其他运输设备制造业实现产值31.7亿元，同比增长11.9%；通用设备制造业实现产值41.8亿元，同比下降4.8%；医药制造业实现产值40.7亿元，同比下降14%。分区域看，高新区实现产值2249.5亿元，同比增长17.8%；其他区域实现产值240.8亿元，同比下降7.4%。分产品看，生产笔记本电脑6352.1万台，同比增长32.7%；显示器1172.3万台，同比下降19.2%；打印机500.1万台，同比下降63.1%；摩托车整车10.3万辆，同比增长7%；智能手表935.1万只，同比增长65.4%。

资质以上建筑业实现产值293.8亿元，同比增长13.8%。施工面积1361.7万平方米，同比增长0.4%；竣工面积301.1万平方米，同比下降1.8%。

实现社会消费品零售总额486.4亿元，同比增长0.2%。全区实现批发和零售业商品销售总额1300.8亿元，同比下降3.3%；全区实现住宿和餐饮业营业收入82.9亿元，同比下降0.9%。

实现规模以上服务业营业收入248.5亿元，同比增长20.7%。其中，交通运输、仓储和邮政业务收入133.6亿元，同比增长41.4%；营利性业务收入33.6亿元，同比增长7.3%；非营利性业务收入66.7亿元，同比增长1.1%。

完成固定资产投资471.6亿元，同比增长9.5%。其中，工业投资同比增长60.2%；第三产业投资同比增长5.7%。商品房销售面积430万平方米，同比增长13.1%；商品房销售额457.2亿元，同比增长17.7%。

实现一般公共预算收入41.8亿元，同比增长0.6%。其中，实现税收收入33.1亿元，同比增长0.3%。全区实现一般公共预算支出93.9亿元，同比下降5.8%。

常住居民人均可支配收入43213元，同比增长5.7%。其中，城镇常住居民人均可支配收入44055元，同比增长5.4%；农村常住居民人均可支配收入23142元，同比增长8.2%。

实际利用外资11亿美元，同比增长10.5%。全区实现进出口总额2994亿元，同比增长8.2%。其中，出口2031亿元，同比增长12.2%；进口962.9亿元，同比增长0.7%。 （张辉明）

【经济社会秩序恢复】

复工复产复学 2020年，沙坪坝区95个重点项目、4900余家企业、4.1万家市场主体、26万师生复工复产、复学复课，过程中无一例感染。新冠肺炎疫情期间，协调11个区县打通小康、康明斯等龙头企业配套产业链，在重庆市率先开展汽车、房地产、大宗商品消费节活动，拉动商品销售额5亿元，销售房屋面积52万平方米、销售额60亿元。

防汛救灾 面对16次嘉陵江洪峰过境，500名民兵、700余名党员干部、1340名救援队员紧急转移安置住户、商户、企事业单位2657户6652人，人员零伤亡并迅即开展恢复重建。

企业纾困解难 减税降费34亿元，发放援企稳岗资金0.8亿元，帮助企业融资25亿元。新增民营市场主体2.2万户，同比增长19.8%。

【区域协调发展】

成渝“双城圈”建设开局起势 2020年，沙坪坝区与武侯区、青白江区、广安市等四川地区建立合作关系，签订科技创新、产业协同、文化旅游、社会治理等合作协议26个。与武侯区开展“跨省通办”试点，发放全市首张“跨省通办”营业执照，联合开展“云招聘”7场，携手承办全国工业设计高峰论坛、成都市新经济基金招商推介会等活动。与成都国际铁路港建立合作关系，在通道互认、协同招商等方面加强合作。成渝·同创园等合作项目加快推进。

促进“一区两群”协调发展 联合高新区推动100亿元中国电子信创产业示范基地落地建设。推动与南岸区、北碚区、长寿区等区县协作联动。联合重庆渝富集团、城投集团、地产集团等市级平台，推进嘉陵江智慧湾区、大学城北拓区等板块开发。深化校地合作，与重庆大学、西南政法大学、四川外国语大学等共建附属学校。与工商银行、农业银行、中国银行、建设银行、交通银行等银行机构合作，推动基础设施建设。促进交通基础设施互联互通，科学大道、大学城复线隧道等17个市区共建项目完成交地455.27万平方米，快速路二横线西段土主隧道全线贯通，礼嘉大桥主梁施工，大学城复线隧道开工建设。

【创新创业发展】

搭建创新平台 2020年，沙坪坝区内重庆大学设计创意产业园、金沙星座·科创园、中电光谷·智创园产值分别突破12亿元、10亿元、1.5亿元，28.5万平方米黄金湾·智谷投用，33万平方米青凤高科创新孵化中心开工，联东U谷·国际企业港、首创高科创芯产业园加快推进，提档升级金沙星座·科创园业态，优化双创平台35个，创新空间面积120万平方米。协助重庆大学推动超瞬态物质大科学装置预研。

壮大创新主体 引进中科院广州能源所、西部（重庆）地质科技创新研究院等独立法人研发机构13家，中电光谷（西部）科技城、北京万普隆总部等高新项目19个，培育科技型企业476家、增长83%，科技型企业累计1050家。

优化创新生态 整体推进环重庆大学、环重庆师范大学、环重庆电子工程职业学院、环重庆建筑科技职业学院等6个创新生态圈建设，重庆大学创新生态圈投用场地13.1万平方米，建成国际联合研究院等项目13个，入驻创新主体336个、创新团队472个，重庆师范大学6.2万平方米双创生态圈加快建设。柔性引进院士5人，集聚高层次科技人才278人，推动创业种子基金、集成电路产业发展基金组建，举办国际前沿科技创新大会等创新创业活动30余场次。

提升成果转化水平 组建技术市场协会，建设技术转移机构5个，全社会研发经费投入强度提升至3.5%，万人发明专利拥有量增至49件，推动科技成果转化120项，技术合同成交额2.2亿元。

【产业转型升级】

壮大先进制造业 2020年，沙坪坝区提升“芯核器网服”“云联数算融”产业链，大连光洋科德数控、中关村高孚动力等15个项目投运，博宇工业机器人、中电科·吉芯科技、光电传输集成芯片等22个先进制造业项目加快推进。新增军民融合项目10个，嘉陵特装入选市级示范企业。数字经济增加值增长10.8%，高新技术产业产值增长16%。实施31个智能化改造项目、52个技改项目，新建8个数字化车间，推动30家企业“上云上平台”。落实“云长制”，非涉密政务信息系统全部迁移“上云”，建成智慧景区6个、智慧医院7家、智慧学校10所，开通5G基站2700个，重点区域5G信号全覆盖。青凤高科产业园完成土地平场366.67万平方米，凤潮大道、海博大道、海会大道等两纵三横骨干路网建成通车，凤集路、智荟大道等7条道路加快推进，建成园区骨干路网约11千米，绿化面积

66.67万平方米。

提档现代服务业　提质商贸服务业。48万平方米龙湖光年商业体开业，6万平方米佛罗伦萨小镇开业在即。建成重庆融创万达文华、重庆融创万达嘉华、沙磁公馆等4个高端酒店。推动马家岩建材市场转型升级。在沙磁巷等地开展5场特色夜市活动。网络零售额105.6亿元，同比增长22%。做优文化旅游业。入选第一批国家文化和旅游消费试点城市。融创文旅城吸引游客630万人，营业额超3亿元。提升歌乐山·磁器口大景区品质，磁器口后街一期开业投运，金碧正街剧场加快建设，磁童路、磁横街片区改造提升工程抓紧主体施工。重庆特钢厂创意产业园完成方案设计。做强特色服务业。引进广州正创零售产业园、传化供应链总部基地等商贸物流项目21个，橙心网等新型金融类项目5个。重点扶持三羊马物流、万普隆等9家企业上市。

【扩大有效投资】

招商引资　2020年，沙坪坝区坚持单月签约、双月开工机制，签约绿地全球贸易港等项目138个，协议投资1512亿元，项目开工率90%。

项目建设　坚持周调度、周督办，解决项目用地权属、征地拆迁等十大类、200余个难点卡点问题，推进重点项目节点计划完成率创新高。95个重点建设项目完成投资429亿元，24个项目完工。出让土地19宗、132.07万平方米。推进140条共142千米次支干道及未贯通道路建设，天陈路下穿道、凤潮大道等36条47千米道路完工，轨道环线西南半环、轨道5号线完工。桥东佳园等7个安置房项目开工建设。

要素保障　争取上级资金28亿元，纳入2021年中央资金支持的社会事业、老旧小区、生态环保等专项资金扶持项目36个、总投资55亿元。完成征地526.67万平方米，征收21万平方米。动态储备争支项目500个、总投资750亿元，策划科技创新、现代产业、基础设施、民生保障、都市村庄、生态环保和区域协调发展七大领域“十四五”重大项目600余个，“十四五”期间计划投资逾6800亿元。

【推进改革开放】

推进对外开放　2020年，沙坪坝区坚持“通道带物流、物流带贸易、贸易带产业、产业带城市”，提升开放能级，引领和带动周边地区开放发展。壮大枢纽经济。重庆陆港型国家物流枢纽入选2020年国家物流枢纽建设名单。新设立越南河内等3个海外分拨仓，辐射96个国家和246个港口。拓展开放通道，开行越南、印度、菲律宾专列，“四向齐发”国际班列开行4875列，货值超1100亿元，重箱率超90%，国际邮运中心邮包出口2000万件、货值2.5亿美元，整车口岸第二检测线建成。渝州海关报关累计货值98.3亿美元，同比增长57%，渝州海关税费累计总额20.2亿元，同比增长12%。“港产城”加快融合。36万平方米自贸区创新服务中心即将收尾，市政道路管网覆盖超60%，城市框架初步成型；招商蛇口、融创等一批高品质商业地产项目陆续建设，学校、医院等城市配套建设加快推进，推进200万平方米大成湖湿地公园前期工作，城市品质与生态环境显著提升。

深化重点改革　深化投融资体制改革，清水溪及凤凰溪“清水绿岸”治理提升工程成为全市与市级平台污水处理合作特许经营权首例，沙田污水处理工程争取到市区污水处理费返还支持。深化开放型经济体制改革，自贸区“铁路提单信用证融资结算”创新案例获商务部第三批最佳实践案例并纳入全国复制推广，中欧班列（重庆）累计签发铁路提单67份，解决企业融资近2亿元；落实自贸区改革创新任务235项，落实率94%。深化国资国企改革，处置闲置、低效资产47宗，处置收益1亿元，新增经营性资产44亿元，建立完善37项重点企业监管制度，推动1家国有企业实施混合所有制改革。深化农业农村改革，完成52个村级、211个组级集体产权制度改革，农村土地承包经营权确权登记颁证率超过95%，9个行政村开展农村“三变”（资源变股权、资金变股金、农民变股民）改革。

改善营商环境　落实《优化营商环境条例》，对标国际先进和世界银行评价标准，营造一流营商环境。企业办事更加方便。推动减环节、减时间、减成本、减跑动，平均办事跑动压缩到1次以内；开办企业压减至1个环节、最快半天办结，开办企业“零成本”；年总办税时间缩短至90小时；行政审批一次办理提高55%。行政执法持续规范。推进“双随机、一公开”，杜绝选择性执法。强化行政执法规范监督，邀请专家、企业代表评查行政处罚案卷，完成2267件自查。邀请企业、群众累计评议475名科长、所长。企业困难有效解决。走访服务4000余家企业，收到问题2589件，办结2377件。帮助1510家企业发布云招聘岗位信息7万个，达成用工意向1.37万人次。交易环境公正透明。清理废止4个、修改完善3个规范文件。交易活动全流程电子化，减少人为操作风险，防范舞弊和预防腐败。

【提升城市品质】

强化规划引领　2020年，沙坪坝区对接新一轮国土空间规划修编，完成分区规划编制，明确东、中、西板块发展定位，拟拓展发展空间21平方千米。编制歌乐山·磁器口大景区综合提升规划、国际物流城规划等10个专项规划，严格审查磁童路步行街等75个项目设计方案，有效提高城市规划管理水平。

塑造城市形象　入选第六届全国文明城市，城市日常管理工作考评排主城都市区前列。完成新民村片区等9个老旧小区共20余万平方米改造，改造城市棚户区1500户，拆除违法建筑160万平方米。“马路办公”解决问题1.4万余个，完成53处18.9万平方米“坡坎崖”绿化美化，生活垃圾分类全覆盖。19.7万平方米“清水绿岸”景观带、25万平方米五云湖湿地公园、26万平方米凤凰立交公园、47万平方米菁云湖原乡山林等建成，新增各类城市绿地面积130万平方米以上。完成110千伏红康线等8条共20千米高压管线迁改。

改善生态环境　抓好生态环境保护督察整改，整治“散乱污”企业649家。完成6个湖库治理，水质达到Ⅲ类。新改建管网35千米，梁滩河水质提升至Ⅳ类。创建中国天然氧吧，完成“林长制”试点各项重点任务，实施国土绿化提升行动1133.33万平方米，治理污染场地35.6万平方米，空气质量优良天数历史性达到314天。

推进乡村振兴　提速建设34平方千米中梁“都市村庄”项目，完成5千米生态步道。19个农产品获评“巴味渝珍”称号。新改建“四好农村路”72千米，高标准开展农房风貌综合整治，建成美丽庭院200个，建设千亩高端花卉基地。通过人居环境整治三年行动市级评估。

【增进民生福祉】

民生保障持续深化　2020年，沙坪坝区聚焦“两不愁三保障”，实施动态精准帮扶，落实消费扶贫9235万元。21件市区重点民生实事完成投资8.72亿元，完成年度目标任务。

保障和改善民生三年行动计划圆满收官　“幼有所育”专项：新增公办幼儿园9所（含2019年建成未投用3所），增加学位2520个，学前教育公办率52%、普惠率80%，学前三年毛入园率 123%。“学有所教”专项：凤凰实验学校等 5 所中小学开学投用，六十八中、文旅城中学等 5 个中小学项目加快推进，学校标准化建设覆盖率 95%。“劳有所得”专项：城镇新增就业 4 万人。实施高校毕业生就业创业促进计划和青年就业起航计划，应届毕业生就业率 93%，贫困毕业生就业率 100%，发放创业担保贷款 3104 万元。“病有所医”专项：完成沙坪坝区人民医院新院区主体建设、天星桥社区卫生服务中心改建，新桥社区卫生服务中心改扩建开工，启动区疾控中心等 3 家公共卫生机构迁扩建和磁器口等 4 所社区卫生服务中心改扩建，建成“城市 15 分钟、农村 30 分钟”医疗服务圈，每千常住人口拥有编制床位数、执业（助理）医师、注册护士数分别 为 8.6 张、3.4 人和 5.01 人，每万常住人口全科医师为 3.2 人。全区人均预期寿命 78.5 岁。“老有所养”专项：城镇职工养老保险、工伤保险、城乡居民养老保险、医疗保险参保人数分别为 61.3 万人、28.1 万人、5.4 万人、94 万人，城乡养老保险覆盖率稳定在 95% 以上。建成养老服务中心 7 个、养老服务站 34 个，敬老院改造升级完工 3 个。“住有所居”专项：完成区级农村危房改造任务 70 户，培训农村建筑工匠 33 人。“弱有所扶”专项：城市居民最低生活保障标准提高到每人每月 620 元，农村居民最低生活保障标准提高到每人每月 496 元，城乡低保标准差距比例为 1 ： 0.8，77 名生活不能自理特困人员集中供养率 50.6%，1.5 万人纳入医疗救助。“便民设施服务”专项：完工投用山城步道 27 千米，完成农村村社便道建设 41 千米，新改建村、社区便民服务中心 16 个。“文化体育惠民”专项：新改建文化服务中心 18 个，每万人拥有公共文化设施面积 700 平方米，基层综合文化服务中心覆盖率 100%，人均体育场地面积 2 平方米，新建新桥街道等 2 个 24 小时城市书房，新增市级历史建筑 2 处。

确保安全稳定 打造回龙坝和顺茶馆、石井坡特钢能人坊、丰文街道人语议事厅等矛盾纠纷多元化解品牌，化解积案 145 件。持续开展以道路交通、建筑施工、消防等为重点的专项整治，整改安全生产隐患 9923 个，完成 14 个小区 62 台电梯改造更新，完成 201 栋高层建筑消防隐患整治。纵深推进扫黑除恶专项斗争，侦办涉恶犯罪集团 10 个。政府债务风险有效化解，消减存量债务 43 亿元。落实粮食安全行政首长责任制考核，有效增强市场应急保供能力。

（张天麟　夏　菲）

中国共产党沙坪坝区委员会

综　述

【概况】 2020年，中共沙坪坝区委坚持以习近平新时代中国特色社会主义思想为指导，学习贯彻中共十九大和十九届二中、三中、四中、五中全会精神，贯彻落实习近平总书记对重庆提出的系列重要指示要求，按照党中央决策部署和市委、市政府工作要求，战疫情、战复工、战洪水，统筹推进疫情防控和经济社会发展，做好“六稳”工作、落实“六保”任务，地区生产总值突破千亿元关口，各项工作取得积极进展，“十三五”规划目标任务总体完成。落实新时代党的建设总要求，加强党的领导和全面从严治党，担负起管党治党主体责任。坚持把党的政治建设放在首位，把“两个维护”落实到疫情防控、生态治理、防汛救灾等具体行动中，兑现市委“三个确保”政治承诺。召开区委第十二届七次、八次、九次全会，研究部署沙坪坝区“十四五”时期发展、全面融入成渝地区双城经济圈建设、加快建设西部（重庆）科学城工作，开展贯彻落实总书记对重庆所作重要讲话和系列重要指示批示精神“回头看”工作。强化理论武装，深学笃用习近平新时代中国特色社会主义思想，巩固“不忘初心、牢记使命”主题教育成果。持之以恒正风肃纪反腐，贯彻落实中央“八项规定”精神和市委实施意见，力戒形式主义、官僚主义，整治“庸懒散骄”等问题，保持惩治腐败高压态势，深化拓展“以案四说”“以案四改”，镇街、村社区党组织巡察全覆盖。贯彻新时代党的组织路线，坚持党管干部、党管人才原则，开展处级干部综合评价和百名科所长评议考核，优化干部结构和人才结构。探索推动全科网格建设，统筹推进各领域基层党建，深化拓展“三百”（百个支部规范化建设大提升、百名书记应知应会大讲坛、百名骨干党员示范引领大培训）“五微”（智慧党建微平台、辉煌历程微党课、先锋堡垒微视频、党课引领微治理、服务群众微实事）行动。落实意识形态工作责任制，抓好中央、市委巡视组意识形态工作专项监督检查反馈意见整改，掌握意识形态工作主导权。巩固壮大最广泛的爱国统一战线，落实政党协商年度计划内容，建言献策、广泛凝聚共识，多党合作制度效能提升明显。打好防范化解风险攻坚战，推进市域社会治理现代化试点城市建设，推广“和顺茶馆”“能人坊”等特色社会治理品牌，扫黑除恶专项斗争收官，安全生产事故起数、死亡人数双下降，社会大局平安稳定。健全人民当家做主制度体系，加强和改进人大工作，推动政协更好发挥作用，推进全面深化改革和全面依法治区。

（曾传洪）

【经济建设】 2020年，区委坚持稳中求进总基调，加快建设科创智核，不断提升发展质量，推进改革开放，增强市场活力。人民群众获得感、幸福感、安全感不断增强。制定《中共重庆市沙坪坝区委 重庆市沙坪坝区人民政府关于贯彻落实〈成渝地区双城经济圈建设规划纲要〉的实施意见》《中共重庆市沙坪坝区委关于制定沙坪坝区国民经济和社会发展第十四个五年规划和二〇三五年远景目标的建议》等文件，全面融入成渝地区双城经济圈建设、“一区两群”协调发展、西部（重庆）科学城建设等重大战略。沙坪坝区全年地区生产总值1013.9亿元，突破千亿元大关，增长3%。围绕“不断链、促发展”，化解存量、优化结构，债务风险平稳可控。集中精力打造科创智核，召开区委全会专题部署西部（重庆）科学城建设工作，加强与重庆高新区管委会沟通对接，共同推进西部（重庆）科学城建设。建设创新平台，打造“众创空间—孵化器—加速器—科技园区”的孵化链条。引入集成电路产业发展基金，举办国际前沿科技创新大会等活动，加快环重庆大学等6个创新生态圈发展，入驻创新主体336个、创新团队472个，培育科技型企业476家，总数突破1000家。全面深化改革扩大开放，坚持通道带物流、物流带经贸、经贸带产业、产业带城市，开行越南、印度、菲律宾专列，获批陆港型国家物流枢纽，“四向通道”国际班列开行量和货值分别增长43%和138%。推进国资国企、投融资体制改革，民营市场主体同比增长19.8%，152个区级年度重点改革项目全部完成，“铁路提单信用证融资结算”获商务部最佳实践案例并在全国复制推广。招商引资签约项目138个、1512亿元，先进制造业占比45%，2个百亿级项目落地，产业发展后劲不断增强。现代服务业加快发展，融创文旅城、龙湖天街、佛罗伦萨小镇开业投运，陕旅金碧正街、华宇城商贸综合体加快建设，网络零售同比增长22%。优化营商环境，深化“放管服”改革，推进窗口服务“再提升”等九大行动。推进产业提质，先进制造业提质增效，升级发展制造业，把制造业高质量发展放到更加突出的位置，巩固提升电子信息、汽摩装备等传统产业，加快培育新一代信息技术、新能源汽车等战略性新兴产业，集成电路、高端装备等高新技术产业产值增长16%。大力推动数字经济与实体经济融合发展，规模以上工业增加值、数字经济增加值分别增长8.5%、10.8%。

【政治建设】 2020年，区委把政治建设放在首位，坚决把做到“两个维护”落实到疫情防控、生态治理、防汛救灾等具体行动中。推进贯彻落实习近平总书记对重庆所作重要讲话和系列重要指示批示精神“回头看”，兑现市委“三个确保”政治承诺。牢牢把握正确政治方向，掌握意识形态工作领导权，落实意识形态工作责任制，抓好中央第十二轮巡视意识形态专项检查下沉了解情况的相关工作和五届重庆市委第三轮巡视第一巡视组意识形态工作责任制专项监督检查反馈意见的持续整改工作。坚持意识形态领域风险月度分析、半年通报、全年总结，建立意识形态领域风险隐患防范化解任务台账及责任清单，明确防范化解工作举措。抓好中央、市委巡视组意识形态工作专项监督检查反馈意见的持续整改，强化重点领域、重点阵地管控，严格社科活动和社会组织管理，处置各类网络突发舆情287起。强化理论武装，召开10次区委理论学习中心组学习会，深学笃用习近平新时代中国特色社会主义思想，“不忘初心、牢记使命”主题教育成果不断巩固。指导全区各级党组织理论学习中心组开展学习1200余场次；在22个镇街全覆盖开展理论学习中心组学习巡听旁听工作，全区各级党组织结合“三会一课”开展学习近2000场次。加强和改进人大工作，支持人大及其常委会依法行使职权，听取和审议“一府一委两院”专项工作报告21项，代表建议办理落实率85%。推动政协更好发挥作用。支持政协加强和改进民主监督，积极建言献策、参政议政，开展视察调研78次、重点协商9次，收集社情民意信息1224条，制定落实2020年政党协商计划，围绕疫情防控与经济发展、“十四五”规划调研、推动成渝地区双城经济圈建设等开展政党协商活动10余次。制定落实政党协商计划，集中走访服务民营企业收集问题2589件、办结率92%。贯彻落实《重庆市宗教事务条例》等政策法规，推进非公有制经济统战工作，制定沙坪坝区常态化走访服务民营企业工作制度，做好港澳台侨及海外统战工作，完成区侨联换届选举，获评全国优秀侨胞之家1个。加强党外优秀年轻干部梯队培养。加强工会、共青团、妇联等群团工作，更好发挥群团组织联系人民群众的桥梁纽带作用。抓好党管武装工作，加强国防后备力量建设，获全国双拥模范城“六连冠”。

【文化建设】 2020年，区委全媒体矩阵定时推送学习习近平新时代中国特色社会主义思想相关内容，在LED显示屏、游走字幕等阵地滚动刊播理论知识，营造浓厚理论氛围，围绕习近平总书记视察重庆一周年、决胜全面小康等重大主题开展宣传策划，在《人民日报》、中央电视台、《重庆日报》等中央级、市级主流媒体上稿3300余篇。策划新冠肺炎疫情防控、“在行动”“看效果”“走向我们的小康生活”等主题宣传。推动区融媒体中心建设，形成“一次采集、多次生成、多元传播”的融媒体工作格局。围绕中国人民抗日战争胜利75周年、抗美援朝入朝作战70周年等敏感节点，做好风险预判、应急预案和网上信息监测，完成舆论引导任务800余条次。首创首成全国文明城区，建好新时代文明实践中心（所、站），开展志愿服务活动2600余场次。抓好“晒旅游精品·晒文创产品”“故里故事”“德法相伴”“家风润万家”等活动，“天地歌乐 人文沙磁”城市形象深入人心。大力挖掘红色资源、绿色资源、特色资源、古色古香资源，加快打造歌乐山·磁器口大景区，联动创建国家AAAAA级旅游景区。编制空间总体规划，磁童路步行街、磁横街风貌改造启动，磁器口景观码头、歌乐山索道站台完成改造升级，磁器口后街开业运营，金碧剧院、特钢之星旅游码头、和平山城市公园等项目快速推进。继完成“红梅林”景点打造后，对松林坡、大河沟等重点片区开展整治。筹备“重庆·1949”精品剧目，向庆祝建党一百周年献礼。

【社会建设】 2020年，区委聚焦就业、教育、养老、医疗卫生等领域，统筹区域协调发展，干好民生实事，抓牢民生保障。完成21项民生实事，“两不愁三保障”突出问题动态清零，发放各类帮扶资金6800万元，惠及10万人次。发展社会事业，财政支出80%用于做好教育、就业、社保、医疗等民生工作，建成中小学5所，人民医院新院区主体完工，社区居家养老服务全覆盖。维护稳定，打好防范化解重大风险攻坚战，政府债务风险平稳可控，安全生产事故起数、死亡人数双下降，扫黑除恶专项斗争全面收官，治安形势持续向好，社会大局平安稳定。全区编制分区规划，加快城市更新改造，完成城市征收21万平方米、农村征地526.67万平方米，改造棚户区1500户，整治老旧小区20万平方米，滨江路二期、凤潮大道等36条道路建成通车，城市功能逐步增强。提升城市管理，实施大城“三管”“马路办公”，解决问题1.4万个，拆除违法建筑160万平方米，新建山城步道27千米，新增公共停车位5000个、绿化面积130万平方米，成功创建全国文明城区。推进全面依法治区，统筹推进法治政府、法治社会、公共法律服务体系等建设，建成公共法律服务中心、工作站、工作室181个，开展普法宣传活动1200余场。抗击洪水紧急转移安置群众6652人，平稳度过嘉陵江192.65米洪峰过境，接受李克强总理现场调研。

【生态文明建设】 2020年，区委深学笃用习近平生态文明思想，推动形成齐抓共管工作格局，推进生态环保督察问题整改，坚决打赢打好污染防治攻坚战，协同推动经济高质量发展和生态环境高水平保护，取得积极进展和明显成效。2003项攻坚任务全部完成，推进“三水共治”，梁滩河沙坪坝区段出境断面水质年均值由Ⅴ类提升至Ⅳ类，其中2个月达到Ⅲ类，开展歌乐山上、下天池水库环境综合整治，水质由劣Ⅴ类提升至Ⅲ类。嘉陵江沙坪坝区段水质达到Ⅱ类，城市集中式饮用水水源地水质达标率100%，清水溪、凤凰溪等河流稳定消除黑臭。坚决打赢蓝天保卫战，实施“四控两增”，开展夏秋季臭氧污染防治攻坚8大专项行动，优良天数首次突破300天，达到314天，创2013年执行新标准以来历史最高水平。细颗粒物（PM2.5）浓度首次低于35微克/立方米。推进净土保卫战。高质量完成“无废城市”建设试点，全市率先排查、建立疑似污染地块“一张图”清单，完成地块调查63个、治理修复8个，提供净地382万平方米，土壤环境质量保持稳定。全年整治“散乱污”企业649家，关闭搬迁329家，其中新开寺山洞片区整治435家，“散乱污”企业污染问题投诉同比减少43.7%。编制实施“三线一单”（生态保护红线、环境质量底线、资源利用上线和生态环境准入清单），严守生态保护红线。推进山水林田湖草生态保护修复，24个试点项目主体工程全部完工。强化自然保护地监督检查，“绿盾2019”问题销号15个，生态现状遥感调查评估样点选点26个，实地核查新下发的27个疑似违法点位。深化生态文明体制改革，印发《沙坪坝区贯彻落实〈重庆市构建现代环境治理体系实施方案〉任务分工方案》，加快构建我区现代环境治理体系。推进排污许可管理改革工作，排污登记及特殊情形标记4276家，核发排污许可证103家，登记率、发证率均为100%。

【党的建设】 2020年，区委履行全面从严治党主体责任，召开区委常委会会议，研究240个党建有关议题，听取5个党组工作情况报告，听取纪检监察、组织、统战、教育、民政、司法、财政、农业农村、审计、医疗保障、统计、公安等部门工作情况汇报。打造高素质干部队伍，坚持严管厚爱相结合，开展处级干部综合评价和服务发展百名科所长评议考核，探索推动主体班学员到征地拆迁、信访一线实岗锻炼，提拔或进一步使用区管干部127人，其中80后占比43.3%。探索推动全科网格建设，统筹推进机关、国企、医院、学校等各领域基层党建，深化拓展“三百”“五微”行动，整治软弱涣散党组织19个，推动组织体系和治理体系有机融合。持之以恒正风肃纪，坚持常态化明察暗访和专项检查相结合，查处违反中央八项规定精神问题44件、64人，其中形式主义、官僚主义问题19件、35人，查处疫情防控工作中擅离职守、履职不力等问题9件、9人。保持反腐败高压态势，推进“以案四说”“以案四改”，整治庸懒散骄、“中梗阻”等问题，镇街、村社区党组织巡察全覆盖，全年立案76件、81人，处分69人，拒腐防变能力不断提高。

【抗击新冠肺炎疫情】 2020年，区委始终把人民群众生命安全和身体健康放在第一位，成立疫情防控工作领导小组和13个专项工作组，召开29次区疫情防控工作领导小组会议研究部署防控工作，隔离密切接触者683人，落实“外防输入、内防反弹”防控策略，接收、集中隔离和核酸检测境外来区返区人员705人，积极应对厄瓜多尔进口冻虾等疫情险情。抓实抓细常态化疫情防控，开展免费核酸检测“应检尽检”，其余人群实施“愿检尽检”，防止反弹。坚持人民至上、生命至上，316名医护人员驰援湖北，完成核酸检测106万例次，半个月确诊病例零增长，两个月确诊、住院病例“双清零”。战复工取得良好成效，制定实施“惠民援企16条”等政策，减税降费34亿元，减免租金1.2亿元，在全市率先开展汽车、房地产、大宗商品等促消费活动，拉动消费65亿元，4900余家企业3月底全面复工复产，26万名师生开学复课。（曾传洪　甘海燕）

重要会议

【区委全体会议】 2020年，区委共召开全体会议3次。

区委十二届七次全会 2020年4月28日召开。全会以习近平新时代中国特色社会主义思想为指导，全面贯彻中共十九大和十九届二中、三中、四中全会精神，全面落实习近平总书记视察重庆重要讲话、在解决“两不愁三保障”突出问题座谈会上的重要讲话、在中央财经委员会第六次会议上的重要讲话精神，认真贯彻党中央统筹推进新冠肺炎疫情防控和经济社会发展决策部署，认真落实市委五届八次全会工作要求。全会号召，全区干部群众要更加紧密地团结在以习近平为核心的党中央周围，贯彻习近平总书记对重庆的重要指示要求，坚定信心、保持定力，锐意进取、攻坚克难，统筹推进疫情防控和经济社会发展，全面融入成渝地区双城经济圈建设，为确保打赢疫情防控的人民战争、总体战、阻击战，确保决胜全面建成小康社会而努力奋斗。全会听取区委书记江涛代表区委常委会所作的贯彻落实习近平总书记重要讲话精神工作情况报告，审议通过《中共重庆市沙坪坝区委关于全面融入成渝地区双城经济圈建设的决定》。

区委十二届八次全会 2020年9月28日召开。全会学习贯彻习近平总书记在中央财经委员会第六次会议上的重要讲话和视察重庆重要讲话精神。全

2020年12月17日，中国共产党沙坪坝区第十二届委员会第九次全体会议召开　（区融媒体中心供图）

会号召，全区上下要更加紧密地团结在以习近平为核心的党中央周围，落实党中央决策部署，按照市委、市政府工作要求，团结一心、担当作为，开拓进取、聚力攻坚，加快建设西部（重庆）科学城，打造引领重庆高质量发展的“科创智核”，奋力开创沙坪坝区各项事业发展新局面。全会听取区委书记江涛代表区委常委会所作的工作报告，审议通过《关于撤销土主镇设立土主街道行政区划调整的方案》和全会决议。

区委十二届九次全会　2020 年 12 月 17 日召开。全会以习近平新时代中国特色社会主义思想为指导，贯彻中共十九大和十九届二中、三中、四中、五中全会精神，全面贯彻落实习近平总书记对重庆提出的系列重要指示要求。全会号召，全区广大干部群众要更加紧密地团结在以习近平为核心的党中央周围，不忘初心、牢记使命，同心同德、顽强奋斗，奋力谱写高质量发展新篇章，开启社会主义现代化建设新征程，以优异成绩迎接建党 100 周年。全会听取区委书记江涛代表区委常委会所作的工作报告，审议通过《中共重庆市沙坪坝区委关于制定沙坪坝区国民经济和社会发展第十四个五年规划和二〇三五年远景目标的建议》《中共重庆市沙坪坝区委 重庆市沙坪坝区人民政府关于贯彻落实〈成渝地区双城经济圈建设规划纲要〉的实施意见》《区委常委会工作报告》和全会决议。

【区委常委会会议】　2020 年，区委共召开 42 次常委会会议（十二届区委第 115 次至 156 次），传达学习中央重大决策部署，学习习近平总书记系列重要讲话、重要指示、重要文章精神以及党中央、市委重要会议、重要决策部署精神，审议通过各项规章制度、政策性文件及有关事项、有关干部事宜和干部处分事宜 430 项，涉及新冠肺炎疫情防控、成渝地区双城经济圈建设、生态文明建设、纪检监察机构改革、扫黑除恶、基层党建、防范化解重大风险、推进社会治理现代化、“十四五”规划等方面，做出一系列重要决定和工作部署，坚决把习近平总书记殷殷嘱托、党中央的决策部署和市委的工作要求全面落实在沙坪坝大地上，推动沙坪坝区各项事业迈上新台阶，为“十四五”发展开好局、起好步打下坚实基础。

【区委书记专题会议】　2020 年，召开书记专题会议 21 次，酝酿有关干部事宜和纪检监察事宜。

【书记联席会议】　2020 年，召开书记联席会议 12 次，研究部署全区重要专项工作。（肖　晓）

区委办公室工作

【会联工作】　2020 年，区委办公室完成国务院总理李克强及省部级以上领导到区考察调研等协调服务工作 50 余次，完成区委十二届七次、八次、九次全会，全区党的工作会、经济工作会等全区重要会议服务 40 余次，完成区委常委会服务 42 次。定期召开“四办”主任联席（扩大）会，强化会议活动统筹统揽。执行中央相关规定，控制会议活动规格和规模，规范会议管理，改进会风会纪。对部门、镇街承办全区性会议活动点对点培训指导。在疫情防控特殊时期，合理安排参会范围，强化会场科学防控措施，确保全区性会议举行。

（王　玲）

【综合服务】　2020 年，区委办公室围绕专题学习、公文运转、政务值班、协调服务、人事工资、老干部工作等职责，积极主动、推进工作。规范公文运转，全年收文 4639 件（其中涉密文件 348 件），处理领导批示 1814 件（其中市委领导批示 59 件），送销中央、市委涉密文件 2118 份，存档2012份；严格印章使用审批和登记备案制，全年用印260次。组织政务值班，处理各类来电7000余次，处理中央巡视组来信来访交办通知、紧急值班事项、市委领导批示督办单151件。协调处置学府悦园公租房小区新增7名新型冠状病毒无症状感染者、汛期嘉陵江洪峰过境等紧急突发事件42件次，上报市委值班室各类紧急突发事件报告等值班信息154期，编印值班信息6期供区领导掌握。全年向市委上报区委区政府主要领导出差出访报备报告18期；严格区管主要领导干部外出和休假报备制度并予以实时登记，全年有531人次请假报备。更新完善人员基本情况信息库，办理人员转任、轮岗交流、职级晋升相关手续等工作。（路　顺）

【法规、秘书工作】　2020年，区委办公室进一步做好公文核发管理工作。管控发文数量，全年印发文件409件，较2019年减少248件，同比下降38%。其中，党内规范性文件（除“三定”外）、工作通报、议事协调机构类文件24件，同比下降56%。严格发文质量，纠正落实文风不到位的现象。审核、校对、印制党的工作会和十二届区委七次、八次、九次全会等大会材料。整理归档2019年650件文件档案。提升党内规范性文件制定水平。优化发文立项，建立台账，适时跟踪督办。全年预审党内规范性文件24件，立项16件，立项率67%。印发党内规范性文件13件，同比下降76%。规范区委党内法规工作联席会议制度，制定出台5项制度；完善法律顾问坐班审查和法律顾问党委共享机制，审核党内规范性文件51件次、区委各部委合同23件次。全年向市委报备文件15件，备案及时率、合法合规率100%。强化“下备一级”工作，将党委议事协调机构纳入“下备一级”备案审查范围，将“下备一级”备案审查结果纳入全面依法治区考核。全年审查文件170件，下发《业务通讯》2期，对24件进行建议、告知、提醒等处理。统筹推进党内法规和规范性文件执行工作，建立由区委统一领导、区委办公室统筹协调、主管部门牵头、相关单位配合、区纪委监委机关监督的执规责任体系。建立党内法规执行责任清单，制定下发《关于统筹抓好党内法规执行的工作方案》。对3个单位开展实地督查。开展试行、暂行区委规范性文件专项清理，共废止50件、宣布失效4件、修改4件。完成“七五”普法、市域社会治理现代化试点、市委巡视组对沙坪坝区意识形态巡视等工作。

（汪黎黎　唐国容）

【督查工作】　2020年，区委办公室抓好决策督查督办，开展贯彻落实习近平总书记对重庆重要讲话和系列重要指示批示精神“回头看”工作，做好环保督察反馈问题整改、贯彻落实中央八项规定精神和市委实施意见情况等督查工作。联合开展党内法规制度建设和执行情况、优化营商环境、重点项目建设等专项督查19项，跟踪督办市委主要领导批示53件，区委主要领导批示19件，区委常委会会议、书记联席会议定事项573件。处理书记信箱来信166件。跟踪对接、推动落实人大建议案和政协提案，办结率、答复率、办理满意率均为100%。推动巡视反馈问题整改，组织召开专题会议26次，开展督查检查80余次，督促各单位分类建立问题清单、责任清单、任务清单，立行立改、全面整改。市委巡视反馈的20个问题完成整改17个、持续整改3个，制定的272项整改措施全部完成；修订制定各类制度文件297个，巩固整改成效，相关问题未出现反弹。（银　旭）

【信息工作】　2020年，区委办公室编发《沙坪坝区信息》40期，上报各类信息1154条，被采用241条。其中，中共中央办公厅采用25条、《重庆信息》75条、《信息专报》22条、《每日要情》69条、《工作情况交流》2条、《一把手手机报》48条。得到市级领导批示20条。被评为全市党委信息工作成绩优异单位。（张晓东）

【档案工作】 2020年，区委办公室认真履行档案行政管理职能。提升档案工作社会影响力，以“档案见证小康路”为主题，举办“6·9”国际档案日宣传展，受众突破万余人次；加强新修订档案法普法宣传，发放档案法知识读本200余册，制作时长3分半的动画宣传短片；《重庆日报》和华龙网宣传报道全国档案系统先进工作者个人事迹。《中国档案报》全年宣传报道沙坪坝档案工作3次。加强业务指导和业务培训，协调档案馆新馆建设手续办理进度，指导区档案馆新馆搬迁、创建国家级数字档案馆；印发《关于加强汛期档案安全工作的通知》等文件，指导全区各单位开展档案安全隐患排查；加强重大活动、突发事件业务指导，对新冠疫情档案收集、整理开展业务指导3次；开展档案线上培训3期，参训500人次；组织全区各单位档案员参加国家档案局线上培训2天；指导全区各单位完成2019年度档案的收集、整理、数字化扫描、归档及统计年报工作。依法完成年度档案行政执法检查等业务工作，依法对15家行业主管部门、街镇档案开展档案行政执法检查，发出《档案行政执法检查整改通知书》10份，督促相关单位整改到位。做好与档案相关的行政审批（许可）、互联网+监管等工作。（薛　峰）

【保密工作】 2020年，区委办公室开展保密宣传教育活动，利用失泄密案例通报对各单位开展保密宣传教育；将保密宣传教育与全民国家安全教育日紧密整合，开展保密“两识”教育；开展纪念新修订保密法颁布实施十周年宣传活动。继续推进保密教育进党校、进机关、进社区活动。组织相关人员参加定密工作专题培训、泄密案件查处业务培训、涉密信息系统“三员”培训。开展保密监督检查，督促机关、单位全面履行保密管理主体责任，组织开展内部自查自评；组织开展保密专项检查、例行抽查，发现各种失泄密隐患；加大对机关、单位保密整改工作指导监督力度，对隐患较多、问题集中的机关、单位开展“回头看”检查。（陈政志）

【后勤保障】 2020年，区委办公室落实“政府过紧日子10条”措施，科学精细编制预算，执行“三公”经费只减不增，消减或取消低效无效资金，进一步提高项目支出经费预算绩效管理水平。执行中央八项规定，坚持“一支笔”财务审批制度，定期向室务会汇报“三公”经费开支情况，向区人大常委会及社会公开预决算情况。提高内部审计工作质量，完善区委办公室政府采购评审工作制度，细化财务管理办法、财务报销、物资管理等制度，加强对预算、决算及资金使用情况的内审工作。做好疫情防控后勤服务，第一时间为区委及区委办公室相关会议、现场调度、督促检查等工作提供防疫物资保障，为部分一线单位捐赠防疫应急物资，确保防疫工作推进。改善机关办公条件，合理规划办公用房空间布局与功能配置，统筹抓好公务用车日常运行及维护，完善司勤人员管理机制，严格临聘驾驶员聘用方式及薪酬标准。配合做好绿色机关、规范化机关、节约型机关、健康机关等创建工作，加强生活垃圾分类指导，宣传节能减排、规范化办公，发挥党政机关的示范引领作用。（李　敬）

组织工作

【概况】　截至2020年年底，沙坪坝区有党组织2242个。从层级上看：党委187个、党总支91个、党支部1964个；从类别上看：机关党组织260个，事业单位党组织335个，国有（集体）企业党组织73个，村党组织181个，社区党组织639个，非公经济组织党组织420个，社会组织党组织75个，其他党组织259个。全区有党员48606名，其中正式党员48066名，占98.89%；预备党员540名，占1.11%。从结构上看：女党员18743名，占38.56%；少数民族党员735名，占1.51%；35岁以下党员8486名，占17.46%；61岁以上党员20934名，占43.07%；大学以上文化程度党员18048名，占37.13%。从类别上看：机关党员3779名，占7.78%；事业单位党员6037名，占12.42%；国企（集体）党员927名，占比1.91%；非公经济组织党员5164名，占10.62%；社会组织党员1306名，占比2.69%；城市社区党员24662名，占50.74%；行政村党员4759名，占9.8%；其他党员1972名，占4.06%。全年新发展党员433名，其中女党员239名，占55.2%；35岁以下党员278名，占64.2%；大专以上文化程度党员394名，占90.99%；党政机关党员45名，占10.39%；事业单位党员128名，占29.56%；非公经济组织党员74名，占17.09%。全区有公务员（参照公务员法管理人员）2003人（不含区法院、区检察院），其中女性866人，少数民族67人，中共党员1621人。有区管领导班子92个，市管领导干部49人，区管领导干部550人，区管职级干部262人；区管企业5个。

2020年，沙坪坝区贯彻落实新时代党的组织路线，服务大局大事，投入大战大考，统筹抓好组织工作各项任务，全区广大党员干部践行“两个维护”更加笃定、组织体系建设效能充分彰显、干部队伍干事创业精气神更加提振、人才发展政策环境不断优化，为全区统筹疫情防控和经济社会发展、决胜全面建成小康社会提供坚强组织保证。　（蔡金芝　黄　亮　曾　丹　徐华翊）

【党组织和党员队伍建设】　2020年，沙坪坝区巩固“不忘初心、牢记使命”主题教育成果，健全完善集中学习等长效机制，纵深推进8个专项整治，深化“党员在身边”活动。落实支部工作条例，编制基层党建工作手册，印发《沙坪坝区党员联系服务群众制度》《进一步规范党的基层组织设置审批工作的通知》，拓展“三百”行动，建立党支部工作联系点501个，推进基层党组织规范化标准化建设。制定《2020年发展党员指导性计划》。出台《沙坪坝区加强党员教育管理工作重点措施》，全覆盖培训党支部书记2242人、骨干党员7769人，分级分类实施党员5年轮训，将50名党员纳入负面清单管理。优化党员教育内容供给，动态调整涵盖习近平新时代中国特色社会主义思想、政治理论教育、党章党规党纪教育等八大类课程的党员教育课程库，编印《重庆红色故事》等本土教材，开设线上红岩课堂，选送《品读红色书信 传承红岩精神》等7部电教片，全部入围重庆市党员教育课件评选，获荣誉作品1个、一等优秀作品3个、二等优秀作品1个、三等优秀作品1个、入围优秀作品1个。

（蔡金芝）

【软弱涣散基层党组织集中整顿】　2020年，沙坪坝区在对2019年确定的13个软弱涣散村（社区）党组织巩固提升的基础上，新确定7个村（社区）党组织作为软弱涣散集中整顿对象，采取1

名党员区领导联村（社区）、1名镇街领导班子成员包村（社区）、1名第一书记驻村（社区）、1组机关单位结对的方式帮扶转化，全部完成整改验收。（钟昊君　刘　佳）

【非公有制经济组织和社会组织党建】 2020年，沙坪坝区加强非公有制经济组织和社会组织党建工作，破解行业协会党建工作难题。全区非公有制经济组织和社会组织党组织覆盖率分别为89%、84%。全覆盖选派非公党建工作指导员413名，其中专职指导员51名。进一步理顺管理体制机制，成立互联网行业党委、教育行业社会组织综合党委、社会组织综合党委、律师行业党委、卫生健康行业社会组织综合党委，组建青凤高科产业园非公党委、金沙星座科创园非公党委。加强党建阵地建设，新建青木关镇党群服务中心、丰文街道党群服务中心、井口街道区域化党群服务中心。落实全市、全区抓党建助推民营经济10条措施，从思想引领、政策助力、服务暖企等6个方面入手，召开政企恳谈会、政策宣讲会等227次，协调解决生产经营问题3600个。评选出“党建之星”6人、“党建之友”5人，打造锦宏物业管理有限公司党委等10个党建工作示范点，促进整体提升。在新冠肺炎疫情防控、防汛救灾中，广大非公有制经济组织和社会组织响应号召，主动投身复工复产、灾后重建工作，累计捐款捐物1200万元。（肖忆菲）

【党建信息化】 2020年，沙坪坝区依托智慧党建服务平台打造“智慧党建”全系统，设置党费在线收缴、组织生活在线纪实、意见建议在线办理、便民服务在线推送等多项功能。开发“沙磁人才信息系统”，将7个大类3个层级（区委、主管部门、用人单位三级党组织联系服务对象）人才录入管理，设置人才信息采集、人才数据统计分析、人才项目申报、相关信息发布4大功能。继续用好“沙坪坝微党建”微信公众号，调整栏目设置，新增学原著、学四史、云上微党课等栏目，增强内容推送针对性，全年刊发各类信息232条，订阅使用人数3.7万人，阅读总量28.66万人次。建立大组工网季度巡查机制，规范化台账式管理，全年安全运行零事故。

（曹钞月　蔡金芝　唐永庆）

2020年8月17日，重庆锦宏物业公司抗洪抢险党员冲锋队商讨抗汛事宜
（柳成林摄）

【党内组织生活】 2020年，沙坪坝区认真落实《关于进一步严格党的组织生活的九条措施》，坚持“三会一课”等组织生活制度，每月制定主题党日方案并配套主持词供各基层党支部参考，全面规范党内政治生活。党员领导干部带头落实双重组织生活制度，区委常委带队督导全区处级领导班子民主生活会。认真落实中组部“党课开讲啦”部署要求，在全区广泛开展“辉煌历程微党课”活动，党员领导干部带头讲授专题党课，承办“品读红色书信、传承红岩精神”渣滓洞党课现场教学，围绕《共产党人坚定的理想信念》开展“七一”微党课集中展示。（蔡金芝）

【组织建设】 2020年，沙坪坝区统筹加强各领域党组织建设，推动形成上下贯通、执行有力的严密组织体系。出台《沙坪坝区农村基层本土人才培养管理办法》，回引农村本土人才73人；制定《沙坪坝区村（社区）“第一书记”选派管理考核办法（试行）》，向集体经济薄弱村、乡村振兴示范村等派出第一书记。出台《加强党建引领基层社会治理工作的通知》，推动基层社会治理夯基提质增效；推动“五项权力”下放，提升城市基层党建整体效应；出台《沙坪坝区关于加强社区工作者队伍建设的实施办法（试行）》，建立社区工作者三岗十八级职业体系；建立物业党建联建九项机制，探索小区治理新模式。构建“镇街—村（社区）—网格”党群服务阵地体系，建成13个镇街、园区党群服务中心，试点建设80个网格党群服务站。启动基层党建“整村（社区）推进、整镇（街道）提升”示范创建三年行动，推动补齐基层党建短板。推进机关“三基”（基层建设、基础工作、基本功训练）建设，整治“灯下黑”问题502个；建立国企党组织前置研究事项清单，完成16家二级公司党建进章程；中小学校骨干教师和学科带头人中党员占比70.7%，评选出精品红色思政课23节；深化落实公立医院党委领导下的院长负责制，完善党委会会议和院长办公会会议议事决策规则。

（钟昊君　刘　佳）

【干部队伍建设】 2020年，沙坪坝区委组织部设立干部三科（干部队伍建设规划办公室），负责全区干部队伍建设规划工作。制定出台《优秀年轻干部“三年成长计划”实施方案》，进一步健全完善年轻干部选拔、培育、管理、使用的全链条机制。分门别类建立优秀年轻干部库。招录选调生25名，面对面了解年轻干部700余人次。制定《领导干部政治表现考察考核实施办法》，开展政治表现专项考察。做好干部培养历练工作，抽调150名优秀年轻干部全程参与征地征收、巡察等全区中心工作。拓宽多层面多领域干部交流渠道，推荐11名优秀年轻干部到浙江、成都、奉节挂职，到市政府外事办、招商投资促进局跟班学习。全年新提拔或进一步使用80后区管干部46名，其中85后6名。新配备40岁左右部门正职1名、镇党委书记1名、镇街行政正职4名，全区80后干部占比提升至19.6%。

（陈　旺　曾　丹）

【干部选用考核】 2020年，沙坪坝区全年提拔区管干部97名，其中提任正处（正职）20名，提任副处（副职）77名，进一步使用18名；晋升四级调研员及相应职级以上124人次。制定出台《沙坪坝区处级领导班子和处级领导干部、区管职级干部年度考核实施方案》。坚持区领导带队开展年度考核，由22名领导带队，到全区85家单位开展述职测评和个别谈话。完成处级领导班子和领导干部年度考核，评选优秀等次领导班子29个、领导干部154人。完成区属国有重点企业班子和领导人员综合考核评价，评选先进等

2020年7月1日，沙坪坝区开展“七一”微党课集中展示　　（蔡金芝摄）

级班子2个、优秀等次领导人员11人。完成区属国有重点企业领导班子和领导人员2017—2019年任期综合考核。完成科级及以下公务员（参公人员）年度考核，评选优秀等次276人。完成科级及以下事业单位工作人员及机关工勤人员年度考核，评选优秀等次473人。对111名抽调到重点工作、重大项目的干部开展专项考核。召开考核表彰会、集体谈话会、经济社会发展市级考核指标调度会、群众满意度调查指标暨镇街集中走访服务企业专题部署会。按照规定做好公务员平时考核工作。　（李　龛）

【干部监督管理】　2020年，沙坪坝区全面强化政治监督、细化专项整治、深化日常监管、净化选任生态，营造风清气正的用人环境。严肃政治规矩，对未经审批在社团兼职的1名干部予以谈话提醒并责令退出，对1名在疫情防控工作中不服从组织安排的社区干部予以开除处理。开展个人有关事项报告专项整治，对2019年以来的8次查核情况交叉复核，未发现认定过轻或过重需要重新认定的情况。坚持抓“关键少数”与管“绝大多数”相结合，对调整岗位的20名党政主要领导全部实行离任经济责任事项交接，对13名党政主要领导开展经济责任审计，将60名受到组织处理、党纪政务处分的干部纳入负面清单管理，对4件不实举报通过谈话予以了结，为干部澄清正名。结合区委巡察工作总体安排，首次对卫生系统、教育系统的17个学校、医院党组织开展选人用人专项检查，发现并督促整改问题150余个。对区内有用人权的88个单位全覆盖开展“一报告两评议”，督促指导各单位强化结果分析运用。　（黄俊霖）

【干部教育培训】　2020年，沙坪坝区围绕“建设高素质专业化干部队伍”目标，加强干部思想淬炼、政治历练、实践锻炼和专业训练，全年举办各类培训班110余个，培训各类干部2.8万余人次。坚持把学习贯彻习近平新时代中国特色社会主义思想作为首要政治任务，将其作为干部教育培训的首课、主课、必修课，在全区所有班次开设相关课程，开展专题讲座50余场次。通过表册分析、座谈调研、问卷调查等综合掌握干部需求，全年召开座谈会12次、覆盖226人。开展创新驱动发展、城市品质提升等专题班次46个，大数据、区块链、新基建等专题讲座20余场次。组织82名新提任领导干部到征地征收、信访维稳等基层一线开展为期1个月的实岗锻炼。开展“党性再锤炼，能力再提升”培训、“职级干部”专题培训，帮助干部提振精神面貌、提升工作能力。（谭　慈）

【干部人事档案管理】　2020年，沙坪坝区不断提升干部人事档案管理工作水平，推进干部人事档案工作科学化、制度化、规范化。干部人事档案中心搬迁至档案库房、查阅室、整理室、办公室“四室分开”的400平方米档案管理用房；区人力社保局管理的1900余卷公务员档案全部“统管统存”，全区除教育、卫生系统外的54家事业单位管理的3255卷干部人事档案移交工作推进。落实干部选任“凡提必审”要求，会前审核200余卷档案；确保“凡进必审、凡转必审”，新转递的117卷档案在入库前全部重新审核，从源头上杜绝问题档案进入；结合选人用人专项检查、回访调研、年度考核等开展档案抽查工作，抽查审核档案163卷。提升服务质量，实行查档网上预先沟通报批，让基层干部“少跑腿”，提高“一次办结率”；绘制档案数字化“时间表”和“路线图”，推进档案数字化建设。

（黄俊霖）

【公务员队伍建设】　2020年，沙坪坝区修订《机关事业单位工作人员转任（聘）办法》，发挥组织部门把关作用，提高公务员转任规范化水平，全年办理公务员转任184人，其中科级以下公务员转任37人、区外公务员转任到沙坪坝区3人。制定《职级公务员管理办法》，明确职级公务员工作要求，按照事假、病假、旷工和不能履职4种情形，分别明确具体管理办法，抽选参加专项工作，引导职级公务员发挥良好示范作用。举办公务员面试考官培训班，新增57名综合素质过硬的处级干部进入考官库。强化队伍结构分析研判，科学设置招录专业限制和条件要求，提升进人质量，公招录用37名公务员，其中毕业于北京大学等国内“一流大学”及英国杜伦大学等世界百强名校13人，占35%；硕士研究生学历15人，占41%。盘活公务员队伍“存量”，向11家行业主管部门针对性推荐有关专业干部293人次，推动“三支队伍”互相交流20人。创新开展新录用公务员“入门三式”教育，即宪法宣誓、导师“结拜”、参加集体退休仪式。举办全市首场干部集体退休仪式。区委、区政府对48人记三等功、373人给予嘉奖；1名干部获评全市担当作为好干部。（黄　亮）

【人才工作】　2020年，沙坪坝区牢固确立人才引领发展的战略地位，坚持党管人才原则，为区域发展提供人才支撑。加强统筹谋划，出台《关于健全区委人才工作领导小组运行机制的意见》，建立全区7个大类3个层级“沙磁人才数据库”，创新“积分制”人才评价机制。精准人才政策，实施“沙磁菁英”计划等6项政策，打造“荟萃金沙·磁聚英才”“磁星会客厅”等品牌活动，引聚两院院士5名、高层次海外和研发人才550余名、国内外知名高校毕业生106名，服务创业青年人才600余人次，争取创业风投资金470.7万元。促进协同发展，整合成渝双城高校智力、创新资源，推动环大学创新生态圈、成果转化平台、人才发展平台、协同发展区、协同创新载体建设，提档升级转化平台35个，引育创新主体435个，集聚创新创业人才3470余人，引进成渝高校协同创新基地（成渝·同创园）等项目。涵养人才生态，构建“创新链—产业链—金融链—人才链”生态体系，打通大学专业、科技企业、区域产业之间通道，完善高层次人才“一站式”服务平台和人才公寓建设，技术交易超300项，金额8.9亿元，筹集人才公寓452套。

（秦弋茜）

宣传工作

【概况】 2020年，沙坪坝区宣传工作坚持学习宣传贯彻习近平新时代中国特色社会主义思想这条主线，科学谋划、突出重点、创新求实，各项工作稳步推进。成功创建全国文明城区。建立理论学习中心组学习巡听旁听机制，指导全区各级理论学习中心组学习1200余场次。成立沙坪坝区新时代文明实践宣讲队，开展宣讲1000余场。全面落实意识形态主体责任和阵地管控责任，处置意识形态事件。主题新闻宣传有力有效，全年在中央级主流媒体上稿1200余篇。做强区级融媒体传播平台，开展“双晒”活动、“故里故事”系列活动，城市形象全面提升。推进社会主义核心价值观建设，全年获全国、市级先进典型个人、单位、项目65个。推出文艺作品3600余件，资助精品文艺作品43件。开展全民阅读系列活动，为全区45家农家书屋选送续配出版物。优化行政许可事项审批流程，审批时限压缩率95.45%。

（曾向南）

【意识形态管理】 2020年，沙坪坝区落实意识形态工作责任制，区委常委会会议专题学习《党委（党组）意识形态工作责任制实施办法》等文件，专题听取意识形态工作情况汇报2次，区委主要领导和分管领导听取汇报、专题审议、牵头研判16次，现场督查7次。坚持意识形态领域风险月度分析、半年通报、全年总结，建立意识形态领域风险隐患防范化解任务台账及责任清单。加强论坛、讲座等管控，区委宣传部重点审批备案16场次。成立区维护意识形态安全工作协调机制领导小组，开展意识形态专项巡察2批次。抓好中央第十二轮巡视意识形态专项检查下沉了解情况的相关工作和五届重庆市委第三轮巡视第一巡视组意识形态工作责任制专项监督检查反馈意见的持续整改工作。

【理论普及】 2020年，围绕成渝地区双城经济圈、民法典、《习近平谈治国理政》第三卷等重点内容，区委理论学习中心组开展专题学习10场次。中心组署名文章《发挥国际铁路物流大通道优势 积极融入成渝地区双城经济圈建设》在《重庆学习论坛》第5期上发表；区委书记江涛和区委副书记、区长常斌的署名文章《全面融入成渝地区双城经济圈建设 建设引领重庆高质量发展的“科创智核”》8月在《重庆行政》上刊发。指导全区各级理论学习中心组学习1200余场次。建立理论学习中心组学习巡听旁听机制，22个镇街巡听旁听全覆盖。征订发放《习近平谈治国理政》第三卷、《中国制度面对面》等读物1万余册。组织全区各级领导干部、理论骨干、村（社区）干部、理论志愿者，以“学习新思想 唱响能行好 夺取双胜利”习近平新时代中国特色社会主义思想微宣讲比赛活动为契机，成立沙坪坝区新时代文明实践宣讲队，围绕《习近平谈治国理政》第三卷、十九届五中全会等主题，开展宣讲1000余场次，覆盖群众10万余人。

（梁钰佼）

【新闻外宣】 2020年，沙坪坝区新闻外宣工作围绕中心、服务大局，见证发展、展示形象，为建设“科创智核、开放高地、文化名城、美丽都市”营造良好舆论氛围。围绕习近平总书记视察重庆一周年、全面小康等重大宣传主题和全区重大活动，精心策划主题新闻宣传。传播涉区新闻资讯35余万条次，总阅读量超3000万人次。全年在中央级主流媒体上稿1200余条次。完善新闻发布机制，对外发布2020年度区委、区政府新闻发言人。整合资源立体发声，全年组织新冠疫情防控、房交会、“故里故事”、政策解读、地方志等新闻发布活动15场，其中市级发布会3场。做强区级融媒体传播平台，区融媒体中心建设通过市委宣传部验收，全区新媒体平台总数24个，粉丝总量87万人，每天发稿量140余条。壮大全区圈群传播矩阵，汇集全区100余家单位的微信群近900个，全年推送新闻1000余条。

（张　璇）

【宣传教育】　2020年，沙坪坝区深化社会主义核心价值观建设，开展重大主题宣传教育活动。举办“梦想驿站”活动、科技文化卫生“三下乡”启动仪式暨优秀志愿服务项目展示活动。在歌乐山烈士陵园举办“缅怀革命先烈 弘扬红岩精神”清明祭英烈网上直播活动，近35万名群众网上为英烈献花鞠躬。连续10年举办“我们的节日·磁器口端午日”主题活动，在磁器口承办“吃重庆小面 庆祖国华诞”重庆市倡导国庆新民俗活动启动仪式。举办庆祝第20个全国国防教育日暨第10个重庆市国防教育宣传周活动。注重培育时代新人，全年培养全国、市级先进典型个人、单位、项目65个，创历年新高。其中，1人获评全国抗击新冠肺炎疫情先进个人；19人获评重庆市抗击新冠肺炎疫情先进个人；2人获评重庆市“最美高校辅导员”；1人获评重庆市“最美退役军人”；1人获评重庆市“最美渝警楷模”；6个单位获评重庆市抗击新冠肺炎疫情先进集体。加强基层宣传阵地建设，实施公民道德建设工程，依托梦想课堂开展“德法相伴”“家风润万家”等活动1360余场；在丰文秀美公园打造重庆市“最美奋斗者”主题文化长廊。开展政工师评选，评选出8名助理政工师、11名中级政工师，推荐参评高级政工师2人；推荐政研成果获评重庆市政研会2019年度优秀研究成果二等奖2个、三等奖1个。在全区组织运用各类

2020年1月16日，2020年梦想驿站·沙坪坝区分站活动在重庆西站启动　（傅仕杰摄）

宣传载体发布十九届五中全会、创建全国文明城区、防疫宣传等各类公益广告20余批。疫情期间，面向全区印制发放户外张贴防疫公益广告海报3万份。 （傅仕杰）

【“双晒”活动第二季】 2020年8月17日，重庆市“双晒”（“晒旅游精品 晒文创产品”大型文旅推介活动）第二季沙坪坝区专场开启。区长常斌在直播间带领网友次第“穿越”红色之旅、绿色生态之旅、校园文化之旅、文化寻根之旅、主题新地标之旅5条特色精品文旅线路，呈现沙坪坝区人文之美、历史之美、生态之美、时尚之美、开放之美。首推当日，吸引1300万人次观看、点赞、互动。活动围绕“天地歌乐 人文沙磁”主题，对沙坪坝区文旅资源全面梳理、主题归类和重新勾勒，晒出文旅新形象，展现厚重文化底蕴，为网友带来“云上游”乐趣和秒杀福利，推动沙坪坝区文旅高质量融合发展。 （申琳莉）

【“故里故事”活动】 2020年3月，为进一步挖掘历史文化积淀，丰富“天地歌乐 人文沙磁”内涵，沙坪坝区启动“故里故事”系列活动，以“溯地名、理文脉、展新篇”为主线，采取专题视频、30秒微视频、图文故事3种形式，通过挖掘特色地名、讲述人文故事、展示发展成就、描绘未来蓝图，宣传推介22个镇街的形象特色，记录人民群众生产生活发生的重大变迁。截至8月中旬最后一期“故里故事”上线，沙坪坝区共有22个街镇的66件外宣作品在各平台展播。在“沙磁荟”APP等区级媒体平台上集中推送，新华网、人民网、全国网联、上游新闻、大渝网等中央级、市级媒体总推稿400余条，线上媒体总浏览量近2000万人次。 （申琳莉）

【文艺与文产】 2020年，沙坪坝区加强文艺文产工作投入，提升软实力。围绕抗击疫情、决胜小康、成渝经济圈建设等重大题材规划创作，推出音乐作品《我又看见你》等文艺作品3600余件。在重庆美术馆开展“沙子的光芒”沙坪坝区抗击新冠疫情主题作品展览。开展广场舞展演、少儿故事比赛、“阅读之星”比赛等大型群众文化活动。修订《沙坪坝区文艺精品项目资助办法》。组织开展“故里故事”活动及展览，制作“故里故事”画册。做好“双晒”第二季工作，获“最佳传播奖”。制作2020版城市形象宣传片“青春之城”。开展文艺资助申报，收集作品43件，组织专家

2020年3—8月，沙坪坝区开展“故里故事”活动，22个镇街的66件外宣作品上线展示 （区委宣传部供图）

对申报作品复评；指导文艺精品创作，打磨文学作品《磁器口》《社区现场》；推荐13件作品参加市级文艺创作项目资助评选。拟定乡村文化振兴要点、任务分工方案，全面推进乡村文化振兴。召开文化体制改革专项小组工作推进会，推动各项改革任务落实落细。组织参加重庆市国际文化旅游产业博览会。重点文化产业项目融创文旅城9月26日开业，金碧正街“重庆1949大剧院”6月9日开工，胜利C97文创园、金融街等一批特色文化旅游项目持续推进。加快推动磁器口古镇创建国家AAAAA级旅游景区工作。（申琳莉）

【出版与电影】 2020年，沙坪坝区新闻出版工作平稳有序。开展市场专项执法检查，累计出动执法人员2985人次，检查场所1269家次，没收非法出版物、印刷品2375份（页），立案13起，取缔无证KTV2家，罚款1.1万元。对杨公桥旧书市场集中取缔。协助调查甘肃兰州《中学生导报》盗版侵权案件线索。推进软件正版化工作，完成全区软件管理系统数据录入。重庆三原色数码科技有限公司获重庆市“版权示范单位”。组织辖区书店申报实体书店市级发展专项资金。开展全民阅读系列活动，联合沙坪坝书城开展“百本好书送你读 书香生活云上约”直播活动，成为全市首个通过新媒体直播平台为广大网友推介好书的区县。为全区45家农家书屋选送续配出版物目录120个品种。石井坡街道、渝碚路街道沙杨社区分获第四批重庆市“扫黄打非”进基层示范标兵和示范点。覃家岗小学在“绿书签行动”创意书画与征文作品征集活动中获优秀组织奖，举办第二届全国藏书票小版画作品征集大赛活动。推动惠民电影高质量开展，配合4部院线电影拍摄，协助3家影视拍摄企业申报扶垚计划，指导全区9家电影院复工复产。指导全区141家印刷企业开展消防演练和法律法规培训。优化新闻出版局5类8个行政许可事项的审批流程，法定审批时限330天压缩至15天，压缩率95.45%。完成2020年度91家出版物发行单位、39家包装装潢印刷品印刷企业、35家其他印刷品印刷企业和15家电影放映场所的年度核验。完成50项依申请类政务服务事项的审批备案。

（王　驰）

统一战线

【概况】 2020年年末，沙坪坝区有民革、民盟、民建、民进、农工党、致公党、九三学社7个民主党派区级组织，有基层组织132个，民主党派成员4162人。有宗教团体4个，认定备案的宗教教职人员37人，批准开放的宗教活动场所20处。全区工商联有商会组织45个，会员3200个。有台胞台属9000余户3万余人，归侨侨眷（属）3.5万余人，有侨联、台联、知联会、新专联、中华职教社、黄埔同学会、欧美同学会等团体组织。

【民主党派领域统战】 2020年，沙坪坝区制定落实年度政党协商计划，举办党外人士暑期谈心会，围绕疫情防控和经济发展、推动成渝地区双城经济圈建设、“十四五”规划编制等开展政党活动10余次。坚持民主党派、工商联、无党派人士年度调研工作，《加快构建沙坪坝区集成电路产业国际化平台的研究及决策建议》《深化校地合作促进高校科技成果就地转化》等10个课题结题。协助做好各民主党派基层组织换届工作，成立7个换届指导组，全区125个基层组织完成换届。

（蒲　唯）

【无党派人士和党外知识分子领域统战】 2020年，沙坪坝区开展全区党外干部摸底，建立全区机关事业单位1000余名党外干部、70余名党外优秀年轻干部名册，构筑党外后备人才蓄水池。加强区知联会自身建设，补选重庆师范大学数学学院副院长杨志春为区知联会会长。发挥党外知识分子智力密集的优势，形成《关于我区智慧康养服务模式的创新路径研究》等参政议政、调研成果5项。开展新阶层人士统战工作实践创新基地建设，联手街镇、部门和驻区高校共同推动“新鸣”驻区高校新媒体青年群体统战工作实践创新基地和“和美风润堂”“沙磁新英荟”等8个示范点的创建。加强新的社会阶层代表人士队伍建设，做好网络人士统战工作。加强区新专联自身建设。（蒲　唯　张际香）

【党外干部队伍建设】 2020年，沙坪坝区召开党外干部座谈会、党外干部培养工作会、党外科级干部座谈会5场，加强党外干部特别是优秀年轻干部的发现储备。全区30个政府工作部门中有15个部门配备党外领导干部，区人大配备1名党外专职办公室副主任、1名党外专职副主任委员，区政协配备1名党外专职副秘书长、1名党外专委会主任。举办沙坪坝区2020年党外人士培训班，推荐2人参加第十二批市级党外代表人士实践锻炼。完成区政协第十四届委员会委员、常委届中调整。（蒲　唯）

【民族工作】 2020年，沙坪坝区举办第十个民族团结进步宣传周活动，开展民族团结进步宣传“进机关、进社区、进校园、进景区、进企业”，创新“互联网+民族团结”宣传教育载体，交流城市民族工作经验、民族团结进步的先进事迹和典型。天星桥街道梨树湾社区成功创建重庆市民族团结进步示范单位，沙坪坝街道新华村社区少数民族维权站提档升级并通过市验收。关心少数民族群众生产生活，新冠肺炎疫情防控期间开展四批次少数民族群众走访慰问，发放口罩、消毒液等防控物资160人次，划拨资金2.9万元，购买米、油等生活必需物资慰问96人次外来务工少数民族群众；复工复产期间划拨资金3.3万元，对66名新疆籍少数民族务工群众发放人均500元困难补助，协调解决经营中存在的“煤改电”等问题，加强监管检查力度，复工复产达到100%。

【民族宗教领域统战】 2020年，沙坪坝区将民族宗教工作纳入区级年度考核内容和社会综合治理网格化管理。落实民族宗教工作三级网络两级责任制。新冠肺炎疫情防控期间，宗教活动场所暂停开放、集体宗教活动暂停，做好民族宗教领域常态化疫情防控，场所零聚集、疫情零发生。

【宗教场所建设、管理】 2020年，沙坪坝区学习宣传、贯彻落实新修订的国务院《宗教事务条例》《重庆市宗教事务条例》。建立健全主要教职人员外出报告制度。指导宗教团体设立宗教中国化展陈室。开展宗教活动场所安全大排查大整治，召开安全形势分析会4次，开展安全检查52次，组织开展安全应急逃生演练、安全知识咨询活动。

【宗教活动管理】 2020年，沙坪坝区坚持“保护合法、制止非法、遏制极端、抵御渗透、打击犯罪”的原则，保护正常宗教活动，管好大型宗教活动。（熊豫渝　李　娟）

【民营经济领域统战】 2020年，沙坪坝区助推民营经济高质量发展，在全区开展“抓‘六稳’促‘六保’优化营商环境百日大走访”活动，走访民营企业3700家，发放《惠企政策汇编》3000余册，收集、解决企业困难问题3000余件。在浙江大学举办第十一期“沙坪坝区民营经济高质量发展专题培训班”，30名区民营企业家踊跃参训。

小康集团、永辉物流和国美电器获评2020年重庆市民营企业100强。党建引领服务民营企业发展，指导民营企业基层支部创建党建品牌。（李 宇）

【侨务工作】 开展《中华人民共和国归侨侨眷权益保护法》颁布30周年知识竞赛活动。聘请法律专业人士开展侨法知识宣传3场次，解决涉台侨子女上学等问题8件。新冠肺炎疫情防控期间向辖区4个社区及“台之家”捐赠方便面、消毒水、口罩等抗疫物资。（甘中青）

政策研究

【调查研究】 2020年，区委研究室紧扣成渝地区双城经济圈建设、西部陆海新通道建设、“一区两群”协调发展战略、西部（重庆）科学城建设等重大发展机遇和西部城市建设、扩大开放、磁器口古镇提档升级、产业转型、污染防治攻坚等重点热点工作，到全区各相关镇街、部门调研30余次，形成17篇高质量调研报告。配合中央、市委及其他省市等到沙坪坝区调研经济社会发展、疫情防控、防汛救灾、环境整治等工作27次。

【文稿服务】 2020年，起草区委十二届七次、八次、九次全会，国务院总理李克强，重庆市委书记陈敏尔、市长唐良智到沙坪坝区调研汇报材料，起草区内各项重大决策部署文件和重要会议文稿，撰写各类文稿308篇，其中，区委主要领导会议讲话材料135篇、各专项工作材料28篇、上报各级领导工作情况汇报和专报89篇、备参资料38篇、署名材料18篇。

【服务决策】 2020年，围绕教育培育产业规范、智慧产业发展等重点课题，收集整理先进发达地区在体制机制、规划布局、产业定位、扶持政策等方面的成功经验，形成3期决策参考，供区委或市级相关部门决策参考。

【全面深化改革】 2020年，召开区委全面深化改革委员会会议5次，听取专题汇报17次，审议改革文件3个，推动全区改革工作取得良好成效。牵头起草制定全面深化改革工作要点、区委主要领导讲话、重点改革项目督察计划等重要文件8篇，向市委改革办报送贯彻落实情况5篇、改革简报4篇、改革案例2个、改革成效经验和工作亮点等20次。跟踪对接市委全面深化改革委员会会议审议文件贯彻落实情况，完善更新年度改革工作要点台账，形成改革督察专报、通报各7期。完善改革联络员制度，接待怀化市“十四五”规划编制团队等到沙坪坝区考察。（杨坤霖）

网信工作

【网络综合治理】 2020年，做好涉渝、涉区舆情应急处置，舆情监测工作位居全市前三。化解辖区中小学开学疫情防控等事件。妥善处置有害信息122条，确保全区网上舆情平稳可控，未出现大的舆情炒作。

【网络舆论引导】 2020年，加强舆论引导和引导舆论，利用春节、元宵、清明、端午、中秋等传统节日，做好“网络中国节”活动传播。

【网络安全管理】 2020年，在全市率先召开第一次全区网络安全大会，开展网络安全应急实战演练，通报整改高危漏洞108个、安全事件7起。督促整改网络安全高危漏洞130余个，处理“网络水军”账号105个，对27个微博账号的不当博文进行处理，发现、处理冒用政府部门微博账号2个。

【网络宣传】 2020年，建设以“沙坪坝微政务”为引领的“两微一端一报一台一网”新媒体矩阵，用好人民号、搜狐新闻、今日头条等10余家新媒体平台，对全区网站整合归并，开设“网信沙坪坝”平台，发布各类稿件4万余条，阅读总量8500万人次。“区长双晒”全网观看、阅读超千万人次，获市委网信办“最佳传播奖”。

（廖娅琪　朱光良　陈乐明　李春彦　金永元）

机构编制管理

【概况】 2020年，沙坪坝区有区级机关83个。其中区委机关12个，政府工作部门29个，人大常委会机关1个，政协机关1个，群众团体机关11个，民主党派机关7个，派出机构5个，街道17个。有镇机关5个。有事业单位361个，其中全额拨款357个，差额拨款4个。部门挂牌、挂靠、合署办公等机构设置规范。未擅自改变机构性质、职责、级别、名称，未擅自改变挂牌、挂靠、合署等办公形式。议事协调机构设置规范，相关管理制度健全。

（袁　艺）

【事业单位登记管理】 2020年，区委编办完成事业单位法人设立登记70个、变更登记147次、注销登记59个。完成274个事业单位2019年法人年度报告并在区政府网站公示。完成事业单位法人公示信息抽查，随机抽查事业单位55个，实地核查事业单位7个。按照属地原则为重庆西永综保区管委会与3所教育部所属高校共同举办的3个“二类”事业单位办理事业单位法人登记。

（胡　劼）

【机构编制督查】 2020年，区委编办执行《中国共产党机构编制工作条例》，坚持机构编制审计制度、监督检查制度、考核制度、“12310”举报受理制度等，遵守机构编制“一支笔”审批管理制度。建立联动机制，强化编制、纪检、组织、财政、人社、审计等部门信息共享，组织部门在任用、调配干部时严禁超编进人和超职数配备领导干部，人社部门在调配、招考录用人员时按编制部门的用编批复办理，财政部门按编制数据制定预算、核拨经费。执行《行政机关机构编制违法违纪行为政纪处分暂行规定》，依托纪检、组织、审计部门的监督平台推进督查，完善监督举报体系，执行“12310”举报受理工作制度和程序。畅通监督渠道，利用广播、电视、宣传栏、手机、微信、宣传手册、编印书籍等形式宣传机构编制法律、法规及举报受理渠道，扩大“12310”知晓面。梳理、整改，核查、专项检查、巡视、审计和举报受理等工作中发现的违反机构编制管理规定的问题。对“12310”举报电话做到查清情况、研究处理、反馈给群众。

（袁　艺）

机关党务

【概况】 区委直属机关工委统一领导区委直属机关各部门党的工作。2020年，管理直属65个单位的党组织，其中直属机关党委10个、机关党总支10个、机关党支部45个。所属机关党员2342名，其中在职党员1719名，离退休党员623名。

【机关基层党组织建设】

机关党建规范化建设 2020年，沙坪坝区加强对《中国共产党党和国家机关基层组织工作条例》学习宣传。印发《关于以党的政治建设为统

领加强和改进区直机关党的建设的具体措施》。落实新任党组织书记任职谈话制度，与14名新任党组织书记谈话；撤销党组织3个，成立党组织2个；13个党组织依规按期换届；按程序发展新党员14名、转正13名；组织生活制度，所属党组织线上线下召开“三会一课”和主题党日活动8403次，286名领导班子成员上党课336次，3152人次党员领导干部参与双重组织生活；加强对软弱涣散党组织整改指导。落实基层党建工作责任制，所属区级机关部门党组（党委、党工委）会议研究党建工作594次，投入550万元用于机关党建工作，配备专兼职党务干部587名。

机关党务干部队伍建设 2020年，沙坪坝区举办机关事业单位机关党组织书记培训班，邀请市区领导及专家教授为180余名书记授课。举办区直机关系统骨干党员暨入党积极分子培训班，142名学员参训。组织24名发展对象参加全区发展对象培训。走访慰问区直机关困难党员、老党员、先进模范、派驻挂职干部、节假日坚守一线代表等39人。召开区直机关建党99周年表彰大会，表彰区直机关“优秀共产党员”92名，“优秀党务工作者”56名，“先进基层党组织”27个。

深化党建工作机制建设 2020年，沙坪坝区直机关工委完善考核评价机制，12名党组（党委、党工委）书记和12名机关党委（总支、支部）书记口头述职，43名党组（党委、党工委）书记和54名机关党委（总支、支部）书记书面述职全覆盖。落实督查整改机制，抽调机关党组织的书记、党建骨干等组成11个督查组，全覆盖督查61个区级部门机关党建工作，注重督查结果运用。

发挥基层党组织和党员作用 2020年，沙坪坝区直机关系统开展“三进三比”活动。通过“党员进社区、比服务水平”行动，各机关党组织结合“党员在身边”行动等载体，落实党员联系服务群众九条措施，履行城市基层党建职责，党员进社区3700余人次，开展宣讲585场次，联系服务群众4200余次，全年走访群众1.1万余人次，电话联系4.5万余次，做实事好事4136件，投入经费369万余元。通过“资源进基层、比工作本领”行动，明确资源到基层的重点，建立企业复工复产对口服务、重点招商引资等项目党员干部全程“帮办代跑”等制度，促进项目更快落地；深入基层、深入企业为民服务解难题，区委直属机关工委、区人力社保局、区发展改革委等10个单位联合成立区级机关党员志愿服务“第二党支部”，对接市直机关共同服务园区企业；全年各单位在基层投入项目230个，完成项目181个，投入资金9.31亿元，开展服务活动1908场，受惠群众约86万人，受惠企业3万余家。通过“攻坚进一线、比作用发挥”行动，坚持党建引领、阵地前移，先后成立疫情防控、防汛救灾、征地拆迁等临时党支部18个，成立党员攻坚队、突击队等150余支，实施项目48个，完成项目41个，投入资金8.84亿元。区级机关部门获国家级集体表彰17次，个人表彰32次，市级集体表彰78次，个人表彰90次，被国家级媒体宣传报道800余次，市级媒体宣传报道3500余次，其中党建工作被国家级媒体宣传报道27次，市级媒体宣传报道90次。

【机关思想建设】 2020年，沙坪坝区将党的政治建设融入机关各项工作全过程，作为机关党建考核、党组织书记述职评议和党建工作督查的首要内容，引导机关党员干部增强“四个意识”、坚定“四个自信”、做到“两个维护”。将习近平新时代中国特色社会主义思想学习教育及学习中共十九届五中全会精神摆在机关党员教育培训最突出位置，组织区委宣讲团中的10名部门主要负责人成立中共十九届五中全会精神进机关宣讲队，开展宣讲13场次，采取党校集中轮训、党委（党组）理论学习中心组学习、理论宣讲、组织生活、主题党日学习、在线学习培训等方式，推动机关党员学深悟透。开展党性锤炼活动，组织30名机关党员参加“9・30”烈士纪念日活动。巩固深化“不忘初心、牢记使命”主题教育成果，区级机关部门领导班子开展集中学习830次，举办读书班223期，深入党支部工作联系点778次，撰写调研报告251个，累计整改问题853个，建立长效机制207个。开展机关党建“灯下黑”问题整治，梳理面上问题27个，要求党组织对标对表查找问题并建立整改台账，区级机关部门党组（党委、党工委）查找问题262个，完成整改215个，基层党组织查找问题526个，完成整改502个。落实意识形态工作责任制，定期分析研判意识形态风险点，编发《机关党建》信息6期、“沙坪坝区机关党建”微信公众平台推送48期。

【机关群团建设】 2020年，沙坪坝区级机关工会工委按期完成换届排查整改，26个机关基层工会完成更名、换届、增补、注销；推进50个机关工会职工互助保险参保续保全覆盖；规范工会经费收支使用，督导50个直属工会书面报送年度工会预算，完成52个直属工会2019年度决算填报；开展50个直属工会经费使用情况专项督查；开展区级机关工会表彰，表彰优秀工会干部、积极分子107人。筹备机关妇工委选举工作。开展爱心捐助、“爱心助学工程”，区委直属机关团工委联合团区委、区教委等单位在全区开展“冬日阳光・温暖你我”活动，区级各部门累计捐款20余万元。

【开放式组织生活】 2020年，沙坪坝区创新形式，举办“党课开讲啦”机关开放式组织生活展示比赛，活动照片被市《机关党建》杂志刊登于封底，4篇微党课文稿被同期刊发。举办第八届机关开放式组织生活党员辩论赛，沿用预赛、决赛“两段制”，8支队伍、32名党员围绕“服务群众，速度更重要还是温度更重要”“全面融入成渝地区双城经济圈建设，重点突破更重要还是全面推进更重要”展开激烈辩论，220余名党员代表现场观摩决赛。所属基层党组织全年开展开放式组织生活188次，5994人次参与，投入经费100余万元。

【绿色机关建设】 2020年，沙坪坝区召开绿色机关建设协调小组会1次，相关工作推进会10次，在全市率先出台《2020年绿色机关工作要点》。节约型机关创建通过坚持管理节能、行为节能、技术节能并重，全区缩减财政不必要支出10亿元，三公经费同比减少57%，综合能耗下降约2%。公共机构食堂油烟治理完成185家。沙坪坝区连续9年在全市年度节约能源资源工作考核中获优秀。建成全区信息化项目管理平台，26个信息系统迁移上云。投入600余万元推动智慧机关、智慧办公等11个区级自建项目，对20个单位的68个信息化系统给予建设支持，57个部门投入约500余万元推进自选智能项目建设，投入6.45亿元推进5G网络设施建设，投入1亿元建设智能机关示范工程区企业创新服务中心。

【模范机关创建】 2020年，沙坪坝区牵头承办重庆市“创建让党中央放心、让人民群众满意的模范机关研究”专题研讨会。召开问卷设计座谈会3次，通过座谈调研、个别访谈、微信访谈等方式广泛开展调研，收回调研问卷9700余份，形成1.1万余字的课题组总报告《创建让党中央放心、让人民群众满意的模范机关当前存在的问题与对策研究》。来自39个市级部门、23个区县工委组成的课题组成员单位提交课题子报告。以实地考察参观和现场研讨“两环节”组织专题

2020年7月3日，沙坪坝区举办区直机关纪念建党99周年表彰大会暨第八届开放式组织生活党员辩论赛　　（王粒力摄）

研讨会，62个市级部门、区县工委的机关党组织书记、党务干部近130人参会。

【“一支一品”建设】 2020年，沙坪坝区印发《关于开展机关党建品牌创建活动的通知》，要求区级机关党组织将党建品牌建设与本单位业务工作、创建模范机关、推进“三基”建设和开放式组织生活模式的探索相结合。全年区级各部门投入58万余元打造党建品牌65个。召开“一支一品”现场推进会，组织80余名区直机关系统的党务干部现场观摩学习磁器口“磁力红窗”品牌经验，微信公众号推送“亮特色·铸品牌”专栏9期。（郑汝楠）

老干部工作

【概况】 2020年，沙坪坝区推进离退休干部党的建设，举办全区离退休干部党支部书记培训班，落实“三会一课”、组织生活会、主题党日等基本制度，坚持单位在职领导给老干部讲党课制度，规范党建活动经费管理和使用，强化党内关怀帮扶机制，将离退休党支部打造成老干部党员政治学习的阵地。落实老干部政治待遇和生活待遇，发挥老干部优势和作用，加强信息化、精准化、规范化建设，提高全区老干部工作的质量和水平。截至2020年年底，全区有处级及以上离退休老干部1046人，其中离休干部44人，退休干部1002人。

【落实老干部政治待遇】 2020年，沙坪坝区组织全区离退休干部认真学习习近平新时代中国特色社会主义思想和中共十九届五中全会精神，发挥老干部党校、老干部活动中心及各单位老干部活动室的主阵地作用，通过通报情况、支部学习、座谈讨论、参观考察等形式，组织老干部读原著、学原文、悟原理。注重政治学习，组织3次形势报告会，传达学习习近平总书记重要讲话精神，全区各单位通过集体学习、送学上门、座谈讨论等多种方式，组织传达学习活动700次，向全区老干部赠阅《老同志生活》杂志、《沙坪坝老干部工作》期刊1.7万册，各单位为老干部订阅党报党刊2600份。在国庆庆典、十九届五中全会举办之际，组织全区老干部畅谈感想、集中观看。组织3次厅级老干部参观考察，了解沙坪坝区发展变化。

【落实老干部生活待遇】 2020年，区级领导带头走访慰问老同志。区委老干局全年入户走访、慰问离退休干部305人次，看望慰问生病住院离退休干部、去世离退休干部家属70人次。完善全区11个“四就近”（就近学习、就近活动、就近关心照顾、就近发挥作用）试点社区经费使用等规章制度，组织专职工作人员参加业务培训，打造市级重点示范社区都市花园社区老年活动场所。各社区开展走访慰问离退休干部600人次，送达防疫物资500余件，开展学习活动50次，文体娱乐活动50次，助餐、助浴、助洁、助医、助行、精神慰藉等志愿服务100次。进一步完善困难帮扶机制，帮扶家庭生活困难、因病困难、意外造成损失等特殊困难离退休干部55人。妥善处理离退休干部关于医疗、困难帮扶、职级待遇、身份核定、老年教育等60件信访，做到“件件有回音，事事有着落”，未出现信访事件。

【发挥老干部作用】 2020年，沙坪坝区积极引导老干部发挥余热，为党和人民事业增添正能量。全区离退休干部积极支援社区、村疫情防控，捐款捐物，做好正能量宣传；开展“我看脱贫攻坚新成就”调研活动，组织引导离退休干部参与全区脱贫攻坚工作；开展学习《中华人民共和国民法典》、党的十九届五中全会精神等系列学习活动，引导全区离退休干部听党话、跟党走。推进“党建带动关心下一代”工作，开展为期3天的“党建带关建”培训，全区各离退休党支部书记、委员151人参训；成功创建区级“五好”基层关工委50个，“五老”志愿者总数1.39万人；组织开展“传承红色基因 争做时代新人”主题教育、第四届“关爱明天，普法先行”青少年普法教育示范活动、“厉行节约，反对浪费”主题活动、“中华魂”主题教育读书活动、庆祝中国关工委成立

2020年10月22—23日，沙坪坝区承办重庆市“创建让党中央放心、让人民群众满意的模范机关研究”专题研讨会。图为现场参观光谷·智创园
（张 浩摄）

三十周年活动、“中华魂”主题教育读书活动、“众志战役话家国”老少征文比赛等特色活动，参与人数15万人。

【老干部活动】 2020年，沙坪坝区老干部活动中心加强活动阵地建设，通过更新设备、防控防疫、做实安全、优化环境、营造氛围、提升品位等系列措施，服务老干部，为老干部老有所学、老有所教、老有所乐、老有所为创造良好环境。老干部大学坚持以培养“有作为、有进步、有快乐”的“三有”老人为目标，智能化办学、科学化管理、精细化服务，通过开设特色体验课、打造校园文化、提升学校凝聚力、开发文创产品、开通公众号、完善规章制度等措施，探索办学新模式。截至2020年年底，老干部大学有专业12个，班级17个，招收学员近500人。（陈　飞）

党校工作

【概况】 区委党校实行“三块牌子（中共沙坪坝区委党校、沙坪坝区行政学校、沙坪坝区社会主义学院）、一套班子”管理体制。2020年，区委党校坚持“党校姓党”“社院姓社”根本原则和“用学术讲政治”基本理念，发挥党校干部培训主渠道、主阵地作用，学校课程连续两届入选全市干部教育培训好课程推荐目录、连续三届获全市党校（行政院校）系统精品课，决策咨询报告获中央领导重要批示。（高云飞）

【干部培训】 2020年，区委党校以习近平新时代中国特色社会主义思想作为干部教育培训主线，深化中共十九大和十九届二中、三中、四中、五中全会精神培训，加强“四史”“以案四说”

2020年1月3日，沙坪坝区举行“不忘初心齐奋进·牢记使命永向前”2020年新春慰问老干部文艺演出
（熊晓炜摄）

和意识形态教育，确保理论教育和党性教育不低于总课时的70%。全年举办主体班17期，其中副处级领导干部进修班等常规班6期，妇联系统干部培训班等专题班3期，村（社区）党组织书记培训班等其他班8期，累计培训各级党政干部2888人次。组织中青年干部培训班、副处级领导干部进修班学员赴城口、忠县等地开展党性教育现场教学，赴区内征拆维稳和抗洪救灾一线实岗锻炼1个月提升实战能力。石井坡街道团结坝社区社会治理创新实践教学基地通过市级现场教学基地复审，重庆国际物流枢纽园区开放型经济建设实践教学基地成功申报第五批市级干部教育培训现场教学基地，全年接待市内外培训11期497人次。推进“课程库、师资库、案例库”建设，收录773门专题课程（含案例）和360名专兼职教师。智慧校园系统得到市委党校的肯定和推介，重庆市社会主义学院、永川、璧山及成都温江、四川营山、河北唐山等市内外党校专程到校考察学习。（余电 曾巧）

【科研资政】 2020年，区委党校申报立项各级各类科研课题7项。其中，市委党校2020年度重点课题1项、一般课题6项。各级各类课题结题16项。其中，重庆市技术预见与制度创新专项人才工作研究课题1项，市委党校2019年度重点课题1项、一般课题5项，重庆市社会主义学院委托课题4项，区委组织部课题1项，区科委课题1项，区科协课题3项。公开发表学术论文和理论文章45篇。其中，在《学习时报》《中国人口报》等国家级报刊的理论版发表4篇，入选理论研讨会11篇。《被毛泽东写进诗词的革命将领》《创新基层治理，让每个社会细胞都健康活跃》在《学习时报》发表，被新华网、求是网、理论网等重要网站转载。全年编辑校刊《决策参考》4期，刊载理论文章60篇，累计30余万字。围绕区委、区政府中心工作和经济社会发展热点难点问题开展决策咨询工作，向区级及以上党委政府报送决策咨询报告111篇，获厅局级及以上领导肯定性批示100篇，其中1篇被《人民日报内参》单期单篇采用，获中央领导批示。《我区行政事业单位经营性房屋资产管理存在的问题及对策建议》《关于加强经营性资产管理提升国有资产效益的几点建议》等7篇资政报告被有关部门、镇街采纳。

【宣传宣讲】 2020年，区委党校加强理论宣讲队伍建设，建立老中青相结合的宣讲队伍11人，完成中共十九届五中全会精神等各项理论宣讲任务，全年开展各类宣讲60余场，受众3300余人次。

【名师工程】 2020年，区委党校以青年名师培养为龙头，以提升教学水平为目的，以思想引领、访学研修、挂职锻炼、基层宣讲、讲台历练、教学比赛等为手段，多措并举推进“名师工程”建设。专题课程《从毛泽东诗词看中国共产党的奋斗历程》获评重庆市第二批干部教育培训好课程、重庆市党校（行政院校）系统第四届精品课、重庆市党员教育课件一等优秀作品；主题党课《从一大代表的人生轨迹看共产党人的理想信念》作为党课《共产党人坚定的理想信念》组成部分获评重庆市党员教育课件一等优秀作品；特色课程《品读红色书信 传承红岩精神》作为重庆市“党课开讲啦”现场教学活动之一，通过网络视频向全市党员直播，获评重庆市党员教育课件荣誉作品；专题课程《疫情下的民营经济高质量发展研究》获重庆市统一战线系统主城片区教学比赛二等奖。（胡小渝 高云飞）

【学科建设】 2020年，区委党校作为重庆市党校（行政院校）系统第四协作片区党史党建学科组组长单位，积极推进党史党建学科组建设，完善党史党建学科建设管理办法，制订学科组年度工作计划，以学科特色促教学特色，以学科水平促办学水平，以学科发展促党校发展。推进习近平新时代中国特色社会主义思想课程体系、红岩精神课程体系、经典著作导读课程体系建设，完善党史党建优质课程库。举办学术沙龙活动，邀请市委党校教授作“推动教学培训、科学研究与决策咨询协调发展研究”专题讲座，重庆市党校（行政院校）系统第四协作片区党史党建学科组40余名教师参加。（王　超　胡小渝）

【对外培训】 2020年7月，区委党校开始承接对外培训班次，全年举办四川省成都市武侯区新提拔领导干部综合素养能力提升专题培训班、重庆市公安局高新区分局政治轮训班等对外培训班次15期，培训学员1574人次。

（杨　旭　王　超）

党史研究

【党史编写与研究】 2020年，区委党史研究室编辑完成《沙坪坝区抗疫大事记》《沙磁明灯——新民主主义革命时期沙坪坝区党的发展历程图文集（初稿）》，完成《图说沙坪坝党史》《口述沙坪坝党史》资料收集和初稿编辑，联合区委组织部重新编辑《红色足迹——沙坪坝区革命遗址遗迹》《周恩来在沙坪坝》等党员干部教育读本。强化史实审核，协同区委组织部审核“辉煌历程微党课”党课课件35篇8万余字，协同区纪委监委、区退役军人事务局等单位开展党史审核，对重庆大学出版社出版的《纪念许建业诞辰100周年》等涉及沙坪坝区党史内容的出版物审核把关，确保史实准确无误。全年审读审查史志资料80份20万余字。

【党史宣传教育】 2020年，区委党史研究室协助开展全区“故里故事”活动，为各镇街提供党史资料10万字、图片400余张。参与全区红岩党群服务中心党史陈列室布展，指导4个基层党群服务中心开展党史展陈，提供历史照片600余张、文字资料4.5万字。拍摄的《红色足迹——沙坪坝区革命遗址遗迹》微视频获“网聚正能量·共筑中国梦”重庆微视频大赛二等奖；拍摄微纪录片《津南村》，向“学习强国”重庆学习平台、“沙坪坝微党建”等新媒体平台推送。筹备“四史”教育，为各镇街赠送党史资料2200余册；与区委组织部、区委宣传部、区档案馆等单位合作开展各项党史纪念活动，提高党史宣传教育成效。联合制作的课件《共产党人坚定的理想信念》《品读红色书信 传承红岩精神》分获2020年全市党员教育课件一等奖、荣誉作品。

【文史资料征集】 2020年，区委党史研究室加强地方党史资料和口述历史征集工作，以召开座谈会、定向征集、走访离退休老同志、查阅档案等形式，收集整理《口述沙坪坝党史》150篇口述文章和《图说沙坪坝党史》1200余幅党史图片。

【机构改革】 2020年1月，区委党史研究室加挂区地方志编纂中心牌子，不再保留区地方志编纂委员会办公室（区地方志编纂委员会编辑室），其人员划转到区委党史研究室。（任小虎）

沙坪坝区人民代表大会

综　述

【区人大及其常委会机构】　2020年，沙坪坝区第十八届人民代表大会设监察和法制委员会、财政经济委员会、教育科学文化卫生委员会、社会建设委员会4个专门委员会。其中，监察和法制委员会组成人员6人，财政经济委员会、教育科学文化卫生委员会、社会建设委员会组成人员均为7人。至2020年年末，区十八届人大常委会组成人员30人，其中，主任1人，副主任5人，委员24人。常委会下设办公室、人事代表工作委员会、城乡建设和环境保护工作委员会、预算工作委员会4个工作部门。

【区人大常委会自身建设】　2020年，区人大常委会持续推动“两个机关”建设，支持和保障区人大各专门委员会履行法定职责，常委会各工作委员会各司其职，成立规范性文件备案审查咨询专家库，发挥好预算审查专家作用。加强常委会机关建设，打造一支讲政治、敢担当、有情怀的人大干部队伍，提高参谋助手和服务保障水平。

2020年1月6日，沙坪坝区第十八届人民代表大会第六次会议召开　（区融媒体中心供图）

重要会议

【人大全体会议】 沙坪坝区第十八届人大第六次会议于2020年1月6日至8日召开。会议应到代表260名，实到代表245名。会议听取和审查区人民政府工作报告；审查和批准区2019年国民经济和社会发展计划执行情况与2020年国民经济和社会发展计划草案的报告，批准区2020年国民经济和社会发展计划；审查和批准区2019年财政预算执行情况和2020年财政预算草案的报告，批准2020年区级财政预算；听取和审查区人大常委会工作报告、区人民法院工作报告、区人民检察院工作报告；听取部分驻区市人大代表述职；表决通过2020年度区级重点民生实事。

【人大常委会会议】 2020年，全年召开常委会会议7次、主任会议13次。听取和审议“一府两院”专项工作报告37项，作出决议决定和审议意见32件；开展执法检查调研7次、视察调研72次；督办代表建议420件。对常委会任命的10名区政府部门主要负责人开展履职评价，测评结果均为满意。

（肖　鹏）

人大监督

【监察和法制工作监督】 2020年，区人大聚焦依法治区，听取和审议区政府关于2019年度法治政府建设情况的报告，促进政府将法治贯彻到改革发展的各领域和全过程。关注司法改革，听取和审议区人民法院关于推进以审判为中心的刑事诉讼制度改革工作情况的报告，组织部分常委会组成人员、人大代表旁听刑事案件普通程序庭审。助推检察改革，听取区人民检察院关于适用认罪认罚从宽制度工作情况报告，调研区人民检察院认罪认罚从宽制度工作情况，推动适用认罪认罚从宽改革，提升社会关注度和认可度。调研区枫桥式派出所建设暨公安基层基础工作，实地视察走访沙坪坝街道新华村社区警务室、双碑派出所，听取区公安分局及部分基层派出所的工作情况汇报。听取和审议区人民法院提请确定沙坪坝区人民陪审员名额的议案，依法确定沙坪坝区人民陪审员名额数为285名。制定《规范性文件备案审查咨询专家库管理办法》，建立规范性文件备案审查咨询专家库，评查2017—2019年现行有效规范性文件，对区政府报备的5件规范性文件备案审查。组织22名拟任命、决定任命人员的任前法律知识考试。

（邢玉柱）

【财政经济工作监督】 2020年，区人大助推经济社会发展，对全区贯彻实施《中华人民共和国野生动物保护法》《中华人民共和国动物防疫法》等涉及疫情防控相关法律法规实施情况开展专题调研并提出对策建议。聚焦困难行业和中小微企业，推动相关部门出台惠民援企政策，全区减税降费35.49亿元，协助企业复工达产。聚焦防范化解债务重大风险，加强债券资金使用监管，坚持每半年听取政府债务管理情况报告，审查批准新增三批政府债务额度，督促抗疫特别国债和中央直达资金14.2亿元主要用于疫情防控、帮扶市场主体等“六稳”“六保”项目。紧扣发展主题，加强对半年经济社会运行情况和“十三五”规划完成情况监督，作出批准区“十三五”规划纲要部分指标调整方案（草案）报告的决议，促进年度计划任务实施。开展“十四五”规划编制工作监督，就成渝地区双城经济圈和西部（重庆）科学城建设、民生事业保障等方面开展调研并提出建议。立足深化国有企业改革，开展企业国有资产（不含金融企业）管理情况调研并形成调研报告，督促区政府组织有关部门专题研究、细化举措，确保国有资产管理责任落到实处。强化预算绩效管理，将部门和街道等97家单位2021年所有项目支出预算纳入公开评审范围，审减金额13.9亿元，审减率27%。首次将镇级项目预算纳入评审，采取“模拟评审”方式为镇人大开展评审工作提供业务指导，全区所有部门、镇街的项目预算评审全覆盖。加强对审计查出问题整改情况的监督，首次到部门、街道调研整改存在的共性问题和产生的原因。建立审计整改跟踪联席会议机制，推动经济责任审计结果与干部考核挂钩。助推招商引资工作提质增效，加强2019年签约的93个招商引资项目落地情况的监督。关注票决产生的10件区级重点民生实事办理情况，围绕项目进展情况、工程质量把控、资金使用等方面开展监督。聚焦乡村振兴战略实施，组织视察“三社”融合发展推进乡村振兴、农旅融合发展、农村人居环境整治情况，听取和审议全区水产养殖管理情况并依法作出加强水产养殖管理的决定。

（何彦震　廖　畅）

【城市建设和环境保护工作监督】　2020年，区人大听取和审议区政府关于2019年度环境状况和环境保护目标完成情况的报告，专项评议区政府水污染防治工作并对评议意见办理落实情况开展满意度测评，配合全国人大常委会对《中华人民共和国土壤污染防治法》开展执法检查，助力生态环境质量提升。调研城市道路建设推进情况，听取区住房城乡建委关于2020年城市道路建设推进情况的报告，助力打造生态、绿色、智慧、便捷的城市交通路网。调研生活垃圾分类推行情况，形成专题调研报告，推进垃圾分类工作常态化、长效化、规范化。调研国际物流城规划建设情况，实地查看企业服务创新中心、佛罗伦萨小镇重庆奥特莱斯等重点项目建设情况。调研区人防工程重点项目建设情况，实地查看区人民医院（井双院区）人防工程建设情况。组织驻区市人大代表、区人大代表、群众代表开展城市提升工作暗访活动，发现解决问题38个。（王晓波）

【教育科学文化卫生工作监督】　2020年，区人大听取和审议区政府关于贯彻落实《重庆市人民代表大会常务委员会关于依法全力开展新冠肺炎疫情防控工作的决定》，听取区政府办、区经济信息委、区卫生健康委等21个部门贯彻执行情况报告，督促构建系统、科学、有效的疫情防控体系，助推区政府出台《沙坪坝区疾控能力及重大传染病医疗救治能力提升工程建设实施方案（2020—2022年）》。专题调研区医疗卫生机构应对公共卫生突发事件能力现状和《中华人民共和国传染病防治法》《突发公共卫生事件应急条例》实施情况，实地调研区疾控中心、区中医院等单位。专题调研复工复学，征求人大代表中部分校长的意见和建议，形成专题调研信息为领导决策提供参考。配合市人大开展《重庆市全民健身条例》执法检查和《重庆市突发公共卫生事件应急条例（草案）》立法调研，形成专项调研报告报送市人大，提出意见建议10余条。听取全区文物保护改革利用情况的报告，实地调研巴蜀古代建筑博物馆、郭沫若纪念馆，推动区文物保护利用改革取得实效。持续关注新高考背景下的高中教育，实地调研重庆市第七中学基础设施建设及特色课程开展等情况。连续四年跟踪督促凤凰实验学校迁建推进情况。

（张　轶）

【社会建设工作监督】　2020年，区人大坚持民生导向，把就业作为关注焦点，审议稳就业工作情况报告，提出针对性意见建议；听取退

2020 年 5 月 8 日，沙坪坝区人大常委会开展第二季度主任接待日　　（区人大常委会办公室供图）

役军人安置工作情况报告，促进退役军人服务保障体系建设，为退役军人上岗就业、融入社会创造良好条件。听取和审议区政府关于沙坪坝区土主镇撤镇设街道行政区划调整的报告并做出决定。将《中华人民共和国突发事件应对法》贯彻实施情况纳入年度监督重点，听取区应急管理局、区卫健委等 8 个部门贯彻实施《中华人民共和国突发事件应对法》情况的汇报。加强信访监督，结合新修订《重庆市信访条例》，组织部分人大代表调研全区信访维稳工作开展情况。配合市人大开展《中华人民共和国劳动法》《中华人民共和国劳动合同法》施行情况调研，了解劳动者权益保护状况、劳动关系状况、劳动争议仲裁运行状况等情况。协助市人大开展立法调研活动，对《重庆市人力资源市场条例（草案）》提出修改意见 10 条，对《重庆市文明行为促进条例（草案）》提出修改建议 5 条。督促办理群众来信来访，全年接待群众来访 146 人次，受理群众来信 47 件次，转办督办 42 件，重信重访 5 件，对群众反映强烈的医疗保险、环境整治、交通拥堵等问题重点督办。坚持主任接待日制度，全年现场接待群众 150 余人次，督促解决老旧小区照明设施改造、校园周边师生出行安全、村社文化体育设施建设及“四好农村公路”打造等问题 21 个。

重大事项决定和人事任免

【重大事项决定】 2020 年，区人大常委会作出重大事项决定 11 件。分别是关于沙坪坝区与韩国仁川广域市桂阳区建立友好城市关系的决定、关于区 2019 年财政决算的决议、关于区 2020 年预算调整的决议、关于区 2020 年新增政府债务额度（提前下达部分）及分配方案的决议、关于区 2020 年新增政府债务额度（第二批）及分配方案的决议、批准《沙坪坝区“十三五”规划纲要部分指标调整方案（草案）的报告》的决议、召开区十八届人大七次会议的决定、成立区十八届人大七次会议筹备处的决定、关于加强水产养殖管理的决定、关于许可区公安分局对区十八届人大代表贺某某采取刑事拘留的限制人身自由措施的决定、关于确定沙坪坝区人民陪审员名额的决定。

【人事任免】 2020 年，区人大常委会依法任免国家机关工作人员 347 人次，接受 1 名市人大代表、1 名区政府副区长、1 名监察委主任、5 名区人大代表辞职。组织供职发言 36 人次；组织任命的 36 名国家机关工作人员宪法宣誓。

人大代表工作

【人大代表履职保障】 2020 年，区人大常委会加强代表集中培训，组织区、镇人大代表专题学习国际形势、民法典等知识。拓宽代表履职渠道，邀请代表参加常委会组织的视察、调研 150 人次。执行代表履职活动登记办法，落实代表履职情况半年公开、年终通报制度，引导代表依法履职、为民尽责。用好正向激励机制，开展区人大代表工作年度考核，评选优秀人大代表 54 名、优秀代表建议 63 件、优秀联络员 9 名。定期开展市人大代表沙坪坝区联系组代表活动，围绕构建现代服务业体系、推动成渝地区双城经济圈建设等专题开展调研，向市五届人大三次会议提出代表议案 2 件、建议 72 件。（肖　鹏）

【人大代表建议办理】 2020 年，区人大常委会督促承办单位压实工作责任，82 个承办单位按时办结代表建议 420 件，办理满意率 99.28%，办理落实率（含已落实和基本落实）84.76%。坚持区委、区人大、区政府领导重点督办代表建议制度，区领导牵头督办重点建议 34 件，推动解决井双片区道路建设、沙坪坝火车站下穿道规范治理、老旧小区改造等人民群众关心的热点难点问题。坚持代表建议办理“两次评价”制度，对 105 件建议实行“两次评价”，落实承诺事项 79 项。优化议案建议办理系统，网上提交、交办、答复、反馈全流程管理，建议办理质效进一步提升。（张　宇）

沙坪坝区人民政府

综　述

【概况】 2020年，沙坪坝区人民政府坚持以习近平新时代中国特色社会主义思想为指导，贯彻习近平总书记对重庆提出的重要指示要求，坚持稳中求进工作总基调，全面贯彻新发展理念，战疫情、战复工、战洪水，全年实现地区生产总值1013.9亿元、突破千亿元大关，增长3.0%；固定资产投资总额471.6亿元，增长9.5%；一般公共预算收入（减税降费后）41.8亿元，增长0.6%；区级税收收入33.1亿元，增长0.3%；规上工业总产值2490.3亿元，增长14.8%；全体居民人均可支配收入4.3万元，增长5.7%；社会消费品零售总额486.4亿元，增长0.2%。

应对大战大考　战疫情，坚持人民至上、生命至上，打好疫情防控阻击战，构筑起抗击疫情的强大防线。坚持科学防治、精准施策，完成核酸检测106万例次，半个月实现新增确诊病例零增长，两个月实现确诊病例、住院病例“双清零”。战复工，出台“惠民援企”16条，帮助企业融资25亿元，4900余家企业3月底全面复工复产，26万名大中小学校学生全面复课，在全市率先开展汽车、房地产、大宗商品促销活动，拉动消费65亿元，生产生活秩序快速恢复。战洪水，紧急转移6600余名群众，成功应对洪峰过境，全区未垮一堤、未亡一人。

实施创新驱动　把创新作为发展中至关重要、决定输赢的关键牌，全面融入科学城和高新区建设，推动中电光谷·智创园等30个环大学创新生态圈项目建设。创新主体加快聚集，引进中科院广州能源所等研发机构13家，深圳慧思科技等高新项目19个，新增科技型企业476家；创新平台不断拓展，加快建设8万平方米重庆工业设计城、33万平方米青凤高科孵化中心、32万平方米自贸区创新服务中心，建成投用28.5万平方米黄金湾·智谷；创新资源加速汇聚，组建集成电路产业基金，新建院士专家工作站2家，柔性引进院士5人、高层次专家152人。

产业转型明显　持续壮大“芯核器网服”产业链，引进光电传输集成芯片等19个智能制造项目，中电科·吉芯科技等22个项目开工，中关村·高孚动力等15个项目投产，集成电路、高端装备等高新技术产业营业收入增长16%。提档商贸服务业，融创文旅城、龙湖金沙天街、佛罗伦萨小镇开业投运，陕旅金碧正街加快建设，新建高端酒店4家，439家市场主体升规上限。加大招商引资力度，全年签约项目138个、1512亿元，中电光谷·西部科技城、绿地全球贸易港2个百亿级项目签约，项目开工率90%。

推进改革开放 持续深化“放管服”改革，开办企业实现“四零”审批，核发全市首张“跨省通办”营业执照，新增市场主体2.2万户，营商环境明显改善。获批国家陆港型物流枢纽，成功创建全国首批中欧班列集结中心。“四向通道”开行国际班列3180列、货值988亿元，分别增长43%、138%，自贸区新增企业1000家，实际利用外资8亿美元，“四向齐发、全域开放”格局初步形成。积极融入成渝双城经济圈，深化与成都国际铁路港合作。

城市开发有序 坚持集中调度，142千米道路全面开工，滨江路二期等35条道路建成通车，科学大道沙坪坝区段等104条道路加快推进；完成农村征地526.67万平方米、城市征收21万平方米，拆除尾欠户851户。新增绿地面积130万平方米；改造棚户区1500户，整治老旧小区20万平方米，拆除违法建筑150万平方米。加快推动歌乐山·磁器口大景区创建国家AAAAA级旅游景区，磁童路步行街、磁横街风貌改造全面启动，完成磁器口码头、歌乐山索道站台改造等8个项目，磁器口后街开业运营，金碧剧院、和平山城市公园等26个项目快速推进。加快实施乡村振兴，新增特色农旅融合项目7个，中梁斐然湖“都市村庄”项目初见成效。

提升环境品质 加快第二轮中央生态环保督察反馈问题整改，整治“散乱污”企业649家，工业类环保投诉案件下降48%。坚决打好污染防治攻坚战，整治大气污染源850个，空气质量优良天数达314天，同比增加27天，历史性突破300天；落实“河长制”，全面禁止肥水养殖，新改建污水管网35千米，全区湖库水质均达到Ⅲ类，梁滩河水质提升至Ⅳ类。落实“林长制”，国土绿化11.33平方千米。成功创建“中国天然氧吧”。

深化民生保障 坚持把民心作为最大政治，动态清零“两不愁三保障”问题。推进普惠性、基础性、兜底性民生建设，新增就业4万人，完成21件民生实事。人民医院主体完工，社会福利护养中心建成投用。完成学前教育三年计划，新改建中小学14所。全民参保率98%，社会民生保障更加牢固。加强债务管控，成功纳入国务院政府隐性债务风险化解试点，争取上级资金28亿元，消减存量债务43亿元，综合负债率大幅下降。落实安全生产“一岗双责”，整改隐患9800个，完成201栋高层建筑消防安全整治，安全生产事故起数、死亡人数双下降。开展市域社会治理现代化试点，化解信访积案145个，社会大局安定有序。

（田　透）

【政务督查】 2020年，分解细化、跟踪督办区政府工作报告任务161项。跟踪督办区政府常务会交办任务195项，区政府主要领导公文签批事项925项，形成《政务督查》23期，组织专题协调会12次，有力推动领导决策落实和服务支持辖区高校、上级督查问题整改、散乱污企业整治等重点工作。协调办理国务院“互联网＋督查”交办事项33项，汇总争取市级激励支持事项27项。牵头办理市人大代表建议18件、市政协提案9件，办结区人大代表建议359件、政协提案221件。

（陈　宇）

【政务值班】 2020年，围绕疫情防控和全区中心工作，做好值班值守、信息报告、综合协调和服务保障。坚持全天候24小时值班信息不断档，向重庆市报送相关信息190余条，向区领导报送突发及敏感情况信息502条，汇编各类值班专报55期。办理回复公开信箱（电话）群众来信（电）4145件次，接处公开电话群众来电1.2万余个，提档升级视频调度系统，保障市级重要会议80余次。

（朱　江）

【电子政务】 2020年，全面启动信创项目建设，完成政务云工作平台信创项目适配。完成消防、退役军人、医保、水利4个政务专网系统向电子政务外网的迁移，将电子政务外网延伸至重庆大学、陆军军医大学、四川外国语大学等10所高校。

【政务信息公开】 2020年，区政府门户网站在全市率先完成集约化建设，建成“公开专栏”和“公开目录”两个政府信息公开平台，公开政府信息8万余条；建成“沙磁人才专栏”“优化营商环境”两个专栏，网站在全国政府网站绩效评估中获“良好”等级。关停运行维护管理不力的政务新媒体22个，政府网站、政务新媒体检查合格率分别为100%、90.8%。办理政府信息公开申请113件。

（彭　科）

【综合性工作】 2020年，做好办文、办会服务及政务信息上报工作，建立涉密文件全程跟踪台账，全年办理收文8500件，处理领导批示件730余件，完成1.8万余份档案资料整理入库，印发文件1200余件，减少发文38%。收到各单位报送信息4571条，采编上报市政府办公厅政务信息1200余条，获得采用237条，累计得分959分，在全市区县、开发区中位列第二。

（宋　华　吴朋飞）

重要会议

【区政府全体会议】 2020年12月25日召开区政府十八届四次全体会议。会议审议并原则通过《2021年重庆市沙坪坝区人民政府工作报告（审议稿）》，决定由区长常斌代表区人民政府向区第十八届人民代表大会第七次会议作报告。会议要求，坚持实施创新驱动战略，持续推动产业转型升级，推动现代服务业提质增效，加快建设内陆开放高地，深化重点领域改革，加速城市化进程，不断提升城市品质，兜底保障民生福祉。

（张丁瑞亚）

【区政府常务会议】 2020年，区政府共召开40次常务会议（区政府十八届第九十六次至第一百三十五次），审议并原则通过有关事项900余项。

关于经济建设与体制改革　审议并原则通过《关于印发〈沙坪坝区加强民营经济统计监测工作实施方案（试行）〉的通知》《关于加快推进社会信用体系建设构建以信用为基础的新型监管机制实施意见的通知》《关于沙坪坝区进一步扩大有效投资的通知》《关于印发〈沙坪坝区区属国有企业股权投资基金管理暂行办法〉的通知》《关于印发〈促进沙坪坝区平台经济规范健康发展的实施意见〉的通知》《关于印发〈沙坪坝区区属国有企业管理办法〉的通知》《关于印发〈沙坪坝区加快发展流通促进商业消费工作方案〉的通知》等。

关于城市规划、建设和管理　审议并原则通过《关于印发〈沙坪坝区“无废城市”建设试点实施方案〉的通知》《关于印发全区高层建筑消防安全突出问题专项整治工作方案的通知》《关于印发〈沙坪坝区山水林田湖草生态保护修复工程试点实施方案（2018—2020）〉的通知》《关于印发沙坪坝区绿色生活创建行动实施方案的通知》《关于印发〈重庆市沙坪坝区2020年污染防治攻坚行动方案〉的通知》《关于印发〈2020年沙坪坝区城乡规划编制项目计划〉的通知》《关于印发〈沙坪坝区国土绿化提升行动2020年度实施方案〉的通知》《关于印发〈重庆市沙坪坝区“绿盾2020”自然保护地强化监督工作实施方案〉的通知》等。

关于社会事业发展　审议并原则通过《关于

印发〈2020年沙坪坝区自然资源文化和历史文化名城保护工作方案〉的通知》《关于印发〈沙坪坝区历史建筑保护规划利用管理工作方案〉的通知》《关于印发〈沙坪坝区推进养老服务发展实施方案〉的通知》《关于公布沙坪坝区第六批区级非物质文化遗产代表性项目名录的通知》《关于促进家政服务业提质扩容的通知》《关于印发促进3岁以下婴幼儿照护服务发展的实施方案的通知》等。

关于保障和改善民生　审议并原则通过《关于印发2020年重点项目及区级重点民生实事名单的通知》《关于加强心理疾病人员人文关怀工作的通知》《关于印发沙坪坝区疾控能力及重大传染病医疗救治能力提升工程建设实施方案（2020—2022年）的通知》《关于印发沙坪坝区智慧医疗工作方案（2020—2022年）的通知》《关于印发〈重庆市沙坪坝区“惠残2020工程”实施意见〉的通知》等。

关于政府自身建设　审议并原则通过《关于实施政府过紧日子十条举措的通知》《关于全面实施预算绩效管理的实施意见》《关于做好〈优化营商环境条例〉贯彻实施工作的通知》《关于印发〈沙坪坝区征地征收工作从业人员“八条禁令”〉的通知》《关于印发〈重庆市沙坪坝区人民政府行政复议工作规则〉的通知》《关于印发〈重庆市沙坪坝区行政执法争议协调办法〉的通知》《关于印发2020年沙坪坝区法治政府建设工作要点的通知》等。　（张丁瑞亚）

人事管理

【概况】　2020年，沙坪坝区安全完成26批次、17.3万人次国家和市区级各类人事考试。组织开展全区新冠肺炎疫情防控国家级表彰和市级表彰推荐评选活动，19名先进个人、6个先进集体获得重庆市抗击新冠肺炎疫情表彰奖励。发放抗美援朝出国作战70周年纪念章182枚。组织开展区政府任命的国家工作人员宪法宣誓仪式8次，54名新任命的处级干部就职宣誓。

（詹茂林　李　愿）

【事业单位人员管理】　2020年，沙坪坝区在全市率先召开区县事业单位管理大会，出台区事业单位科级领导管理办法、机关事业单位转聘办法、教育事业单位区外转聘办法、人事管理政策解答，编写事业单位人事管理工作手册。开展“脱贫攻坚”专项奖励，落实新冠肺炎疫情防控一线人员优惠政策。坚持“逢进必考”，组织开展全区事业单位公开招（选）聘8次，招（选）聘327人，其中研究生及以上学历、高级职称97人。面向高校贫困毕业生、大学生村干部、“三支一扶”（支农、支教、支医和扶贫）大学生和优秀村（社区）干部、免费师范生等开展定向择优招聘。改进招考环节，针对教育系统人才特殊性，首次采用“二进制”考核体系选拔人才。

（罗　凡）

【离退休人员管理】　2020年，沙坪坝区审批机关事业单位工作人员退休229人、工龄认定112人，审批遗属生活困难补助11人。　（詹茂林）

【福利管理】　2020年，沙坪坝区审批兑现全区机关事业单位统发工资约6.7亿元。兑现全区4248余名机关在职人员（含参公人员、公安分局）目标绩效考核奖和8892余名离退休人员健康休养费，审核金额约3.12亿元。完成事业单位绩效工资终核，审核绩效工资总量8.68亿元。完成沙坪坝区机关事业单位工资管理信息系统网络化改造。　（詹茂林）

【人才交流管理】 2020年，沙坪坝区完成20名“鸿雁计划”人才政策落地，兑现入选人才奖励及单位引才补助资金233.6万元。备案青年就业见习基地117家，发布见习岗位2657个，发放见习补贴249万元。落实“全渝通办”政策，新接转入档案4300余份，转出档案1438份，接收档案补充材料1271份。组建技工院校片区中级职称评委会，调整充实区职改办、中小学片区、工程技术评委会领导委员。改变传统现场领证方式，开通职称证书快递服务，打通行业主管部门壁垒，实现审核材料部门传递，不再由申报人送达。建立职称两地互认，与成都市武侯区通过线上方式确认证书真伪。加强职称评审，组织4次职称培训，职称申报1387人，其中初级356人、中级470人、高级561人。（罗　凡　黄守军）

【临聘人员管理】 2020年，沙坪坝区开展全区机关事业单位临聘人员核查，全面核查77家单位，重点抽查15家单位。开展全区社区工作人员待遇调查，全面摸底调查22个镇街111个社区工作人员待遇情况。严格临聘人员审批管理，截至2020年12月31日，纳入沙坪坝区机关事业单位临聘人员实名制备案管理信息数据库的人员额数为11109人，比2018年10月原核定总数减少4051人，减少比例约26.7%。

（李　愿）

外　事

【概况】 2020年，沙坪坝区紧扣疫情防控和对外交往合作，统筹谋划全区对外工作。制定《重庆市建设中西部国际交往中心三年行动计划（2020—2022年）沙坪坝区分年度工作安排表》，编制完成沙坪坝区“十四五”对外工作规划，组织开展全区涉外文物普查。服务管理外籍人士，多语种印发《致沙坪坝区外籍人士的一封信》《外籍人士疫情防控指南》，24小时接受外国驻重庆领事馆及外籍人士咨询30余次，妥善处理驻区高校外籍师生实际困难16次；制定《沙坪坝区外国人来区“快捷通道”工作流程图》，指导办理邀请外国人到区15人，有力保障全区产业链、供应链稳定。执行中央、市级因公出国（境）管理有关规定，出台沙坪坝区因公出国（境）经费管理办法。开展外事活动，组织参加乌拉圭推介会等活动5次，协助承办“第四届国际前沿科技创新大会”“首届重庆技术转移转化大会”等涉外会议、活动4次。开展海外领事保护宣传，以出入境办证大厅、学校为重点，开展“外事知识进党校”“领保进校园”等活动10余次；在政府门户网开设领事保护专栏，发布领事保护宣传信息、境外疫情预警信息等243条。受新冠肺炎疫情影响，全区外事接待、因公出国（境）数量同比大幅减少，全年接待外交部、市外办、中欧班列沿线安全执法会议代表团、韩国贸易馆等7批100余人次；办理参团出访8人。

【境外疫情输入防控】 2020年3月中下旬，沙坪坝区成立机场集中检测点工作组和机场集中分流点工作组，在江北机场24小时负责转运入境人员，截至工作组解散，共转运入境人员281人。加强火车站入境人员信息预警、情况研判和管理布控，指导重庆西站、沙坪坝站分类处理入境人员100余人，协调妥善处理重庆市第3例境外输入确诊人员转运工作，确保入境人员从落地到社区管控“无缝衔接”。成立以区委政法委书记、外事分管副区长为组长的临时国际航班入境人员疫情防控管理工作领导小组，完成6月28日英国伦敦—重庆包机转运和集中隔离任务，除1名核酸检测阳性的无症状感染人员被转运至定点医院治疗外，其余236名旅客均在沙坪坝区集中隔

2020 年 12 月 21 日，沙坪坝区与韩国仁川市桂阳区友城“1 周年庆”摄影展在爱民广场展出
（区外事办供图）

离，直至解除隔离。利用外事资源争取斯洛文尼亚马里博尔市等定向捐赠沙坪坝区 N95 口罩 112 只、医用防护服 100 件、医用外科口罩 6502 只、医用防护手套 467 双等物资。

【国际友好城市交流活动】 2020 年 1 月新冠肺炎疫情发生后，韩国仁川市桂阳区组织捐赠沙坪坝区 5 万只 KF94 口罩和 1 万双医用防护靴套，帮助采购 2 万只医用口罩。3 月 11 日，桂阳区出现第 1 例新冠肺炎确诊病例，沙坪坝区组织回赠桂阳区 10 万只医用口罩。6 月 15 日，沙坪坝区收集整理的一批与桂阳区共同抗击新冠肺炎疫情的相关实物及资料被重庆中国三峡博物馆作为疫情防控代表性物证收藏。11 月，沙坪坝区与桂阳区共同举办以“‘沙坪坝汉影 桂阳韩像’缔结友谊之花”为主题的友城“1 周年庆”摄影展，收到两区人民摄影作品 600 余张，评选出 100 余张代表性照片互换展出，在桂阳区展览 13 天，沙坪坝区巡展 25 天，观众 1 万余人。

（官　玥）

服务保障

【公务接待】 2020 年，沙坪坝区机关事务管理局积极介入全区重大节会活动、招商引资、外事接待的服务保障。负责拟定公务接待相关制度和规定，参与制定的《重要会议会场服务规范》被纳为重庆市地方标准。

（孙全和）

【物业管理】 2020 年，推进物业服务标准化建设，打造物业服务标准化展示间，梳理并制定的《党政机关物业管理服务规范》被纳为重庆市地方标准。推进物业服务信息化建设，开发“慧服务业务系统”APP，对收集到的问题处理，实现让“数据跑路”代替“群众跑腿”。开展日常保洁、绿化维护和维修修缮。定期组织安保队伍教育培训，配合做好稳定工作。

（赵纯静）

【公车管理】 2020 年，完成全区事业单位车改后公务用车车载智能终端安装、数据录入和使用培训等后续工作。在全市公车信息化建设工作会上作为唯一区县作交流发言。确定公务用车定点保险单位、定点维修单位，明确定点加油企业，完成公务用车使用日常监督检查工作，完成全区公务用车报废工作，全年暂停新购一般公务用车。（陈　良）

【节能工作】 2020年，持续推进生活垃圾强制分类工作，推进1家公共机构代表重庆市接受国家“46城”公共机构生活垃圾强制分类评价的实地验收。推动1家公共机构通过国家水效领跑者的评估验收，推进17家党政机关、14家公共机构创建重庆市节水型单位。完成33家党政机关创建为重庆市节约型机关。完成2家市级“无废机关”和17家区级“无废机关”创建。推动2家公共机构通过合同能源管理模式实施节能改造。完成23家公共机构食堂油烟污染治理。带头制止餐饮浪费，倡导“光盘行动”。线上线下结合，广泛开展全国节能宣传周活动。（张贵军）

【后勤保障】 2020年，完成全区性重要会务及接待保障工作。坚持安全检查，建立机关大楼日巡、周查、月检检查制度，保障大楼消防、电梯、用水、用电等各类安全。（赵纯静）

【办公用房管理】 2020年，持续推进办公用房集中统一管理，完成办公用房专项巡检，开展房屋资产信息系统更新，梳理办公用房工作流程3项。建立闲置资产台账，协助开展闲置资产拍卖和利用打造。完成自贸区企业创新服务中心的办公用房分配方案、家具配备方案，完成机房、室内装修、智能化建设等前期意见收集。（任章群）

【标准化工作】 2020年，区机关事务管理局成为全市机关事务综合服务标准化试点示范单位，构建涵盖职能工作在内的11大类37项子标准，承办全市机关事务标准化工作现场推进会。沙坪坝区机关事务综合服务标准化建设个案被纳入国家“十三五”服务规范化重点研究课题，总结提炼为规范服务标准下建设规范式服务的重庆模式。沙坪坝区机关事务综合服务标准化试点示范项目通过市级中期评估验收。（张国竟）

信　访

【概况】 2020年，沙坪坝区狠抓信访工作，带着感情和责任化解矛盾，持续深化信访矛盾“四重攻坚”和信访突出问题专项治理，开展重复信访“治重化积”和信访存量“清仓见底”专项工作，源头调处化解一批矛盾纠纷，攻坚消减一批积案难案。

【信访接待】 2020年，沙坪坝区依托重庆市网上信访信息系统，规范处理群众信访投诉，按照依法分类处理规则，全部登记、甄别并转送事权职能单位，督促相关单位按照国务院《信访条例》和新修订《重庆市信访条例》受理办理并在期限内反馈。全年处理信访事项2832件次、6376人次，其中群众到区来访984批次、4429人次，群众通过来信、网上投诉、人民建议等方式反映问题分别为463件次、1273件次、112件次。进一步规范群众来访接待中心建设，加强人民满意接访窗口建设，开展“一杯热水、一句问候、一张笑脸”温馨服务，信访流程、宣传标语、接访领导“三上墙”，投用“双屏接访”系统和视频接访系统，让群众可以同步掌握信访问题处理流程和去向，“足不出镇街”就能反映诉求。新冠肺炎疫情期间，精细做好群众接待疫情防控工作，引导群众通过电话、网络等渠道反映诉求。继续落实区级领导坐班接访制度和律师参与接访制度，突出信访问题开展多部门联合接访，搭建“访调对接”平台，提升群众初信初访化解率，努力实现群众少跑路、问题真解决。

【信访处理】 2020年，沙坪坝区开展信访矛盾“四重攻坚”，聚焦城乡建设领域、征地拆迁、农村集体资产分配等重点领域开展“3+5”信访突出问题专项治理，对重点问题等实行清单交办、卷宗管理、限时销号。市交办10件重点问题全部化解。开展“集中治理重复信访、化解信访积案”专项工作，每个信访问题逐案梳理，落实领导包案，中央信访工作联席办交办“治重化积”事项120件，化解50件，化解率41.67%；市信访工作联席办交办“清仓见底”存量问题246件，化解84件，化解率34.14%；处理中央巡视组在渝期间转送信访投诉140件，消减全区信访存量。

【督查核办】 2020年，沙坪坝区成立4个分片对口联系指导组，由区信访办领导班子成员担任组长，带队实地督查全区镇街以及重点部门，重点督查领导干部落实信访工作“一岗双责”、突出信访问题化解和重点人员稳控措施落实情况，指导帮助联系单位化解信访积案。健全信访工作联席会议制度，召开区信访工作联席会议4次，研究部署重点信访工作，联调联办推动突出信访问题化解。建立信访工作“日调度、月通报、年考核”机制，常态化开展日常调度、网上巡查、月度通报，加强经常性检查指导，强化业务标准化、精细化管理，纠正工作不规范问题，优化细化信访工作考核指标和方式，将信访工作考核指标纳入防范化解重大风险攻坚战统一考核，进一步压实信访工作责任。

【矛盾防范化解】 2020年，沙坪坝区大力实践新时代“枫桥经验”，坚持区、镇街、村社三级联动排查化解矛盾纠纷，做到定期排查与动态排查相结合，形成全覆盖、无疏漏的排查化解工作体系，打造回龙坝和顺茶馆、石井坡特钢能人坊、丰文街道人语议事厅等矛盾纠纷多元化解品牌，将各类矛盾纠纷化解在当地，化解在萌芽。建立健全人民调解、司法调解、行政调解“三调联动”矛盾纠纷多元化解机制，加快推进诉讼与非诉讼有机衔接，引入群团组织、社会组织、群众自治组织和“两代表一委员”、乡贤、律师、法律工作者等社会力量参与矛盾纠纷化解。矛盾纠纷实行台账式、清单化管理，就地调处矛盾纠纷，完善重大矛盾纠纷挂牌督办和漏排通报制度。处置化解重大矛盾50件次，化解率92.59%。开展涉疫矛盾专项排查，化解涉疫矛盾纠纷48件，助力新冠肺炎疫情防控和复工复产。

（陈远鹏）

政务服务

【概况】 2020年，沙坪坝区政务服务大厅面积约3500平方米。按照行政许可事项“应进必进”的要求，全区34个行政审批职能部门入驻区政务服务大厅，常驻部门22个，工作人员180余人，按商事领域、建设领域及公共服务领域分类设置“一窗通办”窗口50个。实行“前台综合受理、后台集成审批、统一窗口出件”工作模式。

【“放管服”改革】 2020年，沙坪坝区深化“放管服”改革，提升审批效率。全区行政审批时限压缩87.8%，居全市前列。行政许可即办比例提升至54.8%，全程网办提升至83.18%，跑动次数下降到0.17次；企业开办时限压缩至1天，实现“零材料、零收费、零见面、零跑路”的“四零审批”；29天实现工业项目获地开工。

【职能部门“五入驻”】 2020年，22个行政审批职能部门实现“事项、人员、印章、文书、发票”应进必进，入驻审批服务人员180余人，可办行政许可事项645项。推进除许可外的其他依申请办理类事项办理单位及事项入驻，提升政务服务大厅“一站式”服务功能。

【智慧政务建设】 2020年，改版升级“渝快办”网上办事大厅沙坪坝主站，建设“一窗受理”“一件事一次办”受理平台，搭建大数据综合分析及成效展示平台。以“渝快办”为主体上线24小时“人工+智能”政务服务实时咨询。建设“政务服务”微信公众号，实现政务服务预约、申报、进度查询、办理评价等全流程“掌上服务”。

【“跨省通办”政务】 2020年11月11日，沙坪坝区与成都武侯区、雄安新区、西安雁塔区等“四省六区”签订“区块链+政务服务”“跨省通办”政务服务战略合作协议，实现“跨省通办”全流程线上办理。与成都武侯区成功打印出首张“区块链+政务服务”营业执照。

【15分钟政务服务生态圈建设】 建成“7×24小时”自助服务厅，推动商场、银行、邮局、车站、街道、村及园区开展政务服务自助办理，形成多方位、全天候办事格局。

【一件事一次办改革】 以企业和群众眼中完整的“一件事”整合多部门服务事项，推出96个“一件事一次办”套餐服务，实现“一次告知、一表申报、一窗受理、一次办成”。

【网上行政审批】 2020年，重庆市一体化在线服务平台运行正常，沙坪坝区受理161327件，办结158532件（行政许可52014件，其他行政权力及公共服务类106518件），其中行政许可办结事项中准予许可51353件、不予许可661件，许可率98.73%。推动行政权力及公共服务事项认领工作，政务服务事项部门发布5027项，街镇发布3796项。

【“互联网+督查”群工系统】 截至2020年

2020年11月11日，“跨省通办”政务服务战略合作协议签订　　（区融媒体中心供图）

12 月 31 日，“互联网 + 督查”群工系统运行平稳，共受理群众反映事项 5177 件，办结 5121 件，办结率 98.9%，已办结评价事项群众满意率 98%。

【公共资源交易管理监管】 2020 年，沙坪坝区公共资源交易规范运作。10 月 30 日，启动全流程电子化交易工程项目，实现从招标项目入场登记到最终合同签订全电子化交易模式。全年区公共资源交易中心完成交易项目 909 宗，交易额 16.61 亿元，节约资金 1.1 亿元。搭建监管新体系，推动形成“一委一局一中心”公共资源交易监管格局。“一委”，即区公共资源交易监管委员会，负责统筹协调区公共资源交易监督管理工作。“一局”，即区公共资源交易监管局，负责对区级工程建设项目招标投标直接监管。“一中心”，即区公共资源交易中心，负责提供公共资源交易平台服务。全年完成工程建设项目招标投标直接监管项目 165 个，评审金额 65.28 亿元，中标节约金额 4.52 亿元。招标方案核准及变更核准 328 件。 （邱　军　兰　念）

中国人民政治协商会议沙坪坝区委员会

综　述

【概况】　2020年，区政协常委会深学笃用习近平新时代中国特色社会主义思想，贯彻落实中共十九大和十九届二中、三中、四中、五中全会以及中央政协工作会议精神，团结带领各参加单位和政协委员坚持正确政治方向，紧扣中心大局，履行政治协商、民主监督、参政议政职能，开展视察协商、专题调研、民主评议等工作，创新开展基层协商，深化提案工作机制和反映社情民意信息工作机制，发挥专门协商机构作用，为把沙坪坝区建设成为引领重庆高质量发展的“科创智核”、承载“一带一路”倡议的“开放高地”、传承巴渝历史文脉的“文化名城”、彰显重庆山水魅力的“美丽都市”贡献智慧和力量。

【政协机构】　政协重庆市沙坪坝区第十四届委员会由26个界别组成，包括5个办公室、26个街镇委员组。2020年，区政协有主席会成员10名，

2020年1月5日至7日，中国人民政治协商会议重庆市沙坪坝区第十四届委员会第五次会议召开

（区融媒体中心供图）

常务委员 41 名，政协委员 269 名。驻区市政协委员 66 名。

（刘　宁）

重要会议

【区政协全体会议】 沙坪坝区政协十四届五次会议于 2020 年 1 月 5 日至 7 日举行。会议听取并审议区政协常委会工作报告、提案工作报告，与会委员列席区第十八届人大六次会议第一次全体会议，听取并协商讨论区人民政府工作报告、区 2019 年国民经济和社会发展计划执行情况与 2020 年国民经济和社会发展计划草案的报告、区 2019 年财政预算执行情况和 2020 年财政预算草案的报告、区人民法院工作报告、区人民检察院工作报告。补选 3 名区政协委员，审议通过区政协十四届五次会议决议。

【区政协常委会会议】 2020 年，区政协共召开 7 次常委会会议（区政协十四届第二十三次至第二十九次）。组织学习中国共产党第十九届中央委员会第五次全体会议公报、习近平在统筹推进新冠肺炎疫情防控和经济社会发展工作部署会议上的讲话等精神和《政协重庆市委员会关于开展推进成渝地区双城经济圈建设重点履职活动的意见》，审议通过《区政协第十四届委员会常务委员会工作报告（审议稿）》《区政协十四届五次会议以来提案工作情况的报告（审议稿）》《政协重庆市沙坪坝区委员会提案工作条例（修订稿）》《区政协关于优化营商环境的建议案》《区政协关于民主评议区市场监督管理局商事制度改革工作的报告》《区政协 2020 年重点协商、通报、视察、调研、民主评议计划》，审议通过区政协委员调整等人事事项。视察协商环大学创新生态圈建设情况，视察两江新区仙桃数据谷，协商沙坪坝区优化营商环境工作情况、国际物流城建设情况、土主镇撤镇设街道行政区划调整。民主评议区科技局、区经济信息委、西站管委会承办的 3 件提案办理工作。听取全区统筹推进新冠肺炎疫情防控和经济社会发展工作情况通报、上半年和全年全区经济运行情况通报、青凤工业园建设情况通报、全区农村扶贫帮困工作情况通报、高新区管委会规划部门关于西部（重庆）科学城规划建设情况的介绍，听取区委办公室、区政府办公室、高新区管委会办公室关于提案办理落实情况的汇报、区政协信息中心关于上半年反映社情民意信息工作情况的汇报、区政协十四届五次会议综合情况的汇报，听取区政协十四届六次会议筹备工作情况汇报并审议通过相关事宜。

（吴　林）

主要工作

【提案工作】 2020 年，区政协第十四届五次会议共收到提案 512 件，经审查立案 269 件。其中，集体提案 65 件，占立案数 24%；个人提案 204 件，占立案数 76%；并案 19 件，实际交办 250 件。截至 2020 年 10 月底，250 件提案全部办复，实现“回复率”“反馈率”100%。从委员反馈的情况看，重视程度方面，满意 248 件，基本满意 2 件；理解提案方面，满意 246 件，基本满意 4 件；办理措施方面，满意 241 件，基本满意 9 件；尽责办理方面，满意 247 件，基本满意 3 件；办理效率方面，满意 244 件，基本满意 6 件；办理答复方面，满意 242 件，基本满意 8 件。办理结果方面，提案所提问题或建议已经解决 166 件，占反馈意见的 66%；列入计划解决 60 件（其中承诺 1 ～ 2 年解决 34 件，3 ～ 5 年解决 26 件），占反馈意见的 24%；因受客观条件限制暂时难以解决的，已向委员说明情况得到理解 24 件，占反馈意见的 10%。

（杜小平）

【反映社情民意信息工作】 2020年，收到社情民意信息1224条，同比增加76%；编发301条，同比增加139%。《关于“一带一路”倡议下铁路提单制度的立法建议》等33条信息得到全国政协采用，同比增加154%；《非普惠型幼儿园生存困境亟待重视》等60条信息得到市政协采用，同比增加114%，《关于优化重庆市林业生态补偿机制的建议》等3条信息得到市领导批示。新增《社情民意信息（摘编）》，共编辑8期36条信息报送区委、区政府，其中3期得到区政府主要领导批示。（吴　林）

【专题调研】 2020年，区政协常委会围绕“优化营商环境”开展调研。调研工作于5月启动，历时半年时间。其间，调研组根据国务院“放管服”改革的内容、《优化营商环境条例》等要求将政务营商环境梳理形成政务服务、商事登记制度、市场监管执法、社会投资工程建设项目审批4个方面7个一级指标、28个二级指标，并形成问题清单。采取座谈、实地走访、问卷调查、资料收集分析和社会反映获取等方式，多次赴沙坪坝区政务服务办、市场监管局、规资局、住建委、教委等13个部门开展调研，又赴成都市武侯区、上海市杨浦区等地调研，经过详细对比差距，深刻分析原因，形成专题调研报告，经区政协第十四届三十次主席会议、第十四届二十八次常委会会议审议通过，形成《关于优化营商环境的建议案——政务营商环境调查对比》建议案报区委。区委主要领导作出批示，要求区发改委牵头，吸纳区政协调研成果，结合沙坪坝区实际，争取在优化营商环境工作中推出有突破性的新举措。（杜小平）

【民主评议】 2020年4—10月，区政协对区市场监管局商事制度改革工作开展民主评议。民主评议工作在区政协常委会领导下，成立以区政协主席为组长、主席会成员组成的工作领导小组，组建由区政协分管副主席、文化联络办公室和部分委员负责实施的评议工作小组，制定印发《民主评议区市场监管局商事制度改革工作方案》，专题评议区市场监管局商事制度改革工作情况。采取“听、看、查、访、谈”等形式，走访调研部门、镇街、企业，组织召开征求意见座谈会，广泛征求各方意见。与区市场监管局领导班子、科室负责人座谈交流，专门听取情况汇报并征集意见建议。评议组肯定区市场监管局在商事制度改革中取得的成绩，并结合沙坪坝区实际指出工作中存在的问题和下一步整改建议。（朱文奇）

【“委员之家”活动】 2020年，区政协围绕“新冠肺炎知识及公众防护策略”“推进基层社会治理现代化”等举办专题讲座5次。创办“委员讲堂”，邀请委员上台宣讲“企业复工复产政策”

2020年5月，沙坪坝区政协覃家岗街道委员组开展基层协商活动（覃家岗街道供图）

“疫情防控税费优惠政策”“公务礼仪”。举办“委员沙龙”活动6次，组织部分委员、专家学者、行业代表就“如何做好疫情防控和企业复工复产”“疫情后地区安全稳定”等开展主题讨论，分享知识、深度交流，为沙坪坝发展献良策、建诤言。开展“主席约见委员日”活动4次，收集做好民营经济统计和监测分析等意见建议40余条，报送区政府及有关部门。举办“委员之家”象棋、桥牌、健步行友谊赛和委员团队协作竞赛。继续推进街镇委员组“政协委员之家”建设。

【基层协商】 2020年，区政协探索新形势下政协协商与基层协商互融共促的有效途径，制定区政协《基层协商民主工作规则（试行）》。在回龙坝、覃家岗等5个镇街试点基层协商，创办“民生议事”现场协商会，让委员与基层群众面对面协商，为推进基层社会治理现代化发挥政协作用。《人民政协报》以《“民情速递窗口”聚民意 协商议事解民忧》为题专题报道沙坪坝区政协开展基层协商情况。

（吴 林）

中国共产党沙坪坝区纪律检查委员会 沙坪坝区监察委员会

综　述

【概况】　2020 年，在市纪委监委和区委的坚强领导下，全区各级纪检监察组织和全体纪检监察干部增强“四个意识”、坚定“四个自信”、做到“两个维护”，忠诚履职尽责，积极开拓进取，共同推动纪检监察工作高质量发展取得新成效。

【纪检监察机构】　2020 年，中国共产党沙坪坝区第十二届纪律检查委员会有委员 24 名，其中书记 1 名、副书记 3 名、常委 5 名。沙坪坝区监察委员会有监委主任 1 名，副主任 3 名，委员 4 名。区纪委与区监委合署办公，共设内设机构 14 个，下设事业单位 1 个。全区有纪检监察组织 49 个，其中镇街纪委（纪工委）22 个，区属国有企业纪委 5 个，公安、检察院、法院及市直有关部门纪检组 6 个，派驻纪检监察组 12 个，派出监察室 4 个。专职纪检监察干部 150 名（不含市管单位干部）。

重要会议

【区纪委全体会议】　2020 年 3 月 12 日，沙坪坝区召开十二届区纪委五次全会，区委书记江涛在第一次会议上讲话，区委常委、区纪委书记、区监委主任匡毅在第二次会议上作工作报告，安排部署 2020 年纪检监察工作，区纪委委员审议通过工作报告和全会决议。

【区纪委常委会会议】　2020 年，召开区纪委常委会 35 次，学习习近平总书记系列重要指示、文章精神，传达中央纪委、市纪委和区委重要会议、文件精神，听取纪检监察工作推进情况汇报，研究部署下一步工作，明确工作重点要求。

党风政风监督

【政治监督】　2020 年，沙坪坝区开展疫情防控监督，发现并督促整改问题 170 余个，约谈提醒 70 余人次，查处疫情防控工作中擅离职守、履职不力等问题 9 件、9 人。逐一跟进督促市委巡视反馈问题持续整改到位，全部办结中央第十二巡视组交办的问题线索。针对中央环保督察反馈的歌乐山街道新开寺、山洞片区“散乱污”企业污染突出问题，开展集中约谈、警示谈话 65 人次，推动整治企业 435 家，完成率 89.3%。

【党员干部作风建设】　2020 年，沙坪坝区查处违反中央八项规定精神问题 44 件、64 人，其中形式主义、官僚主义问题 19 件、35 人，通报典型问题5批次。成立创新营商环境监管服务工作领导小组，启动营商环境智慧监管平台建设。开展进驻区政务服务大厅专项督查，通过明察暗访纪律作风、常态化约谈首席代表等10项措施，推动行政审批“再提速”。继续开展服务发展百名科所长评议，对2019年评议中排名靠后的18名科所长提醒谈话，连续两年排名靠后的2名科所长受到诫勉并被免职。

【落实全面从严治党主体责任】 2020年，沙坪坝区制定落实全面从严治党主体责任“三个清单”，督促95个区管党组织向区委和区纪委专题报告落实全面从严治党主体责任情况，600余名区管领导干部述责述廉。全覆盖列席区管班子民主生活会，完善区管领导干部廉政档案，回复党风廉政意见39件514人次。坚持规范问责、精准问责，对落实责任不力的领导干部问责17件31人。

【纪检监察信访举报】 2020年，区纪委监委发挥信访监督作用，落实检举控告工作规则。全区38个纪检监察组织全覆盖建成检举举报平台。全年受理信访举报540件次，其中检举控告195件次，检举控告类信访举报总量、初次举报量、重复件总量主要业务指标呈“三降”良好态势。与区信访办建立联动工作机制，全年联动处理信访举报23件，一次性办结息访13件，集中攻坚化解信访积案7件。出台《沙坪坝区纪委监委机关关于做好失实检举控告澄清工作的通知》，保护干部干事创业积极性。

纪律检查和案件审理

【精准惩治腐败】 2020年，区纪委监委围绕中央脱贫攻坚专项巡视“回头看”反馈意见加强监督，发现并督促相关部门整改问题7个，完善扶贫帮困制度3个，交办问题线索全部办结，实名

2020年12月4日，纪委信访工作人员在联芳街道双朝门社区信访接访　（何　锐摄）

举报件息诉息访率100%。拓展党员干部亲属涉权事项公开工作，开展非法占用农村耕地建房、冒名顶替上大学、建筑行业、十年禁渔等问题专项整治，推动责任单位自查自纠、建章立制。加强反腐败组织协调，区委反腐败协调小组定期分析研判全区反腐败工作形势，深挖彻查涉黑涉恶腐败和“保护伞”，查处10件、10人。依规依纪依法开展审查调查，科学规范研判处置问题线索，立案76件、81人，处分69人。

【准确运用“四种形态”】 2020年，区纪委监委准确妥善运用“四种形态”批评教育帮助和处理302人次。其中，第一种形态227人次，第二种形态32人次，第三种形态9人次，第四种形态34人次。对受处分人员开展回访教育，鼓励和帮助“跌倒者”重新“站起来”。

反腐倡廉宣传教育

【正面宣传引导】 2020年，区纪委监委依托“红岩清风”微信公众号、沙坪坝手机报短信平台等渠道向全区党员干部推送廉政提醒10万余次。对113名新提任和平级重用处级领导开展廉政知识考试、集体廉政谈话，对连续两年因公未参加考试和谈话活动的领导干部提醒谈话。开展“家庭助廉、青春倡廉”两大行动。做实“红岩清风”微信公众号，自编、转发反腐倡廉工作相关新闻报道57期219条；创办《沙坪坝纪检》内刊，开展经验总结和工作交流。征订发放《纪检监察业务应知应会系列丛书》等教辅书籍442套1460余册，全区征订《党风廉政建设》内刊503份、《中国纪检监察报》919份、《中国纪检监察》杂志1036份。

【反面警示教育】 2020年，区纪委监委在区委党校（区行政学校）主体班开展警示教育授课6次。通过“红岩清风”微信公众号发布审查调查信息6期。结合年度全区区管领导班子民主生活会，指导全区各单位以邓恢林、王杰为反面典型，做好对照检查，开展好“以案四说”工作。向全区各单位全覆盖登记借阅警示教育片149次。组织召开全区扶贫领域“以案四说”警示教育大会，用身边案教育警醒身边人，引导全区党员干部特别是扶贫领域党员干部讲规矩、守纪律。全年全区各级党组织开展“以案四说”警示教育905场次，案例运用1646件次，受教育对象4.9万余人次。

巡察工作

【组织领导】 2020年，沙坪坝区委常委会会议听取市委巡视整改督导调研组调研沙坪坝区巡视整改工作情况汇报1次，传达学习中央、市委关于巡视巡察重要讲话精神、会议要求并研究贯彻落实举措1次。区委书记任区委巡察工作领导小组组长，在全区党建工作会议、经济工作会议、党风廉政工作会议上多次“点人点事”引用巡察发现突出问题，主持召开区委书记专题会议2次，先后就巡察工作讲话3次、批示9次，点出具体人员28人、具体问题65个。召开区委巡察工作领导小组会议5次，听取被巡察党组织的巡察情况汇报，研判问题线索，定期研究部署巡察工作，解决人员抽调、机制完善、制度保障、协作配合等制约巡察工作发展的根本性问题。

【政治巡察】 2020年，沙坪坝区开展3轮常规巡察，巡察区管党组织25个、村（社区）党组织94个，实现全区157个村（社区）党组织巡察全覆盖，区管党组织巡察覆盖率超70%。全年巡察发现“三个聚焦”方面问题1835个，移交问题线索49条，立案审查8人，给予党纪政务处分6人，挽回和避免集体经济和国有资产损失2200余万元。

【巡察整改】 2020年，沙坪坝区建立区委书记专题会议听取区级领导督促分管领域巡察整改情况汇报机制，区政府分管副区长每季度向区政府常务会报告督促巡视巡察整改情况机制。全年发出巡察整改建议书18份，交办书记专题会议议定事项21项，把控报告审核、监督检查、成效评估、成果运用、考核逗硬等环节，督促出台《沙坪坝区村（居）务公开目录》《沙坪坝区关于加强社区工作者队伍建设的实施办法》等规章制度57项，推动解决村级集体资产管理混乱、街道与下属企业“政企不分”、社区财务报销不规范、小微工程项目监管不到位等突出问题。

【协作配合】 2020年，区委巡察办依托《关于健全完善区委巡察机构与区纪委监委有关部门协作配合机制的实施意见》，从问题线索查办、做实整改评估、加强日常监督等方面，深化与区纪委监委协作配合。建立“区委巡察机构与区委组织部门协作配合”机制，从政治巡察组织领导、学习研讨、工作协作、问题整改、成果运用、队伍建设等6个方面强化与区委组织部门协作配合。做实与区审计局巡前座谈交流、巡中共同研判、巡后成果共享机制。加强与区人大、区政协、区财政、区信访等部门的沟通联系，邀请20名领导干部巡前培训，持续深化巡前资料收集、巡中问题咨询、巡后成果互享机制。

【规范化建设】 2020年，编印《沙坪坝区巡察工作手册》《村（社区）巡察工作流程》《沙坪坝区党员干部政治“体检”负面清单》《村、社区负面问题清单》等操作性文件，坚持分层组织培训、分类提供参考、分组全程指导、分级审核把关、分段整合力量“五分模式”，确保规范化运行。

【成果运用】 2020年，印发《关于运用区委巡察成果开展对照自查、未巡先改的通知》，引导督促区管党组织对照自查，未巡先改、已巡再改。“点人点事”通报巡察发现基层组织建设、选人用人方面突出问题2期，根据巡察发现问题，调整更换村党组织书记、主任“一肩挑”换届选举人选4名。将巡察整改成效与国企领导班子成员绩效考核挂钩。指导城投公司结合巡察整改落实情况开展公司内部督查。

【巡察工作创新】 2020年，沙坪坝区创新推出“区委巡察二维码”，推动解决群众关心的入学、就业、污染、噪声、出行等多个方面突出问题299件。创刊《沙坪坝巡察》，通报巡察发现突出问题和整改情况，引导全区各镇街落实整改主体责任，强化纪检组织监督责任。创建“跨区域联办突出问题机制”，与南岸区委巡察办携手办理群众反映突出问题。

（雷 芝）

纪检监察干部队伍建设

【纪检监察体制改革】 2020年，区纪委监委完善派驻派出机构管理运行机制，调整派驻纪检监察组设置和监督范围，区属国有企业和区管学校、医疗机构全部纳入综合监督范围。根据行政管辖权调整派出监察室监督范围，做实基层监督。完善党风政风监督、信访、案件监督管理、监督检查、审查调查等部门与派驻派出机构、区委巡察办、镇（街道）纪委（纪工委）的协作配合机制，推动“四个监督”融会贯通。创新考核机制，督促纪检监察组织履行职责、发挥作用。

【队伍监督管理】 2020年，区纪委监委加强机关党的建设，打造“做忠诚卫士、建纪检铁军”党建品牌。13名党员主动请战到村（社区）一线参与疫情防控工作。推进队伍专业化建设，举办纪检讲坛7期，开展业务知识全员培训和应知应会测试，选派9人到上级机关跟案培训，抽调37人次参与政治巡察、监督检查和审查调查等工作。制定《纪检监察干部日常监督二十条》，排查纪检监察岗位廉政风险点125个，制定防控措施150条。出台《关于进一步加强和规范抽调优秀干部参加区委巡察工作的实施意见》，分类分层建立约250人的“区委巡察人才库”。建立巡察干部“一年一抽”工作机制，抽调12名优秀年轻科级干部固定参加区委巡察工作。

（洪孝凤　雷　芝）

民主党派　工商联

中国国民党革命委员会沙坪坝区委员会

【概况】 2020年，中国国民党革命委员会沙坪坝区委员会新发展党员20人，平均年龄36.9岁。其中，博士4人，硕士4人，大学12人，博士中含3名重庆大学百人计划特聘研究员；具有高级职称4人，中级9人；公司高层管理人员2人。截至2020年12月31日，全区有民革党员453人。其中，男性247人，占54.53%；女性206人，占45.47%；大学毕业292人，占64.46%，研究生毕业88人，占19.43%；具有中级职称的182人，占40.18%；具有高级职称183人，占40.4%。开展基层组织委员会换届工作，撤销原民丰化工支部，成立综合四支部；1个总支部、15个支部选举产生委员82人，其中主委16人，副主委17人；新任委员44人，其中新任主委9人，新任副主委14人。全年组织骨干参加各种学习和培训33人次；其中第三期民革省辖市级组织骨干党员培训1人次，第十七期民革中青年干部培训1人次；民革市委会基层组织负责人培

2020年10月16日，民革沙坪坝区综合四支部委员会成立
（民革区委会供图）

训会15人次、新党员培训8人次、廉政警示教育3人次；中共区委党外人士培训5人次。向中共党委推荐综合素质高、履职能力强的代表人士进入沙坪坝区人才库。

【参政议政】 2020年，民革区委会集体和党员个人提交议案、提案30余件，区政协立案21件，优秀提案和重点提案各1件，反映社情民意信息128条，区政协和中共区委统战部采用62条，市政协和中共重庆市委统战部采用37条，民革市委会采用10条，全国政协采用8条。在各种会议上作《构建“歌乐森林”创新生态系统，推进民营经济高质量发展》《关于沙坪坝区“十四五”规划编制的建议》《关于沙坪坝区“十四五”规划和二〇三五远景目标的建议（征求意见稿）的意见》《立足智慧物流数据优势 推进数据要素流通》《强化公共服务行业的法治建设与保障助推经济建设稳步恢复》《对党外干部立足岗位履职尽责的认识》《借力中欧班列示范工程建设推进双城经济圈数据要素流通共享》《加快建设微电智能芯片国家级平台促进我区电子产业大发展》等发言。完成中共区委年度课题，形成调研报告《构建沙坪坝区集成电路产业国际化平台的研究及决策建议》。

【社会服务】 2020年，民革党员为抗击新冠肺炎疫情捐款86050元，捐物折价1500元，合计87550元。收集疫情期间民众在疾病防控、生产生活等方面的意见和建议，上报社情民意10余篇，中共市委统战部采用3篇。推进“我为扶贫下一单”活动，开展消费扶贫，金额近4万元。于重大节日前，慰问歌乐山镇歌乐村的贫困户，金额3000元。依托法律援助工作站开展公益性法律服务。在社区活动现场，法律专家对群众普法宣传和法律咨询，发放宣传材料100余份。

【促进祖国统一】 2020年，民革区委会密切关注两岸关系和台湾岛内形势的发展变化，助推促进祖国和平统一工作。中秋慰问“三胞”党员，号召联系台湾亲属，宣传习近平总书记关于推进两岸关系和平发展和祖国统一的新理念、新主张、新要求，在实践中认真贯彻两岸一家亲的理念。

（杨玉华）

中国民主同盟沙坪坝区委员会

【概况】 2020年，中国民主同盟沙坪坝区委员会新发展盟员32人，在册盟员人数1123人。新发展盟员中，平均年龄37.7岁；本科及以上32人，占比100%；硕士8人，博士4人，占比36%。10月底，完成1个委员会、2个总支、15个支部的换届工作（经济支部不换届）。换届后，有支部（委员会、总支）委员88人，其中主委19人，副主委23人，委员46人；博士16人，硕士24人，本科45人，专科3人；中高级职称82人，平均年龄43.75岁。全年报送稿件20余篇，被中央统战网、团结网、人民网、重庆统战网、民盟市委网站、《重庆民盟》等采用。民盟重庆大学委员会、民盟重庆师范大学总支、四川外国语大学支部利用高校网站平台宣传基层组织建设、参政议政和社会服务工作，民盟重庆大学委员会、民盟经济支部、民盟医药高专支部以活动简报形式报送的盟务动态信息在重庆民盟微信平台推送。

【参政议政】 2020年，区政协第十四届第五次会议期间，民盟界别政协委员提交提案35件，立案19件，优秀提案5件，《关于改善重庆西站“打车难”问题的建议》被列为区委领导重点督办提案。在各种会议上作《关于疫情过后促进沙区经济恢复和发展的建议》《打造优质教育，建设品质城区》《充分发挥中小微企业在“六稳”“六保”

2020 年 12 月 6 日，民盟区委召开区委扩大会（民盟区委会供图）

中的重要作用》《加快区域协同创新体系建设，推动成渝地区打造具有全国影响力科技创新中心》等发言，部分建议得到区委、区府的积极回应和高度评价。民盟区委会全年报送社情民意信息 122 条，被区政协采用 12 条，盟市委采用 95 条，市委统战部采用 10 条，市政协采用 8 条，民盟中央采用 8 条。《建议加强抗“新冠病毒”相关科研项目发布和执行中生物安全管控》被民盟中央作为重大政策建议报送给中共中央办公厅。

【社会服务】 2020 年，民盟区委会定点帮扶歌乐山镇天池村贫困户 1 户，帮扶资金 3000 元；组织盟员前往合川区渭沱镇化龙村开展扶贫活动，帮扶资金 5000 元，向村图书室捐赠书籍 100 册，消费扶贫 3266 元；各支部和盟员通过网络平台消费扶贫 14 万余元。新冠肺炎疫情期间，全区盟员捐款捐物总价值 94.96 万元。（苏　建）

中国民主建国会沙坪坝区委员会

【概况】 2020 年，中国民主建国会沙坪坝区委员会发展新会员 27 人，平均年龄 37 岁。其中经济界 21 人，占 78%，高校 1 人，占 4%，行政事业 2 人，占 7%；本科以上学历 17 人，占 63%，大专以上文化程度 27 人，占 100%，具有硕士、博士学位 3 人，占 11%；全年会员发展率 5%。完成 1 个总支和 15 个支部的换届工作。截至 2020 年 12 月 31 日，全区有支部 20 个，会员 557 人，平均年龄 52.5 岁。会员中大专以上文化程度 502 人，占 90%；中、高级专业职称 276 人，占 50%。会员中有民建市委副主委 1 人、常委 1 人、市委委员 4 人；市人大代表 2 人，市政协委员 3 人；区人大代表 2 人，区政协委员 19 人（其中区政协副主席 1 人、常委 4 人）；担任政府部门实职 4 人，县（处）级以上 5 人；担任各级政府及部门特邀特约人员 3 人。全年新闻理论宣传投稿 87 篇，被采用发表 83 篇，在民建中央网站发表 25 篇，被民建市委会采用 73 篇。组织新会员培训、支部委员培训各 1 次；组织新会员前往建川博物馆、民建成立旧址纪念馆参观；组织 49 名支部主委、副主委及委员参加拓展培训。举办民建沙坪坝区委员会第一届“高校论坛”，主题为后疫情时代的数字经济。

2020年3月1日，民建区委会向西藏中学捐赠口罩

（区融媒体中心供图）

【参政议政】 2020年，民建区委会提交社情民意99篇，被采用42篇。其中，全国政协采用6篇，中央统战部采用6篇，民建中央采用5篇，市政协采用13篇，市委统战部采用12篇，中央领导批示1篇，市领导批示2篇。参与区委统战部2个重点课题，申报26个一般课题，在区政协全会作《用科技创新引领产业升级，助推成渝地区双城经济圈高速发展》大会发言。组织召开代表委员提案建议专题研讨会，围绕该地区经济社会发展中存在的问题以及人民群众关心的热点、难点问题展开调查研究，全年提出提案建议16个。

【社会服务】 2020年，民建区委会为抗击新冠肺炎疫情筹集善款17.55万元，全额用于购买抗疫物资，捐给西藏中学师生、街道社区工作人员以及环卫工人。企业家会员为租户减免租金790万元；向社会各界捐款49.64万元，捐赠物资37.1万元。依托天星桥街道履职实践基地建设，打造“关爱城市黄玫瑰”公益品牌。通过组织环卫工人免费体检、夏送清凉、谈心交流、健康讲坛、冬季宴请、心理疏导、爱心捐赠等活动的开展，为环卫工人提供关心和帮助。（陈　妍）

中国民主促进会沙坪坝区委员会

【概况】 2020年，中国民主促进会沙坪坝区委员会有基层支部33个（包括总支3个），会员736人。全年发展新会员25人，其中教育界14人、文化界2人、政府部门4人、新媒体3人、经济界1人、团体1人。会员中有市人大常委会委员1人、市政协委员4人、区人大代表3人、区政协委员13人。10月底，完成基层组织换届工作，新成立支部4个、撤销支部1个，经选举产生支部委员91人，平均年龄45.4岁，本科以上学历80人，其中博士7人，硕士10人。创新机关工作，制定《民进沙坪坝区委会虚拟机关规程》，每部门设部长1人，成员若干，每季度开展工作例会并编辑工作简报，开展虚拟机关年度总结暨部门负责人述职会。与江苏无锡、甘肃酒泉、安徽滁州、广西钦州五地民进组织开展履职能力工作经验交流，与贵州黔西南州委会签订友好共建协议，接待广西钦州工委会调研组到渝考察。全年在各级各类媒体宣传报道143次，其中国家级媒体《人民政协报》1次、《团结报》1次、《民主》杂志1次；国家级网络平台66次；民进重庆市委会平台64次、市级媒体其他平台10次。

【参政议政】　2020年，民进区委会向区政协提交集体提案16篇，立案7篇，其中《关于改进我区科技型企业贷款工作的建议》被评为优秀集体提案。开展、参与各类课题调研7项，其中《高职百万扩招实施情况存在问题及建议》获民进中央参政议政优秀成果一等奖，《建议优先满足疫情期间高校科研院所的就业就学科研的迫切需求》获民进中央参政议政优秀成果三等奖，《联动打造“环大学创新生态圈”的建议》获沙坪坝区年度调研三等奖。全年向民进重庆市委会、区委统战部、区政协报送各类信息及社情民意80余条。其中，5条被民进中央采用，转报2条；10条被市政协采用；26条被区政协采用。《建议尽快制定互联网健康设备互操作标准及配套监管政策》被评为全国政协优秀社情民意，《关于人社部门在职称评定工作中尽快规范SCI相关指标使用的建议》被评为沙坪坝区政协优秀社情民意。

【社会服务】　2020年，民进区委会组织会员为抗击新冠肺炎疫情捐款10万余元，用于购买医用外科口罩1.3万个、医用手套5000只、医用酒精5箱、免洗消毒洗手液4箱，捐赠给区城市管理局、磁器口街道等抗疫一线。看望磁器口街道144户192位聋哑人，送去米、油等生活物资。张礼慧、周亚辉等会员以优秀的作品颂扬英雄、鼓舞信心；周亚辉创作抗疫作品《托起生命的风采》被中央统战部报道。推进“艺术教育希望行”活动，购买3000个一次性医用口罩，助力仙女山镇中心小学校师生复学；向学校捐赠钢琴2台，指导古筝班教学计划实施；8月，该校被确定为中共重庆市委统战部暑期谈心会唯一现场观摩点。坚持开展艺术教育扶贫，让山区孩子在艺术教育上享受到教育公平。参与民进重庆市委会组织的“同心·彩虹行动”，组织专家会员为贵州安龙县的孩子们举办摄影展；向贵州安龙县海子镇中学捐赠价值5万元的摄影器材，组建专业摄影教室；走访看望贫困学生，捐赠价值2000余元的学习用品及生活物资；牵线重庆七中与贵州安龙县海子镇中学签订为期3年的对口帮扶协议，开展首次送教活动。在磁器口街道履职实践基地设立“统战文化墙”。开展“名家进古镇”活动，结合磁器口春节庆祝活动，分设2个会场，邀请10名书画家书写春联和福字。参与沙坪坝区2020年文化志愿者流动文化服务迎春系列活动，联合开展“我们的中国梦 文化进万家”“非遗过大年 文化进万家”等活动，将民进全国“春联万家·迈向小康”活动送进7个街镇。（王晓东）

中国农工民主党沙坪坝区委员会

【概况】　2020年，中国农工民主党沙坪坝区委员会新发展党员17人，其中重点分工领域12人。10月，完成基层组织换届。成立机关二支部委员会，基层组织数量调整为22个，其中总支1个，支部委员会21个。换届后，农工党区委会基层组织干部105人，平均年龄44.9岁，其中重点分工领域59人；博士22人，硕士17人，本科57人；副高以上职称50人，中级职称34人。截至2020年12月31日，全区有农工党员453人，其中女党员279人，占61.6%；高级职称220人，占48.6%，中级职称176人，占38.9%；医卫界158人，占36%，教育界186人，占42.4%，新的社会阶层 11 人，占 2.5%，机关单位 35 人，占 8%。

【参政议政】 2020 年，区农工党员中有农工党重庆市委副主委 1 人、常委 3 人、市委委员 2 人；市政协委员 9 人（其中常委 4 人）；区人大代表 3 人，区政协委员 14 人（其中常委 3 人）。全年，市区两级人大代表、政协委员提交议案提案 40 件，其中《关于在沙坪坝区中医院旁人行天桥安装无障碍电梯的建议》集体提案被列为区政协领导重点督办提案。以政党协商会、暑期谈心会为契机，参与政治协商，建言献策，在会议上作《公共卫生法治保障及沙区发展大健康产业的思考》《关于当前提振民营经济的几点建议》发言，围绕大气污染防治、建筑垃圾利用、中欧班列铁路提单营运、智慧城市管理等课题开展调查研究，形成一批高质量调研成果。承担 3 个农工党市委会"10+X"主副委领衔重点调研课题，其中《推进成渝地区大气污染联防联控机制建设研究》提交农工党中央作为集体提案素材，并作为中共重庆市委政党协商及市政协大会发言材料和市政协集体提案。《重庆市建筑垃圾资源化利用的对策研究》作为农工党市委会在市政协大会发言材料及市政协集体提案。《中欧班列铁路提单物流融资的创新思考》作为市委会提交农工党中央的集体提案素材。《推进长江三峡国家公园试点建设的建议》提交农工党中央作为集体提案素材并作为市政协专委会协商材料。向农工党重庆市委会、区政协、区委统战部报送社情民意 43 篇，其中 4 篇被农工党中央采用，3 篇被市委统战部两会专刊（报）采用，4 篇被市政协采用，3 篇被农工党市委会、市委统战部党外人士建言采用。

【社会服务】 2020 年，农工党区委会推进"共建家乡美、共绘同心圆"活动。端午节、国庆节、春节走访慰问歌乐山村帮扶对象并资助现金 3000 元；资助忠县磨子土家族乡白河村 3 名贫困学生 2000 元学费；为患病老党员争取中央"左农"公益项目、红十字会、区委会特困补助 1.35 万元。购买奉节扶贫产品 1.6 万元。各支部春节慰问区星缘联谊会会员 15 户，资助现金 8000 元。与重庆科技学院、重庆禾裕田精密电子有限公司继续开展三方共建活动，协调 2020 年度的 10 万元奖学金发放到 50 名学生手中。新冠肺炎疫情发生后，农工党区委会携手履职实践基地重庆（中美）海吉亚医院开展系列关爱患者活动，惠及群众 5000 余人。履职实践基地开通新冠肺炎疫情知识咨询专线，为居家治疗的长期慢性病患者提供在线免费用药指导及送药上门服务。（黄　林　郑寒梅）

中国致公党沙坪坝区委员会

【概况】 2020 年，中国致公党沙坪坝区委员会新发展党员 8 人。截至 12 月 31 日，全区有致公党员 225 人。其中大学毕业 110 人，占 48.9%；研究生毕业 84 人，占 37.3%；拥有中级及以上职称 169 人，占 75.1%。党员中，有市人大代表 1 人，市政协委员 2 人；区人大代表 1 人，区政协委员 11 人。所属 1 个总支、8 个支部完成换届工作，新一届支部班子成员平均年龄 43.4 岁，女性占 54%，大学以上学历占 100%（其中研究生占 59.5%）。

【参政议政】 2020 年，致公党区委会经各渠道提交建言 170 余条。其中，被全国政协采用 2 条，致公党中央采用 5 条，获中央领导批示 1 条、市领导批示 1 条；被市政协采用 5 条，市委统战部采用 24 条。区两会期间，提交集体提案 4 件，个人提案 13 件，其中 1 件被列为区重点提案。政协大会上，区委会作题为《整合优质资源，创新文旅融合，加快沙坪坝区旅游强区建设步伐》的发言。全国两会期间，全区致公党员围绕经济建设、“十四五”规划、大数据与区块链、后疫情时期经济社会领域风险隐患及建议等重点工作，报送各类建言、信息60余篇，其中12篇被市委统战部采用，1篇被中央统战部两会专刊采用。围绕成渝双城经济圈建设、民营经济发展、沙坪坝区城市功能完善、产城融合等问题，完成3个调研课题，形成高质量的调研报告。参与致公党市委会组织的“助力脱贫攻坚”“纪念中国致公党成立95周年座谈会”等主题理论文章约稿和撰写工作，报送理论文章6篇。

【社会服务】　2020年，致公党区委会号召党员参与新冠肺炎疫情防控，献计出力，全区党员累计捐款14320元，捐赠手套、消毒液、隔离衣等物资价值3万余元，利用党员侨海关系，联系、组织爱心人士捐赠医用物资价值10万余元。利用党员专业优势，开展心理服务、方舱医院改建技术支持、公共建筑运行指南编写等工作。响应致公党中央、市委消费扶贫号召，以“致西合作”30周年为契机，动员区内党员依托致公党“西好货”电商扶贫平台，参与以购代捐，购买当地农产品价值3000余元。利用肿瘤医院支部医疗特色优势，开展“医疗智力帮扶”社会服务活动，开展专家义诊活动2次，为搭建重庆大学附属肿瘤医院帮扶平台献计出力。　（王　缙　羊明峰）

九三学社沙坪坝区委员会

【概况】　截至2020年年底，全区有社员546人，其中女社员207人，占38%；具有高级职称385人，占70.5%，具有中级职称161人，占29.5%；高等教育、科学技术、医疗卫生界社员410人，占75.1%。九三学社区委会下设专门工作委员会3个，参政议政工作中心1个，基层组织15个（其中委员会1个，支社14个）。全年发展新社员20人，其中，高等教育15人，医药卫生3人，公有制经济1人，工程技术1人，主体界别占95%；高级职称8人，中级职称12人，博士6人，硕士9人，高层次人才（11人）占比55%；平均年龄40岁。10月底，15个基层组织完成换届。新一届基层组织平均年龄43.5岁，年龄最小的31岁；研究生（硕士）以上学历（学位）占66%；新任委员占比71%。1名基层组织负责人参加社中央青年干部（网络）培训班，15名新社员参加社市委第二十二次新社员培训班，18名新任基层组织负责人参加社市委基层组织负责人培训班，3名社区委副主委、区委委员参加区委统战部党外代表人士培训班。推荐1名社员参加第十二批市级党外代表人士实践锻炼。围绕九三学社创建75周年，组织社员参加九三学社中央、九三学社重庆市委会举办的系列庆祝活动。社员文章《斯人已逝 风骨犹存——怀念沙坪坝区几位九三老社员》《九三在我中心——献给九三学社创建75周年》获九三学社中央“庆祝九三学社创建75周年征文活动”一等奖；《参政党要有参政党的“样子”》获九三学社中央“庆祝九三学社创建75周年征文活动”二等奖。3位社员的书法、绘画作品参加九三学社中央“九三学社创建75周年艺术网络展”。发动社员撰文参加九三学社重庆市委会第七届“重庆九三青年论坛”，7篇论文获奖，其中一等奖1篇，二等奖1篇，三等奖5篇；九三学社区委会获“优秀组织奖”。为庆祝中华人民共和国成立71周年，九三学社区委会与民进区委会联合举办主题讲座——“打造轨道上的重庆都市区，推动成渝地区双城经济圈建设”。开设“沙区九三”微信公众号，全年编发信息34篇，主题涉及“抗击新冠肺炎疫情”“两会专刊”“社区委工作动态”“统战政协动态”“沙区九三青年才俊”等。

【参政议政】 截至2020年年底，全区九三学社社员中有全国政协委员1人、九三学社中央委员1人，九三学社重庆市委委员9人（副主委1人、常委3人），重庆市人大代表2人（人大常委会委员1人）、重庆市政协委员7人（常委2人），区人大代表5人（人大常委会委员1人）、区政协副主席1人、区政协委员15人（常委3人）。在区政协十四届五次会议上，九三学社区委会提交大会发言1篇；提交集体提案5件，其中立案1件，并案1件，转社情民意3件；委员个人提交提案22件，其中立案12件，并案4件，转意见1件，转社情民意5件。集体提案《留住重庆记忆，打造双碑老社区风情街的建议》被确定为区领导重点督办提案，并被评为区政协十四届五次会议优秀提案。参加政党协商会议和暑期谈心会议，围绕“沙坪坝区疫情防控和经济发展”“抓‘六稳’促‘六保’助推民营经济发展”“推动成渝地区双城经济圈建设”“沙坪坝区‘十四五’规划编制”等主题建言献策。九三学社区委会承担的2019—2020年沙坪坝区民主党派年度调研课题《深化校地合作促进高校科技成果就地转化》获调研成果三等奖。全年，报送社情民意及党外人士建言81篇，其中，全国政协采用2篇，社中央采用3篇，市政协采用2篇，社市委采用7篇，市（区）委统战部采用2篇，区政协采用12篇。报送专题信息20余篇。社情民意《全方位支持基础学科发展 奠定国家发展根本动力》被评为区政协“优秀社情民意信息”并被全国政协每日社情（7月）采用。九三学社区委会获评2020年年度区政协“反映社情民意信息工作先进集体”。

【社会服务】 2020年，九三学社区委会组织社员抗击新冠肺炎疫情，有近150名社员参与“九三王选关怀基金会驰援湖北专项基金”，捐款35416元；部分社员通过九三学社重庆市委会“献爱心抗疫情”专款、武汉慈善总会、区红十字会等捐款5000余元。联合九三学社忠县支社，邀请重庆大学心理健康咨询中心教师黄俊锋为忠县官坝中学1900余名师生做题为“在异性交往与学习困难应对中不断认识和成长自我”的心理健康知识讲座。定期走访、慰问九三学社区委会对口帮扶歌乐山镇困难群众。 （刘婷婷）

2020年11月5日，九三学社区委会在忠县官坝中学举办心理健康知识讲座 （刘婷婷摄）

沙坪坝区工商业联合会

【概况】 2020年底，沙坪坝区工商业联合会有会员3161个，其中，企业会员2468个，团体会员45个，个人会员648个。有商会组织45个，其中，镇街商会26个，行业商会11个，异地商会6个，青年商会1个，女企业家联谊会1个；已办理社团登记18个，登记率44%。印发《沙坪坝区工商联促进商会改革和发展的工作方案》，规范商会自身建设，发挥商会职能作用。印发《沙坪坝区工商联关于加强直属会员发展管理的实施意见》，强化直属骨干会员培养发展工作。专项摸底民营企业的青年企业家、企业二代接班人。新发展会员431个，新建商会组织2个。8月，区工商联联合党委换届，非公支部书记进入党委班子；完善领导班子成员联系基层支部工作制度，开展非公支部党建专项整治。机关党员集中走访企业100家，协调解决问题33件，选派2批次3名党员支援村、社区抗击疫情。指导有条件的商会建立党组织，7个街镇商会、2个异地商会建立党组织。与成都市武侯区、都江堰市和自贡市等地工商联签订友好合作协议，引导民营企业主动投入成渝地区双城经济圈建设。组织不动产商会、广告商会、蓬溪商会等赴自贡市彩灯行业商会、都江堰市餐饮娱乐协会、成都大唐房产等共商优势互补抱团发展良策。组织重庆海集农业、重庆亚特餐饮、重庆欧汇商业管理公司等企业走进奉节、苍溪考察特色农产品资源。组织近100家企业与重庆市四川商会、川东北地区商会开展互访互荐活动。

【参政议政】 2020年，区工商联通过“线上问卷调查”和“线下重点走访”相结合的方式，对民营企业的劳动争议基本情况、新冠肺炎疫情对贯彻实施劳动法和劳动合同法的影响开展调查。组织力量深入调研，形成《关于开展推动成渝地区民营经济交流合作携手打造内陆开放经济新高地调研情况的报告》《2020年民营经济发展年度报告》。收集基层商会和民营企业情况，通过重点大走访的方式，收集到新冠肺炎疫情防控背景下辖区部分民营企业在复工达产、稳岗裁员方面的基本状况，完成关于开展稳定就业工作情况报告。组织区内15家工业企业和服务企业的民营企业家代表参加区政协改善营商环境意见收集会。参加区委统战部召开的2019—2020年度调研结题会暨推动成渝地区双城经济圈建设调研协商座谈会并发言，区工商联与重庆大学公共管理学院共同完成的年度调研课题《乡村振兴视角下沙坪坝区文化旅游资源产业化整合研究》得到与会专家的高度评价。配合区发改委组织50家民营企业参加沙坪坝区营商环境现场测评工作。企业家人大代表和政协委员积极参政议政，提交的《关于在我区开展律师参与社区网格化法律服务的建议》《关于大力发展夜间经济打造沙区发展新动能的建议》等3件个人提案被列为区重点提案。

【会员服务】 2020年，区工商联专项服务全区“抓‘六稳’促‘六保’优化营商环境百日大走访”活动，开展“两进两送”活动，发放《惠企政策汇编》3000余册，引导民营企业复工复产。走访企业3743家，收集问题2589件，解决2511件。建立民营企业反映问题“自办、协办、报告”制度，通过电话、来信、来访、电子邮箱、当面沟通和常态化走访服务民营企业等形式，收集登记企业意见诉求，争取区领导和相关部门、镇街的大力支持。为32家企业协调解决38个问题。联合举办3期“会员之家”大讲堂，邀请资深专家作5G信息化建设助推民营经济高质量发展、走进西部（重庆）科学城规划、《中华人民共和国民法典》解读等专题讲座，为200余位企业家提供学习交流平台。联合山洞街道向企业家推介《文旅商融合发展——山洞片区发展思路》，介绍山洞片区抗战文物和特色文化，提出引进本土企业走文旅商融合发展的思路。与区人民检察院召集区内民营企业家代表，召开“保市场主体、护民营经济”专项行动民营企业家座谈会。天星桥街道商会联合区劳动保障服务所开展就业援助，为民营企业举办招聘会4场，为59家企业发布用工信息2893条，帮助86家企业解决用工需求478人。

【非公人士培训】 2020年11月，在浙江大学举办第十一期“沙坪坝区民营经济高质量发展专题培训班”，30名民营企业家参训。组织100余名民营企业家参加“会员之家”大讲堂活动。组织90余名企业家学习考察重庆融创文旅城、农旅文旅融合发展样板成都战旗村，帮助企业家开眼界、寻商机、强信心。

【政银联手缓解融资难题】 2020年，沙坪坝区针对民营企业普遍反映的融资难、融资贵问题，联手工商银行、建设银行、交通银行等7家驻区金融机构，开展政银企携手助力中小微民营企业复工复产行动。举行银企集中签约活动，工商银行沙坪坝支行对接梳理百余家中小微企业的融资需求，完成第一批次30余家企业1.3亿元的融资协议。缩短中小微企业贷款办理时限，由原来3～5天缩短到1～2天；下调部分贷款产品利率1%～1.73%。为民营企业量身定制服务方案，创新金融产品，满足企业多元化融资需求。通过建立联合走访、联合会商、联合审查、联合督办、联合跟踪的“五个联合”工作机制，收集梳理企业“融资难、融资贵、融资慢”等问题1560余个。针对不同类型的融资难题，开出现场集中放贷、政银送贷上门、降低同期利率、中小微企业法人信用贷、民营科技企业知识价值信用贷等为972家中小微民营企业发放贷款7.28亿元，平均每家企业75万元，最少一笔贷款7万元，为民营企业缓解融资难题。重庆红旗弹簧有限公司获惠企政策贷款3380万元，升级改造生产设施，在疫情影响停工1个月的情况下，产值增长28%，利税增长45%。重庆雪鼎农业有限公司利用量身定制的500万元信用贷款，创新发展农业数字化经济，新增13个区县蔬菜水果合作专业社（基地）、34个B端供货单位和大型商超渠道，在全市新增

2020年7月16日，沙坪坝区工商联组织区内15家重点民营企业到成都市武侯区学习考察交流 （王　桦摄）

保障服务单位75家，产值同比增长127%。

【助力脱贫攻坚】 2020年，区工商联组织基层商会和民营企业对口扶贫奉节县、巫溪县，组织区内企业赴奉节县开展农特产品贸易洽谈；完成贫困地区农产品消费扶贫任务181万余元。开展沙坪坝区民营企业助力脱贫攻坚就业帮扶行动，联系走访辖区内100多家企业，开展用工需求摸排和政策宣传，筛选41家民营企业，提供1000余个就业岗位帮助困难群众解决就业难题。帮助贫困户197户262人次解决生活就业具体问题，帮扶款物21万余元。

【服务社会】 2020年，区工商联引导会员企业复工复产，尽量做到不裁员、不减薪，履行社会责任。向区内民营企业发出捐款捐物倡议，全年民营企业为抗疫捐款930余万元。各基层商会、主席、执委单位为重庆西站、沙坪坝火车站青年防疫志愿者购买防护物资。针对疫情期间贫困劳动力不便外出务工、没有收入的问题，在全区爱心企业中征集一批不限年龄、性别、学历和技能的“爱心岗位”，7家民营企业提供岗位128个。开展摸底排查，帮助民营企业申请复工；开展执委企业复工复产口罩需求摸底调查，为企业联系防疫物资；利用网络渠道向企业宣传税收优惠政策，了解企业复工复产中遇到的问题和困难。执委单位重庆东华医院组建由7名骨干医务人员组成的医疗援鄂支援队，奔赴武汉汉阳医院。会员单位宝芝林中医院组织中医药师熬制5000余袋预防中药方剂，送到疫情防控一线工作人员手中。开展“万企帮万村”活动，区工商联苍溪商会企业向30所中小学捐赠眼部保护仪900台，学习电脑60台，资助60名贫困生每人500元，捐赠款物共计35万元。重庆小康工业集团股份有限公司获重庆市“万企帮万村”精准扶贫行动先进民营企业和重庆市抗击新冠肺炎疫情先进民营企业。民营企业代表——重庆松宏建筑工程有限责任公司、重庆宏宇家具有限公司捐赠4万元现金购买空调参与区关工委“冬日阳光 温暖你我”爱心捐赠活动。

（黄 勤）

群众团体

沙坪坝区总工会

【概况】 截至2020年年底，沙坪坝区有工会组织823个，涵盖单位2725个，会员88479人。其中，部门工委（工会联合会、工会）10个，镇街总工会22个，园区（管委会）总工会2个。有全国模范职工之家5个，市级模范职工之家53个。全国职工书屋示范点6个，市级职工书屋示范点4个。获劳模（先进工作者）国家级8人、省部级105人，有市级劳模创新示范工作室2个。推选出省部级及以上集体与个人表彰32项，其中“重庆五一劳动奖状”1个、“重庆五一劳动奖章”4个、“重庆市工人先锋号”2个。

【职工队伍素质建设】 2020年，区总工会推行“多领域挖掘，全方位了解”表彰推荐新模式，推选出具有代表性的先进集体和个人；推选全国先进工作者1人、重庆市五一劳动奖状（章）5个、重庆市工人先锋号2个；开展“劳动创造幸福”主题宣传教育，讲好工匠故事，弘扬劳模精神；各级工会开展丰富多彩的宣传教育活动347场。开展新女性瑜伽、青年美妆、时尚走秀、青春交谊舞等特色服务，举办抗疫最美瞬间摄影展、抗疫故事大赛、劳动美短视频大赛、线上线下健步行等文体活动，鼓励各级工会开展小面、汽修、家政等培训402场。在“五一”节集中策划“五个一”庆祝活动，定期在党群服务中心开展“送健康、送技能、送礼仪、送助学”等订单活动，开展第三届“为爱勇敢·为你脱单”相亲活动。

【职工权益维护】 2020年，区总工会针对性开展普法宣传，聚焦社会热点，开展《中华人民共和国民法典》《农民工工资支付保障条例》等宣讲活动；组织“千名律师服务职工在基层”活动，服务职工近万人；微信公众号开设“疫期法律小课堂”，发布中小企业延迟复工法律问题等信息30余篇。普及民主管理，培育全市首个养老行业民主管理暨集体协商示范点，覆盖企业54家，培育市级民主管理示范单位1个（全市区县共有15个）；签订企业集体合同、区域集体合同和专项合同118份；在重庆市集体协商竞赛中获区县组第二名、大赛三等奖，2名选手获“优秀协商员”称号。开展信访维稳，坚持动态排查，执行季度全覆盖排查、每日零报告、问题24小时报告制度，排查1110家企业职工队伍稳定情况；落实信访维稳“三个第一”责任，分级调处；签约律师办结法律援助案件15件，调处纠纷14起。经常性开展劳动保护，广泛发动企业参加“安康杯”竞赛等活动，开展《中华人民共和国职业病防治法》宣传，覆盖400家企业；牵头职工体检，督促机关、企事业单位1.5万余名职工完成体检；实施提升民营企业劳动保护条件三年计划，发放企业补助金9.8万元。突出女职工关爱，为抗疫一线女职工、非公企业女职工免费筛查“两癌”；慰问困难职工子女、防疫医护一线人员子女、留守儿童；为6700名女职工购买特疾险，6名女职工获赔付。

【职工帮扶与服务】 2020年，区总工会助力企业复工复产。研究制定《助推企业复工复产“七大行动”实施方案》，各级工会组织走访慰问医务人员和社区工作者，募集防疫资金240余万元，为千名户外劳动者提供防疫物资，为40余家小微企业解读减税降费政策，帮助200余名农民工安全返岗，检查督促80余家企业落实防疫措施，在抗击疫情和服务企业复工复产中释放工会能量。助力困难职工解困脱困。帮助城市困难职工解困脱困；走访新建会企业，送达帮扶政策，将在档困难职工纳入互助保障体系，实现困难职工与主要领导干部结对，为困难职工赠送体检服务，为建档困难职工家庭成员提供过渡性工作岗位，为318名困难职工、困难农民工子女发放助学金；建立3项长效帮扶机制，防止困难职工返贫。坚持“以职工为中心”开展服务；开展“夏送清凉”活动，区委、区政府主要领导带队慰问坚守高温岗位职工，各级工会筹集慰问资金171万元，慰问职工1.1万余人；全区职工互助入户单位345家，完成目标任务148%；各级工会组织开展家政培训171场，6600余人次参加培训。

【劳动竞赛活动】 2020年，区总工会承办“巴渝工匠杯”国家级选拔赛暨重庆市花艺比赛，“云竞赛”同步直播点击率突破20万人次。承办沙坪坝区第二届建筑领域职工竞赛，举办线上线下劳动技能竞赛14场，覆盖单位98家，参与职工8000余人。全区各级工会组织各类劳动技能竞赛，覆盖职工3.4万余人。培育职工优秀技术创新成果1项，创建劳模工作室8个。 （贺凤祎）

共青团沙坪坝区委员会

【概况】 2020年，沙坪坝区有直属团组织100个、基层团支部1083个、下级团组织1421个，共青团员17288人，专兼职团干部2165人；有少先队大队76个、中队1386个，配备大队、中队辅导员1462人，少先队员58124人。团区委也承担区青少年服务中心、区未成年人保护委员会办公室、区预防青少年违法犯罪领导小组办公室、中国少年先锋队重庆市沙坪坝区工作委员会、沙坪坝区青年联合会、沙坪坝区学生联合会的工作职责。

【共青团活动】 2020年，团区委承接全市工作会议、活动11场次。团市委、区四大班子领导出席共青团活动27次。各级主流媒体报道160余次。开展“青年大学习”活动，参学率87.69%。组建青年讲师团，开展“青春榜样”报告宣讲会58场次，覆盖青少年2.5万余人。承办“青春在战疫中绽放”全国巡回宣讲活动。开展主题团（队）日活动350余场次，覆盖8万余名青少年。承办全市庆祝中国少年先锋队建队71周年主题队日活动。依托网络新媒体，组织创作图文视频，8个作品被“学习强国”“中青在线”采用。疫情期间，组织217支防疫青年突击队开展站点测量体温、防疫物资转运等服务300余场次，服务群众287万人次；号召区青联、青年社会组织捐款捐物近70万元；为98名一线医务人员提供物资、购买子女辅导等暖心服务。与成都市武侯区召开“助力成渝双城经济圈建设”交流学习座谈会，50余名双城青年企业家围绕创业就业、志愿服务、交流互促等工作达成初步共建意向。开展系列青创活动，承办“川渝青年直播达人”青创训练营；组建“政务服务联盟”，1345名到渝青年享受到人才驿站服务，600余名青年求职成功。开展直播带货8场，销售农特产品70万元。出台制度化成果《聚沙·青春在行动服务青年发展八条措施》，为青年人才构建全链条服务。成立红岩青少年健康成长公益基金，开展系列关爱贫困青少年公益行动。投入238万元对“青少年之家”“微型少年宫”提档升级，打造“红岩漂书角”34个；全区青少年之家购买社工服务37万元，开展活动2600余场，云平台排名位列全市第一。加强沙坪坝区青年志愿者协会规范化建设，开展志愿活动870余场。打造“莎姐”青年志愿服务队，开展“益起来”自护教育帮扶活动近100场次，1人获评全国未成年人思想道德建设工作先进个人。建立青年骨干数据库；在街舞青年、快递小哥等新兴青年群体建立团组织，围绕“快递从业青年服务月”开展“冬日递暖”“精准递援”和“健康递诊”等主题活动，关爱快递小哥500余人次。

【少先队工作】 2020年，沙坪坝区中小学少先队组织成立由党政领导、辅导员和家长代表共同组成的学校少工委，由学校党组织书记或政治面貌是党员的校长担任少工委主任。各中小学校根据自身情况，普遍设立队室、红领巾广播站、少先队活动角，组织成立鼓号队。与区教委、区融媒体中心联合成立沙磁红岩小记者站，第一批挂牌小学9所，聘用小记者180名，定期发布活动选题向小记者约稿，为少先队员搭建锻炼舞台。建立红领巾“小创客”基地，组织参加“小创客”实验。成立“红岩小义工”“红领巾志愿服务队”，践行志愿服务精神。依托社区“微型少年宫”成立校外少先队大队，每个大队设固定中队、流动中队各1个。固定中队

2020年10月9日，“迎接少代会，争做好队员”汉渝路小学校新队员入队仪式 （李 力摄）

是社区辖区内学校并长期在社区居住的队员加入，流动中队是不固定的队员，主要是微型少年宫服务对象。在社区微型少年宫开辟“红领巾驿站”，设队员书画作品展、红领巾小记者小主持优秀作品展、红领巾风采展示等板块。

【青年人才驿站建设】 重庆市青年人才驿站由沙坪坝区委人才办、区人力社保局、区住建委和团区委四家单位联建，于 2018 年 9 月试运行，2019 年 9 月运行，位于大学城熙街嘛嘛公寓，每年投入运营经费 26.8 万元，有 11 套客房 20 个床位，可为到渝到沙坪坝求职的青年人才提供 1 ~ 7 天免费住宿（特殊情况下经申请批准，可适当延长住宿时间，原则上不超过 14 天），由公寓按规定提供标准化的入住服务并承担相应管理责任。截至 2020 年 12 月底，驿站累计接待来自四川、湖北等地到渝青年 3152 人次。

【“河小青”志愿河长建设】 2020 年，团区委对志愿团队实行分层管理责任制，建立“三级”青年志愿河长 164 人，其中区级河长 1 人，镇街级河长 27 人，村（社区）级河长 136 人。建立“河小青”志愿服务队 147 支，落实青年志愿河长到流经沙坪坝区的 13 条区级河流、42 条街镇河流渠沟以及 23 处水库巡河责任制，开展常态化巡河护河 300 余场次，发放宣传资料 2 万余份，全年开展各类巡河护河宣传活动 260 余场次，参与人数 1 万余人次。

【青年创新创业】 2020 年，团区委开展“青锋计划”系列配套活动 4 场，服务创业青年 600 余人次。申报青年人才创业指导服务区级人才项目并完成结项，推荐 50 余名创业青年参加“青创 10 万 +”“初创培训本”等各项创新创业培训，30 余个创业项目参加“邮储杯”“渝创渝新”

2020 年 5 月 11 日，“河小青”志愿者开展护河活动（李　力摄）

等青创大赛。召开助力成渝地区建设座谈会 1 次，组织开展“青创微培训”“川渝青年直播达人”青创训练营等直播带货活动 2 场，组织开展川渝携手 · “青”力扶贫青年志愿者“网络带货大赛”。

（马理靖）

【青少年权益维护】 2020 年，团区委成立“红岩青少年健康成长公益基金”，护航青少年健康快乐成长。持续开展“冬日阳光 · 温暖你我”贫困儿童公益关爱行动，募集资金近 16 万元，为贫困儿童过集体生日，帮助实现新年愿望，惠及困难儿童 600 余人；开展“希望工程 · 圆梦行动”，募集资金 18.44 万元，资助 28 名贫困高考学子走进大学校门。发动全区中小学校和社区青少年宫自愿申请“青春导航 助力成长”青少年成长大课堂自护教育课程，组织授课志愿者完成 10 场（学校 8 场、社区 2 场）自护教育课程及活动，参与青少年 1500 余人。该课程按照小学生年龄分为 1 ~ 3 年级、4 ~ 6 年级两个课程层级，包含防性侵、防拐卖、防校园暴力、防灾害、防意外 5 个方面，每门课程 40 分钟。

（陈　杰）

【青年志愿服务】 2020年，团区委规范化建设沙坪坝区青年志愿者协会，探索“共青团＋志愿者＋社工”模式，组建340余支志愿服务队，常态开展“垃圾分类”“生态环保”等活动870余场。为抗击新冠肺炎疫情，区青年志愿者协会从1月28日起，团结带领全体青年志愿者从早上7点到晚上12点，每天三班倒在重庆西站、沙坪坝站、G93高速路口守护站岗，为外来人员、返乡旅客测量体温。截至12月，志愿者累计上岗320天，上岗4325人次，为旅客测量体温超286.6万人次。

（郭芯如）

沙坪坝区妇女联合会

【概况】 2020年，沙坪坝区有乡镇妇联组织5个、街道妇联组织17个、村妇联组织49个、社区妇联组织111个。妇联系统获国家级荣誉4项，市级荣誉82项。在市妇联专项资金绩效评估抽查的10个区县中评分位列第一。争取各级支持256.3万元，完成171%。被市级以上主流媒体宣传330余次，其中“学习强国”报道15篇。

（何　苹　陈妍羽）

【“巾帼心向党”行动】 2020年，区妇联学习贯彻习近平新时代中国特色社会主义思想，强化妇联组织政治性，线上线下开展“百千万巾帼大宣讲”“巾帼心向党 奋进新时代”等群众性宣传教育活动400余场次。实施“基层妇联领头雁培训计划”，开展基层妇联系统干部培训，团结引领妇女群众听党话、跟党走。

（何　苹　耿　丽）

【“巾帼战疫情”行动】 疫情期间，区妇联开展“七个一”（一份“爱心包”、一束“暖心礼”、一个“公众号”、一台“云直播”、一张“连心卡”、一场“宅家汇”、一路“走基层”）系列活动。争取中国妇基会“爱心包”送至568个医护家庭；联合区委组织部为一线抗疫医务人员和基层女干部等送郁金香近4000束；联合区卫健委命名512名“最美巾帼奋斗者”；开展“三八”节“致敬最美巾帼奋斗者”特别活动网络直播，点击量突破15万人次；为区内24户援鄂医务家庭送一年家政服务；开展“宅家汇”活动，号召全区家庭宅家做贡献等。（何　苹　张恒英　耿　丽）

【“巾帼建新功”行动】 2020年，区妇联助力创业创新。争取市妇联“巴渝巾帼产业示范基地”项目；与武侯区、简阳市妇联开展互动交流活动，组织参加川渝乡村振兴巾帼云创微项目大赛；开展手工编织技能比赛；成立区女企业家协会。争取中国妇基会“母亲水窖”项目落户青木关；开展“让生活充满花香”网络直播带货活动；争取中国妇基会创业无息循环金资助项目；开展农村妇女“双学双比”技能竞赛。推进“家家幸福安康工程”；实施“绿色家庭”创建行动，开展垃圾分类进家庭、进社区、进企业和“光盘行动”等活动；持续开展“最美家庭”“最美阳台”等创评活动；深化“清风常伴 廉洁齐家”家庭助廉立德活动；开展家庭教育日、暑期儿童安全教育实践月和“书香润万家”家庭阅读系列活动；举办家风家教等讲座并组建专家智库。

（何　苹　耿　丽　张恒英）

【“巾帼暖人心”行动】 2020年，区妇联开展“恒爱行动”“巾帼暖冬行 把爱带回家”“情暖童心·相伴成长”等活动，持续关爱“两癌”贫困妇女、困难困境留守儿童、失独母亲等特殊困难群体。强化维权服务。开展“建设法治中国 巾帼在行动”等系列活动和维权志愿服务；规范基

2020年11月20日，沙坪坝区“红岩女子民兵连”成立 （黄祖玲摄）

层“妇女儿童维权站”建设；落实保护未成年人权益联动工作机制。参与社会治理。开设“新婚课堂”，建立妇女网上议事厅，将“婚姻家庭纠纷预防化解”工作纳入年度考核。助力“双拥”创建。在区人武部指导下成立“红岩女子民兵连”；为入伍新兵送毛巾、鞋垫；开展“七夕”婚恋交友活动，为西南医院、新桥医院两所部队医院单身青年搭建联谊平台。 （张恒英 王吉平）

【“巾帼亮形象”行动】 2020年，区妇联纵深推进妇联改革，开展基层优秀执委评选工作，建设市级示范妇女之家4个。探索儿童之家“园社共建”运作模式，通过腾讯“9·9”公益日活动募集建设经费，通过项目化运作寻求技术支持、开展活动督导，创建市级示范儿童之家13个，完成区级民生实事儿童之家建设35个，为争创全国儿童友好城区奠定良好基础。

（张恒英 耿 丽）

沙坪坝区科学技术协会

【概况】 2020年，沙坪坝区科学技术协会第五届委员会有委员39人，常委15人，主席1人，专职副主席1人，挂职副主席2人，兼职副主席7人，秘书长1人。设区科普工作指导委员会、区全民科学素质工作领导小组。成立区青少年科技工作领导小组，定期研究青少年科技工作。有所属学（协）会、企事业科协64个，会员1.5万余人，按联系领域分为4个专委会：城区科普工作专委会（17个）、农村科普工作专委会（5个）、经济工程专委会（26个）、教育卫生工作专委会（16个）。全区22个街镇开办社区科普大学23所，设置心理健康、养生保健、烹饪技术、电脑运用等课程，为5000余名社区居民搭建免费接受教育的平台。全年各教学点上报教学信息670条，发放教材5369册，惠及居民33万余人次。

2020 年 6 月 29 日，第十二届重庆市青少年科技创新市长奖颁奖活动在重庆一中举行，沙坪坝区 4 名学生获奖 （陈盛斌摄）

【提升全民科学素质】 2020 年，区科协成立专家科普工作室 6 个（罗阳教授科普工作室、龙兴明教授科普工作室、吴治娟高工科普工作室、肖宵博士科普工作室、崔艳艳博士科普工作室、曾晓华教授科普工作室），开展疫情防控“专家科普直播讲堂”10 期，受众超 30 万人次。依托重庆大学附属肿瘤医院成立区健康科学传播专家团，通过 14 家国内主流视频平台开展线上健康宣教、科普讲座等，在线观看超过 1300 万人次。联合区应急局开展应急安全科普知识网络竞答，联合重庆大学科协编印《科学防疫那些事儿》科普图册，系列活动经验在全市“科技为民 · 抗疫有我”座谈会上得到推广。承办第十二届重庆市青少年科技创新市长奖颁奖典礼，沙坪坝区 4 名学生获奖。举办“十三五”全国科普示范区科普成果展，创办“黄葛树下科普故事荟”活动品牌，开展全国科普日、第八届青少年科技创新区长奖、青少年科技创新大赛暨中小学科技节、院士专家进校园、第三届公民科学素质大赛等科普宣传活动 200 余场。争取市科协“基层科普益民计划”30 万元，新建、改造社区主题科普馆 5 个，新建科普基地 13 个。推广使用“科普中国”APP，科普员注册量 6 万余人。新桥街道高滩岩社区依托陆军军医大学“军地共建、校地共建”科普模式，得到中国科协科普部领导的肯定。

【科技服务】 2020 年，区科协举办“弘扬科学家精神，助力区域创新驱动发展”“科技为民 · 奋斗有我”、磁星会客厅等系列院士专家座谈会，慰问院士专家及科技工作者、科普志愿者代表 400 余人。组织开展全国科技工作者日系列活动 30 余场，完成第二次重庆市科技工作者工作状况调查问卷 300 余份。举办“科技为民 · 战疫有我”科技工作者线上线下风采展，与市科技馆共同承办“光辉典范 永耀苍穹——朱光亚生平事迹展”。推动成立沙坪坝区技术市场协会，开展技术经理人培训 2 期。收集科技企业需求 6 个，开展重庆渝微电子技术研究院有限公司和新一代信息技术专家服务队、重庆特博智能装备有限公司和汽车摩托车产业专家服务队对接活动。促成鲜学福院士团队与中地装重庆探矿机械有限公司达成服务意向。

【科技活动】 2020年，区科协新建市级院士专家工作站2家、院士之家1家，建成西南药业股份有限公司、重庆电子工程职业学院2家重庆市海智工作站，14个海外技术合作平台。全面融入成渝地区双城经济圈建设，与成都市武侯区科技局（科协）签订全面战略合作框架协议，共同承办“2020成都市新经济基金招商推介会暨投融资对接会——走进产业功能区专场”活动。举办第四届国际前沿科技创新大会、首届重庆技术转移转化大会等学术论坛20余次，举办“医学赋能·向新而行”重庆生物医学等沙磁创新论坛5期，“海智赋能·科创智核”“西部（重庆）科学城建设”等高层次人才交流会2场。承办首期重庆市科技经济融合发展双月论坛并常态融入沙磁创新论坛，推动川渝两地工业设计协会现场签署战略合作协议。组建新时代文明实践中心科技志愿者队伍44支，吸纳各行业部门科技志愿者1600余人，开展各类科技志愿服务活动120余场。

【服务科技决策】 2020年，区科协围绕新一代信息技术、生物医药等区域重点产业，征集120名专家学者组建“沙坪坝区科技创新智库”。柔性引进院士3人，聘请36名区内外院士专家为“沙坪坝区科技智库专家”。组织辖区科技工作者参加第五届重庆市科协改革研讨会，组织选送论文35篇获奖14篇，4人获川渝科学技术大会优秀论文奖。结题28项区级调研课题，《进一步做好高校毕业生就业工作的建议》获副市长批示。创刊《沙坪坝区科技工作者建议》，出刊4期获6位区领导10次批示。《关于沙坪坝区融入重庆建设国家新一代人工智能创新发展试验区的建议》在区政协十四届六次会议上作主题发言。组织实施的区级重点人才项目《创新争先科技创新智库》《科技专家沙磁行动计划》完成结题。新成立区老科技工作者、区科普作家和区心理咨询师3个协会，新建2个企事业科协。发挥学校校长、医院院长、企业负责人等基层科协“三长”单位在辖区科普传播、科技创新、科普资源共建共享中的重要作用，组织撰写报送17篇“三长”典型案例，为基层科协赋能强基。推荐入选重庆市“十佳科技青年”5人、“最美科技工作者”2人、科学传播专家团首批健康科普专家24人，各级主流媒体报道全区科技工作者120余人次，市科协采用信息119篇。

【科技下乡】 2020年，区科协定期开展对中梁镇农户的科学种植培训。聘请市农科院、西南大学的专家教授，针对季节、作物等开展“测土配方施肥”“生物肥料腐化技术”“玉米适时采收”“中梁镇蔬菜病虫害绿色防治”等专题农业科普技术培训，建立测土配方施肥、新品种比对种植示范样板区和新型沤肥池。各类科技培训讲座培训周边农户600余人次。（毛　薇）

沙坪坝区社会科学界联合会

【概况】 沙坪坝区社科联是区委、区政府领导的学术性群众团体，是全区性社会科学学术团体、社会科学研究机构、基层社科联等的联合组织，是党和政府联系广大哲学社会科学工作者的桥梁和纽带，是繁荣发展哲学社会科学、推动社会全面进步的重要力量。

【第一次代表大会召开】 区社科联成立暨第一次代表大会于2020年11月23日召开，来自驻区高校的专家学者、中小学校的优秀教师、各行各业的领军人才、各行业协会的相关负责人以及部分党政干部等代表123名出席会议。会议审议通过《沙坪坝区社会科学界联合会章程》《沙坪坝区社会科学界联合会五年工作计划》，选举产生第一届委员会、委员会主席团，徐晓川当选为沙坪坝区社会科学界联合会主席。（杨春鹏）

沙坪坝区文学艺术界联合会

【概况】 2020年，区文联引领全区艺术家“以人民为中心”开展文艺创作和文艺惠民活动。开展“以艺战疫”，收集抗疫主题作品1000余件，沙磁文艺微信公众号专刊推送48期，浏览量2万余次，部分作品在《人民日报》《重庆日报》等各级报刊媒体刊发推送30余次；与区委宣传部等单位共同举办“沙子的光芒”——沙坪坝区抗疫主题作品展；区美协集结编印战“疫”作品册《艺不容辞》。实施文艺“三下乡”活动，开展送春联活动10场，组织开展“我们中国梦”——文化进万家区文联小分队走进凤凰镇，“到人民中去”——区文联红色文艺轻骑兵走进新桥街道，“关爱老人·情暖夕阳”——红色文艺轻骑兵走进区福利院文艺演出，开展文艺进校园及“我为您拍照”等各类文艺志愿服务活动28场。

【文艺创作】 2020年，区文联组织艺术家申报第三届精品文艺资助，收集作品20件，确定资助作品13件，资助金额13万元；发动全区艺术家申报2020年市级精品文艺创作项目资助，收集作品11件；受区文艺资助的作品《乡音乡情》获中国曲艺牡丹奖文学奖。区作协举行散文集《最远的天边最近的人》发布会，召开长篇小说《磁器口》改稿会3次，刘清泉作品诗歌评论集《所幸心有所系——一个诗人的诗歌批评》（文艺评论类）入选“2020年重庆市文艺创作重点支持项目”，李燕燕长篇报告文学《无声之辩》成功举行首发式，进入《2020年中国当代文学最新作品排行榜入围作品》“优秀报告文学入围篇目”。区书协编撰出版《沙磁翰墨》，4人获首届“周永健书法学术奖”，获奖件数位列全市区县之首；打造《沙坪坝的故事》《在这里》2首歌曲并录制MV，组织3名专家参与沙坪坝城市宣传片专家改稿座谈会，开展沙坪坝区“故里故事”主题活动。配合区退役军人事务局采访报道沙坪坝区30余名抗美援朝参战老兵的英勇故事，与区外办联合举办“沙坪坝汉影 桂阳韩像”友城摄影交流展，配合区文旅委开展多项活动助推全区文旅宣传。区美协顾问蔡循生的油画《和平使命——中国蓝盔国际维和》入选“不忘初心继续前进——庆祝中国共产党成立100周年大型美术创作工程”。

《乡音乡情》获中国曲艺牡丹奖文学奖 2020年7月29日，第十一届中国曲艺牡丹奖全国曲艺大赛（合肥赛区）的比赛和评选工作落下帷幕，由区文联扶持的相声作品《乡音乡情》（作者：宋好）获文学奖提名。9月25日，第十一届中国曲艺牡丹奖颁奖系列活动新闻发布会在苏州召开，揭晓第十一届中国曲艺牡丹奖评奖情况及结果，《乡音乡情》获第十一届中国曲艺牡丹奖文学奖。这是重庆曲艺界首次获得中国曲艺牡丹奖文学奖。

【文艺培训】 2020年，区文联推送1名文艺骨干参加第九期中青年文艺骨干研修班；举办“大家大讲堂”2期；推送艺术家参加首届重庆市中青年德艺双馨文艺工作者申报，2人获首届重庆市中青年德艺双馨文艺工作者荣誉称号；组织全区近200名艺术家开展“建功新时代 弘扬德艺双馨”文艺实践宣讲暨重点文艺创作推进会，以实

2020 年 1 月 13 日，沙坪坝区 2020 年文化科技卫生"三下乡"暨优秀志愿服务项目示范活动在凤凰镇启动　（熊颖超摄）

2020 年 11 月 11 日，举办"到人民中去"——沙坪坝区文联红色文艺轻骑兵走进新桥街道文艺志愿服务活动　（张　岩摄）

际行动贯彻落实党的文艺方针政策。组织4位艺术家参加中央文明办三局、中国文联文艺志愿服务中心“圆梦工程”文艺培训志愿服务行动计划，开展10期“名师美育课堂”网络直播课程。

（张祖桥）

【文艺扶贫】 2020年，区文联把文艺工作与脱贫攻坚相结合，继续深化文艺扶贫工作，全年开展脱贫攻坚活动10余次。对口帮扶凤凰镇威灵寺村1户贫困户，先后3次组织文联职工、各协会到贫困户中开展慰问活动，送去慰问品及慰问金。对口帮扶奉节县，采购扶贫农产品。区作协开展“走基层——记录攻坚，逐梦小康”走进荣昌脱贫攻坚采风活动；创作扶贫主题歌曲《年华》；区书协副主席马小杰参加中国文联、中书协文艺扶贫支教工作，撰书沙坪坝区派驻支书脱贫攻坚的故事入展全国扶贫书法大展，区书协副主席石珺、张洪应邀参加市人民检察院服务武隆区后坪乡文凤村脱贫攻坚党建活动；区摄协主席王家成参与市文联组织的优秀艺术家赴昌都市开展“辉煌七十年 礼赞新昌都”文艺志愿服务活动。

（柳寒耀 张祖桥）

沙坪坝区归国华侨联合会

【概况】 2020年，区侨联第八届委员会有委员39人，其中主席1人、专职副主席1人、兼职副主席8人、秘书长1人、常委4人，外聘海外顾问6人，有21个街镇侨联小组、3个街道侨联分会、1个重庆国际物流枢纽园区侨联分会和1个老归侨联谊会。区侨联青年委员会第一届委员会有委员56人，其中会长1人、副会长8人、秘书长1人。重庆国际物流枢纽园区侨联分会第一届委员会有委员11人，其中主席1人、副主席3人、秘书长1人。

【参政议政】 2020年，区侨联组织侨界人大代表、政协委员到基层社区、企业开展调查研究。政协沙坪坝区第十四届委员会第五次会议期间，区侨界政协委员积极参政议政，提交提案23件，社情民意24条，区政协采用提案2件、社情民意20条。区侨联提交的提案《进一步推进我区居民养老服务体系建设》被区政协评选为优秀提案，提交的社情民意《健全完善来华留学生教育质量保障体系》《推动中国教育智库高质量发展》被市政协采用，提交的《关于三峡广场轨道一号线和环线尽快实现站内换乘的建议》被市侨联采用。全年报送侨情专报信息49篇，被中国侨联采用2篇，市侨联采用6篇。

【联谊活动】 2020年，区侨联与越南川渝商会签署友好合作协议，聘请越南川渝商会会长及副会长、加拿大加中贸易促进会会长3人为海外顾问。向21个国家和地区的200名海外侨胞和留学生寄送价值6万元的爱心防疫包裹。与重庆医科大学侨联、重庆医科大学校友会签订三方合作协议，深化校地合作共建。与四川省巴中市侨联、简阳市侨联、成都市锦江区侨联签署友好合作协议。组织侨联委员、侨青会委员、社区侨胞之家负责人等赴四川省成都市武侯区开展学习调研。与山东省日照市、烟台市、潍坊市侨联缔结友好。开展“与历史同行 丹青润侨心”主题观展暨走访委员单位活动。开展“亲情中华 为你讲故事”网上冬令营重庆市沙坪坝区（法国）营，组织80多名海外华裔学生和教师参与中国传统文化学习交流。

【服务民生】 2020年，区侨联常态化开展“亲情暖侨家”“侨帮侨”等活动，全区各级侨联组织慰问关怀归侨侨眷（属）1000余人次，发放慰问金、慰问品价值26万元。在全区22个街镇开展侨情调查暨“暖侨送口罩”活动，送出口罩5800只。端午节集中走访慰问侨界群众310人次，送出慰问金、慰问品价值9.12万元。组织辖区归侨侨眷参加第二届“侨商杯”法律知识竞赛。八一建军节走访慰问侨界军转干部2人。与区侨办、台办联合举办侨台界人士国庆中秋茶话座谈会。在渝碚路街道侨联分会、天星桥街道侨联分会、沙坪坝街道侨联分会分别开展纪念《中华人民共和国归侨侨眷权益保护法》颁布30周年宣传暨“侨爱心·光明行”活动。组织参加第21届世界华人学生作文大赛，报送547篇作品，49篇参赛作品获奖，其中特等奖1名、一等奖5名、二等奖14名、三等奖29名。

【助推发展】 2020年，区侨联组织侨界群众通过各种渠道捐款5.56万元，争取上级支持向区内29家公立医疗机构一线医护人员配送1.01万件牛奶等慰问物资，侨联委员彭成学捐赠6万只价值24万元的防护口罩。辖区侨资企业筹集价值40余万元抗疫物资，分批次捐赠给相关部门和群众。开通“新冠疫情”心理服务免费咨询热线电话，为抗疫一线的1850名医务工作者、社区干部提供心理帮扶服务。组织重庆大学侨联、重庆医科大学侨联、重庆大学校友总会、重庆医科大学校友会联合开展“数字赋能农业农村发展”调研活动。开展“优化营商环境百日大走访”活动，走访30家一线民营企业和个体工商户，收集解决问题4件。（张　玲　张　杰）

沙坪坝区残疾人联合会

【概况】 2020年，区残联履行“代表、服务、管理”残疾人职责，通过实施22个惠残项目，强化兜底保障。贴近残疾人群众需求开展帮扶，实施残疾人康复，推进残疾人就业，鼓励残疾人创业，帮助残疾人脱贫增收，完成残疾人脱贫攻坚任务。统筹抓好新冠肺炎疫情防控和残疾人事业发展，出台3项制度，投入20万元为困难残疾人、残疾人服务机构、残疾人集中就业企业等送去防疫物资3万件；为310名困难残疾人送上米、面、油等生活物资。嘉陵江洪水过境时，对6名受灾残疾人家庭给予1.3万元现金及物资救助。开展“两走一贴近”“只跑一次”“马上就办”“德法相伴”“以案四说”“莎姐大普法·关爱残疾人”专题讲座活动，突出对残疾人的政治引领，维护残疾人合法权益。

【参政议政】 2020年，区残联中的政协委员在各种会议上反映残疾人需求和残疾人事业发展中存在的困难问题，向沙坪坝区政协提交《关于加强无障碍环境建设，提升社会文明程度的建议》，协助办理2项政协提案，在参政议政中促进残疾人权益保障。引导残疾人参政议政，1名残疾人人大代表向沙坪坝区人大提交建议1个。

【宣传培训】 2020年，区残联加强残疾人事业宣传，组织专题报道残疾人事业2次，在各类媒体发布信息80条。开展专题业务培训3期，累计培训566人次。（牟　娅）

沙坪坝区红十字会

【概况】 2020年，区红十字会发展个人会员144人，团体会员18个。开展“遗体和人体器官捐献缅怀纪念活动”、“5·8”世界红十字日暨博爱周、“5·12”全国防灾减灾日、“世界急救日”等主题宣传活动。组织大型集中宣传活动6场、知识竞赛1场，发动会员单位开展主题宣传活动84场、应急救护技能培训173场，发放各类宣传资料2.9万余份，服务群众3万余人。全年遗体捐献登记245例，实施6例；器官捐献登记4例，实施7例；协助6名器官捐献者家属提交人道救助申请，慰问2名遗体器官捐献者家属。

【应急救护】 2020年，区红十字会开展应急救护“五进”培训，10家成员单位计划完成1.39万人，实际完成1.73万人，培训人数是年度计划的1.24倍。开展以“珍爱你我生命，绽放精彩青春”为主题的中小学生应急演练，参与学生507人。

【人道救助】 2020年，区红十字会开展“博爱送万家”活动，发放温暖包180个，总价值约5.4万元，救助180户困难群众。对因新冠疫情导致贫困的14户困难家庭按500元标准实施救助。8月19日，嘉陵江2号洪水过境受灾严重，发放2万余元的生活物资到受灾困难群众家中。举行“红十字星火助学计划”助学金发放仪式，向5名获资助困难学生发放助学金1万元，资助时间从普通高中、职高一年级新生开始，直至完成所有学业，包括大学本科及硕士、博士等学业在内，资助额度每人每学年2000元。协助11名患儿提交儿童医疗救助资金申请，审核1名无力支付医疗费用的患者申请疾病应急救助金。（张晓燕）

沙坪坝区计划生育协会

【概况】 2020年，区计生协召开五届一次常务理事会，选举产生常务副会长1人、兼职副会长4人、常务理事16人、理事64人。全区22个镇街，全部村（社区）均建立协会组织，有骨干会员1000余人。开展各级各类培训30次。争取中国计生协新市民健康项目资金10万元，服务井口公租房4万名新市民。

【计生特殊家庭帮扶】 2020年，区计生协支出133万元，为3244名计生特殊家庭成员购买大地商业保险，赔付726人次119万元；支出生育关怀特设资金93万元开展住院和丧葬关怀477人次。落实“一户一档”，应用好计生家庭帮扶信息系统。计生特殊家庭帮扶实现双岗联系人配备、公立医疗机构开通就医绿色通道（27家）、家庭医生愿签尽签（签约2656人）“三个全覆盖”。全区设立计生特殊家庭法律援助“绿色通道”。建立“陆军军医大学—区精神卫生中心—社区卫生服务中心—心理慰藉志愿者”四级心理健康服务网络，在70%的村（社区）和95%的社区卫生服务中心设立心理咨询室，为计划生育特殊家庭提供服务1000人次。建立计生特殊困难家庭入住公立养老院“绿色通道”，68个社区养老服务中心（站）把困难计生特殊家庭老人列为重点关爱对象，每周上门探访低保户和建档贫困户会员，上门为独居老人提供消防知识教育、家政服务。建立“区卫生健康委（各镇街人口计生办）、区维稳办（各镇街综治办）、区公安（各镇街派出所）”“区计生协（星缘联谊会）—各镇街计生协（各星缘小组）—村、社区计生协（各小组会员个体）”三方联动的行政管理和群众工作两条稳定工作链条，多渠道化解计生特殊家庭诉求和问题，全年未发生上访和群体性事件。

【计生宣传倡导】 2020年，区计生协以庆祝中国计生协成立40周年暨“5·29”会员活动日为契机，开展“五个一”宣传教育活动，召开主题纪念座谈会，举办群众性宣传服务活动。区属医疗卫生机构在三峡广场开展义诊，提供健康咨询、就医指导、优生托育宣传等服务。春节、“五一”、端午等传统节日，区级部门和各街镇走访困难计生特殊家庭。评选出21个先进镇街计生协组织，139名优秀个人、最美抗疫人等先进典型。举办“壮阔四十年 奋斗新时代”主题展，图文并茂展示计生协发展历程。编纂《沙坪坝区计划生育协会工作专刊》7期，宣传计生协工作。

【服务体系建设】 2020年，区计生协定期召开小组长会议，建立定期联系联谊会制度。明确联谊会“团结奉献、包容担当”的工作宗旨，确定5条会员自治工作理念。支出40万元，围绕“自助、互助、助他”，举办民法典宣传、心理慰藉讲座，开展才艺展示、爱心编织活动。沙坪坝区爱馨志愿服务队不定期开展心理慰藉、家庭应急、医疗卫生、法律援助、家政服务。星缘“互助互慰”志愿者队伍全年开展陪护等互助互慰服务100余小时。争取中国计生协“暖心家园”项目资金2万元，在镇街推广“暖心家园”规范化建设，“暖心家园”项目工作通过国家评估。农工党沙坪坝区委结对帮扶17户困难家庭，福寿园国际集团提供免费墓地22个，滴水恩养老护理中心为独居会员提供转诊、专家预约、陪诊等公益服务。建设58家母婴设施，为19家公共场所配置母婴设施，可通过互联网查询，醒目位置设置标识指引。联合区市场监督局举办托育机构登记备案管理培训会，成功备案2家托育机构，实现零的突破。调研托育机构，将其纳入“优化营商环境百日大走访”内容，协助减免租金、指导疫情防控等工作。

（邓琼华　陈艳秋）

法 治

综 治

【概况】 2020年，沙坪坝区加快推进市域社会治理现代化试点任务，全面深化政法领域改革，深入开展扫黑除恶专项斗争，坚决打好防范化解重大风险攻坚战，切实加强政法队伍建设，为全区经济社会健康发展营造安全的政治环境、稳定的社会环境、公正的法治环境、优质的服务环境。群众安全感指数99.49%，司法公信力97.1分，政法队伍满意度96.68分。 （宋世炜）

【社会治安综合治理】 2020年，沙坪坝区持续完善“党委领导、政府负责、社会协同、公众参与、法治保障”的社会治理体制。成功创建全国和全市市域社会治理试点工作首批示范城区，出台《沙坪坝区推进市域社会治理现代化试点工作实施方案》确定17个方面、112项重点任务。试点建设行业性矛盾纠纷解决服务平台8个，“四进”人民解调室27个，矛盾纠纷信息流转及对接化解工作平台11个。在石井坡、小龙坎、沙坪坝、陈家桥、新桥新建5个智能化安防小区。6个社会治安挂牌整治重点地区摘牌，排查整治校园及周边安全隐患余317处，化解涉校矛盾纠纷162起，妥善处置因涉校矛盾纠纷引发的不稳定事端20起。严格落实严重精神障碍患者监护责任“以奖代补”制度，发放奖补人数375人、109.95万元。群众安全感、满意度、获得感和幸福指数连续攀升。 （耿海林 徐 岚）

【深化政法领域改革】 2020年，沙坪坝区创新审执管理体系化建设，基本形成标准案件计量、数字化管理、精细化指导、标准化考核、连带式担责的审判执行管理制度体系。推进一站式多元解纷和诉讼服务体系建设，产品责任纠纷、物业服务合同纠纷、劳动争议纠纷三类案件同比减少5217件。建立健全案件定期通报、评查机制和裁判文书专项评查机制，严格追究法官的案件质量责任和法律文书质量责任，将法官惩戒落到实处。落实长江生态检察官制度，组建公益诉讼团队，立案办理公益诉讼案件43件，发出诉前检察建议41件，行政机关回复率100%，依法提起刑事附带民事公益诉讼3件。拓展探索“智慧+法律服务”，在全市率先对群工组织、企业主体创新法律服务模式，建立沙坪坝区公共法律服务总工会工作站、沙坪坝区公共法律服务企业驿站。

【执法督查】 2020年，沙坪坝区组织开展政法系统案件评查工作，对50个案件进行评审，并组织执法监督员对12个案件进行专门评审。落实全面深化改革工作，对司法体制改革小组工作进行全面部署、调度、督查，有序推进“一站式”诉讼服务体系建设、优化生态检察职能、完善法官惩戒制度等。推进全面依法治区工作，加强与广安市、成都市武侯区有关执法司法协作，加强法治政府建设督察督导，充分发挥法治对改革发展稳定的引领规范和保障作用。下发《政法系统服务市场主体优化法治环境助推高质量发展》文件，组织开展走访服务民营企业活动，积极为企业恢复经营提供法治保障，依法平等保护企业和企业家合法权益。组织研究疫情防控期间涉及法律政策与适用性问题，全力做好疫情防控阶段法治监督保障工作。

【涉法涉诉信访】 2020 年，沙坪坝区加大对涉法涉诉信访案件协调调度力度，依法处理涉法涉诉信访问题，妥善化解处置各类涉法涉诉重点案件、信访积案。坚持每月组织召开平安稳定风险综合研判会，研究重难点问题 39 个，下发督办单 39 个，实现重大敏感案事件舆情收集研判、统筹处置、交办督办一体化运行。完善领导班子接访下访群众工作机制，严格落实政法部门干部每日坐班制度、法律援助律师值班制度，全年接访群众 110 余人次，交办转办涉法涉诉案件 15 个，逐一落实交办处理。（黄舒寒懋）

【扫黑除恶专项斗争】 2020 年是三年扫黑除恶专项斗争收官之年，沙坪坝区以“一十百千万”行动（建立一个长效机制、整治十大行业领域突出问题、挂牌督办百起大案、缉拿追捕千名逃犯、依法审结万起案件）为抓手，紧扣“六清”（线索清仓、逃犯清零、案件清结、伞网清除、黑财清底、行业清源）“六建”（防范整治机制、举报奖励机制、依法惩处机制、督导督办机制、考核评价机制、组织领导机制）目标任务，展开扫黑除恶大决战，在 2020 年度全市扫黑除恶专项斗争中综合排名第一。打掉涉黑犯罪集团 1 个 15 人，涉恶犯罪集团 13 个、129 人，冻结、查封涉案财产 3180 余万元，涉黑涉恶重点地区、治安乱点得到全面整治。完善行业管理制度 47 个，建立长效常治机制 68 个，堵塞行业监管漏洞 24 个。专项整治软弱涣散村（社区）党组织 37 个，对 26 名有“前科劣迹”村（社区）干部依法依规分类进行处置。（刘 毅）

【平安建设暨防范化解重大风险攻坚战】 2020 年是防范化解重大风险攻坚战收官之年，沙坪坝区全力以赴抓好战疫情防风险保安全护稳定促发展各项工作。成立区委平安建设暨防范化解重大风险领导小组，区委书记、区长任组长，区委副书记任副组长，下设 11 个专项组，相关区领导兼任组长，办公室设在区委政法委，区委常委、政法委书记任主任，22 个镇街、32 个区级部门主要或分管负责人为成员。召开领导小组全体会议 4 次、领导小组办公室会议 4 次、平安建设暨防范化解重大风险考核调度会议 5 次。坚持运行、健全完善风险动态排查、风险综合研判、风险协同防控、风险应急处置、定期调度与跟踪督办、“16+N”常态化运行等六大工作机制，全区 1571 个风险点，化解 149 个，需长期稳控、短期无法化解的 1422 个（不含已移交高新区的 114 个）均有效管控。牵头新冠肺炎疫情防控社区排查工作，累计排查 382.7 万户次、948.7 万人次。不间断对市级相关部门推送数据开展精准排查，累计核查航空返渝人员 23559 人，铁路返渝人员 52563 人，境外回渝人员 6732 人，核查通管、铁路、航空、公安等推送的北京、吉林、乌鲁木齐、大连、青岛等有高中风险地区轨迹的到渝人员 34553 人。排查涉疫冷链物品人员 1500 余人。排查宾馆、网吧、机关单位等公共场所 6 万余人，排查复工复产企业员工 5477 个、82892 人。召开平安稳定

风险综合研判会20次，联动处置风险处置事项、涉稳事项30项。（罗小龙）

【社会治理特色品牌】 2020年，沙坪坝区紧扣社会治理现代化目标任务，践行新时代“枫桥经验”重庆实践工作部署，谋划打造出回龙坝镇“和顺茶馆”、石井坡街道“特钢能人坊”、青木关镇“青木滴翠 五堂生辉”、凤凰镇“凤凰理”、土主镇“团结家园”、中梁镇“同心园工程”、覃家岗街道“包包散”、渝碚路街道“调理堂”、沙坪坝街道“沙磁·堂”、小龙坎街道“小和美”、天星桥街道“三尺堂”、土湾街道“土露心声”、新桥街道“解忧巴士”、双碑街道“随和空间”、童家桥街道“和睦坊”、磁器口街道“六和古镇”、山洞街道“民和微家”、歌乐山街道“小桔灯”、井口街道“四治同心”、陈家桥街道“幸福家·连心桥”、联芳街道“邻距离”、丰文街道“心邻居”等一系列基层社会治理特色品牌，“一街（镇）一品牌”治理格局初步形成。（宋世炜）

【区法学会】 2020年，沙坪坝区法学会召开第二届四次理事会议，学习传达中国法学会、市法学会有关会议精神，进一步优化法律咨询人才库。组织开展“百名法学家百场报告会”法治宣讲活动、青年普法志愿者法治文化基层行活动、《中华人民共和国民法典》宣讲“七进”活动，开展普法宣传、以案释法、执法讲法等活动800余场次。举办“红岩法治论坛系列征文活动”，收集作品50余篇，评选优秀论文20余篇。服务民营经济发展，组建法律服务团、疫情防控志愿服务队等，提出疫情法律适用问题意见建议40余次，参与企业法律服务、法律援助3000余次。

（黄舒寒懋）

2020年，回龙坝镇“和顺茶馆”开展聚龙城社区党建网格民情分析会（何 梅摄）

法治政府建设

【概况】 2020年，区司法局统筹承办区委全面依法治区委员会办公室日常工作，筹备区委全面依法治区委员会第二次会议，印发协调小组工作细则、督察工作实施办法等制度机制，明确重大法治事项请示报告和备案等工作要求。对标对表市委、市政府法治建设部署要求，拟定2020年区委全面依法治区委员会工作要点、沙坪坝区法治政府建设工作要点，按进度推动落实。常态化开展法治政府建设督察，按照五年实现法治政府建设实地督察全覆盖目标，开展清单式督察，查找整改问题51项。各镇街、部门向区委、区政府报告年度法治政府建设情况并向社会公开。将法治建设第一责任人职责履行、行政诉讼案件败诉、负责人出庭应诉等重要指标纳入全区经济社会发展业绩考核，将考核结果作为评价区管领导班子及领导干部的重要依据，强化考核结果运用，推动各项工作任务落地见效。（邱 婧）

【法治宣传教育】 2020年，沙坪坝区深入开展“宪法宣传周”。设计、印制宪法宣传挂历、宣传册1.5万余份，开展“学宪法 抢红包”系列活动，参与人数5万余人。《沙坪坝弘扬宪法精神 强化法治思维 打通基层社会治理“最后一公里”》被市委办公厅《每日要情》（2020年12月4日国家宪法日特刊）采用。《中华人民共和国民法典》宣传走到群众身边。率先在全市成立“沙坪坝区民法典宣讲团”，在全区开展《中华人民共和国民法典》宣讲进机关、进乡村、进社区、进企业、进网络、进学校、进军营等“七进”活动。疫情防控专项法治宣传行动快、覆盖广。印制“万众一心 战疫必胜”普法主题系列海报用于辖区村社、公共场所、复工复产企业宣传；围绕《中华人民共和国传染病防治法》《突发公共卫生事件应急条例》《医疗废物管理条例》等法律法规开展网络普法宣传，通过“沙磁荟”APP、“沙坪坝司法”微信公众号、门户网站等平台累计推送信息400余条，为全区科学防疫、依法防疫营造良好社会氛围。抓好重点群体增强法治宣传教育实效。抓领导干部带头学法用法，区委理论学习中心组专题学习《中华人民共和国民法典》1次，区政府常务会专题学习《中华人民共和国合同法》《重庆市重大行政决策程序规定》等法律法规4次。区委党校设置宪法法律和党内法规类专题讲座20堂，培训各级各类干部2178人次。组织28位区领导、309名处级领导干部、173名科级领导干部参加法治理论考试，合格率100%。抓青少年普法有声有色。以“法律七进”“民法典七进”活动为载体，邀请普法讲师团、民法典宣讲团深入青木关中学、回龙坝小学等学校开展民法典专题法治讲座和宪法专题法治讲座36场次。联合区教委开展“学宪法、讲宪法”征文比赛，全区35所中小学校155人参与，评选一等奖27人，二等奖58人。落实“谁执法谁普法”普法责任制。印发《2020年重庆市沙坪坝区普法依法治理工作要点》《重庆市沙坪坝区普法责任清单》，明确全区各镇街各部门的重点普法内容、重点普法对象和普法措施，构建全区“谁执法谁普法”大普法格局。建立区城管局、区市场监管局2个基层依法治理联系点，推动普法依法治理机制创新。全年各单位开展普法宣传、以案释法等活动700余场次，市民群众普法知晓率、普法活动参与率和满意率均达到80%以上。

（孟意涵）

2020年，“黄桷树下法治龙门阵”在三峡广场举行

（区委政法委供图）

【规范性文件清理备案审查】 2020年，出台《重庆市沙坪坝区规范性文件管理办法》《重庆市沙坪坝区人民政府办公室关于公布区级行政规范性文件制定主体清单的通知》，从起草、审核、决定公布、备案、评估清理、监督检查和责任追究等方面，进行全过程规范，让“红头文件”制发不再任性。对2020年8月之前的行政规范性文件进行全面清理，在各镇街、部门自行清理的基础上，组织开展全区行政规范性文件清理，经清理，因适用期或已被新的规范性文件取代，4件区政府规范性文件、2件部门规范性文件公告废止。审查区级各类重大文件40件，其中认定行政规范性文件15件，备案审查部门规范性文件7件，向市政府和区人大常委会备案政府规范性文件6件，审查、备案的规范性文件无一件被认定违法或撤销。

（余力勇）

【政府法律顾问团建设】 2020年，沙坪坝区修订《沙坪坝区政府法律顾问工作规则》，公开遴选组建政府法律顾问库，完善法律顾问选聘制度，增强使用单位对法律顾问的自主选择权。全区 60 个区级部门及街镇在法律顾问团成员里选取顾问律师，实现法律顾问全覆盖。全年政府法律顾问共起草、修改、审查合同、协议 398 次，参加涉法涉诉会议 286 次，代理复议、诉讼案件 185 件，提供其他专项法律服务 223 次，开设法治讲座等普法教育活动及培训 36 次。不断规范顾问团与顾问律师的选聘与解聘，强化法律顾问团的管理考核，充分调动法律顾问工作积极性，实现优胜劣汰。（刘　政　任　敏）

【执法证件管理】 2020 年，沙坪坝区坚持执法人员通用法律知识培训制度，严格落实行政执法人员持证上岗，把好新进执法人员资格准入关，考试合格者方可授予行政执法资格。对全区 1170 名新办证和到期换发证件人员开展法律通用知识培训，办理证件 366 张。（余力勇）

【行政复议应诉】 2020 年，沙坪坝区收到行政复议申请 61 件，依法受理 54 件，其中行政强制类 19 件、行政不作为类 13 件、举报投诉处理类 11 件、行政确认类 8 件、行政处罚类 4 件、信息公开类 2 件、行政确权类 1 件、行政征收类 1 件、其他类 2 件。全年办结行政复议案件 66 件，其中包含 2019 年存量 15 件。审结案件中，复议维持 23 件，驳回行政复议申请 19 件，复议终止 10 件，撤销、确认违法或责令履职 7 件，依法转送 3 件，不予受理 1 件，依法告知 1 件，申请人领回 2 件。行政复议直接纠错 7 件，直接纠错率 10.61%；综合纠错 17 件，综合纠错率 25.76%。全年以区政府为被申请人的行政复议案件 12 件，皆为城市房屋征收类案件；市政府审结以区政府为被申请人的行政复议案件 10 件（含旧存 2 件），区政府无一被纠错。以区政府为被告的一审行政诉讼案件 84 件，主要涉及房屋征收、征地补偿、政府信息公开、城乡规划、行政不作为、市场监管、教育等领域；人民法院审结以区政府为被告的一审行政诉讼案件 79 件，无生效一审败诉案件。以区政府部门、镇街及相关单位为被告的一审行政应诉案件 215 件，审结 266 件，败诉 19 件，败诉率 7.14%。全年区政府领导出庭应诉 3 次；区级各单位负责人出庭应诉 68 次，出庭应诉率 46.26%，全面消除行政机关负责人零出庭现象。（任　敏）

【政府合同审查】 2020 年，审查政府合同 214 件，涉及金额千余亿元，提出意见 500 余条。开展招商引资合作协议专项清查，清理全区招商引资合作协议 179 件，预判可能存在履约风险的 43 件，逐一通报并要求及时谋划解决方案，及时减少和预防合同履约纠纷。（余力勇）

公　安

【概况】 2020 年，区公安分局全力以赴战疫情、防风险、保安全、护稳定，有力确保全区政治社会大局持续稳定。全年绩效排名主城第一、全市第二。在市局考核的 43 项工作中，有 36 项排名全市第一。执法质量连续四年被评为“优秀”，实现历史性突破。群众安全感、满意度、执法公信力分别达到 99.49%、96.14 分、96.57 分。（李可贵　谢慧敏）

【维护社会稳定】 2020 年，区公安分局迅速启动疫情防控一级响应，在全市率先搭建组织指挥体系、实行战时调度机制、全警停休防控疫情，连续 130 余天实行最高勤务，及时稳控全区防疫局势。妥善处理涉疫不稳定因素 130 余起，出台服务保障疫情防控和复工、复产、复课举措 49 项。成立大数据研判专班，精准核查中高风险地

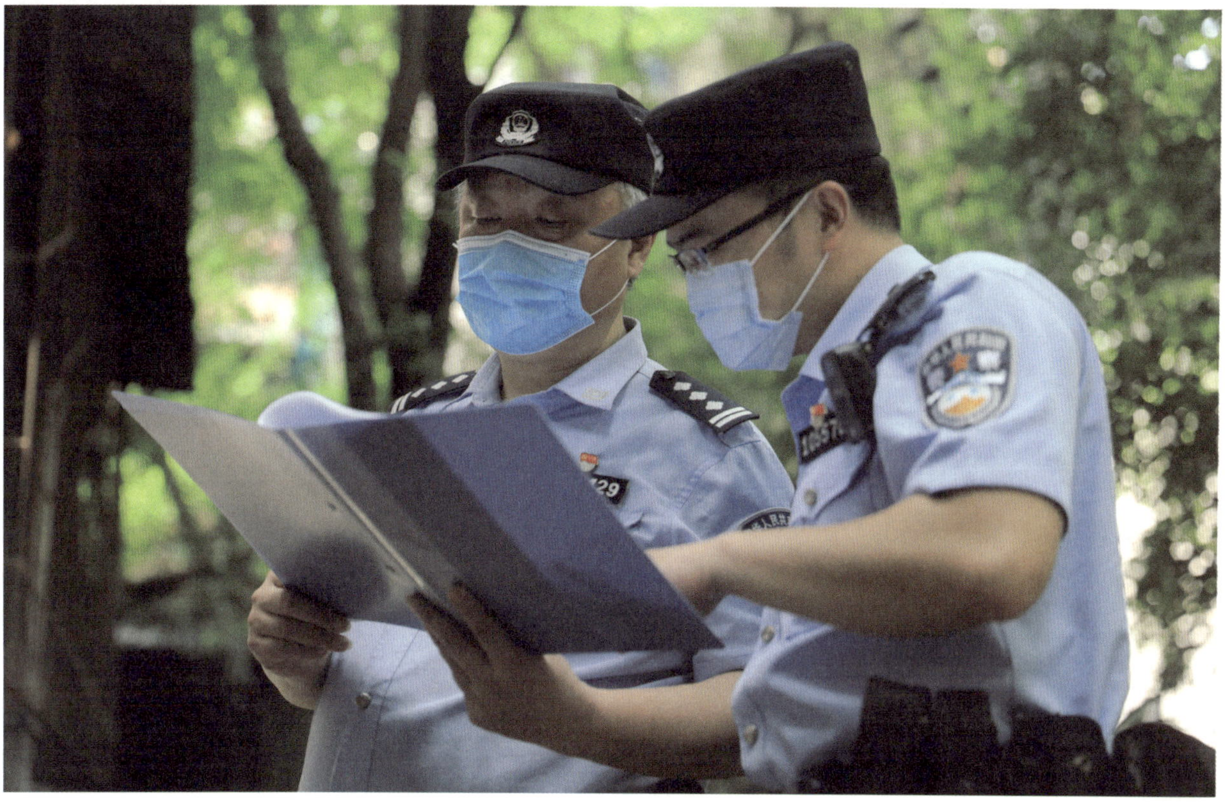

2020 年 5 月 16 日，沙坪坝区民警深入社区排查各项安全隐患　　（区委政法委供图）

区返渝人员 8316 人、溯源分析确诊病例轨迹。会同各部门核查重点地区来渝车辆 16.8 万辆、人员 30 万人次，拉网式排查 106.5 万人次。火线成立 63 个“红岩攻坚队”冲锋防疫一线，完成 10 家发热门诊、4 个集中隔离点安全保卫任务，依法办理涉疫刑事案件 25 起、抓获 29 人。围绕打赢防范化解重大风险攻坚战，强化信息研判，开展矛盾纠纷大排查大回访工作，精准管控重点人员，全区社会面治安大局平稳。圆满完成李克强总理视察磁器口、春节元宵、“五一”、中秋国庆、全国“两会”、十九届五中全会、北戴河会议、智博会、“9・30”公祭日等重要会议和重大节日安保维稳工作。参与政府各部门重大事项社会稳定风险评估 32 起，为人民法院执行司法强搬出具社会稳定风险评估报告 12 份。协同区卫健委、民政等部门对全区三级以上严重精神障碍患者加强管理，确保全年未发生严重精神障碍患者肇事肇祸恶性案（事）件。　（郝　栋　谢慧敏）

【整治行动】 2020 年，区公安分局紧扣打击、防范、治理“一体化”推进平安建设，集中整治影响群众安全感的突出治安问题，推进“云剑 2020”、打击非法捕捞、跨境赌博和反诈、禁毒人民战争等专项行动，破获刑事案件 16252 件，移送起诉嫌疑人 1520 人，攻克 6 起命案积案，连续 8 年实现现行命案全破。全区八类主要案件立案下降 17.58%。打击治理跨境赌博取得阶段性重大突破，侦破大要案 6 起，破获处罚赌博平台、涉赌黑灰企业 5 个，抓获 248 人。非法集资类案件实现 5 年来主城区发案率最低、连续 2 年零发案。破获诈骗案件 14265 起，同比上升 79.48%。开展打击整治枪爆违法犯罪专项行动，侦破涉枪案件33件，收缴火动力枪支69支、子弹2803发，收缴仿真枪441支，在打击枪爆违法犯罪专项行动考核中获全市第一名。强化民爆化危物品监管，开展日常监督检查及隐患排查，对涉违规违法行为保持“零容忍”，检查危化单位210余家次，整改安全隐患12处，全区未发生涉枪、涉爆、涉危恶性案（事）件。（朱鉴亮　郝栋）

【扫黑除恶专项斗争】 2020年，区公安分局扫黑除恶专项斗争取得明显成效，侦办的恶势力犯罪集团宣判6个，判决66人；破获九类涉恶个案71起，抓获涉案人员156人。扫黑除恶专项斗争在全市绩效考评第一序列排名第一。（覃永琳）

【社会治安防控】 2020年，区公安分局持续推进防控体系建设，强化圈层查控、社区防控、街面防控和武警联勤联控。适应社区治理网格化，完善综治中心、派出所联动机制，推进社区警务与网格管理深度融合。不断完善巡防“点对点、可视化”指挥调度和精准布防，以巡区划分为基础，以街面警务站、综合治安岗亭、移动警务车为依托，落实“1、3、5分钟”快速反应机制，提高街面专职巡防力量占比。设置119条日常巡逻线路，每日参勤警力351人。加强专职巡防队伍建设，整合特警、交巡警、派出所民警等力量，围绕巡区划分、警力投向、巡控重点等加强警务协作，形成严密防范、协同作战强大合力。按照“混合编组、武装巡逻”的原则，强化武警联勤联动，分班次按照拟定的联勤巡逻线路巡逻，有效震慑打击各类现行违法犯罪。（何　冬）

【禁毒】 2020年，区公安分局破获部级目标案件2起，破获千克以上案件3起、万克以上案件2起，摧毁跨省贩毒团伙2个，缴获各类毒品52.89千克。全年移送起诉涉毒犯罪嫌疑人331人，查获吸毒人员610人。办理易制毒化学品运输购买备案许可证795张，强化入滇制毒物品设备管控，推送核查信息3条，事后核查率保持100%。围绕全民禁毒宣传月品牌活动、校园毒品预防教育等重点，开展系列禁毒宣传活动，拍摄的禁毒公益微电影作品《背影人生》获第八届亚洲微电影艺术节“优秀作品奖”（二等奖）。（程　攀）

【网络安全保卫】 2020年，区公安分局全力维护网上稳定，健全完善互联网安全防控体系。抓获主侦案件嫌疑人251人，移送起诉215人，破获涉网案件2899件，侦破部督“2012022”专案。组织开展沙坪坝区“护网2020”实战攻防演习，核查1600余个属地网站的基础信息，清理违法有害信息3000余条，处罚违法违规网站96次。（李茂萦）

【人口管理】 2020年，区公安分局坚持精准、动态人口管理，推进“一标三实”基础信息采集工作，新增采集标准地址3831条、实有单位6514家、实有房屋74069套、实有人口337336人。为破案打击提供线索288条，破获刑事案件67起。（杨　帅）

【出入境管理】 2020年，区公安分局深化“放管服”改革，落实各项便民利民政策措施。受理中国居民办理出国（境）证件8455人次，外国人办理签证证件501人次，境外人员临时住宿登记2956人次。查处外国人“三非”（非法居留、非法就业、非法入境）违法案件19件，处罚19人，其中遣送出境3人。开展派出所综合服务试点，落实出入境自助签注业务入驻新桥派出所综合服务窗口。分局出入境管理支队获“全国公安机关执法示范单位”“重庆市三八红旗集体”称号，

业务绩效考核排名全市并列第一。（粟 洁）

【道路交通管理】 2020年，区公安分局完成双碑西立交、天马路、学府路等区域交通堵乱点治理，高峰时段路面平均车速分别提升17%、27.2%和25%。全区交通拥堵延时指数1.32，较上年减少2.2%；平均速度34.7千米/小时，较上年提高5.2%。全年发生交通亡人事故27起、死亡27人，分别同比下降40%、42.55%，未发生一次死亡2人及以上的重特大道路交通事故。查处各类交通违法行为42.1万起，其中违法停车27.1万起，货车交通违法1.5万起，摩托车违法4880起，酒驾930起，拖移扣留车辆2150余台。完成科技严管卡口路口建设21处、多车道汇入自适应控制14处、信号灯自适应路口6处、LED显示屏90处、电子警察57处、自动抓拍系统416处、信号灯联网改造70处、信号灯多时段配时优化12处。利用农村道路交通安全管理信息系统APP、专用微信群等科技手段，规范农村地区劝导站工作流程，劝导纠正各类重点交通违法行为4.1万起。完成融创文旅城、金沙天街开业交通安保任务。（鲁梦洁）

【公安大数据建设应用】 2020年，区公安分局雪亮工程通过竣工验收，数据资源基础更加厚实。依托大数据分析研判疫情防控工作；运用大数据手段先后破获多起特大系列诈骗案，抓获电信诈骗犯罪嫌疑人500余人（含境外抓获80余人），破案近2万起。（钟振宇）

【法医伤情快检通APP】 2020年，区公安分局集约力量攻坚，本着“让信息多跑路，让群众少跑腿”和便捷、智能、精准、高效原则，按照“智能检测+人工核定”相结合的思路，研究开发出法医伤情快检通APP。该APP通过移动警务终端拍摄人体损伤图像，利用大数据智能化技术进行自动测算、智能比对，即时出具法医伤情初检报告。其即拍、即传、即检的功能优势，有效解决传统法医鉴定工作中存在的送检难、来回跑、反馈慢等问题。通过数据赋能促进法医鉴定工作转型升级，方便群众办事、减轻民警负担，让群众和民警充分享受到公安大数据红利。该项目获重庆市公安局改革创新大赛二等奖、公安部移动应用创新专项工作一等奖。（朱鉴亮）

【公安宣传】 2020年，区公安分局召开新闻发布会、通气会20余次，发布新闻通稿5000余篇，新闻媒体、公安新媒体发稿2万余篇，妥善处置突发案事件舆情隐患近300起，刊发《政工简报》25期，策划开展“沙区公安战‘疫’纪实”“民警连续3天追踪还孩子清白”等主题宣传，组织“2021年全民反诈专项行动启动仪式暨涉案财物返还·反诈志愿者出征活动”等宣传活动，推树“全国抗击新冠疫情先进个人”“全国公安系统二级英雄模范”潘继明、2020年“最美基层民警”“最美渝警楷模”何巧、“全国百佳刑警”杨兵、“重庆市工人先锋号”刑侦支队等一大批先进集体及个人，“平安沙坪坝”今日头条号阅读量突破1000万，上游号被评为2020年优质政务上游号。（文 铮）

检 察

【刑事检察】 2020年，区人民检察院依法打击各类刑事犯罪，维护社会稳定。全年受理审查逮捕、审查起诉各类刑事犯罪2423人，批捕、起诉2047人，快捕快诉杨某等61人跨省电信诈骗近亿元等案。开展“断卡”行动、“打击治理跨境赌博”专项行动，从快批捕万某某等人为网络犯罪提供结算、唐某等人为境外赌场担任代理（涉案赌资5000余万元）等重大案件。

【民事、行政检察】 2020年，区人民检察院强化刑事诉讼监督，严格案件审查，提出、提请抗诉已改判、指令再审3件；纠正刑罚执行和监管活动违法30人次；对判处实刑未执行的督促收监执行7人；追捕追诉漏犯22人、漏罪9条，追诉杨某恶势力犯罪集团成员叶某某诈骗罪，被判处有期徒刑十年。秉持客观公正立场，对不构成犯罪或证据不足的不批捕、不起诉125人，对犯罪情节轻微的不批捕、不起诉161人。以学习贯彻《中华人民共和国民法典》为契机，坚持数量、效率、效果并重，办理民事行政裁判监督案件24件。对认为确有错误的民事行政裁判，发出再审检察建议5件，获法院改判、调解结案23件，如重庆某物业公司与奚某等人劳动争议案，经三级检察院历时五年“接力抗”，终获市高级人民法院再审改判，为公司挽回经济损失110万元。深化虚假诉讼专项治理，对李某某恶势力犯罪集团为获取非法利益打“假官司”案，依法监督纠正。对农民工追索欠薪等案件支持起诉34件。

【公益诉讼检察】 2020年，区检察院认真落实市人大常委会关于加强检察机关公益诉讼工作的决定，秉持“双赢多赢共赢”理念，全年立案60件，发出诉前检察建议41件，提起刑事附带民事公益诉讼3件，行政机关对检察建议100%回复。关注“一江两山”生态环保，巡山巡河23次，就清水溪附近污水直排问题，发出检察建议得到及时整改。对夷某某等人破坏农用地20余亩案提起刑事附带民事公益诉讼，判决赔偿损失71.9万元。与区生态环境局、区农委等建立协作机制，开展生态环境损害赔偿磋商13件。关注食药品安全和国有财产保护，对个体商贩在小面中添加罂粟粉等有害物质立案调查，就服刑人员违规领取社保金问题发出检察建议。依法拓展公益诉讼案件范围，关注“等”外领域公益保护，针对彩票销售点向未成年人销售彩票等问题，发出检察建议促进整改。

【控告申诉检察】2020年，区人民检察院发挥“枫桥经验”办理群众信访申诉案件，防范化解矛盾风险。用心用情对待群众来信来访，做到群众来信7日内程序回复、3个月内办理过程或者结果答复100%。促进服判息诉21人，开展司法救助20件，努力实现案结、事了、人和。

【服务经济发展】 2020年，区人民检察院发挥检察职能，主动融入沙坪坝区“科创智核、开放高地、文化名城、美丽都市”战略定位。服务“六稳”“六保”，依法批捕、起诉“善林金融”非法吸收公众存款2.6亿元等严重损害企业利益犯罪案件57人，对犯罪情节轻微、从轻处理有利于生产经营的，依法不批捕、不起诉6人。护航成渝双城经济圈，加强两地司法协作，在保护企业权益、服务交通基础设施建设、打击侵犯知识产权犯罪等方面，凝聚司法合力，为成渝地区双城经济圈建设提供有力司法保障。

【司法体制改革】 2020年，区人民检察院强化领导干部司法责任，院领导办案173件，开展接访下访、公开听证88次，在扫黑除恶专项斗争、“保市场主体、护民营经济”专项行动中，带头领办黑恶案件，带队走访民营企业。推进认罪认罚从宽制度全面落实，强化协调配合，与区公安分局、区法院共建“三集中”办案机制，与区司法局完善值班律师制度，律师覆盖率100%，适用该制度办理1355人，适用率93.2%。推进繁简分流，91.6%的案件依法适用速裁程序、简易程序。推进量刑建议精准化，提出确定刑量刑建议1162人。落实最高检“一号检察建议”，对性侵未成年人案件一律提前介入，严惩侵害未成年人权益犯罪 42 人。督促落实强制报告制度，推行教职员工入职查询机制，深化“莎姐”大普法，设立“莎姐”法治工作站，筑牢未成年人健康成长的“防火墙”。构建以“案—件比”为核心的考评体系，运用智能信息系统实现办案全程留痕、动态监控，开展司法规范化检查、案件评查 26 次，努力让人民群众在每一个司法案件中感受到公平正义。

法 院

【概况】 2020 年，区人民法院受理各类案件 48636 件，同比下降 5.5%；审执结 44423 件，同比下降 4.8%。员额法官人均结案 477.7 件。

【刑事审判】 2020 年，区人民法院审结刑事案件 1105 件，判处罪犯 1507 人。决胜扫黑除恶专项斗争收官战，审结涉恶案件 8 件，判处罪犯 67 人，扫黑除恶专项斗争考核结果位列全市法院第四。保持惩治腐败高压态势，审结职务犯罪案件 3 件，判处罪犯 4 人。依法严惩妨碍疫情防控的犯罪行为，审结涉疫情犯罪案件 6 件 6 人，被告人杨某等 3 人销售“三无”伪劣口罩案，分别被判处有期徒刑 8 年、2 年、6 个月，维护正常防疫秩序。

【民事审判】 2020 年，区人民法院审结民事案件 8750 件。审结离婚、继承等婚姻家庭纠纷案件 1426 件。审结劳动争议案件 1895 件，追回劳动报酬 1925.9 万元，快速化解磁器口八方品贸易公司因疫情影响拖欠员工工资引发的劳动争议纠纷 92 件，依法维护劳动者正当权益。

【商事审判】 2020 年，区法院审结合同纠纷案件 12466 件，维护竞争有序的市场秩序。审执结金融借款、信用卡等金融纠纷案件 8434 件，追回借欠款 3.03 亿元，维护金融安全。审结民间借

2020 年 7 月 13 日，沙坪坝区检察院“莎姐”检察官走进青木关镇关口村 （汪　敏摄）

贷案件 2157 件，依法规制高利贷，推动中小微企业“融资难、融资贵”问题的解决。审结融资租赁案件 755 件，依法保护金融资本与实体经济相结合的融资模式。依法审结涉租金的租赁合同纠纷案件 1039 件，引导大川、升伟、马家岩建材市场租赁双方 2000 余人达成减免 1—3 月的租金和物业费协议，24 小时内成功化解虎溪街道橙果酒店拖欠租金引发的房屋租赁纠纷 126 件。

【行政审判】 2020 年，区人民法院审结行政诉讼案件 355 件，确认行政行为违法、撤销行政行为 40 件，行政机关负责人出庭应诉 95 件，全区 300 名科处级领导干部集中旁听案件庭审，提升依法行政意识。审结各类非诉行政执行案件 418 件，裁定准许执行 234 件，准予撤回申请 184 件。

【执行工作】 2020 年，区人民法院执行结案 14349 件，执行到位金额 10.3 亿元。不断完善解决“执行难”长效机制，分类管理、执行有财产案件和无财产案件，有财产可供执行案件法定审限内执结率 99.7%，无财产可供执行案件终本合格率 100%。开展涉民生执行案件“迅雷”行动。严格强制措施适用，加大信用惩戒力度，司法拘留 38 人、罚款金额 51 万元，查控财产 13.2 亿元，列入失信被执行人名单 5515 人次、限制高消费 7893 人次。

【立案和审判监督】 2020 年，区人民法院登记立案 48636 件，同比下降 5.5%，其中网上立案 16254 件。依法保障当事人申请再审权利，坚持依法纠错原则，对符合法定条件的申诉，依法再审；对无理申诉的当事人做好服判息诉工作。强化解纷功能，注重案件调解，做好矛盾化解工作，再审案件调撤率 33.33%。开展判后答疑工作，服判息诉率明显提升，实现政治效果、社会效果、法律效果的有机统一。

【司法为民】 2020 年，区人民法院建成全市首家 24 小时自助诉讼厅，满足人民群众多元诉讼服务需求，实现“全天候”“零等待”“秒生成”自助诉讼服务。开展审判进机关、进乡村、进学校、进企业、进社区活动，巡回审理各类案件 13 件。加强司法救助工作，解决群众诉讼难题，减、免、缓交诉讼费 47.6 万元，发放司法救助金 12.6 万元。

【审判机制创新】 2020 年，区法院积极探索实践实现审执管理体系和管理能力现代化的路径和方法，先后出台《标准案件计量办法》《大数据管理办法》《审执工作精细化指导规定》《审执绩效考核结果运用办法》等 14 项制度，基本形成标准案件计量、数字化管理、精细化指导、标准化考核、连带式担责的审判执行管理制度体系，有力保障审执工作的良性运行。《人民法院报》在头版头条以《重庆沙坪坝法院：一把尺子“量”管理》为题进行报道，《法治日报》刊载区人民法院《着力推动审执管理体系化建设》文章，在全国多家法院引起共鸣。

【司法体制综合配套改革】 2020 年，区法院完善让审理者裁判、由裁判者负责的审判权运行机制，保障审判权规范高效运行。健全院庭长对“四类案件”的识别监管机制，加强各环节全流程监管。推进院庭长办案常态化，院庭长办结案件 12433 件。完善审判委员会工作机制，审判委员会研究案件 80 件。发挥全庭法官会议、专业法官会议的咨询功能，为 2373 件案件提供咨询意见，法官和合议庭采纳率 98%。完成 285 名人民陪审员重新选任工作，人民陪审员参审案件 3245 件。构建诉讼以审判为中心、审判以庭审为中心、庭审以证据为中心的刑事诉讼制度新格局。非认罪认罚普通程序案件证人、鉴定人、侦查人员出庭作证 35 件、出庭作证率同比增加 15%；律师辩护率 100%、同比增加 5.6%。持续推进认罪认罚从宽制度改革，审结相关案件 947 件，从宽处理罪犯 1179 人，平均审理时间 11 天。 （马志承）

司法行政

【公共法律服务体系建设】 2020 年，沙坪坝区坚持“以人民为中心”的法律服务理念，按照以“区级服务中心为主干、镇街工作站为支撑、村社工作室为延伸”的工作思路，着力推进公共法律服务工作。健全公共法律服务体系，完成区级公共法律服务中心、8 个镇街工作站、2 个阵地化全市标准化建设示范点和村社工作室建设。宣传推广、引导人民群众通过使用“12348”重庆法网、手机 APP、微信公众号、“12348”法律服务热线等方式，快速准确地查找到法律服务机构和人员，实现网上咨询、申请、办理、查询、监督等公共法律线上服务。安排法律服务值班 417 人次、代书服务 632 份。通过实体平台、热线电话等形式为人民群众提供法律咨询帮助 2719 人次。探索创新多域法律服务。在推进三级公共法律服务体系建设中，坚持以实体平台为基础，法网应用为统筹，咨询热线为补充，智能服务为方向的工作基调，拓展探索“智慧 + 法律服务”。在全市率先对群工组织、企业集群创新法律服务模式，建立沙坪坝区总工会公共法律服务工作站、沙坪坝区（东原ARC）公共法律服务企业驿站，为企业解纠纷化风险，助推企业驱动创新。该项工作被《工人日报》客户端、中工网（中华总工会）、《重庆晨报》、《重庆日报》、华龙网、新华网等多家媒体报道。（张 莉）

【人民调解】 2020年，沙坪坝区搭建专业平台构建网络调解。坚持发展“枫桥经验”，进一步完善专业性、行业性人民调解组织体系和管理体系建设。筹备建立校园纠纷人民调解委员会、重庆市交通运输人民调解委员会。截至2020年年底，已建立医疗纠纷、道路交通事故、生态环保等11个专业性、行业性调解委员会。深入开展“警调、诉调、访调”三调对接工作，推进人民调解进派出所、进公租房、进安置区、进法庭。建成“三调对接”人民调解室24个。建章立制规范调解队伍管理。制定《沙坪坝区专职人民调解员管理办法（试行）》《沙坪坝区人民调解案件补贴管理办法》。明确调解员准入门槛、工作职责，规范人民调解案件补贴标准。动态调整撤换兼职调解员7人，全区调解员总数830人。结合辖区实际、社会热点，不断丰富服务方式，拓展工作领域，为群众提供多层次个性化法律服务，创新打造“和顺茶馆”“特钢能人坊”等特色品牌。全区人民调委会共调解各类案（事）件5835件，成功率和协议履行率均为98%，涉及金额5714.42万元。（储 楚）

【法律服务】 2020年，沙坪坝区律师行业党总支升格为党委，以党建促所建，保障和引领律师队伍的正确政治方向。全区建有律师事务所党支部8个，下辖律师党员78名，党建组织工作覆盖率100%。开展执法检查，按照“双随机、一公开”的要求不定期抽查区内40家律师事务所、3家司法鉴定所、国信公证处等法律服务工作者的执业纪律和职业道德教育。加大对违法违规行为的行政处罚和行业惩戒力度，处理对律师的投诉案件9件，司法鉴定投诉2件。畅通法律服务行业参政议政渠道，辖区法律服务工作者中有人大代表1名、政协委员8名。完成2020年国家司法考试沙坪坝考区考务工作，参考人员4000人次，做到零失误、零投诉。（刘 政）

【社区矫正】 2020年，沙坪坝区贯彻落实《中华人民共和国社区矫正法》《社区矫正法实施办法》，坚持监督管理和教育帮扶相结合，专门机关与社会力量相结合，采取分类管理、个别化矫正，有针对性地消除社区矫正对象可能重新犯罪的因素，帮助其成为守法公民。全年未发生社区矫正对象脱管、漏管、失控现象和重大事故。依托社区矫正应急指挥中心和社区矫正信息管理平台，构筑电子围墙，通过APP网上签到、指纹打卡报到等功能，实现社区矫正智能化监管。定期开展风险研判和社区矫正执法检查，通过定位系统抽查、全面排查等方式，加强社区矫正重点人员监管。积极宣传引导，排查化解新冠肺炎疫情引发的矛盾纠纷，在“两会”、国庆、春节等重要时间节点开展集中走访摸排，确保辖区安全

2020年，回龙坝镇“和顺茶馆”巡回法庭开展案件调解（曾艳玲摄）

稳定。学习宣传《中华人民共和国社区矫正法》，与市司法局联合制作《中华人民共和国社区矫正法》宣传片，录制《中华人民共和国社区矫正法》视频解读课程，在网络平台开设专栏连续推送6期，网络点击量1万余次；开展《中华人民共和国社区矫正法》线上有奖知识竞答活动，参与活动32515人次。创新社区矫正教育帮扶工作模式，引入社工机构参与社区矫正，创建“1+4+1”社区矫正心理矫治干预模式，打造“正心计划”社区矫正品牌项目，提高教育矫正质量，促进社区矫正对象融入社会，预防和减少犯罪。（张　萍）

【法律援助】　2020年，沙坪坝区法律援助中心坚持办案数量质量“两手抓”，简化流程，降低门槛，扩大受援面。疫情期间，加强农民工法律援助，开展企业法律帮助，助推企业复工复产。组织开展法律援助案件质量管理提升活动，实现刑事法律援助工作全覆盖。与区公安分局、检察院、法院、工会、团区委、妇联、残联等部门单位及各村（社区）、学校、企业、法律服务机构等广泛建立联络协调机制，构建多职能部门协调联动、多层面配合工作格局。发挥公共法律服务工作站（室）、村（社区）法律顾问、法律援助联络员、法律明白人作用，主动为低保人员、“五保户”、重度残疾人、农村特困户等帮扶对象提供法律援助服务。深化“法援惠民生、助力农民工”活动，做好农民工欠薪线索收集、留言咨询解答、法律援助案件办理等工作。办理涉及农民工案件204件，挽回经济损失200.27万元。降低门槛、优化服务，助力复工复产。对疫情防控一线的医务人员、军人、人民警察、社区工作者、志愿者等提出的法律援助申请，免予审查经济困难状况；因疫致贫的劳动者、小微企业主、个体工商户及因疫返贫群众，研究纳入免于经济困难审查人员范围；疫情导致的劳动报酬支付、劳动关系解除、工伤赔偿等纠纷纳入法律援助事项范围，优先受理。推广法律援助“预约办”“在线办”“掌上办”，引导困难群众通过“12348”重庆法网、“12348”法律服务热线及微信公众号、微信群等获取法律咨询和申请法律援助，通过实体平台、热线电话等形式为人民群众提供法律咨询帮助2719人次。完善措施、提高质量，增强群众获得感。加强法律援助案件案前、案中、案后回访及跟踪力度，完善法律援助质量评估，开展旁听庭审、优秀案例评选等活动，重点加强对涉农民工案件、涉残疾人案件监督力度，法律援助案件旁听率达到20%、法律援助案件当事人回访率达到30%、法律援助案件抽查率达到30%以上。提高法律援助质量，提升人民群众的满意度，建立法律援助申请“全域通办”工作机制，实现法律援助“一次办”，让受援群众不跑腿也能办成事。全年办理各类法律援助案件361件，接受法律咨询3842人次，代写各类法律文书632份，服务人群5673余人次。（张　莉）

【执法监督】　2020年，依托沙坪坝区行政执法人员培训云平台，首次将行政执法资格培训方式由“线下”调整为“线上”，全年培训行政执法人员1170人，新办及到期换发行政执法证件366张。推进争议协调“制度化”，出台《沙坪坝区行政执法争议协调办法》，成功协调处理区城管局与区住建委的执法分工争议。实行案卷评查“标准化”，组织开展行政处罚案件“百案”评查工作，评选出优秀案卷32宗、查找问题清单100个。执行执法数据“公开化”，统计并公开全区行政许可336715件；行政处罚393504件，罚没9136.9625万元；行政强制5800件，强制执行324件；土地征收10件，国有土地房屋征收7件；行政检查96340次。（余力勇）

军　事

人民武装部

【政治建设】　2020年，区人武部紧跟习近平主席最新讲话和形势任务，不断增强“四个意识”、坚定“四个自信”、做到“两个维护”，贯彻军委主席负责制，抓实党委中心组带全体干部职工学习。深入学习贯彻中共十九届五中全会精神，抓好“传承红色基因，担当强军重任”主题教育，组织干部职工到红岩革命纪念馆等红色景点开展主题党日活动。开展形势政策和政治纪律教育，抓好意识形态工作，确保党中央、习近平主席的各项决策部署落实见效。

【军事建设】　2020年，区人武部把提高战斗力作为第一要务，深挖彻改思想根子上的“和平病”，先后8次议战议训。与区应急管理局指导曾家、歌乐山应急民兵开展森林防火、地质灾害综合演练，与区人防办组织完成人民防空演练。面对百年不遇的洪涝灾害，出动民兵动用防汛救灾物资1492件（套），疏散转移群众3624人，转运物资121.6吨，清淤倒运垃圾400余吨，最大限度减少人民的生命财产损失；出动民兵在重庆西站协助疫情排查检测，各镇街出动民兵参与疫情防控。投入35万元为全区基干民兵统一发放被装物资，投入12万元配齐6支基干民兵任务分队装备器材。结合民兵参与疫情防控工作，采取以勤代训、岗位练兵、比武竞赛等形式组织全区26个镇街所属基干民兵开展轻武器射击、高炮专业、防化救援等科目训练，连续3年超额完成警备区下达的训练任务。组织民兵骨干高标准完成11所高校、10所高中学校的4万余名学生军训工作。区人武部4名干部、2名文职人员参加警备区组织的年终军事训练考核，取得总评优秀的好成绩。

【国防动员】　2020年，区人武部把党政领导干部和学生作为国防教育的重点对象，组织区党政领导干部过军事日活动，开展“奋进新时代、聚力强军梦”主题宣传活动，邀请负重逆行驰援武汉的陆军军医大学医护人员和优秀退伍军人代表做事迹报告，提升国防教育质效。组织区国防动员委员会成员单位开展重点潜力专项调查，潜力数据可利用率大幅提升。对全区基层武装部进行分类验收考评，全区26个街镇、11所高校和4家企业基本实现基层正规化建设达标。坚持依法征兵、廉洁征兵、服务征兵，征集兵员中大学生比例列全市第一，无一例责任退兵。

【参建参治】　2020年，区人武部协调区委、区政府到警备区机关慰问，协调辖区街道、镇到驻地部队慰问；协调区委、区政府组织召开军政座谈会和区委议军会议，集中研究解决驻区部队发展难题；协调媒体对沙坪坝籍官兵立功受奖典型事迹宣传，传播正能量；协调政府相关部门在节日期间看望慰问烈军属、困难党员、优抚对象；驻区部队积极参与地方经济建设。按照“精准扶贫”要求，累计投入30余万元对口帮扶奉节县5户军属贫困户实现脱贫；对口帮扶沙坪坝区回龙坝镇10户孤寡老人。

【比武竞赛】 2020年1月6日，区人武部组织全区26个镇街专武干部带领民兵应急分队，在区民兵训练基地开展2020年度军事训练开训动员暨比武竞赛活动。9月17—21日，重庆警备区渝北片区“精武民兵”比武竞赛在沙坪坝区举行，几十名基干民兵，围绕情报侦察、信息通信等内容，设置民兵情报侦察获取、短波电台操作使用等科目进行比武竞赛。

【红岩女子民兵连组建】 2020年，区人武部加强特色民兵建设，在原红岩民兵队伍中组建一支“弘扬红岩精神、塑造红岩形象、争做红岩传人”的女子民兵连。11月20日，举行授旗宣誓仪式。该连由红岩联线讲解员、磁器口“绣娘”和导游及三峡广场等重点商业区、景点和交通枢纽点的国防教育义务宣讲成员组成，民兵连长、政治指导员、排长由区妇联指派专人承担。女子民兵连作为沙坪坝区红岩民兵形象代表，除担负应战应急支援保障任务外，平时着红岩民兵标志上岗，结合讲解、导游等本职工作，以及专设国防教育宣讲岗亭的常态宣讲和志愿服务活动，进行国防教育宣传，推介沙坪坝区武装建设工作。

（蒲　倩）

人民防空

【工程建设管理】 2020年，沙坪坝区配合市人防办完成批建防空地下室，收取易地建设费。完成区人防工程建设；完成平战收入，开展不定期巡查6次；推进大学城文化宣教综合服务中心项目，取得用地预审和规划选址意见书、用地规划许可和用地划拨决定书，完成人防部分设计招标工作。

【专业队伍培训】 2020年，沙坪坝区投入资金为各人防专业队配备人民防空训练器材、器材储物柜。指导人防志愿者队伍开展集中训练5次。组织志愿者活动6次。

【人防知识宣传教育】 2020年，沙坪坝区向中小学人民防空知识教育投入经费40万余元，购买《人民防空知识读本》7000册，为中小学配备教学教具；组织区教委、区进修学院修订、完善小学教材，全区小学五年级人民防空知识教育实现教材全覆盖；举办沙坪坝区人民防空知识中学生竞赛活动。向高校人民防空知识教育投入经费40万元，其中人民防空知识教育专项经费到高校22万元（每所高校2万元），围绕新中国人民防空创立70周年在高校开展网上答题及征文、摄影活动。向党校人民防空知识教育投入经费2万元，在党校主题班开展人民防空知识教育，为学员现场讲座和发放防空防灾宣传手册。向社区投入30万余元，印制购买宣传资料和物资，组织全区22个镇街111个社区进行人防知识宣传教育活动，社区宣传覆盖率100%，提前完成市人防办下达的85%社区宣传任务。在童家桥街道壮志路社区建设8个人防知识宣传专栏。

2020年10月28日，沙坪坝区承办重庆市人民防空应急抢险救援演练（刘 余摄）

【人防法治建设】 2020年，区人防办制定年度普法计划，将人防法律法规作为普法重点内容，人防规范性文件备案率100%。建立完善《沙坪坝区人民防空办举报、控告制度》《沙坪坝区人民防空办执法检查制度》《沙坪坝区人民防空办行政执法考核制度》《沙坪坝区人民防空办行政执法过错责任追究制度》等规章制度。建立并严格落实行政执法公示、执法全过程记录、重大执法决定法制审核三项制度，全年按“双随机、一公开”要求，开展执法检查10次。结合“5·12”防灾减灾日、“6·5”大轰炸纪念日和“安全生产月”“12·4”全国法制宣传日等时机，投入经费3万余元，组织开展《中华人民共和国人民防空法》《重庆市人民防空条例》等法律法规宣传工作。

【人防安全生产】 2020年，沙坪坝区开展安全生产专项整治三年行动、今冬明春火灾防控行动，开展“安全生产月”“消防月”安全宣传活动。全年累计检查单位76家，消除安全隐患25起。

【人民防空行动演练】 2020年10月28日，沙坪坝区承办全市人民防空应急抢险救援演练活动，组织人防专业队伍和志愿者队伍，重点实兵演练重要水体掩护、重要电力设施抢险救援、绳索高空救援等科目。（刘 余）

经济管理

国民经济计划

【国民经济中长期规划】 2020年，沙坪坝区编制完成《重庆市沙坪坝区国民经济和社会发展第十四个五年规划和二〇三五年远景目标纲要》，提出中长期社会发展目标和二〇三五年远景目标。

“十四五”发展目标：对标习近平总书记对重庆提出的系列重要指示要求，按照市委五届九次全会作出的决策部署，充分考虑沙坪坝区发展阶段性特征和未来发展支撑条件，今后五年，要以建成高质量发展高品质生活新范例为统领，在全面建成小康社会基础上实现新的更大发展，努力建设成为引领重庆高质量发展的“科创智核”、承载“一带一路”倡议的“开放高地”、传承巴渝历史文脉的“文化名城”、彰显重庆山水魅力的“美丽都市”。到2025年，地区生产总值突破1400亿元，年均增长6%左右，人均地区生产总值超过9万元。

高质量发展实现重大突破。在质量效益明显提升的基础上实现经济持续健康发展，增长潜力充分发挥，先进制造业核心支撑作用显著增强，现代服务业水平大幅提升，数字经济与实体经济加快融合，数字经济增加值占地区生产总值比重达到27%，现代化产业体系初步建成。西部（重庆）科学城建设成效显著，创新型人才队伍建设、体制机制改革、重大平台打造、创新主体培育等取得积极进展，创新资源的集聚度、活跃度、开放度、贡献度、辐射度显著增强，研发投入强度达到4%。

改革开放活力得到充分释放。高标准市场体系基本建成，营商环境达到国内一流水平，市场主体更加充满活力。开放通道、口岸、平台、主体、环境培育建设和开放体制机制改革稳步推进，重庆国际物流枢纽园开放能级显著增强，对外合作交流更加紧密，招商引资引智成效显著，开放型经济发展水平进一步提高，实现在中西部地区带头开放、带动开放。

社会文明程度得到明显提高。社会主义核心价值观深入人心，人民群众思想道德素质、科学文化素质和身心健康素质明显提高，公共文化服务体系和文化产业体系更加健全，人民群众精神文化生活日益丰富，历史文化保护传承利用进一步加强，城市人文内涵更加丰富，文旅融合发展深入推进，文化名城建设迈出新步伐。

城乡协调发展得到全面提升。国际化、绿色化、智能化、人文化现代城市初步建成，乡村振兴战略全面推进，生产生活生态空间更加合理。交通、市政等现代化基础设施体系基本形成，东部人文母城综合服务功能更加优化，中部“两山”生态屏障功能更加巩固，西部现代新城要素集聚能力全面提升。

生态文明建设取得重大进展。绿色发展体制机制进一步完善，生态环境质量显著提升，人均公园绿地面积达到 10 平方米，森林覆盖率达到 30% 以上。生产生活方式绿色转型成效显著，重大环保基础设施保障有力，主要污染物排放总量持续减少，水环境质量大幅提升，能源资源利用更加集约高效，绿色发展理念深入人心，城乡人居环境更加优美，空气质量优良天数不低于 300 天。

高品质生活实现长足进步。实现更加充分更高质量就业，城镇调查失业率控制在 5.5% 以内，居民收入增长与经济增长基本同步，基本公共服务均等化水平稳步提高，全民受教育程度不断提升，公共卫生体系、社会保障体系更加健全，人口平均预期寿命达到 79.1 岁，共建共治共享社会发展格局基本形成，人民群众对美好生活新期待得到更好满足。

治理效能得到显著增强。社会主义民主法治更加健全，社会公平正义进一步彰显，政府作用更好发挥，行政效率和公信力显著提升，精细化治理能力显著增强，防范化解重大风险体制机制不断健全，突发公共事件应急能力显著增强，自然灾害防御水平明显提升，发展安全保障更加有力，平安建设迈出重大步伐。

二〇三五远景目标：按照党的十九大对实现第二个百年奋斗目标作出的“两步走”战略安排，到二〇三五年沙坪坝区将与全国一道基本实现社会主义现代化。展望二〇三五年，沙坪坝区综合经济实力、科技实力大幅提升，经济总量和城乡居民人均收入将再迈上新的大台阶，西部（重庆）科学城基本建成，创新体系更加健全，新型工业化、信息化、城镇化、农业现代化基本实现，建成现代化经济体系；东部母城人文底蕴充分彰显，西部现代新城全面建成，“两山”地区在保护中加快发展，东中西发展更趋协调。基本实现治理体系和治理能力现代化，各方面体制机制更加完善，法治政府、法治社会和平安建设达到更高水平；实现社会主义精神文明和物质文明全面协调发展，科技强区、文化强区、教育强区、人才强区、体育强区和健康沙坪坝基本建成，公民素质和社会文明程度达到新高度；广泛形成绿色生产生活方式，实现人与自然和谐共生；全面建成内陆开放高地，基础设施互联互通基本实现，开放程度和国际化水平在中西部领先；人的全面发展、全体人民共同富裕取得更为明显的实质性进展，基本公共服务实现均等化，高品质生活充分彰显。

【固定资产投资管理】 2020 年，沙坪坝区固定资产投资 471.6 亿元，同比增长 9.5%，增速位于主城区第 3 位，投资结构逐步优化，其中工业投资占比由 7% 提高到 10.2%；重点项目中产业投资和社会投资金额占比逐年提高，分别达到 76%、77%。房地产开发投资同比增长 12.3%，工业投资同比增长 60.2%、居主城第二。

【重点项目管理】 2020 年，沙坪坝区推进重点项目建设，完成年度目标。

区级重点项目 2020 年全区重点建设项目为 95 个，全年完成投资 429 亿元，超额完成年度计划投资，支撑全区固定资产投资增长 9.5%。其中基础设施项目完成投资 73.2 亿元，占比 17%；产业项目完成投资 325.3 亿元，占比 76%；社会民生及环保项目完成投资 30.5 亿元，占比 7%。24 个项目完工，70 个项目推进施工，1 个项目推进前期。

市级重大项目 沙坪坝区牵头市级重大项目共 16 个，累计完成投资 67.24 亿元，超额完成年度计划投资，3 个新开工项目全部开工建设。开工率、投资完成率均排全市前列。

2020年12月7日，金碧正街“重庆·1949”剧场项目封顶　（区融媒体中心供图）

市区共建项目　17个市区共建项目中涉及有交地任务项目15个，共需交地501.7公顷，累计交地484.26公顷，按期交地率100%。大学城复线隧道一期、广播电视新塔项目交地并按期开工。西环立交、轨道环线西南半环完工投用，二横线西段土主隧道双线贯通，科学大道、内环快速路拓宽改造等加快推进。

【经济发展情况】　2020年，沙坪坝区全年地区生产总值1013.9亿元，同比增长3%；规上工业增加值同比增长8.9%；固定资产投资471.6亿元，同比增长9.5%，其中工业投资增长60.2%；社会消费品零售总额486.4亿元，同比增长0.2%；一般公共预算收入41.8亿元，同比增长0.6%；进出口总额2994亿元，同比增长8.2%；实际利用外资11亿美元，同比增长10.5%；全体居民人均可支配收入4.3万元，同比增长5.7%。

【民生实事推进】　2020年，沙坪坝区推进民生实事实施，21件市区两级民生实事完成投资8.72亿元，完成年度目标。

区级重点民生实事　10件区级重点民生实事完成投资5.4亿元，均完成年度目标，人大评议满意率100%。新增公办幼儿园6所、停车位5000个、人行过街设施3座，改造老旧电梯61台，完成2条车行道维修整治及2座桥梁支座更换、53个地块18.9万平方米坡坎崖绿化美化、5所中小学改扩建，整治高层建筑消防隐患201栋，“清水绿岸”治理提升工程开工建设。

市级重点民生实事　11件市级重点民生实事完成投资3.32亿元，超额完成年度计划投资，全部完成年度目标。新增社区养老服务站（中心）41个、农村小康路72千米、山城步道27千米、旅游厕所12座、农村公厕2座、社区体育公园4个、老年人助浴点助餐点3个，升级改造敬老院3个、农村无害化卫生厕所1912户，全面开展服

表 4　　2020 年沙坪坝区国民经济和社会发展计划完成情况统计表

序号	指标	2020 年目标	2020 年完成情况
1	地区生产总值增长率	5% 左右	3%
2	全体居民人均可支配收入增长率	8% 左右	5.7%
3	民营经济增加值增长率	1.2% 左右	1.2% 左右
4	规上工业增加值增长率	6% 左右	8.9%
5	数字经济增加值增长率	完成市下目标	10.8%
6	园区工业用地产出强度及增幅	完成市下目标	2200 万元 / 亩，增幅 10%
7	固定资产投资总额增长率	8% 左右	9.5%
8	工业投资增长率	20% 以上	60.2%
9	社会消费品零售总额增长率	4% 左右	0.2%
10	一般公共预算收入增长率	3% 左右	0.6%
11	万人发明拥有专利量	39 件	49 件
12	全社会研发经费支出占地区生产总值比重	3.2%	3.5%
13	户籍人口城镇化率	89.5%	90.1%
14	新增公共停车泊位数	3000 个	5000 个
15	能耗增长率★	完成市下目标	完成市下目标
16	万元地区生产总值能耗下降率★	完成市下目标	完成市下目标
17	森林覆盖率★	完成市下目标	完成市下目标
18	空气质量优良天数★	285 天以上	314 天
19	水环境质量	完成市下目标	完成市下目标
20	主要污染物总量减排★	完成市下目标	完成市下目标
21	进出口总额增长率	10% 左右	8.2%
22	实际利用外资	8 亿美元	11 亿美元
23	城镇新增就业人数	3 万人	4 万人
24	城镇调查失业率★	5.5% 左右	完成市下目标
25	亿元地区生产总值生产安全事故死亡人数★	控制在市下目标范围内	完成市下目标

注：加★为约束性指标，其他为预期性指标。

表 5　　沙坪坝区 2020 年区级民生实事完成情况一览表

序号	项目名称	年度目标任务	项目推进情况
1	人行过街设施	建成 3 座人行过街设施	3 座完工
2	公共停车设施建设改造	新增 1000 个公共停车泊位、智能化改造 10000 个公共停车泊位	4 个停车场完工，新增停车泊位 5000 余个，完成约 1 万余个停车泊位智能化改造
3	“清水绿岸”治理提升	推进清水溪、凤凰溪流域内污水处理站和排水管网改造，开工建设高滩岩污水处理厂和伍家河沟雨水处理站	完成清水溪、凤凰溪流域排水管网改造项目 11 个约 7.6 千米，项目全面开工建设
4	城区“坡坎崖”绿化美化工程	完成 11 万平方米坡坎崖绿化和美化	完成 53 个地块 18.9 万平方米绿化美化
5	路平桥安项目	整治城区内重点路段破损路面，完成 2 座桥梁或立交病害检测及修复	车行道维修整治及 2 座桥梁支座更换全部完工。
6	社会福利护养中心	基本完工	社会福利护养中心建成
7	新增公办幼儿园	新增 5 所公办幼儿园	新增 6 所公办幼儿园
8	中小学改扩建	推进凤凰实验学校等 5 所中小学改扩建	5 所学校全部投用
9	高层建筑消防隐患整治	实施 200 栋高层建筑消防隐患整治	201 栋竣工验收
10	老旧住宅电梯改造	改造更新 60 台以上老旧住宅电梯	完成 14 个小区 61 台电梯改造更新

说明：按人民代表大会得票数排序

务中小学课后服务，建立医改便民长效机制，推进65岁以上失能老人照顾服务。

（张天麟　夏　菲）

国有资产管理

【国有资产改革】　2020年，沙坪坝区巩固区属国有重点企业投融资体制改革成果，深化混合所有制改革，辖区首例国企混改项目于12月在重庆联交所挂牌；经营性国有资产集中统一监管和剥离国企办社会职能成效显著。截至2020年年底，全区72家党政机关及事业单位所属企业，共66家完成改革任务，经营性资产集中统一监管覆盖面100%；按照国务院关于国有企业公司制改革的部署和要求，推动区属国企公司制改革，推进各项重点改革任务。

【国资国企监管】　2020年，沙坪坝区国资国企监管提质增效，根据企业实施情况加强制度建设，制定包含政治纪律、企业党建、企业法人治理等6大类37项制度；建立健全横向到边、纵向到底的国资国企监管体系，结合企业内部监督、出资人监督、审计监督、纪检监察、巡视巡察等监督方式，定期召开区属国有企业监事会管理联席会议，督促企业监事会主席履职整改问题45个；组建5支专项督查组，督查区属国有企业及部分下属子公司，查找出3大方面12类49项问题，下发风险提示函6份。

【行政事业单位经营性资产清查】　2020年，沙坪坝区清理核查国有资产30余次，依托网络云平台，完善智能资产管理系统，强化房屋、土地等大宗资产监测预警、统计分析功能，实时掌握全区国有资产数量、面积、分布及使用情况，实现国有资产动态智能化管理；推进无证资产权证办理，组织相关部门召开联合会审联席会议10余次，督促职能部门完善审批手续、做好产权登记、确保权属清晰，防止国有资产流失；统筹推进经营性资产处置工作，对闲置低效的房屋资产，在履行相应审批程序后，以评估价为基准，进入联交所公开竞价交易。

（高彦淳　谭泽立　甘美霜）

国土管理

【概况】　2020年，沙坪坝区新增建设用地计划指标28.24万平方米。审批各类土地转用和征收16宗，总面积110.88万平方米，其中农用地86.38万平方米（耕地40.69万平方米）。在审批的土地转用和征收中，交通运输用地26.98万平方米、住宅用地7.55万平方米、公共管理与公共设施用地58.81万平方米、商服用地7.5万平方米、其他土地10.05万平方米。

【土地资源管理】　2020年，沙坪坝区供应国有建设用地面积342.5万平方米。按土地供应方式划分，出让138.55万平方米，出让价款总计81.93亿元；划拨203.95万平方米。出让土地按用途划分，供应住宅80.28万平方米，商服用地21.78万平方米，工业用地36.49万平方米。落实低效用地盘活利用工作，开展全区房地产闲置土地清理处置工作，处置闲置土地4.4万平方米，完成重庆市下达的闲置土地处置目标任务。

【矿产资源管理】　2020年，沙坪坝区完成5家矿山企业年度统计上报工作，所有数据通过重庆市规划和自然资源局审查。组织2个采矿权人、1个探矿权人完成矿业权人勘查开采信息公示，并实地核查。根据矿业权改革方案，接受重庆市规划和自然资源局下放沙坪坝区管理的3个采矿权档案（电子档案）工作。完成30个建设项目压覆矿审批。

【规划和耕地保护】 2020年，沙坪坝区完善耕地保护制度建设，出台永久基本农田、耕地保护目标责任考核、设施农用地管理等政策文件；完成耕地保护目标责任考核，耕地保有量和永久基本农田保护面积达到市政府下达目标任务；强化永久基本农田管理，完成永久基本农田储备区划定，开展成渝中线等重大建设项目永久基本农田占用补划；落实耕地占补平衡，完成9个项目28.87万平方米耕地占补平衡挂钩报备。

【执法监察】 2020年，沙坪坝区依托土地例行督察后续整改、耕地保护督察、农村乱占耕地建房摸排和日常执法监管等手段，查处土地违法案件2宗，没收建筑物2448平方米；查处矿产资源违法案件1宗。对建设工程实施规划日常巡查和竣工核实发现的23件未取得建设工程规划许可或擅自改变建设工程规划许可修建的项目移交执法部门处置。查处擅自改变林地用途违法案件56件17.99万平方米。依法受理并回复“12336”国土资源违法举报27件、违法用地违法建设信访7件次，核发《建设工程竣工规划核实确认书》58件、《市政竣工规划核实确认书》28件，开具企业合规证明15份，责令停止违法建设行为22件。

【地籍管理】 2020年，沙坪坝区完成768个社集体土地所有权权属调查。开展1 ∶ 500城镇地籍测绘及全辖区调查地籍数据库工作。完成不动产确权登记、土地征收、供应等各类权籍调查测绘成果数据入库117项，面积580.43万平方米。

（张　弛）

财　政

【财政收入及构成】 2020年，全区一般公共预算收入41.77亿元，增长0.6%；其中，税收收入33.06亿元，增长0.3%；非税收入8.71亿元，增长1.5%。加上上级补助收入41.64亿元、债券转贷收入1.1亿元、上年结余10.49亿元、调入

表6　　2020年沙坪坝区一般公共预算收入情况统计表

单位：万元

项　目	累计完成数		项　目	累计完成数	
预算科目	金　额	同比增幅（%）	预算科目	金　额	同比增幅（%）
辖区税收	904832	-6.9	其他税收收入	95	0
（一）一般公共预算收入合计	417653	0.6	（2）农业税	97047	-6.6
1. 税收收入	330550	0.3	契税	92915	-9.9
（1）工商各税	233503	3.6	耕地占用税	4132	383.3
增值税	66160	-13.6	2. 非税收入	87103	1.5
个人所得税	10632	-9.1	国资有偿使用收入	58558	48.2
企业所得税	28974	-0.1	行政性收费收入	572	-36.6
城市维护建设税	11613	-13.3	罚没收入	15098	0.6
房产税	8155	-15.5	专项收入	11763	-34.9
印花税	8929	-2.0	捐赠收入	0	-100.0
城镇土地使用税	27465	-21.6	住房基金收入	101	46.4
土地增值税	71248	74.9	其他收入	1011	-88.2
资源税	84	-25.0	（二）基金预算收入合计	0	0
环境保护税	148	-12.9	（三）国有资本经营预算收入	2622	-19.7

预算稳定调节基金1.03亿元、调入资金16.01亿元，收入总计121.94亿元。无政府性基金收入入库，加上上级补助收入56.12亿元、债券转贷收入40.53亿元、上年结余12.41亿元，收入总计109.06亿元。国有资本经营预算收入完成2622万元，加上上级补助793万元、上年结余3974万元，收入总计7389万元。

【财政支出及构成】 2020年，全区一般公共预算支出93.86亿元，下降5.8%，加上上解上级支出9.24亿元、债务还本支出11亿元、补充预算稳定调节基金1.03亿元、年终结转结余6.82万元，支出总计121.94亿元。政府性基金预算支出78.98亿元，增长10.2%；加上上解上级支出670万元、调出资金15.48亿元、债务还本5300万元，年终结余14亿元，支出总计109.06亿元。国有资本经营预算支出614万元，调出资金5281万元，加上年终结转结余1494万元后，支出总计7389万元。

2020年12月22日，沙坪坝区开展防范非法集资宣传活动（崔向东摄）

【资金监管】 2020年，实施预算绩效管理，对重大政策和项目资金开展绩效评价。强化预算约束，按照“事权和支出责任相适应”“费随事转”原则规范预算编制和指标划转，防止资金沉淀。对全区2019年度所有政策和项目资金进行绩效自评和审核，抽选涉及惠民惠农、教育、医疗、交通、城市基础设施建设等14个区级重点项目和政策，委托第三方中介机构实施财政重点评价。开展财政监督检查，完成长江禁捕工作专项检查，并通过市财政局的专项核查；完成规范财务管理

表7　2020年沙坪坝区一般公共预算支出情况

单位：万元

项目	累计完成数		项目	累计完成数	
预算科目	金额	同比增幅（%）	预算科目	金额	同比增幅（%）
地方财政支出总计	1728985	0.9	自然资源海洋气象等支出	8892	27.5
（一）公共预算支出合计	938582	−5.8	住房保障支出	37290	26.2
一般公共服务支出	64369	7.2	粮油物资储备支出	886	148.2
国防支出	5122	233.2	灾害防治及应急管理支出	16033	129.2
公共安全支出	80268	−2.1	债务付息支出	12544	−30.3
教育支出	200581	6.5	债务发行费用支出	3	−25.0
科学技术支出	10513	30.7	其他支出	4983	−48.4
文化旅游体育与传媒支出	14971	2.3	（二）基金预算支出合计	789789	10.2
社会保障和就业支出	150989	22.3	文化旅游体育与传媒支出	76	−42.0
卫生健康支出	97715	25.1	社会保障和就业支出	33	3.1
节能环保支出	17443	5.8	城乡社区支出	510351	−26.5
城乡社区支出	134102	−50.6	农林水支出	470	67.9
农林水支出	27069	−21.5	其他支出	222668	4521.6
交通运输支出	21272	−24.6	抗疫特别国债安排的支出	32918	0
资源勘探信息等支出	22789	216.3	债务付息支出	23272	38.2
商业服务业等支出	10442	20.2	债务发行费用支出	1	0
金融支出	306	−58.4	（三）国有资本经营预算支出	614	−37.2
援助其他地区支出	0	−100.0			

专项治理工作，对标对表，明确时限落实整改，对单位进行抽查和督促。

【财税政策落实】 2020年，沙坪坝区落实消费补贴、房交会优惠政策等近6000万元，实现房屋相关区级税收2.8亿元，拉动一般公共预算收入实现恢复性增长，配合征地拆迁，跟进土地交易相关税收，确保应收尽收。清理行政事业单位资产历年出租收益和实体账户利息收益，收归金库1.5亿元，开展工资代发等账户公开招租，增加收入3亿元。

【财政改革深化】 2020年，沙坪坝区制定10条措施，明确财政过紧日子的要求。实行资金分割管理，优先安排“三保”（保基本民生、保工资、保运转）等刚性支出；压减一般性支出，压减公用经费、课题经费和培训经费等1亿元，综合采用严控年度增支、调控支出进度、清理无效低效专项经费用于保障重点项目支出，减小支出压力。加强单位资金账户管理、指标动态平衡管理、落实市级转移支付统筹机制，收回执行进度较慢项目资金3.5亿元。争取抗疫、防汛、社保、债券等各项政策倾斜，累计争取特殊转移支付、抗疫特别国债等直达资金11.75亿元，争取洪灾恢复重建财力补助等资金约2亿元。

【政府债务】 2020年，沙坪坝区扩大专项债券规模，新增政府债券40亿元，缓解财政压力，为加快市政基础设施建设、提升城乡基础医疗条件、推进棚户区改造等民生领域建设提供资金支持。划转高新区政府债务31.8亿元。坚持政府债务限额管理，年末政府债务余额127.92亿元，控制在限额内。从债务期限看，3年期占1.82%，5年期占40.46%，7年期占16.49%，10年期占23.77%，30年期占17.46%。从债务类型看，一般债券占27.3%，专项债券占72.7%。从资金支出投向看，土地收储占51.43%，生态建设和环境保护占6.44%，市政建设占12.31%，公路建设占1.39%，保障性住房占14.23%，医疗卫生占8.51%，其他占5.69%。

【财政评审】 2020年，沙坪坝区印发《沙坪坝区财政局预（结、决）算评审操作流程（试行）》，推进和完善污染土壤治理计价原则，规范污染土壤修复评审工作；采取编审同步、概算预算同步等方式，保证东部城区道路、创新中心一二期装修、区人民医院装修、歌乐山上下天池污染治理等重点项目清单限价挂网招标工作；抽审2019年度入围中介机构50万元以下项目、接受业主单位委托的预、结算评审报告，对9家机构因未按文件下浮、结算计价原则混乱等问题作扣分处理。累计受理预（结）算评审项目785个（上年结转项目283个，当年新增项目502个）。累计完成预（结）算评审项目482个，送审金额44.09亿元，审定金额37.67亿元，审减率14.55%。累计受理决算评审项目56个（全部为上年结转项目），完成项目财务决算评审项目16个，送审金额5.95亿元，审定金额5.86亿元，审减率1.38%。

【政府采购】 2020年，全区政府采购货物和服务4744笔，采购预算金额6.5亿元，实际采购合同金额5.9亿元，节约采购资金6000万元，资金节约率9.2%。完成工程建设项目招投标直接监管项目165个，评审金额65.28亿元，中标节约金额4.52亿元，招标方案核准及变更核准328件。

（柏　琳　刘小静　代　璐　邱　军）

审　计

【审计成果】 2020年，沙坪坝区组织开展审计项目33个，其中市局行业审计项目8个，经济责任审计项目8个，领导干部自然资源资产离任审计项目1个，投资审计项目13个，专项审计（调查）项目2个，企业审计（调查）项目1个。查出各类问题金额25.74亿元，增收节支0.55亿元，挽回损失1.9亿元，移送问题线索4件；提交审计专题、综合性报告、审计要情以及信息简报172篇，被批示或采用的报告及信息125篇次，区委、区政府及有关单位出台制度文件65个。向社会公告审计结果及审计整改情况2篇。获全市审计机关综合目标考核一等奖。学前教育政策落实情况专项审计调查获2018—2019年度重庆市学前教育政策落实情况专项审计调查优秀项目表彰。2020年度重大政策措施落实情况跟踪审计获全市重大政策措施落实情况跟踪审计优秀项目表彰。2019年度亚洲开发银行贷款重庆现代物流示范项目重庆交运物流基地子项目审计获2020年度全市国外贷援款项目审计优秀项目表彰。组织青年审计干部参加全市审计机关2020年度审计技能挑战大赛，1名审计干部获二等奖，1名审计干部获优胜奖，单位获集体优胜奖。

【国家重大政策措施落实情况跟踪审计】 2020年，围绕新冠肺炎疫情防控，“稳就业”政策措施落实，重大投资项目落地等重点内容，抽查23个单位，31个项目，揭示保证金管理不规范等问题15个，并督促整改。

【财政审计】 2020年，沙坪坝区开展2019年度区级预算执行及决算草案审计，查出主要问题金额24.15亿元，出台《关于进一步加强镇级财政预算编制水平的通知》等3个制度文件。开展沙坪坝区区级部门（单位）2019年度预算和财政财务收支审计，重点关注预算分配、专项转移支付和政府债务规模及结构变化等内容，揭示预算编制未细化等问题10个。

【经济责任审计】 2020年，全区开展经济责任审计项目8个，涉及13名领导干部，查出违规金额0.43亿元，管理不规范金额1.3亿元，提出审计建议26条，移送主管部门问题线索1件，督促被审计单位建立完善《沙坪坝区学校食堂管理办法（试行）》等制度规定11项。

【固定资产投资审计】 2020年，全区开展固定资产投资审计项目13个，审减金额1.9亿元，平均审减率9.75%。监督检查各单位自行办理结算项目128个，审减金额2.11亿元，平均审减率10.46%。

【专项审计】 2020年，沙坪坝区连续第三年开展征地征收专项审计调查，出台《沙坪坝区征地征收工作从业人员“八条禁令”》等制度规定。开展公费医疗补助资金管理和使用情况专项审计，规范全区医疗补助管理体系。开展2019年度五家区属国有重点企业投融资体制改革制度执行情况审计调查，重点关注区属国有重点企业“三重一大”决策、经营性资产管理及预决算执行等内容，区政府及有关部门制定出台《沙坪坝区区属国有企业管理办法》等制度规定6个。

【资源环保审计】 2020年，沙坪坝区开展领导干部自然资源资产离任（任中）审计，探索运用“天地图”数据进行图斑交叉比对，确定督促完成政府目标任务不到位等问题4个。

【内部审计】 2020年，沙坪坝区制定出台《关于进一步加强内部审计工作的通知》，明确全区内部审计工作6个方面、16项具体工作重点。梳理全区基层行政事业单位、国有企业在财政财务管理、预算执行、资产管理等 7 个方面存在的 30 项共性问题，开展全区预算单位“未审先改”工作。持续开展全区内部审计人员“以审代训”专题培训，全区 42 名内审人员参与国家审计项目 21 个。

（罗　琴）

税　务

【税收收入及构成】 2020 年，沙坪坝区坚持“坚决不收过头税”原则，强化税源管理和收入分析，全年税费收入 138.82 亿元，同比下降 8.70%，其中全口径税收 87.75 亿元，同比下降 9.75%，社保和非税收入及其他收入 51.07 亿元，同比下降 6.84%；累计组织本级税收 33.06 亿元，同比增长 0.34%，占全区一般公共预算收入的 79.14%。

【税收征管】 2020 年，沙坪坝区做好社保费和非税收入征管职责划转衔接。全年累计征收城乡居民“两险”1.37 亿元，划转水土保持补偿费等 4 个非税收入项目征管职责。推进发票电子化改革，成立发票电子化改革工作组，制定工作责任清单，12 月 21 日开出首张电子专票。完成个人所得税首次汇算清缴，共 10 万人办理个人所得税综合所得汇算，涉及补税 8861 人，补税 2557 万元，涉及退税 51561 人，退税 3464 万元。推进高新区税费征管范围调整工作，按要求撤销管理税务所 1 个，向高新区划转纳税人 2.39 万户、单位社保户 2392 户。

【纳税服务】 2020 年，沙坪坝区连续第 7 年开展“便民办税春风行动”，落实 4 方面 24 条便民办税举措。线下推进办税厅标准化建设，8 大类 209 个涉税事项实现最多跑一次；线上升级电子税务局办税功能，实现财产和行为税“十税合一”申报、一表集成申报和消费税一键申报，电子税务局综合业务替代率 93.29%，网上申报率 99% 以上。在纳税服务“好差评”评价系统中，共收到纳税人评价 46168 条，其中，好评 46163 条，满意度 99.99%；纳税服务投诉数量逐年下降，有效投诉办结率为 100%。2020 年度全国纳税人满意度调查中，全国 414 个区县局参评，沙坪坝区税务局排第 26 名。

【税收法制】 2020 年，全区公示行政执法单位主体 12 个、委托代征信息 5 个、有效行政执法人员 234 名、行政许可事项 3168 条、欠税信息 529 户、非正常户纳税人 8801 户、一般税务行政处罚 211 件，出口企业分类管理评定结果为一类、

表 8　　2020 年沙坪坝区收入完成情况表

单位：万元

项目	本年累计	上年同期	增幅（%）	项目	本年累计	上年同期	增幅（%）
总计	1388249	1520569	−8.70	车船税	35	43	−18.90
一、税收收入	877513	972336	−9.75	耕地占用税	8297	6401	29.62
增值税	349046	437902	−20.29	契税	92915	105557	−11.98
消费税	21897	24286	−9.84	环境保护税	296	340	−12.99
企业所得税	180756	181346	−0.33	其他税收	544	23	2273.70
个人所得税	66281	73252	−9.52	二、其他收入	20611	24309	−15.21
资源税	84	112	−25.30	教育费附加	12272	14401	−14.79
城市维护建设税	29032	33578	−13.54	地方教育费附加	8168	9479	−13.83
房产税	20799	25395	−18.10	罚没收入	153	316	−51.62
印花税	8883	9116	−2.56	文化事业建设费	18	113	−84.05
城镇土地使用税	27400	34131	−19.72	三、社保费收入	484071	516671	−6.31
土地增值税	71248	40854	74.40	四、代征规费收入	6054	7252	−16.52

四类的出口企业名单9条。梳理日常高频使用的6大类税务行政处罚事项，编写《沙坪坝区税务局税务行政处罚文书操作指引》。建立税务所、法制审核机构、涉税事项审核领导小组三级有效衔接的法制审核机制，召开涉税事项审核领导小组会议31次，累计审核962户次。开展“两权监督”工作，防止随意执法，全年实施税务行政处罚1445户，同比下降51.25%，处罚金额63.79万元，同比下降47.89%。

【税收优惠政策落实】 2020年，沙坪坝区借助“老张出品”“璐璐老师”等政策宣讲品牌制作政策解读PPT，利用多种媒体平台发布宣传信息，摸排享受税费优惠的纳税人和缴费人户数，预测税费减免金额，制作优惠政策礼包，深入厂区、园区开展宣传辅导，全年减税降费35.49亿元，其中减税8.5亿元，降费26.99亿元；办理各类减免退库5.99万笔，退税金额14.44亿元，其中出口退税4.32亿元，留抵退税7.96亿元。

（陈雪莲）

金融监管

【概况】 2020年，沙坪坝区金融业增加值150.3亿元，同比增长9.31%。新增广发银行沙坪坝支行1家金融机构，全区共有各类金融机构（一级机构）82家，其中支行级银行机构36家，证券公司营业部9家，保险公司分支机构13家。

【银行管理】 2020年，全区银行类金融机构当期期末存款余额1960.74亿元，占全市存款总量的4.64%，同比增速4.74%；当期期末贷款余额1834.43亿元，占全市贷款总量的4.4%，同比增速2.56%；当期期末存贷款余额合计3795.17亿元，占全市当期期末存贷款余额的4.52%，同比增速3.43%。

【非银金融机构管理】 2020年，沙坪坝区加大对5类新型金融机构的现场检查和日常监管力度，提升防风险能力。美团三快、趣携、万达3家网络小贷全年累计发放贷款450亿元，同比增长85%。聘请会计师事务所、律师事务所等中介机构协助开展专项检查，全年排查小贷公司11家、担保公司1家（同年注销担保公司1家）、融资租赁公司1家、典当公司1家。开展担保公司换证工作。对辖区唯一的典当公司开展年度检查，完成典当行清理整顿。

【主要银行机构简介】

中国工商银行沙坪坝支行 2020年，本外币各项贷款余额突破800亿元，纳税超过1.28亿元。利用展期和续贷政策缓解中小微企业7.8亿元的还款压力。

中国农业银行沙坪坝支行 2020年，人民币日均核心存款较年初增长12.11亿元，人民币贷款较年初增长46.68亿元。实现营业收入4.81亿元、拨备前利润3.39亿元、净利润2.12亿元。全行不良率较年初下降0.05个百分点。

中国银行沙坪坝支行 2020年，实现营业收入4.81亿元、中间业务7766万元、拨备前利润3.7亿元。全年人民币存款余额160亿元，人民币贷款余额165.7亿元。

中国建设银行沙坪坝支行 2020年，实现一般性存款日均新增49.26亿元、贷款新增46.25亿元、拨备前利润7.32亿元、中间业务收入2.63亿元。

重庆农村商业银行沙坪坝支行 2020年，各项存款余额205.84亿元，较年初净增19.6亿元；各项贷款余额177.05亿元，较年初增长22.53亿元。

农业发展银行沙坪坝支行 2020年，累计投放贷款 9.08 亿元，年末贷款余额 70.69 亿元，向国家税务局缴纳各项税款 1168 万元。

交通银行沙坪坝支行　2020 年，支行经营利润 1.03 亿元，人民币时点存款 129.34 亿元，其中对公存款 85.23 亿元，储蓄存款 44.11 亿元，合计较年初增加 20.83 亿元。

中信银行沙坪坝支行　2020 年年末，公司业务对公存款时点数 31.73 亿元，同比增加 14.3 亿元；存款日均数 20.49 亿元，同比增加 6.5 亿元；支行有效户 136.5 户，同比增加 11.7 户。零售业务管理金融资产时点余额 17.31 亿元，同比新增 2.45 亿元，一般储蓄存款时点 6.54 亿元，新增 2.08 亿元。

中信银行三峡广场支行　2020 年，核心存款日均为 3.48 亿元，核心存款时点 7.4 亿元，对公贷款时点余额 8633 万元，其中普惠 1800 万元，无不良和问题贷款。零售管理资产时点 11.59 亿元，管理资产日均 11.03 亿元，个人存款日均 3.6 亿元。

光大银行沙坪坝支行　2020 年年末，存款 10.1 亿元，其中企事业单位存款 2.2 亿元，居民存款 7.9 亿元。

光大银行重庆学府路支行　2020 年，一般存款日均 32.02 亿元，其中对公存款日均 25.39 亿元，对私存款日均 6.64 亿元。2020 年营业收入 7746 万元。

华夏银行沙坪坝支行　2020 年，一般性存款 15.33 亿元，其中对公存款 8.31 亿元，对公贷款 17.36 亿元，贷款（不含贴现）21 亿元。

平安银行沙坪坝支行　2020 年，实现拨备前利润 1078 万元。

平安银行马家岩支行　2020 年，各项存款年初数增加 9500 余万元。

招商银行沙坪坝支行　2020 年，支行现经济利润 1.18 亿元，其中财富中收 966 万元。

招商银行三峡广场支行　2020 年，实现经济利润 2909 万元，年末全折时点 12.23 亿元，贷款 5.74 亿元。

浦发银行沙南支行　2020 年，各类存款余额 12.49 亿元，贷款余额 7.36 亿元。

兴业银行沙坪坝支行　2020 年，一般性存款 15.1 亿元，其中企业存款 9.89 亿元，储蓄存款 5.22 亿元。贷款 5.17 亿元，其中个人正常贷款 9028 万元，公司正常贷款 4.26 亿元。

兴业银行凤天路支行　2020 年，一般性存款 2.57 亿元，其中企业存款 1924 万元，储蓄存款 2.38 亿元；贷款 2.32 亿元。

民生银行沙坪坝支行　2020 年，金融资产日均 38.3 亿元，储蓄存款余额 11.2 亿元。

民生银行陈家湾支行　2020 年，金融资产余额 18.34 亿元，较上年新增 1.61 亿元，日均 17.93 亿元，储蓄存款余额 6.66 亿元，日均 6.84 亿元。全年资产业务 17 亿元，非按销贷款 1.36 亿元，小微业务 9.43 亿元，较上年新增 1.29 亿元，按揭贷款余额 6.22 亿元，较上年新增 1.24 亿元。

民生银行马家岩支行　2020 年，金融资产余额 7.85 亿元，较年初新增 6978 万元，金融资产年日均新增 9170 万元，储蓄余额 3.29 亿元，较年初下降 26 万元，储蓄年日均下降 368 万元。

重庆银行沙坪坝支行　2020 年，存款总额 99.1 亿元，其中公营时点存款 32.35 亿元，储蓄时点存款 66.75 亿元。日均存款总额 105.08 亿元，其中公营日均存款 41.8 亿元，储蓄日均存款 63.28 亿元。贷款总额 54.82 亿元，其中公司贷款 35.85 亿元，个人贷款 10.16 亿元，小微贷款 8.81 亿元。

重庆银行重大支行　2020 年，存贷款规模近 90 亿元。

成都银行沙坪坝支行　2020 年，各项贷款余额 11.8 亿元，其中个人贷款 11.6 亿元，比年初增加 4.2 亿元。各项存款余额 2.98 亿元。

广东南粤银行股份有限公司重庆沙坪坝支行 2020年末，资产总额18.06亿元，负债总额18.46亿元，全年营业收入949万元。

重庆三峡银行沙坪坝支行 2020年，总日均存款15.35亿元，公营日均9.87亿元，储蓄日均5.48亿元。全年新增小额抵押贷款147笔，贷款金额1.54亿元。

重庆三峡银行陈家湾支行 2020年，发放公司贷款7笔，金额2.7亿元；开立银行承兑汇票14笔，金额3.91亿元；发放小企业贷款51笔，金额5470万元；个人零售贷款299笔，金额3.23亿元。

邮储银行沙坪坝区支行 2020年，存款余额17.86亿元，年净增1.89亿元，信用卡年发卡5359张，个人贷款放款1443笔，金额3.9亿元，公贷放款7笔，金额1.52亿元。

重庆市沙坪坝融兴村镇银行 2020年，资产总额5.07亿元，各项存款余额3.95亿元，各项贷款余额2.35亿元。

厦门银行沙坪坝支行 2020年，金融资产余额3.6亿元，其中存款余额2.5亿元、非储蓄存款余额1亿元。贷款余额26.12亿元。

哈尔滨银行沙坪坝支行 2020年，个人贷款新增投放232笔，新增投放金额1.82亿元。全年新增存款规模1.3亿元，存款余额4.3亿元。

恒丰银行重庆沙坪坝支行 2020年，发展普惠金融，为周边建材市场小微商户企业及客户提供金融服务。

富滇银行沙坪坝支行 2020年，各项存款时点余额8.89亿元，日均余额8.62亿元。各项贷款余额16.52亿元。

浙商银行沙坪坝支行 2020年，存款20.6亿元，其中公司存款19.1亿元，零售存款1.5亿元。

广发银行沙坪坝支行 2020年12月开设。

【主要证券机构简介】

西南证券重庆渝碚路证券营业部 2020年，引入客户1269户，引进资产1.62亿元。5000元以上有效客户数20957户，管理资产规模48亿元，全年交易量497亿元。

申万宏源证券小新街证券营业部 2020年，管理客户资产规模29.97亿元，交易量436亿元。

中信建投证券汉渝路证券营业部 2020年，引进客户1500户，引进资产2.10亿元。客户数7.3万户，管理资产规模59亿元。全年交易量585亿元。

华融证券天星桥正街证券营业部 2020年，营业净收入766万元，利润总额326万元。拥有客户数18312户，新增229户。

东北证券沙南街证券营业部 2020年，交易量355亿元，同比增加109.19%。

中银国际证券凤天大道营业部 2020年，客户资产1.01亿元，A股+基金交易量22.63亿元。

中国银河证券重庆凤天大道营业部 2020年，新增客户428户，管理客户资产1.36亿元，交易量30.92亿元。

中国银河证券汉渝路营业部 2020年，考核收入2909万元，同类型营业部中排名第三；新增客户数1951户，11月末客户总资产172.36亿元。

联储证券有限责任公司重庆小新街证券营业部 2020年，营业部主资金账户数3438户，营业部客户资产合计1.74亿元，客户交易量55.92亿元；营业部资产合计1436万元。

【主要保险机构简介】

中国人民财产保险公司沙坪坝支公司 2020年，保费收入4.1亿元，增幅1.13%，利润3.36亿元，利润率12.21%，综合费用率34.55%，综合赔付率53.24%，综合成本率87.79%。

中国人寿保险公司沙坪坝区支公司 2020

年，总保费6.14亿元，十年期及以上期缴保费5773万元，短期险保费3719万元，上缴税收257万元。

中国人寿财产保险股份有限公司　2020年，接报案数量6470件，赔付案件数量5174件，赔款金额2808万元。

中国太平洋财产保险股份沙坪坝支公司　2020年，保费收入5405万元，支付各类赔款3189万元，上缴税收147万元。

阳光财产保险公司沙坪坝支公司　2020年，保费收入1484万元，支付各类赔款664.27万元，上缴税收88.3万元。

天安财产保险公司沙坪坝支公司　2020年，保费收入555.2万元，其中车险保费收入514.5万元、财产险21.1万元、个险19.6万元。支付各类赔款291.58万元，处理理赔案件527件，结案482件，案件处理率91.46%。缴纳税金24.05万元。

中国大地财产保险股份有限公司重庆市沙坪坝支公司　2020年，保费收入2486.42万元，2020年赔款支出1263.96万元，全年税收93.85万元。

富德生命人寿保险公司重庆市沙坪坝支公司　2020年，保费收入607.84亿元，同比增长18.5%。

中国平安财产保险股份有限公司沙坪坝支公司　2020年，整体规模保费1.37亿元，其中车险规模保费1.2亿元，非车险规模保费1648万元。全年缴纳上税金1020.16万元。

中国平安人寿保险股份有限公司重庆市沙坪坝支公司　2020年，实收保费10.44亿元。

中国人民人寿保险股份有限公司重庆市沙坪坝区支公司　2020年，实收保费447万元，期缴保费达成435万元，年度达成率104%；十年期及以上期缴保费200万元，年度达成率83%，短险保费70万元，年度达成率127%。

中国太平洋人寿保险股份沙坪坝支公司　2020年，保费收入3232.17万元；给付6255.45万元，含满期金、年金及理赔支出。

泰康人寿保险有限责任公司重庆沙坪坝支公司　2020年，保费收入7106万元，理赔支出789万元。（柏　琳　刘小静　代　璐）

统　计

【统计监测】　2020年，沙坪坝区利用统计数据资源优势，加强对工业、建筑业、服务业等专业指标分析研判，准确把握经济动态。围绕经济运行中的苗头性、趋势性问题，建立全区各行业重点企业月度监测制度，切实发挥统计参谋决策作用。

【第七次全国人口普查】　2020年，沙坪坝区编制人普专项经费预算1400万元，选聘普查“两员”（普查指导员和普查员）9469名，下拨“两员”经费605.8万元，划分普查小区7681个，户口整顿暨人口普查基础信息采集182.4万人，全区短表登记上报208.5万人，长表登记上报16.8万人。

（张辉明）

市场监督管理

【概况】　2020年，沙坪坝区加强市场监管领域疫情防控，强化食品药品、特种设备、工业产品质量安全监管，严厉查处价格、广告宣传、专利商标等领域违法违规行为，统一管理计量、标准化、认证认可和检验检测工作，推进知识产权发展与保护，规范和监督管理市场秩序，及时化解各类消费纠纷，继续深化商事制度改革，市场安全监管不断加强，执法维权力度持续加大，质量标准建设深入开展，市场监管机制不断完善，基础保障工作更加扎实，为区域经济社会发展营造良好市场环境。

【注册许可】 2020年，沙坪坝区新增市场主体2.23万户，其中新发展民营市场主体2.21万户，增速20.02%；新发展民营企业0.67万户，增速19.72%。市场主体总量12.04万户，居全市第5位，其中内资企业3.97万户、个体工商户8.03万户、农村专业合作社122户、外资企业280户。深化商事制度改革，推进企业登记全程电子化，开办企业1个环节办理，1个工作日办结，1个窗口服务，91项行政许可事项从法定办理时限1420天压缩至158天。实施企业设立全程电子化和全程无纸化模式，市场主体设立全程电子化占比99.26%，全程无纸化占比80.28%。设立企业开办综合受理窗口，推行行政审批事项“证照分离”全覆盖改革。6月1日起，实现开办企业零成本，发放免费税务UKey 4710个，发放免费印章4782套，为企业节省142余万元，新开社保户3340户。开展企业简易注销工作试点，企业注销时间平均减少25天，办理简易注销1418户；清理空壳公司、“僵尸”企业，全区3545户内资企业、10097户个体工商户退出市场。建立自贸区注册许可备案承诺制度，推进注册许可权限下放，被重庆市市场监督管理局列为全系统创新经验在全市自贸区推广。建立川渝两地市场准入“异地同标”机制，与武侯区、仁寿县签署合作协议，实现企业开办“跨省通办”。

【食品、保健品安全监督管理】 2020年，沙坪坝区各类食品生产经营主体共计1.49万余家，其中获证食品、食品相关产品生产企业156家（因产业结构调整和环保整改等因素，有51家处于停产和拆迁状态）、食品生产加工小作坊67家、食品流通单位6949家、各类餐饮服务单位7673家（学校食堂322家）、农贸市场42家、水产品批发市场1家。推进食品生产环节风险管控，根据产品固有风险等级、抽检结果、日常检查得分、行政处罚等情况对辖区食品（食品添加剂）生产企业实施风险分级管理，按照检查频次要求开展监督检查。开展校园及周边、旅游景区、养老机构、保健食品、调味制品、农村家宴、网络餐饮等20余项食品安全专项整治行动，规范食品、保健食品市场秩序。推进“明厨亮灶”示范工程；完成950户餐饮单位“明厨亮灶”安装，稳步推进学校食堂智慧监管，辖区学校食堂“重庆阳光餐饮”APP入驻率100%，接入“互联网+明厨亮灶”、AI智能识别率50%。完成援鄂医护人员安保、中高考、国际创投大会等重大活动食品安全保障任务12次，打造沙坪坝区李宗凌食

2020年8月4日，覃家岗街道市场监管所执法人员监督抽检辖区超市食品安全　（艾茜茜摄）

品加工厂、沙坪坝区双立食品加工厂2家“名特优”小作坊示范点，创建永辉超市三峡广场店、麦德龙超市、新世纪凯瑞商都店3家市级“放心肉菜示范超市”，创建重庆市乐邦水产品有限公司、沃尔玛（重庆）购物广场凤天分店2家智慧化农超。开展食品监督抽检、风险检测、快速检测等工作，完成食品监督抽检3467批次，合格率97%；食品安全评价性抽检104批次，合格率100%；食品快速检测1100批次，异常率6.5%；食品安全风险监测405件。打击食品安全违法犯罪行为，立案查处食品违法案件163件，移送公安机关刑事立案2件。开展“3·15”、食品安全宣传周等大型现场宣传活动23场，发放各类宣传资料25万余份；受理食品投诉举报1576件，处理回复率100%，群众满意率100%。

【药品、医疗器械、化妆品监督管理】 2020年，沙坪坝区开展药品、化妆品、医疗器械监管工作，保障辖区人民群众用药用械安全。检查药店560家、医疗诊所190家，发现15家药店执业药师不在岗销售处方药，41家药店未凭处方销售处方药，责令整改56家。完成中药饮片、零售药店执业药师“挂证”等违法行为“回头看”、医疗器械“清网”行动等专项整治工作，打击无证经营、超范围经营、销售旧医疗器械、篡改说明书标签标识等违法行为，查处“两品一械”（药品、化妆品、医疗器械）违法案件27件，罚没款17万余元。对沙坪坝区疾控中心及27家疫苗接种点进行专项监督检查，完成疫苗监管体系评估。办理医疗器械相关许可、延续和变更等业务121件，备案业务340件，注销行政许可30件。督促经营企业和使用单位落实不良事件监测主体责任，全年上报药品不良反应670例、化妆品不良反应66例、药物滥用报告266例、医疗器械不良事件320例。完成药品流通环节监督抽检90批次，医疗器械经营、使用环节抽检35批次，化妆品监督抽检30批，跟踪抽检2019年不合格药品2批次。受理“两品一械”投诉举报591件，处理回复率100%，群众满意率100%。

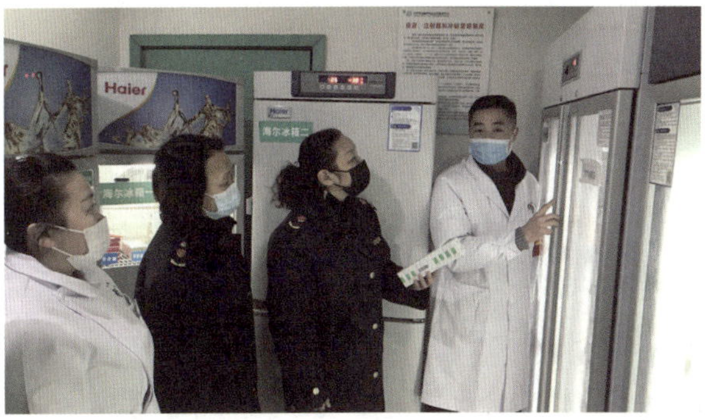

2020年12月18日，联芳街道市场监管所执法人员检查社区卫生服务中心药品安全管理工作

（艾茜茜摄）

【产品质量安全监督管理】 2020年，沙坪坝区制发《开展质量提升行动加快建设质量强区2020年重点工作计划》，完成生产流通领域家用电器、小家电、儿童用品、电子信息产品、建材、成油品、消防产品、农资、防疫用品9大类700个批次产品质量监督抽查，问题发现率9.14%。开展危化品及其包装物、塑料污染治理、非医用口罩及其重要原辅材料质量安全等专项检查10次，检查市场经营主体200余户，发现问题隐患10个，查处“三无”加油库销售成品油案2件。帮扶辖区16家企业开展专项质量提升，鼓励企业发展线上销售。9月开展以“建设质量强市、决胜全面小康”为主题的“质量月”活动，发放宣传资料1000余份，组织专题讲座2次，讲座受众400余人，提升大众质量安全意识。

【特种设备安全监督管理】 2020年，沙坪坝区开展特种设备“大排查大整治大执法”行动，重点加强融创文旅城、沙坪公园大型游乐设施和商业综合体、旅游景点等人员密集场所特种设备安全监察，全年检查特种设备生产、使用单位514

家次，检查特种设备1674台（套），发现特种设备安全隐患231个，下达《特种设备安全监察指令》45份，并督促企业完成整改。提升长输管道和燃气管道检验率，落实管道使用单位“3211”主体责任［三落实两有证一检验一预案，三落实：安全管理部门（机构）、安全管理人员、安全管理制度；两有证：特种设备使用凭证（合格标志）、特种设备作用人员持证上岗；一检验：特种设备定期检验；一预案：特种设备事故应急预案］，督促企业自查，完成16.3千米长输管道的普查、台账建立和定期检验工作，定检率100%；完成416.8千米公用管道的普查、台账建立，完成对18.1千米高压次高压公用管道的检验，定检率100%。推进老旧住宅电梯改造更新和标准编制试点工作，完成老旧电梯改造61台，惠及居民15万人。加强电梯“96333”应急处置平台建设，邀请重庆盛百通科技有限公司技术人员培训指导，认领电梯7953台。全年开展特种设备安全监察人员培训2期，95名基层监管人员取得特种设备监察员证。

【价格监督检查与反不正当竞争】 2020年，沙坪坝区组织实施防汛救灾市场、房地产市场、住房租赁市场、铁路口岸收费、物业服务及住宅小区配建停车库（场）收费、殡葬服务收费、养老领域收费、转供电服务收费查、保健品市场专项治理等34项价格监督检查工作，立案查处价格违法案件16件。开展妨碍统一市场公平竞争的政策措施清理，清理政府和部门规范性文件26件。开展打击传销规范直销工作，走访调研直销企业的108户，组织20个街道（镇）97个社区（村）开展打击传销和无传销社区（村）创建，签订无传销社区（村）目标责任书97份；在五个街道开展专题宣传活动，发放宣传资料7000余份。推进商业秘密保护，引导有条件的企业建立商业秘密保护制度，探索商业秘密保护机制，加强商业秘密知识产权保护，推进商业秘密保护示范基地（点）创建工作。

【广告监督管理】 2020年，沙坪坝区制订《广告宣传信访突出问题专项治理工作方案》和《房地产广告宣传行政建议书》，开展房地产广告专项整治，对辖区内43家房地产在售楼盘进行监督检查和行政指导，送达行政指导建议书，召开联合学习培训会议4次，召开联席会议6次，多部门联合召开集中约谈会3次，开展联合检查12次，出动执法人员48人次，立案调查4例，发出责改书1份。加强对涉及“新型冠状病毒预防、治疗、治愈、偏方”等内容广告的监测检查，加大对医院、药店、商业中心等重点区域的日常巡查。发现涉及新冠肺炎预防治疗广告2件，均责令整改。开展互联网广告整治工作，对人民群众反映强烈的互联网虚假问题和重点领域开展专项整治，自行监测移动端互联网广告366条次，发现涉嫌违法案件线索4条次，开展行政约谈12次，立案移动端互联网广告案件7件。完成2019—2020年度全国广告业统计工作，督促辖区企业完成系统填报，填报率100%。

【企业监督管理】 2020年，沙坪坝区内资企业年报率92.3%、外资企业年报率93.53%、农专年报率100%、个体年报率38.17%。依法吊销企业698户，强制注销个体工商户598户，推进经营异常名录管理工作，1103户企业依法被列入经营异常名录，309户企业依法移出经营异常名录，40958户个体被标注为经营异常状态，1238户个体工商户恢复正常状态。依法查处无证无照经营行为，调整沙坪坝区查处无证无照经营联席会议，检查经营主体8420余户次，发现无照经营4户，无证经营156户，注册事项与实际不符45户，及时进行规范，规范登记58户。办结查处无证无照经营案件145件，罚没款共计136.47万。推进“双随机、一公开”（在监管过程中随机抽取检查对象，随机选派执法检查人员，抽查情况及查处结果及时向社会公开）监管工作，健全监管手段，建立“一单两库一平台”（“一单”指随机抽查事项清单，“两库”指检查对象名录库、执法检查人员名录库，“一平台”指重庆“双随机、一公开”监管平台），抽查各类市场主体3385户次，组织开展部门联合抽查5次，涉及市场主体53户次。10月，引入第三方会计师事务所抽查核查认缴制企业8家，全部通过“全国企业信用信息公示系统”公示。依法监管民办非学历教育培训机构，开展民办非学历教育培训机构专项整治，截至2020年底，辖区各类培训机构有623家。

【网络交易及合同监督管理】 2020年，沙坪坝区开展网络市场监管专项行动（网剑行动）。依托电子商务监督服务平台，维护网络电子标签2503个，完成网上巡查2330次，开展行政指导296次，约谈51次，发放电子标识83个。开展格式合同备案工作、房地产领域合同补充协议格式条款集中整治规范活动，办理合同备案39份，检查房地产企业、中介企业76家，纠正房地产领域合同补充协议格式条款58条。

【计量及认证认可监督管理】 2020年，沙坪坝区开展医疗机构计量器具、出租车贸易结算计量器具、农贸市场衡器等专项整治。全年完成44家医疗机构1367台医用计量设备，35家加油站550把加油枪，15个集贸市场2600把电子秤，5家出租车公司1385台出租车计价器检定。提升“民用三表”（水表、电表、燃气表）的监督管理水平，加强对供电、供水、供气企业落实主体责任监督检查，确保“民用三表”信息记录完整，首检率100%，计量性能准确安全。开展“世界认可日”系列纪念、“检验检测机构开放日”、“有机宣传周”等活动，举行专题培训5次，邀请企业代表、监管干部、区质量认证体系建设成员单位、检验检测机构等900余人次参加。开展“检验检测乱象”专项整治，检查生态环境监测、车检机构、建设工程质量检测等行业机构13家，发现问题91个，督促整改91个，整改完成率100%。加强企业质量管理体系建设，推动重点行业、重点企业质量管理体系认证升级。指导重庆杏林医疗用品有限公司取得医用非无菌口罩CE认证，进入商务部防疫物资出口白名单。2020年，沙坪坝区共有强制性产品认证证书851张，管理体系认证证书1166张，有机、绿色等食品农产品认证证书44张，食品证书20张，环境标志产品认证证书17张，环保产品认证证书11张。

【标准化管理】 2020年，全区共有130项企业产品和服务标准在国家标准委信息服务平台公开，累计公开891项企业产品标准；全区制修订国家标准7项、行业标准1项、地方标准3项。指导区机关事务局参与制定的《重要会议会场服务规范》《党政机关物业管理规范》《党政机关物业管理服务评价规范》3个地方标准，被列入全国机关事务系统培训教材，区机关事务综合服务标准与规范化工作被国家机关事务管理局列为经典案例。推进国家级社会福利院养老服务标准化试点，重庆市第三社会福利院完善标准体系，牵头制定《养老机构失智老人照护服务规范》地方标准，获得立项支持。制定《沙坪坝区企业专利转化为标准资助管理办法》《沙坪坝区企业专利转化为标准评审办法》，在全市首家出台对企业专利转化为标准的资助政策，指导中地装（重庆）地质仪器有限公司将发明专利《一种转化器》转化为《高密度电法测量系统》企业标准并进行资助。

【信用监督管理】 2020年，沙坪坝区开展涉企信息归集，归集区市场监督管理局登记、案件、监管、“12315”举报、一人公司和黑牌等12个方面的信息数据8.2万余条，归集沙坪坝区数据2.9万余条报重庆市市场监督管理局比对。强化涉企信息共享公示，将企业登记、监管、“12315”举报、一人公司和黑牌、依法可以公示的行政处罚等信息，报送重庆市市场监督管理局自动加载到国家企业信用信息公示系统（重庆）公示，为区内相关部门提供共享企业信息1.2万余条。推进企业信用信息应用，全年为区相关部门查询信用信息912户次，为企业提供信用报告245份。探索开展企业信用信息自我修复，全年解除担任法定代表人资格限制17人。修复非原工商部门行政处罚信息4条。改善档案管理工作，接收企业登记纸质档案1.8万多份，立卷归档企业纸质档案1.1万多份，接待电子档案查询5689户，档案迁出540份。

【行政执法】 2020年3月，重庆市沙坪坝区市场监管综合行政执法支队成立，为副处级机构，编制25名。建立“市—区—所”三级联系指导办案机制，理顺综合执法层级，实施执法支队与市场监管所两级办案制度，实现案件查办监督审核与处罚审批分离。全年流转案件线索347条，转为立案调查300件，查处各类违法案件289件，结案246件（其中，食品安全案件150件、医疗器械安全案件15件、药品安全案件8件、产品质

2020年4月17日，区市场监管局综合行政执法支队挂牌 （钟一洋摄）

量安全案件17件、违法广告宣传案件11件、专利商标侵权案件19件、消费者维权案件1件、价格违法案件16件、无证无照经营案件4件、计量违法案件3件、反不正当竞争案件1件、认证认可违法案件1件），罚没款527.2万元。实施包容审慎处罚，对市场主体违法行为的处理，以消除不良影响，保障民生底线，警示教育引导为目的，对立案查处的84%以上案件，考虑疫情实际进行减轻或从轻处罚。加强部门协作，以部门联动增强执法效能，开展联合执法12次，移送涉嫌违法案件5件。全年办理行政复议案件28件、行政诉讼16件，依法公开行政处罚信息246条。

【消费者权益保护】 2020年，沙坪坝区发展在线处理消费投诉ODR企业10家，搭建消费者与ODR企业即时沟通桥梁，促进消费维权便捷化。扩延消费维权公示范围，督促经营者落实消费维权主体责任。开展放心消费创建活动，发展放心消费创建示范单位111户开展“平安市场”建设工作。开展消费领域、野生动物、旅游市场、住房租赁中介机构、文物市场等专项整治行动，维护市场秩序。全年受理投诉举报9336件，为消费者挽回经济损失1738万元。

【长江禁捕打非断链专项执法行动】 2020年，沙坪坝区依托重庆市智慧市场监管一体会平台，摸清全区涉渔市场主体底数，梳理全区渔具经营主体、涉渔餐饮、涉渔市场、农（渔）家乐等重点区域、重点行业的市场主体共计800余家，整理出重点监管对象200余家。从注册许可、生产销售、餐饮服务、广告宣传等环节入手，加强对涉渔市场主体线上、线下交易行为的动态监管；核查清理招牌、门楣、餐饮菜单等广告宣传媒介，依据重点监管对象清单逐家逐户开展排查；严格把控涉渔市场主体的审批关、检查关，严查严打

销售长江流域非法捕捞渔获物的交易渠道。截至2020年年底，共出动执法人员3533人次，检查农（批）贸市场621个次、商场超市1170个次、餐饮单位2370个次、渔具经营单位32个次，发现问题30余个，全部完成整改；清理名称或经营范围中含有“江鲜”“河鲜”等字样的市场主体97家，并实地核查，督促整改；检查店招、门楣广告1907个次，清除涉及“河鲜”“长江鱼”等字样广告12个；检查菜单、菜谱1402个次，责令限期整改10个；检查电商平台（网站）89个次，对电商平台开展行政指导16次，督促下架（删除、屏蔽）非法交易信息27条。（蒋　俊）

物价管理

【价格运行】　2020年，沙坪坝区市场商品供应充足，需求平稳，价格变化涨跌互现，价格市场总体运行良好，农业生产资料价格平稳。粮食、食用油价格小幅上涨，每500克面粉、大米、菜籽油年平均价分别为3元、2.43元、6.35元，大米、菜籽油价格分别较上年上升5.19%、5.83%，面粉持平。国家大力扶持生猪生产产业，生猪产能持续上涨，供给充足，猪肉价格逐渐回落、白条鸡、鸡蛋价格稳中有降，每500克后腿瘦肉、白条鸡、鸡蛋年平均价格分别为27.63元、12.45元、6.46元，瘦肉较上年下降22.51%、鸡蛋下降19.25%，白条鸡价格持平。水产品价格平稳，每500克草鱼、鲫鱼年平均价格分别是9.76元、10.66元，草鱼较上年上升3.5%、鲫鱼上升6.6%。水果价格平稳，每500克苹果、香蕉年平均价格分别为9.57元、3.87元，较上年分别下降3.04%、8.51%。受新冠疫情影响，生产运输成本增加，蔬菜价格上涨，每500克芹菜、黄瓜、西红柿、韭菜、莲白年平均价格分别为4.58元、4.18元、4.35元、5.25元、2.45元，较上年分别上升9.57%、10.58%、12.98%、12.9%、27.6%。

【价格管理】　2020年，沙坪坝区落实阶段性降低企业用水、用电、用气相关政策，支持企业复工复产和生产经营。加强疫情期间价格监测预警工作，增加市场调查巡视频率，加大粮油肉菜蛋等重要商品价格监测力度，掌握市场供需和市场价格动态；启动“日监测、日巡查、日报告”工作机制，及时撰写价格监测分析、研判市场价格走势；加强价格舆论宣传引导，确保沙坪坝区市场价格总水平基本稳定。落实城乡困难家庭电量减免政策，完成困难家庭电费减免6363户。牵头落实社会救助和保障标准与物价上涨挂钩联动机制，截至2020年9月，发放18个月价格补贴1107万元，惠及23.38万人/次。办理机动车停车库（场）、物业服务收费、民办教育培训机构、幼儿园收费备案97件。完成农业综合水价改革和菜篮子区县长负责制考核任务指标。

【价格认定】　2020年，沙坪坝区完成涉刑案件财物价格认定453件，认定价值456.82万元，完成涉纪财物价格认定4件，认定价值234.75万元。涉案财物价格认定中，数量最多的财物为手机、电动车、摩托车、电脑，价值较大的财物为小汽车、珠宝首饰。连续11年实现“价格认定零复议”，在最高法、国家发改委、司法部关于价格争议纠纷调解调研座谈会上，作为全市该项工作开展较好的区县代表之一在会上交流发言。

【降费减负】　2020年，沙坪坝区在疫情期间支持企业复工复产和生产经营，阶段性降低企业用水用电用气成本。用水涉及1.85万户、降费282.36万元。用电涉及3.34万户、降费10653.67万元。用气涉及0.56万户、降费767.79万元。

（张天麟　夏　菲）

农　业

综　述

【概况】　2020年，沙坪坝区实现农林牧渔业增加值4.53亿元，比上年增长2.6%（按可比价计算）。农业常住人口4.7万；农村常住居民人均可支配收入23142元，比上年增长8.2%。　（陈德玖）

【农村改革】　2020年，沙坪坝区完成农村土地承包经营权确权登记颁证工作，通过市级验收；完成52个行政村、211个村民小组集体产权制度改革，通过农业农村部第三方评估。推进中梁镇农村“三变”改革示范镇建设，新增6个村开展农村“三变”改革试点；发展壮大村级集体经济，全面消除“空壳村”；培育发展3家社会化服务组织，为7家新型农业经营主体提供社会化服务，累计服务面积330万余平方米；培育新型农业经营主体，全区有家庭农场21家、专业大户24家、农民合作社122家、农业龙头企业37个。完成辖区977处小型水利工程体制改革工作并通过验收。印发《深化沙坪坝区农村公共基础设施管护体制改革实施方案（试行）》，明确农村公共基础设施管护体制改革目标任务。　（陈德玖　丁友林）

【高标准农田建设项目】　2020年，沙坪坝区高标准农田建设项目在中梁镇庆丰山村、永宁寺村实施，投入财政资金470万元，建设高标准农田200万平方米，新增、改善灌溉面积13.33万平方米，新增、改善除涝面积13.33万平方米。新建机耕道1.68千米、生产便道8.35千米、排水沟4.38千米、蓄水池3口，维修山坪塘1口。

（龙　力）

【农旅融合】　2020年，沙坪坝区培育并建设山城玫瑰花海、樱花茶乡、斐然湖、龙泉洞藏酒9个乡村旅游点。推进歌乐村“颐麓欢歌”项目建设，打造一年一度“颐麓欢歌”赏花节，接待游客1万人次。打造“红岭溪谷”“彩月岭”等农业景区，推进歌乐山国际慢城项目建设，给予游客赏花摘果、露天烧烤、枫叶林露营、池塘垂钓、生态餐饮、农耕体验等多种休闲娱乐体验。全年发布推介乡村旅游精品线路5条，举办郁金香赏花节、蓝莓采摘节等节庆活动32个，乡村旅游收入3.17亿元，乡村旅游综合收入增长约10%。

（胡卫杰　张　娇　蓝　鑫）

【品牌农产品】　2020年，沙坪坝区继续加强“二品一标”（绿色食品、有机农产品和农产品地理标志）认证及追溯体系建设力度。截至2020年年末，全区有效期内“二品一标”认证企业8个、认证产品17个，其中2020年新认证企业4个、

2020年，沙坪坝区蓝莓谷绿色防控技术示范基地 （刘 萍摄）

颐麓欢歌生态园 （刘承刚摄）

认证产品7个。新认证“三品一标”（无公害农产品、绿色食品、有机农产品和农产品地区标志）企业4个；获绿色食品认证农产品7个，获“巴味渝珍”授权产品19个。重庆市儒美龙食品有限公司溶洞泉水豆芽、重庆金升弘尚农业有限公司猴头菇2个产品获重庆市名牌农产品称号。

（肖吉峰　张健峰　赵　蓉）

种植业

【粮油】 2020年，沙坪坝区粮油播种面积2628万平方米，总产量10531吨。其中稻谷播种面积667万平方米，产量4800吨；玉米播种面积933万平方米，产量玉米3230吨；豆类播种面积80万平方米，产量100吨；薯类播种面积808万平方米，产量2218吨；油料作物播种面积140万平方米，产量184吨。

【蔬菜】 2020年，沙坪坝区蔬菜种植面积2056万平方米，产量38251吨，总产值14500万元，争取市级以上各类蔬菜产业资金57万元，全年未发生蔬菜产品质量安全事件。（刘　萍）

【水果】 2020年，沙坪坝区果园面积624.33万平方米，产量6002吨，产值6381万元。主要种植品种为柑橘、桃、梨、葡萄、枇杷、草莓、李子、蓝莓等，主要分布于歌乐山国际慢城、梁滩河沿线水果产业带、回龙坝伏淡季水果环山产业带、曾家现代农业示范园区等。已建成虎峰山优质桃梨基地、歌乐四季水果基地、古茂蓝莓谷、普迪生态园等23个标准化水果采摘园。（周治国）

【花木】 2020年，沙坪坝区花木基地面积810万平方米，有花木市场1个，花木生产企业51个，全年花木销售收入2150万元。主要种植有桂花、棕榈、樱花、黄桷树、紫薇、玉兰、海棠、天竺桂、银杏等多个品种，形成“曾家现代农业示范园区”“凤凰花卉产业园”“歌乐山天池桂花基地”三大花卉产业基地。举办歌乐山颐麓欢歌赏花节、虎峰山桃花节、天池桂花节、花漫大地赏花游等系列活动。建成凤凰花漫大地、颐麓欢歌生态园、太寺垭森林公园等18个标准化花卉观光园。（徐天雄）

林　业

【概况】 2020年，沙坪坝区有林业用地9859.6万平方米，其中有林地8995.93万平方米，灌木林地318.67万平方米，疏林地86.96万平方米，未成造林地116.73万平方米，无立木林地121.16万平方米，苗圃地109.45万平方米，其他林地110.7万平方米。森林覆盖率32.6%。全年林业产业总产值303465万元。

【植树造林】 2020年，沙坪坝区完成国土绿化提升行动营造林目标任务1133.33万平方米，其中农村“四旁”植树100万平方米，农田林网和特色经济林改造400万平方米，森林抚育566.67万平方米，特定灌木林培育66.67万平方米。

【病虫害防治】 2020年，沙坪坝区发生马尾松毛虫130万平方米、松墨天牛2260万平方米，通过及时防治，未造成灾害。开展松材线虫病除治工作，除治面积1910万平方米，清理枯死松树5.48万株。利用201套新型诱捕器防治松墨天牛，诱捕天牛1.37万只。办理调运检疫证4729份。

【天然林资源保护】 2020年，沙坪坝区落实森林管护责任制面积6553万平方米，其中国有林地3533万平方米，集体国家公益林960万平方米，集体地方公益林2060万平方米。

【集体林权制度改革】 2020年，沙坪坝区森林综合保险参保5864万平方米，保险金额7036.8万元。有林业专业合作社5个，经营林地面积35.6万平方米。

【森林资源管理】 2020年，沙坪坝区严格按照林木采伐许可制要求做好采伐管理工作，全年核发采伐证61张，批准采伐林木2053.7立方米。

（张 弛）

渔 业

【概况】 2020年，沙坪坝区渔业养殖总面积315万平方米，水产品产量4788吨，主要养殖品种为鲫鱼、大口鲇、黄颡鱼、鲢鱼、鳙鱼、草鱼、鲤鱼等；产地水产品抽检合格率100%。加快生态休闲渔业发展，提档升级永宁生态渔业基地、歌乐村生态渔业基地、荷塘悦色生态渔业基地等10个标准化休闲渔业基地。建设工厂化罗非鱼养殖基地1个，养殖面积3000平方米，单位面积产量40千克，年产量120吨。完成3个水产养殖尾水治理示范点建设。

【生态渔业】 2020年，沙坪坝区推广池塘80∶20养殖模式，推广面积133.3万平方米；推进水库生态渔业养殖面积151.2万平方米；推动休闲渔业发展，建成全国休闲渔业示范基地2个，区级休闲渔业示范基地18个，休闲渔业产值4770万元，占全区渔业总产值17.4%。

【水产养殖尾水治理】 2020年，沙坪坝区审议通过并发布《关于加强水产养殖管理的决定》，建立水产养殖管理长效机制。监测177口池塘水质，主要检测COD（高锰酸盐指数）、氨氮、总磷等指标，合格率98.6%。在中梁镇、回龙坝镇选取3个点位进行水产养殖尾水治理试点，采用鱼菜共生、多级人工湿地、生态沟渠等综合治理模式治理水产养殖尾水。

（肖吉峰）

农业安全

【概况】 2020年，沙坪坝区监督农产品质量安全，检查农资门市、农贸市场散户、农产品生产企业60余家次，查处问题3个，立案调查3起，罚款1.2万元，没收违法所得417.2元。开展农业综合执法日常巡查3206人次，受理处置举报投诉124次，协调解决纠纷62件，制止和查处各类违法行为486起，下达责令整改、责令停止违法行为通知书40余起，调查违法行为24起，立案查处种植业和农产品安全、畜牧和兽医、农机、秸秆禁烧、水行政、宅基地领域11起，移送公安机关41件，罚款5.39万元。移送农产品质量安全案件2件，“菜篮子工程”考核任务基本完成；推进退捕禁捕工作，全面实现渔船上岸、渔民退捕转产。依法审批行政许可项目126件。

（张 健 易 麟 李绍兵）

【农机安全】 2020年，沙坪坝区开展农机安全监理工作，组织各种形式农机安全生产宣传10余次，发放宣传资料180余份，开展农机安全检查30余次，检查农业机械44台次。开展变型拖拉机清理专项整治工作，成立专项整治工作队伍，摸排市面上存在的变型拖拉机72台，均为外地牌证，完成全区变型拖拉机网上甄别工作，销号26台。开展农机执法工作，重点查处无证驾驶、酒后驾驶、违章载人、不按时参加年检等情况，开展2020年农机渔政“零点行动”专项执法，开展水稻机收期间农机违法行为专项整治行动，收缴变型拖拉机假牌照14副，农机驾驶证假证3副，办理农机违法一般行政案件1起。全年无农

机安全生产事故发生。（田华东）

【渔业安全】 2020年，开展水产品质量安全检查10家（次），开展水产品药物残留抽检20个，抽检合格率100%。按照长江流域十年退捕禁捕要求，完成渔民退捕转产和参保工作，退捕渔民参保率100%，转产安置率100%。整治涉渔餐饮店和渔具店，打击非法经营食用野生动物专项执法行动、打击非法捕捞“零点行动”、长江流域非法捕捞高发水域首轮同步巡查执法行动，组织执法检查112次，出动执法人员380人次，执法车辆125台次，执法艇30艘次，检查船舶50艘次、餐馆渔庄75家次、水产品市场20家次。回复、落实群众举报28次，查处非法捕捞案44件（其中移送公安机关追究刑事责任41件、涉案人员64人；行政处罚3件、涉案人员3人）。收缴、销毁网具95副，放生野生鱼30.5千克，没收电捕器2套，说服劝导游钓人员300余人次，暂扣、销毁鱼竿72根。（刘寒同　杨　芳）

【沼气安全】 2020年，沙坪坝区印发系列文件，明确镇街及部门职能职责，组织召开沼气安全生产与管理技术培训会。采取沼气户自查、镇街检查和区级复查相结合的方式进行沼气安全大检查，利用宣传单、“科技下乡服务”、“走村入户宣传”等宣传形式，广泛开展沼气生产与管理安全宣传，逐户发放沼气安全使用告知书3000余份，切实加强老百姓的沼气安全使用意识。

（罗达璐）

水　利

【概况】 2020年，沙坪坝区有各类水库14座，总库容1019.33万立方米，年末蓄水量466万立方米；建成水利工程730处，水利工程蓄水量766万立方米；有效灌溉面积2620万平方米。全年完成水土流失治理面积43万平方米。

（许东城　罗　歆）

【水利工程建设】 2020年，沙坪坝区建设农村供水工程2处，青木关镇农村人饮泵站改造工程完工通水，完成回龙坝镇农村饮水一户一表安装工程。改善青木关镇关口村、四楞碑村和回龙坝镇西溪桥村、青龙庙村、五云山村、四龙村农村饮水条件，受益人口0.7万人。（高荣翎）

【水行政执法】 2020年，沙坪坝区查处在水库库岸擅自铺设管道取水违法行为1起，罚款1.1万元；调查生产建设项目水土保持“未验先投”行为4起，下达责令停止违法行为通知书4起；开展水资源保护专项执法行动，注销4处取水点（地热水2处，地下水1处，地表水1处），强制封闭水井2处；对涉水利工程建设安全领域立案查处违法行为1起，罚款500元；实现河道巡查全覆盖，查处在河道内堆放弃土违法行为1起，罚款1万元；处置非法采砂行为1起。

（李巧莉　欧国伟　陈星蔚）

【水利安全】 2020年，沙坪坝区按照市水利局关于水利安全生产大检查工作方案的布置，结合高温汛期安全、重要节假日安全、施工安全专项整治、安全生产“百日攻坚”行动等活动，检查全区在建水利工程施工企业7家，出动安全检查小组12次，检查人员40人次。全年未发生水利安全责任事故。（梁　超）

工 业

综 述

【概况】 2020年，全区规模以上工业总产值2490.3亿元，同比增长14.8%。分行业看，电子信息制造业产值2211.9亿元，同比增长18%；传统工业产值278.4亿元，同比下降5.6%。分区域看，高新区产值2249.5亿元，同比增长17.8%；其他区域产值240.8亿元，同比下降7.4%。分产品看，生产笔记本电脑6352.1万台，同比增长32.7%；显示器1172.3万台，同比下降19.2%；打印机500.1万台，同比下降53.1%；摩托车整车10.3万辆，同比增长7%；智能手表935.1万只，同比增长65.4%。完成工业投资48.2亿元，同比增长60.2%。全年工业增加值同比增长8.1%，增速较上年提升5.1个百分点；规模工业增加值同比增长8.9%，增速较上年提升4个百分点。

【智能制造】 2020年，沙坪坝区引进中电科吉芯科技等集成电路项目11个、小康高端智能网联汽车等下一代汽车项目8个、大连光洋科德数控等高端装备制造项目15个、普门科技等生物医药及医疗器械项目6个、星环大数据等物联网项目5个、赛宝信创适配测试中心等高技术服务业项目20个。完成智能化改造项目34个、新建

2020年12月30日，青凤工业园一景　　（刘　容摄）

智能工厂4个、数字化车间8个。全区50%以上规模工业企业开展数字化产品设计，100余家企业进行信息管理系统集成建设和应用。

（向　洋）

【平台建设】 重庆共享工业投资有限公司是沙坪坝区属重点国有独资企业，承接区政府委托实施的公益性项目。2020年，引进中科院广州能源所、西部地质科技创新研究院、慧思基因研究院等新型高端研发机构10家，引进中电光谷（西部）科技城、成渝高校协同创新基地、植恩特色医学检验中心等创新服务平台5个，推动重庆大学国际联合学院、重庆师范大学应用数学中心、中国工程学院重庆研究院、环大学创新生态圈建设。

（赵晚秋）

【重点工业企业】

2020年，沙坪坝区有“重庆市100户重点工业企业”9家，“重庆市100户成长型工业企业”4家，规模以上工业企业225家。

表9　2020年沙坪坝区“重庆市100户重点工业企业”一览表

序号	企业名称
1	达丰（重庆）电脑有限公司重庆康明斯发动机有限公司
2	达功（重庆）电脑有限公司重庆水泵厂有限责任公司
3	英业达（重庆）有限公司
4	西南药业股份有限公司
5	爱思开海力士半导体（重庆）有限公司
6	鸿富锦精密电子（重庆）有限公司
7	重庆渝安淮海动力有限公司
8	新普科技（重庆）有限公司
9	华润微电子（重庆）有限公司

表10　2020年沙坪坝区“重庆市100户成长型工业企业”一览表

序号	企业名称
1	惠普（重庆）有限公司
2	重庆溢哲渝实业有限公司
3	重庆方正高密电子有限公司
4	重庆辉烨通讯技术有限公司

表11　2020年沙坪坝区规模以上工业企业一览表

序号	企业名称	所在地	序号	企业名称	所在地
1	达丰（重庆）电脑有限公司	曾家镇	23	重庆鸿道富科技有限公司	西永街道
2	英业达（重庆）有限公司	曾家镇	24	重庆市东毅新型建材有限公司	青木关镇
3	爱思开海力士半导体（重庆）有限公司	曾家镇	25	重庆永荣青鹏水泥有限公司	青木关镇
4	达功（重庆）电脑有限公司	曾家镇	26	重庆联鑫食品有限公司	井口街道
5	新普科技（重庆）有限公司	曾家镇	27	重庆红旗弹簧有限公司	覃家岗街道
6	鸿富锦精密电子（重庆）有限公司	西永街道	28	沙伯基础创新塑料（重庆）有限公司	西永街道
7	西南药业股份有限公司	天星桥街道	29	重庆市固立建材有限公司	井口街道
8	重庆康明斯发动机有限公司	童家桥街道	30	重庆市旺成科技股份有限公司	井口街道
9	惠普（重庆）有限公司	西永街道	31	重庆三旺饲料有限公司	青木关镇
10	重庆溢哲渝实业有限公司	曾家镇	32	重庆协来佳科技有限公司	曾家镇
11	重庆富桂电子有限公司	西永街道	33	重庆市美盈森环保包装工程有限公司	土主街道
12	华润微电子（重庆）有限公司	香炉山街道	34	重庆宏达水泥制品有限公司	歌乐山街道
13	重庆渝安淮海动力有限公司	井口街道	35	重庆嘉陵嘉鹏工业有限公司	井口街道
14	富骏精密电子（重庆）有限公司	西永街道	36	重庆华孚工业股份有限公司	井口街道
15	重庆力华自动化技术有限责任公司	覃家岗街道	37	重庆鑫益成建筑材料有限公司	香炉山街道
16	重庆方正高密电子有限公司	西永街道	38	重庆金康动力新能源有限公司	土主街道
17	重庆上药慧远药业有限公司	歌乐山街道	39	重庆金丰机械有限公司	新桥街道
18	重庆水泵厂有限责任公司	井口街道	40	重庆金智展混凝土有限公司	覃家岗街道
19	重庆辉烨通讯技术有限公司	曾家镇	41	重庆市鸿腾科技有限公司	西永街道
20	重庆博泽汽车部件有限公司	曾家镇	42	重庆贻百电子有限公司	曾家镇
21	重庆渝安创新科技有限公司	凤凰镇	43	重庆鑫蝉建材有限公司	凤凰镇
22	重庆日发汽车零部件有限公司	曾家镇	44	重庆中科芯亿达电子有限公司	西永街道

续表 11

序号	企业名称	所在地	序号	企业名称	所在地
45	重庆市大学城水务技术开发有限公司	香炉山街道	94	重庆市金迪汽车装饰有限责任公司	渝碚路街道
46	重庆裕同印刷包装有限公司	曾家镇	95	重庆安洋高分子材料有限公司	井口街道
47	重庆西电动力设备有限公司	石井坡街道	96	重庆勇图机械工业有限公司	歌乐山街道
48	重庆昆崧科技有限公司	西永街道	97	重庆蓬盛水泥制品有限公司	歌乐山街道
49	重庆博张机电设备有限公司	天星桥街道	98	重庆市利民天然气有限公司	青木关镇
50	重庆俊东包装印务有限公司	渝碚路街道	99	重庆华振塑胶制造有限公司	井口街道
51	丝艾产品标识（重庆）有限公司	西永街道	100	重庆君织都印染有限公司	回龙坝镇
52	重庆永强机械制造有限公司	覃家岗街道	101	重庆市宏上宇建材有限公司	青木关镇
53	重庆科聚孚工程塑料有限责任公司	西永街道	102	重庆强特包装制品有限公司	西永街道
54	重庆璟镁精密电子有限公司	西永街道	103	空气化工产品（重庆）有限公司	香炉山街道
55	重庆金华电器成套有限公司	井口街道	104	重庆创意精锐工艺标识有限公司	歌乐山街道
56	重庆渝安减震器有限公司	覃家岗街道	105	重庆青辰电器仪表有限公司	青木关镇
57	重庆斯特尔环保砂浆有限公司	香炉山街道	106	重庆新大福机械有限责任公司	歌乐山街道
58	重庆国雄饲料有限公司	覃家岗街道	107	重庆通本电力设备有限公司	歌乐山街道
59	液化空气工业气体（重庆）有限公司	曾家镇	108	重庆利城减震器有限公司	青木关镇
60	重庆宏宇家具有限公司	井口街道	109	重庆富强机械配件厂	青木关镇
61	重庆明德科技有限公司	曾家镇	110	重庆五福科技有限公司	凤凰镇
62	重庆文冰工贸有限公司	西永街道	111	重庆市沙坪坝区森华机械有限责任公司	香炉山街道
63	重庆伟铭金属有限公司	井口街道	112	重庆恒重锻造有限责任公司	西永街道
64	重庆胜利工业（集团）有限公司	虎溪街道	113	重庆发强金属有限公司	凤凰镇
65	重庆利建工业有限公司	井口街道	114	重庆万秋汽车零部件有限公司	凤凰镇
66	重庆华达汽车配件制造有限公司	西永街道	115	中地装（重庆）地质仪器有限公司	井口街道
67	重庆庆铃汽车机加部品制造有限公司	井口街道	116	重庆恒富机电制造有限公司	西永街道
68	重庆市银钢一通科技有限公司	井口街道	117	重庆市上欣机械有限公司	凤凰镇
69	重庆陵川汽车零部件制造技术有限公司	井口街道	118	重庆创想机械制造有限公司	曾家镇
70	重庆市扬子江纺织有限公司	回龙坝镇	119	重庆创越印务有限公司	覃家岗街道
71	重庆博厚机械制造有限公司	凤凰镇	120	重庆海达塑胶制品有限公司	凤凰镇
72	重庆尊然食品有限公司	回龙坝镇	121	重庆市渝惠高频焊管有限责任公司	井口街道
73	重庆市澜林教学设备有限公司	歌乐山街道	122	重庆快联汽车零部件有限公司	凤凰镇
74	重庆中科渝芯电子有限公司	西永街道	123	重庆凤翎机械制造有限公司	凤凰镇
75	重庆中容石化机械制造有限公司	井口街道	124	麦迪实软件科技（重庆）有限公司	曾家镇
76	重庆市金星纸制品有限责任公司	覃家岗街道	125	重庆刹车管厂	歌乐山街道
77	重庆赛普机电有限责任公司	中梁镇	126	重庆康达机械（集团）有限责任公司	井口街道
78	重庆黎宏机械制造有限公司	凤凰镇	127	重庆恒能汽车零部件有限公司	童家桥街道
79	重庆郭氏洪伸科技有限公司	井口街道	128	重庆尚线机电有限公司	歌乐山街道
80	重庆中科战储电子有限公司	西永街道	129	重庆华田浩犁机械有限责任公司	井口街道
81	重庆千迪科技有限公司	凤凰镇	130	重庆虎江机械有限公司	西永街道
82	重庆聚洲机械制造有限公司	凤凰镇	131	重庆宏漆涂料（集团）有限公司	覃家岗街道
83	重庆市华汇纺织有限公司	香炉山街道	132	重庆基嘉塑胶制品有限公司	西永街道
84	重庆醉美包装印务有限公司	渝碚路街道	133	重庆明珠机电有限公司	西永街道
85	重庆红旗钢圈有限公司	覃家岗街道	134	重庆市长应机械有限公司	井口街道
86	重庆飞达表面处理中心	青木关镇	135	重庆浩歌机电有限公司	歌乐山街道
87	重庆春光高分子材料有限公司	井口街道	136	重庆世茂机械制造有限公司	凤凰镇
88	重庆昌瑞电器制造有限公司	青木关镇	137	重庆市奇润润滑油有限公司	歌乐山街道
89	重庆志高机械制造有限公司	中梁镇	138	重庆创想众汇机电有限公司	青木关镇
90	重庆艾铭玛机械制造有限公司	西永街道	139	重庆市柏林麻油厂	歌乐山街道
91	重庆新感觉摩托车有限公司	覃家岗街道	140	重庆骋野机械制造有限公司	青木关镇
92	重庆天才机械制造有限公司	青木关镇	141	重庆筑巢鸟床上用品有限公司	歌乐山街道
93	重庆劲精斯倍伦电器有限公司	新桥街道	142	重庆二木拉特芳斯科技有限公司	丰文街道

续表 11

序号	企业名称	所在地	序号	企业名称	所在地
143	中地装重庆探矿机械有限公司	小龙坎街道	185	重庆太强机械制造有限公司	中梁镇
144	重庆哈丁科技有限公司	歌乐山街道	186	重庆希渝机械有限公司	香炉山街道
145	重庆航宇包装制品有限公司	歌乐山街道	187	重庆安木科技有限公司	西永街道
146	重庆市天马机械配件厂	井口街道	188	重庆市尹华食品有限公司	歌乐山街道
147	重庆金阳摩托车部件有限公司	歌乐山街道	189	重庆荣昆焊接材料有限公司	西永街道
148	重庆瑞高机械制造有限公司	凤凰镇	190	重庆市明金动力压铸有限公司	丰文街道
149	重庆龙源动力设备有限公司	井口街道	191	重庆能华机械有限公司	青木关镇
150	重庆航亚工贸有限公司	中梁镇	192	重庆合贵机械制造有限公司	歌乐山街道
151	重庆富强华威环保工程有限公司	歌乐山街道	193	重庆市侨美照明电器有限公司	歌乐山街道
152	重庆瑞辉机械制造有限公司	凤凰镇	194	重庆恒通模具有限公司	歌乐山街道
153	重庆信来机械有限公司	回龙坝镇	195	重庆胜普昂凯科技有限公司	西永街道
154	重庆市沙坪坝区重归机械厂	青木关镇	196	重庆市沙坪坝区贝达机械厂	青木关镇
155	重庆惠立铭汽车零部件有限公司	回龙坝镇	197	重庆市宜乐纺织有限公司	回龙坝镇
156	重庆惟觉科技有限公司	西永街道	198	重庆源创电器有限公司	歌乐山街道
157	重庆苏澄保温材料有限公司	石井坡街道	199	重庆市蔡氏液压设备有限公司	歌乐山街道
158	重庆天锋卓源科技有限公司	井口街道	200	重庆市新伟泡沫厂	歌乐山街道
159	重庆宝奥科技有限公司	凤凰镇	201	重庆凤凰金属制品有限公司	凤凰镇
160	重庆市勇豪机械有限公司	凤凰镇	202	重庆九洲搪瓷制品有限公司	歌乐山街道
161	重庆顺与发机械制造有限公司	凤凰镇	203	重庆平勇机械制造有限公司	青木关镇
162	重庆市鹏宇机械有限公司	香炉山街道	204	重庆市新鸿裕铝塑制品有限公司	歌乐山街道
163	重庆市中腾机械制造有限责任公司	中梁镇	205	重庆成俊工贸有限公司	覃家岗街道
164	重庆悦晟机电制造有限公司	歌乐山街道	206	重庆原子键科技有限公司	西永街道
165	重庆市齐齐真味食品有限公司	歌乐山街道	207	重庆思凯精密模具有限公司	歌乐山街道
166	重庆长风机械制造有限责任公司	歌乐山街道	208	重庆振华制动器有限公司	回龙坝镇
167	重庆森楠机械有限公司	青木关镇	209	重庆雅镂城市公共设施制造有限公司	西永街道
168	重庆维仁机械模具制造有限公司	歌乐山街道	210	重庆路牛科技有限责任公司	沙坪坝街道
169	重庆华东工业炉制造有限公司	歌乐山街道	211	重庆飞达电炉有限公司	覃家岗街道
170	重庆赛州机械有限公司	凤凰镇	212	重庆隆顺粉末冶金有限公司	青木关镇
171	重庆宏漆包装桶有限责任公司	覃家岗街道	213	重庆智能实业有限公司	井口街道
172	重庆华厦门窗有限责任公司	覃家岗街道	214	重庆科洛睿机械制造有限公司	青木关镇
173	重庆明达天晨汽车零部件制造有限公司	歌乐山街道	215	重庆合盛工业有限公司	井口街道
174	重庆市亿年盛织造厂	回龙坝镇	216	重庆兆富电器有限公司	歌乐山街道
175	重庆蓝特饮料食品有限公司	歌乐山街道	217	重庆市助友建筑高新技术开发有限公司	井口街道
176	重庆真测科技股份有限公司	西永街道	218	重庆雁山机械制造（集团）有限公司	中梁镇
177	重庆市奇龙工贸有限公司	中梁镇	219	重庆市沙坪坝区宏达建筑材料公司	覃家岗街道
178	重庆市意涵纺织厂	香炉山街道	220	重庆工业炉股份有限公司	歌乐山街道
179	重庆丰东热处理工程有限公司	井口街道	221	重庆恒琳有色金属有限公司	歌乐山街道
180	科博达重庆汽车电子有限公司	西永街道	222	重庆诚镓精密电子科技有限公司	西永街道
181	重庆国安机械有限公司	西永街道	223	重庆钜实新型建材有限公司	井口街道
182	重庆新鹏机械工业有限公司	歌乐山街道	224	重庆鸿富泰电子科技有限公司	曾家镇
183	重庆市钢实机械制造有限公司	井口街道	225	重庆德信泰智能科技有限公司	曾家镇
184	重庆渝发塑料制品有限公司	歌乐山街道			

（向　洋）

陵川汽配生产车间　（区融媒体中心供图）

电子信息工业

【概况】 2020年，沙坪坝区推进信息化和工业化深度融合、培育和发展战略性新兴产业，培育电子信息工业龙头企业，增强产业自主创新能力，推进产业链协同发展，提高产业规模化、创新化、高端化。依托重庆大学新材料、微纳系统和高性能集成电路等创新资源和西永微电园产业优势，重点发展集成电路设计，构建设计、制造、封测为一体的集成电路全产业链。代表企业有达丰、英业达、SK海力士、惠普、达功、新普、鸿富锦、华润微电子、方正、溢哲渝和辉烨等。全区电子信息制造业规模以上企业28户，实现产值2211.9亿元，同比增长18%。

【龙头企业介绍】

达丰（重庆）电脑有限公司 又名重庆广达电脑制造城，是台湾广达集团的全资子公司，引入台湾总部的运营模式，业务以生产笔记本电脑为主，兼顾伺服器、手机、液晶显示器等IT产品生产，同步开发无线通信及LCD产品。在“2019重庆企业100强名单”中，达丰（重庆）电脑有限公司排名第4位。2020年，产值1076亿元，利润总额突破5亿元。入选“2019年中国出口企业200强”。

华润微电子（重庆）有限公司 位于重庆西永微电子产业园，是一家集半导体设计、研发、制造与服务于一体的产品公司。被认定为“国家高新技术企业”“重庆市功率半导体技术创新中心”“重庆市高成长性科技企业”“重庆市科技型企业”“重庆市企业专利创新百强企业”。公司以功率半导体器件、功率 / 模拟集成电路为产业基础，面向工业电子、消费电子、汽车电子、5G 通信市场，具备功率器件、GaN、MEMS 传感器等技术开发和制造平台，可提供高可靠性功率器件、模块等产品和应用方案。2020 年，华润微电子产值 13.7 亿元，实现利润 2.5 亿元。2 月 27 日在科创板上市。（喻冬冬）

装备制造业

【概况】 2020 年，沙坪坝区有规模以上装备制造业企业 13 户，实现产值 41.8 亿元，同比下降 4.8%。

【龙头企业介绍】

重庆水泵厂有限责任公司 位于沙坪坝区工业园 A 区（井口组团），隶属于中国 500 强企业重庆机电控股（集团）公司，国有独资企业，是国家机械工业和全国泵行业中唯一同时从事叶片泵和容积泵两大门类泵产品研发和专业制造的重点骨干企业。2020 年，实现产值 7.44 亿元，主营业务收入 6.59 亿元，利润 8549 万元，上缴税金 7109 万元。

重庆康明斯发动机有限公司 位于沙坪坝区烈士墓壮志路 100 号，是由康明斯（中国）投资有限公司与重庆机电股份有限公司按 50 ∶ 50 投资成立的中美合资公司，是美国康明斯公司在中国投资的第一个发动机生产基地，生产重载功率和大功率柴油机。公司被评为“中国机械工业 100 强”“国家高新技术企业”“重庆市工业双百企业”“重庆企业 100 强”“重庆制造业企业 100 强”“重庆市技术创新示范企业”“重庆市绿色工厂”“重庆市节水型企业”，获得工信部两化融合体系认定。2020 年，实现产值 28.45 亿元，主营业务收入 26.13 亿元，利润 5.66 亿元，上缴税金 1.63 亿元。（蒲　影）

东风小康生产车间（区融媒体中心供图）

汽车摩托车工业

【概况】 2020年，沙坪坝区汽车摩托车工业企业总数逾百户，其中规模以上企业87户。东风小康微车连续多年被评为“重庆工业50强”，传动轴公司、旺成科技、红旗弹簧、银钢一通科技等配套企业技术起点高，生产规模大，知名度高，产品在全国居领先地位。2020年，汽车制造业产值43.4亿元，同比下降12.4%；其他运输设备制造业产值31.7亿元，同比增长11.9%；生产摩托车整车10.3万辆，同比增长7%。

【龙头企业介绍】

重庆小康工业集团股份有限公司 成立于1986年，混合型制造型企业，A股上市公司，入选“中国企业500强”。集团下辖金康新能源汽车有限公司、东风小康汽车有限公司、三电公司、发动机公司、部品公司、进出口公司等多家全资子公司，主营产品包括智能电动汽车、超级都市SUV、紧凑型MPV、纯电动微型商用车等整车以及三电、1.0~2.0升、1.5T、2.0T缸内直喷涡轮增压等节能环保高性能发动机。东风小康微车连续多年评为重庆工业50强，稳居全国微车前三，是中国汽车产业为数不多的单车系销量跨百万的品牌。

重庆旺成科技股份有限公司 位于沙坪坝区振华路37号。公司产品包括齿轮、离合器和摩擦材料三大类，应用在摩托车、全地形车、汽车、风电、农机等领域。公司被评为“重庆市优秀民营企业”“重庆市沙坪坝区成长型科技企业”“重庆名牌产品”等奖项。2020年，实现产值2.79亿元，主营业务收入2.84亿元，利润3298万元，上缴税金1110.7万元。 （蒲 影）

纺织工业

【概况】 沙坪坝区纺织行业主要集中在回龙坝和陈家桥区域，以扬子江纺织为代表，主要以织布、染布加工为主，规模和产值逐年减小。2020年，有规模以上纺织工业8户。

【龙头企业介绍】

重庆市扬子江纺织有限公司 位于沙坪坝区回龙坝镇大桥村，占地面积5.2万平方米。主要从事棉纺织专业浆纱加工，拥有22条浆纱生产线，能满足一万余台织机浆纱加工。公司浆纱能力、生产规模、工艺技术和产品质量等方面居行业前列。被评为“重庆市优秀民营企业”“重庆市五十强私营企业”“重庆市农产品加工示范企业”“中小企业信息化建设示范点”。2020年，实现产值9167万元，主营业务收入9151万元，利润348万元。 （蒲 影）

医药化工工业

【概况】 2020年，沙坪坝区提升发展医药制造业，促进企业推动药物新剂型的研制创新和新工艺的应用，以提高药效及药物的稳定性、减低毒副作用、改善病人用药顺应性等为目标，开发和生产具有自主知识产权和市场竞争力的药物制剂新剂型。全区有规模以上医药化工行业企业2户，实现产值40.7亿元，同比下降14%。

【龙头企业介绍】

太极集团西南药业股份有限公司 位于沙坪坝区天星桥，是西南地区最大的化学制剂生产厂家，西南地区唯一的国家麻醉药品定点生产企业，国家易短缺药生产基地，“中国医药100强”企业，国家高新技术企业，重庆市首批智能工厂。前身是国民党中央制药厂麻醉药品经理处，于1950年改称重庆制药厂，后更名为西南制药三厂。1992年，率先在全国医药行业中进行股份制试点，当年5月定名为“西南药业股份有限公司”。1993年7月12日，公司股票在上海证券交易所正式挂牌上市，是全国第二家上市的医药企业。2003年，加盟太极集团。2015年，完成脱壳重组。公司拥有近500个生产批文（批文数居全国前三），400余个品规，其中国家基本药物目录品规近200个，国家医保目录品规近300个，国家易短缺小品种药品近100个，形成系统的常见病临床用药“百姓药品线”。公司被评为“中国医药工业50强”“全国医药行业优秀企业”“全国环境优美工厂”“重庆为国建功立业功勋企业”“重庆最佳诚信企业”等称号；连续14年被评为“重庆市工业企业50强”；2007年被国家食品药品监督管理总局确定为“第一批城市、农村基本用药定点生产企业”。2020年，实现产值32亿元，利润1.2亿元。

重庆上药慧远药业有限公司 前身为重庆慧远药业有限公司，成立于1985年，是重庆最大的中药饮片专业生产企业，生产基地位于沙坪坝区歌乐山黄花园，占地2067万平方米，厂房面积2.4万平方米，主要生产精制配方中药饮片及滋补保健类中药材。公司的“天宝”品牌及产品先后获“重庆市著名商标”“重庆市名牌产品”“重庆市出口知名品牌”称号，被国家市场监督管理总局认定为“中国驰名商标”。2020年，实现产值8.1亿元，利润5700余万元。（喻冬冬）

食品饮料工业

【概况】 2020年，沙坪坝区有规模以上食品饮料行业企业7户。

【龙头企业介绍】

重庆市尹华食品有限公司 位于沙坪坝区歌乐山镇新开寺工业园。以生产休闲食品、调味品、炖料产品为主。2020年，实现产值2005万元，主营业务收入2005万元，利润61万元。

（蒲　影）

交通 邮政 通信

交通管理

【概况】 2020年，沙坪坝区启动缙云山生态环山道路沙坪坝段环境综合整治项目；中井路、滨江路二期实现结构性贯通；开展磁器口老旧片区改造提升建设工作，引入市交运集团投资6.35亿元，推进磁器口景观码头及水上客运项目落地；城乡道路客运一体化发展水平被评为5A级。全年规模以上交通运输业营业收入计划完成15%，实际完成58.1%；公路水路运输总周转量增速完成10.07%。（杨玉媛）

【交通行政服务】 2020年，沙坪坝区办理交通行政许可3488件，办结率100%。在2019年审批时限"砍一半"后再减1/3的基础上，办理时限压缩率达到91%。将行政审批事项和公共服务事项全部纳入区政务服务大厅交通局窗口，实行"一窗接件、内部流转、一窗出件"办理制度，提升政务服务质量，办事群众可根据《沙坪坝区交通局行政许可办理导引》"预约上门"办理行政审批事项；推出便捷送达服务，提供窗口取件、上门送件、邮寄送件三种方式，将证照送到申请人手中，让群众少跑路。（王静雯）

【交通法治建设】 2020年，沙坪坝区开展"送法进企业"、上门服务等多种形式的交通法治宣传活动，走访企业191次，发放宣传资料、手册、法规书籍8000余份；开展旅游环境综合整治、危化品专项整治、烟花爆竹专项整治、货物运输集中整治、打击非法营运等专项行动，查获各类违法案件5114件。（胡婉莹）

【智能交通安全分级监管】 2020年，沙坪坝区车辆动态监控系统接入5148辆营运车辆数据，占全区营运车辆总数73.54%，上线率88.27%。数据中心通过微信、QQ群和电子邮件等方式，实现车辆监管数据告警率100%，企业信息回传率95%以上。（胡玉琴）

【交通环保】 2020年，沙坪坝区推进柴油车退出工作，注销营运柴油车387辆。辖区营运公交车辆共计2044辆，其中清洁能源车辆1536辆、电气混合车辆498辆，纯电动车辆10辆；有出租车企业5家，出租汽车1385辆，均为清洁能源车辆；辖区码头全部关停，无水运企业，劝离嘉陵江"三无"船舶8艘。开展"汽车维修示范企业"创建活动，42家维修企业被评为"汽车维修示范企业"。（卢 瑶）

【路政管理】 2020年，沙坪坝区开展巡查365

天，出动巡路人员642人次，排查并整治公路附属设施（防护栏）和污染公路路面等一般安全隐患33处，处理路产路权赔偿14个，督促清理在公路上乱堆乱放、乱挖乱掘等影响公路通行隐患9处，发现在公路用地及建筑控制区内违法建房、乱挖乱掘、违章埋设等8起，办理路政行政许可案件14件，结案率100%。（李　谞）

【水上交通安全管理】 2020年，沙坪坝区加强重点时段、重点水域、重点船舶的安全监管，实现辖区水上交通安全稳定。全年出动检查人员246人次，检查船舶43艘次，码头21座次，巡查岸线、渡口24次，查处安全隐患5个，及时下发整改通知书，督促有关单位完成整改闭环。推进“两江四岸”货运码头治理提升，完成嘉陵江沙坪坝区段2个民营货运码头关停补偿处置。落实长江流域禁捕退捕工作，打击“三无”船舶非法捕捞，将发现的8艘“三无”船舶全部清零。针对年内罕见的特大洪水，汛前联合专家对船舶、码头开展安全隐患大排查、大治理，完善应急联动机制；汛中落实专人及时传递、发布汛期水情预报，平稳渡过嘉陵江2020年第2号特大洪水（吴淞高程194.29米）；汛后按照“水退人进、水退淤尽”的要求，集中力量展开洪峰过境后清淤工作。（胡玉琴）

公　路

【概况】 2020年，沙坪坝区公路总里程943.19千米（含市公路养护管理段管养公路72千米），其中高速公路33.39千米（渝遂高速公路沙区段长5.66千米，绕城高速公路沙区段长23.84千米，渝蓉高速公路沙坪坝区段长3.89千米；成渝高速公路沙坪坝区段、渝长高速公路沙坪坝区段、上界高速公路沙坪坝区段及渝遂高速公路青高段已被划为城市快速道路），国道18.5千米，省道122.5千米，县道247千米，乡道17.2千米，村道504.6千米。对“一路一档”管理系统进行功能升级，实现1860条公路建设管理信息线上自动流转；编制《沙坪坝区综合交通运输发展“十四五”规划》《沙坪坝区农村公路网县乡道结构调整及农村公路规划》等系列交通规划；规范行政许可流程。（李　谞　罗蓓蓓）

【公路桥梁】 2020年，沙坪坝区有桥梁45座，其中大桥6座，中桥22座，小桥17座；有隧道2座。

【公路设施】 2020年，沙坪坝区完成“交通建设三年行动计划”、民生实事及农村人居环境整治等任务，建成普通干线公路135千米、“四好农村路”318千米，全区村民小组通达率、通畅率100%，国道2级率100%，省道3级率89%。完成农村公路生命安全防护工程安装54千米。（李　谞）

【公交客运】 2020年，沙坪坝区有道路运输企业3384户，道路运输车辆7427台。其中道路旅客运输企业3户，等级汽车客运站2个，客运车辆202辆，全年完成道路客运量145万人，旅客周转量19375（万人公里）。辖区有营运公交车辆2044台。建成投用文旅城公交站场、石井坡公交首末站、天梨路公交首末站3个公交首末站及8座标准亭棚；新增、优化18条公交线路，保障市民畅通出行；应对强降雨极端天气，组织公交接驳运输，调整5条公交线路，满足市民出行需求；春运及黄金周期间组织“雷锋的士”9000余台次，保障重庆西站、沙坪坝火车站节假日旅客运输。（王静雯　胡玉琴）

2020 年 7 月 28 日，在建的二横线礼嘉大桥　　（黄　先摄）

2020 年 3 月 15 日，回龙坝镇大杨路　　（张成勇摄）

【公路货运】 2020 年，沙坪坝区有货物运输企业 3381 户（其中 20 台以上普通货物运输企业 89 户，危险品货物运输企业 4 户），货运车辆 7032 辆 /97218 吨；全年完成道路货运量 2850 万吨，同比增加 9.9%；完成货运周转量 415685 万吨公里，增加 10.12%。（胡玉琴）

【公路养护】 2020 年，沙坪坝区养护普通干线公路和部分农村公路 101 千米。所有路段行道树完成一年两次的刷白、修枝等工作，科学管护花草 19.5 万平方米；路面挖补 2400 余平方米，更换边沟盖板 90 余处，更换护栏 4100 余米，修复路肩 300 余米；维护童歌路、沿山路等路段路灯 422 盏，亮灯率超 95%；新增、更换、修复标志牌 600 余套。管理养护站房 10 处，完成盐堰路、石碾公路服务站建设。（王晓莹）

表 12 沙坪坝区公路养护中心管养公路基本情况统计表

单位：米

公路行政等级	总里程数	公路等级				
		一级	二级	三级	四级	等外
省　道	74650	18414	8539	33741	13956	—
县　道	43782	2933	382	34222	6245	—
乡　道	17175	0	3013	11400	2762	—

【公路应急抢险体系建设】 2020 年，沙坪坝区完善公路抢险、防汛抗旱、事故灾难等 5 个应急预案，根据实际安全管理工作对预案进行更新修订，提高预案的针对性、可操作性；制定领导督查计划，全年开展督查工作 12 次；针对每月及重点时段、节假日安全工作形式，总结与部署安全工作，制订安全工作方案、形成总结。全年出动巡查人员 500 余人次，排查整治大小隐患 70 余处，形成地质灾害隐患排查报告 15 份；对施

工现场进行安全检查20余次，发现隐患并责令整改30余处。（王晓莹）

【防汛救灾】 2020年，沙坪坝区汛前加固船舶系锚设施，出动人员110余人次开展汛期巡查，组织应急运输车辆4台次，转运辖区防洪物资。处置公路水毁险情150余起，清理塌方4.5万立方米，修复边坡、路面4000余平方米、附属设施2000余米，安装防护栏54千米。（杨玉媛）

铁 路

【概况】 2020年，沙坪坝区铁路线总里程172.92千米，涉及22条线路（单复线），途经9个铁路车站（所）、9个镇街，有铁路派出所3个、应急联勤（联动）指挥部2个，铁路护路专干171名、专职铁路护路队员35名。全年动员群防群治力量1270余人，巡查线路23750余人次。全年涉铁恶性事件零发案。

【铁路安防设施建设】 2020年，在重庆西车站、沙坪坝车站、兴隆场编组站、团结村车站、井口车站站区周边及铁路沿线重要路段、重要部位、关键设施、关键处所安装智能摄像头，推进雪亮工程建设，实现联防应用、快速处置。为专职护路队员配备反光背心、强光手电、橡胶棒等防护装备；配发使用“移动和对讲”信息管理系统，建立GPS巡线定位、巡更、视频回传、即时报警等系统，实现铁路护路联防工作过程控制。以渝新欧铁路编组站为重点，建成兴隆场铁路护路智能安防工程（简称“智安铁路”），在风险隐患突出的11个重要路段建设视频监控、防侵入报警、IP广播喊话等监控广播警示系统。开发完善铁路护路队员智能手机APP，健全铁路护路巡防机制，实现指挥中心全天候监控、预警、调度，护路队员全方位处置、反馈、巡防等一体化运行，探索出“人技结合＋专群联动”的铁路护路工作新模式。

【铁路运输安全】 2020年，对接重庆铁路管理部门，与重庆工务段、供电段、成渝高铁工电段等召开路地平安铁路创建联席会议，联合组织开展专项治理行动，加大对红线和安全保护区内违章建筑、倾倒垃圾、挖沙取土，水井、彩钢房、漂浮物的清理和整治力度，排查风险隐患119处。排查一般隐患点位57处，拆除各类彩钢板房14间，加固各类彩钢板房（棚）29余间（处），建筑面积约1200余平方米，对铁路沿线（井口街道、渝怀线）7株树木进行削枝或砍伐，加固、移除防尘网800余平方米，清理整治共享单车60余辆，铁路沿线垃圾10余吨。组织铁路沿线学校学生签订《爱路护路承诺书》8000余份，涉路镇街派出所与废旧金属收购站和冶炼点签订《不收购铁路器材承诺书》，涉路街镇及社区（村）与“五残”人员监护人签订《安全监护协议书》。在重庆西站组织开展“防暴恐”应急演练，预防各类暴恐事件和涉路安全事件的发生，推动平安铁路建设。

【护路宣传教育】 2020年，宣传《中华人民共和国铁路法》《铁路运输安全保护条例》等法律法规，教育广大群众自觉知法、守法、爱路、护路。通过现场宣传、流动展板、文艺演出等方式，常态化开展爱路护路“五进”宣传。在五云山寨、三峡广场、重庆西站、沙坪坝火车站、回龙坝镇等重点区域，开展“护航沙区—平安出行”铁路护路主题系列宣传教育活动12场次，法制课开讲23场次，出动宣传车6辆，印发宣传资料2万份，发放宣传用品1.1万余份，吸引群众2万余人次参加。开展铁路沿线村（社区）安全宣传24场次，走村入户宣传2800余户，发放《致铁路沿线村（居）民一封信》《铁路安全倡议书》3万余份，宣传教育群众5万余人次。开展铁路沿线中小学“小手牵大手”“我是小小护路员”等系列主题宣传实践活动，探索以家庭为单位的铁路安全宣传教育阵地，现场教育师生8000余人，带动家庭宣传1.6万余人次。（耿海林　黄子尚）

重庆西站

【概况】 重庆西站位于沙坪坝区凤中路168号，与九龙坡区华岩交界，是集铁路、长途、公交、轨道、出租车及社会车辆等多种交通方式于一体的综合性交通枢纽。重庆西站是重庆对外的主要门户枢纽和综合性铁路特级站，是渝黔、渝昆、渝湘等干线铁路的始发终到站，也是全国“八纵八横”高速铁路网中的“包（银）海通道”“厦渝通道”的重要连接点。

西站站房由成都铁路局负责建设，建筑面积12万平方米，总投资28.3亿元，共有29个站台面31条线。站房分为售票大厅、候车大厅，其中候车大厅共7万平方米，可同时容纳1.5万人；售票大厅设有售取票处9个(其中，人工售票4处、自取设备5处)，人工售票窗口46个，自助售取票设备83台（其中，自动售票机45台、取票机38台），自动检票闸机120台（其中，进站检票闸机88台、出站检票闸机28台、便捷换乘检票闸机4台）。

西站枢纽由重庆市地产集团所属重庆市西站投资发展有限公司投资建设，规划用地红线范围131.3万平方米。枢纽核心占地17.8万平方米，建筑面积40万平方米；市政道路约13千米，占地27.7万平方米。一期工程建成投用3层：负一层为公交车站、长途汽车站区域；负二层为出站大厅、出租车上下客区域；负三层为网约车、社会车辆、轨道环线和轨道5号线区域。

【运营情况】 2020年，重庆西站到发旅客2483

2020年8月25日，重庆西站候车大厅　（唐鸿姿摄）

万人、日均到发旅客6.8万人次（单日最高到发旅客17万人），全年到发列车3.3万对。

【交通运输】 2020年，重庆西站有公交线路、高铁快线18条(其中夜间线路1条),开通专线“重庆西站—轨道环线重庆图书馆站”“重庆西站—轨道5号线二郎站”的公交接驳车，做到高铁与城市轨道无缝衔接；开通重庆西站到解放碑、重庆机场等热线的“高铁快车”。重庆西站汽车站开通有52条长途线路连接重庆市周边城市，满足旅客需求。引进8家网约车公司充实交通运力。根据实时需要，引导出租车接送旅客。

【站区综合管理】 2020年，制订《重庆西站2020年春运工作方案》《重庆西站地区中秋、国庆期间综合管理工作方案》《重庆西站地区疫情防控工作方案》，建立节日期间现场调度机制，落实站区治安、反恐、交通运输、综合管理统一指挥调度。开展绿化管护提质工作，对西站地区1.57万平方米绿化进行综合整治及提档升级；坚持“马路办公”，落实巡查机制，处理环境卫生问题697件、市容秩序问题1013件；监管执法厨余垃圾产生单位135个，细化30余名分类指导员工作职责；推进安全生产专项整治三年行动，排查安全隐患48条并落实整改。调整应急管理队伍45人，开展演练2次；强化巡查督查，及时应对西站沿山辅路北侧6号边坡变形位移险情，妥善处理强降雨倒灌进停车场事件，快速完成主供电源断电故障检修，确保西站地区安全稳定。

【便民服务】 2020年，修订印发《重庆西站出行攻略》1万册，利用西站枢纽16处LED显示屏宣传防疫、进出站等信息；优化导示标牌30余块，更新导视标牌100余个；整合宣传橱窗10余个，设立垃圾分类宣传阵地1处、宣传广告42块；增加厕所52个小便池隔断、8个干手器，组织修复损坏地砖200余平方米。（冯　彬）

物　流

【概况】 2020年，沙坪坝区牵头推进中新南向通道公司与河南新乡陆港开放有限公司签署合作协议，共建西部陆海新通道新乡集散中心，是首个中部城市融入西部陆海新通道。推进“产学研”一体化，发挥物流行业带动作用，推动辖区产业转型升级。与成都市青白江区签订战略合作协议，实现“沙青”两地协同推动国际班列高质量开行、助力西部陆海新通道共建等8个方面战略合作。全年中欧班列（渝新欧）开行2642列、同比增长61%；陆海贸易新通道开行1285列、同比增长40%；渝甬班列开行335列、同比增长168%。

【物流业管理】 2020年，沙坪坝区开展物流统计调查工作，完善辖区166家规上工业企业、55家限上批发零售企业、25家物流企业月度监测工作机制，抓实数据收审、建好统计台账，摸清全区物流产业状况。组织重点物流企业申请疫情期间中小微企业贷款贴息，获得补助资金10.5万元，组织8家物流企业申报市级重点项目，获得减免城市基础设施配套费和防空地下室异地建设费1.58亿元，助力企业健康发展。做好招商引资工作，全年对接企业80余家，签约物流项目10个，签约金额共计206亿元，超额完成任务；在谈物流项目13个，投资金额116.63亿。（曾　珍）

邮　政

【概况】 中国邮政集团有限公司重庆市沙坪坝区分公司（以下简称“中邮沙坪坝区分公司”）

提供邮政普遍服务、特殊服务和综合便民服务，开办邮政金融、快递包裹、电商分销、函件集邮、报刊等多种业务。2020年，沙坪坝区有邮政营业网点32个（其中，城市网点27个、农村网点5个；综合营业网点21个、纯邮政营业网点11个）。

【邮政业务】 2020年，完成邮政业务总收入19164万元，同比增幅24.49%。落实邮政普遍服务工作要求，建制村直接通邮率、城市党政机关《人民日报》当日见报率、各类专用信箱有效妥投率均达到100%。

【邮政建设】 2020年，中邮沙坪坝区分公司邮政建设投入497.33万元，实施网点改扩建和标准化装修改造5个，增加营业面积450平方米；改扩建营业部1个，增加生产场地325平方米。完成沙坪坝区井口正街拆迁项目1个。新增投递汽车17辆，租赁投递汽车62辆，新增投递用三轮车32辆；对历年的PDA全部更新，新增、更换投递PDA250台，提升业务发展设备支撑能力。

【邮政改革】 2020年，“中国邮政集团公司重庆市沙坪坝区分公司”变更为“中国邮政集团有限公司重庆市沙坪坝区分公司”。（杨　磊）

通　信

【中国电信股份有限公司重庆沙坪坝分公司】 2020年，持续推进5G和千兆宽带建设，提升网络能力，部署千兆小区能力建设，建成千兆全覆盖小区43个，覆盖用户90764户；建设千兆薄覆盖小区545个，覆盖住户数144503户。全年开通5G基站505个，累计开通5G基站1160个，基站规模位居全市第一。5G基站基本实现连续覆盖各主干道路。全年主营业务收入44088万元，完成目标值的101.94%，同比增长6.96%。

【中国移动通信集团重庆有限公司城三分公司】 2020年，在传输基础资源建设上加大基础网络建设投入，完善汇聚节点机房、管道、光缆布局；在家庭宽带建设上通过“光纤到户”方式对新建小区进行网络覆盖，推进“千兆小区”示范区项目。截至2020年年底，在沙坪坝区域内基站规模5000余个，家庭宽带户线规模约100万线，管道资源近750管程千米，杆路约300杆程千米，网络遍布全区各商圈、街道、小区、乡、镇、村。实现对沙坪坝区核心区域及主干道的基本连续覆盖。

【中国联合网络通信有限公司重庆市沙坪坝区分公司】 2020年，新建4G站点243个；新建5G站点583个，其中宏站541个、室分42个，形成城区区域连续覆盖，乡镇连片覆盖；新建驻地网小区52个，覆盖住户数约5.4万户；年收入3.1亿元。截至2020年年底，公司有5G站点1076个，4G站点1527个，3G站点1485个；为约4000家集团单位提供服务，为150余家集团客户提供信息化整体解决方案。（文思鉴）

【重庆有线电视网络股份有限公司沙坪坝分公司】 公司负责沙坪坝区有线广播电视网络的建设开发、经营管理、维护和广播电视节目的收转、传送，广播电视网络信息服务。2020年，推进农村智能广播网工程“村村响”，实现有线电视覆盖的所有行政村（社区）“村村通”，安装音箱（喇叭）406台。全年实现收入1.25亿元。截至2020年年底，在册数字电视用户419100户，其中宽带在册用户178797户、互动终端规模在册用户127556户。（高乃强）

城乡建设

城乡规划

【概况】 2020 年，沙坪坝区建设用地 14102 万平方米，其中城镇建设用地 9163 万平方米、乡村建设用地 2487 万平方米、其他建设用地 2452 万平方米。

【规划编制】 2020 年，沙坪坝区完成国土空间生态修复规划及“四山”（沙坪坝区段）保护提升规划编制工作，配合重庆市规划和自然资源局完成科学城规划编制、科学大道城市设计及科学城站选址等规划工作。围绕乡村振兴战略，推进村规划编制工作，完成中梁镇新发村、永宁寺村、龙泉村和丰文街道三河村报批工作。推进生态保护红线评估及自然保护地优化工作。

【规划许可手续办理】 2020 年，沙坪坝区办理建设用地预审与选址意见书 89 件、建设用地规划许可证 52 件，涉及建筑工程项目占地面积 254.78 万平方米；办理建设工程规划许可证 164 件，涉及建筑工程项目总规模约 529.76 万平方米；办理建设用地规划条件函 41 件，涉及用地面积约 237.24 万平方米；办理市政规划条件函 2 件，涉及用地面积约 0.66 万平方米。

【历史文化名城保护规划】 2020 年，沙坪坝区完成《磁器口历史文化街区保护规划》修编并上报重庆市政府审批，用于指导磁器口片区建设管理。完成重庆市政府公布的沙坪坝区第三批历史建筑挂牌；完成第五批历史建筑申报，辖区新增历史建筑 1 处。启动历史建筑测绘建档和修缮方案编制工作。

（张　弛）

城市提升

【基础设施建设】 2020 年，沙坪坝区完成 140 条 142 千米城市道路建设，西环立交、凤潮大道、天陈路下穿道等 36 条 47 千米道路建成通车，礼嘉大桥、土主隧道、一纵线等路桥隧道路快速推进。推进 16 个社会停车场建设，建成铁路口岸创新中心二期停车库、文旅城配套停车场等 4 个公共停车场，新增停车泊位 4800 个；完成融创文旅城、丽笙酒店等停车库约 1 万个停车泊位的智能化改造。建成广场人行天桥等 5 个人行过街设施。轨道环线西南半环、轨道 5 号线沙坪坝区段完工投用；加快建设轨道 9 号线主体工程；加快推进轨道 7、15、17、27 号线等项目前期工作。

（王　皓）

【棚户区改造】 2020 年，沙坪坝区棚户区改造

任务计划1400户，完成棚户区改造1417户（含2019年结转的733户）、7.5万平方米。（曾　莉）

【山城步道建设】 2020年，依托辖区山水人文资源禀赋和地形地貌特征条件，打造歌乐山·磁器口大景区，建成歌乐山、沙磁步道系统42千米，改善市民出行环境，有效解决景区人车分流问题。（王　皓）

市政建设

【概况】 2020年，沙坪坝区持续开展市政设施维护管理，督促设施维管单位加强精细化维护管理，确保“路平、灯亮、水畅”，推进人行道完善提升工作，实施“七大工程”。开展市政设施日常维护及市政隔离设施、桥梁、隧道及下穿道、城市照明设施品质提升工作。（周　斌）

【城市道路】 2020年，沙坪坝区管护道路105条，管护道路长度392千米，管护道路面积417.45万平方米。完成人行道维修17230平方米、车行道沥青维修56020平方米，规划摩托车位3421个，补划标线1407平方米，维修路沿857米，更换井盖19套。

【桥梁及人行过街设施】 2020年，沙坪坝区管护桥梁及结构设施120座，其中东部城区112座、西部城区8座。管护东部城区车行桥梁42座（含立交桥9座），车行下穿10座、隧道2座，人行地通10座、人行天桥45座、涵洞3座；西部城区车行桥梁8座（含立交桥1座）。完成羊角堡高架桥及石门立交桥梁支座更换431个，更换桥梁栏杆200米，维修伸缩缝53.4米、涂装桥梁等结构设施9.27万平方米，涂刷栏杆38.7千米。完成凤鸣山护栏及隔离设施安装16.6千米。（蒋志群）

【照明设施】 2020年，沙坪坝区完成路灯维护

工作人员更换路灯　（陈天恩摄）

19739 盏，更换路灯 5886 盏，巡检巡修路灯线路 42786 米，其中更换路灯主线 11830 米。涂装路灯杆 6982 根，清洗路灯杆 13964 根，灯具 39478 套。完成海石公园、山隐秋鸣 2 处疫情防控医学观察点路灯安装 42 盏。推进城市绿色照明建设，完成 12 条主次干道 783 盏绿色照明改造。完成背街小巷路灯安装，新装 LED 路灯 391 盏。推进路灯智能化控制系统（五期建设）项目，安装智能控制终端 45 台。完成沙滨路 46 栋大楼灯饰整修，更换主线电缆 16618 米、配电电源 45 套及其他附属设施。提升景观灯饰品质。（黄永兴）

【市政建设融资】 重庆迈瑞城市建设投资有限责任公司承担沙坪坝区城市基础设施投融建设，城市基础设施建设及运行管理，国有资产经营及处置，城区开发、旧城改造，次级河流、地质灾害治理，教育项目产业运营等职能。截至 2020 年年末，有重庆沙坪坝滨江建设开发有限公司、重庆丰文实业有限公司、重庆市沙坪坝区正通资产管理有限公司、重庆市第一实验中学校、重庆市南渝中学校、重庆市名校联合中学校、重庆市沙坪坝区五云山寨教育培训学校等子公司和学校 7 家。2020 年，公司开工项目 59 个、完工项目 35 个，完成投资约 45 亿元。完成文旅城配套 10 条道路及 5 座桥梁；实现凤凰山隧道及东西连接道通车；完成天陈路南北段、配套交通工程和人行天桥等项目，保障龙湖金沙天街按期开街；建成污水管网 30 千米，完成 9 座污水处理站监测，完成土壤污染定性定量 26 宗、治理 8 宗。（刘景坤）

园区建设

【重庆国际物流枢纽园】 园区是中欧班列（重庆）、中新互联互通国际陆海贸易新通道起始站，重庆铁路口岸所在地，重庆口岸自贸区的重要组成部分；是国家发改委批复重庆设立的“三基地三港区”物流总体规划中的铁路物流基地、国家服务标准化试点园区和首批市级重点物流园区，获首批“全国示范物流园区”称号。规划面积 35.5 平方千米，拟拓展面积 40.5 平方千米。2020 年，

国际物流枢纽园区　　（区商务委供图）

推动教育居住片区、五云湖配套景观项目、企业服务中心、明德轩安小区等29个项目建设，完成创新中心二期、青凤连接道、五云湖配套景观、零地标项目等11个建设项目；新建给水管网32千米、燃气管网7.8千米、通信弱电管网35千米；迁改管线9.2千米、通信基站2座、管网维修2.3千米。（王虹焰）

【青凤高科产业园】 园区面积63.6平方千米，规划控制总用地面积27.5平方千米，其中建设用地约17.5平方千米。2020年，加速壮大“4+1”主导产业规模，新一代信息技术，重点发展云计算、物联网、大数据、人工智能、信息安全、工业互联网、工业软件、新型电子元器件及设备制造；下一代汽车，重点发展智能网联传感及决策控制器制造、电控系统制造、新能源汽车核心部件制造、电机制造、发动机制造；高端装备制造，重点发展机器人与增材设备、智能测控装备、智能物流装备、页岩气开采装备、智能电力设备等五大制造领域，布局国产替代、自主可控高端装备制造基地；生物医学工程，重点发展先进医疗设备及器械制造、植介入生物医用材料及设备制造、其他生物医用材料及用品制造；高技术服务业，重点发展智能制造研发服务、信息技术服务、工业软件服务、检验检测服务、科技成果转化服务、创新创业公共服务、工业设计服务、知识产权服务、科技金融服务。（赵晚秋）

新城建设

【西部新城】 2020年，推进重点项目建设，西井大道、纵一路后工段、虎溪电机厂段主体完工，完成木鱼石二路等四条道路和南一路管网建设，推进石滩路、松树堡、虎职中南路西延段等5条道路建设，完成40余处交安设施集中整改工作。成立龙凤河河长制领导小组，组织开展龙凤河流域污染源排查整治工作，全年开展区级河长巡河4次，开展龙凤河河长办日常巡河15次。协调大学城水务公司、区滨江公司等相关单位，推进排污管网建设，解决陈家桥景观大道污水管道建设等问题13项。9月30日，西部新城移交高新区管理。（李　珊）

【井双新城】 新城项目分住宅、企业两批，于2019年8月5日实施征收，涉及277户、9.23万平方米，其中住宅261户、1.19万平方米，企业16家、8.04万平方米。住宅部分于2020年5月完成搬迁任务并交付建设用地；企业部分余1家企业未达成一致意见。（曾　莉）

乡村振兴

【产业振兴】 2020年，沙坪坝区实施一二三产业融合、产业强镇、保供蔬菜基地建设等产业项目，引入柑橘、杏、脆桃、葡萄等水果新品种，新发展优质水果新品种面积20万平方米。引入茶叶加工、净菜加工生产线3条，打造4家重庆市农产品加工示范企业，培育产值上亿的农产品加工企业4家，全年农产品加工业产值46亿元。

【文化振兴】 2020年，新改建村社综合文化服务中心8个，实现综合文化服务中心覆盖率100%。开展文化、科技、卫生“三下乡”活动99场，举办梦想课堂、“千万市民学法律”等活动267场。资助精品文艺项目34个，打造“一村一品”文化活动品牌5个。

【生态振兴】 2020年，完成农村旧房整治提升200户，完成农村户厕改造1912户，新建公厕2

座，辖区卫生厕所普及率90%以上。完成丰文街道三河村等农村生活污水治理设施和配套管网建设，农村生活污水治理率提升至51.6%，农村生活污水得到治理的农户覆盖率87.95%。清理沟渠140千米、垃圾340吨、农业废弃物80吨，配置垃圾收集容器3000余个、收运车辆46台，生活垃圾实现日产日清。建设11个生活垃圾分类示范村，农村垃圾有效治理率100%。

【组织振兴】 2020年，坚持五级书记抓乡村振兴，推进党建引领乡村治理，做好村“两委”换届工作，全面推行“村书记、主任一肩挑”，整顿软弱涣散基层党组织15个，助推乡村振兴战略落实落地。建设1个乡村治理市级示范村和2个区级示范村。开展农村地区黄赌毒整治，组织集中清查3次，出动警力480人次，盘查人员3721人次；打击农村地区黑恶势力，创建农村“枫桥式公安派出所”。建成1个全国民主法治示范村，18个重庆市民主法治示范村，推进农村地区依法治理。（胡卫杰）

城市管理

【市容综合整治】 2020年，沙坪坝区清理“僵尸车”189台，占道停车3.42万台，立案处罚840件；整治车身“牛皮癣”1150辆，查处擅自设置地桩地锁5处；整治乱占道经营、乱派发广告、乱牵乱挂、乱涂乱写6万余处，立案处罚84件。排查清理违规广告427块，面积4625.92平方米。（李隆康）

【环卫设施建设】 2020年，沙坪坝区落实城市公厕“提质增量”工作要求，完成磁器口三千城公交站公厕、学府公园公厕、天星桥农行公厕等9座公厕新改建工作。新增43座社会厕所免费对外开放，解决群众如厕难问题。持续推进垃圾转运系统提档升级，完成陈家桥垃圾站、歌乐山垃圾站改造工程，提升转运效率；建成石井坡污水处理点，改造陈家桥垃圾站，增设污水处理设备，全区日处理污水能力达到100吨。

【城市垃圾管理】 2020年，沙坪坝区清理卫生死角约3200余处，处置道路漏撒约372处，清除“牛皮癣”8.1万余处，循环擦洗护栏27600余千米，收运生活垃圾30万余吨，城市生活垃圾无害化处理率达到100%。持续推进生活垃圾分类，基本实现建成区生活垃圾分类全覆盖，在14个街道推行分类示范，累计建成示范村11个，日均收运餐厨垃圾200余吨，家庭厨余垃圾110余吨，城市生活垃圾回收利用率35%。加强化粪池安全管理，完成1410座无主化粪池清掏。设置建筑垃圾消纳（回填）场19处，消纳建筑渣土500余万立方米。（张治敏）

【停车管理】 2020年9月，沙坪坝区路边智能停车项目完工，对直管4737个停车位实施智能化建设，覆盖率99.9%。同月，沙坪坝区静态交通管控中心建成投入使用。截至2020年年末，有直管停车场3类共19个场点、4744个车位。第一类为室内停车库，有沙南街停车库1个，车位312个。第二类为室外停车场，有红岩联线景区松林坡、奶牛场停车场、梅林停车场和文旅城停车场4个，车位2729个。第三类为路内临时占道停车场。有东部停车场点13个：临江装饰城、大川、都市花园、中医院、颐硕园、华彩俊豪、金沙港湾、杨公桥大川站、友谊医院、康居苑、百年世家、沙区人民医院门诊部路内停车场、石碾盘桥下停车场，车位1509个。西部停车场点1个：龙湖·仟佰汇停车场，车位194个。（冯丽娟）

文旅城停车场
（余　敏摄）

【门前三包五长制管理】　2020年，沙坪坝区深化开展门前三包五长制工作。健全工作机制，组建“街长”“路长”“巷长”“楼长”“店长”五长制管理体系，出台《门前三包五长制工作方案》《门前三包五长制细化工作方案》《关于印发沙坪坝区“门前三包”“五长制”实施意见的通知》等方案，明确各级街（路、巷、楼、店）长职责。建设示范街，针对三包五长示范街，在全区拓展建立“门前三包”五长制数据库和日常管理情况库，将“12319”等投诉平台突出问题纳入红黑榜考评。建设亭长制，作为五长制的延伸，设置总亭长、总亭长助理、片亭长、点亭长，将门前三包执行得更具体化、丰富化。规范“新华通·爱心亭”管理，管理周边5米到10米范围的清洁卫生、设施设备。2020年，辖区开展五长制巡查1706次，发现并整改问题4759个；开展门前三包红黑榜评选，评选出红榜商家692户，黑榜商家361户。　（游　娜　高　鑫）

建筑业管理

【概况】　2020年，沙坪坝区完成建筑业总产值293.8亿元，同比增长13.8%；实现建筑业增加值89.6亿元，增长3.6%。

【建筑市场管理】　2020年，沙坪坝区加强建筑企业诚信体系建设，在建项目全面实施农民工实名制、农民工工资专用账户管理、农民工工资银行代发制；新增建筑工程施工许可证172个，总建筑面积493万平方米。依托政务服务平台“渝快办”，推进“互联网+政务服务”；实施建筑企业资质管理“无纸化”网上申报审批，新增建筑资质企业28家，晋升一级资质企业2家。截至2020年年末，辖区有建筑资质企业365家，其中特级资质企业1家、一级资质企业33家、二级资质企业172家、三级资质企业159家。（邹新成）

【建筑工程质量管理】　2020年，沙坪坝区开展质量安全提升行动，检查项目147个，发出整改通知书32份，签订五方责任书、授权书、承诺书的工程154项，设立永久性标牌、建立质量信用档案的工程97项。推进质量管理标准化，实施工程质量样板示范制度，组织质量标准化现场观摩会1次，开展监督抽测，通过政府购买服务，聘请有资质的检测机构到施工现场进行监督抽测工程66项。执行监理合同备案制，办理监理合同备案项目83项，面积385.6万平方米，办理监理合同变更94项，不定期开展监理企业专项监督执法检查，检查项目60余项，发出整改通知书3份。加强预拌商品混凝土生产企业管理，定期对辖区5家预拌商品混凝土生产企业进行巡查；落实施工现场工程质量检测和检测机构检测行为专项整治行动，组织建设单位开展自查自纠，在自查自纠基础上进行抽查，抽查项目187个，发现问题10余条。 （李　莎）

【建筑节能】 2020年，沙坪坝区建成节能建筑492栋，总建筑面积501.35万平方米，其中一星级绿色建筑412栋，建筑面积481.35万平方米，绿色建筑占新建建筑比例超过96%，新建建筑节能（绿色建筑）强制性标准执行率在设计和验收阶段均达到100%。申报绿色生态住宅小区竣工标识项目2个，建筑面积36.12万平方米。完成既有建筑节能改造项目2个，改造面积14.18万平方米。

【勘察设计】 2020年，办理建设工程初步设计审批项目39个，审查建筑面积39.4万平方米、市政设施总长29.2千米。办理施工图审查备案项目135个，其中房建项目66个，建筑面积436.52万平方米；装修改造项目43个，建筑面积26.81万平方米；市政项目26个，长度65.63千米。全年开展工程勘察外业抽查项目13个，抽查比例10.18%。 （伍　静）

【建筑施工安全管理】 2020年，监管工程432个（在监工程335个，竣工工程97个），其中房屋建筑工程252个，市政基础设施工程130个，土石方、装饰装修等其他工程50个。发生一般安全事故4起，同比下降33.3%；死亡5人，同比下降16.7%，未发生较大及以上安全生产死亡事故。全年开展各类集中整治行动12次，累计出动执法车辆2240辆次、执法人员5404人次，排查整改一般安全隐患7168处，下发隐患整改通知书105份，下发停工整改通知书39份，下发停止建筑起重机械设备使用通知书39份，立案查处167起，共计罚款87.75万元，其中行政处罚案件34起，罚款75.25万元，简易处罚案件133起，罚款12.5万元。

【施工扬尘污染控制】 2020年，沙坪坝区督促施工工地严格落实《中华人民共和国大气污染防治法》《重庆市大气污染防治条例》明确的十项控尘规定，实施施工扬尘“红黄绿”动态管理机制，推进建筑工地形象品质提升，建立“源头把控，过程管控”的从开工到竣工全过程监管机制。整治扬尘问题200余个，创建扬尘示范工地和扬尘示范道路各20个（条）。 （王亚威　祖华彪）

【城建档案管理】 2020年，对114个工程项目进行档案专项验收，网上验收执行率100%。对验收合格工程档案进行电子著录和文件挂接归档，执行率100%，督促建设单位按规定时限将验收合格工程档案全部移交到重庆市城市建设档

2020年5月7日，沙坪坝区设置渣土运输车辆检查卡点 （秦润鑫摄）

案馆归档，移交率100%。全年完成库存工程档案数字化12358卷，并移交到重庆市城市建设档案馆集中保存。全年接待档案查阅咨询62人次，涉及54个工程项目，利用档案44卷。

（董　梅）

房地产管理

【概况】 2020年，沙坪坝区注册房地产企业93家，其中一级资质2家，二级资质28家，三级资质6家，暂定资质57家。中国房企500强中16家房企、重庆房企50强中9家房企在辖区有房地产项目。

（张　琴）

【房地产开发】 2020年，沙坪坝区房地产开发投资298.6亿元，同比增长12.3%。在建项目85个，总规模3911万平方米。全年办理房地产开发资质66件，其中新办开发资质（含到期后重新申办）27件，开发资质续期36件，开发资质注销3件；办理项目资本金存入、解控39件；对40个区级监管开发项目实施预售资金监管；办理竣工验收备案124项。开展“雏扬国际”二期、“圣雅·花园”“文庭雅苑”“华绣锦院”“井然坊”“旭辰·山水庭”“旭辰·云想”“旭辰·云栖”共8个安置房项目建设工作，总建筑面积52万余平方米，房屋3955套、车位3759个。“天星康韵”二期安置房于4月交房并投入使用。

（张　琴　张　宇　魏　华）

【房地产交易】 2020年，沙坪坝区成交各类商品房36810套，同比下降37.19%；成交金额343.58亿元，下降23.02%；成交建筑面积318.23万平方米，下降29.81%。成交各类存量房21870套，下降28.49%；成交金额92.56亿元，下降28.52%；成交建筑面积205.77万平方米，下降19.51%。

（王小红）

康居西城公租房　　（区融媒体中心供图）

【房屋租赁管理】 2020年，沙坪坝区强化租赁市场监督管理，办理租赁备案41户，备案房地产经纪机构205家，清退违规收费金额80万余元。开展中央财政资金支持住房租赁市场发展试点，培育发展万科金色悦城、雏扬国际二期等4个项目，共计335套、约2.4万平方米；另通过经纪服务方式，盘活租赁住房4000余套。推进房屋托管租赁行业风险防范化解工作，召开住房租赁风险提示会，镇街、房地产经纪机构350余人参会。做好房屋托管“暴雷”事件信访接待和协调工作，接待信访投诉335件，涉及住房租赁企业33家，涉及金额110余万元。 （雷 羽）

【住房保障】

房屋征收管理 2020年，沙坪坝区完成城市征拆1605户、20.25万平方米。对大学城复线隧道（一期）、井双片区AZ1主干道南段道路（二期）、劳动路拓宽改造项目、沙磁片区12号路道路工程、井双片区8号路工程、清水溪（二期）等7个项目实施征收，涉及征收407户，建筑面积3.24万平方米，完成签约403户，建筑面积3.22万平方米；对西站第二批住宅、火车站配套（公安局片区）、林海俊景等24个续征续拆项目实施扫尾攻坚，完成851户，建筑面积12.16万平方米（其中磁器口金碧正街、西南医院下穿道、联芳小学等17个项目完成扫尾攻坚任务，实现项目完结并交付建设用地）。 （曾 莉）

公租房管理 2020年，沙坪坝区公租房申请点受理申请12414件，配租成功5907件，完成4次摇号配租的集中受理，移交受理档案5877件。办理区公租房小区配租签约入住，美丽阳光家园应签1030户，实签737户，签约率71.55%；学府悦园应签4317户，实签3460户，签约率80.15%。两个公租房小区累计入住41383户（含廉租户2户、集体租赁125户），入住率97.8%，同比增长6%。

廉租房管理 2020年，沙坪坝区发放自主租房廉租户货币补贴157.53万元，1824人次，核算并支付井口龙润尚城物业费补差1.94万元。收取廉租房租金50.39万元，核发自有公房廉租户春节慰问品225份，入户走访257户；办理廉租房申请29户、廉租房转公租房19户。 （张 震）

房屋住用安全管理 2020年，沙坪坝区完成106栋、6.75万平方米房屋的安全鉴定工作，其中B级1栋，494.9平方米；D级105栋，6.7万平方米。开展已鉴定的危险房屋动态监测，编制监测方案，按照C级每周一次，D级每周两次的频率开展人工检测。全年排查房屋1574栋，建筑面积131.8万平方米，查出新增存在安全隐患房屋216栋，建筑面积16.3万平方米。排查原有C、D级房屋881栋，建筑面积37.5万平方米。

（王亚威）

【物业管理】

物业行业监管 2020年，沙坪坝区有物业项目455个，建筑面积4730万平方米，从业人数1.63万余人。全年进行物业服务合同备案26件，前期物业服务合同备案24件，物业区域划分备案19件，临时管理规约备案11件，协议选聘物业服务企业备案2件。截至2020年年末，辖区执业物业企业共有268家，其中在地物业服务企业144家、外地区注册物业服务企业124家。

老旧小区改造 2020年，摸排查出辖区符合老旧小区改造提升实施范围的房屋共计591.4万平方米、2407栋，涉及83072户、30万余人。根据《国务院办公厅关于全面推进城镇老旧小区改造工作的指导意见》，制定2021年老旧小区改造提升计划，计划投资3.08亿元，改造70个老旧小区项目，建筑面积约130万平方米，惠及居民1.74万户。

物业小区垃圾分类 2020年，沙坪坝区对26个物业小区进行垃圾分类专项检查，跟踪整改问题21处。建立垃圾分类月度检查制度，检查物业小区24个，跟踪整改问题27处。建成1个市级“无废小区”和8个区级“无废小区”。

（杜晓晏）

土地征收储备

【土地征收】 2020年，沙坪坝区完成征地526.7万平方米，实现交地370.5万平方米，拆除农房224万平方米。全年办理参保3548人，安置已征地群众1198户、3570人。

【土地储备】 2020年，沙坪坝区清理登记储备土地2362.6万平方米，新收购国有土地5宗18.5万平方米，收储补偿总额2.03亿元，交地4宗0.53万平方米。

【土地供应】 2020年，沙坪坝区完成土地出让19宗132.07万平方米，出让总价款85.54亿元，返还土地成本16.67亿元。（张常军）

“两违”整治

【概况】 2020年，沙坪坝区调整完善“两违”（违法用地和违法建筑）整治工作指挥部，指挥长由区政府区长担任，副指挥长由分管规划和自然资源管理、城市管理工作的副区长担任。全年整治各类违法建筑案件1999，面积158.5万平方米。

【新增违建防控】 2020年，沙坪坝区完善“区指挥办统筹协调—镇街具体负责—村（社区）、物业公司认真履责”的3级巡查制度，在辖区158个村（社区）和360个小区设立巡查专员，定人定岗定责巡查。通过报纸、电视、广播、新媒体等多种渠道，加强土地管理、城乡规划等法律法规宣传和对违建强拆的正面新闻报道，引导群众理解、支持和配合整违工作。畅通违建投诉渠道，搭建有奖举报平台，建立快速处理机制，受理办结投诉举报178件，查处消除新增违建29起、781平方米，群众满意率100%。

【存量违建消除】 2020年，沙坪坝区清理核查“四山”范围内的违法建设情况，整治“四山”区域违建664处、面积37.88万平方米；整治梁滩河、清水溪流域违法建筑72处，面积5.35万平方米；拆除“散乱污”企业涉及的违建44处，面积9.63万平方米。将拆违工作与项目建设对接，结合重庆西站交通枢纽、轨道交通9号线、内环拓宽等市区重点项目，将违建整治提前介入项目征地征收工作，拆除征拆区域各类违法建筑64.52万平方米。规范小区成片整治程序，制定整治规范流程和认定标准，坚持政策宣传在先、教育引导在先，督促自拆在先的原则，做到依法依规审慎推进，以小区为单位开展集中成片整治，全年受理违建罚没29起，处罚单位2起、小区业主27户。

（李春亚）

水电气供应

【自来水供应】 2020年，沙坪坝区供水总量为15266.06万立方米，综合供水生产能力40万立方米/日，最高日供水量46.81万立方米/日，年取水量13861万立方米，年售水量10826.14万立方米。

重庆市水务集团沙坪坝区营管所 是重庆市自来水有限公司的二级单位，位于沙坪坝区汉渝路，供水面积100余平方千米，供水户数39万户，公称通径100毫米以上供水管道1020千米，年售水量9600余万立方米。

沙坪坝水厂　供水能力20万立方米/日，全厂有生产车间7个，承担着沙坪坝区、渝中区、高新区、九龙坡区约110平方千米、100万余人的公共供水任务。

重庆市自来水有限公司井口水厂　是1座大型现代化水厂，主要包括主厂区、2个加压站（磨盘丘加压站和观音岩加压站）。一期生产能力20万立方米/日，供水范围包括沙坪坝井双组团、西永组团东片区、歌乐山片区、北碚蔡家组团，供水面积约130平方千米，服务90万余人。

（李秀春）

【电力供应】　沙坪坝区电力供应主要由重庆市电力公司沙坪坝供电局负责，公司在沙坪坝区管辖变电站27座（其中220千伏5座、110千伏18座、35千伏4座）。2020年，售电量28.81亿千瓦时（不含划入高新区范围），同比增长0.22%。

（杨乾坤）

【燃气供应】　沙坪坝区燃气供应主要由重庆燃气集团股份有限公司沙坪坝分公司、重庆利民天然气有限公司负责。

重庆燃气集团股份有限公司沙坪坝分公司　2020年，销售天然气46723万立方米，实现营业收入6.14亿元。

重庆利民天然气有限公司　2020年，销售天然气2690万立方米，实现营业收入5615万元。

（刘加庆）

应急管理

应急准备

【应急预案体系建设】 2020年，沙坪坝区完成《森林防灭火应急预案》《突发性地质灾害应急预案》《防汛抗旱应急预案》《抗震救灾应急预案》《危险化学品事故应急预案》等突发事件应急预案修编，区级有关部门完成大面积停电、燃气事故等专项预案修编，各镇街、村社区结合区级综合预案和有关专项预案，健全完善辖区应急预案（方案），形成上下联动、衔接有序的预案体系。

【应急力量建设】 2020年，沙坪坝区整合磁器口、青木关专职消防队建成沙坪坝区应急局直属应急队伍2支、队员34人，明确10名或5名队员为专职队员；各镇街建成镇街级综合应急救援队伍1支、队员30人，明确6名物业人员为专兼职队员。整合救灾救助、森林灭火、防汛抗旱等资源，建成区级物资装备库2个；各镇街、村社区整合消防、民兵、城市管理等物资装备，建成镇街级物资装备库22个、村社区应急救援站150余个。

应急救援

【安全生产类应急救援】 2020年，沙坪坝区加强突发事件信息收集上报，严格执行事故灾难发生后30分钟内电话报告、60分钟内书面报告要求，确保突发事件信息和政令畅通，区委、区政府领导24小时在线接处突发事件信息，按照分级分类原则，做好应急处置工作。成功处置“6·7”嘉陵江磁井段防洪护岸塔吊事故等一般生产安全事故18起，全年未发生因处置不当或不及时造成次生事故的情况。

【自然灾害类应急救援】 2020年，沙坪坝区先后发布防汛四级（蓝色）预警2次、启动四级应急响应1次，应对“6·27”“7·1”“7·17”等区域性暴雨天气灾害和“7·18”“7·27”等嘉陵江洪峰过境情况。8月14日17时，“嘉陵江1号”洪峰过境磁器口，水位185.08米，超警戒水位4.08米，超保证水位1.08米，启动三级响应，成立现场指挥部，疏散转移群众29户115人。8月20日凌晨2时，“嘉陵江2号”洪峰过境磁器口，水位192.65米，超警戒水位11.65米，超保证水位8.65米，造成沿江9个街道1136户住户、854户商户（单位）、21个车库、55千米临江道路、3千米码头岸线、7座桥梁、60处堡坎、60座电梯、25千米管网、25处文旅及卫生设施被淹，上调应急响应至二级，提高1米设防，转移安置住户商户2657户、6652人，转移车辆3400余台。截至

9月28日，全区投入6000余人次、300余台装备开展灾后恢复工作，完成清淤消杀135万平方米，开展房屋安全鉴定155间，修复燃气调压设备65台、气表356个、管线6千米，通信设备212台（套）、管线35.4千米，电力设备82台；2657户、6652人陆续返回居住地或重新经营，群众生产生活及时有序恢复正常。（刘大海）

灾害防治

【灾害预警及应急处置】 2020年，沙坪坝区针对季节气候特点和重点地灾隐患，排查整治自然灾害隐患500余个，开展会商研判16次，发布预警信息263条，覆盖96.1万人次。运用地灾监测系统，成功预警歌乐山地区地面塌陷14处。举办防汛抗旱、森林灭火等区级综合演练3次，相关部门组织开展应急演练30余次。开展临灾会商10次，累计发布各类预警信息55条，覆盖18.89万人次。（李妮芸）

【地质灾害治理】 2020年，沙坪坝区发生地质灾害灾险情47起，其中滑坡2起、地面塌陷45起，撤离群众21户84人，无人员伤亡。开展地灾宣传53次，发放宣传资料9300余份；开展培训20次，参与培训人数1102人；开展应急演练179次，参加演练人数6311人；开展新《重庆市地质灾害防治条例》宣传贯彻讲座2次；发送防灾预警信息20次4840条。加强地灾工程治理，完成地灾治理项目6个。（张弛）

【水旱灾害防治】 2020年，沙坪坝区严格落实水旱灾害防御责任，编制沙坪坝区山洪灾害防治镇街、村社2级预案，对水旱灾害防御“行政、技术、管护”三个责任人进行公示，更新全区水库应急抢险预案及调度运用计划。提前开展水旱灾害防御物资采购工作和保养清理；开展2次大排查，发现安全隐患38处并进行整改；巡检中小河流监测预警站点79个；全年巡查河道及水旱灾害防御安全隐患排查101次。发放宣传资料600余册，落实汛期24小时值班制度，发布水雨情预警信息10万余条。应对洪峰过境16次，实现人员零伤亡。（寇磊）

2020年5月26日，沙坪坝区举行防汛抗旱暨山洪灾害应急演练（区融媒体中心供图）

2020 年 10 月，重庆市安全文化大篷车下基层　　（区融媒体中心供图）

【震害防御】 2020 年，沙坪坝区按照《中国地震动参数区划图》和《重庆市地震安全性评价管理条例》开展建设工程抗震设防。对全区 60 余个在建项目开展抗震设防检查；启动青凤工业园区域性地震安全评价和全区地震灾害预评估；建立防震减灾“三网一员”体系，在各镇（街道）安排专兼职人员担任防震减灾助理员，指导检查各观测点、速报点和传点开展工作。开展各类基层防震减灾宣传活动和信息收集报送工作，在学校、医院等单位开展地震疏散演练 1000 余次，镇街及其他重点单位开展地震应急演练 50 余次。

安全生产监管

【概况】 2020 年，沙坪坝区围绕“控大事故、防大灾害”工作目标，抓住“大排查大整治大执法”工作主线，有序推进辖区企业复产复工。推进安全生产专项整治三年行动，如期完成年度目标任务，稳控安全形势。全年辖区未发生较大以上生产安全事故，未发生自然灾害亡人事件；截至 2020 年年末，沙坪坝区连续 8 年未发生较大事故，连续 18 年未发生重特大事故。（李妮芸）

【危险化学品安全生产监督管理】 2020 年，沙坪坝区严格产业布局，落实长江流域河流沿岸 1 千米内不得新增危化产能要求，全年无新增危化生产企业、化工园区，东部城区危化经营企业数量只减不增。定期开展风险研判，每季度召集区级有关部门分析研判沙坪坝区危险化学品安全风险并提出管控措施、落实管控责任。将减风险作为管控风险的重要措施，要求条件差整改无望的企业转型，鼓励营业额少、管理成本高的企业注销资质。对危化经营企业进行集中安全警示教育，提高企业的安全生产和风险管控意识。及时向企业进行风险预警，全年发布安全风险提示预警信息 9 次，企业落实自查 92 家次，自纠自改问题隐患 23 条。督促企业检维修作业严格执行《沙坪坝区危险化学品企业检维修作业自查表》。开展"一体化"执法检查，全年执法检查危化企业159家次，下达责令整改指令书121份，督促整改问题隐患753条，查处非法行为16起，经济处罚3.5万元。（尚春海）

【工商贸行业安全生产监督管理】 2020年，沙坪坝区开展粉尘防爆、高温熔融等重点企业和城乡接合部小微企业"大排查大整治大执法"，加强重要时段安全检查，建立常态化工作机制，提升企业安全管理和本质安全水平。全年检查企业214家，下达整改通知书86份，发现一般安全隐患885项，完成整改669项，到期整改率96.68%。持续开展安全标准化建设，制定《沙坪坝区工贸企业安全技术要求》，在执法检查和标准化评审中严格执行。截至2020年年末，收到标准化评审申请29家，其中评审达标23家。持续加强企业安全培训，印发企业安全培训手册5000册、技术指导要求3万册。加强信息化建设，工贸安全监管系统正式运行，利用监管系统摸清辖区工贸行业企业底数和安全风险底数。全年工商贸行业及工贸其他实现"零事故、零死亡"。（陈嘉兴）

【安全隐患排查整治】 2020年，沙坪坝区检查企业39621家次，发现隐患和问题22935个，完成整改22754个，整改率99.2%；下达整改指令6437份，责令停产停业27家，暂扣或吊销许可证4个，关闭13家，行政拘留24人，刑事处罚25人。有序推进15件挂牌隐患整治任务，完成11件。

【政府监管责任落实】 2020年，沙坪坝区制发全区安全生产和自然灾害防治工作要点，统筹谋划全区年度应急管理工作。针对辖区每季度安全生产和自然灾害形势和特点，分析研判安全形势，协调解决安全生产重大问题，部署安全生产和自然灾害防治工作。出台考核办法、细化目标任务，对全区安全生产和自然灾害防治工作实行量化考核；每季度组织开展1次综合督查。督导区级主管部门落实"三个必须"和"谁主管谁负责"职责，督导各镇街、管委会落实属地管理职责，推动各行业、各辖区安全生产和自然灾害防治工作落地落实。（李妮芸）

消防救援

【灭火救援】 2020年，沙坪坝区消防救援支队接警出动6000余次，其中火警350余次、抢险救援2000余次、社会救助3400余次，出动车辆8000余辆次、警力4.5万余人次，抢救疏散被困人员1500余人；妥善处置"12·26"奥林骄子住房火灾。全年未发生较大以上火灾事故。（黄　渠）

【专项整治】 2020年，以三年行动、高层建筑消防安全突出问题整治为主线，深化消防安全隐患"大排查大整治大执法"。开展养老机构、培训学校、大型物流仓储及快递企业生产处理场所、临街门面等场所集中排查，对辖区8家大型商业综合体进行消防安全达标验收。开展生命通道整治，建立信息共享、联合执法、立查立改、灭火救援联勤协作机制，加大镇街消防车道执法力度，摸排消防车道1580条、清理固定障碍物900余处、驱逐违规停放车辆2000余辆，完成400余个居民小区消防车道线划线标识。采取挂图作战、实景档案、联合验收等措施，推动整改179栋高层建筑无水问题。完成星瀚大厦摘牌销案工作，挂牌督办马家岩水电建材市场重大火灾隐患。全年检查单位3300家，发现整改隐患1122处，办理行政处罚102起，关停查封21家。

【消防重点工作】 2020 年，采用“四个一”模式（一通电话、一条信息、一段视频、一套数据）加强重点场所动态监管。成立技术服务队，对复工复产企业、复课学校做消防技术指导。推进沙坪坝交通枢纽小型消防站建设，制订完善建站方案，11 月全面备勤投用；新建城乡接合部消防取水设施处、新增市政消火栓 70 处。推动 199 家火灾高危单位消防安全评估，为五保户、独居老人等弱势群体购置安装 2000 套独立式感烟探测器。（刘修身）

2020 年 11 月 6 日，沙坪坝区教育系统“119”消防教育宣传月启动仪式在学府悦园第二小学校举行

（区融媒体中心供图）

【消防建设】 2020 年，区消防救援支队启动重庆文旅城消防救援站建设，完成前期工作；推进重庆西站消防救援站建设，完成主体施工；升级井口、歌乐山、虎溪消防救援站，井口、歌乐山消防救援站完成维修改造项目招标，虎溪消防站完成维修改造项目施工。推进装备器材转型升级，推广应用新型救援装备，配备隧道消防车、云梯车等装备，提升综合作战实力。加强队伍专业化建设，深化全员岗位练兵活动，组织开展业务对抗赛 5 次，加强微型消防站队员培训指导，有效提升“全灾种”“大应急”救援能力。强化地震、森林和水域救援编队专业队伍建设，优化调整编队人员和装备，开展拉动演练，提升专业化水平。加强应急通信实战化训练，配齐配强各类通信装备，夯实通信组网基础工作，修订应急通信保障预案 12 份，开展地震救援、抗洪抢险等通信合成演练 20 余次。在融创茂、磁器口古镇等辖区重点区域开展大型演练 10 次，修订完善类型预案 20 份，召开缺水地区、厂库房火灾扑救等战术研讨 8 次。（毛晨翔　黄　渠）

【消防宣传】 2020 年，沙坪坝区采取线上线下相结合的方式推进消防安全宣传工作，设计消防安全海报，编制防火顺口溜，通过微信、新浪、抖音等平台发布宣传内容。完成沙坪坝区、高新区消防安全督导片、警消联勤宣传片、总队通信比武、业务体能比武等视频拍摄，生动形象宣传消防知识。开展重庆融创雪世界消防救援演练暨“119”宣传月启动仪式及“开学第一课——消防安全知识进校园”直播活动，普及消防救援知识，最高同时观看人数 500 万余人。（喻　睿　刘洋旭）

【消防安全责任制落实】 2020 年，沙坪坝区将高层建筑消防安全隐患整治等重点任务纳入区级十大民生实事和年度目标任务清单，印发《消防安全三年整治行动》《高层建筑消防安全三年提升计划》等规划性文件，推动落实各级消防安全责任。开展年度消防安全工作检查，结果纳入全区经济社会发展实绩考核和领导干部政绩考评范畴。区消防安全委员会下发风险提示函、隐患通报、高层建筑突出问题任务交办 20 余份。落实企业复工、学校复课、防汛抗洪、节日安保等重要节点消防安全检查工作，保障辖区消防安全。（刘修身）

生态环境

综　述

【概况】 2020年，沙坪坝区空气质量优良天数314天，同比增加27天，主要污染物PM2.5浓度值同比下降21.1%，水环境质量稳中向好，土壤、声、辐射环境质量总体保持稳定，区域生态环境质量持续改善。（刘曲霞）

【环保法治建设】 2020年，沙坪坝区严格执行生态环保法律法规，坚持依法行政，全年立案查处环境违法案件119件，处罚金额530.4万元，依法实施查封扣押案件1件，移送公安追究刑事责任2件。受理行政复议16件。（向　斌）

【生态文明体制改革】 2020年，沙坪坝区发布“三线一单”（生态保护红线、环境质量底线、资源利用上线和生态环境准入清单），将生态环境准入清单作为区域资源开发、产业布局和结构调整、城镇建设、重大项目选址重要依据。推进排污许可登记、核发工作，核发排污许可证103家，完成排污登记及特殊情形标记4276家，发证率100%，登记率100%。试行生态环境损害赔偿制度，完成生态环境损害赔偿案件4起。

（王　雪　傅蕴辉）

【成功创建“中国天然氧吧”】 沙坪坝区山水资源富集，有大小河流55条、湖库23座，歌乐山、缙云山两大山脉纵贯南北；气候条件优越，年人居环境气候舒适度达到“舒适”的月份有7个月；空气质量好，一年中空气质量优良天数314天，负氧离子含量高，负氧离子年平均浓度3004个/立方^3，达到最优等级；水资源丰富，饮用水水源地水质达标率100%；植被覆盖率高，总覆盖率75.82%，其中森林覆盖率32.6%，森林之外植被覆盖率43.22%。2020年11月24日，沙坪坝区被中国气象局授予“中国天然氧吧”称号，成为全国首个大都市核心区的“中国天然氧吧”。

（张玉蓉　张　云）

污染防治

【大气污染防治】 2020年，沙坪坝区开展企业废气深度治理，在全市率先推动1蒸吨以上燃气锅炉低氮改造；淘汰更新柴油车250辆，开展机动车路检10114辆，抽测非道路移动机械100台，查处冒黑烟车辆500余辆；解决扬尘污染问题200余个，创建扬尘示范工地和道路各20个（条）；处置露天焚烧500余起，整治餐饮油烟150余家，开展56栋小区居民楼油烟集中治理。

（祖华彪）

2020年5月11日，井口街道蓝天白云　　（李西忠摄）

【水污染防治】 2020年，沙坪坝区严格落实“河长制”，三级河长常态化开展巡河1万余次，整治各类污染源534个。开展乱排、岸线乱占、河道乱建“三乱”专项整治行动，整治问题102处。完成全区6339千米排水管网普查，对1869千米市政管网进行数字化整理，基本建成智慧管网系统。新改建管网约34千米，整治管网问题1090处，推进井口污水处理厂三期扩建，采取PPP模式引入社会资本新建沙田污水处理厂。开展上、下天池和普照寺水库综合整治，3个湖库水质由劣Ⅴ类提升至Ⅲ类。实施菁云湖综合整治，水质达到Ⅱ类；加快五云湖、斐然湖综合治理，水质提升至Ⅳ类。梁滩河沙坪坝区段出境断面水质平均值由Ⅴ类提升至Ⅳ类，嘉陵江沙坪坝区段水质达到Ⅱ类；两处城市集中式饮用水水源地水质达标率保持100%，清水溪、凤凰溪等河流稳定消除黑臭。　　（陈　琳）

【土壤污染防治】 2020年，沙坪坝区启动排查、建立疑似污染地块“一张图”清单，完成疑似污染地块土壤污染调查63个，污染地块治理修复8个，提供净地382万平方米。全区建设用地污染地块安全利用率100%。强化辐射环境监管力度，确保辐射环境安全。开展汛期高温期间放射源单位安全检查，安全转移处置中地装（重庆）地质仪器有限公司退役的154枚放射源。妥善处理群众反映的基站、高压线辐射问题投诉21次，有效化解“邻避”问题。

【固废污染防治】 2020年，沙坪坝区印发《重庆市沙坪坝区危险废物专项整治三年行动工作方

2020 年 9 月 24 日，上天池整治后白鹭栖息 （周偲偲摄）

2020 年 9 月 24 日，下天池整治后环境 （陈　琳摄）

案》，开展危险废物专项检查、打击危险废物环境违法犯罪行为、塑料污染治理等专项行动。推进“无废城市”建设试点工作，完成75项年度试点任务和50个“无废细胞”建设。加强危险废物管理，安全处置医疗废物、危险废物，重点危废企业精细化管理启动率100%。推进“无废城市”建设试点工作，创建50个“无废细胞”，完成75项年度试点任务。加强危险废物管理，全年安全处置危险废物（含医疗废物）10887吨。

（许　萍）

【噪声污染防治】 2020年，完成花千树小区（二期）市级安静小区创建，完成金华苑、缘份庭、华宇·金沙时代北苑、龙湖睿城4个小区市级安静小区复查工作。辖区城市区域环境噪声、交通环境噪声均达标。（杨利于）

【生态环保修复】 2020年，沙坪坝区推进山水林田湖草生态保护修复，24个山水林田湖草工程试点项目主体工程全部完工。推进“绿盾2020”专项行动问题整改，完成15个问题整改验收和销号，完成生态现状遥感调查评估26个样点选点，对新下发的27个疑似违法点位进行实地核查。完成长江经济带废弃露天矿山恢复治理，长江经济带废弃露天矿山生态修复任务图斑20个、面积67.35万平方米治理恢复完成。

（明旭东　张　弛）

环境监管

【环境执法】 2020年，沙坪坝区开展工业企业废气深度治理、餐饮业油烟达标排放监管执法、联合打击危险废物环境违法犯罪行为等专项行动。开展嘉陵江入河排污口三期排查及污水偷排乱排直排专项行动，排查问题34个，全部完成整治。推进“散乱污”企业整治工作，关闭搬迁329家、整治规范203家、自行或强制停产状态117家。

（傅蕴辉）

【环境安全】 2020年，沙坪坝区开展“两会一节”“汛期”“大执法大排查”“铁路沿线环境安全三年行动”“安全生产专项整治三年行动”“疫情防控期间”等22项环境安全隐患排查专项行动，指导企业完成环境隐患问题整治200余个。完成62家风险源企业突发环境事件风险评估和应急预案编制修订工作，优化“东、中、西”三个环境应急救援物资储备点分布，增添吸油棉、围油栏、移动照明设备和发电机等环境应急物资。与70余家重点风险源企业签订环境安全工作责任书，督促建立环境风险防控和隐患排查整治制度，聘请专业机构对辖区重点风险源企业进行详查，排查并整改问题199个。（唐浩然）

【总量减排】 2020年，完成3座城市污水处理厂和2座镇级污水处理厂扩建，新增污水处理能力10.52万吨/天，全区污水处理能力累计达到22.76万吨/天。持续开展重庆永荣青鹏有限公司废气超低排放治理，完成重庆康明斯发动机有限公司、重庆中容石化机械制造有限公司等93家挥发性有机物企业废气设施改造升级。在全市率先全域实施燃气锅炉低氮改造60台，整治涉气类污染企业300余家。完成化学需氧量、氨氮、二氧化硫、氮氧化物和挥发性有机物5项排放指标减排目标。（明旭东）

环保建设

【环保设施建设】 2020年，购置执法数据采集工作站、VOCs快速检测仪等现代化装备，为镇街配备移动执法箱，提升执法能力。添置非甲烷

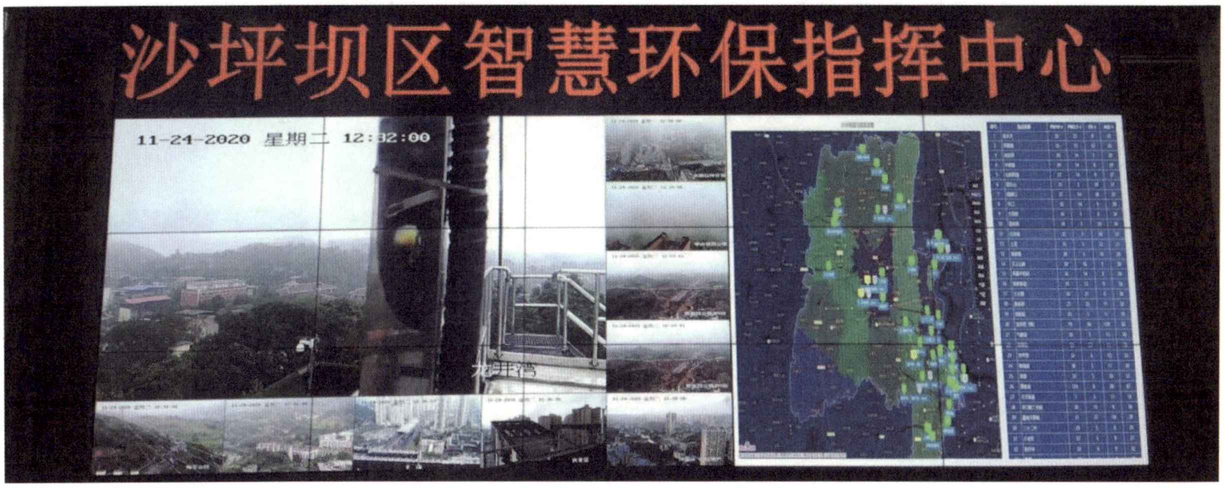

2020年11月24日，沙坪坝区智慧环保指挥中心监测图 （杨利于摄）

总烃、挥发性有机物、臭氧等便携式设备，强化挥发性有机物及臭氧应急监测能力。新增油烟、油雾、苯系物、粪大肠菌群等监测项目扩项。引进智能环境监测管理系统1套，推进监测能力现代化建设。 （罗 佳 傅蕴辉 余淑娟）

【信息化建设】 2020年，沙坪坝区建成集监测、调度、预警、分析于一体的大气网格化监测及智能监管平台。保持污染源在线监控（监测）系统稳定运行，从源头上对重点监管企业污染排放情况实时管控。打造智能化执法装备，利用移动执法终端、移动执法工具箱、无人机、无人船等开展现场执法、监测工作。区生态环境局投诉处理系统建成投用，构建区级、镇街联动处理机制。

（向 斌 刘曲霞）

【信息公开】 2020年，沙坪坝区开展生态环保政务信息公开，累计在区政府门户网站发布污染防治攻坚、生态环保督察、环境质量状况、行政许可、行政执法等信息1900余条。打造沙坪坝区生态环境局官方微博、微信双微服务，发布信息1000余条。全年监测、转办、跟踪、回复网络舆情142条，未收到市民、组织的公开申请事项。

（叶云青）

环保督察整改

【中央环保督察】 2020年，沙坪坝区第一轮中央生态环保督察反馈意见28项，全部整改；交办的186件群众举报投诉案件全部整改。第二轮中央生态环保督察专项子方案问题7个，整改销号3个，4个跨年度任务均达到进度要求；10个举一反三问题全部整改销号；交办的295件群众举报投诉案件，移交高新区29件，剩余266件办结销号173件，未办结93件。其中，第二轮中央生态环保督察反馈意见中点明的“歌乐山街道山洞村、新开寺村487家散乱污企业”问题，完成整治435家，完成率89.3%。 （杨琪皞 孙忠宜）

【市级环保集中督察】 2020年，沙坪坝区市级环保集中督察反馈意见90项，完成整改任务88项，2项跨年度任务均达到进度要求；交办的258件群众举报投诉案件全部按期办结回复。

（杨琪皞）

商贸服务业

市场载体建设

【概况】 2020年，重庆融创文旅城、龙湖光年综合体、磁器口后街一期开业投运，新增商业面积35万平方米；佛罗伦萨小镇主体完工。持续推动商圈提质扩容，提高商业供给质量，推动消费水平升级，加强商圈智能化建设。截至2020年年末，沙坪坝区有大型专业市场12家，主营家居建材批发销售、建筑钢材仓储式批发、水产品批发、新车及二手车销售、花卉批发销售等业务。

（郭翰英　苗新宇）

重庆融创文旅城

【主要商业中心】

三峡广场商圈　位于沙坪坝区东部城区中心，是沙坪坝区城市功能核心区。广场呈十字形，集休闲、娱乐、购物、办公为一体，日均人流量30万人次，节假日、黄金周人流量可达到50万人次。曾获“全国百城万店无假货示范街”“全国特色文化广场”“中国特色商业街”“全国商业街先进集体”等称号。2020年，三峡广场商圈加强市政监察执法，开展犬只、摩托车、噪声等专项整治持续提升商圈管理水平；推进基础设施建设，翻新、维护商圈景观建筑，养护园林绿化，及时修剪乔木、移植花草，优化商圈形象。12月30日，三峡广场旁龙湖金沙天街开业，500余个入驻品牌同日亮相，商业总体量21万平方米，助推商圈提档升级。（梁　爽）

融创文旅城　位于沙坪坝区西林大道，2020年9月开业。项目包括融创渝乐小镇、融创海世界、融创雪世界、融创水世界、融创茂、重庆融创文旅城酒店群和QG融创电竞中心等多个业态，共计22.5万平方米。（郭翰英）

粮油购销

【概况】　2020年，沙坪坝区纳入规模以上入统粮油企业7家，完成线上粮油流通统计数据报送。开展全国政策性粮食储备专项检查“回头看”专项工作，督促政策性粮食承储企业落实“两个安全”主体责任。委托重庆市储备粮公司统筹区外代储完成区级原粮储备任务3万吨，完成区级应急成品粮在地储备任务1800吨。重庆重粮健康产业股份公司落户国际物流园区，年度工业总产值8032.7万元。开展“粮油科技活动周”和“世

（区融媒体中心供图）

界爱粮节粮”宣传日活动，推广“12325”全国粮食流通监督热线。

【粮食收购】 2020 年，沙坪坝区支持有条件的粮食企业走出去，到粮食主产地开展粮食收购经营活动。受理收购资格变更登记 2 家次，新增办理收购资格 1 家次，延续登记收购资格 1 家次，辖区有 4 家企业获得粮食收购资格行政许可。

【粮食储备】 2020 年，沙坪坝区落实粮食储备管理，完成市级下达市储粮调减稻谷 2108 吨计划任务。（殷明润）

【军粮供应】 2020 年 4 月，沙坪坝区军队粮食供应站搬迁至物流园军粮专用仓库。12 月，沙坪坝军粮区域配送中心建设项目启动，由重庆国际物流枢纽园区建设有限责任公司代理建设，总投资 1116 万元，改造总建筑面积 5195 平方米。

（王　谊）

【粮食应急】 2020 年，沙坪坝区明确镇街落实粮食安全行政首长属地责任，建立覆盖全区各镇街的粮食应急供应网点 29 个。建立区级应急成品粮储备 1800 吨。每月不定期检查粮食储存情况，委托重庆市粮油质检站定期抽样检验，确保应急成品粮数量真实、质量合格。（殷明润）

烟草专卖

【卷烟营销】 2020 年，沙坪坝区卷烟销量卷烟 5.33 万箱，同比下降 6.73 %；销售收入 20.39 亿元（含税），同比下降 2.44 %；单箱收入 3.83 万元（含税），同比上升 4.59%；税利 3.80 亿元，同比下降 2.09%。

【市场监管】 2020 年，沙坪坝区查获涉烟违法案件 593 起，查获违法卷烟 3.89 万条，总案值 800.58 万元。烟草专卖许可证新办 822 户，延续 1816 户，变更 86 户，停业 294 户，恢复营业 96 户，歇业 208 户，审批注销 240 户，收回 160 户。

（樊砾灿）

供销商业

【概况】 2020 年，沙坪坝区供销社系统总收入 7.05 亿元，利润总额 2874 万元，社会贡献总额 8327 万元。其中，社有企业资产总额 4.76 亿元，总收入 6100 万元，利润总额 1654 万元，纳税 756 万。

【供销社系统体制改革】 2020 年，沙坪坝区推进“三社”融合发展，培育试验示范点 2 个，落实区级专项资金 160 万元，与重庆市大数据公司联合开展农民专业合作社信用评价体系建设和评级授信工作。恢复重建基层供销社 7 个，发展星级农村综合服务社 4 个，建立农村综合信息服务点 8 个，引领发展农民专业合作社 128 家，入社农户 5000 户。

【服务“三农”】 2020 年，沙坪坝区发挥农资供应主渠道作用，做好化肥、农药等农资储备，储备和供应各类农用物资 945 吨。成立农业社会化服务统筹统防工作组，为农民提供产前、产中、产后一条龙服务；发挥庄稼医院、测土配方站点、农资化肥店等优势，为农户和专业合作社提供农资直供、测土施肥、配方用药、农技咨询等服务，农业社会化服务面积 566 万余平方米。发挥农民合作社服务中心作用，与 60 余家专业合作社确立业务指导关系，在财务代账、法律咨询、农技培训等方面提供服务。

【供销网络建设】 2020年，沙坪坝区有物资配送中心2个，日用品连锁超市40个，农资连锁超市12个。利用电商平台推广特色农副产品，帮助农民建立农产品进城通道，助力农副产品销售。（饶梦琦）

餐饮住宿业

【概况】 2020年，沙坪坝区有限额以上住宿业、餐饮业单位190家，其中企业48家，个体142家。全年住宿和餐饮业营业收入82.9亿元，同比下降0.9%。其中限额以上住宿业、餐饮业企业营业额11.3亿元，减少7.6%。

【特色餐饮企业】

重庆桂桥缘企业管理有限公司 经营的桂桥缘梦位于沿河北路65号，配套设施完善，可提供会议、住宿、婚庆、休闲度假、奇石观光等服务。2020年营业额921万元。

重庆桂龙缘餐饮有限公司 位于奎安大道101号，占地面积8.6万余平方米，是集农业观光、休闲度假、餐饮娱乐、会议住宿于一体的中式特色酒店。2020年营业额822万元。

重庆枫香园旅游发展有限公司 位于歌乐山风景旅游区，占地面积20万平方米，有客房、会议厅、中餐厅、火锅厅、茶房等多种功能设施。曾获“重庆住宿餐饮业转型发展龙头企业”“重庆市餐饮住宿企业50强”等称号。2020年营业额749.6万元。

【主要酒店简介】 2020年，沙坪坝区有四星级酒店1家：重庆丽苑维景大酒店；三星级酒店3家：重庆大酒店、嘉陵宾馆、科苑戴斯酒店；2星级酒店1家；另有多家高级非星级酒店。

融创文华酒店 位于重庆融创文旅城内。酒店由78间临湖别墅组成，客房总面积110平方米起。2020年营业额1542万元。

融创嘉华酒店 位于重庆融创文旅城内。酒店配备客房262间，超200平方米的室内儿童乐园。2020年营业额1045万元。

融汇丽笙酒店 位于融汇国际温泉城内，酒店建筑面积约8万平方米。2020年营业额7015.7万元。

重庆丽苑大酒店 四星级酒店，曾获“重庆住宿餐饮业转型发展龙头企业”“重庆市餐饮住宿企业50强”称号。2020年营业额2654万元。

重庆大酒店 三星级酒店。2020年营业额2030万元。（张　伟）

特种行业

【概况】 2020年，沙坪坝区开展特种行业执法检查，检查企业247家，下达责令整改通知书27份，落实整改隐患187项，行政处罚8.6万元。开展重大火灾隐患排查整治行动，指导大川建材市场消防整改，对马家岩管材市场挂牌整治。

（彭　捷）

【成品油】 2020年，开展地下成品油及安全隐患大排查大整治大执法专项行动，查处案件6起，处理涉嫌非法存储成品油15余吨，销毁汽油4.2吨，移交公安机关行政拘留3人，查处非法改装车辆8辆。加强汽油柴油安全风险管控，明确市场主体经营成品油要求，全年依法核发3家企业涉及汽柴油的危险化学品经营许可，驳回8家企业经营汽油柴油申请。截至2020年年末，沙坪坝区有在营加油站35座，销售汽柴油33.9万吨。（邹翔宇）

【液化石油气】 2020年，沙坪坝区有22家液化石油气经营单位，其中液化石油气充装站1个、液化石油气供应站点21个，全年销售液化石油气10000吨，覆盖用户1.8万户。（杨乾坤）

【再生资源回收】 2020年，按照《重庆市沙坪坝区生活垃圾分类实施指南（试行）》工作要求，沙坪坝区印发《沙坪坝区商贸行业2020年生活垃圾分类工作方案》。全区有再生资源回收站点264个，年回收量7.5万吨。

【汽车交易市场】 2020年，沙坪坝区有在营汽车4S店7家：奔驰、路虎、雷克萨斯、奥迪、福特、吉利领克、东风小康。有二手车交易市场2家：国盛鑫汽博城、重庆市马家岩二手车交易市场。（邹翔宇）

经贸合作

【招商引资】 2020年，沙坪坝区优化招商引资方式，整合招商资源。全年新批重庆盈捷汽车进出口（集团）有限公司、渝俄通供应链管理（重庆）有限公司等项目19个。同年，沙坪坝区被纳入重庆全面深化服务贸易创新发展试点之一。

【实际利用外资及中国港澳台地区资金】 2020年，沙坪坝区实际利用外资及中国港澳台地区资金109511.34万美元，同比增长10.54%。外商直接投资1.28亿美元。实际利用中国港澳台地区资金5.51亿美元。

【进出口贸易】 2020年，沙坪坝区外贸进出口总额2993.9亿元，同比增长8.2%。全年抓好“六稳”（稳就业、稳金融、稳外贸、稳外资、稳投资、稳预期）工作，助力重点外贸企业复工复产，辖区外贸进出口至5月实现正增长。组织区内企业参加“中国国际进口博览会”，采购1亿美元。（张玲 高洁）

表13　2020年沙坪坝区实际利用外资及中国港澳台地区资金情况一览表

企业名	金额（万美元）	国家/地区	快报口径	企业名	金额（万美元）	国家/地区	快报口径
重庆承丰睿物流有限公司	5.46	中国香港	直接投资	春鸿电子科技（重庆）有限公司	654.34	毛里求斯	其他利用外资
维志（重庆）仓储服务有限公司	228.57	中国香港	直接投资	重庆安沙仓储有限公司	4002.71	新加坡	对外借款
重庆趣携小额贷款有限公司	7085.16	中国香港	直接投资	达丰（重庆）电脑有限公司	5000	中国香港	直接投资
华润微电子（重庆）有限公司	286.34	开曼群岛	对外借款	达丰（重庆）电脑有限公司	32178.81	中国香港	其他利用外资
重庆福仕特商贸有限公司	50	中国台湾	直接投资	丰仲仓储（重庆）有限公司	1011.85	中国香港	对外借款
重庆洛迪新材料科技有限公司	23.32	丹麦	直接投资	慧与云（重庆）科技有限公司	1773.67	荷兰	对外借款
重庆圣朗商业零售有限公司	50	中国香港	直接投资	英业达（重庆）有限公司	9095.17	开曼群岛	其他利用外资
鸿富锦精密电子（重庆）有限公司	2606.72	中国香港	其他利用外资	重庆国际物流枢纽园区建设有限责任公司	37367.39	新加坡	对外借款
爱思开海力士半导体（重庆）有限公司	6142.27	中国香港	其他利用外资	重庆嘉中仓储有限公司	479	中国香港	对外借款
重庆博泽汽车部件有限公司	199.59	德国	其他利用外资	重庆民昭物联网科技有限公司	275	中国香港	直接投资
重庆方正高密电子有限公司	888.97	中国香港	其他利用外资	重庆市富罗恩斯置业有限公司	107	中国香港	直接投资
				合计	109511.34	—	—

旅游业

综　述

【概况】　沙坪坝区位于重庆市主城区西部，东临嘉陵江，西抵缙云山，歌乐山脉（南端又称中梁山）由北向南纵贯全境，将辖区内平坝和丘陵地带，劈作东西两部分。东部城区濒临嘉陵江边，西部背靠歌乐山山腰，是名副其实的依山傍水之地，山水资源富集，有大小河流55条、湖库23座。巴渝文化、抗战文化、校园文化、养生文化、乡村文化在此汇聚，形成巴渝文化之旅、红色主题之旅、抗战文化之旅、校园文化之旅、工业遗址之旅、时尚都市之旅、生态文化之旅等富于文化内涵的旅游品牌。2020年11月，沙坪坝区被中国气象局授予“中国天然氧吧”称号，成为全国首个大都市核心区的“中国天然氧吧”。12月，沙坪坝区入选“第一批国家文化和旅游消费试点城市”。（于　歌　黄　林）

【景区简介】　截至2020年年末，沙坪坝区有国家AAAA级旅游景区4个，国家AAA级旅游景区2个。

歌乐山森林公园　歌乐山因“大禹治水功成召众宾歌乐于此”而得名，自然风光清丽幽深、古朴旷达，有云顶烟云、狮峰幽岩等几十处自然景观；名胜古迹历史悠久，有马蹄井、龙泉井、云顶寺、聪明泉、巴文化雕塑长廊等人文景点。早在明代，歌乐山就已成为古渝都的名山胜地。乾隆十六年，山上“歌乐灵音”胜景被列为巴渝十二景之一。主峰云顶海拔678米，为重庆近郊群峰之冠，有“渝西第一峰”“山城绿宝石”的美誉。1987年，被评为国家森林公园；2002年，被文化和旅游部评为国家AAAA级旅游景区；2003年，被国家林业和草原局评为国家森林公园，被国家体育总局和重庆市体育局评为重庆市体育主题公园，是中国第一个体育主题森林公园；2005年，被国家体育总局评为全国十二个优秀体育公园之一。

歌乐山烈士陵园　位于沙坪坝区歌乐山麓，

表14　沙坪坝区国家A级旅游景区名单一览表

序号	景区名称	质量等级	评定时间
1	歌乐山森林公园	AAAA	2002年11月
2	歌乐山烈士陵园	AAAA	2003年12月
3	磁器口古镇	AAAA	2006年11月
4	融汇温泉小镇	AAAA	2017年12月
5	海石公园	AAA	2007年12月
6	重庆沙坪坝抗战名人旧居（郭沫若·张治中·冯玉祥）	AAA	2010年2月

歌乐山颐麓欢歌生态园　　（唐鸿姿摄）

是重庆红岩联线文化发展管理中心（重庆红岩革命历史博物馆）所属纪念馆之一。抗日战争和解放战争时期，是特务机关“中美特种技术合作所”和国民党军统重庆集中营所在地。重庆解放后，人民政府将被国民党特务杀害的300余名殉难者遗骸合葬于原“中美合作所”特警班大礼堂废墟上。1954年，修建烈士墓园和烈士纪念碑。1956年，被四川省人民政府定为重点文物保护单位。1963年，以集中营旧址为依托，成立“重庆中美合作所集中营美蒋罪行展览馆”。1984年，更名为“重庆歌乐山烈士陵园”，邓小平题写园名。1986年，在原“一一·二七”烈士纪念碑址上建成《浩气长存》大型群雕，邓颖超撰写《烈士群雕铭》。1988年，被评为全国重点文物保护单位。1993年，经重庆市人民政府批准增挂“重庆歌乐山革命纪念馆”馆名。1996年，被中央六部委局授予“全国中小学爱国主义教育基地”称号。1997年，被中宣部定为全国爱国主义教育示范基地。2001年，与红岩革命纪念馆资源整合、联合运作。2007年，两馆合并成立重庆红岩联线文化发展管理中心（重庆红岩革命历史博物馆）。2016年，被列为国家级烈士纪念设施。占地面积2.14平方千米，建筑面积32217平方米，下辖红岩魂陈列馆、红岩魂广场、渣滓洞监狱旧址、白公馆监狱旧址、松林坡、杨家山秘密囚室、黄家院子秘密囚室、梅园等多个文物遗址及景点。

红岩魂陈列馆建成于1963年，分为上、下两层。原址为“中美合作所”阅兵台。建馆之初，馆名为“重庆中美合作所集中营美蒋罪行展览馆”。随着《红岩魂》展览在全国影响力的扩大，1999年，陈列馆改名为“红岩魂陈列馆”。展区分四个部分：歌乐山历史的见证、歌乐山历史的记录、歌乐山历史的悲壮、歌乐山属于历史。详细披露国民党军统集中营和中美特种技术合作所黑暗凶残的内幕，生动翔实地介绍杨虎城、叶挺、江竹筠、罗世文、车耀先等革命先烈英勇不屈的斗争事迹。

渣滓洞原为人工开采的小煤窑，因“渣多煤少”而得名，为土砖木结构，位于歌乐山下，占地面积4200平方米。因其三面环山、一面临沟，地势险峻隐蔽，1943年，军统特务逼死矿主，霸占该煤窑，设立看守所，将白公馆的政治犯全部迁于此地关押。看守所分内外两院，外院为特务办公室、刑讯室等；内院一楼一底16间房间为男牢，另有两间平房为女牢。主要关押“六一”大逮捕案、“小民革”案、“挺进报”案、上下川东三次武装起义失败后被捕的革命者，如江竹筠（《红岩》小说江姐的原型）、许建业、何雪松等，关押人数最多时有300余人。1949年11月27日，国民党特务溃逃前夕在此策划震惊中外的大屠杀，仅15人脱险。1963年，渣滓洞看守所复原修建，对外开放。1988年，成为全国第二批重点文物保护单位。

白公馆看守所旧址位于歌乐山松林坡南山下“中美合作所集中营”旧址内，土砖木结构，总建筑面积1131平方米，由一楼一底的主楼、厢房、特务连住宅、特务连连部、厨房、刑讯洞等组成。看守所原为四川军阀白驹的一所郊外别墅，建于20世纪30年代。1939年，军统特务头子戴笠到歌乐山下选址，看重此地后强行将其买下作为看守所关押政治犯。从此大门终年关闭，改从侧门进出，原住房改为牢房，一间终年不见阳光的地下储藏室改为地牢，原防空洞改为刑讯洞。1943年，“中美合作所”成立，白公馆改为美军来华人员第三招待所，关押人员全部转囚渣滓洞，直到1945年“中美合作所”结束后，白公馆才重新作为看守所关押人犯。“中美合作所”撤离后，白公馆还曾作为汉奸拘留所关押过大汉奸周佛海等人。抗日战争胜利后，白公馆被用作特别看守所。1947年春，渣滓洞的“人犯”被迁往白公馆关押，在这里关押的均属所谓“案情重要”的政治犯，如抗日爱国将领黄显声将军，共产党员宋绮云夫妇及幼子“小萝卜头”一家，同济大学校长周均时，《红岩》小说中“成岗”的生活原型陈然、“刘思扬”的生活原型刘国鋕等，关押人员最多时为100余人。1949年11月27日，军统特务将关押在白公馆的革命志士分批秘密押往松林坡，进行疯狂大屠杀，仅19人脱险。中华人民共和国成立后，白公馆成为改造国民党战犯管理所。1988年，白公馆被国务院定为全国重点文物保护单位，成为革命历史传统教育基地。

磁器口古镇　位于沙坪坝区东北部，前临嘉陵江、后靠歌乐山，金碧山、马鞍山、凤凰山三山并列，清水溪、凤凰溪两溪环抱，环境优美。清朝康熙年间，磁器口附近的沙坪窑盛产青花瓷，人们便将这里称为“瓷器口”，又因“瓷”通“磁”，意为让磁器口更有吸引力，后来便更名“磁器口”。1998年，被国务院确定为重点保护历史传统街区。2006年，被确定为国家AAAA级旅游景区。2010年，获评“中国历史文化名街”。2015年，被住建部和国家文物局评选为“中国历史文化街区”。

重庆融汇温泉城　位于沙坪坝区梨树湾，临近三峡广场、沙坪公园，自然、地理、交通条件优越。总建筑面积约196万平方米，是重庆主城核心地区少有的超大型温泉。以温泉为核心，在体量庞大、泉质优越的温泉馆附近建立食住游娱购一站即享的温泉小镇，汇聚旅游、商业、休闲、娱乐、餐饮、购物、文创、运动、养生等多元业态，形成文化底蕴深厚的老字号商业集聚区，是重庆市打造“世界温泉之都”的标志性工程，成为重庆都市休闲温泉旅游首选之地。

海石公园　位于沙坪坝区歌乐山中梁镇北部

环形山麓，处于长江中上游防护绿化带。公园由24个山头组成，平均海拔约650米，年平均气温16.8摄氏度。海石公园为喀斯特岩溶地貌，有千姿百态、惟妙惟肖的海花石林，呈现出大自然的鬼斧神工。

抗战名人旧居

重庆冯玉祥纪念馆，重庆市级文物保护单位、全国统一战线传统教育基地、重庆市爱国主义教育基地、重庆市统一战线传统教育基地、重庆市对台交流基地。位于沙坪坝区陈家桥街道白鹤村，呈现晚清普通巴渝民居风貌，木结构穿斗式梁架，单檐悬山式屋顶，小青瓦铺面，由前一坝、内三个天井组成三套四合院式建筑群。1938年，著名军事家、爱国将领冯玉祥将军随国民政府迁至重庆，居住于歌乐山金刚坡。1939年年初，冯玉祥偕夫人、子女迁居此处。1939至1946年，时任国民政府军事委员会副委员长的冯玉祥将军一直在此工作生活。2003年，纪念馆开始对外陈列开放。

国民政府军事委员会政治部旧址（重庆张治中纪念馆），全国重点文物保护单位、国家AAA级旅游景区、重庆对台交流基地。位于沙坪坝区土主街道三圣宫村。三圣宫原为清代庙宇，抗战时期国民政府军事委员会政治部在此设立乡间办事处，时任政治部部长张治中曾寓居于此。1938年年初，国民政府军事委员会政治部在武汉成立；同年12月，国民政府军事委员会迁驻重庆。其政治部留渝期间，一部在渝中区两路口，一部在沙坪坝区三圣宫办公。抗日战争期间，位于重庆市中心两路口的国民政府军事委员会政治部受到日机轰炸的威胁，国民政府军事委员会政治部

重庆冯玉祥旧居 （蔡雯雯摄）

重庆郭沫若旧居 （蔡雯雯摄）

于1939年迁驻沙坪坝区土主三圣宫。1940年，张治时任政治部部长一职，在此居住和办公，直至抗日战争胜利。2008年，纪念馆对外开放。

国民政府军事委员会政治部第三厅暨文化工作委员会旧址（重庆郭沫若纪念馆），全国重点文物保护单位、国家AAA级旅游景区、重庆市爱国主义教育基地。位于沙坪坝区西永街道香蕉园村，建筑风格为清晚期四合院，穿斗结构，小青瓦屋面，斜山式屋顶。抗日战争时期，国民政府军事委员会政治部第三厅暨文化工作委员会在此设立乡间办事处，时任三厅厅长的著名文学家、社会活动家、历史学家郭沫若曾寓居于此。2005年9月纪念馆对外开放。

旅游设施建设

【景区景点建设】 2020年，成立歌乐山·磁器口大景区建设指挥部，推进以歌乐山烈士陵园和磁器口古镇景区为核心连片创建国家AAAAA级旅游景区。完成城市空间专项规划编制，初步形成文化旅游发展总体规划和综合交通、文物保护专项规划。常态监管违法建筑，下达《责令停止违法建设通知书》2份，制止在建违建私自复工行为3次，会同属地街道拆除违法建筑4处、面积120余平方米。完成旅游秩序专项整治行动，驱离“喊客拉客”人员630余人次、劝导游客拒乘非法营运车辆570余人次、收缴揽客招牌62块、

歌乐山山城步道　　（周　辉摄）

查处乱停乱放车辆108台、拖移车辆9台。推进重点项目建设，完成索道站台风貌整治项目，磁器口后街一期项目首开区于12月30日开街，推进磁器口码头、“重庆·1949”剧院、四川外国语大学外立面整治等28个项目。（于　歌）

【旅游公共服务设施建设】 2020年，沙坪坝区在磁器口古镇景区、三峡广场、歌乐山烈士陵园等地设立咨询服务点，提供接驳车临时停靠点，为周边居民、游客提供旅游产品咨询及订购服务，满足游客的出行、出游需求。完善重庆西站旅游集散中心场地建设，设立中心大厅、咨询接待区、售票区、停车场地、公共厕所、标识系统、交通工具等配套设施。围绕“小厕所、大民生”理念，新建、改建旅游厕所12座，其中新建9座、改建3座，新建、改建厕所面积1136平方米，修建厕位数156个，提升景区服务品质。

（于　歌　杨　政）

旅游市场开发

【旅游交通】 2020年，开通T002路车，由磁器口发车至长江索道；开通T003路观光巴士，主要停靠景点包括：磁器口、红岩魂广场、白公馆；开通T009路车，由中梁镇开往蓝莓谷；开通T033路车，由重庆西站开往磁器口。

【精品线路开发】 2020年，开发阅读之旅、磁器口古镇之旅、大学城之旅、触摸红岩魂之旅、探寻抗战遗址之旅、工业遗址之旅、历史街区之旅、青青校园之旅、名人旧居之旅、文艺清新之旅、都市潮流之旅、逍遥休闲之旅、网红打卡之旅、生态乐园之旅、轨道交通之旅、浪漫追爱之旅、沙磁文化之旅、梁滩河畔之旅、沙坪坝经典三日游、都市夜归人 20 条精品线路，满足游客不同需求。

【旅游线路宣传推广】 2020 年，沙坪坝区通过公众号、区政府网站平台等多种方式进行旅游线路推广宣传。完成公众号“文化之旅沙坪坝”升级改版，全年推出旅游资讯，收集采编文旅动态，并在区政府网站文旅版块发布。与国家、市级新媒体平台合作，向《中国旅游报》、新华网、华龙网、《重庆日报》、大渝网、今日头条、网易重庆新闻等媒体平台推送发布信息；向重庆“学习强国”平台推送文旅宣传片“走进沙坪坝”。编制《“天地歌乐 人文沙磁”旅游宣传册》。通过各类展会开展旅游宣传活动，在中国国际旅游交易会、重庆国际文化旅游产业博览会等展会上推送文旅宣传视频。

【旅游接待人次】 2020 年，沙坪坝区有旅游从业人员 25 万人，接待游客 2368.52 万人次，同比下降 37.68%；实现旅游综合收入 84.93 亿元，同比下降 40.82%。

旅游市场管理

【概况】 2020 年，沙坪坝区在小长假、黄金周等重点时期，部署疫情防控、安全稳定工作，确保旅游行业安全稳定，提高旅游安全应急能力。制定车辆限行预约、交通组织调整、“四黑”整治方案，形成联合执法机制、案件联办机制、投诉转办机制，就“黑车”查处过程中涉及的“黑社”“黑导”实施链条式一体化打击，加大对“串串”非法揽客行为的打击力度。开展宣传引导，在主流媒体推送限流、预约等公共信息，宣传景区预约限流、疫情防控和重点节点管制措施。推

乡村旅游休闲观光公交 （张成勇摄）

进“文明在行动·满意在重庆”文明旅游工作，提升旅游业服务水平和文明程度，营造优质的服务环境和良好的文明旅游氛围。截至2020年年末，沙坪坝区有一般旅行社20家、旅行社分社9家、出境社1家。

【游客权益保障】 2020年，沙坪坝区要求旅行社与旅游者订立书面合同，在磁器口景区设置沙坪坝区旅游投诉现场受理点，安排专人值守，更加高效处理游客投诉。开展规范导游执业、打击强迫消费等违法行为的专项整治行动，出动执法人员380余人次，检查导游110人次，办结旅游案件5起。全年受理各类旅游咨询32起、旅游投诉129起。

【旅游环境综合整治】 2020年，沙坪坝区出台《沙坪坝区白公馆、渣滓洞景区旅游环境秩序整治总体方案》，开展“红岩联线景区”旅游环境集中整治、“黑车、黑导、黑社、黑店”等专项整治工作，规范旅游环境秩序。制定《沙坪坝区旅游秩序专项整治行动实施方案》，重点围绕歌乐山·磁器口大景区周边开展旅游市场环境综合整治行动。对辖区旅行社及网点进行大排查，对夸大宣传、服务质量不达标等问题督促现场整改。全年开展检查380余次，检查各类场所330余家次、检查导游110余人次；办结涉旅案件5起，处理群众投诉举报案件137件；协调解决企业经营问题21起(次)。（于歌 余江）

古镇保护与开发

综　述

【概况】　磁器口古镇始建于宋代，原名“白岩场”；传说明朝初年建文帝朱允炆削发为僧，隐避于宝轮寺。故上至井口，下至李子坝三十余华里地界，更名为“龙隐镇”。宝轮寺天王殿墙上有“龙隐禅院”四个大字。清朝年间，龙隐镇瓷器产业发展壮大，故更名为“瓷器口”。后又取磁场带动周边商贸之意，更名“磁器口”。是中国历史文化名街、重庆市重点保护传统街、国家AAAA级旅游景区。

古镇位于沙坪坝区嘉陵江畔，凤凰溪、清水溪川流而出，马鞍山踞其中，金碧山蹲其左，凤凰山昂其右，三山遥望，“一江两溪三山”的独特地貌形成天然的良港，曾有“白日里千人拱手，入夜后万盏明灯”的景象，繁盛一时。一条石板路，千年磁器口，古镇是重庆古城的缩影和象征，保留着榨油、抽丝、制糖、捏面人等传统项目。整个磁器口地区宗教场所众多，有“九宫十八庙”。抗战期间，众多爱国志士在古镇活动，因其独特的经济、交通优势，形成了以古镇为根基的沙磁文化区。巴渝文化、宗教文化、沙磁文化、红岩文化、民间文化在此交融发展。

2020年，完成宝善宫茶文化馆、钟家院家风生活馆、鑫记抗战教育基地提档升级；打造“磁器口音乐秀”“古镇书场”等文化惠民品牌项目；打造转运楼川剧大幕戏、宝善宫长嘴壶茶艺、码头会川剧变脸、川剧坐唱中心传统川剧等特色民俗文化演艺场地；完成“磁堂”瓷展厅投用，开发特色文创瓷器“巴渝十二景”。

【经济效益】　古镇商业以批发零售业、餐饮业为主，主要售卖预包装食品、工艺品、文创产品等旅游商品，提供川剧清唱、喷火龙等特色表演，有陈麻花、毛血旺、千张皮、椒盐花生等特色饮食。2020年，评选特色精品店示范店14家、特色精品店培育店14家，为示范店制作宣传短视频，为精品店制作宣传折页5000余份。推荐精品商家参加第六届重庆中小企业服务节展销活动。全年区域总产出21.88亿元，同比增长2.32%，接待游客625万余人次，游客满意度98%。

【“磁器口后街”打造】　“磁器口后街”是沙坪坝区重点招商引资项目，位于沙磁新兴滨江消费带核心，紧邻磁器口古镇景区，总用地面积约8.3万平方米，总建筑面积约15.4万平方米。项目分两期开发建设：一期工程建筑面积11.56万平方米，首开区于2020年12月30日开街，开放面积1万平方米，剩余10万平方米计划2021年6月30日开街；二期工程计划2021年完工，

2020年第二届沙坪坝夜市文化节　　（区融媒体中心供图）

2022年6月开街。规划打造“爬山城”“逛老街”“品创意”三大文化主题动线，“爬山城”以“焕新巴渝逛游”为目的，包揽井中天、翰林桥等诸多巴渝文化传奇经典，“逛老街”以“挖掘山城人文精神”为核心，重塑龙隐邮局、火锅博物馆、高石坎等山城记忆，以更具参与性的景观构建，“品创意”以“追溯城市生长轨迹”为目的，打造吊脚楼广场、沙磁荣光等城市人文景观。

【提质增效】　2020年，沙坪坝区推进古镇景区改造提升，整治建筑立面，改造车行道为步行街，打造磁器口片区整治示范段，建成绿化景观及休闲广场15.8万平方米，修建沿河生态步道7.1千米，实现游览空间升级扩容。推进“清水绿岸”治理，整治各类污染源700余处，新改建排水管网49.8千米，建成清水溪、凤凰溪湿地公园4个，新增城市绿化面积20.6万平方米。6月，“重庆·1949”剧院开工，12月31日封顶。完成《歌乐山·磁器口片区整体提升规划》，按照“规划引领、基础先行、项目支撑、管理提升”的思路，推动磁器口·歌乐山大景区打造，景区整体形象改善明显。完成《磁器口古镇保护规划》修编，结合磁器口历史文化街区保护与管理需要，系统推进古镇保护提升。

古镇保护

【应急管理】　2020年，沙坪坝区制订《磁器口古镇预防拥挤踩踏工作实施方案》，根据实时人流增派人员采取疏导、限流等措施，增强应急处突能力。建立消防安全管理准入机制，规范电气线路使用标准，落实门店消防验收，明确商家消防安全主体责任和义务。开展“打通生命通道”专项整治行动，排查违规占用、堵塞消防通道的违法行为，清理占道车辆370余辆；整治5000余米管网下地，改造公共和室内电源线路，提高绝缘等级；新建1千米道路，原有道路联结形成3千米的消防环道；整治核心区公共通道11处，安装防火板400余平方米，涂刷阻燃剂4000余平方米；防火粉刷12处文物古建筑；清理拆除可燃雨棚9500余平方米；开展消防应急演练4次。打造智慧安防管家，整合智慧消防、旅游管理、雪亮工程等“智慧安防”系统，依托磁器口街道应急指挥中心，实现全方位、全时域掌握景区安全情况。成立百人应急巡防营，开展安全检查6620户次，整改隐患130处。

【抗洪抢险】 受四川境内嘉陵江、上游强降水影响，2020年8月14—20日，嘉陵江迎来1号、2号洪水过境，两次洪水首尾相连，持续时间207小时。8月20日2时，磁器口站迎来最高洪峰过境水位，达到192.65米。沙坪坝区在汛期开始前对照防汛预案，摸排磁器口古镇景区商家、居民情况，建立台账。截至8月20日7时，疏散转移居民和商户818户、1670人，转移车辆1500余辆。在涉水区域出入口实行24小时值守，累计劝离市民、游客1.9万余人次。洪水退后，开展全域清淤工作，组织500余人对14万余平方米受灾土地进行清淤保洁，快速恢复景区面貌。实现片区无人员伤亡，无重大财产损失。

景区综合管理

【完善旅游服务功能】 2020年，沙坪坝区完善景区门户宣传系统，建立“政府官网+微信公众号”互动平台。推进“重庆磁器口”微信公众号改版，全年推送文章185篇，关注量130万余人；推出“磁·预约”“磁·游览”“磁·服务”三大主题板块，实现景区网络预约功能，便捷服务游客。开办“重庆磁器口”抖音号，实现568

2020年磁器口洪峰过境 （区融媒体中心供图）

磁器口古镇

（区融媒体中心供图）

万人次实时观看古镇春节、端午活动直播。建成金蓉门游客综合服务中心，黄桷坪大门、金蓉门2个游客综合服务中心协同提供旅游咨询、矛盾调解、投诉受理、应急救援等服务。统筹处理投诉及“12319”等平台信息，全年案件结案率100%。安装应急广播系统，实现核心景区全覆盖，强化日常广播、疏散、寻人等服务。设置便民服务柜、无障碍设施、免费饮用水、爱心雨伞、报纸杂志等便民设施，提升游客便捷度。建立固定志愿服务阵地10个，每月至少组织1次志愿服务，全年累计开展志愿服务2500余场次、6000余小时。

【区域交通路网完善】 2020年，沙坪坝区完善景区交通路网，新建道路19条，凌云路、凤凰山隧道等9条道路建成通车；推进沙滨路、凤凰山隧道及东西连接道、凌云路拓宽、劳动路拓宽等13个项目，5个项目建成，5个项目投用；新建5个公共停车场，规划4500个停车泊位。优化游览线路，因不同交通方式到达景区位置不同，设计推荐10条旅游动线，满足游客游览需求。

【市政管理】 2020年，沙坪坝区落实磁器口古镇市容秩序整治常态化，整治占道经营、游摊小贩、乱贴乱挂、广告店招、工地围挡等市容乱象。清理游摊小贩560余次，暂扣各类违章物品530件，清理牛皮癣小广告1500余张。完善市政设施，更换井盖26块、雨水箅子16块、路灯线路1000余米；疏通管网19次，累计1000余米；翻修石板路面1200余平方米；完成零星维修及排危拆除1700余处。实行清扫保洁精细化管理，对古镇全域4万余平方米清扫保洁区域实行“定路段、定标准、定考核”的全天候清扫保洁制度。坚持垃圾时产时清，垃圾收运实现100%袋装化、密闭化。推进绿化景观提档升级，保障古镇景区无裸土，布置各色鲜花10万余株，修枝200余棵。

【市场管理】 2020年，沙坪坝区印发《磁器口古镇经营行为事前调查工作规范》，完成商家经营行为事前调查，为421余户商家提供事前咨询，谢绝200余个不符合规划管控标准的项目入驻。召开商家经营行为事前调查例会34次，通过165个符合规划管控标准的项目，在景区主要出入口、微信公众号公示通过结果。处理商家经营违规行为，督促违规失信商家关停整改6户次，约谈违规商家50户次。处理商家经营行为类现场投诉、电话投诉40余件，处置市政府公开信箱28件、市信访办信访件12件。

特色活动

【古镇书场】 磁器口故事以磁器口民间传说为主，历史久远，经各代评书传人口授心传，已逾百年，具有重要的文学研究价值、历史价值，深受群众喜爱。2012年，磁器口故事被评为民间文学类区级非物质文化遗产项目。2014年10月，沙坪坝区在磁器口古镇景区创建公益演出项目“古镇书场”。每周五下午，“古镇书场”在钟家院门前开展，由区级非遗评书代表性传承人陈修贵主持，由市级非遗评书代表性传承人曾令弟等主讲，主要讲述独具磁器口古镇特色的传说典故、家风故事、红色故事和重庆掌故等，同时也邀请金钱板、川剧变脸、长嘴壶等非遗传承者为居民游客提供全面了解独具巴渝特色的非物质文化遗产的机会。2020年，受疫情影响，“古镇书场”于10月重新开讲，除原有场次外，增设和美大院讲点；除原本节目外，增设抗疫抗洪故事相关的评书、金钱板等节目。“古镇书场”运行以来，累计开展200余场次，惠及10万余人次，是沙坪坝区文化惠民的品牌项目，曾获重庆市文联2017年度“十佳特色品牌”称号。

【“我们的节日·端午”】 2020年，磁器口古镇开展“我们的节日”春节、清明、端午、中秋系列活动，结合传统习俗，在节假日举行舞狮、写春联、汉服巡游、祭月礼等活动。其中，“我们的节日·端午”以传承端午习俗、弘扬爱国情怀为主旨，通过在古镇商业中心区、文化景点、居民区悬挂艾叶、香囊、菖蒲、设置小型端午知识展览、包粽子等方式营造具有端午元素、端午文化和端午特色的节庆氛围。开展“古镇书场”讲端午、文化沙龙话端午、“票友会”唱端午、国学讲座解端午、“百姓舞台”演端午、“创意集市”展端午、书画创作绘端午、民俗巡游闹端午、划旱地龙舟、包粽子比赛、“采草药接力赛”等活动，组织川剧变脸、婚俗嫁娶、威风锣鼓、打莲箫、车幺妹儿等巡游表演，打造磁器口端午街市。被评为重庆市级“我们的节日”品牌示范活动。

2020年6月24日，磁器口古镇管委会联合磁器口街道在和美大院开展“粽叶飘香话端午”端午节活动（杨兴元摄）

【和顺茶馆】 2020年6月，磁器口古镇建立基层社会治理综合体和顺茶馆，以解决辖区居民、商家、游客实际需求为目标，设线下中心“和风楼”“顺意馆”，线上平台“云中堂”，是群众社会治理新阵地。以线上线下相结合的方式，发挥矛盾化解、民意沟通、法治宣传、法律服务、心理疏导、志愿服务、文化生活、投诉处置等作用，为居民、商家、游客提供上传下达的桥梁。和顺茶馆自建成起累计开展法治宣传、志愿服务、技能培训等活动100余次；招募法官、检察官、律师、法律工作者、社区党员及热心群众成立“和事佬”队伍调解矛盾纠纷40余起，调解成功率95%以上；收集群众问题建议150余件，协调解决138件。（王 兴 杨蕾怡）

科学技术

综　述

【概况】　2020年，沙坪坝区编制“十四五”科技创新专项规划。引进高新产业项目39个。区内10人获重庆市杰出英才，集聚120多名院士、500多名高层次创新人才；组建创业种子基金2支，引进风投基金3支、产业基金1支，扩大科技信贷规模，服务110余家科技企业；培育技术转移机构5家，引育技术服务企业7家，技术交易超400项，交易额近3亿元；组建技术市场协会，举办创新活动近20场。

【创新主体】　2020年，沙坪坝区围绕“智造之都”“智慧名城”，内培外引创新主体。构建“科技型企业、高成长性企业、高新技术企业、上市辅导企业”四级成长培育体系，培育高新技术企业60家、科技型企业470余家，高新技术企业、科技型企业累计分别突破100家、1000家；引进携恩科技、三福电子等科技型企业39家，引育中科广能能源研究院、众科人工智能研究院等独立法人研发机构13家，新增市级高端研发机构2家；组建众科人工智能研究院、唯精智能家居科学研究院、母婴健康科学研究院，筹建西部（重庆）工业设计联合创新学院。

【科技扶持】　2020年，沙坪坝区完善科技创投体系，发挥科技金融的支撑作用，逐步形成“科信贷＋商信贷＋组合贷”的政府担保贷款“组合拳”。新增科技型企业知识价值信用贷款担保基金1000万元，向122家企业发放科信贷17154万元。组建5000万元创业种子基金，首期到位1000万元。落实各项区级政策，对2019年度获国家高新技术企业的44家企业、连续两年在库重庆市科技型企业107家进行奖励，奖励金额357.5万元。

【科技成果】　2020年，沙坪坝区获批国家新一代人工智能创新发展试验区项目3项、国家数字经济创新发展试验区项目3项、科技部“科技助力2020”项目2项；催生科技抗疫成果，实施科技部科技抗疫“百城”行动计划，9个项目获批国家、市级抗疫应急科技攻关专项。3家企业申报2020年重庆市科学技术奖提名。2019年度重庆市科学技术奖沙坪坝区获奖47项。（何　琳）

【科技成果转化】　2020年，沙坪坝区聚焦卫生健康领域培育光宝联合、中智医谷等科技型企业6家，打造卫生健康领域成果转化项目3个、培育技术转移机构4个。统筹中电光谷、浪尖渝力、掌灯科技等多个市内优秀技术转移平台，成立技术市场协会，开展 2 期技术经理人培训，并特聘技术经理人 5 人，开展各类技术转移转化活动 5 场。科技成果转化 300 项，成交金额 8.9 亿元。重庆医药高等专科学校懿创技术转移中心获批重庆市技术转移示范机构。

表 15　　沙坪坝区 2020 年科技成果转化清单一览表

项目名称	合同类别	技术领域
陕西省崔家沟煤矿“一通三防”专业化技术服务	技术服务	环境保护与资源综合利用
油雾废气净化处理工程合同书	技术服务	环境保护与资源综合利用
污染土壤电化学淋洗方法及装置 与一种污染土壤电化学淋洗及氧化还原修复装置两个专利权的转让	技术转让	环境保护与资源综合利用
掺氢对城镇天然气管网失效及其后果的影响研究	技术开发	环境保护与资源综合利用
甘洛县文化和旅游资源普查服务项目技术服务合同	技术服务	环境保护与资源综合利用
巫山县青山头风电场项目水、环保监测及验收技术服务合同	技术服务	环境保护与资源综合利用
米易县文化和旅游资源普查服务项目技术服务合同	技术服务	环境保护与资源综合利用
天水市工程地质钻探及原位测试地质调查项目合同	技术服务	城市建设与社会发展
重庆市九龙坡区五洲世纪文化创意中心项目建筑信息模型技术应用咨询服务	技术服务	城市建设与社会发展
重庆轨道交通四号线二期项目	技术咨询	城市建设与社会发展
重庆轨道交通六号线支线二期工程站后工程施工总承包项目 –BIM 信息化管理平台项目	技术服务	城市建设与社会发展
LNG 储罐减隔振技术振动台实验项目技术服务合同	技术服务	城市建设与社会发展
基于装配式钢制或钢混组合结构的建筑物设计建造技术研究	技术咨询	城市建设与社会发展
生物医药研发基地项目	技术咨询	生物、医药和医疗器械
葡庚糖酐铁原料药合成工艺委托开发	技术开发	生物、医药和医疗器械
头孢维星钠原料药及注射用头孢维星钠	技术开发	生物、医药和医疗器械
重庆医药高等专科学校（社区居家老年人健康服务技术推广中心）与重庆市江津华恩中医医院有限公司	技术服务	生物、医药和医疗器械
重庆医药高等专科学校与重庆市綦江中医院关于开展针灸针刀技术推广的协议书	技术服务	生物、医药和医疗器械
重庆医药高等专科学校与美陆视光眼镜有限公司近视防控技术推广应用协议书	技术服务	生物、医药和医疗器械
重庆医药高等专科学校（社区居家老年人健康服务技术推广中心）与江津华恩	技术咨询	生物、医药和医疗器械
药品微生物检测、菌种鉴定与风险控制	技术服务	生物、医药和医疗器械
盐酸沃尼妙林中间体委托协议	技术服务	生物、医药和医疗器械
脱卤酶催化制备 CHBN 的工艺开发	技术开发	生物、医药和医疗器械
鹿血酶解液抗疲劳活性测定及活性成分鉴定	技术服务	生物、医药和医疗器械
检测项目合作协议	技术服务	生物、医药和医疗器械
脊柱相关疾病应用技术推广基地项目	技术咨询	生物、医药和医疗器械
脊柱相关疾病应用技术推广基地项目	技术咨询	生物、医药和医疗器械
多尼培南原料药与注射用粉针剂工艺开发与技术转让	技术开发	生物、医药和医疗器械
多利培南杂质 5 的技术服务协议	技术服务	生物、医药和医疗器械
阿莫西林开环水解杂质合成技术开发与转让合同	技术开发	生物、医药和医疗器械
阿莫西林开环水解杂质合成项目	技术开发	生物、医药和医疗器械
硫酸羟氯喹合成工艺技术与质量提升研究委托开发与转让合同	技术开发	生物、医药和医疗器械

续表 15

项目名称	合同类别	技术领域
氯喹和羟氯喹侧链生产工艺转让合同	技术转让	生物、医药和医疗器械
萘普生工艺委托开发与转让合同	技术开发	生物、医药和医疗器械
阵列式生物电刺激器	技术转让	先进制造
一种智能避障装置	技术转让	先进制造
智能清扫铣刨装置应用项目技术转让	技术转让	先进制造
安全运输传感转运装置应用项目技术转让	技术转让	先进制造
一种财务审计用辅助装置	技术转让	先进制造
复合绝缘子多参量融合评价体系研究	技术服务	先进制造
包装生产企业成本控制的优化方案	技术服务	先进制造
双辊铸轧铝合金薄带凝固终点预测及工艺控制研究	技术开发	先进制造
双辊铸轧铝合金薄带电磁侧封原理样机实验研究	技术开发	先进制造
对构齿轮、摆线齿轮传动成套技术	技术转让	先进制造
双辊铸轧铝合金薄带双辊铸机布流系统研究	技术开发	先进制造
具有恒流恒压恒频特性的感应电能传输系统的设计方法	技术转让	先进制造
电流型无线供电系统负载识别方法	技术转让	先进制造
一种高效的电动汽车动态感应供电系统	技术转让	先进制造
具有方位自整定功能的感应电能传输系统	技术转让	先进制造
基于感应耦合方式的飞行器间无线供电系统及供电方法	技术转让	先进制造
感应电能传输系统的环流控制装置及方法	技术转让	先进制造
U 型无线电能传输耦合结构及其设计方法	技术转让	先进制造
一种磁场跟踪伺服机构控制系统及其控制方法	技术转让	先进制造
基于双边功率流控制的无线电能传输系统及其控制方法	技术转让	先进制造
非接触式能量传输系统的功率调节电路及其控制方法	技术转让	先进制造
1908 在运碳纤维复合芯导线状态评价技术研究（在运碳纤维复合芯导线无损检测技术开发与测试）	技术服务	先进制造
HTSY300 水声收发合置系列换能器	技术开发	电子信息
基于 IPv6 的智能校园安防系统研究与应用	技术开发	电子信息
《网站信息数据分析服务平台 V1.0》软著转让	技术转让	电子信息
具有备用供电的计算机电源	技术转让	电子信息
生物信息采集卡视觉检测软件著作权转让	技术转让	电子信息
《云环境下安全数据托管共享系统 V1.0》软件著作权转让	技术转让	电子信息
《通用多协议动态自适应适配系统 V1.0》软件著作权转让	技术转让	电子信息
混合现实技术的变电站运维检修模拟系统	技术转让	电子信息
HTCJ4500 高频声天线用压电陶瓷阵元	技术开发	电子信息
基于库网络和小样本连续学习的脉冲神经网络技术研究项目	技术开发	电子信息
高压套管缺陷及健康裕度的时 / 频域介电响应联合诊断分析技术及应用研究——套管的介电响应联合诊断方法研究	技术开发	电子信息
集约化天线单元	技术开发	电子信息
高性能电化学分析测试系统关键技术研究	技术开发	电子信息
惯性测量单元功能测试软件研制	技术开发	电子信息
空间众包网络节点位置隐私保护方法	技术转让	电子信息
一种基于椭圆曲线的签名认证方法及系统	技术转让	电子信息

续表 15

项目名称	合同类别	技术领域
一种基于椭圆曲线算法的加解密方法及系统	技术转让	电子信息
基于 GMR 传感器的 ABS 系统等 6 件专利	技术转让	电子信息
多制式码流数传及信息处理软件系统研制	技术开发	电子信息
地空宽带数据链通信系统原型样机研发及测试	技术开发	电子信息
天线小型化和方向图控制技术合作项目	技术开发	电子信息
块 IP 转发学术合作项目	技术开发	电子信息
基于人工磁导体的低剖面天线技术项目	技术开发	电子信息
超宽带可重构天线阵列	技术开发	电子信息
开关柜验收机器人研究与开发 – 开关柜质量智能判定与综合评估系统开发	技术开发	电子信息
重庆出版集团影音研究创作（有声化创作、剧目化创作、影视化创作等）	技术服务	电子信息
基于阈值操作的代价敏感神经网络的警告分类方法专利转让	技术转让	电子信息
基于欠采样操作的代价敏感神经网络的警告分类方法	技术转让	电子信息
一种面向性能的云数据中心轮休方法、装置和系统	技术转让	电子信息
云数据中心新增任务数动态控制装置、系统及方法	技术转让	电子信息
475 型耦合器电路研发	技术开发	电子信息
含微水油纸系统太赫兹频段极化特性与含水量快速测试方法研究	技术服务	新能源与高效节能
XLPE 电缆快速超低频介损检测技术研究	技术服务	新能源与高效节能
宣汉净化厂停产过程 SO_2 减排系统开发	技术开发	新能源与高效节能
胶浸纤维干式套管绝缘材料试验研究	技术服务	新能源与高效节能
鄂尔多斯盆地探评井常规岩心测试分析	技术服务	新能源与高效节能
2020 储气库压缩机组工艺系统振动治理研究及应用效果评价技术服务合同	技术服务	新能源与高效节能
高比例新能源稳定控制技术研究服务合同	技术服务	新能源与高效节能
苏东 41—33 区块上古气藏储层渗流机理研究岩芯测试化验项目	技术服务	新能源与高效节能
莫索湾地区中浅层中浅层“甜点”储层特征及预测	技术服务	新能源与高效节能
配网电缆及附件局部绝缘缺陷诊断新技术研究及应用（子课题：基于嵌入式 AI 红外成像技术的配网电缆附件局部缺陷带电检测与状态评估技术研究）	技术服务	新能源与高效节能
基于中低频空载和短路试验的配电变压器容量检测平台开发	技术开发	新能源与高效节能
面向主动配电网的智能配电自动化技术研究	技术开发	新能源与高效节能
基于激光拉曼光谱的油纸绝缘电力设备老化诊断关键技术研究及应用——基于激光拉曼光谱的油纸绝缘电力设备老化检测与评价关键技术研究	技术服务	新能源与高效节能
南海西部气井积液及反凝析伤害治理技术研究	技术服务	新能源与高效节能
非均质油藏水平井见水机理及水驱规律研究	技术服务	新能源与高效节能
重庆气矿三甘醇脱水装置检维修平台研发及应用（研发试用）	技术开发	新能源与高效节能
基于多元信息融合的大型电力变压器健康管理及故障预警	技术开发	新能源与高效节能
基于多维度多风电场接入的柔性直流系统可靠性建模研究	技术咨询	新能源与高效节能
变电站运维风险评估方法及可视化系统研究	技术开发	新能源与高效节能
油溶性纳米粒子的理论建模和改性分散技术研究	技术服务	新能源与高效节能
多功能复合分离膜试制、表征及分离性能研究	技术服务	新能源与高效节能
基于 600 兆瓦 CFB 锅炉实测结果的 660 兆瓦超超临界 CFB 锅炉燃烧均匀性实施方案研究	技术咨询	新能源与高效节能

续表 15

项目名称	合同类别	技术领域
多状态容量的系统可靠性模型求解研究	技术开发	新能源与高效节能
川中油气矿基于数字孪生模型的管道泄漏识别系统技术开发合同 (2020 年重庆大学)	技术开发	新能源与高效节能
沿海输配电线路外绝缘配置研究 – 福建电网沿海地区输电线路外绝缘配置原则研究	技术服务	新能源与高效节能
基于多业务融合的电网资产运营效益优化外委研究服务	技术开发	新能源与高效节能
输电线路雷击概率分布及跳闸预测技术研究	技术服务	新能源与高效节能
隐蔽致灾体多方法综合探测智能识别及工程示范子课题四井下随掘巷道和回采工作面探测技术与装备工程示范	技术服务	新能源与高效节能
L5 灰岩瓦斯—水共喷灾害防治技术与装备	技术服务	新能源与高效节能
10 千伏耐火高阻燃关键技术研究与应用	技术开发	新能源与高效节能
云南电网电力变压器技术及经济寿命综合评估方法研究技术服务合同	技术服务	新能源与高效节能
电气设备内置光纤局部放电检测关键技术研究	技术服务	新能源与高效节能
高压直流干式套管内绝缘性能失效演化机制和风险评估方法研究	技术开发	新能源与高效节能
高温超导带材冲击及恢复特性理论研究、试验方案设计与测试验证	技术服务	新能源与高效节能
新时代电力交易多目标全局优化配置能源资源模型与策略研究	技术咨询	新能源与高效节能
海水抽水蓄能电站前瞻技术研究 含盐高湿环境下电站地下厂房通风技术研究项目	技术服务	新能源与高效节能
油浸式变压器的新型非电量保护原理测试及装置研发	技术开发	新能源与高效节能
变电站关键设备视频智能预警技术研究	技术服务	新能源与高效节能
极薄 VC 传热特性及防结冰鼓胀研究	技术开发	新能源与高效节能
基于 dyn11 配变的低压脉冲注入故障检测理论及方法研究	技术服务	新能源与高效节能
GIS 突发性故障机理与检测有效性提升关键技术研究	技术服务	新能源与高效节能
大规模电力系统可靠性评估逆问题的解析建模方法研究及应用	技术咨询	新能源与高效节能
基于泛在物联的高压电缆中间接头内部状态分析及检测技术研究	技术咨询	新能源与高效节能
面向多应用场景的电网侧储能电站功能组合运行优化与综合评估方法研究	技术服务	新能源与高效节能
LCC/VSC 混合多馈入直流系统运行风险及对策研究项目：混合多馈入直流系统交流不同接线方式谐振风险分析研究	技术服务	新能源与高效节能
楚穗直流电压功率波动原因分析及抑制措施研究技术服务采购	技术咨询	新能源与高效节能
调相机及直流换流站无功补偿装置协调控制策略研究	技术开发	新能源与高效节能
国网湖北电科院 2019 年输电线路融冰消舞关键技术研究与工程示范（装置加工）	技术服务	新能源与高效节能
高密度分布式电源并网的配电网短路计算及准入容量评估	技术开发	新能源与高效节能
401J–K 型不锈钢组件剪切机科研样机研制	技术开发	核应用
钠—空气热交换器瞬态热工水力计算分析研究	技术咨询	核应用
特高压电气设备用纳米复合绝缘材料与应用关键技术 （国家项目配套）	技术开发	新材料及其应用
金属钛及其合金制备研究	技术开发	新材料及其应用
锂离子电池石墨烯纳米带技术合作项目	技术开发	新材料及其应用
钛白粉硅包覆剂研究和铝包覆剂品质提升	技术开发	新材料及其应用
基于油中悬浮纤维素特性分析的变压器纸绝缘老化状态诊断技术研究	技术服务	新材料及其应用
奥氏体不锈钢在拉拔过程中的组织演变规律	技术开发	新材料及其应用

（冯云龙）

科技创新平台建设

【科技企业与研发机构】 2020年，沙坪坝区培育高新技术企业66家，有效高新科技企业129家。新培育重庆市科技型企业642家，累计1216家，重庆市排位从第十上升为第六位。新培育协洽科技、西艾恩科技等11家企业在重庆OTC挂牌，累计51家。新引进重庆市高端研发机构2家，新培育重庆市新型研发机构3家、新型高端研发机构1家，累计引育重庆市新型研发机构13家，其中高端研发机构8家。（耿亚丽）

【大学城创新生态圈建设】 2020年，沙坪坝区创新合作机制，整体推进环重庆大学、环重庆师范大学2个市级和环重庆建筑职业学院、环重庆电子职业学院、环成渝高校3个区级环大学创新生态圈建设，启动环西南政法大学—四川外国语大学创新生态圈规划，形成“2+3+1”建设格局。拓展创新空间，集约金沙星座·科创园、黄金湾·智谷等场地30余万平方米，提档升级转化平台35个；推动项目实施，完成重庆大学科技园改革，建成重庆大学设计创意产业园、国际联合研究院（一期），引进重庆大学产业技术研究院金沙分院，环大学创新生态圈累计完成项目16个、续建项目13个、筹备项目7个。截至2020年12月，环重庆大学生态圈建设完成投资19亿元，建成设计创意产业园、中电光谷·智创园等项目11个，国际联合研究院等在建项目9个；环重庆师范大学生态圈建成重庆应用数学中心和前沿交叉生态圈。

【科研机构】 截至2020年年底，沙坪坝区有高等院校16所，有国家级研发平台17个，省部级研发机构286个，市级以上独立科研院所2个。有重庆市林业科学研究院、重庆市肿瘤研究所（重庆市肿瘤医院、重庆市癌症中心）等专业科研机构。（张　程）

【高新技术企业】 2020年，沙坪坝区有高新技术企业129家，技术领域涵盖先进制造与自动化、高技术服务、电子信息技术、生物与新医药技术、资源与环境技术、新材料技术、新能源及节能技术等7大领域。其中规上工业企业46家，规上服务业10家，规上房地产和建筑业8家。

表16　2020年沙坪坝区高新技术企业名单一览表

企业名称	备案年度	企业名称	备案年度
科博达重庆汽车电子有限公司	2018	重庆创隆科技有限公司	2019
重庆中科芯亿达电子有限公司	2018	重庆皓石金科技有限公司	2019
重庆航天新世纪卫星应用技术有限责任公司	2018	重庆重大远兴科技发展有限公司	2019
重庆寰瑞生物技术有限公司	2018	重庆飞特车辆技术有限公司	2019
重庆气体压缩机厂有限责任公司	2018	筑智建科技（重庆）有限公司	2019
重庆渝安淮海动力有限公司	2018	重庆三原色数码科技有限公司	2019
重庆贝奥新视野医疗设备有限公司	2018	重庆阿尔基比动画设计有限公司	2019
重庆红旗弹簧有限公司	2018	重庆格锐斯特科技有限公司	2019
重庆斯科彼欧科技有限公司	2018	重庆旭德教育软件股份有限公司	2019
重庆世纪科怡科技股份有限公司	2019	重庆大德建筑设计有限公司	2019
重庆网宏科技有限公司	2019	重庆利迪环保工程有限公司	2019
重庆博张机电设备有限公司	2019	重庆安木科技有限公司	2019
重庆苇默达科技有限公司	2019	重庆方正高密电子有限公司	2019
重庆协洽科技有限公司	2019	中冉云图（重庆）科技有限公司	2019
重庆成俊工贸有限公司	2019	重庆圣泊伦节能环保科技有限公司	2019
重庆锋渝电气有限公司	2019	中电科技集团重庆声光电有限公司	2019

续表 16

企业名称	备案年度	企业名称	备案年度
重庆康禾盛模具有限公司	2019	重庆慧点科技发展有限公司	2020
重庆明珠机电有限公司	2019	重庆市全城建筑设计有限公司	2020
重庆力耘喷嘴有限公司	2019	重庆新锐百川工程设计有限公司	2020
中铁十一局集团第五工程有限公司	2019	重庆市澜林教学设备有限公司	2020
重庆金丰机械有限公司	2019	重庆海越建筑智能化工程有限公司	2020
重庆市旺成科技股份有限公司	2019	重庆聚洲机械制造有限公司	2020
重庆路之生科技有限责任公司	2019	重庆市宏业科技有限公司	2020
重庆赋洁环保工程有限公司	2019	重庆三磨海达磨床有限公司	2020
重庆艾艺荷马教育科技股份有限公司	2019	重庆茂宇源精密机械有限公司	2020
重庆力华环保工程有限公司	2019	赍德自动化技术（重庆）有限公司	2020
重庆水泵厂有限责任公司	2019	重庆丰东热处理工程有限公司	2020
中地装（重庆）地质仪器有限公司	2019	重庆郭氏洪伸科技有限公司	2020
重庆陵川汽车零部件制造技术有限公司	2019	重庆永强机械制造有限公司	2020
重庆浩歌机电有限公司	2019	重庆硕龙科技有限公司	2020
重庆智酷热能设备有限公司	2019	重庆吉芯科技有限公司	2020
重庆卓秉科技有限公司	2019	重庆嘉陵特种装备有限公司	2020
重庆山堆石机械制造有限公司	2019	重庆竞达医药技术发展有限公司	2020
重庆快联汽车零部件有限公司	2019	西南药业股份有限公司	2020
重庆翔越机械有限公司	2019	重庆雨逸科技有限公司	2020
重庆裕同印刷包装有限公司	2019	重庆兆光科技股份有限公司	2020
重庆昌瑞电器制造有限公司	2019	重庆市金迪汽车装饰有限责任公司	2020
重庆三旺饲料有限公司	2019	重庆科特工业阀门有限公司	2020
重庆平勇机械制造有限公司	2019	重庆湃芯创智微电子有限公司	2020
重庆建工第二建设有限公司	2019	重庆赛宝工业技术研究院	2020
重庆宏宇家具有限公司	2019	重庆百转电动汽车电控系统有限责任公司	2020
重庆天域勘察测绘有限公司	2019	重庆强特包装制品有限公司	2020
华姿建设集团有限公司	2019	重庆跃腾电器有限公司	2020
重庆九禾园林规划设计建设（集团）有限公司	2019	重庆远感科技有限公司	2020
重庆度量科技有限公司	2019	重庆华达汽车配件制造有限公司	2020
重庆奇龙科技有限公司	2019	重庆恒富机电制造有限公司	2020
重庆新原港科技发展有限公司	2019	重庆希渝机械有限公司	2020
重庆康明斯发动机有限公司	2020	重庆溢哲渝实业有限公司	2020
重庆佳渝测绘有限公司	2020	重庆多邦科技股份有限公司	2020
重庆渝毕盛科技发展有限公司	2020	重庆双奥机械制造有限公司	2020
重庆万石洋机电有限公司	2020	重庆帕格维电器有限公司	2020
重庆蔡氏液压设备有限公司	2020	重庆市筑云科技有限责任公司	2020
重庆冠邦环保科技有限公司	2020	重庆怀旭科技有限公司	2020
重庆鼎誉机电有限公司	2020	重庆壹元电科技有限公司	2020
重庆华厦门窗有限责任公司	2020	重庆市安全生产科学研究有限公司	2020
重庆万普隆能源技术有限公司	2020	华润微电子（重庆）有限公司	2020
重庆金牛衣防水工程有限责任公司	2020	重庆中科渝芯电子有限公司	2020
重庆创鸿机电有限公司	2020	重庆德克特信息技术有限公司	2020
重庆宝奥科技有限公司	2020	重庆真测科技股份有限公司	2020
重庆苏澄保温材料有限公司	2020	重庆胜欧数据处理有限责任公司	2020
中地装重庆探矿机械有限公司	2020	重庆筑博照明工程设计有限公司	2020
重庆金华电器成套有限公司	2020	重庆八城科技有限公司	2020
重庆广达自动化设备有限公司	2020	联合微电子中心有限责任公司	2020
重庆华孚工业股份有限公司	2020	重庆贤仕达科技有限公司	2020
重庆海顿科技有限公司	2020		

（陶　涛）

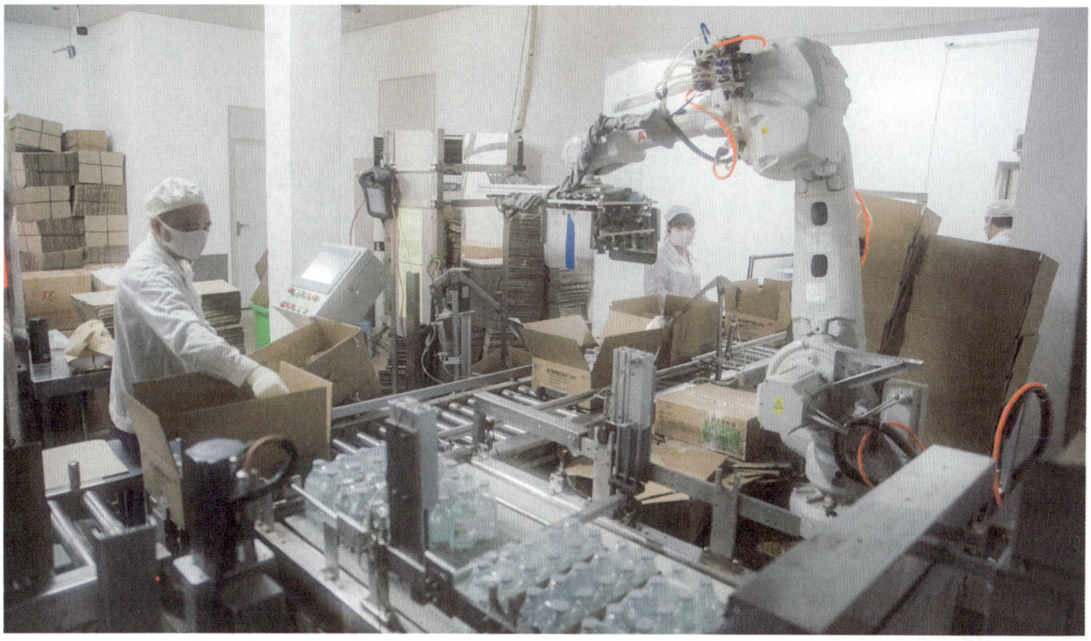

2020 年 2 月，重庆太极集团西南药业股份有限公司，工人在生产线上作业　（区融媒体中心供图）

小康股份有限公司的工人在生产车间作业　（区融媒体中心供图）

2020年11月，重庆华孚工业股份有限公司生产车间

（区融媒体中心供图）

康明斯发动机有限公司生产车间　　　　（区融媒体中心供图）

重庆气体压缩机有限责任公司生产车间　　　　（区融媒体中心供图）

科普活动

【科技战疫】 2020年，在疫情防控常态化大背景下，沙坪坝区科技活动突出科技战疫，灵活科普服务群众。新型冠状病毒肺炎临床救治策略研究与应用、研制2019-nCov快速检测试剂盒等9个项目入选重庆市新冠肺炎疫情应急科技攻关专项项目，获批项目资金520万元。开展以科技战“疫”为主题的系列活动，重点展示科学技术对战胜疫情的重要支撑作用和系列成果。

【科技宣传】 2020年，沙坪坝区以网络平台为科普活动主阵地。租赁重庆专业录播厅，邀请来自中科院、重庆大学等单位的专家为15万网络观众带来21场科普讲座。内容涵盖科技战“疫”、生命健康、环境保护和青少年科学素养培养等方面。组建科技特派员，开展下乡入村、进企入户的农业技术指导服务活动。在青木关镇、土湾街道等街镇，开展科技下乡活动12场。

【科普讲解大赛】 2020年，沙坪坝区以“科技战疫·创新强国”为主题，坚持“以赛代训促成长、以赛会友促交流”的原则，打造科普技艺交流的平台。辖区21个单位的114名选手报名参赛，经过线上海选和线下决赛，10位选手被授予沙坪坝区“十佳科普使者”称号。区内选手在市科普讲解大赛、全国总决赛中获重庆市决赛二等奖1个、三等奖2个，全国总决赛三等奖2个；区科技局被市科技局授予比赛“优秀组织奖”。

（张　程）

2020年8月，社区科普馆开展暑期科普体验活动
（区融媒体中心供图）

科技管理与服务

【科技立项】 2020年，沙坪坝区完成2019年决策咨询与管理创新项目第一批结题66项。与项目主研人员签订科研诚信承诺书141份，覆盖率100%。全年立项决策咨询与管理创新项目45项，科普项目15项。

【科技创新环境营造】 2020年，沙坪坝区构建“基础研究—技术研发—成果转化—主体培育—产业生成—人才牵引—金融支撑—服务保障”八环全程创新生态链条，组建民营科技企业商会、沙磁科创·企业志愿服务团，搭建科技型企业线上服务平台，开展“抓‘六稳’促‘六保’民营企业百日大走访”“民营企业创新发展服务月”等系列活动。聘请科技服务、科技咨询、会计审计专家，开展技术经理人、火炬统计、高新技术企业申报等线上线下专题培训5场。承办第十六届和谐人机环境联合学术大会，举办“沙磁创新论坛”6期。联合企业举办国际技术转移大会、国际前沿科技创新大会、ICCAD重庆集成电路创新论坛等科技活动11次。走访科技企业百余家，解决问题上百个，基本形成“点、线、面、体”融合的科技服务体系。

【双创服务】 2020年，沙坪坝区完成双创载体清理，区内10家市级以上科技企业孵化器完成市级绩效评估，新增市级科技企业孵化器3家。

2020年7月，沙坪坝区第三届科普讲解大赛在重庆融汇丽笙酒店举行（张 程摄）

2020年11月，在沙坪坝区融汇小学举办十三期沙磁创新论坛（冯云龙摄）

2020年11月，第四届国际前沿科技创新大会在沙坪坝区融创国际会议中心举行（刘 潇摄）

全年，培育双创载体39家，其中国家备案众创空间5家，市级众创空间15家，国家级孵化器2家，国家级大学科技园1个，市级孵化器7个。

（耿亚丽 冯云龙）

表17　　2020年沙坪坝区众创空间名一览表

载体名称	级别	载体名称	级别
浪尖智造工场（D+M）	国备	重庆市科慧研究生创新园众创空间	市级
重庆大学科技园“科慧”众创空间	国备	“林科谷”众创 空间	市级
重电“焕智”机器人创客创新基地	国备	煤科院大数据及智能装备互联网众创空间	市级
众创之家	国备	昂克乐之星创营	市级
第一创客（重庆）创新中心	国备	扬帆国际众创空间	市级
重庆医科大学虫虫医客	市级	城市管理学院城市星光众创空间	市级
重庆医药高等专科学校生物医药众创天地	市级	民安众创空间	市级

续表 17

载体名称	级别	载体名称	级别
重商职院迈创社区	市级	重庆汇光聚谷众创空间	区级
H+ 众创空间	市级	移动互联网微企孵化园	区级
重庆建筑科技职业学院市级众创（原名：房院众创梦工场）	市级	商务学院车库创客俱乐部	区级
		国际港智创空间	区级
重庆七彩生物众创空间	市级	光谷·智创园 – 生命科学中心	区级
四川美术学院艺术创客众创空间	市级	菁英国际创新中心	区级
智汇 U 城众创空间	市级	—	—

表 18　　沙坪坝区孵化器名单一览表

载体名称	级别	载体名称	级别
重庆卓创科技孵化器有限责任公司	国家级	沙坪坝区微型企业创业孵化园	市级
重庆浪尖渝力科技有限公司	国家级	重庆科技学院科技型企业孵化器	市级
重庆师范大学大学生创业园	市级	四川美术学院大学生微型企业园	区级
英特尔 FPGA 中国创新中心	市级	移动互联网微企孵化园 . 众创空间	区级
第一创客创新孵化器	市级	重庆 OVU 创客星·智创园站	区级
重庆市沙坪坝区创新生产力促进中心	市级	菁英国际科创中心	区级
国际港总部产业园	市级	重建院创客孵化器	区级

（冯云龙）

知识产权服务

【概况】　2020 年，沙坪坝区开展知识产权质押融资、专利导航、高价值专利培育，帮扶重庆大学“高力学性能形状记忆聚氨酯及智能骨科器械”项目入选市级高价值专利培育计划，重庆水泵厂有限责任公司“机械式隔膜行程控制装置”获第二十一届中国专利优秀奖，重庆大学知识产权信息服务中心建设重庆市新能源产业专利导航中心（知识产权信息服务工作站）；指导 5 家企业入选市级知识产权优势企业。截至 2020 年年底，全区有国家级知识产权示范企业 1 家、优势企业 6 家，重庆市知识产权优势企业 18 家。开展专利代理行业“蓝天”专项整治行动，指导 26 家商标代理机构自查，约谈 1 家无资质专利代理公司。拟制《沙坪坝区知识产权资助管理办法》，完成 2019 年沙坪坝区知识产权资助，涉及辖区 24 家企业、352 个项目，资助总金额 98.1 万元。重庆市第一中学校入选第三批市级知识产权教育试点学校。

【专利申请】　2020 年，沙坪坝区新增授权专利 5194 件，同比增长 23.67%，居全市第二，其中发明专利 1554 件，同比增长 30.48%，居全市第一；累计有效发明专利 6019 件，同比增长 13.63%，居全市第一。万人发明专利拥有量 51.67 件，保持全市第一。

【商标保护】　全区新增注册商标 5858 件，申请 7695 件，累计有效注册商标 33567 件。沙坪坝区重庆渝安创新科技（集团）有限公司“渝安 YUAN 及图”商标、重庆小康工业集团股份有限公司“小康”商标、重庆西西弗文化传播有限公司“西西弗”商标、重庆市磁器口陈麻花食品有限公司“陈昌银”商标、重庆水泵厂有限责任公司“一种低比转速叶轮结构及其加工方法”发明专利 5 项知识产权纳入第一批川渝知识产权合作重点保护名录。

（蒋　俊）

教　育

综　述

【概况】　2020年，部分学校划归重庆高新区管理，年末，沙坪坝区有各级各类学校280所（本条目数据除特别标注外，均不包含沙坪坝区纳入重庆高新区管理区域，不含16所驻区高校），比上年减少63所，增长-18.37%；在校学生148579人，比上年减少33464人，增长-18.37%；有教职工13490人，比上年减少2676人，增长-16.55%。学校占地280.07万平方米，比上年减少54.98万平方米，增加-16.41%；校舍建筑面积233.77万平方米，比上年减少44.41万平方米，增加-15.96%。全年国家财政性教育经费投入241119万元，比上年增加投入16909万元，增长7.54%。

表19　　2020年沙坪坝区教育事业情况统计表

单位：个、人

	学校数	毕业生数	招生数	在校生数	教职工数	
					计	其中专任教师
总计	280	38351	43369	148579	13490	9874
中等职业教育	4	4131	3956	11944	985	753
普通高中	11	5408	5768	16910	3379	2925
普通初中	11	5258	7028	19349	—	—
普通小学	54	9157	10604	59482	3505	3303
九年一贯制	6	1306	1366	5267	472	419
特殊教育	1	10	7	33	14	11
学前教育	193	13081	14622	35594	5135	2463

说明：1. 此表数据包含民办教育，不包含技工学校；
　　2. 数据来源：《2020—2021年学年初教育事业统计综合报表》

表20　　2020年沙坪坝区纳入重庆高新区管理区域教育事业情况统计表

单位：个、人

	学校数	毕业生数	招生数	在校生数	教职工数	
					计	其中专任教师
总计	62	7386	13906	45047	3592	2609
中等职业教育	—	—	—	—	—	—
普通高中	1	351	863	1843	233	219
普通初中	4	1430	2225	6345	327	289

续表 20

	学校数	毕业生数	招生数	在校生数	教职工数	
					计	其中专任教师
普通小学	13	1965	5062	23326	1290	1219
九年一贯制	—	—	—	—	—	—
特殊教育	—	—	—	—	—	—
学前教育	44	3640	5756	13533	1742	882

说明：1. 此表数据包含民办教育，不包含技工学校；
2. 数据来源：《2020—2021 年学年初教育事业统计综合报表》；
3. 普通高中招生数和在校人数包含重庆第一实验中学，教职工数不含重庆第一实验中学；
4. 普通初中毕业生人数包含重庆大学城一中初中部，教职工数不含重庆大学城一中

表 21　　2020 年沙坪坝区办学条件统计表

单位：万平方米、万册、万元、GB、台

	占地面积	校舍面积		运动场地面积	固定资产值		图书		教学用计算机
		计	其中教学行政用房		计	其中教学仪器设备值	计	其中电子图书	
中等职业教育	29.82	25.97	12.11	4.63	58863	15827	41.90	—	3770
普通高中	104.36	98.42	42.55	38.17	182180	14472	127.03	—	5028
普通初中									
普通小学	86.71	65.06	44.00	37.60	132433	15574	127.89	—	7188
九年一贯制	21.67	11.91	4.93	5.30	23059	1590	17.14		828
特殊教育	0.99	0.51	0.20	0.33	—	—	0.91	—	—
学前教育	36.52	31.90	25.82	12.68	—	—	42.42	—	—
总计	280.07	233.77	129.61	98.71	396535	47463	357.29	104.9554	16814

说明：1. 此表数据包含民办教育，不包含技工学校；
2. 数据来源：《2020—2021 年学年初教育事业统计综合报表》；
3. 电子图书为教育城域网共享数据，无法分学段统计，单位为“万册”

表 22　　2020 年沙坪坝区纳入重庆高新区管理区域办学条件统计表

单位：万平方米、万册、万元、GB、台

	占地面积	校舍面积		运动场地面积	固定资产值		图书		教学用计算机
		计	其中教学行政用房		计	其中教学仪器设备值	计	其中电子图书	
中等职业教育	—	—	—	—	—	—	—	—	—
普通高中	10.41	6.70	3.41	3.48	9877.25	840.03	7.3	104.96	414
普通初中	20.78	27.99	5.98	2.96	15190.94	1071.69	9.9	104.96	427
普通小学	32.84	24.36	12.60	11.59	45129.51	5435.87	45.94	104.96	2200
九年一贯制	—	—	—	—	—	—	—	—	—
特殊教育	—	—	—	—	—	—	—	—	—
学前教育	11.31	9.24	7.43	4.66	—	—	12.16	7.18	—
总计	75.34	68.29	29.42	22.69	70197.7	7347.59	75.3	322.06	3041

说明：1. 此表数据包含民办教育，不包含技工学校；
2. 数据来源：《2020—2021 年学年初教育事业统计综合报表》；
3. 电子图书为教育城域网共享数据，无法分学段统计，单位为“万册”；
4. 中小学电子图书为沙坪坝区共享电子图书资源

【课程建设】 2020年，沙坪坝区推进小学两类课程项目建设，开展第三批小学两类课程立项项目过程性建设调研工作，举行小学课程建设推进会。推进中学区级校本教研基地和第二批三类课程项目建设，立项区级校本教研基地4个、区级课程创新基地9个、区级精品选修课程16门、区级课程建设课题20个。开展重庆市第二期普通高中发展促进计划项目申报和建设工作，立项重庆市普通高中课程创新基地3个、精品选修课程3门、校本教研基地2个、市级新课程新教材实施示范校3所，被评为重庆市普通高中新课程新教材实施示范区。

【队伍建设】 2020年，沙坪坝区做好教师全员培训和骨干培训的双培养工作，举办区级培训班60个，培训6114人次。完成第七届“导师制”20个学科导师和140位学员的遴选工作，组织召开第二届9个区级名师工作室主持人专项会议，开展线上培训活动47次，研修活动120余次，辅导各相关学科教师600余人次。新增市有突出贡献的中青年专家1人、重庆英才1人、市学科带头人2人、市学科名师8人、市级骨干39人、区级优秀骨干222人，市教学名师（专家）工作室学员23人，中小学教学领域高层次人才示范引领项目领衔专家2人，沙磁“四有”好老师197人。印发《班主任工作室管理办法》，命名首批“区级班主任工作室”6个，创成“市级班主任工作室”1个；举办全区第九届班主任基本功竞赛，推荐选手参加市级赛事获全能一等奖2个、单项一等奖8个；3名班主任被评为“重庆市优秀班主任”。

【教育科研】 2020年，沙坪坝区普及“网络式教研”，采用“线下专题研修为主、线上主题研修为辅”的教研活动方式，形成线上线下有机结合的网络化“泛在学习”新模式，研修员参与主编重庆市《学校师生及家长防疫心理行为指导手册》12册。从幼儿园到小学、到初中、再到高中，包括中职学校各学科开展主题研修，高中9科开展主题研讨53次，展示研讨课31节，作研讨报

2020年10月，学府悦园第三幼儿园，沙坪坝区第四期幼儿园协作发展项目总结暨第五期启动会现场 （张晓婵摄）

告38场次。全区市规划课题成功立项22项，其中：重点有经费课题4项、重点无经费课题6项。重庆市教科院公示的2020年度“教育督导评估监测”专项课题立项50个，全区有5个课题，占全市基础教育阶段近1/6。第二届“名师工作室”、第七届“导师制”专项课题立项61项，其中名师工作室17项、导师制44项。教师成长科研课题立项240个，表彰优秀成果128项。

【教育督导评估】 2020年，沙坪坝区修订内涵发展综合评价体系，完成2019—2020学年度学校内涵发展质量综合评价工作。委托第三方机构开展2020年教育基本公共服务满意度调查。启动学前教育普及普惠区和义务教育优质均衡发展区创建工作。典型经验文章《沙坪坝深化教育领域综合改革 推进区域基础教育高质量发展》经市委领导批示，全市推介，推送至中央教育工作领导小组秘书组。

【教育信息化】 2020年，沙坪坝区投入信息化建设经费3083万元，新建和更新“班班通”多媒体设备274套，添置教学和办公计算机395台，新建录播教室8间，为各中小学建设37间各类功能室，采购图书27844册；为36所中小学、幼儿园新建和改造校园安全监控、音响广播、网络系统，新增标准化考场76间。参与重庆市教委重点科研项目“基于身份源的教育大数据采集、管理及应用研究”。6所中小学获评“智慧校园”建设示范学校，森林实验小学校入选中央电化教育馆在线教育应用创新项目学校。

【德育教育】 2020年，沙坪坝区举办第二届校长德育论坛，推进学校德育品牌建设，获重庆首批特色项目示范基地1个、第二批研究基地9个，获教育部首批落实《中小学德育工作指南》典型案例1个，开展学生德育活动3000余场次。举办第二届思辨型班会竞赛，开展育德精品课评选，编写《沙坪坝区中小学红色思政精品课例集》，

2020年11月，重庆市沙坪坝区第二届校长德育论坛召开 （熊文亮摄）

2020 年 8 月 14 日，重庆一中男子篮球队获耐克中国高中篮球联赛西区赛冠军　（重庆一中供图）

获重庆市德育优秀案例、精品课程一等奖 12 个。

【体育教育】　2020 年，沙坪坝区举办各类区级体育赛事 30 项，中学生田径队员参加重庆市 2020 年中学生田径锦标赛获高中甲组（区组）团体冠军，两位校长（园长）被评为全国优秀特色学校校长（园长）；重庆一中男子篮球队在 2019—2020 耐克中国高中篮球联赛西区（成都）赛中，以全胜战绩获西区冠军奖杯入围全国总决赛；参加 2020 中国中学生跆拳道联赛总决赛暨世界中学生运动会跆拳道项目选拔赛，获冠军 1 个、季军 1 个。参加 2020 年重庆市射击锦标赛获 5 金 9 银 11 铜，参加 2020 年重庆市射箭锦标赛获 3 金 3 银 1 铜，参加重庆市 2020 年中小学校园足球联赛总决赛获小学混合组，小学男子甲组，高中男子乙组冠军。陈泓吉同学参加 2020 年全国健美操锦标赛获全国冠军，达国家健将等级。12 名校园足球运动员入选全国青少年校园足球最佳阵容，其中中学 7 名运动员被评为国家一级运动员。5 所学校被教育部命名为全国青少年校园足球特色学校，7 所幼儿园被教育部命名为全国青少年校园足球特色幼儿园，4 所学校被评为全国优秀校园足球特色学校，3 名足球特长生升入清华大学并在全国校园足球年度优秀评选中获多项奖项，4 名教师被评为全国优秀校园足球教师，2 名教练被评为全国优秀校园足球教练员，沙坪坝区被重庆市教委作为唯一区县申报教育部“全国优秀幼儿足球试点区县”。6 所学校被教育部命名为全国青少年校园篮球特色学校，1 所小学被教育部命名为全国青少年校园排球特色学校，1 所小学被教育部命名为全国青少年校园冰雪特色学校。

2020年11月，沙坪坝小学沙滨学校参加重庆市第四届戏曲小梅花展演活动　（杨文斌摄）

2020年9月，沙坪坝区五云实验学校创客与科技课程　（郭思云摄）

【艺术教育】　2020年，沙坪坝区组织小梅花戏曲展演活动，在市级展演中获一等奖1个、二等奖2个。6所学校参加“中外人文交流小使者”舞蹈类全国总展示活动，组织参加市级艺术月活动获一等奖3个、二等奖2个；开展“防疫小先锋”绘画作品征集，获市级奖项23个。2所小学被命名为重庆市义务教育阶段艺术教育特色学校。

【科技教育】　2020年，沙坪坝区1所学校被命名为重庆市知识产权试点学校，1所小学被评为区级年度优秀科普基地，1所中学被命名为新一批区级科普基地。在第十二届青少年科技创新市长评选中获市长奖3个、市长奖提名奖1个。在科技创新区长奖评选表彰活动中，获区长奖10个、区长奖提名奖15个。在市级及以上各类科技和信息技术创新活动中获一等奖25个，其中冠军6个。

【心理健康教育】 2020年，沙坪坝区制定《沙坪坝区教育系统抗“疫”心理援助工作手册》，开通抗“疫”每日心理热线，组建3个抗“疫”心理工作小组和3个抗“疫”心理援助服务群，通过线上“一对一”电话咨询、微信或QQ网络问询、电子邮件辅导、心理常识宣讲，对全区12余万个学生家庭开展多轮次、多层级的抗“疫”心理科普宣传和心理辅导服务。组建13人的教育志愿者团队，分赴3个集中隔离医学观察点，为803人次提供心理疏导和服务。以“小沙粒”志愿服务为载体，为2000多人次开展线上心理科普、为188人次学生提供线下心理支持和心理援助。开发学生心理健康问题识别和预警监测平台，建设2所全国心理特色校、5所市级心理特色校、29个示范心理辅导室、1所区级未成年人健康服务中心、1所学生健康促进中心。组织全区27个中学开展毕业年级考试压力管理“学生、家长、班主任、心理专兼职教师”专题辅导62场。

【学校卫生管理】 2020年，沙坪坝区各学校全覆盖签订《食品安全责任书》，学校食堂持有效证件、从业人员持有效合格健康证上岗率100%。除改扩建学校和送餐学校外的所有中小学校和托幼机构食堂“明厨亮灶”覆盖率100%，学校食堂从“明厨亮灶”向“互联网+”（AI智能识别）升级，“重庆阳光餐饮”APP信息平台入驻率超90%，食堂油烟治理整治率100%。加强传染病防控，借助辖区内社区卫生服务中心对学校传染病防控进行技术指导和疫情监测评估。实施“百名医师进校园”计划，完成小学和托幼机构预防接种证查验工作、高二学生结核病筛查工作，开展校医、保健教师培训和体育教师应急管理能力培训。建立并完善“沙坪坝区学生健康管理平台”，建立学生健康档案，建档率100%。完善新冠肺炎疫情防控三级指挥体系，构建联防联控工作格局，建立5大排查机制，保障广大师生生命安全和身体健康。建立对学生总体近视率学校排名制度，把近视防控工作纳入学校内涵发展专项考核。创成健康示范学校2所，滨江小学获重庆市优秀卫生单位。

【校园安全】 2020年，全区投入500余万元，更新和维护学校灭火器、消防栓、疏散引导箱、应急标识等消防器材和设施。配备校园保安950余人，保卫干部280余人，护校队员2800余人，规范安保队伍日常教育和考核评价，开展安防、疫情防控等业务技能集中封闭培训3次。开展综合督查3次，发现隐患58处；开展校园安全隐患排查整治、矛盾纠纷排查化解行动12次，清理整改各类安全隐患298处，整改率100%。投入14万余元，聘请第三方专业机构，对全区公办学校开展细致的安全隐患排查治理，检查16家学校，发出整改通知书16份，发现隐患138项。成立全市首个“校园纠纷人民调解委员会”，化解3起校园纠纷。配置校园安全教育专兼职教师700余人，定期开展安全教育课6000余节，组织消防知识讲座和应急疏散演练3000余场。参加国家、市区级安全普法宣传教育活动4次，获市级奖励5人次、区级奖励50人次。组织参加全市安全赛课活动，获赛课一等奖，区教委获优

2020年11月，沙坪坝区消防教育宣传月启动　　（冷林峰摄）

秀组织奖。在“新中国成立70周年安保维稳工作成效突出的集体和个人”表彰活动中，区教委立集体三等功1个、个人三等功1个、嘉奖3人。

【教育成果】 2020年，沙坪坝区被认定为全国“基于教学改革、融合信息技术的新型教与学模式”实验区、国家级信息化教学实验区、重庆市普通高中新课程新教材实施示范区，被评为全国优秀校园足球改革试验区、全国优秀满天星训练营、重庆市青少年校园足球工作优秀试点区，获第二届中华经典诵写大赛优秀组织奖，第四届全国学生“学宪法 讲宪法”活动重庆赛区选拔赛市级决赛优秀组织奖，第四届全国学生“学宪法 讲宪法”活动重庆赛区选拔赛市级决赛团体一等奖，第六届重庆市消防安全示范课评比决赛优秀组织奖，重庆市学生参加“学宪法 讲宪法”活动优秀组织奖，2020年“5·20”中国学生营养日手抄报比赛优秀组织奖，2020年大中小学体育科学论文报告会优秀组织奖，2020年重庆市教育信息化先进单位，“戏曲进校园”重庆市第四届中小学戏曲小梅花展演活动优秀组织奖，重庆市第九届“安全在我心中”美术摄影比赛优秀组织奖等荣誉。

学前教育

【概况】 2020年，沙坪坝区坚持保育与教育相结合的原则，落实《幼儿园工作规程》《幼儿园教育指导纲要》和《3—6岁儿童学习与发展指南》的规定，开展专项督导、结对帮扶、定期视导、观摩培训，规范幼儿园的办园行为。按照“普及普惠、安全优质”的发展思路，扩充资源、规范管理、提升质量。完成第三期学前教育行动计划任务，成为重庆市首批学前教育普及普惠创建区和教育部“安吉游戏”推广实验区。增设沙小盛德幼儿园、桥东幼儿园、凤凰实验幼儿园、回龙坝幼儿园、莲光幼儿园、嘉和路幼儿园、树人景瑞幼儿园7所。年末，辖区有幼儿园193所，在园幼儿35594人，其中，公办幼儿园70所，民办幼儿园123所，公办率52.05%，普惠率80.43%，市级示范园7所、一级园67所、二级园75所、三级园44所。

【普惠性学前教育】 2020年，沙坪坝区完成城镇小区配套幼儿园治理任务，回购5所小区配套幼儿园举办公办幼儿园。全年新增公办幼儿园7所、学位2500个。17所民办性质小区配套幼儿园举办为普惠性幼儿园，入读普惠性幼儿园人数2.8万人。

【办园质量提升】 2020年，沙坪坝区开展防止和纠正幼儿园"小学化"倾向专项行动，编制《幼小衔接课程读本》，推进幼儿园课程建设，举办相关专题培训20场、比赛6次。曙光幼儿园《让幸福的曙光照亮每一位孩童》被评为全国基础教育优秀工作案例。7所幼儿园被教育部认定为全国足球特色幼儿园，2所幼儿园被教育部认定为全国足球特色幼儿园示范园。推进12个片区研修共同体项目和第五期"订单双选式"协作发展项目。构建非编教师待遇保障机制，逐步提高非编教师待遇。落实保教人员持证上岗制度，实施民办幼儿园专任教师持证率达标奖补、园龄补贴项目，惠及教师3000余人次。

附：主要幼儿园简介

重庆市沙坪坝区实验幼儿园 2020年，重庆市沙坪坝区实验幼儿园设有总园、工人村分部、阳光水城、学林雅园4个园址，有小班、中班、大班3个年级31个教学班，在园幼儿1042人。教职工150人，专任教师中大专以上学历100%，其中，高级职称占8%，中级职称占33%，初级职称占59%，特级教师1人，市级骨干教师11人，区级骨干教师及学科带头人5人。

重庆市沙坪坝区树人幼儿园 2020年，重庆市沙坪坝区树人幼儿园开设托班、小班、中班、大班13个教学班，在园幼儿366人，教职工55人，专任教师29人，大专及本科以上学历100%，市级骨干教师2人、区级骨干教师1人、区级学科带头人1人。获2020年度沙坪坝区"沙磁杯"幼儿园优质课比赛活动一等奖2个。

重庆市沙坪坝区曙光幼儿园 2020年，重庆市沙坪坝区曙光幼儿园设有曙光幼儿园和曙光百草园幼儿园两个园址。开设小班、中班、大班23个班，在园幼儿794人，教职工102人。专任教师中大专以上学历100%，其中重庆市教育专家1人、市级骨干教师1人，区级骨干教师1人，区级两新骨干教师7人，区级督学1人。教师在各级各类比赛中获奖或发表论文45篇。

陆军军医大学校直幼儿园 2020年，陆军军医大学校直幼儿园开设小班、中班、大班10个教学班，在园幼儿336人，教职工58人，教师36人，全园教师大专以上学历100%，本科学历95%，其中高级职称占31%。教师文章获市级以上奖项24篇，在省市级刊物发表文章6篇；教师赛课、教学技能、环创等国家级获奖2项，区级以上奖项8项、15人次；幼儿获市级奖项42人次。

陆军军医大学第一附属医院幼儿园 2020年，陆军军医大学第一附属医院幼儿园开设小班、中班、大班16个教学班，在园幼儿537人，教职工87人，教师均具备本科学历，其中：研究生1人，教育部专家资源库专家1人，教育家型园长1人，特级教师1人，正高级职称1人，高级教师4人，一级职称13人，10多名教师被全军、总后、市区授予优秀教师和教学名师称号，9名教师在军队荣立三等功。

陆军军医大学第二附属医院幼儿园　2020年，陆军军医大学第二附属医院幼儿园开设小班、中班、大班8个教学班，在园幼儿259人，教职工38人，其中中级职称10人、初级职称21人，总后、市区授予优秀教师7人，军队和重庆市骨干教师4人，立三等功4人。著述《基于“学习维度论”的幼儿教师专业发展策略》在2019年重庆市第七届优秀基础教育著述评选（著作类）中获一等奖。

重庆大学幼儿园　2020年，重庆大学幼儿园为重庆市示范幼儿园，设重庆大学A、B两个校区，开设小班、中班、大班18个教学班，在园幼儿680名，92名教职工。教师均具有大专及以上学历，其中本科80%以上，在编教师全部为中级和副高级职称。

重庆市沙坪坝区嘉陵幼儿园　2020年，重庆市沙坪坝区嘉陵幼儿园为民办示范幼儿园，重庆市第一所普惠性民办示范幼儿园。开设小班、中班、大班10个教学班，在园幼儿313名。2020年被评为第四期幼儿园协作发展项目优秀协作园。　（肖　鹏　陈　翅　苏春艳）

义务教育

【概况】　2020年，沙坪坝区优化中小学规划布局，推进学校新建改扩建建设，推进教育信息化，改善办学条件。全年新增凤凰实验学校、嘉陵实验学校、沙坪坝小学沙滨学校3个校点，完成杨公桥小学、重庆七中春晖楼2所学校改扩建工作，续建项目2个、报建项目学校4个。年末，区内有义务教育阶段小学54所、单办初中11所、九年一贯制学校6所、高完中（初中部）11所，在校生101041人。

【招生工作】　2020年，出台《沙坪坝区2020年义务教育学校招生工作实施方案》，根据市教委部署同步落实小升初“公民同招”政策，名校联中、南渝中学、树人中学三所民办学校“公民同招”，报名人数超过招生计划的实施随机排位；

2020年9月21日，沙区劳动路时代幼儿园晨间一小时运动操　（刘红梅摄）

2020年12月24日，沙坪坝区认定第九批普惠性民办幼儿园
（苏春艳摄）

2020年，完成改扩建的沙坪坝区杨公桥小学
（区融媒体中心供图）

2020年，重庆七中春晖楼改建工程
（区融媒体中心供图）

2020年6月，沙坪坝区召开2020年义务教育阶段学校招生入学电脑随机派位摇号现场会（包　浩摄）

公办学校重庆七中、凤鸣山中学、青木关中学初中招生继续实行“随机派位”的方式。落实国家关于“两不愁三保障”控辍保学工作任，初中入学率、巩固率均达100%。

【集团化办学】　2020年，沙坪坝区有小学（幼儿园）教育集团10个，成员校40所。教育集团采取“独立法人为主、多校同一法人为辅”运行，在协同治理、文化互融、资源互享、队伍互动、研修互助、评估导航六个方面开展探索，“5S学区化—集团化发展策略”在全市影响广泛。

【学生资助】　2020年，沙坪坝区投入营养改善计划440万元，惠及12730人。义务教育阶段享受寄宿生生活费补助1047人次，补助金额65.34万元；贫困学生生活补助3842人次，补助金额158.93万元。

附：主要中小学简介

重庆市沙坪坝区树人小学校　2020年，学校有学生1803人，教师123人，其中，省级教育专家1人、特级教师1人、正高级教师1人、高级教师16人，国家级培训骨干教师5人、市级骨干教师19人、区级骨干教师15人，研究生18人。

重庆市沙坪坝小学校　2020年，学校有教学班63个，学生3187人。教职工138人，其中，全国优秀教师1人、特级教师1人、高级教师10人，市区级骨干教师、学科带头人36人。学校被评为区级“无废学校”，少先队大队被授予全国优秀少先队集体荣誉称号。

重庆市沙坪坝区南开小学校　2020年，学校有教学班38个，学生1767人。其中，在职教师93人，高级教师9人、中级教师41人、重庆名师1人，沙磁名师1人，市级骨干教师8人，区级骨干教师18人、区学科带头人1人。获重庆市第六届优秀科研成果奖二等奖1个、三等奖2个。校园足球获得区级以上冠军7个，少儿围棋获得全国冠军1个，市区级团体冠军8个、个人冠军22个。

重庆市沙坪坝区第一实验小学校　2020年，学校有教学班53个，学生2732人。有教职工

130人，其中，专任教师122人，特级教师1人、高级教师11人，学科名师1人、市级骨干教师7人。学校被评为区级科研工作先进集体、安全工作先进集体，参加“中华经典诵读写讲大赛”获全国一等奖，艺术体操获市级集体单项第一名、第三名。

重庆市沙坪坝区育英小学（重庆大学附属小学） 2020年，学校71个小学教学班（含幼儿班4个），在校学生3143人。教职工171人，其中，专任教师160人，市、区级骨干教师32人，名校长工作室1人，名师工作室2人，导师制学员4人，学科带头人1人。学校获2020重庆市围棋团体赛一等奖，2020FPSPI未来问题解决项目全球第五名。

重庆市第六十九中学 2020年，学校有教学班18个，学生722人，教职工83人，党员39人。有市级骨干教师1人、区级骨干教师5人，区级新秀骨干教师5人。学校获沙坪坝区第十届普通中学民防知识竞赛团体奖、沙区第十二届中小学体质健康比赛团体二等奖，在“沙磁杯”优质课比赛中学校有7人进入决赛，4人获一等奖。

重庆市第十五中学 2020年，学校有教学班17个，在校学生717人，教职工58人，其中：专任教师56人；正高级教师1人，高级教师8人，中级教师29人，高中级教师占比68%；市级骨干教师3人，区级骨干教师6人。学校获沙坪坝区2019—2020学年度教育教学综合质量一等奖。

重庆市沙坪坝区凤凰实验学校 2020年，学校有教学班28个，学生1229人，其中，小学部19个班、769人，中学部9个班、460人。有教职工82人，其中市级骨干教师1人、区级骨干教师12人，高级教师12人。学校获重庆市乡村学校少年宫建设考评特等奖（连续6年）、重庆市寻根乡愁记住年味——九童圆梦鼠年春节行动活动优秀组织奖、重庆市第六届“紫荆杯”两岸暨港澳青少年书画大赛（重庆赛区）优秀组织奖、重庆市“纸短情长爱祖国 励志家书助脱贫——给父母和祖国妈妈一封信”活动优秀组织奖，重庆市未成年人劳动教育联盟成员学校。

（肖　鹏　杨　民　刘明炼　陈　翅　朱汉君　彭寿江　罗　磊　李　松　刘登山　周烈强　张　丹　李生令　程　洁　冷林峰）

特殊教育

【概况】 2020年，沙坪坝区义务教育阶段学校接收视力残疾、听力残疾、智力残疾、肢体残疾、言语残疾、精神残疾、多重残疾及自闭症、脑瘫、多动症等各类残疾（缺陷）儿童少年420人，其中沙坪坝区聋哑学校（九年一贯制特殊教育学校）接收听障及智力残疾学生33人，小学阶段随班就读残疾（缺陷）学生258人、送教上门残疾小学生51人，初中阶段随班就读残疾学生65人、送教上门残疾初中学生13人，残疾学生入学率100%、学籍建档率100%。

【特殊教育管理】 2020年，沙坪坝区按随班就读特教学生每生每年小学阶段7500元、初中阶段7700元标准为义务教育学校下拨特殊教育生均公用经费。在沙坪坝区特殊教育学校（聋哑学校）开设培智教学班2个（一、二年级），招收智力障碍学生13人。举办沙坪坝区“《融合教育工作手册》使用专项培训班”，提高全区80余所义务教育普通学校的特殊教育资源教师课程领导力，建构融合教育教师特殊教育知识框架，提高对随班就读学生日常管理的实务能力。特殊教育管理与指导中心研发并试行《沙坪坝区特殊教育资源教室管理手册》《沙坪坝区特殊教育随班就读学生一人一案记录手册》，加强特教资源教室的应用培训和日常监管，落实特殊教育学生“一人一案”，提升随班就读融合教育工作质量。

附：重庆市沙坪坝区聋哑学校

重庆市沙坪坝区聋哑学校　2020年，重庆市沙坪坝区聋哑学校在校学生35人，其中听障学生17人，培智学生18人。在编在岗教职工11人。学校是区融合教育特色学校，实施“教育教学、康复训练、艺体训练、心理辅导、生活指导、职业培训”六位一体的管理。开设有国家课程、地方课程和学校特色课程，为残障学生的成长与发展提供强力保障。学校针对学生劳动教育和渗透职业技能培训的“厨艺”“蜀绣”两门课程被评为区级“精品校本课程”，“厨艺”“蜀绣”“汽车基础美容实作室”和新增设的特教资源教室、陶艺制作室、生活情境室——超市和宾馆，为残障学生的生活适应提供强力支持。教师陈晓丽获区抗疫“最美巾帼奋斗者”称号；《聋哑学校与普通小学融合教育实践研究》获重庆市教育学会优秀教育科研成果二等奖；教育部重点课题《响应全纳教育的新型特教学校建设的深化研究》一级子课题《义务教育阶段学校残健学生融合教育实践研究》于10月结题。

（肖　鹏　陈　翅　罗成龙）

普通高中教育

【概况】　2020年，沙坪坝区以提升教育质量为主要目标，配齐配足选课走班硬件设施，推动新课程改革、普通高考综合改革，促进普通高中特色优质发展。辖区有普通高中11所，在校高中学生16910人，全区高考参考5103人，整体上线率99.96%，重本上线3501人，重本上线率68.61%，本科以上上线4383人，上线率86%。

【普通高中课程改革】　2020年，沙坪坝区推进市、区级课程项目的建设工作，完成第一期普通高中发展促进计划项目结项验收工作。在2020年重庆市第二期普通高中发展促进计划项目申报中，立项普通高中课程创新基地3个、精品选修

2020年4月17—19日，沙坪坝区组织协调包机迎接首批560名藏族学生返校复学　（西藏航空供图）

课程3门、校本教研基地2个、市级新课程新教材实施示范校3所。

【中学学区共同体建设】 2020年，沙坪坝区启动普通中学学区共同体第二期建设，将四大学区共同体优化升级为重庆一中、重庆南开中学两大学区共同体，落实“多元互动、资源互享、文化互融、研修互助、队伍互培”的“5S学区化”发展策略。两个学区共同体召开工作交流研讨会、推进会11次，开展联合教研、观摩课堂、课例展示、跟岗培训、导师制活动48次，举办名师工作室活动、各级各类竞赛、专家讲座43场。

【民族教育】 2020年，沙坪坝区贯彻落实中央第六次民族工作会和第七次西藏工作座谈会精神，促进民族教育健康发展。重庆西藏中学被表彰为西藏自治区“民族团结进步模范学校”，德育案例《抓好爱国主义教育，扣好汉藏学生人生第一粒扣子》被评为教育部首批“一校一案”落实《中小学德育工作指南》典型案例。举办第四届“和泽之春”教科节、“和泽文化”科技体育艺术节。疫情防控期间，学校完成西藏学生返校疫情防控、重庆市内地西藏散插班学生寒假期间安置等工作。

【学生资助】 2020年，沙坪坝区普通高中家庭经济困难学生享受国家助学金5133人次，计614.93万元。高中低保、建卡等学生学费减免454人次，计48.8万元。学生免课本费415人次，计8.3万元。

附：主要普通高中选介

重庆市第一中学校　2020年，学校占地面积140472平方米，建筑面积292425平方米，开设教学班66个，在校学生3324人，在编教职工704人，其中正高级职称11人，副高级职称198人，中级职称260人，初级职称200人，管理岗19人，工勤16人。高2020届学生1047人参加重庆市普通高考，不含艺体类上重本线文科156人、理科749人，600分以上文科75人，理科456人。

重庆市南开中学校　2020年，学校有63个教学班（其中国际班6个），在校学生3299人，在岗在编教职工548人。教师获国家级奖项11人次、市级奖项34人次；学生获国际级奖项18人次、国家级奖项69人次、市级奖项300余人次。高考重本上线率文科82.1%、理科95%，整体上线率100%。123人被“QS世界大学排名2020”榜单前50位高校录取，532人被“双一流”高校录取，528人被“985”高校录取，743人被“211”高校录取。刘益涵同学获得全市高考文科最高分。

重庆市第七中学校　2020年，学校呈现“一校两点，一体两翼”集团化发展格局，有重庆七中本部校区、重庆七中磁器口校区、重庆七中沙滨学校、重庆七中实验学校。学校在职教职工394人，开设教学班102个，在校学生5064人、学校获全国优秀校园足球特色学校、全国青少年人工智能教育示范基地、重庆市普通高中校本教研示范学校、重庆市教育信息化先进单位、重庆市第三批智慧校园建设示范学校等十余项荣誉。高考重本上线率74.23%，中考联招上线率68.26%。

重庆市凤鸣山中学校　2020年，学校有教职员工310人，特级教师1人，高级教师94人，市区级学科带头人和骨干教师48人，硕士研究生55人。开设84个教学班级，在校学生4139人，教师在全国、重庆市、沙坪坝区各种赛课及论文评比中获奖206人次。高考重本上线率68.46%、本科上线率97.4%。

重庆市青木关中学校　2020年，设有“一校两点”，教职工220人，其中市、区级骨干教师27人，高级教师58人。开设班级58个，在校学生近3000人。高考重本率上线保持50%以上，名校率取得新突破；中考联招上线保持70%以上。师生发展，成效显著，学校师生获得15项市区级集体荣誉，教师获国家、市、区级教育教学专项奖60余人次。

重庆西藏中学校　2020年，学校有教职工157人（含藏文教师8人），其中专任教师126人，高级教师44人、中级教师49人，市区级骨干教师18人、区级学科带头人2人。有33个教学班，其中西藏班30个，在校学生1368人（西藏学生1293人，其中昌都籍学生598人）。学校高考本科上线率99.12%，其中985、211重点大学录取率83.33%。

（肖　鹏　刘明炼　刘登山　李生令）

中等职业技术教育

【概况】　2020年，沙坪坝区以促进就业和市场需求为导向，增强职业教育办学活力和影响力，形成“打造一个中心，带动几个重点，公办民办联动发展”的职业教育发展思路，构建以国家级示范校和市级示范校为引领，专业门类较齐全、布局结构较合理、办学特色较鲜明的现代职教体系。年末，区内有中等职业技术教育学校（含技工学校）6所。其中，职业中学4所、技工学校2所，公办学校3所、民办学校3所，国家中等职业教育改革发展示范学校2所、市级重点改革发展示范建设学校1所，国家级重点中职学校3所、市级重点中职学校2所，市级高水平中等职业学校建设项目学校3所。在校学生26421人，普职比6.1 ∶ 3.9。

【教师队伍】　2020年，沙坪坝区选派中职学校管理人员、骨干教师参加国培、市培和区级培训，选送3名青年专业教师参与第六批“双千双师”交流计划，邀请企业技术能手到学校为学生开展专业技能培训。参加教师教学能力比赛和“沙磁杯”优质课比赛，促进教师专业成长。全区中职学校“双师型”教师623人，占专业课教师的87.14%。

【产教融合】　2020年，沙坪坝区制定包括工学交替、顶岗实习教学质量监控实施办法，建立以企业专家、技术人员、岗位能手组成的稳定兼职教师队伍。推动大师工作室、教学资源库、学生创意作品研发基地、课程建设、师资培养等合作项目，全区中职学校与498家企业（包括一企业签订多家学校）建立合作关系，开办校外实训基地301个。

【教育质量】　2020年，沙坪坝区实施“3+4”“三二分段”“五年制”人才培养试点工作，4所学校开设人才培养模式试点相关专业。组织学生参加高职分类考试，其中，立信职教中心升学1523人，本科上线人数237人，本科上线率15.46%。全区中职学生参加文明风采大赛获市级奖励17个，参加各类职业技能大赛获国家级奖励14个、市级奖励68个。中职毕业生“双证”获取率92.82%。立信职教中心牵头成立的重庆汽车职业教育集团被认定为“全国第一批示范性职业教育集团（联盟）培育单位”，立信职教中心成功申报市级中职专业（含虚拟仿真）实训基地建设项目和“双基地”建设项目，立信职教中心、铁路运输高级技工学校均成功申报市级中职紧缺骨干专业建设项目和市级高水平骨干专业建设项目，科能高级技工学校成功申报为市级中等职业学校教师培训基地2个，铁路运输高级技工学校成功申报国家级技能大师工作室1个。

【学生资助】 2020年，沙坪坝区中职学校享受国家助学金资助8879人次、995.52万元；减免学费46019人次、4601.9万元；免住宿费3913人、86.12万元；免学生课本费3548人次、68.63万元。

附：主要中职学校简介

重庆市立信职业教育中心 2020年，重庆市立信职业教育中心成为全国首批示范性职业教育集团（联盟）培育单位、重庆市高技能人才培训基地。参与教育部、国家发展改革委、工业和信息化部等九部门联合颁布的《职业教育提质培优行动计划（2020—2023年）》，承接29大项（39小项）的任务（项目）。承办2020年全国职业院校技能大赛教学能力比赛重庆中职组选拔赛、全国职业院校技能大赛改革试点赛重庆中职组选拔赛交通运输类和加工制造类比赛。教师参加各级各类教学能力和专业技能比赛，获国家级一等奖2个、二等奖9个、三等奖2个，市级一等奖8个、二等奖9个、三等奖4个。教师发表论文59篇，获奖论文15篇，出版教材教辅5本，开发专利5个。学生参加全国技能大赛夺得一等奖2个、二等奖9个、三等奖2个，连续十一年获重庆市参赛学校金牌榜和总分榜两个第一。

重庆市科能高级技工学校 2020年，重庆市科能高级技工学校申报成为重庆市中等职业学校教师培训实践基地，成功申报市教委教师信息技术应用能力提升培训项目。重庆市焊接集训基地选手获第一届全国职业技能大赛焊接项目银牌，学校学生获焊接项目第十七名，获第八届全国煤炭职业院校技能大赛瓦斯检测项目三等奖3个，获第十二届重庆市中等职业学校职业技能大赛焊接项目一等奖2个、零件测绘项目三等奖2个，获重庆市新时代好少年朗诵比赛二等奖2个，学校师生获第二届“黄炎培杯”中华职业教育非遗创新大赛优秀奖2个，学校教师获“巴渝工匠”杯第二届教师职业能力大赛二等奖1个、三等奖1个。学校与德国莱茵护理健康学院通过线上签约的形式签订合作备忘录，建立战略合作关系，开设特色班1个，2名学生获德国青少年夏令营项目全额奖学金。

重庆市铁路运输技工学校 2020年，重庆市铁路运输技工学校通过高水平学校建设项目中期验收检查，完成建设任务点162个，形成标志性成果67个。梁攀国家级技能大师工作室获批。学生在各级各类竞赛中获奖16项，在全国职业院校铁道牵引变电技能竞赛中，获团体一等奖1个、分赛项一等奖1个。获批成为重庆市首批13家技工院校学生职业技能等级认定机构之一、首批第三方职业技能等级认定机构，取得新职业从业人员职业培训机构资质。与3家公司签订委培协议，新开订单班8个，新增短训班2个；与9家企业签订校企合作协议。

（肖 鹏 张代敏 苏 婕）

普通高等教育

【概况】 2020年，沙坪坝区有高等院校12所（含军队院校3所），其中，部属院校1所，市属本科院校4所，市属专科院校4所，军队院校3所。分别是：重庆大学、西南政法大学、重庆师范大学、四川外国语大学、重庆警察学院、重庆医药高等专科学校、重庆电子工程职业学院、重庆商务职业学院、重庆建筑科技职业学院（原重庆房地产职业学院，2020年5月更名）、中国人民解放军陆军军医大学、中国人民解放军陆军勤务学院、中国人民解放军陆军工程大学通信士官学校。此外，沙坪坝区纳入重庆高新区管理区域有高校

2020 年 6 月 17 日，重庆大学附属中学、附属小学揭牌仪式　　（熊文亮摄）

4 所。分别是重庆医科大学、四川美术学院、重庆科技学院、重庆城市管理职业学院。

【校地教育合作】 2020 年，沙坪坝区与各高校深化办学合作。与重庆大学合作举办重庆大学附属中学、重庆大学附属小学，与四川外国语大学合作举办四川外国语大学附属小学，与西南政法大学合作举办西政幼儿园。与重庆医科大学等高校签订学校心理服务合作协议，对中小学师生、家长全覆盖免费“心理体检”和“心理访谈”7.1 万人，同步建立健全学生心理健康状况报告制度，启动中低级危机干预程序 2737 人、重大危机干

表 23　　驻区高校一览表

序号	学校名称	学校地址	创办时间
1	重庆大学	沙坪坝区沙正街 174 号（老校区） 沙坪坝区大学城南路 55 号	1929 年
2	西南政法大学	沙坪坝区壮志路 2 号	1950 年
3	重庆师范大学	沙坪坝区天陈路 12 号（老校区） 沙坪坝区大学城中路 37 号	1954 年
4	四川外国语大学	沙坪坝区壮志路 33 号	1950 年
5	重庆警察学院	沙坪坝区大学城景铮路 666 号	1950 年
6	重庆医药高等专科学校	沙坪坝区大学城中路 82 号	1948 年
7	重庆电子工程职业学院	沙坪坝区大学城东路 76 号	1965 年
8	重庆城市管理职业学院	沙坪坝区大学城南二路 151 号	1984 年
9	重庆商务职业学院	沙坪坝区大学城中路 81 号	1962 年
10	中国人民解放军陆军军医大学	沙坪坝区高滩岩正街 30 号（老校区） 沙坪坝区大学城南路	1936 年
11	中国人民解放军陆军勤务学院	沙坪坝区大学城北一路 20 号	1961 年
12	中国人民解放军陆军工程大学通信士官学校	沙坪坝区林园甲一号	1955 年

2020 年 9 月，四川外国语大学附属小学开学典礼暨揭牌仪式
（包　浩摄）

预程序 173 人，绿色通道转介治疗 23 人。加强军民共建，重庆西藏中学与陆军工程大学通信士官学校开展“十个一”军民共建活动。推进重庆市青少年创新人才培养雏鹰计划，重庆一中、重庆南开中学、重庆七中、重庆凤鸣山中学与重庆大学等高校建立创新型人才合作培养机制。

附：高等院校选介

重庆大学　2020 年，重庆大学有 A、B、C、虎溪 4 个校区，校舍建筑面积近 170 万平方米。图书馆累计藏书 495.26 万册，中外期刊 6500 余种，电子图书 382.6 万余册、电子期刊 9.21 万种，各类权威文献数据库 220 个。有学院 36 个，以及研究生院、继续教育学院、网络教育学院、附属医院和重庆大学城市科技学院。有理、工、经、管、法、文、史、哲、医、教育、艺术 11 个学科门类。在校学生 4.8 万余人，其中硕士、博士研究生 2.1 万余人，本科生 2.5 万余人，外国留学生 1900 余人。有教职工 5300 余人，其中教师 2900 余人，中国工程院院士 7 人，“国家杰出青年科学基金”获得者 20 人，国家“四个一批人才”4 人，“百千万人才工程”国家级人选 24 人，国家级青年人才 41 人。另有享受政府特殊津贴在岗专家 70 余人，部、市重点人才工程人选 240 余人。博士生导师 1000 余人。国家自然科学基金委创新研究群体 4 个，教育部创新团队 7 个，科技部重点领域创新团队 3 个，国防创新团队 1 个。有博士后流动站 29 个，一级学科博士学位授权点 33 个，二级学科博士学位授权点 1 个；一级学科硕士学位授权点 53 个。专业学位授权类别 25 个。一级国家重点学科 3 个、二级国家重点学科 19 个（含培育 2 个）。有国家级重点研究基地 14 个，国家级实验教学示范中心 8 个，国家级虚拟仿真教学实验中心 3 个；国家“2011 计划”协同创新中心 1 个；教育部重点实验室（工程研究中心）8 个，国际合作联合实验室 2 个，国家重点学科实验室 1 个，高等学校学科创新引智基地（“111 基地”）6 个，其他省部级及各类研究基地 180 余个。

重庆师范大学　2020 年，重庆师范大学含大学城校区、沙坪坝校区、北碚校区 3 个校区。纸质图书 269 万册，可全文阅读电子图书 159 万种，电子期刊 89 万册，音视频容量 22 万小时，数据库 59 个。学校一级学科覆盖哲学、法学、经济学、教育学、文学、理学等 11 个学科门类，有学生3万人左右，其中全日制本科生24000余人、研究生近5000人、留学生300余人。在职教职工2000余人，其中正高职称和博士1000余人，博士生导师和硕士生导师800余位。有博士一级学科1个，硕士学位授权一级学科25个，二级学科1个，硕士专业学位授权点14个；有2个重庆市一流学科，14个市级“十三五”重点学科，2个“人工智能+”学科群。有数学与信息科学、文博与艺术文化、生命科学与绿色生态、智能材料与新能源、区域经济与产业发展、教师教育等6大优势学科群。有国际系统与控制科学院院士、国家级特聘教授、国家“万人计划”人选、“新世纪百千万人才工程”国家级人选、国家级有突出贡献的中青年专家、全国杰出专业技术人才、全国文化名家暨“四个一批”理论人才、国家“优青”、教育部科技委数理学部委员、“中国青年科技奖”获得者、享受国务院政府特殊津贴专家、“海外杰青”获得者、中国科学院“百人计划”人选等国家级专门人才30人次。有教育部重点人才工程人选、重庆市重点人才工程人选230余人次。

四川外国语大学　2020年，四川外国语大学图书馆藏有纸质图书117万册、电子图书238万册，中外文纸质报刊929种、电子期刊41354种。有5个省级人才培养模式创新实验区、3个省级实验教学示范中心、1个省级研究生教育创新基地、1个省级专业学位研究生教育综合改革试点单位；建有国家级精品课程1门，国家级精品资源共享课程1门，国家级精品在线开放课程1门，省级研究生教育优质课程23门，省级精品课程14门，省级精品资源共享课程5门，省级精品视频公开课程各5门，省级精品在线开放课程35门。有21个院系、2个独立学院和1所附属中学；开设有外国语言文学、文学、经济学、管理学、法学、教育学、哲学、艺术学等43个本科专业，其中外语专业25个（22个外语语种）。有全日制在校生1.5万人，教职工1332人，专任教师836人，其中教授、副教授占师资总数的49.16%。有享受国务院特殊津贴专家4人，全国优秀教师、优秀教育工作者3人，全国模范教师1人，教育部外语专业指导委员会委员13人，省部级有突出贡献专家3人，省级学术技术带头人及后备人选16人，重庆市巴渝学者特聘教授1人，重庆巴渝学者青年学者4人，英才计划青年拔尖人才2人，“教学名师”“教书育人楷模”“十佳教师”“优秀教师”“优秀教育工作者”“师德先进个人”等荣誉称号17人次，重庆市宣传文化第二批“五个一批”人才1人，“322重点人才工程”二层次人才3人，“高校优秀人才支持计划”入选者7人，“高校中青年骨干教师”及“高校青年骨干教师资助计划”人选25人次。有全国一级学会、二级学会会长和副会长8人次。有博士学位授权一级学科1个，含二级学科13个；有硕士学位授权一级学科5个，含二级学科49个；有专业硕士学位授权类别6个，含45个专业硕士学位授权领域；外国语言文学一级学科获博士后科研流动站。有1个省级一流学科、5个省级重点学科、4个国家级特色专业建设点、8个省级特色专业建设点、18个省级一流专业立项建设项目；有1个国家级综合改革试点专业、2个省级综合改革试点专业；有12个重庆市“三特行动计划”项目特色专业、3个特色学科专业群。

重庆商务职业学院　2020年，学校占地建筑面积24.5万平方米，在校学生近1.5万余人，教学仪器及实训设备8000万余元，馆藏各类图书63.34万余册。教职工952人，其中专任教师638人，外聘教师314人，有教授、副教授职称的专任教师占35.7%，硕士、博士研究生学历教师占85%，“双师素质”教师占82%，聘请103名行业高技能人才担任实训教师。海外留学经历占10%，省（部）级以上劳模、教学名师、行业领军人物等30余人。有财务金融、工商管理、电商物流、餐饮旅游、出版传媒、信息技术六大专业群，37个招生专业，建有重庆市商贸人才培训基地、印刷包装职业培训基地、餐饮高技能人才培训基地，共建“京东校园实训中心”“苏宁易购校园店”等开放性技能实训平台80余个。

重庆医药高等专科学校　2020年，重庆医药高等专科学校占地面积近40万平方米，固定资产近7亿。图书馆藏书50多万册，建有主干为千兆的校园网络基础平台和设备先进的电子阅览室。建有药学院（中药学院）、护理学院、医学技术学院、临床医学院、中医学院、基础部、马克思主义学院、继续教育学院8个教学院部，开设药学、临床医学、口腔医学、预防医学、护理、医学检验技术、中医学等高职专科专业25个，与重庆科技学院联合开办“3+2专本贯通分段培养项目”本科专业。有全日制在校生15600余人，有教授、副教授等副高以上专业技术人员200余人，“双师”素质教师270余人，具有硕士及以上学位的教师300余人，其中博士学位80余人。有首批全国职业院校养老服务类示范专业点、首批全国职业院校健康服务类示范专业点、首批国家级职业教育教师教学创新团队、首批国家级示范职教集团，是教育部高职高专药学专业、中药学专业、护理专业、医学检验技术专业、康复治疗技术专业骨干教师国家级培训项目基地，中国护理职业教育联盟副理事长单位。有一批国家级精品课程和国家级精品资源共享课程。有中央财政支持的药学、药物制剂技术、护理学高等职业教育实训基地，有地方财政支持的生物制药技术高等职业教育实训基地、重庆高校中首家模拟GMP药学实训工厂等一批校内实训基地。有重庆市高职高专院校中首家工程技术研究中心、重庆市医学检验试剂研究所等独立设置的研究机构。有直属附属医院1所、共建共管附属医院1所、非直管附属医院17所、教学医院20所及大中型制药厂、医药公司、医院等校外实习基地100多家。学校牵头成立重庆医药职业教育集团，有180多家成员单位。

重庆电子工程职业学院　2020年，重庆电子工程职业学院占地面积91.4公顷，固定资产10.64亿元，校舍62.46万平方米，教学科研仪器设备值2.62亿元，馆藏图书166万册。学校对接重庆市“芯屏器核网”全产业链、“云联数算用”要素集群和战略性新兴产业，通过关停并转，重构“物联网应用技术”“信息安全与管理”“建筑智能化”等突出电子信息和智能化特色的12个专业群。有人工智能与大数据学院、电子与物联网学院、通信工程学院、智能制造与汽车学院、财经管理学院、数字媒体学院、建筑与材料学院、智慧健康学院8个（专业）实体性学院以及通识教育与国际学院、马克思主义学院、体育与国防教学部3个（育人）功能性学院。有全日制在校生25449人，教职工1309人，其中博士研究生109人、教授121人（二级教授3人），引进中国工程院院士、中国科学院院士、国际系统与控制科学院院士各1人，自主培养2名国家“万人计划”教学名师、9名国务院政府特殊津贴获得者等杰出人才100余人。建成国家级教学团队1个、国家级职业教育教师教学创新团队1个、国家级技能大师工作室1个。主持国家级专业教学资源库3个，主编国家规划教材51部，建成国家级重点（骨干）专业17个、国家级精品在线开放（资源共享）课程11门、国家级实训基地13个。建有“沈昌祥网络空间安全院士专家工作站”“硅光子千人专家人才培养与技术创新中心”“重庆海智工作站”和科技部“重电e家”国家级众创空间，建成“城市建筑智慧运维管理重庆市高校工程中心”“重庆精密加工及在线检测智能制造应用技术推广中心”等7个市级研发平台/团队以及“机器人技术应用协同创新中心”“智能制造应用技术协同创新中心”2个国家级应用技术协同创新中心，建成“许磊市级技能大师工作室”等4个省级技能大师工作室。承担国家社科基金项目2项、国家发改委项目1项、全国教育科学规划项目2项、教育部社科项目6项/科技项目1项、重庆市科技局重大/重点项目10项。

重庆建筑科技职业学院　2020年，重庆建筑科技职业学院占地面积60.2公顷，校舍建筑面积约30万平方米，图书馆藏书87万余册。有建筑城规学院、建筑工程学院、智能制造工程学院、数字工程学院、房地产营销学院、建筑管理学院、环境艺术学院、基础教学部（与马克思主义学院合署）、房地产商学院（继续教育学院）、国际工程学院（中德工程师学院）8个二级院（部），有全日制在校生10000余人，教职工660余人，专任教师600余人，其中硕士及以上学历390余人，高级职称200余人。特聘中国工程院江欢成院士（上海东方明珠设计者）、魏敦山院士等专家，建成院士专家工作站。构建以装配式建筑技术为特色的土建类、以工业机器人及新能源汽车为特色的装备制造类、以大数据和虚拟现实技术为特色的信息技术类、以跨境电商及幼儿发展与健康管理为特色的现代服务业类和以环境及文化创意（以室内设计及环境艺术设计）为特色的设计艺术类五大专业群，共39个专业。与企业共建大型结构、装配式建筑、工业机器人、虚拟现实技术、大数据分析与应用、建筑设备与智能化、建筑信息化、艺术与设计、经济管理以及基础实验10大实验实训中心，拥有校内实训室156间，教学科研仪器设备总值1.37亿元。

（肖　鹏　刘振华）

民办教育

【概况】　2020年，沙坪坝区克服新冠疫情对教育培训带来的冲击，发挥区民办非学历教育培训监管工作联席会作用，履行属地管理责任，遵循“谁审批、谁负责、谁举办、谁监管”原则，开展培训机构规范办学专项治理，加强民办学校常规管理，建立民办学校监管工作长效机制，促进民办教育健康发展。年末，区内有民办幼儿园123所，在园幼儿18151人。民办中小学5所，在校学生7444人，其中，小学2所，学生2519人；初中2所，学生2702人；高中1所，学生2223人。民办中等职业学校3所，学生4903人。民办非学历教育培训机构101所，其中非营利性培训学校45所、营利性培训有限公司56所，年培训学员45万人次。民办培训机构全年营收13.3亿，纳税6159万元。

【民办教育监管】　2020年，沙坪坝区发放《致学生家长的一封公开信》《致培训机构的一封公开信》20余万份，提醒家长谨慎选择培训机构，要求培训机构规范开展培训活动。处理涉及校外培训来电、来信、来访投诉120件次，动态更新培训机构黑白名单，22家机构先后进入黑名单公示，强化培训机构红黄牌制度，3家机构先后4次被红黄牌警告。对随机抽取的40家培训机构授课内容开展专项排查，对9家民办学历学校的教育乱收费开展摸查，清理培训机构在新媒体平台发布的涉及“小升初”“初升高”相关信息。摸排培训机构623家，对18家无证无照机

2020年12月，举行沙坪坝区校外培训机构校长研修班　（彭明勇摄）

构、12家涉嫌无办学许可开展中小学文化课培训机构进行清理整顿。截至2020年年底，指导56家民办学校完成分类登记工作，分类登记完成率56%。全区50余位督学及相关科室按督导责任区分成8个督导组，对全区110所民办学校开展现场督查，给予105所民办学校合格、3所民办学校延迟年检、2所民办学校终止办学的结论。区教委会与区人社局、区市场监管局、区公安分局、区消防支队等单位，对部分培训机构违规办学行为开展联合执法行动18次，出具整改通知书6份，张贴《告家长书》5份。对3家涉嫌违规组织“小升初”测试的机构进行现场查处，纳入黑名单予以公示。

附：主要民办学校简介

重庆市树人凤天小学校　2020年，学校有教学班30个，学生1328人。打造高尔夫、陶艺、魔方、版画等40余门特色个性课程。学生获沙坪坝区青少年科技创新区长奖和区长提名奖，学校被评为全国青少年校园篮球特色学校，全国科研先进单位。

重庆市沙坪坝区名校联合外语小学校　2020年，学校有小学班30个，幼教班4个，学生1350人。被评为沙坪坝区教师成长科研课题先进单位、沙坪坝区中外人文交流特色学校、重庆市书法艺术特色学校。教师获奖100人次，其中国家级4人次。

重庆市南渝中学校　2020年，重庆市南渝中学校有教学班41个，在校学生1840人，教职工170人，其中高级教师22人，一级教师43人。初2021级10班被授予2020年度“全国优秀少先队集体”称号；教师赵静在“迦陵杯·诗教中国”诗词讲解大赛中获中学组一等奖；三个课题成功申报为重庆市教育科学“十三五”规划课题。

重庆市南丁卫生职业学校　2020年，学校开设护理、助产2个专业，有教职工126人，开设44个教学班，有学生2125人。2020年毕业学生 676 人，就业率 85.16%。学校 672 人参加 2020 年春季高考（护理类），上线率 100%，录取率 100%。护士执业资格考试全校过关率 80.55%。

重庆光华女子职业中等专业学校 2020 年，学校有在校学生 2232 人，教职员工 116 人，设有护理、学前教育、轨道交通、航空旅游服务等 4 个专业。教师在各类刊物发表论文 21 篇，获一等奖 4 篇，二等奖 9 篇，获优秀论文奖 8 篇。在区中职学校“卓越杯”教师赛课中，获一等奖 2 名，二等奖 8 名；在“沙磁杯”教师优质课竞赛中，获二等奖 1 名。

（肖 鹏 张代敏 姚思凡 李生令 程 洁）

成人教育

【概况】 沙坪坝区是重庆市首批社区教育示范区，第三批全国社区教育示范区，全国数字化学习先行区。2020 年，沙坪坝区以“构建服务全民终身学习的教育体系，建设学习型社会”为目标，以“战疫情、增内涵、铸品牌、提质量”为主线，加强课程建设。建立以社区教育学院为龙头，22 所镇街社区学校为主体，社区（村）教育点为基础的面向社会、覆盖全员的三级学习网络，社区教育网络城乡全覆盖。

【社区教育管理】 2020 年，新冠肺炎疫情期间，沙坪坝区按照“停课不停学”的要求，社区学院推出精品公益班线上教学；各镇街社区学校创造性地推出线上课程。在沙坪坝区 2020 年暑期青少年社区教育活动中，开展活动 286 场次，8243 人次青少年参与其中。王军被评为全国百姓学习之星，“再就业服务超市”被评为全国终身学习活动品牌。3 人被评为重庆市百姓学习之星，3 个品牌被评为重庆市终身学习活动品牌，3 个团队被评为重庆市学习型团队，6 门课程被评为重

2020 年 12 月，沙坪坝区童家桥街道社区学校开办素描课 （张 赛摄）

庆市社区教育特色课程。与成都市武侯区社区学院签署战略合作框架协议，开创成渝地区社区教育共同发展的新局面。2020 年，区考核办首次将镇街社区教育工作开展情况纳入区政府对镇街经济社会发展业绩考核。

【电大教育】 2020 年，沙坪坝区出台《沙坪坝区电大 2020 春秋季招生学费优惠政策》。开展春季远程招生，秋季深入幼儿园、企业园、基层校点等招生，全年招生 1865 人，其中电大开放教育 1498 人、奥鹏教育 367 人，比 2019 年增加 771 人。发放开放教育毕业证书 221 人，其中本科 62 人、专科 149 人；发放成人教育毕业证书 817 人，本科申报学位 3 人。组织开放教育考试近 300 门，试卷近 6000 套，机考 72 场次，纸考 291 场次；完成奥鹏远程教育期末考试 14 场次；网络教育全国本科统考 72 场次，2000 余人次参考。

附：主要成人教育院校简介

沙坪坝区教师进修学院 2020 年，学院深化学本教学改革，促进研修转型、提高专业指导水平，确保“停课不停学”“停课不停研”。聚焦“亲社会行为促进研究——感恩生命”主题开展研修活动，组织 6 名志愿者参与心理援助服务 1008 小时。研修员发表论文 37 篇，其中核心期

刊6篇、一般刊物31篇，有17篇论文或课例获全国、重庆市一等奖。组织举办“指向核心素养、聚焦学习单元的学本教学改革”专题培训、沙坪坝区首届普通高中育人方式改革校长高峰论坛、学本教学改革三年行动计划暨第二届学本研修节活动、沙坪坝区中小学劳动教育研讨会等活动。举办各学科第四届“沙磁杯”优质课大赛活动，评出普通中小学教育一等奖147名、二等奖272名；学前教育一等奖12名、二等奖24名；中职学校一等奖15名、二等奖28名；925名教师获指导奖。立项市规划课题22项，其中重点有经费课题4项、重点无经费课题6项。第二届“名师工作室”、第七届“导师制”专项课题立项61项，其中名师工作室17项、导师制44项。教师成长科研课题立项240项，表彰优秀成果128项。举办“国培计划”重庆市乡村青年校长助力培训和市区级校级干部培训等项目7个，培训校长1154人次。完成第23期中小学校长岗职培训48人和第9期幼儿园园长岗职培训56人培训任务。举办中小学幼儿园教师培训班62个，培训6318人次，第七届“导师制”20个学科培训教师140人，第二届9个“名师工作室”培训教师88人。培训高校招和公招新进中小学幼儿园教师256人、临聘教师239人。协助组织国家和重庆市义务教育质量监测，12所小学、8所中学参加国家义务教育质量监测，16所小学、10所中学参加重庆市义务教育质量监测。

西南政法大学继续教育学院　2020年，学院下设综合办公室、学历教育办公室、教育培训办公室三个科室。成人高等教育（函授）开设有法学、金融、行政管理9个专业；高等教育自学考试助学开设有法学、新闻、国际经济与贸易等6个专业；教育培训包含法治类、律师公证仲裁类、营商环境类等20个培训项目。

重庆大学继续教育学院、应用技术学院　2020年，学院有职工54人、聘任各类员工145余人，有从招生、教学、管理、服务、后勤保障等完备的教学运行组织机构。有高等学历继续教育、非学历继续教育两大业务体系。高等学历继续教育设有理、工、管等多学科11个本科专业，在全国5个省、自治区、直辖市建有5个函授站；建有教育部、人社部、工信部、生态环境部、全国总工会5个国家级继续教育基地，3个重庆市市级教育培训基地，组建4个干部教育培训中心和6个社会化项目培训中心。

重庆电子工程职业学院培训与继续教育学院　2020年，重庆电子工程职业学院培训与继续教育学院有专职管理人员20余人，其中副教授职称以上的7人。学院下设培训中心、学历教育部、自考办、技能鉴定所四个业务部门和党政办、学管办两个职能部门。学院承担国培、市培、干训、社会培训等任务，为市内部分机关、企事业单位的员工提供继续教育培训。构建高等教育人才培养“立交桥”，举办自考、成教、网教等多类型学历教育。

重庆科技学院继续教育学院　2020年，重庆科技学院继续教育学院形成涵盖“继续教育”“特色培训”“自学考试”“职业技能”四大教育板块的继续教育办学格局。办学形式有函授、业余两大类。有业余、函授等形式的专科、本科、专科升本科成人学历教育办学体系，设置专业60多个，有各类在籍学生9000余人。在重庆、四川、新疆、广西等省市（自治区）设有13个函授站、教学点。教育培训办学立足政府培训、企业培训、社会培训三大业务主线，构建政府干部研修、教育系统师资培训、企事业单位管理及专业技术人员能力提升培训等多层次多形式的非学历教育培训体系。　（肖　鹏　张代敏　苏　婕）

文 化

文化设施与管理

【概况】 2020年，沙坪坝区有公共图书馆2个（重庆图书馆、沙坪坝区图书馆），文化馆1个，区博物馆1个，名人旧居3个（张治中旧居、郭沫若旧居、冯玉祥旧居），镇街综合文化服务中心22个，村社综合文化服务中心158个，免费开放率100%，免费开放面积7.76万平方米，服务人群135余万人次。依托"沙坪坝区文旅云"平台，为22个镇街配备数字文化终端，推动城乡文化一体化发展。全年，投入资金66万元，购置图书2.3万余册，送流动文化服务进村200场。（郭贞怡）

【硬件设施建设】 2020年，沙坪坝区完善巴蜀古代建筑博物馆硬件设施，完成门岗亭、导览标志标牌制作安装。补助基层文化设施建设资金58万元，升级改造13个镇街、社区（村）基层综合文化服务中心。新建城市书房2个，建成丰文街道三河村文化大院。（郭贞怡）

【免费开放】 2020年，沙坪坝区"两馆一站"、社区（村）文化室免费开放率100%。划拨免费开放经费153.8万元。制定《2020年沙坪坝区街镇文化中心免费开放绩效评价工作方案》，对镇街文化中心实行月报制、巡查制、通报制和实地检查，加强对免费开放的督查力度。（郭贞怡）

【总分馆制建设】 2020年，沙坪坝区推进文化馆、图书馆总分馆制建设，有22个文化馆分馆、22个图书馆镇街分馆、8个图书馆社会分馆、7个24小时城市书房、37个图书外借点，全区镇街基层综合文化服务中心图书通借通还。（郭贞怡）

【应急广播系统建设】 2020年，沙坪坝区编制《沙坪坝区应急广播系统建设方案》，投入118万余元搭建区级应急广播系统基本构架。一期构建三级应急广播框架，建设区级总平台、22个镇街分平台，在部分村社试建支平台，以广场LED大屏、小区公共场地、农村集中居住地、森林覆盖面广的地方为试点建设181个终端；二期将以完善区级平台，对接市级应急广播体系，增加村社支平台，补充广播终端为主，建成统一协调、上下贯通、可管可控、覆盖全区的应急广播系统。（郭贞怡）

附：文化场馆

沙坪坝区图书馆　该馆是为市民免费服务的开放式、多功能的现代化综合性公共图书馆，

2020年10月28日，新桥街道城市书房免费开放　　（杨　里摄）

为“国家一级图书馆”。2020年，有建筑面积7101.92平方米，设电子阅览室、报刊阅览室、书刊借阅室、少儿借阅室等15个免费服务窗口，提供书刊借阅、自修阅览等18项免费项目。文献总量超过90万册。安装电子报刊阅读系统、电子图书自助借阅系统、少儿图书自助借还系统、少儿电子期刊（多媒体）点读平台、移动（手机）图书馆、微信图书馆、维普数据库（期刊库、考试库、基础库）、讲座视频库等。专用存储设备容量50TB，数字资源35TB。无线网络馆内全覆盖，免费上网。（周莉莉）

沙坪坝区文化馆（沙坪坝区川剧艺术促进中心）　该馆建筑面积9000平方米，系全国文明单位、文化工作先进单位。坚持免费开放，提供30项公共文化服务项目，每周开放时间94.5小时以上。其中特色文化项目有“黄葛树下龙门阵”“巴渝书场”“沙子艺课”“沙子轻课”“沙子慕课”等。2020年，沙坪坝区文化馆组织实施送文化进基层活动18场，举办沙坪坝区公共文化服务品牌活动“黄葛树下龙门阵”（云上故事会）14期，线下16场。在抖音平台发布抖音视频108个，慕课2期，广场舞网络培训1期，沙子艺课15期（27个视频），云中有戏15期，沙子轻课7期，名师公开课4期，大家大讲堂2期。举办摄影、书法、美术展览、橱窗宣传展18期，包括在重庆美术馆举办“沙子的光芒”抗疫作品展，在重庆市群众艺术馆举办“沙磁国画社”优秀作品展。编印群众文化期刊《金沙文化》4期。微信平台公众号推送165期206条信息，内容包括作品征集、非遗展示、教学视频、展览展示、综艺演出等。关注用户20724人，单篇文章最高阅读量3300人次，推送平均阅读量约400次/篇。

2020年1月，巴蜀古代建筑博物馆内景　　（甄宏达摄）

群众文化云平台总流量305380人次，发布资讯282条，配送志愿服务151次，服务群众21494人次，发布信息135条，发布活动175场，举办网上展览2场。利用电子显示屏宣传各类政策、时事、活动等50期（次）。慕课完成2期拍摄与制作；收集整理艺术作品音视频资源；完成馆内各项活动的视频拍摄与制作50场（次）。利用视频会议系统，开展2020年广场舞网上培训，全区22个街镇100多名社区舞蹈骨干参加培训。坚持数字馆两厅三馆的开放，接待全国同行到馆交流10余批100人多次。

巴蜀古代建筑博物馆　该馆是依托重庆市级文物保护单位复兴寺建设的以巴蜀地区古代建筑文化为主题的专题博物馆。2020年，博物馆占地面积6600平方米，建筑面积1800平方米，馆藏文物411余件/套（含珍贵文物152件/套），以木质、石质、灰塑、砖雕等建筑构件为主，与古建筑文化相关的出土文物，涉及大量描金、彩绘、嵌瓷、雕刻等装饰手法，收藏系统、品类齐全，反映巴蜀地区传统建筑的发展演变与文化内涵。

（蔡雯雯）

文化艺术

【文艺创作】　2020年，沙坪坝区文化工作者围绕抗击疫情、决胜小康、红色文化、建党百年、成渝经济圈建设等重大题材创作。全年获国家级、市级奖32项。其中国家级奖项1项，市级等级奖、入展、优秀奖等31项。中国文化馆年会征文活动获三等奖1篇。广场舞《龙舞大中华》获“欢跃四季舞动巴渝”重庆市广场舞展演优胜队伍（第一名），表演唱《又听山乡吹唢呐》获“奋进新时代共圆小康梦”第九届重庆市乡村文艺会演音乐类一等奖，相声《亲家征婚》、小品《朋友圈》获第七届重庆市戏剧曲艺大赛一等奖。沙坪坝区文化馆获重庆市广场舞展演、第七届重庆市戏剧曲艺大赛组织工作奖。2020年资助舞蹈《归塑“舞塑红岩魂”》等34个项目共8.5万元。歌曲《梦圆小康》入选重庆市委宣传部2020年重点文艺作品资助，《红岩为什么红》入选重庆市红色题材文艺创作资助项目。（杨晓艳　郭贞怡）

【文艺演出】　2020年，沙坪坝区组织实施演出活动208场。组织实施“天地歌乐歌盛世 人文沙磁开新天——沙坪坝区2020年新春文艺展演”大型文艺演出，“放歌新时代 文化进基层”——2020年沙坪坝区流动文化服务送演出进基层演出13场，“歌唱祖国”——2020年送演出进基层演出10场，“我们的中国梦·文化进万家”沙坪坝区2020年文化志愿者流动文化服务进基层18场。举办“我们的节日·端午 沙坪坝区2020年‘小康梦·家国情’诗歌朗诵会”“‘健康人生·绿色无毒’2020重庆市沙坪坝区全民禁毒宣传月”现场主题系列活动、党课开讲啦“品读红色书信，传承红岩精神”现场教学活动、沙坪坝区庆祝中国共产党成立99周年暨“党课开讲啦”活动、“学习新思想 唱响能行好 夺取双胜利”学习习近平新时代中国特色社会主义思想微宣讲沙坪坝片区赛、沙坪坝区第三十二届少儿故事比赛、重庆市“崇尚科学反邪教”宣传月活动启动仪式文艺演出、“庆国庆 迎中秋 赞小康”文化志愿服务优秀节目展演等大型活动26场。

（杨晓艳　郭贞怡）

【文化活动】　2020年，沙坪坝区举办大型文化活动76场，各类文化演出、讲座展览等520余场。举办“笑满黔山·情暖苗岭”2020年全国“春雨工程”沙坪坝区文化馆志愿服务走进威宁文艺演出。开展“爱·无法隔离”主题作品征集活动，

2020年1月7日，沙坪坝区举行“天地歌乐歌盛世 人文沙磁开新天”新春文艺展演　（张　岩摄）

出版“爱·无法隔离”沙坪坝区助力抗疫征集作品选。巴渝书场“天天演”2020年演出125场，疫情期间云录像28场，逗乐坊演出42场，市川剧戏友协会演出14场，群星京剧演出3场，重庆原声社演出22场、群星越剧演出4场，小甲龙移动剧场演出12场。举办“天地歌乐 人文沙磁”2020年沙坪坝区新春文艺展演和沙坪坝区第32届少儿故事比赛、第五届广场舞大赛、全民艺术普及古琴培训。举办讲座66场，其中“沙区街镇讲座展览联盟巡讲”27场，“甲骨文学堂”专题讲座29场。举办展览64场，其中“沙区街镇讲座展览联盟巡展”34场，线上展览20场。阅读推广活动28场。举办“弘扬中华文化 增强文化自信”第二届藏书票小版画作品征集大赛，其中举办9场全国公益性线上讲座，在重庆、北京、福建、广东等20余省（市）开展群众藏书票小版画公益线上创作辅导活动，举办线上展览4场，收到藏书票小版画作品2480件，评选出一等奖35个、二等奖90个、三等奖202个、优秀奖232个，559件获奖作品。

（郭贞怡 杨晓艳 周莉莉）

【文艺团体】 2020年，沙坪坝区内有沙坪坝区文化馆群星合唱团、沙坪坝区文化馆群星舞蹈团、沙坪坝区文化馆老男人舞蹈团、沙坪坝区文化馆芳华舞蹈团、“苗苗”美术团等文艺团体。老男人舞蹈团排练的舞蹈《那两天》获“奋进新时代 共圆小康梦”第九届重庆市乡村文艺会演二等奖及网络人气奖。“苗苗”美术团作品入选2020年中国美术家协会主办的全国少儿美术作品展。

（杨晓艳）

表24 2020年沙坪坝区文化艺术获奖一览表

序号	时间	作者	作品	参赛情况	获奖等级	类别	级别	主办单位
1	2020年6月	丁欢	金钱板《我的好乡亲》《不出门我们都是乖乖的》《瘟神就走了》	重庆非遗优秀抗疫作品征集活动	二等奖	非遗（金钱板）	市级	重庆市非遗保护中心 重庆市非遗保护协会
2	2020年6月	闫永霞 罗泽霖	乱针绣《榜样的力量》		二等奖	非遗（乱针绣）	市级	重庆市非遗保护中心 重庆市非遗保护协会
3	2020年10月	编舞 张晓 蒋定淇	广场舞《龙舞大中华》	2020欢跃四季舞动巴渝重庆市广场舞第一片区展演	优胜队伍	广场舞	市级	渝北区宣传部 渝北区文旅委
4	2020年10月	编舞 蒋定淇	广场舞《美丽中国走起来》		优秀队伍	广场舞	市级	渝北区宣传部 渝北区文旅委
5	2020年10月	编舞 曾川	广场舞《梦圆小康》		优秀队伍	广场舞	市级	渝北区宣传部 渝北区文旅委
6	2020年10月	编舞 张晓 蒋定淇	广场舞《龙舞大中华》	2020欢跃四季舞动巴渝重庆市广场舞展演	优胜队伍（第一名）	广场舞	市级	重庆市委宣传部 重庆市文旅委
7	2020年10月	编舞 高兴、导演 王然晓	舞蹈《年年有余》	“奋进新时代共圆小康梦”第九届重庆市乡村文艺会演	二等奖	舞蹈类	市级	重庆市委宣传部 重庆市文旅委
8	2020年10月	编舞 高兴、导演王然晓	舞蹈《那两天》		二等奖 网络人气奖	舞蹈类	市级	重庆市委宣传部 重庆市文旅委
9	2020年10月	张琳琳	表演唱《又听山乡吹唢呐》		一等奖	音乐类	市级	重庆市委宣传部 重庆市文旅委

续表 24

序号	时间	作者	作品	参赛情况	获奖等级	类别	级别	主办单位
10	2020 年 10 月	张岩	摄影《承古融今磁器口》	第八届全国部分文化馆“群星璀璨耀遵义百馆联动嘉年华”活动之“美丽中国遵义行”摄影作品展		摄影类		第八届百馆联动组委会 遵义市文体旅游局
11	2020 年 10 月	邓庆曦	摄影《重庆抗战兵工旧址群的曙光》			摄影类		
12	2020 年 10 月	李鸣林	摄影《四通八达》			摄影类		
13	2020 年 10 月	孙凯芳	摄影《魔都》			摄影类		
14	2020 年 10 月	王际新	摄影《沙滨路新貌》			摄影类		
15	2020 年 10 月	编导 王然晓 表演 张琳琳 马骏	表演唱《又听山乡吹唢呐》	第八届全国部分文化馆“群星璀璨耀遵义百馆联动嘉年华”活动之“美丽中国遵义行”	优秀展演奖	音乐类		第八届百馆联动组委会 遵义市文体旅游局
16	2020 年 11 月		《亲家征婚》	第七届重庆市戏剧曲艺大赛（组织工作奖）	一等奖网络人气奖	曲艺类	市级	重庆市委宣传部 重庆市文旅委
17	2020 年 11 月	李云	《朋友圈》		一等奖	戏剧类	市级	
18	2020 年 11 月	李月	《好人老潘》		二等奖	戏剧类	市级	
19	2020 年 11 月		《两张电影票》		二等奖	曲艺类	市级	
20	2020 年 11 月	何思颖	《一罩难求》		三等奖	戏剧类	市级	
21	2020 年 11 月	张琳琳		第七届重庆市舞台艺术之星选拔赛	二等奖	音乐类	市级	重庆市文旅委 重庆市人力社保局 重庆市文联
22	2020 年 11 月	王枫	《突发公共卫生事件视野下文化馆服务效能动力提升研究——以2020年新冠肺炎疫情为例》	中国文化馆年会征文	三等奖	论文	国家级	中国文化馆协会
23	2020 年 11 月	张洪		2020 重庆市文化馆书法干部业务技能大赛	二等奖		市级	重庆市群艺馆
24	2020 年 10 月	李祥	《宋拓的价值与碑派格局的形成》	首届周永健书法学术奖	获奖论文未设等级奖	论文	市级	重庆市文联 重庆市书协
25	2020 年 9 月	张岩	摄影《育》	第 20 届平遥国际摄影大展	入选并展出	摄影类		平遥国际摄影大展组委会

（杨晓艳）

文物和非物质文化遗产保护

【概况】 截至2020年12月底，区内有各类不可移动文物177处236个点，其中全国重点文物保护单位6处27个点，市级文物保护单位11处33个点，区级文物保护单位20处。区内有区级非物质遗产代表性项目99项，重庆市市级代表性传承人11人（3人去世）；区级代表性传承人39人（5人去世）。 （蔡雯雯）

【文物保护】 2020年，沙坪坝区组织开展全国石窟寺专项调查，推进白鹤林沙湾宋墓考古发掘，对磁器口帝主宫开展专项调查并确定公布为不可移动文物，建成冯玉祥纪念馆、郭沫若纪念馆、张治中纪念馆电气火灾监控系统和许世英旧居保护修缮工程、重庆锻造厂毛主席像迁移保护工程，推进国民政府军事委员会政治部第三厅暨文化工作委员会旧址安防工程、金九公馆保护修缮工程，国民政府蒙藏委员会旧址保护修缮工程，重庆炮兵学校大营门迁移保护工程，完成山洞抗战遗址群修缮保护工程，刘牧虎公馆保护修缮工程、国民政府军事委员会政治部旧址防雷工程，国民政府军事委员会政治部第三厅暨文化工作委员会旧址防雷工程，巴蜀古代建筑博物馆消防工程，安防工程，环境绿化景观提质工程竣工验收以及林园1号楼，3号楼修缮工程竣工预验收工作。编制专项文物保护规划方案及修缮设计方案。

（蔡雯雯）

【文物利用】 2020年，沙坪坝区加强已开放博物馆、纪念馆管理和利用，疫情期间开放。完善巴蜀古代建筑博物馆、郭沫若纪念馆、张治中纪念馆、冯玉祥纪念馆软硬件设施，增设虚拟展览、导视系统、参观预约系统并接入市级平台，提升对外开放服务水平。在郭沫若纪念馆举办临时展览《郭沫若与人民艺术》；在张治中纪念馆举办临时展览《熔古铸今 虎卧龙腾——郭沫若书法艺术展》。依托微信公众号“巴蜀古代建筑博物馆”，举办“闭馆不闭展”系列网上展览《巴蜀古代建筑文化展》《沙坪窑瓷器展》《沙坪坝抗战遗址“云游”之重庆郭沫若纪念馆》《沙坪坝抗战遗址“云游”之重庆张治中纪念馆》《沙坪坝抗战遗址“云游”之重庆冯玉祥纪念馆》。 （蔡雯雯）

【非物质文化遗产保护传承】 2020年，沙坪坝区完成面积约150平方米的非遗传习展示厅建设，

表25　　2020年沙坪坝全国重点文物保护单位一览表

序号	名称		地址
1	“中美合作所”集中营旧址		沙坪坝区童家桥街道烈士墓地区
2	国民政府军事委员会政治部第三厅暨文化工作委员会旧址		沙坪坝区西永街道微电园第一社区西科三路
3	国民政府军事委员会政治部旧址		沙坪坝区土主镇三圣宫村
4	林园		沙坪坝区山洞街道林园甲1号
5	抗战兵器工业旧址群	兵工署第二十四兵工厂旧址	沙坪坝区原重庆特殊钢厂内
		兵工署第二十五兵工厂旧址	沙坪坝区嘉陵集团军品厂挂榜山
6	重庆大学早期建筑	工学院	沙坪坝区重庆大学内
		理学院	
		文字斋	
		寅初亭	

表 26　　2020 年沙坪坝区重庆市级文物保护单位一览表

序号	名称		地址
1	宝轮寺正殿		沙坪坝区磁器口横街宝轮寺内
2	陈氏洋房		沙坪坝区凤凰镇威灵寺村
3	复兴寺		沙坪坝区陈家桥街道学城大道 160 号
4	红卫兵墓园		沙坪坝区沙坪公园内
5	重庆大学近代建筑群——中央大学“七七抗战”礼堂旧址		沙坪坝区重庆大学内
6	南开中学近代建筑群	图书馆	沙坪坝区沙正街南开中学内
		津南村	
		运动场	
		水塔	
7	国际广播电台土湾电力厂旧址		沙坪坝区土湾街道羊角堡社区下土湾 6 号
8	国民政府蒙藏委员会旧址		沙坪坝区西永街道西永村
9	重庆冯玉祥旧居		沙坪坝区陈家桥街道白鹤村西北
10	山洞抗战遗址群	何应钦官邸	沙坪坝区山洞街道游龙山 20 号
		潘文华公馆	沙坪坝区山洞街道平正村社区 75 号
		杨森公馆	沙坪坝区山洞街道平正村社区 53 号
10	山洞抗战遗址群	陈诚、顾祝同、罗广文公馆	沙坪坝区山洞平正村 103 号
		范绍增公馆	沙坪坝区山洞街道平正村社区 31—32 号
		周季悔公馆	沙坪坝区山洞街道山洞社区平正村 13—14 号
		夏斗寅公馆	沙坪坝区山洞街道山洞社区西山新村 4—7 号
		曾俊臣公馆	沙坪坝区山洞街道平正村社区 40 号
		唐式遵公馆	沙坪坝区山洞街道平正村社区 33 号
		周均时公馆	沙坪坝区山洞街道山洞社区洪洞湾 1 号
		何九渊公馆	沙坪坝区山洞街道平正村社区 16 号
		张群公馆	沙坪坝区山洞街道平正村社区 34 号
		吉星文公馆	坪坝区山洞街道山洞社区西山新村 8—10 号
		贺耀祖公馆	沙坪坝区山洞街道山洞社区西山新村 1—3 号
		林森公馆	沙坪坝区山洞街道西山新村 15—16 号
11	桂花湾抗战遗址群	国民政府铨叙部旧址	沙坪坝区歌乐山森林公园
		孔祥熙公馆	沙坪坝区歌乐山森林公园桂花湾 17 号
		吴国桢公馆	沙坪坝区歌乐山森林公园桂花湾 16 号
		鹿钟麟公馆	沙坪坝区歌乐山森林公园桂花湾 18 号
		冰心寓所	沙坪坝区歌乐山森林公园

（蔡雯雯）

以图文、实物、小景、视听等方式规划布展，呈现全区最具代表性的 21 个“非遗”项目 35 件作品及影音资料 5 套。5 所学校被命名为重庆市非物质文化遗产教育传承基地；6 所学校被命名为沙坪坝区非物质文化遗产教育传承基地；2 个保护单位被命名为重庆市非物质文化遗产生产性保护示范基地；5 个保护传习单位被命名为重庆市非物质文化遗产保护传习所；15 个保护传习单位被命名为沙坪坝区非物质文化遗产保护传习所。

【非物质文化遗产展示】 2020年，组织磁器口陈麻花传统制作技艺、刘氏根雕书法技艺、漆器髹饰技艺、琼缘刺绣等18个市区级非遗项目参加第三届重庆非物质文化遗产“嘉年华”暨鲁渝非遗扶贫成果展。组织汉艺斋木竹雕刻技艺、沙磁乱针绣等市级非遗项目参加2020年沙坪坝区流动文化服务下基层演出系列活动。推选琼缘刺绣、沙磁乱针绣、黄杨木雕刻工艺、小李子手工雕刻技艺、钦龙斋毛笔制作技艺、磁器口陈麻花传统制作技艺等非遗项目参加“淘宝网重庆非遗购物节专场推介活动”。组织琼缘刺绣、沙磁乱针绣、磁器口陈麻花传统制作技艺、黄杨木雕刻工艺、小李子木雕技艺、陈膏药传统制作技艺、君临旗袍制作技艺等非遗项目参加第五届重庆非物质文化遗产暨老字号博览会。组织应月斋二胡传统制作技艺、沙磁乱针绣参加首届山水重庆夜景文化节暨第五届重庆文化旅游惠民消费季（秋冬）活动。组织黄杨木雕刻工艺、琼缘刺绣、沙磁乱针绣、脱胎漆器、小李子木雕、沙磁斫琴等参加“成渝地·巴蜀情”2020年成渝地区公共文化和旅游服务产品采购大会。推出琼缘刺绣、磁器口陈麻花传统制作技艺线上展示活动。

【非物质文化遗产成果】 2020年，沙坪坝区在重庆市第三届民间艺术之星决赛中，获民间艺术之星和民间艺术之秀各1名，并获组织工作奖。区内5个非遗项目进入重庆市传统工艺振兴目录。31个项目列入沙坪坝区第六批区级非物质文化遗产代表性项目名录。5个单位列入重庆市第一批市级非物质文化遗产传习所。组织参加“巴渝工匠”杯重庆市第二届非物质文化遗产技能竞赛，“重庆凉面制作技艺”“毛血旺烹制技艺”分别获第一名和第二名。沙磁乱针绣传承人闫永霞刺绣作品《榜样的力量》和金钱板传承人丁欢金钱板《我的好乡亲》《不出门，我们都是乖乖D》《瘟神就走了》获重庆非遗优秀抗疫作品二等奖。

【非物质文化遗产宣传】 2020年，沙坪坝区线上推出“黄葛树下龙门阵”2020年第11届“文化和自然遗产日”专场故事会。开展“非遗过大·文化进万家”沙坪坝区2020年文化志愿者流动文化服务迎新春系列演出活动，走进渝碚路街道白

2020年，“巴渝工匠”杯重庆市第二届非物质文化遗产技能竞赛 （贾 明摄）

“成渝地·巴蜀情”2020年成都重庆文旅区域联动非遗中秋传习系列活动（贾　明摄）

2020年，沙磁乱针绣走进滨江路小学传承辅导（闫永霞摄）

表27　2020年沙坪坝区市级非物质文化遗产一览表

序号	编号	项目类别	项目名称
1	Ⅳ—18	传统戏剧	川剧与川剧音乐
2	Ⅶ—39	传统美术	琼缘刺绣
3	Ⅶ—40		汉艺斋木竹雕刻技艺
4	Ⅶ—50		沙磁乱针绣
5	Ⅷ—22	传统技艺	漆器髹饰技艺
6	Ⅷ—23		黄杨木雕刻工艺
7	Ⅷ—131		刘氏根雕书法技艺
8	Ⅷ—132	传统技艺	磁器口陈麻花传统制作技艺
9	Ⅷ—176		左婆婆扁担面制作技艺
10	Ⅷ—195		应月斋二胡传统制作技艺
11	Ⅷ—257		古籍修复技艺
12	Ⅸ—24	传统医药	陈膏药传统制作技艺
13	Ⅸ—25		黄氏中医正骨术
14	Ⅸ—26		梵谷中医正骨术

（杨晓艳）

鹤林社区和覃家岗街道凤天路社区。组织川东茶艺、柏木坊烙画参加“成渝地·巴蜀情”2020年成都重庆文旅区域联动非遗中秋传习系列活动。开展“梦圆小康”沙坪坝区2020年“文化助力·决胜小康”流动文化志愿服务川剧进基层巡演活动20场，走进山洞街道、青木关镇、回龙坝镇、凤凰镇等街镇及社区（村）。琼缘刺绣、黄杨木雕刻工艺等10个项目走进重庆第七十一中学、二塘小学、滨江路小学等中小学传承辅导。

文化市场

【概况】　2020年，沙坪坝区有注册领证文化场所393家，其中歌舞娱乐场所22家、电子游艺场所8家、电影院12家、网吧99家、出版物经营单位135家、印刷企业75家、文艺表演团体

10家，星级酒店5家，国家A级旅游景区6处，旅行社21家（其中出境社1家）。有网络文化、印刷、娱乐和旅游等行业协会，构建“党委领导，政府管理，社会监督，行业自律”的监管体系。

（王海波）

【文化市场执法】 2020年，沙坪坝区开展“扫黄打非”专项治理行动。开展保障“两会”专项检查、文化市场专项整治行动、校园周边专项检查、地图市场专项检查、教辅教材专项整治、高中考禁噪保宁静、各个节庆文化行业安全生产等专项整治行动，全力净化文化市场环境，确保全区文化市场安全可控。全年，出动执法人员3750人次，检查各类场所1580家次，收缴各类非法出版物、印刷品11000余份；查处各类行政处罚案件17件；整治各类安全隐患92处，开展约谈活动11次，发放宣传资料3万余份。

（黄 华）

【文化市场安全管理】 2020年，沙坪坝区文化和旅游发展委员会执行消防安全值班、领导到岗带班制度和事故信息报送制度，坚持定岗定责。全年365天，24小时安排值班，确保信息畅通。全年出动执法人员3750人次，检查各类文化旅游场所1580家次，发现一般安全隐患92处，全部整改。沙坪坝区文化旅游市场双零指标（零安全事故、零死亡人数）和双百率（一般隐患整治率和重大隐患限期整治率100%）。

（王海波）

文化产业

【概况】 2020年，沙坪坝区文化产业涉及76个行业，有企业法人、产业单位及个体经营户5319家。全年，新增规模以上文化旅游企业2家，沙坪坝区被评为国家文化和旅游消费试点城市，中梁镇庆丰山村被评为市级乡村旅游重点村，融创文旅城被评为市级文化产业示范园区和市级夜间文旅消费集聚区，重庆大学设计创意园被评为市级文化产业示范基地。 （王 娜 易小花）

【文艺培训业】 2020年，沙坪坝区有非学历民办教育机构317家。以重庆市沙坪坝区文化艺术教育培训中心、重庆艾艺荷马教育科技股份有限公司为代表的文化艺术类培训机构，年培训43.8万人次。 （王 娜 易小花）

【文化创意产业】 2020年，沙坪坝区新增市级文化产业示范基地融创文旅城和重庆大学设计创意园。重庆大学设计创意园有职工1208人，营业收入3.54亿元，同比增长21.71%，净利润2014.22万元，同比增长31.76%。

（王 娜 易小花）

【图书零售业】 2020年，沙坪坝区图书零售企业30家，其中西西弗书店、新华书店是最具代表性的图书零售企业。2020年西西弗书店、新华书店在重庆地区销售图书约2300万册，举办作家签售会等活动130场。 （王 娜 易小花）

新闻宣传

【概况】 2020年，沙坪坝区组织开展疫情防控、复工复产、创新驱动发展等55场（次）媒体宣传活动。全媒体推送“故里故事”赓续文脉专题22期，全网推送传播460余条次。全媒体平台开栏并做专题宣传220个（项）。建成以“沙坪坝报（数字报）、沙坪坝手机报、手机台、新闻网、沙磁荟客户端、微信集群、政务微博、第三方平台客户端号、视频号”为成员的媒体矩阵传播体系。区融媒体中心完成采访任务3316次（通知性采访1213次，疫情专项采访658次，自主选题采访1445次）。《沙坪坝报》连续6年获评重庆市“优秀区县报”，“沙磁荟”客户端获区县优秀客户端，沙坪坝手机报获区县手机报“卓越团队奖”。融媒体中心机构改革效能凸显，媒体融合向纵深发展。区融媒体中心建设接受市委宣传部第一批次验收并通过。

【电视】 沙坪坝电视新闻每晚20:00—21:00在CQTV公共（农村）频道《社区60分》播出。其中，周一、周三、周五首播，周二、周四、周六重播，周日为一周新闻集锦。2020年，开设《疫情每天通报 主播有事提醒》《记者观察复工复产》《把总书记殷殷嘱托落实到重庆大地上》《全面建成小康社会百城千县万村调研行》《唱好双城记 建好经济圈》《学习宣传贯彻党的十九届五中全会》《“六稳”“六保”》《安全在线》《河长制》《民生实事》《城市品质提升》《创新促发展》《创文》《看效果》《垃圾分类新时尚》《人口普查》等新闻专栏，制作完成《沙坪坝新闻》144期，《一周新闻集锦》48期，播出新闻3300余条。完成抗疫原创MV歌曲《我们》《我又看见你》创作，制作《抗疫英雄相册》短视频10期，电视微访谈特别节目《我的抗疫故事》8期。优化升级电视播出设备，完成电视高清化播出，标清时代向高清时代的跨越。全年安全播出，无事故发生。

【报纸】 《沙坪坝报》创办于2004年7月，是沙坪坝区委直属的机关报，属于连续性内部资料，在沙坪坝区范围内免费赠阅，对开四版大报，周二、周四、周五出刊。2020年，出版发行96期，总发行量144万份，推出《唱好“双城记”建好“经济圈”》《统筹推进疫情防控和经济社会发展》《争创全国文明城·同做沙磁文明人》《提升城市品质》《扶贫帮困在沙区》《实施乡村振兴战略》《抓“六稳”促“六保”优化营商环境百日大走访》《基层社会治理》《走向我们的小康生活》《学习宣传贯彻党的十九届五中全会精神》等专栏，刊发《风雨之后我们终会迎来春暖花开》《战疫归来他们想说的话》《洪水退一寸我们进一寸》等深度报道85篇。

【网络】 沙坪坝区融媒体中心承担区政府门户网站时政新闻内容发布任务。2020年，在政府门户网站发布时政要闻1027条，图片345张，视频新闻100余期，《沙坪坝报》数字报90余期，其中，被光明网总网采用图片5张，新华网重庆频道、人民网重庆视窗、华龙网采用沙坪坝区新闻35条。开设《2020年两会专题》，分设“两会新闻”“图片报道”等版块，对区两会进行综合报道。开设《文明健康 有你有我》创文专栏，发布公益广告、工作掠影、文明风尚等内容100余条。

【新媒体】 沙坪坝区新媒体包括“沙磁荟”客户端、“沙磁荟”微信公众号、沙坪坝手机报、沙坪坝手机台、“沙坪坝电子日报”等媒体平台，2020年新媒体各平台开设《坚决打赢疫情防控阻击战沙坪坝在行动》《一手抓疫情防控 一手抓复工复产 沙坪坝在行动》《唱好“双城记”建好经济圈》等专题专栏。“沙磁荟”客户端到2020年装机用户42万，总发稿11291条，总浏览量596.05万人次，总点赞量89.3万人次，开展《拥抱春暖花开 享受美好生活》《沙坪坝区“辉煌历程微党课”集中展示》等直播活动23场次，直播总观看量16.5万人次。“沙磁荟”微信公众号到2020年微信号“粉丝”到达6万人，全年推送信息282期、865条，总阅读量约401.33万人次，其中推文《沙坪坝区通报新增6例新冠肺炎确诊病例基本情况》《市教委：2月17日前不得开学》阅读量分别为10万+人次，创历史新高。另有阅读量1万+人次，推文50条。2020年沙坪坝手机报用户20余万，出刊253期，发送沙坪坝新闻3345条。开设"不忘初心 牢记使命 推动重庆各项事业沿着习近平总书记指引的方向奋力前行"等专栏。2020年，沙坪坝手机台发稿3919条，阅读量61.4万人次。4月，开通沙坪坝区融媒体中心官方抖音号——沙磁荟，开通当月至年底，沙磁荟抖音号发布视频125个，有粉丝1.8万人，获赞21.3万人次。11月，沙坪坝区融媒体中心视频号开通，开通当月至年底，沙磁荟视频号发布视频43个，浏览量45万次，收获点赞1.18万个，分享6598次。（王 粲）

档案工作

【概况】 沙坪坝区档案馆是区级档案保管基地、爱国主义教育基地、档案利用中心、政府公开信息查阅中心、电子文件备份中心。2020年有馆藏档案389个全宗554864卷（册），主要由婚姻、公证、破产企业等民生档案和区属各机关事业单位的文书档案、会计档案，以及部分声像、电子、实物档案等组成。

【档案新馆建成投用】 2020年9月4日，区档案新馆建成启动搬迁，历时1个月将530727卷档案安全搬迁至新馆。12月4日，档案新馆投入使用。

【档案资源建设】 2020年，区档案馆有针对性地制发年度接收计划，结合新馆搬迁投用，按计划接收70个全宗档案173018卷又159950件（全部100%同步接收数字化档案副本），其中：公证、婚姻、复退军人、收养登记、征地档案等民生档案149219卷又141752件；与52家国有企业分别签订国有企业退休人员社会化管理服务协议和国有企业退休人员社会化管理移交申请表，接收退休人员人事档案23237卷；面向全区开展照片征集活动，征集照片档案2066张。

沙坪坝区档案馆馆藏档案
（区融媒体中心供图）

【档案信息化建设】 2020年，区档案馆完善并制定8个制度，主动对接数字档案馆指导专家，精确指导国家级数字档案馆创建工作。结合新馆建设做好等级保护以及档案安全设施设备等软硬件基础设施的建设工作。数字档案馆信息系统项目通过区经信委评审，列入2021年财政预算。加强档案数字化后数据的维护管理，对已经建立的数据库逐一检查，查漏补缺，全年完成档案数字化扫描175126卷又309316件，1098826条文件级条目，8512387画幅，馆藏档案扫描累计超过2594万余画幅，馆藏档案数字化比例96.41%。

【档案安全】 2020年，区档案馆按照《档案馆安全风险评估指标体系》明确的馆库安全、档案实体安全、档案信息安全、安全保障机制4个方面对照自查，完善消防应急预案等档案安全相关制度，形成制度体系，做到人防、技防措施环环相扣；档案接收、数字化、移交及库房管理等各个环节的安全责任落实到人；强化档案查阅、档案开放鉴定审查中的意识形态管控；开展应急灭火模拟演练，定期检查消防体系设施设备，确保档案实体和信息绝对安全。

【档案开放与利用】 2020年，区档案馆整合馆藏独生子女档案、再生育审批档案、林权档案等数据，做好全市婚姻、再生育审批、独生子女、林权、破产企业工资档案的“异地查档、跨馆服务”，按照《民生档案跨馆异地利用服务工作协议书》，与北京市海淀区档案馆开展异地联动查档工作，最大限度地满足人民群众档案利用需求；做好馆藏档案鉴定开放审查工作，全年完成4041余件馆藏档案的鉴定开放审查，接待查阅7354人次（含跨馆利用144人次），利用档案资料9328卷（件）次。 （康 静）

地方志工作

【《沙坪坝区志（1986—2015）》出版】 2020年，沙坪坝区完成第二部综合性地方志《沙坪坝区志（1986—2015）》送审、修改及公开出版发行工作。全志分上下两册，180余万字，采用述、记、志、表、录等多种体裁，全面系统记述1986至2015年间

《沙坪坝区志（1986—2015）》出版发行

（区融媒体中心供图）

《沙坪坝年鉴（2019)》获第七届全国地方志优秀成果（年鉴类）三等奖（区融媒体中心供图）

沙坪坝区自然、政治、经济、文化和社会发展历程，是沙坪坝区史志研究、文化传承的一项重要成果。

【《沙坪坝年鉴（2020）》出版】 2020年，沙坪坝区完成全区综合性年鉴《沙坪坝年鉴（2020）》公开出版发行工作。全书104万字，分特载、大事记、沙坪坝区概览、政治建设、经济、社会事业、专项工作、镇街道、人物（集体）光荣榜、统计资料、附录、索引12个部分，由区地方志编纂中心指导辖区110余单位联合编纂完成，重庆大学出版社出版发行。

【《沙坪坝年鉴（2019）》获全国地方志优秀成果三等奖】 2020年12月，《沙坪坝年鉴（2019）》获第七届全国地方志优秀成果（年鉴类）三等奖，是沙坪坝区开展年鉴工作以来获得的第一个国家级作品奖。

【地情资料收集利用】 2020年，沙坪坝区地方志编纂中心完成《乡村工作日记（1961年）》编纂整理及出版印刷工作，全书102.9万字，系统记述1961年计划经济体制下的沙坪坝区近郊农业及农民生存状况。参与全区“故里故事”系列活动，参与22个镇街的文案及视频评审、史料支持、推广宣传、图册制作等工作，提供相关史志资料约10万字、图片400余张。（张靖雅）

卫生健康

综　述

【概况】　2020年，新设置医疗机构73家（其中社区卫生服务站1家，口腔门诊部1家，诊所70家，医学影像诊断中心1家）；变更175家；注销61家。共校验医疗机构510家。2020年年末，沙坪坝区有医疗机构599家。其中三级医院7家（综合医院2家、专科医院5家），二级医院16家（综合医院8家、中医院1家、中西医结合医院2家、专科医院5家），一级医院11家（综合医院5家、中医医院3家、中西医结合医院2家、专科医院1家），护理院2家；社区卫生服务中心16家，社区卫生服务站7家；镇卫生院5家，村卫生室19家；门诊部58家（综合门诊部14家、中医门诊部13家、中西医结合门诊部7家、口腔门诊部16家、医疗美容门诊部8家）；诊所371家（普通诊所144家、中医诊所133家、中西医结合诊所14家、口腔诊所72家、医疗美容诊所8家）；企事业单位医务室（卫生所、卫生站）78家；妇幼保健院1家、卫生监督所（中心）1家、健康体检中心1家，医学影像诊断中心1家，其他卫生机构5家。

截至2020年年底，常住人口出生率8.25‰，符合政策生育率99.34%。

【医疗卫生服务体系】　2020年，沙坪坝区有全科医生260人，公共卫生人员1513人，医疗卫生机构床位9370张，执业（助理）医师3781人。基层医疗机构特色科室35个，10家基层医疗机构与12家上级医疗机构通过专科联盟、科室共建等形式合作共建科室27个。31名医务人员免费对专科方向对口的基层特色科室开展支医服务。新增家庭医生工作室10个，组建家庭医生团队122个，为重点人群中的20.8万人提供签约服务，个性化家庭医生签约服务全覆盖，推广医疗、健康等个性化签约服务包188个，服务2.4万人次。全区61.39%的村社区建立心理咨询室，68.18%的镇街设立心理健康服务点，100%的中小学校设立心理辅导室，100%的高校设立心理健康教育与咨询中心（室），100%的精神专科医院和66.67%的二级及以上综合医院开设心理门诊，90.91%的社区卫生服务中心设立心理咨询室。未发生严重精神障碍患者肇事肇祸情况。全年为2134名群众提供免费孕前优生健康检查 。实施药品“零差率”和“两票制”，全年让利群众2000余万元。

【卫生健康宣传】　2020年，“健康沙区”微信公众号全年发布健康信息1183条，阅读人数15.5万人，阅读次数21.8万次。全媒体平台推

2020年，沙坪坝区卫生健康委到社区开展健康教育活动　　（区卫生健康委供图）

2020年，沙坪坝区居民健康素养监测现场调查　　（区卫生健康委供图）

出《卫生与健康》《全国爱国卫生运动月》《防疫知识》等宣传栏目。开展卫生主题日宣传活动254场，受益群众62853人次，开展个性化健康教育指导累计1253980人次。全区医疗机构开展健康知识讲座419场，参与群众20385人。

【居民卫生健康水平】　2020年，沙坪坝区居民健康素养水平25.10%，人均期望寿命78.96岁。全年无孕产妇死亡，婴儿死亡率降至1.06‰，新生儿死亡率降至0.8‰，5岁以下儿童死亡率2.13‰。国民体质监测合格率93.4%。全区肺结核患者总体到位率95.76%，治疗成功率90.04%，管理高血压患者71625人，规范管理率70%，管理Ⅱ糖尿病患者30074人，规范管理率70%。新建慢性病患者自我管理小组35个。全区经常参加体育锻炼人口占比49.38%。（胡　音　李　洁）

国家卫生区创建

【概况】　2020年，沙坪坝区通过国家卫生区复审市级复查。全年空气质量优良天数达到314天，同比增加27天，细颗粒物（PM2.5）浓度30微克每立方米，同比下降21.1%。区、镇街、村（社区）三级河长全年巡河11115人次，处置巡河问题1163个，整治污水乱排、岸线乱占、河道乱建问题134处，整改完成率100%。生活饮用水水质达标率100%，2处城市集中式饮用水水源地水质达标率100%。建成区生活垃圾无害化处理率100%。完成年度危废申报和处置任务，5家重点危废企业精细化管理完成率100%。开展无废城市建设试点工作，完成凤凰电镀集中加工区关闭搬迁等重金属减排项目。完成“坎坡崖”任务14个，面积83万平方米，完成城美山青重点项目6个，面积53.5万平方米。设置分类容器、智能回收设备等5万余个，再生资源回收网点286个，有害垃圾集中转运点22处，其他垃圾转运站10座。基本建成区生活垃圾分类全覆盖，城市生活垃圾回收利用率35%。推进农村垃圾治理，行政村清洁行动覆盖率100%。全区鼠、蚊、蝇、蟑螂的密度达到国家病媒生物密度控制水平标准C级。

【爱国卫生】　2020年，沙坪坝区推动爱国卫生工作与疫情防控紧密结合，实施市场整治专项行动，组织多部门对市场经营方开展健康文明经营方式的培训和引导，督查活禽关停整治。聘请专业公司对全区20个标准化菜市场定期开展防制和消毒服务；统一购买消毒药品，免费向各镇街和相关行业发放；印发《公共场所及公共交通工具预防性消毒技术要求》和《九大重点场所消毒技术要点》，指导各镇街、各行业、各单位规范开展各类场所和公共环境的预防性消毒工作。开展爱国卫生抗疫“六大行动”，冬季爱国卫生运动暨城乡环境整洁行动，集中整治村庄 42 个。改造农村卫生厕所 1912 户，新建农村公厕 2 座，农村卫生厕所普及率达 90% 以上。创建重庆市优秀卫生单位 1 个，重庆市卫生村 2 个。全年共受理查处群众卫生投诉 16 起，解决率 100%，巩固率 100%。

【公共卫生和医疗服务】 2020 年，沙坪坝区医疗机构死因网络报告覆盖率 100%，新发心脑血管病例报告覆盖率 100%，慢阻肺病例报告覆盖率 100%。截至 2020 年 12 月 31 日，沙坪坝区严重精神障碍患者规范管理率 88.84%。基层医疗卫生机构标准化建设达标率 100%。创建甲级社区卫生服务中心 3 家，4 家甲级社区卫生服务中心获得“社区医院”命名，全区甲级社区卫生服务中心占比 33.33%。陈家桥医院成功创建市级首批“美丽医院”，3 家公立医院成功创建市级“智慧医院”。

【重点场所卫生】 2020 年，沙坪坝区公共场所监督检查覆盖率、量化分级管理率、卫生许可证持证率、建档率、五病调离率均为 100%，从业人员持有效健康证率 95% 以上。完成国家卫生监督双随机检查 420 户，监督完成率 100%，任务完成率 100%。成立沙坪坝区职业病防治工作领导小组。全区 866 家企业职业危害申报率 89%、监测率 89%、体检率 90%、培训率 95%。开展职业卫生培训 6 次，累计培训企业 988 家、1449 人。3 家企业开展重庆市级健康企业创建并通过市级验收。完成矿山、冶金、化工行业尘毒危害专项治理、2020 年重点职业病监测、职业性尘肺病随访与回顾性调查、工作场所职业病危害因素监测、医疗卫生机构医用辐射防护监测、非医疗机构放射性危害因素监测和职业性放射性疾病监测工作。

【病媒生物预防控制】 2020 年，沙坪坝组织开展春秋季灭鼠、夏季三（蚊、蝇、蟑螂）灭、秋季灭蚊等集中统一控制行动。投入 65.3 万元，对 22 个镇街、20 个标准化农贸市场实行病媒生物专业化防制。购买 8 吨鼠药、1030 千克灭蚊灭蝇消杀药物免费配送到镇街、社区。对“四害”孳生地开展摸底调查，建立孳生地台账，开展专项治理和动态治理。在全区公共外环境和重点部位设置补充修复 8000 余个固定毒饵站，重点行业和单位防蚊蝇和防鼠设施合格率大于 95%。开展病媒生物国家生态学监测、病原学监测、市级登革热蚊媒专项调查，开展 22 个镇街病媒生物重点场所危害调查。

（叶　旭）

医药卫生体制改革

【分级诊疗】 2020 年，区人民医院、陈家桥医院分别与西南医院、新桥医院组建医联体，在专科扶持、人才培养、双向转诊等方面深度合作，联合开展进修带教 87 人次，服务门诊下转患者 3600 余人次，接诊康复期下转患者 200 余人次，帮助住院患者人均节省住院费超万元。以区属二级医院为龙头，建设 5 个医疗共同体，派驻 23 名专家对口支援社区卫生服务中心、镇卫生院。以区级质控中心为依托，按照基层单位“点厨”，上级专家“送餐”的模式，选派 38 名二级医院专家帮扶基层医疗机构创建特色科室。完成全年下转病人总数增长 15% 的目标。区级放射远程诊断平台年均开展远程阅片 9 万余例，初诊符合率 98.5%。完成区级远程心电平台建设，基层医疗机构签约率 100%。

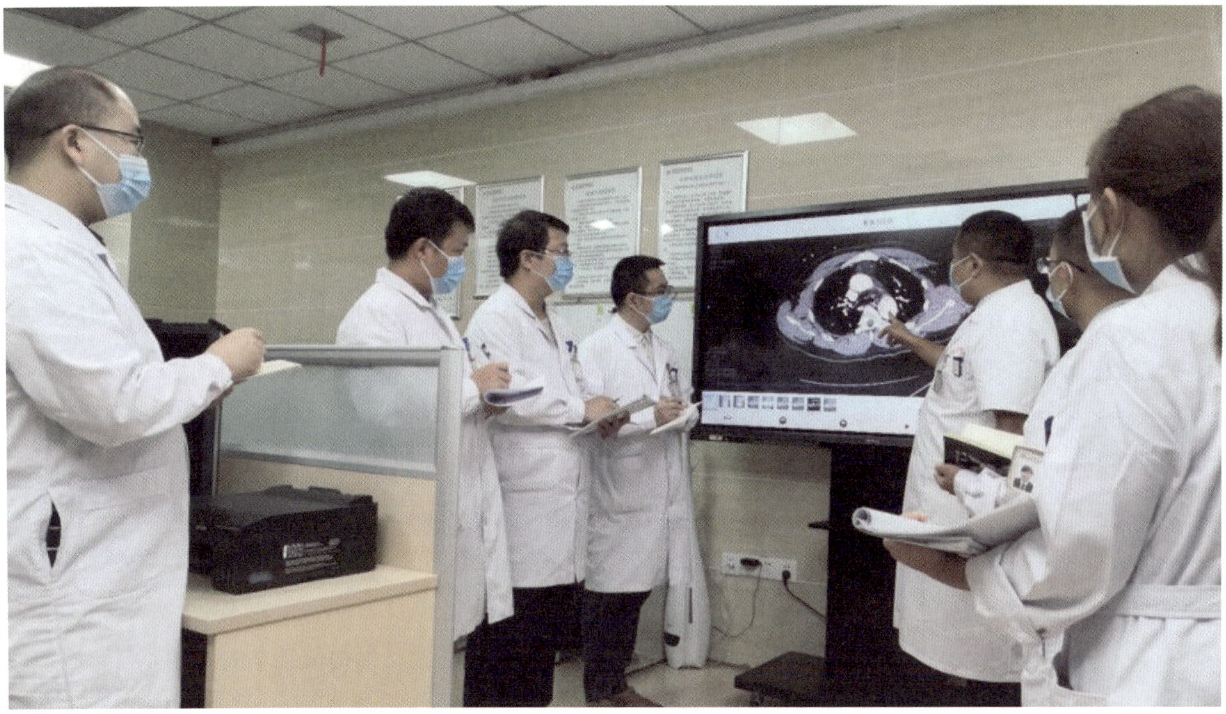

2020年，医生利用区级放射远程诊断平台阅片　　（区卫生健康委供图）

2020年9月25日，西南医院·沙坪坝区人民医院医疗联合体签约授牌仪式　　（区卫生健康委供图）

【公立医院综合改革】 2020年，沙坪坝区深化公立医院综合改革。设立专项资金1000余万元，落实公立医院六项投入政策，建立科学合理的补偿机制。逐步偿还和化解符合条件的公立医院长期债务7000万元，推动公立医院发展模式转变。24家医院100%完成章程制定。区域内公立医院绩效考核试点医院6家，建立公立医院主要负责人考核指标体系。开展名医、名科、名院长、名医院“四名”工程建设，引进学术学科带头人及高层次人才25人，培养市级学术技术带头人5人、“沙磁名医”11人、后备人才40人，组建三级医院百名专家健康智库，建立知名专家工作室9个，市区级科研立项7项。

【健康产业发展】 2020年，沙坪坝区新建养老服务中心14个、社区养老服务站37个，全区每千名老年人拥有养老床位数38张。全区医办养床位385张，入住率98.4%，养办医床位351张，为养老区域老人提供住院服务1543人次。养老机构医疗服务全覆盖，58家医疗机构开通老年人绿色就医通道，与68家养老机构签订协议，养老机构医疗服务全覆盖。在9家机构开展医养结合服务，全区“医办养”“养办医”床位共计736张。区中西医结合医院确定为“全国首批老龄健康医养结合远程协同服务试点机构”。

【耗材和药品改革】 2020年，沙坪坝区取消公立医疗机构医用耗材加成；巩固完善基本药物制度，统一全区公立医疗机构基药、非基药采购品规目录，完成年度用药目录调整，实施新版医保药品目录，国家药品集中带量采购超额完成协议任务并获市考核奖励310万元，实施药品“零差率”和“两票制”，采购价格平均降幅53%，最高降幅96%，年让利群众2000余万元。加强短缺药品信息报送，制定易短缺药品清单，加大短缺药品和新冠疫情相关救治药品储备量。落实新药遴选、重点药物使用监测、处方（医嘱）点评、不良反应（事件）上报、药物使用动态分析及预警等工作。全年开展区级处方点评及药事质控活动23次。

【完善医疗保障制度】 2020年，沙坪坝区所有医院建立国家平台住院直接结算；651家医药机构建立西南五省门诊费用跨省直接结算。1257家定点医药机构监管全覆盖，创新第三方服务监测方式，对48家医院开展2.5个年度大数据分析，筛查违法违规数据疑点。全年追回违规使用医保基金和罚金1732.41万元，暂停网络结算83家，解除协议58家，举报奖励2人次。

（胡音 李洁）

疾病预防与控制

【概况】 截至2020年12月31日，沙坪坝区报告新型冠状病毒肺炎病例9例，无其他甲类及按照甲类报告管理的乙类传染病发生，报告乙类传染病2508例，报告发病率215.28/10万，同比下降18.62%。传染病网络报告质量综合指数100%。开展突发事件公共卫生风险评估会6次。监测并处置181余起传染病聚集疫情。

【预防接种】 2020年，沙坪坝区做好新冠疫情防控形势下预防接种工作，落实延迟接种儿童催种补种。“八苗”报告接种率99.67%。辖区24家免疫规划预防接种门诊、2家成人预防接种门诊、12家产科接种室和13家狂犬病暴露预防处置门诊全部上线重庆市统一的预防接种信息系统，疫苗全程可追溯。预防接种证查验率100%，流动儿童免疫规划建卡、建证率100%。做好流动儿童免疫规划管理，补种1042针次，补种率88.16%。做好入托入学儿童查验补种，查验率100%，补种率95%以上，全年报告疑似预防接种异常反应（AEFI）143例，AEFI发生率25.81/10万剂次，推进AEFI保险补偿机制。加强疫苗针对传染病监测，做好风疹/麻疹疫情防控，无暴发疫情发生。启动重点人群新冠疫苗接种工作，全年接种新冠疫苗1581剂次。

【艾滋病防治】 截至2020年12月底，全区艾滋病治疗覆盖率92.41%，病毒载量检测率93.37%，治疗成功率98.46%。完成随访管理2925人，管理率97.4%，配偶检测率94.1%。全年，美沙酮门诊累计入组1938人，在治687人，年保持率92%，HIV、HCV、梅毒检测率分别为93%、87%和90%。全年完成青年学生哨点监测问卷调查和血样采集800人份，发现HIV抗体阳性学生2例。完成暗娼哨点监测151人，未发现阳性病例。发放学校尿液检测试剂418人份，发现HIV阳性9人。联合区教委开展艾滋病教育课程教案征集比赛，完善艾滋病健康教育课程体系，提高学校“防艾”教育的效果。对100余名医务人员开展职业暴露培训。全年无医务人员因职业暴露导致艾滋病感染事件发生。

【结核病防治】 2020年，沙坪坝区开展结核病防治工作，肺结核患者总体到位率96.47%，肺结核患者的健康管理率100%。完善区内学校新生入学体检、高二学生筛查、高考体检、毕业体检等筛查活动。全区学校重点人群累计筛查（密筛、学校筛查、重点人群筛查）178792人次，通过主动筛查发现的确诊肺结核患者占学校肺结核总报告数的40%以上。

【地方病防治】 2020年，沙坪坝区完成地方病攻坚行动及“十三五”地方病防治规划终期评估工作。开展碘缺乏病防治工作。巩固消除疟疾防治成果，作为市级传疟媒介固定监测点，每年定期开展媒介种群及密度监测。启动布病市级监测工作，监测重点人群212人，无阳性病例。完成重点寄生虫病防治规划（2016—2020年）终期评估。

【慢性病综合防控】 2020年，沙坪坝区巩固国家慢性病综合防控示范区建设，建立电子居民健康档案944720份，65岁以上老年人健康管理105536人，管理高血压患者71625人，管理Ⅱ型糖尿病患者30074人。全年死因监测报告6879例，报告死亡率682.64/10万，主要慢性病早死概率13.26%；心脑血管事件网络直报7243例；新发肿瘤登记报告2.6万例，肿瘤随访4470例；慢性阻塞性肺疾病监测网络直报1.33万例。辖区新建健康支持性环境5类12个；做好慢性病高危人群筛查干预工作，全区35岁以上人群首诊测血压率96.6%，管理高危人群20992例。完成儿童窝沟封闭牙齿3899颗，第一次涂氟3583人。新建35个慢性病患者自我管理小组。完成城市癌症早诊早治筛查2002人，被动随访4131人，主动随访142人，卫生经济学评价调查717人；完成肺癌高发病病因学调查400人；完成糖尿病患者脆弱性研究问卷调查900人。

【食品安全风险监测】 2020年，调查食源性疾病事件3起。开展国家、重庆市食品安全风险监测工作，完成食品检测121件，检出存在安全隐患的食品7件，检出率5.8%。监测医院和哨点医院累计网络报送514例食源性疾病病例。其中哨点医院（沙坪坝区人民医院）对在该院就诊的食源性疾病病例120例开展粪便病原学检测。

【学校卫生监测】 2020年，沙坪坝在区内10所大、中、小学、幼儿园组织开展学生常见病及健康影响因素监测工作，调查学生2936人。辖区中小学生健康档案建档率100%。

【水质监测】 2020年，沙坪坝区设置水质监测点63个，全年监测水样126件；每季度开展城乡饮用水水龙头水质监测工作，设置监测点19个，全年监测水样76件。开展管网末梢水水质监测，监测水样183件；开展学校直饮水、二次供水、小区现制现售水、游泳池水、沐浴用水水质监测，监测水样143件。

【实验室能力建设】 2020年，区疾控中心拥有检测能力项目10类408个参数。参加国家碘缺乏病参照实验室、中国疾病预防控制中心、国家卫生健康委临床检验中心、国家性艾中心、重庆市认证认可协会和重庆市疾病预防控制中心各类质控考核和能力验证活动9次。开展新冠病毒核酸样本采集、保存、运输和检测方面的生物安全培训2次，对区属医疗机构新建PCR实验室技术指导2次，为辖区10余家医疗机构办理高致病性病原微生物菌（毒）种样本运输转运证提供相关资料。

【精神卫生工作】 2020年，沙坪坝区开展患者底数摸排、信息交换、高校及重点人群心理干预、社区康复、救治救助、联合服务管理等工作。对贫困精神残疾人和非贫困精神残疾人分别给予1200元/年·人、600元/年·人门诊服药救助，对部分贫困患者给予5000元/年·人住院补助。对全区危险性评估3～5级、公安列管的、镇街认定为贫困以及无监护或弱监护的四类严重精神障碍患者提供门诊服药全额救助，受益人数623人。出台《关于加强新冠肺炎疫情期间严重精神障碍患者治疗管理工作的通知》和《关于进一步规范新冠肺炎疫情防控期间需应急处置严重精神障碍患者送医流程的通知》，强化疫情期间患者管理服务。各部门交换患者数据1585例。

2020年11月，新桥街道张家湾社区心理咨询室
（区卫生健康委供图）

（胡　音　李　洁）

妇幼保健

【孕产妇健康管理】 2020年，全区发放孕产妇免费服务券4197人，免费金额96.9万余元。孕产妇产后访视率94.75%，早孕建册率95.43%，系统管理率92.43%，无孕产妇死亡。

【儿童健康管理】 2020年，全区新生儿访视率96.31%，7岁以下儿童管理率96.31%，3岁以下儿童系统管理率93.35%。辖区内助产机构出生早产儿968人（低危694人、高危274人），登记管理早产儿968人（低危694人、高危274人），辖区内居住1岁以下早产儿451人（低危368人，高危83人），其中专案管理人数334人（低危295人，高危39人）。初筛转诊疑似残疾儿童数57990人，复筛186人，复筛可疑81人，确诊残疾1人。

【妇女健康管理】 2020年沙坪坝区免费发放叶酸8502瓶，惠及3192名育龄妇女，叶酸服用率98.82%。为3533名和3542名妇女提供宫颈癌和乳腺癌筛查，完成率分别为100.94%、101.2%。

【重大妇幼项目】 2020年，沙坪坝区为10750名孕产妇提供艾滋病、梅毒和乙肝免费筛查。为辖区711名儿童免费注射乙肝免疫球蛋白。

（胡 音 李 洁）

基层卫生

【家庭医生签约服务】 2020年，沙坪坝区组建家庭医生签约服务团队122个，签约慢性病患者、残疾人等重点人群20.6万人，在家且有签约意愿的计生特扶家庭应签尽签。引进临床、健康管理等人才，充实服务团队、拓展服务范围，打造精品家庭医生签约服务团队16个。破除临床与公卫“两张皮”壁垒，促进医防融合深度发展，推进个性化有偿服务包开发设计185个，年服务约2万人次，累计产生金额316.3万元。开展残疾人康复家庭医生签约服务工作，配合区残联签约并服务持证且有康复需求的残疾人6395人。

2020年，沙坪坝区利用世界家庭医生日，开展家庭医生签约服务 （区卫生健康委供图）

【基层医疗服务】 2020年，双碑、歌乐山、童家桥3家社区卫生服务中心成功创建甲级社区服务中心。4家甲级社服中心通过“社区医院”命名，全区21家基层单位培育特色科室35个，歌乐山社区服务中心获“美丽医院”称号。利用疫情防控专项资金233万元为12家单位购买肺功能仪器、呼吸机、DR等，遴选6名骨干医师到重庆市医药高等专科学校参加为期4个月全科培训；组织参加《国家基层高血压、糖尿病防治管理指南》认证考试和重庆市基层卫生人员能力提升培训，获证人数分别为1118人、782人、1099人。组织全区村医集中业务培训3天。

【服务能力提升工程】 2020年，沙坪坝区内基层医疗机构与市区二、三级医疗机构通过专科联盟、科室共建等形式开展特色科室建设。10家基层医疗机构与区人民医院等12家上级医院建立合作科室27个。将31名区级二级医院晋升职称的人员专业方向与基层特色科室业务发展需求“点对点”配对，建立免费为期半年的“支医”帮扶联系。辖区内7家二级医疗机构13个质控中心的38名专家与17家基层医疗机构建立帮扶联系。按照“一室一档”方式，修订完善19个村卫生室电子相册，核定在岗村卫生室人员22人，全年核发专项补助资金52.8万元。“院聘村用”5名医务人员进卫生室执业。开展“星级评定”工作，全区达到“五星级”卫生室1个，“四星级”卫生室3个，“三星级”卫生室15个。降低村卫生室电子票据、HIS公卫专线等费用，降低村卫生室运行成本负担。

（胡 音 李 洁）

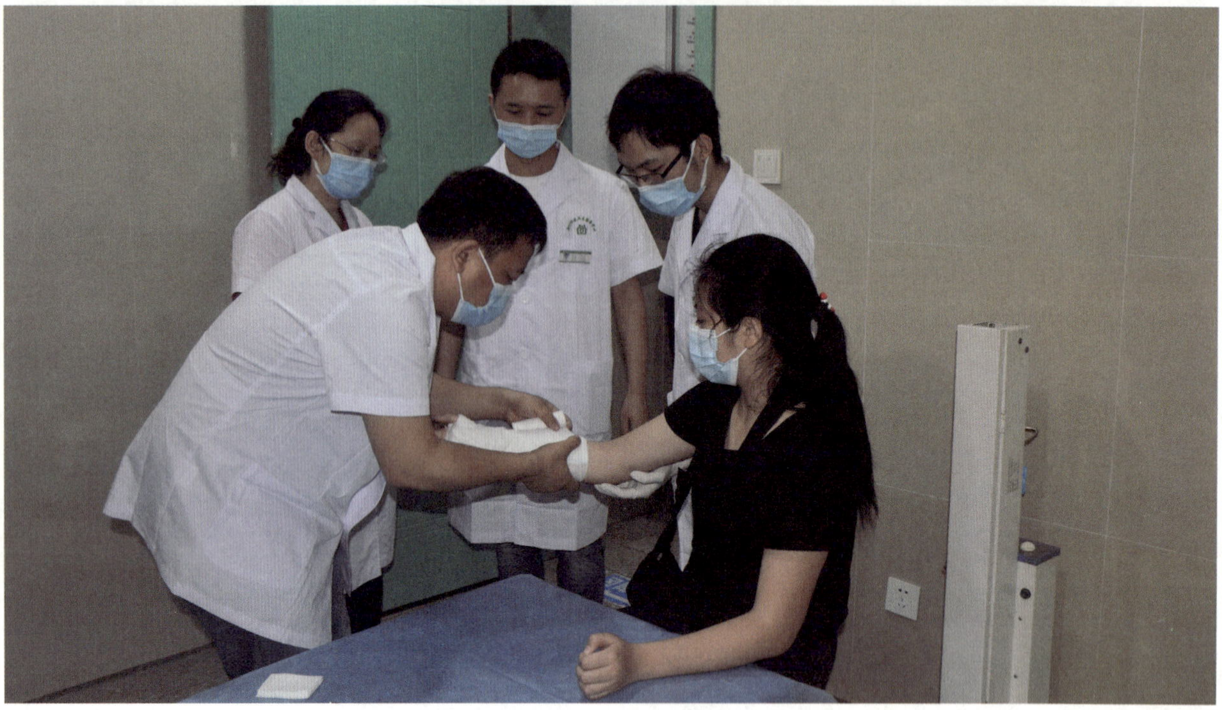

2020年6月，支医人员在社区医院指导工作　　（何　彬摄）

医疗管理

【医疗服务改善】　2020年，沙坪坝区实施改善医疗服务行动计划，提升医疗服务水平，除区精神卫生中心外，其余5家二级公立医院预约诊疗率30%；4家区属二级公立医疗机构按病种收费的病种数98种，临床路径入径率52.5%，完成率90.8%；医学检验互认单位增加至30家；将8家公立医院纳入国家满意度调查范围，提升公立医院满意度；区人民医院、区中西医结合医院开展全市首批DRGS支付方式改革试点，12项就医便民措施落地。

【行业作风建设】　2020年，沙坪坝区推进行业作风建设，制订全区行风工作方案，开展行风督查、违规参与推销活动排查等专项行动，以护士节、医师节等节日为契机，宣传典型事迹，弘扬正面形象；专项打击从业人员收取回扣、违规营销等行为，立案调查1起。对18家民营医院开展依法执业及医疗质量安全督查，以图片形式集中通报，规范民营医疗机构诊疗秩序。全年开展区级处方点评4次，通报辅助性、营养性等高价药品4次，督导检查医疗机构396家次，执行医疗机构记分19家，医务人员记分8人，不合理用药记分10人。　　（胡　音　李　洁）

【医疗质量管理】　2020年，沙坪坝区对6个质控中心动态调整，实行末位淘汰、竞争上岗。开展区级重点专科评审，评选区级重点专科5个。承办2020年重庆市“三基三严”主城10区大比武活动，开展全区“三基三严”大比武活动，192人参赛。强化院感防控，组织专家组开展感控风险督查6次，区卫生健康委带队现场督查100余家次，召开区级医院感染管理知识培训会3次。开展抗菌药物临床应用专项整治活动，通报抗菌药物使用情况8次。

【平安医院建设】 2020年，沙坪坝区推进平安医院建设，23家医院设立警务室，二级医院覆盖率100%。做好“三调解一保险”，完成区卫健委下属公立医疗机构医责险统保工作。全区医患纠纷数量连续2年下降超10%；2020年12月，沙坪坝区获“2018—2019年全国平安医院工作表现突出地区”称号。

【医疗保障】 2020年，为两会、融创文旅城、金沙天街开业、市区领导视察、派驻区纪委监委、中高考、司法强拆、“双旦”等重大节日等大型活动提供医疗保障，为交通站点、要道提供防控保障，累计超5000人次，车200余台次。完成征兵体检1999人、医师资格考试4500余人、医师定期考核约3000人。开展红岩魂卫生志愿者周末义诊活动，截至2020年年底，辖区36家医疗机构，累计开展至第601期，参加医务人员约5000人次，累计服务群众约20万人次。

（胡 音 李 洁）

中医事业

【中医药健康管理】 2020年，沙坪坝区建立中医药工作多部门联动机制。成立区中医药工作联席会议议事机构。印发《非中医类别医师中医药知识培训考核工作方案（试行）》，开展1137名非中医类别医师开具中药处方资质认定。每季度规范开展处方点评，不合理处方数量明显下降。组建督导组对辖区二级及以上中医医院的感染控制管理开展专项督查，规范中医医院感控管理。每个季度指派专家下基层指导。应用中医药方法开展健康教育、慢性病管理，孕产妇、儿童、老年人等重点人群健康管理服务。全年，老年人中医药健康服务管理率52.47%，儿童中医药健康服务管理率67.43%。

【提升中医药服务水平】 2020年，沙坪坝区中西结合医院肾病科成功申报市级中医重点专科，区中医院骨伤科通过市级中医重点专科验收。3家社区卫生服务中心打造市级“精品中医馆”。区妇幼保健院、区精神卫生中心设置中医科室。100%的社区卫生服务中心、镇卫生院和92.31%的社区卫生服务站、村卫生室能提供中医药服务，基层门诊中医药处方量占比41.4%。成功申报“2020年市级科卫联合中医药科研项目”2个。区中西医结合医院《中医医院智慧医院建设标准中中医特色标准构建的研究》纳入重庆市2020—2021年度中医医政管理重点调研课题。

【中医药人才队伍建设】 2020年，沙坪坝区抓好市级第三批“师带徒”指导老师、继承人日常管理，区内4名继承人通过市级年度考核。邀请重庆市名中医李配富、杨国汉等参与沙坪坝区“师带徒”考核，5名重庆市区县级“师带徒”继承人及7名区级第二批“师带徒”继承人通过结业考核。完成区级第三批师带徒指导老师、继承人遴选工作。完成2020年度传统医学师承出师考核，共40名考生参加。区中医院、区中医西结合医院、陈家桥医院5名骨干获中医药适宜技术推广应用市级师资资格。组织针灸推拿、中医骨伤等专题培训9次，培训1000余人次。开展“巴渝岐黄杯”中医药知识与技能竞赛初赛，辖区24支队伍72名中医医师参加。在重庆市“巴渝岐黄杯”中医药知识与技能竞赛半决赛中辖区2名中医师分别获个人二等奖、三等奖。

【中医药文化宣传】 2020年，沙坪坝区开展多形式《中华人民共和国中医药法》系列宣传活动，提供健康咨询2000余人次，发放中医科普折页16000余份。联合区教委印发《中医药文化进校园工作实施方案》，选定3所学校为中医药文化进校园试点单位，打造 2 个中药材植物园、建设 3 个中医药文化长廊及 3 个中医药图书专区，开展主题活动和知识讲座 7 场次，3000 余人次参加。

（胡 音 李 洁）

卫生监督

【行政执法】 2020 年，沙坪坝区对 420 户单位开展“双随机、一公开”工作，监督完成率 100%，任务完成率 99.05%（4 家关闭），任务完结率 100%。立案查处 43 起，罚款 4.24 万元。将监督抽查和处罚结果通过“信用中国（重庆）”向社会公示；全年完成 5778 户次监督检查，监督检查覆盖率 100%；完成行政处罚 226 件，罚没款 75.64 万元，申请法院强制执行 3 件，移交公安部门 3 件。印发《关于进一步推进医疗卫生综合监管工作的通知》，成立沙坪坝区医疗卫生行业综合监管工作领导小组，完善《沙坪坝区医疗卫生行业综合监管工作联席会议制度》，全年开展多部门联合执法 500 余家次，相互移交信息线索 210 余条。

【法制监督】 2020 年，沙坪坝区开展法制审核和执法案卷评查工作，落实“三项制度”。印发《沙坪坝区卫生健康行政执法公示制度》《沙坪坝区卫生健康行政执法全过程记录工作规范》，全年通过各类平台公示行政许可、行政检查和行政处罚等信息 16984 条，收集行政执法记录视频 2012 条，90% 以上执法案卷中有执法记录光盘，开展重大执法决定法制审核 179 件。落实医疗行业综合监管实施方案，完善综合监管机制，召开医疗卫生行业综合监管工作联席会，建立联络员名单，研究落实各项综合监管措施。

【法治教育培训】 2020 年，沙坪坝区卫生系统依托国家线上平台开展法治教育培训，全员参加国家卫生健康监督信息平台。《中华人民共和国基本医疗与健康促进法》出台后，开展非法行医法律适用专题培训会 1 次。利用国家卫生健康监督信息平台组织独立考试 1 次。邀请市级专家、区人民法院行政庭庭长等开展行政执法业务培训 4 次。

（胡 音 李 洁）

计生服务

【人口家庭宣传服务】 2020 年，沙坪坝区开展“7.11”世界人口日、关爱女孩、婚育新风进万家等宣传服务活动，完成《重庆卫生健康墙报》宣传任务，开展“计生赶（广）场”活动，加强人口家庭各项政策暨法律法规的宣传倡导，多篇工作信息在新华网等各级各类媒体刊发。沙坪坝区获全国计划生育优质服务先进单位。

【婴幼儿照护管理服务】 2020 年，沙坪坝区出台 3 岁以下婴幼儿照护服务发展实施方案，将托育机构纳入“六稳”“六保”工作范畴。托育机构实行新冠疫情防控情况日报告制度，2 家托育机构备案。全区共建母婴室 58 个，新增融创茂母婴设施 1 个，19 处公共场所母婴设施全覆盖。在全国母婴设施建设经验交流会上发言，发言材料刊入国家卫生健康委《卫生健康工作交流》。

【计生技术服务】 2020 年，沙坪坝区为 571 名群众实施安环、取环、人流、引产、生殖健康检查等免费技术服务，减免金额 1.73 万元。为群众提供妇科检查、病毒筛查、优生优育指导等 19 项服务，为 2142 名育龄群众提供免费孕前优生健康检查服务。

【计生便民服务】 2020 年，沙坪坝区行政专项清理办证信息 8 万条，计生证件跨区县通办。“渝快办”系统办证 3391 件，受市卫生健康委通报表扬。

【人口数据监测】 2020 年，沙坪坝区做好市级人口信息监测点工作，全区人口信息覆盖率 98%、准确率 96%。坚持年度人口形势分析，加强人口信息预警监测。

【药具管理】 2020 年，沙坪坝区对 242 个药具发放网点现场督导检查 132 次。对街镇、医疗机构药具管理人员 70 余人，进行药具管理系统操作及发放工作培训 3 次。开展避孕节育知识宣传活动 172 场次。免费发放各种药具 36 万余元，自助药具发放机在线率 90% 以上。

【计生特殊家庭扶助】 2020 年，沙坪坝区发放计生奖励、特别扶助、农村四级残、手术并发症扶助金，城乡居民合作医疗保险、独子费、大地商业保险、生育关怀特设资金、春节慰问金九类扶助金 4803 万元，惠及计生家庭 49822 人次。开展“暖心行动”，计生特殊家庭帮扶双岗联系人配备、公立医疗机构开通就医绿色通道（27 家）、家庭医生愿签尽签（签约 2656 人）“三个全覆盖”。印制便民服务手册和温馨服务包。依托区计生协、区星缘联谊会，多渠道化解计生特殊家庭诉求和困难。（胡　音　李　洁）

卫生应急

【应急体系建设】 2020 年，沙坪坝区 58 家医疗卫生单位签订“2020 年度安全稳定和信访工作目标责任书”“消防安全目标管理责任书”。二级及以上医疗机构警务室全覆盖。区中医院、中西医结合医院通过沙坪坝区消防安全标准化管理示范单位评审。开展“119”宣传月活动，常态化开展安全宣传“五进”工作，普及防灾减灾基本知识和卫生应急基本技能。

【应急综合处置】 2020 年，沙坪坝区每季度开展突发公共卫生事件风险评估，根据评估结果发布健康风险提示，向政府提出发布预警建议。完善卫生应急物资储备，提升风险应对能力。修订完善《沙坪坝区卫生应急基本物资储备标准》等制度，对辖区各级应急物资储备库开展清理，补充更新卫生应急物资。完善医疗卫生单位应急事件联络员信息库，落实应急值守和紧急医学救援信息报告。在区内 5 家医疗机构建立背囊化卫生应急快速小分队，具备紧急医学救援、突发传染病防控和突发中毒事件处置等功能。修订《重庆市沙坪坝区突发公共卫生事件专项应急预案》。全区 7 个 120 定点医院全部配备调度信息终端，与市级急救指挥中心的信息互联互通。

【卫生突发事件处置】 2020 年 8 月，嘉陵江迎来 1949 年以来第二大洪水，重庆市首次启动一级响应，洪峰过境当晚医疗卫生系统工作人员在磁器口应急指挥部通宵值守。区疾控中心及社区卫生服务中心组织经验丰富的消杀人员就地清淤、清污等。制定《沙坪坝区新冠肺炎疫情大规模人群核酸检测方案》，建立区级大规模核酸检测应急物资，落实物资调拨责任人及调拨流程，定期更新，动态管理。出台《关于合理调配领用新冠肺炎核酸采样物资的通知》，避免现有储存应急物资过期浪费。为区人民医院、中医院、陈家桥医院、中西医结合医院配备 PCR 提取仪，为区内 3 家医疗机构配备移动采样屋。按照《应对秋冬季新冠肺炎疫情重要医疗防控物资储备基本指导标准》要求，定期统计全区各医疗卫生单位物资储备情况，做好疫情常态化监测，筑牢疫情防控网络。开展发热门诊患者、冷链从业人员等18类重点人群和医疗机构环境、冷链食品等重点环境和物品常态化监测。

【卫生应急培训】 2020年，沙坪坝区加大公众卫生应急技能培训示范基地建设，投入19万元升级改造陈家桥医院示范基地。全年培训271人次，社区卫生服务中心培训考核人员252人，经考核合格237人，合格率94%。推选3人参加第三批重庆市公众卫生应急技能师资培训，均获得师资资格。开展2020年沙坪坝区秋冬季新型冠状病毒肺炎疫情防控桌面演练。组织辖区大规模人群新冠肺炎核酸采样检测应急实战演练、大规模人群核酸采样应急演练、春节期间疫情防控应急演练、危化品泄漏应急演练等，参与重庆市人民防空演练。 （胡 音 李 洁）

沙坪坝区2020年新冠肺炎疫情防控医护人员“感控能力”考核 （区卫生健康委供图）

2020年9月27日，沙坪坝区卫生健康委秋冬季新冠肺炎医疗救治工作学习讨论会 （区卫生健康委供图）

医疗行政审批

【优化营商环境】 2020年，沙坪坝区各类中医医疗机构、护理院等不再受设置规划限制。在医疗机构设置审批和执业登记中，优化审批流程、避免互为前置、精简材料清单、压缩办理时限。引进沙坪坝友联医学影像诊断中心。

【推行“互联网＋审批”】 2020年，沙坪坝区推广“渝快办”、网上办、跨区办，执行“三色”管理，确保办理质量和办事效率，真正做到“让信息多跑腿，让群众少跑路”，网上办件率100%。

【提升行政审批效率】 2020年，沙坪坝区将71项行政审批事项的法定总时限由1512日压减至151日，压减1361日，压缩率90%。行政许可事项办结率100%，无一件许可事项超期办理。推行跨部门并联审批，信息共享，减掉不必要的前置证明，实行首席代表派驻制，简化文书签审流程。取消、整合审批材料90份，简化清单19张，精简率26.76%。23个审批事项立等可取，变“只跑一次”为“一次不跑”。全年办理行政许可事项7541件，其中“跨区办”3100件。

【行政许可规范化管理】 2020年，沙坪坝区坚持“提前服务、延时服务、上门服务、预约服务、快递送达”特色服务，方便群众办事，缓解拥堵现象，提高办事群众满意度。全年办理行政许可8728件。 （胡 音 李 洁）

医疗机构选介

【重庆大学附属肿瘤医院】 重庆大学附属肿瘤医院是集医疗、教学、科研、预防、康复为一体的国家三级甲等肿瘤专科医院。2020年有床位1480张，设有临床和医技科室43个，其中国家级重点专科1个、省级重点学科4个、省级临床重点专科10个、省级临床诊疗中心3个。有在岗职工2199人，其中高级专业技术人员231人，中组部国家海外高层次人才2人，国家卫生健康突出贡献中青年专家1人，享受国务院特殊津贴专家11人，国家重点研发计划首席科学家1人，重庆市首席专家工作室领衔专家2人，重庆市首席医学专家2人，重庆市医学领军人才2人，重庆市学术技术带头人12人，重庆英才系列专家6人，重庆市“百人计划”特聘专家1人，重庆市首批“科技创新领军人才”1人，重庆市杰出青年基金获得者1人，重庆市有突出贡献中青年专家3人。全国老中医药专家学术经验继承指导老师2人，重庆市名中医2人，国家中医药管理局青年岐黄学者支持项目人选1人。重庆市中青年医学高端人才13人，重庆市中青年医学高端人才工作室负责人1人，博（硕）士研究生导师41人，博（硕）士学位获得者621人。国家级学会副理事长1人，国家级学会主任委员5人，在国家与省级医学会、医师协会、抗癌协会及其专业委员会等任职763人次。住院病员外埠比例26%，辐射四川、贵州、湖北、云南等全国31个省（直辖市、自治区）。

【重庆市精神卫生中心】 重庆市精神卫生中心（西南大学附属心理医院）是一所集医疗、教学、科研、预防、康复、公共卫生于一体的国家三级专科医院，隶属重庆市卫生健康委员会。2020年中心开放床位1200余张，设置20余个专业科室。有职工820余人，卫生人员占比76%，其中高级专业技术人员80人，享受政府津贴专家1人，中青年高端后备人才1人，硕士、博士60人，其中英国籍体验性动力学心理治疗高级专家1人，柔性引进医学博士1人、临床心理学博士1人。有市级精神心理疾病临床研究中心、市级医学重点学科（精神科）、市级临床重点专科（精神科）和市级医学特色专科（早期干预科）。院级特色专科有青少年危机干预、精神科急重症医学、心境障碍专病专科、心身医学与临床心理学、神经认知障碍（痴呆）的治疗与康复、老年康复医学、儿童青少年精神科、睡眠医学、针对有犯罪行为的精神病人强制治疗中心、双心医学专科。

【重庆市公共卫生医疗救治中心】 重庆市公共卫生医疗救治中心是重庆市唯一的三级传染病专科医院、重庆市传染病诊断及治疗权威机构，重庆市结核病、耐多药结核病、艾滋病治疗定点医院，主城片区突发公共卫生应急集中救治定点医院。2020年完成业务收入36435万元，超出计划指标7.16%；总收入59148万元，超出计划指标7.5%。全年完成门急诊209882人次，超出计划指标16.97%；住院15991人次，超出计划指标5.78%；歌乐山、平顶山院区病床使用率分别为96.01%和48.26%，分别超出计划指标16.01%和8.26%；手术1037人次，超出计划指标7.36%；出院患者平均住院日12.3天，同比下降2.4%；全院治愈好转率94.42%，同比增长1.86%。

【重庆市第十一人民医院】 重庆市第十一人民医院（原重庆市精神病院），系重庆市民政局直属事业单位。2020年开放床位1000张。有职工500余人，医技人员占70%，其中高级职称33人，中级职称50余人。设有10个职能部门，9个临床科室，4个辅助检查科室（影像、检验、心电、脑电）。有超静音核磁共振诊断仪（MRI）、螺旋CT、数字胃肠机、彩超、DR、全自动生化分析仪、全自动血气分析仪、胃镜、视频脑电地形图仪、动态脑电图仪，多导睡眠监测系统、眼动检测仪、音乐心身催眠治疗仪、精神压力分析仪、计算机认知矫正治疗系统、经颅磁治疗仪以及团体生物反馈系统等医疗设备设施。

【西南医院】 中国人民解放军陆军军医大学第一附属医院和第一临床医学院，对外称西南医院，是一所集医疗、教学、科研和预防、保健、康复于一体的综合性三级甲等医院。2020年有临床医技科室60个，床位2900张。仪器设备总值约22亿元，有达芬奇手术机器人、术中核磁、7.0 T核磁共振、TOMO刀、大型高压氧舱群、神经导航系统等高精尖仪器设备。有国家重点（培育）学科12个，国家临床重点专科军队建设项目12个，军队“双一流”重点学科1个，军队医学专科中心14个，其中7个全军研究所、7个全军专科（专病）中心。2020年复旦大学医院排行榜综合排名全国第二十五，烧伤科位列全国第一，病理科位列全国第四，检验科位列全国第四，整形外科位列全国第八，康复医学科位列全国第九，12个学科上榜提名。有中国科学院院士1人，三级以上教授64人（在职8人），“南丁格尔”奖章获得者2人，享受国务院政府特殊津贴专家22人，国家杰青、长江学者、国家优青等特殊人才20人，博士生与硕士生导师207人。年度门急诊量294.2万人次，收容量12万人次，手术量10.2万台次，平均住院日5.91天。

【新桥医院】 陆军军医大学第二附属医院是国家首批三级甲等医院，也是重庆市首批“涉外定点医院”。2020年，有教职员工4643人，其中，教授、副教授298人，博（硕）士导师161人，博（硕）士学位获得者1000余人。开放床位2860张，有重症监护病床293张。层流净化手术室52间，其中百级层流手术室22间，杂交手术室1间；有达芬奇手术机器人、320排640层容积CT、PET-CT、手术导航系统、双源CT系统、移动式X射线术中放疗系统等医疗设备3.1万余台件，仪器设备总价值16.54亿元。设有临床和医技科室49个，其中，国家临床重点专科军队建设项目5个，国家级重点学科10个，国家中医药管理局重点建设专科1个，全军医学研究所4个，全军医学专科（病）中心6个，优生优育中心学科3个，重庆市研究所4个，重庆市重点实验室6个，重庆市临床医学研究中心5个，重庆市科普基地1个，重庆市工程中心2个。医院是临床医学博士后流动站，有博士学位授权点学科22个、硕士学位授权点学科29个。国家住培专业基地24个、专培基地2个。重庆市质量控制中心7个。年门（急）诊量266万余人次，年收治病人13万余人次，手术量8万余台次，患者来自包括香港、台湾在内的全国33个省市自治区，其中外阜患者就诊率33.6%，入出院诊断符合率99.30%，治愈好转率99.43%。全年开展心脏介入手术6000余例、心脏外科手术2700余例、脊柱微创手术3700余例、脑血管疾病介入手术1500余例、消化内镜诊疗5.7万余例、血液透析8万余例，造血干细胞移植累计1900余例，肾移植手术累计开展4100余例。

【重庆市沙坪坝区人民医院】 重庆市沙坪坝区人民医院为医教研为一体的国家二级甲等综合医院。2020年有员工892人，卫技人员759人（高级职称专技人员104人，中级职称专技人员263人），其中硕、博研究生75人，沙磁名医5人，沙坪坝区级学术技术带头人、中青年医学后备人才20人，拥有各级各类专家委员会成员100余人。编制床位500张，配置核磁共振、螺旋CT、四维彩超、全自动生化仪、超高清腹腔镜系统等医疗设备。有心血管内科、内分泌内科、骨科、普外科、妇科、产科、儿科等33个一级临床医技科室。同年成立全科医学科、老年医学科、疼痛科。心血管内科通过2020年度国家级基层心衰中心认证。医院作为重庆医药高等专科学校教学医院、重庆市住院医师规范化培训基地（全科医学方向），三峡医药高等专科学校等5家医学院校的临床教学实习基地，拥有兼职教授66人，带教老师300余人。截至2020年，医院接收实习生800余人，住培生23余人，进修生210余人，累计申报市区级继续教育项目300余项；同年成为陆军军医大学附属第一医院医联体成员单位。年门诊量超过90万人次，收治住院病人超2.5万余人次，开展各类手术5000余台。

【重庆市沙坪坝区中医院】 重庆市沙坪坝区中医院为公立二级甲等中医院，为重庆市医药高等专科学校、三峡医药高等专科学校实习基地。2020年编制床位299张，实际开放床位310张。有临床、医技科室27个。有在岗职工383人，其中卫生专业技术人员335人，高级职称48人，中级职称66人，本科173人，研究生26人；重庆市名中医1人，沙坪坝区名中医3人，首届“沙磁名医”3人，首批重庆市区县医疗卫生学术技术带头人1人；全国老中医药专家学术经验继承工作指导老师1人；全国老中医药专家学术经验继承人3人，重庆市中医药专家学术经验继承工作指导老师1人，市级老中医药专家学术经验继承人2人，区级老中医药专家学术经验继承人10人。有美国GE16排螺旋CT、柯尼卡DR（包含移动式和悬吊式）、美国GE移动式C臂、彩超（GE、日立阿洛卡、东芝各1台）、施乐辉关节镜系统、德国狼牌高清腹腔镜系统、德国狼牌输尿管镜、天松膀胱镜、德国狼牌（前列腺）等离子电切镜、艾科凯能钬激光碎石系统、强生超声刀、欧美达麻醉机、德尔格呼吸机、美国诺兰德双能X线骨密度检测仪、日本富士电子结肠镜、肛肠诊疗仪、日本富士电子胃镜、贝朗血液透析机、迈瑞生化分析免疫化学发光流水线、ADI7500PCR扩增仪等医疗检验检查及治疗设备。

【重庆市沙坪坝区妇幼保健院】 沙坪坝区妇幼保健院是一所集妇幼保健、计划生育、预防、医疗、科研、培训、教学、咨询、康复为一体的二级甲等专科医院，现为陆军军医大学、重庆师范大学、重庆城市管理职业学院实习基地，重庆市脑瘫、智力残疾儿童定点康复救助服务机构。2020年有职工210余人，本科及以上学历人员占50%，专业技术人员占80%，卫生技术人员中，高级职称17人，中高级职称占35%。设儿童保健部（儿童保健科、儿科）、妇女保健部（妇女保健科、妇科、计划生育指导科、计划生育技术服务科）、孕产保健部（孕产保健科、产科）。开放床位32张，拥有GE实时三维彩超、DR、妇科LEEP刀、海极星、宫/腹腔镜、全自动生化分析仪等先进医疗仪器设备。

【重庆市沙坪坝区陈家桥医院】 沙坪坝区陈家桥医院暨重庆医药高等专科学校附属医院，是一所集医疗、急救、预防与康复、教学科研、健康体检为一体的国家二级甲等综合性医院。2020年编制床位420张，年门诊量60万余人次，年住院病人2万余人次，是新桥医院、大坪医院、重医儿童医院、市急救中心等三甲医院技术（网络）指导医院，重庆医科大学公共卫生与管理学院、重庆医药高等专科学校、重庆市护士学校、重庆市渝中职业教育中心、三峡联合大学临床教学医院。设有呼吸内科、心血管内科、消化内科、骨科、妇产科、儿科、中医康复医学疼痛科、急诊重症医学科等21个临床科室，设有14个专科住院病房，设置医药技科室7个，有职能部门16个。有市级特色专科2个，区级重点专科3个，区级医疗质量控制中心5个。

【重庆市沙坪坝区中西医结合医院】 重庆市沙坪坝区中西医结合医院是一所集医疗、急救、预防、保健、康复、教研为一体的现代化国家公立非营利性二级甲等中西医结合医院。2020年有职工289人，其中卫生技术人员271人，中高级职称人员91人。医院开设有内科、外科、妇产科、儿科、五官科、急诊科、疼痛康复科、治未病科、放射科、检验科、特检科、内镜中心、碎石科与病检室等临床医技科室20余个，编制床位299张，开放病床306张。拥有16排螺旋CT机、GE彩色多普勒超声诊断仪、E6四维超声诊断仪、DR影像系统、全自动生化分析仪、化学发光仪、PCR仪、体外震波碎石机、重症呼吸机、多功能麻醉机、病理检查系统等大型医疗设备。拥有高清电视腹腔镜、电子胃肠镜、电子气管镜、鼻咽喉镜、关节镜、椎间孔镜、宫腔镜、膀胱镜、输尿管镜、钬激光、氩气刀、利普刀等诊疗设备。

【重庆东华医院】 重庆东华医院为国家二级甲等综合医院，是重庆市疼痛诊疗中心、精神疾病伴结核病和特殊疾病、慢病诊断、病退体检鉴定暨商业保险定点医院、全科医师规范化培训基地、医药高等专科学校实习基地。2020年有员工460人，其中卫生技术人员382人，副高级及以上职称56人（享受国家特殊津贴1人）、中级职称

88人。编制床位499张，拥有17个临床科室、4个医技科室、10个住院病区。2020年获重庆五一劳动奖章、重庆市抗击疫情先进民营企业，受到中华全国工商业联合会通报表扬，抗疫案例作为优秀案例被编入《重庆市民营企业社会责任报告》。2020年，东华医院拓展疼痛康复、老年骨科、心理卫生、肾病透析等专科，成为重庆市疼痛专科联盟副理事长单位、重庆市企业医院协会疼痛专委会主委；成功施行105岁老人人工半髋关节置换术；获国家神经系统疾病研究中心网络成员单位、重庆市“高血压达标基站”和“防治卒中中心”授牌。

【重庆嘉陵医院】 重庆嘉陵医院是一所集医疗、教学、科研、预防为一体的国家二级综合非营利性医院。2020年编制床位360张，在册员工378人，拥有高级职称35人，中级技术骨干人员65人。2020年，医院按照国家及市区卫健委要求规范建立并运行发热门诊，负责诊治井口、双碑、中梁镇区域的发热病人；派出医疗专家2人积极投入定点医院救治工作；参加境外返渝指定地医疗排查保障；组织感控防护专家深入企业、工地开展疫情防护，指导复工生产等消毒防护工作；组织医务人员积极献血支援武汉疫情重灾区，献血近1万毫升。全年门急诊19.33万余人次，住院7832人次，手术量1368人次。

（胡　音　李　洁）

体　育

群众体育

【体育组织】 2020 年，沙坪坝区对全区健身队伍进行调整、评定，加大扶持力度。在全区命名 99 支星级群众健身队伍。指导区各单项体协强化协会内部管理，支持并协助协会独立开展体育活动。成立区中国登山协会、区田径协会。区体育总会和各单项体育协会完成年审工作。截至 2020 年年底，沙坪坝区有 22 个街镇体育分会、28 个单项体育协会和 24 个体育俱乐部，622 个晨练、晚练站（点），会员总数 7 万余人。

【体育活动】 2020 年受新冠疫情影响，沙坪坝区以线上方式推广健身活动。举办 2020 沙坪坝区“全民健身月”线上公益跑活动。区围棋协会开展 2020 沙坪坝区青少年围棋网络精英线上赛，

2020“佳贝艾特”中国成渝双城万人瑜伽大会创大世界基尼斯纪录活动沙坪坝分会场

（区体育局供图）

300 余名青少年围棋高手在网上一较高下。区老体协组织辖区老年群众开展广场舞线上教学，常态化开设线上健身课程，使广大老年朋友逐步适应走上“云端”，进行“云健身”。区各类体育协会、社团开展体育比赛、活动 20 余次。乒乓球协会开展区“乒搏杯”乒乓球比赛；拳击协会承办中国区拳王争霸赛；区老年人体育协会承办重庆市老年人排舞广场舞骨干培训班；区瑜伽协会承办 2020 中国成渝双城万人瑜伽大会创吉尼斯纪录活动（沙坪坝区）。继续推进百姓赛场活动，开展“全民健身日”活动，举办“全民健身”摄影展、沙坪坝区职工羽毛球比赛、重庆主城九峰挑战赛线上公益比赛、体育消费节活动、滑板比赛等赛事活动，备战第十四届全运会轮滑项目、重庆市第四届老年人运动会。各街镇、部门、行业、社区（村）组织群众体育活动 200 余次，近 30 万人次参加。

竞技体育

【田径项目】 2020 年，沙坪坝区派出 40 名运动员参加重庆市青少年田径锦标赛，获九金八银三铜。举办沙坪坝区青少年田径锦标赛暨沙坪坝区第四十届中小学生田径运动会，参赛运动员 1000 人左右。组织开展青少年基础体能测试赛，

2020 年，沙坪坝区拳击协会承办 2020 中国重庆“成渝双城”拳击邀请赛拳王争霸赛（区体育局供图）

“中国体育彩票”2020 年“百姓赛场”瑜伽进社区活动（申 瑞摄）

各年龄段 800 名运动员参加五个项目的体能测试。

【篮球项目】 2020 年，沙坪坝区有全国校园篮球特色学校 15 所，举办国家二级篮球裁判员培训班 1 次，发展国家二级裁判员 37 人，举办全区 U11 青少年篮球锦标赛，参与青少年 200 人，组队参加 4 次重庆市青少年篮球锦标赛。

【游泳项目】 2020 年，沙坪坝区组队参加重庆市和全国各项赛事。举办“体彩杯”沙坪坝区青少年游泳锦标赛，有 29 支队伍 316 人参赛。

【足球项目】 2020 年，沙坪坝区体育局，沙区教委与沙坪坝区足协密切合作，由足协牵头，沙坪坝区足协教委会主任冉蔷（职业级）和副主任张远杰（亚足联 A 级），在山洞小学举办主题教练员培训提高辖区青少年足球教练员训练水平。区内参培各级教练员超过 60 人。

【乒乓球项目】 2020 年，区体育局组队参加国青、国少乒乓球选拔赛，获女子单打第二名和第五名。举办“体彩杯”2020年沙坪坝区青少年乒乓球锦标赛，有来自26个单位，近300人参加比赛。

【学校体育】 2020年，沙坪坝区各中小学均有1名分管体育的副校长，设有体卫处或体育教研组或体育组（室），按规定配足专（兼）职体育教师，区体校有专职教练深入学校从事训练工作。中小学每周3节体育课和1节课程辅助活动，内容有田径、篮球、足球、排球、乒乓球、跳高、跳远、跳绳、拔河、赛跑、接力、投掷、体操、武术、韵律体操等。各中小学在坚持每天30分钟大课间体育活动的同时，普遍开展大课间体育活动。举办全区性青少年体育竞赛，比赛项目有篮球、田径、乒乓球、足球、跳绳等，参赛组别涵盖小学、初中、高中3个年龄段；各个学校春秋两季有校内运动会。坚持学生的体育考核制度，把体育课列入考核学生成绩的科目之一，对达到国家一、二、三级运动员等级的学生，在升学时可加分。各校在学生学籍档案中均建有学生国家学生体质健康登记卡。

【体育人才培训】 截至2020年，全区有国家级传统项目学校4所，分别是重庆一中（田径、男篮）、重庆南开中学（田径、女篮）、重庆七中（男足、田径）、重庆凤鸣山中学（田径）；市级传统项目学校17所；区级传统项目学校24所。国家级青少年体育俱乐部5所，分别是重庆一中、重庆七中、重庆南开中学、重庆凤鸣山中学、树人凤天小学。各体育传统项目学校和青少年体育俱乐部保证参加日常训练的学生每天有1.5小时的训练时间。各校运动队（班）每周训练在5次以上，每次训练时间不低于90分钟，暑假训练不少于30天，寒假训练不少于15天，教练员由项目学校体育教师兼任，部分学校由体校教练员带队训练。2020年，全区为高校输送体育人才112人。区体育局制定年度培训计划，选派开展体育教师、教练、裁判员及相关体育工作者参加市内外各种专业培训，不定期开办区内培训班，其中对考核合格的裁判员，根据其考试成绩由国家体育总局和市体育局审批，授予不同等级裁判员称号。

表28　2020年沙坪坝区参加市级以上比赛获奖统计表

单位：块

时间	第一名（金牌）			第二名（银牌）			第三名（铜牌）		
	国际	全国	省	国际	全国	省	国际	全国	省
2020年	0	1	61	0	8	43	0	11	41

体育产业

【体育彩票】 2020年，全区新增电彩网点44家，总网点数243家。全年沙坪坝区销售体育彩票2.03亿元。

【体育项目审批】 2020年，沙坪坝区接受体育经营申请28件。其中行政许可18件，行政备案10件。行政许可中高危体育项目许可18件。所有审批事项均到实地审查，在规定时限内完成，并在网上行政审批系统中同步办理，无一件延误。

体育基础设施建设

【社区、村级公共体育设施】 2020年，沙坪坝区社区、村体育健身器材全覆盖。全区完成30个区级健身点建设。城市10分钟、农村15分钟“健身圈”基本建成。

【街镇级公共体育设施】 截至2020年，沙坪坝区筹集资金2799万元，在全区建成10个体育中心。每个中心均配备有篮球场、乒乓球台、羽毛球场、健身路径等设施。

凤天路社区健身点　　　　（区体育局供图）

表 29　　沙坪坝区街镇体育中心基本情况一览表

名 称	建成时间	占地面积（平方米）	总投资（万元）	项目内容
歌乐山镇综合体育场	2009 年 10 月	4000	300	标准灯光塑胶篮球场 1 个、羽毛球场 2 个、乒乓球场 5 个、鹅卵石块健身步道 1 条、健身路径 1 条、展示奥林匹克体育精神风貌壁雕 1 幅、休闲凉亭 1 座等
凤凰镇镇综合体育场	2009 年 12 月	8100	259	乒乓球台 4 张，羽毛球场 2 个、篮球场 2 个、健身路径和跑道等
陈家桥镇综合体育场	2010 年 7 月	5200	260	标准化的篮球场、羽毛球场、乒乓球场及跑道，健身娱乐器材、休闲区域、公共卫生设施、管理设施
西永镇镇综合体育场	2010 年 9 月	7700	190	标准灯光篮球场 2 个、羽毛球场 4 个、乒乓球台 6 张、200 米环形跑道。二期设置网球场、体能测试室、健身房、健身路径等
石井坡街道体育中心	2011 年 6 月	7500	150	小型足球场 1 个、标准化的篮球场 1 个、羽毛球场 6 个、乒乓球台 9 张，健身路径、休闲区域、公共卫生设施、管理设施
西永综合保税区 A 区运动场	2012 年 1 月	20000	200	8 片篮球场、24 片羽毛球场和 55 张乒乓球台
青木关镇综合体育场	2012 年 4 月	5000	140	标准灯光篮球场 2 个、羽毛球场 2 个、乒乓球台 6 张、健身路径等
新桥街道文体中心	2012 年 6 月	1200	200	健身房 1 个、乒乓球台 10 张、健身房 1 个、台球桌 5 张、跳操室 1 个
曾家镇综合体育场	2013 年 12 月	6000	400	标准灯光篮球场 2 个、羽毛球场 2 个、乒乓球台 8 张、健身路径、综合活动场等
覃家岗街道综合体育场	2013 年 12 月	4000	300	标准灯光篮球场 1 个、羽毛球场 1 个、乒乓球台 8 张、健身路径、综合活动场等

【登山步道】　截至2020年，全区建成9条登山步道，总投资2615万元。每天约有6000人次参与登山健身。

表30　　沙坪坝区登山步道一览表

名称	建成时间	步道长度（米）	总投资（万元）	日均登山人数（人）
歌乐山仙乐峰登山步道	2007年3月	300	30	200
歌乐山人生路登山步道	2008年12月	3400	400	3000
曾家镇虎峰山登山步道	2010年12月	3340	300	1000
歌乐山芭蕉沟箴言登山步道	2011年2月	2200	200	500
回龙坝镇登山步道	2011年5月	5800	400	1200
凤天生态公园登山步道	2011年6月	2200	1100	1000
陈家桥玉屏桃花山登山步道	2011年10月	2600	80	2000
青木关镇石老翁登山步道	2012年3月	1400	55	400
凤凰镇胡家沟登山步道	2012年4月	1500	50	600

体育训练基地

【概况】　2020年，沙坪坝区在区内试点建立三级体育后备人才训练基地。截至2020年，有一级综合训练基地10个，二级专项训练基地15个，三级训练点6个，足球专项训练基地20个，形成小学、初中、高中衔接的后备人才培训体系。

【一级综合训练基地】　2020年，沙坪坝区有9个一级综合体育人才训练基地，分别为：重庆一中体育后备人才训练基地、南开中学体育后备人才训练基地、重庆七中体育后备人才训练基地、重庆市凤鸣山中学体育后备人才训练基地、重庆市青木关中学体育后备人才训练基地、重庆大学城第三中学校体育后备人才训练基地、沙坪坝区树人小学校体育后备人才训练基地、沙坪坝区第一实验小学校体育后备人才训练基地、重庆大学城第四中学校体育后备人才训练基地。

【二级专项训练基地】　2020年，沙坪坝区有14个二级专项体育人才训练基地，分别为：重庆第十五中校射击射箭后备人才专项训练基地、沙坪坝区实验中学校跆拳道后备人才专项训练基地、沙坪坝区土主中小学举重后备人才专项训练基地、沙坪坝区新桥小学校乒乓球后备人才专项训练基地、沙坪坝区树人景瑞小学校跆拳道后备人才专项训练基地、沙坪坝区嘉陵小学校篮球后备人才专项训练基地、沙坪坝区中梁实验学校拳击后备人才专项训练基地、重庆第三十二中学校拳击后备人才专项训练基地、沙坪坝区滨江小学艺术体操后备人才专项训练基地、沙坪坝区森林实验小学艺术体操后备人才专项训练基地、沙坪坝区高滩岩小学乒乓球后备人才专项训练基地、沙坪坝区歌乐山小学田径后备人才专项训练基地、沙坪坝区双碑小学拳击专项训练基地、沙坪坝区儿童艺术学校艺术体操专项训练基地。

正在参加沙坪坝区青少年校园足球“满天星”菁英训练营的小运动员　（申　瑞摄）

【三级训练点】 2020年，沙坪坝区有5个三级体育人才训练点，分别为重庆树人凤天小学校田径后备人才训练点、沙坪坝区回龙坝小学校篮球后备人才训练点、沙坪坝区上桥小学校排球后备人才训练点、沙坪坝区回龙坝镇初级中学校篮球后备人才训练点、沙坪坝凤凰实验学校乒乓球后备人才训练点。

【足球专项训练基地】 2020年，沙坪坝区有18个足球专项训练基地，分别为：重庆七中足球后备人才专项训练基地、重庆市凤鸣山中学足球后备人才专项训练基地、重庆市青木关中学足球后备人才专项训练基地、重庆大学城第三中学校足球后备人才专项训练基地、沙坪坝区中梁实验学校足球后备人才专项训练基地、沙坪坝区树人小学校足球后备人才专项训练基地、沙坪坝区南开小学校足球后备人才专项训练基地、沙坪坝区育英小学校足球后备人才专项训练基地、沙坪坝区莲光小学校足球后备人才专项训练基地、沙坪坝区山洞小学校足球后备人才专项训练基地、沙坪坝区高滩岩小学校足球后备人才专项训练基地、沙坪坝区凤鸣山小学校足球后备人才专项训练基地、沙坪坝区歌乐山小学校足球后备人才专项训练基地、沙坪坝区矿山坡小学校足球后备人才专项训练基地、沙坪坝区向家湾小学校足球后备人才专项训练基地、重庆大学城第二小学校足球后备人才专项训练基地、沙坪坝区儿童艺术学校足球后备人才专项训练基地、沙坪坝区红槽房小学校足球后备人才专项训练基地。

（朱 珊）

社会事务

城乡就业

【概况】 2020年，沙坪坝区城镇新增就业4.08万人，城镇登记失业人员就业8771人，城镇就业困难人员就业3986人。发放创业担保贷款3522万元，开展职业技能提升培训3.1万人次，失业保险费征收1.07亿元，140名退捕渔民转产安置100%，离校未就业应届高校毕业生就业率100%。

【就业管理】 2020年，举办第四届“渝创渝新”创业创新大赛、第三届“大创慧谷”大学生创业创新大赛沙坪坝区选拔赛，沙坪坝区陈麻花项目获第四届“渝创渝新”创业创新大赛综合组二等奖。举办“春风行动”“百日千万网络招聘专项行动”“金秋招聘月”等招聘活动72场（次），发布岗位信息7.7万条；联合成都市武侯区举办“两城共融·就业先行”系列招聘活动10场（次），发布两地岗位信息2.3万条。建立24小时应急用工调度保障机制，向各类重点企业送工4.2万人，跨区接（送）务工人员2700余人。落实“降、减、免、缓、返”资金2.47亿元，其中为1.3万家企业阶段性降低失业保险费率，减负1.38亿元；为1.22万家企业免交失业保险费0.26亿元；为1604家企业发放援企稳岗资金0.83亿元。

【技能培训】 2020年，沙坪坝区完成市级下达职业技能提升行动任务量比例居全市第一。全年开展技能提升培训3.1万人次，拨付补贴资金4416万元。推荐认定新职业从业人员培训机构26个，开展新职业工种培训1147人次。开展线上职业培训课程208个，完成线上职业培训4706人次。推荐两个职业培训机构自主研发线上职业培训平台纳入市级推荐目录，其中重庆电子工程职业学院被纳入数字课程资源单位，重庆市足下软件职业培训学院线上培训平台被纳入重庆市第三方线上职业技能培训平台，并获“全国优秀就业服务成果”三等奖。（陈姣交）

【劳动保障】 2020年，沙坪坝区开展根治欠薪工作，进行专项检查4次，检查在建工程项目220余个。处理劳动人事争议案件1864件，立案受理 1271件（另上期未结54件）。全年办结工伤案件2139件，工伤职工劳动能力鉴定1201人次，病退鉴定243人次。工伤案件量同比下降11%，鉴定准确率99%，工伤认定行政诉讼同比下降46%。全市工伤认定辅助调查核实试点工作落地沙坪坝区，开启“工伤保险＋商业保险”多层次社会保障。全年，加强劳动法规政策宣传力度，推进劳动合同制度，劳动合同签订率保持在94%以上。组织开展105家企业薪酬调查、15家

2020年10月，区人力社保局参加重庆市2020年度公共就业服务系统业务技能练兵比武总决赛获团体一等奖　（区人力社保局供图）

2020年，重庆市和谐劳动关系综合试验区和示范点创建成果展示暨经验交流会　（区人力社保局供图）

企业最低工资问卷调查和12家制造业人工成本监测，58家劳务派遣机构审批、管理。区人力社保局获重庆市和谐劳动关系创建工作先进集体，1家企业获重庆市和谐劳动关系优秀单位，3家企业获重庆市“AAA”级劳动关系和谐企业。

（魏　玮）

社会保险

【概况】　2020年，沙坪坝区城镇职工基本养老保险扩面61.94万人，征收23.44亿元；城乡居民养老保险扩面5.43万人，征收657.47万元；工伤保险扩面28.52万人，征收5852.36万元；机关事业单位养老保险参保1.57万人，征收30340.22万元；机关职业年金征收15103万元。新增参保单位3340家，新增参保人数3.65万人。全年城镇职工养老保险待遇支付60.51亿元，工伤保险待遇支付7011.91万元。

【社会保险管理】　2020年，连续第16年调整企业退休人员基本养老保险待遇。截至2020年，领取养老金待遇人员共有17.23万人完成资格认证，采集1.8万人次认证信息。部分社保业务下沉至全区26个镇街，6440家单位网上经办。全民参保登记累计采集72.3万人。累计发放社保卡91.8万张，全年新增发放5.2万张，签发电子社保卡27.1万张。城乡居民养老保险政府代缴困难人员417人，补助金额2.9万元。建成市级社会化管理服务示范点4个，对6.5万名退休人员社会化管理。社保综合降费减负26.49亿元。

【社保基金监管】　2020年，稽核参保单位128家，接待处理养老保险投诉291件，补缴养老保险114万元。打击欺诈骗保不法行为，追回社保基金76.4万元。

【退役士兵社保补缴】　2020年沙坪坝区收到退役士兵信息1609人。其中已缴费1182人，缴费金额2811万元。

（蔡佳汐）

民政事务管理

【婚姻收养登记】　2020年，办理婚姻登记13775对（其中结婚登记7093对，离婚登记6682对）；办理补领婚姻登记证1922对（其中补领结婚证1512对，补领离婚证410对）；办理收养登记3件。按照法律法规办理婚姻和收养登记合格率100%。

【区划地名】 2020年，完成博学路、文康路、文瑞路、学义路、学仁路、强学路、笃学路、西贤路、凤回路、海达路、凤集路、磁器口后街、磁兴街、磁器口横街（延长段）、宝轮路、和阳路、通贤路、泰安大道北段、双桂路19条地名命名工作。完成渝北区与沙坪坝区边界联检工作及沙坪坝区平安边界创建工作。完成沙坪坝区镇（街）行政区域界线勘定工作，形成一套准确反映镇（街）行政区域界线实地走向的文件、地图等成果资料。完成土主镇撤镇设街道行政区划调整工作。

【社会组织管理】 2020年，沙坪坝区开展2019年度社会组织年检、社会组织离任注销审计工作；制发动员社会组织参与疫情防控相关文件，向沙坪坝区社会组织发布倡议书；引导社会组织开展垃圾分类工作，制定《沙坪坝区民政局关于进一步推进沙坪坝区社会组织生活垃圾分类管理工作的通知》；开展行业协会商会涉企收费专项治理工作。70家社会组织划归高新区，其中教育类民办非企业单位54家。全年新增登记类社会组织28家，其中民办非企业单位13家，社会团体15家。完成变更登记33家，注销登记17家。截至2020年年底，沙坪坝区有登记类社会组织515家，其中社会团体130家（行业类21家，专业类58家，学术类19家，联合类32家），民办非企业单位385家（教育类286家，占比74%）。有备案类社会组织16家，其中社会团体类5家，民办非企业单位类11家。辖区社会组织有党员954人，32家社会组织建立党组织。

【社会工作】 2020年，全区有社会工作服务机构23家。全年，沙坪坝区打造“你在哪里、来我这里、你还有我、文明我行”社工服务体系。投入19万元开展“你在哪里”社工项目，建立主动发现社会救助机制，解决社会救助“盲点”与“痛点”，发现困难群众134人。投入50万元，订制“蝌蚪妈妈”独立屋电子设备，开展妇女儿童关爱社工服务，培育儿童管理队伍，建立辖区儿童分级档案，提供“一对一”订制服务。投入54万元，开展精神障碍社区康复服务社工项目，运营双碑街道、新桥街道、渝碚路街道3个社工站点，为辖区精神障碍患者提供个性化社区康复服务。投入15万元，开展“新一代新风尚”文明婚俗引导社工项目，推进婚俗改革，培育文明向上的婚俗文化。投入95万元，建设区社会工作指导中心（社会组织孵化基地）。开展市级社会工作三级服务体系试点，对60名社会工作者进行能力提升培训，发放社区专职工作者社会工作职业资格补贴132.48万元。2020年8月，中国社会工作联合会“安心小屋”落户沙坪坝区。

【殡葬服务】 2020年，沙坪坝区火化率100%。辖区死亡人口4214人，殡仪馆火化遗体17102具（沙坪坝户籍3920具），其中：青木殡仪馆火化遗体2781具（沙坪坝区户籍1622具），石桥铺殡仪馆火化遗体14321具（沙坪坝区户籍2298具）。辖区经营性公墓共安葬（放）2160个墓（格）位。歌乐山园林公墓节地生态葬式（暖冬园）安葬10位，松鹤陵园节地生态葬式安葬42位。全年辖区举行治丧活动5454例，其中新桥安乐堂665例；双碑永乐苑53例；青木殡仪馆85例；市属石桥铺殡仪馆4651例。贯彻落实《重庆市民政局重庆市财政局关于免除城乡困难群众基本丧葬服务费的通知》精神，全年为208名城乡低保对象、城镇“三无”人员、农村五保对象重点优抚对象和烈士免除27万元基本丧葬服务费。

【儿童关爱保障】 2020年，沙坪坝区有孤儿12人，困境儿童620人，农村留守儿童58人。落实孤儿保障标准自然增长机制，足额发放生活费及相关补贴；投入50万元开展农村留守儿童和困境儿童服务项目，设立儿童主任160人，儿童督导员22人。下发《关于进一步健全农村留守儿童和困境儿童关爱服务体系的实施意见》《重庆市沙坪坝区民政局关于做好农村留守儿童和困境儿童安全防范工作的通知》和《关于进一步做好儿童福利领域安全风险隐患排查整改工作的通知》，指导散居孤儿及监护较差、重病重残、有流浪史的儿童、农村留守儿童、事实无人抚养儿童等困境儿童工作，全年走访儿童2000人次，落实儿童脱离监护强制报告制度。开展农村留守儿童和困境儿童关爱保护“政策宣讲进村（居）”活动17场次，受众1000人次。通过网络课程宣讲强制报告制度3次，受众600人次。开展儿童主任培训1次。发放节假日慰问金及购买慰问品5.4万元。组织实施“福彩圆梦·孤儿助学工程”，完成3名符合条件孤儿助学金申请。对村（居）儿童主任及儿童督导员开展业务培训。

【城市社区和农村基层民主政治建设】 2020年，沙坪坝区土主镇设立西盛社区居民委员会；撤销土主镇五一村村民委员会。修订并公布《沙坪坝区2020年村（居）务公开目录》，制定重庆市地方标准《村务公开工作规范》。健全村（居）民议事会、红白理事会、道德评议会等自治载体。印发《重庆市沙坪坝区民政局关于切实做好村规民约执行工作的通知》，指导各村（居）民委员会修订村规民约和居民公约。投入723.9万元改造建设15个社区和2个村便民服务中心。上调社区（村）干部待遇，核定社区干部、村干部基本补贴标准分别调整为3380元/月、2765元/月，同比增长10.3%和11.5%。开展基层自治领域扫黑除恶专项斗争。《转发〈关于全面落实疫情防控一线城乡社区工作者关心关爱措施的通知〉的通知》，累计为1825名村（社区）“两委”成员、专职工作人员发放工作补助1023.379万元。建立199名社区专职工作者后备人选库。

社会救助

【城乡低保】 2020年，沙坪坝区有城乡低保5318户、6822人，其中城市低保4214户、5308人，农村低保1104户、1514人。9月，城市低保保障标准调整为620元/月·人，农村低保保障标准调整为496元/月·人。全年发放城乡低保金4613.98万元，其中城市低保金3839.55万元、农村低保金774.43万元。城市低保对象占沙坪坝区非农业人口的0.74%，人均月补差额625元。农村低保对象占沙坪坝区农业人口的1.49%，人均月补差金额463元，建立应保尽保应退尽退动态管理新机制。代缴2018年到2020年低保和特困人员城乡居民基本养老保险费86770元，为2018年到2020年8000余名低保服务对象补充享受每月10度电的免费用电政策。

【特困人员供养】 2020年，沙坪坝区有特困人员486人，其中城市特困人员222人，农村特困人员264人，全年发放特困人员供养经费478万元，其中生活费402.2万元，护理费31.7万元，节日送温暖慰问金16.6万元，物价补贴27.5万元。救助939名困难群众，累计发放救助金619.45万元，救助金额同比提升2.78%。发放残疾人“两项补贴”资金539.4万元，惠及22582名“贫困残疾人”和43613名“重度残疾人”。区内10155人参加“惠民济困保”，总计赔付600件，累计赔付金额82.95万元，赔付率84.99%。

【流浪乞讨人员救助】 2020年，沙坪坝区救助流浪乞讨2600人次，正常接待登记救助857人次，其中未成年人37人次、护送返乡5人次，老年人102人次、护送返乡16人次，送医治疗病人65人次、医疗费支出500余万元，购票返乡541人次、返乡车费7.1万元，隔离救助11人。确认定点医院的医疗资质和服务状况，建立完善滞留病人详细档案，对滞留病人进行排查，对90名长期滞留人员落户安置，办理特困救助。定点医院滞留病人78人。开展“冬季送温暖”“夏季送清凉”专题活动。完善“三级联动”救助保护工作网络机制，做到救助无死角、区域全覆盖。

社会福利

【养老服务】 2020年，沙坪坝区新建9个养老服务中心和37个社区养老服务站；投入1350万元，支持养老服务中心（站）建设；投入505万元，扶持养老服务中心（站）社会化运营；投入35万元，支持社会办养老机构开展运营补贴项目；投入50万元，支持社会办养老机构安全生产网格化管理；投入907万元，支持区社会福利护养中心建设；投入200万元为350户特困、低保等老人家庭和渝碚路电力小区等完成适老化改造；发放80~99周岁高龄营养补贴49405人次共1097万元；发放百岁老人营养补贴803人次共40.15万元；发放经济困难高龄失能老人养老服务补贴2591人次共51.82万元。

【福利彩票】 2020年，沙坪坝区有福利彩票销售站点229个，全年福彩总销量1.73亿元。投入24.2万元，支持38家新建福彩专（兼）站点建设。完成福彩之窗建设点位47个。

【慈善工作】 2020年，募集慈善捐赠款174.89万元；开展“健康扶贫、光明助困”活动；“中小学生重大疾病救助基金”向11名在校中小学生发放医疗救助金2.2万元；拨付重庆国盛滨溪房地产开发有限公司定向捐赠给丰文街道100万元整治社区公共文化设施捐款；天星桥街道石碾盘社区“社区阳光”基金在端午节、国庆节资助25名困难群众7500元；拨付13家爱心单位定向用于童家桥街道、石井坡街道和重庆大学困难群众、学生的生活救助捐款29.5万元；做好“重庆好医生、重庆好护士”2020年第一季度特别人物捐赠款发放工作，为6名沙坪坝区“战疫英雄”发放捐赠款12万元；九九重阳节慰问区福利院18位困难老人，赠送价值6000余元的冬季御寒物品。

（犹贡勇　谭红勇　唐　锐　谭　璨　邓剑铭　胡　婷　唐万义　张　波　李　富）

退役军人事务

【概况】 2020年，区退役军人事务局制定《中共沙坪坝区退役军人事务局党组党组会议议事规则》《沙坪坝区退役军人事务局局长办公会议议事规则》《沙坪坝区退役军人事务局廉政风险防控方案》等9项制度、办法。抽调33名干部参与社区疫情防控。创建“全国双拥模范城”六连冠，选树全国双拥模范1人，重庆市双拥模范3人，重庆市双拥模范单位3个。

【军转干部安置】 2020年，沙坪坝区接收计划安置军转干部和随调配偶，自主择业军转干部，军队复员干部和转改文职人员，军队离退休干部（士官）。自主择业军转干部唐棠当选“重庆市最美退役军人”。

表 31　　重庆市残疾军人（含伤残人民警察、伤残国家机关工作人员、参战伤残民兵民工）残疾抚恤金标准一览表

单位：元 / 年

残疾等级	残疾性质	标准	残疾等级	残疾性质	标准
一级	因战	96970	五级	因公	43100
	因公	93910		因病	40030
	因病	90830	六级	因战	38510
二级	因战	87750		因公	36440
	因公	83140		因病	30780
	因病	80030	七级	因战	29270
三级	因战	77000		因公	26200
	因公	72360	八级	因战	18480
	因病	67770		因公	16920
四级	因战	63110	九级	因战	15350
	因公	56970		因公	12330
	因病	52350	十级	因战	10780
五级	因战	49290		因公	9220

【退役士兵安置】　2020 年，沙坪坝区接收退役士兵并安排符合工作条件的退役士兵，其他退役士兵选择自主就业。完成 2020 年退役士兵接收安置任务，安置率 100%。

【就业创业】　2020 年，沙坪坝区举办线下、线上退役军人专场招聘会 3 场，区人社局“2020 春风行动援助月活动”网络招聘与“2020 退役军人网络专场招聘会”链接，通过“退役军人事务部政务服务平台”“区政府门户网”“重庆就业网”开展 2020 年沙坪坝区、武侯区空中“云招聘”退役军人专场招聘会，吸引企业 308 家参加。

【优待与抚恤】　2020 年，沙坪坝区有各类领取抚恤补助优待金的优抚对象 2385 人，其中残疾人员 594 人、“三属”50 人；重庆地方优待军烈属 135 人；企业三类人员待遇 156 人。100% 落实所属优抚对象定抚定补及生活困难补助。发放定期抚恤、生活补助 3377 万元，发放定期医疗补助金 179 万元，发放节日慰问金 187 万元；发放义务兵家庭优待金及立功受奖奖励金；为 31 名病故军休干部家属发放一次性抚恤金和丧葬费 1334 万元；为 766 名无军籍职工落实退休生活待遇 4409 万元，发放健康休养费 1543 万元，落实医疗待遇 716 万元。举行纪念中国人民志愿军抗美援朝出国作战 70 周年座谈会。

表 32　　重庆市烈属、因公牺牲军人遗属、病故军人遗属定期抚恤金和地方优待金标准一览表

单位：元 / 年

烈属		因公牺牲军人遗属	病故军人遗属
新中国成立前	新中国成立后		
33402	32531	27453	25547

表 33　　重庆市在乡老复员军人定期定量生活补助标准一览表

单位：元 / 月

对象类别	生活补助金和地方优待金标准
在乡老复员军人	2487
在乡参加抗日战争老复员军人	2529

【军休管理】 2020年，沙坪坝区看望慰问空巢、高龄、病重、功勋等军休干部，发放过节费120余万元。发放军休干部、遗属离退休费23276余万元。落实军休支部党务干部工作补贴近14万元。打造“一支一品”6个军休党建品牌，开展主题党日活动432次、党员大会144次，发放政治生日贺卡。完成军休干部医疗待遇按90%的比例二次报销工作。投入105万元为军休干部安排体检。组织军休干部参加区“两会”、清明祭英烈、“七一”表彰会、“9·30”烈士纪念日、国庆庆典、纪念抗美援朝等重要会议和重大活动12次。沙坪坝区军休干部门球队在全市军休干部第八届门球比赛获亚军。对离休、高龄、功臣、伤残、空巢军休干部实施“送药上门”“送医上门”等精细化服务保障。为军休干部订阅报纸杂志30多种，送学上门130余次。在《重庆军休》上稿43篇，在中央和地方各级媒体发表文章报道29篇。成立退役军人事务局关心下一代工作委员会。关心下一代老战士志愿团，挑选军休干部骨干组建宣讲队、老专家队等五支老战士志愿队伍，与6所学校、4个街道、6个社区结成共建对子，组织开展手牵手看战友、大手拉小手、“冬日暖阳温暖你我”、送春联、义诊等关爱下一代、老战友及回馈社会等系列活动12次，惠及500余名群众。在抗击新冠疫情中，军休干部共捐集善款84万余元。投入300余万元改造办公和休养环境，改建2个集中居住的营院大门并安装门禁系统。投入60万元开展“戎装风华，乐享晚霞”军休社工服务项目，引进社工人才6人。建立军休干部立功受奖、医疗服务等16类台账，组织座谈会40余次，协调解决80余件老干部急难愁等实事。

【双拥工作】 2020年，沙坪坝区投入104.09万元走访慰问驻区部队；投入81.4万元解决随军家属未就业补助。12月23日，地方党政领导、双拥成员单位主要领导与部分驻沙坪坝区部队领导召开区委议军会，共商双拥事宜，协调解决驻区部队提出的议军议题24项。同年，沙坪坝区被命名为“全国双拥模范城（县）”，区委书记江涛和陆军军医大学校长王生成代表沙坪坝区在北京主会场参加会议并接受颁奖，这是沙坪坝区连续六届获“全国双拥模范城”称号，重庆西藏中学校长李宗良获评“全国爱国拥军模范”。沙坪坝区退役军人事务局、沙坪坝区教委、新桥街道高滩岩社区居委会获评“重庆市拥军优属模范单位”，重庆西藏中学校长李宗良、沙坪坝区就业人才和服务局副局长官晓燕、覃家岗街道新鸣社区党委书记刘德军获评“重庆市拥军优属模范个人”，驻区部队7家单位获评“重庆市拥政爱民模范单位”，驻区部队6名官兵获评“重庆市拥政爱民模范个人”。

【退役军人服务】 2020年，沙坪坝区22个镇街、161个村（社区）退役军人服务站聘请99名专职和68名兼职为军服务保障员。根据2020年7月1日起执行的《中共重庆市沙坪坝区委组织部 重庆市沙坪坝区民政局 重庆市沙坪坝区财政局关于印发〈沙坪坝区关于加强社区工作者队伍建设的实施办法（试行）〉的通知》文件精神，将全区为军服务保障员纳入社区工作者队伍进行管理。

【示范型服务站建设】 2020年，覃家岗、渝碚路、天星桥、新桥、童家桥、联芳、山洞、丰文、土主、陈家桥、回龙坝、青木关、中梁13个镇街服务站按照全国示范型退役军人服务站创建标准，通过独建或共建的方式，设立办公室、来访接待室、活动室和服务场所，悬挂习近平总书记重要论述、十大英模挂像以及相关工作制度等，打造政治文化氛围，并规范建立工作资料台账，推进服务站建设的规范化、制度化，为军服务基层基础，提升服务质量，为全区基层退役军人服务站建设树立标杆。

（杨佼逾　刘彦杉　申丛波　袁文武　张德雄　曾　飞　李承霖）

医疗保障

【概况】 2020年，沙坪坝区完善“三重”保障体系（职工、大额保险；居民、大病保险；医疗救助、公费医疗补充保险）。全年，基本医疗保险参保总人数94万人，筹资18亿元，市下达全民参保计划实际完成率99.3%。

【城镇职工基本医疗保险】 2020年，沙坪坝区城镇职工医疗保险参保单位户数1.3万户，参保人数46.9万人（其中个人身份参保8.02万人），同比增长3.5%，全年征收职工医保基金18.8亿元。完成退役军人事务局对象审核工作，其中补缴已退休人员31人，补缴金额20.34万元。

【城乡居民合作医疗保险】 2020年，沙坪坝区城乡居民合作医疗保险参保人数49.4万人，同比增长1.4%，征收（含计生资助和医疗救助）1.4亿元，区级农村贫困户1067人参保。

【医疗保险待遇管理】 2020年，沙坪坝区医保就诊268.75万人次，统筹基金支出7.26亿元，大额（含大病）基金支出9226.63万元。全区所有医院建立国家平台住院直接结算。651家医药机构建立西南五省门诊费用跨省直接结算。各批次药品集中采购及四省市医用耗材联合采购落地，平均降幅在53%。区人民医院及区中西医结合医院完成系统改造，于12月1日开展按疾病诊断相关分组支付方式试运行工作。总额分配新增医生、护士、床位、住院人次、床日费用和大病率6项考核因素纳入总额预付分配制定依据。在全市首创透析特病月人均医保费考核办法。

【医保扶贫】 2020年，沙坪坝区对医疗救助对象进行清理。全区医疗救助5.72万人次，发生医疗费用7214.37万元，医保基金报销4555.35万元，医疗救助资金报销1103.19万元，报销比例占总费用的78.43%。重点救助对象年度限额内的住院救助比例大于70%，其中重大疾病住院救助比例大于80%。重特大疾病医疗救助人次占直接救助人次的31.36%，全区66个医疗救助定点医疗机构建立“一站式”结算，其中，最低生活保障对象、特困供养人员、城乡孤儿、在乡重点优抚对象和重度残疾人等群众凭医保卡实现基本医保、大病保险、医疗救助同步即时结算。

【医疗保险协议机构管理】 2020年，新增定点医药机构135家。年末，全区有定点医疗保险协议机构1257家，其中开展住院服务的医疗机构55家，开展特病服务的医疗机构9家，其他医疗机构367家，零售药店826家。

【医疗保险基金管理】 2020年，沙坪坝区保持打击欺诈骗保的高压态势。开展机构自查、区县专项检查、市级审计检查、片区交叉检查、检验项目专项检查、血透专项检查、专项治理“回头看”行动，现场检查1300家次，审核病历2万份，追回基金733.39万元，处违约金841.47万元，涉及费用较2019年增加44.37%。解除医保协议58家，暂停网络结算83家，移交公安1家，落实举报奖励2起。

【医保信息数据采集】 2020年，沙坪坝区完成国家医保局医保信息业务编码标准数据库维护工作。维护医疗机构信息386条、医师信息4079条、护士信息5246条、药店信息772条、药师信息775条。完成重庆市业务系统医保医师信息采集及处方关联工作，审核科室信息2400条，医师信息9万条。

（张　婧）

社会工作

居民收支

【居民收入】 2020年沙坪坝区常住居民人均可支配收入43213元，同比增长5.7%。其中，城镇常住居民人均可支配收入44055元，同比增长5.4%；农村常住居民人均可支配收入23142元，同比增长8.2%。（张辉明）

【居民消费】 2020年沙坪坝区常住居民人均消费支出31888元，比上年增长4.3%。其中，城镇常住居民人均消费支出32512元，比上年增长4.1%；农村常住居民人均消费支出17032元，比上年增长6.0%。（张辉明）

精神文明建设

【概况】 2020年，沙坪坝区坚持疫情防控与文明创建相结合。印发《沙坪坝区2020年度创建全国文明城区督查考核办法》，对全区22个镇街和相关责任单位，背街小巷、旅游景区等点位类别开展全覆盖督查，督促整改问题2101项，印发专项督查情况通报5期。发动全区各级文明单位开展“文明单位有担当 沙区创文我助力”活动5场次，发动单位39家，20余名道德模范和身边好人参与其中。组织4个工作组深入全区多个社区进行入户问卷调查，发放调查问卷8000余份。歌乐山街道歌乐村、中梁镇龙泉村被评为第六届全国文明村镇，沙坪坝区人民检察院、重庆小康控股有限公司被评为第六届全国文明单位，重庆大学、重庆城市管理职业学院被评为第二届全国文明校园。沙坪坝区被命名为第六届全国文明城区。（杨茂林　杨　威）

【志愿服务】 2020年，沙坪坝区制定《沙坪坝区建设新时代文明实践中心试点工作方案》，构建1个实践中心、22个实践所、160个实践站“1+22+160”三级组织架构，组建“9+X”部门专业志愿服务队伍。“沙坪坝区新时代文明实践云平台”累计发布志愿服务信息327项，完成群众志愿服务点单100余个。承办“防疫有我 爱卫同行”重庆市爱国卫生志愿服务推进活动；开展沙坪坝区2020年文化科技卫生“三下乡”活动启动仪式暨优秀志愿服务项目示范活动；开展“阻击新冠病毒 我们共克时艰”守护一线医务人员及家属志愿服务行动，109名志愿者对抗疫一线684名医护人员及家属分片包干，收到家属反馈问题59条，开展志愿服务100余次；培育各类各级志愿服务先进典型，获国家级优秀志愿服务项目1个、防疫志愿服务先进典型1人；选树市级各类“最美志愿者”8人、市级防疫最佳志

愿服务组织 3 个、市级最美志愿服务社区 1 个、市级最佳志愿服务项目 1 个。（蔡荟敏）

【文明素质提升】 2020 年，沙坪坝区开展疫情防控和“吃得文明”专项活动。区领导带头参加、全体机关干部积极参与“吃得文明”签名承诺活动。印发“吃得文明”“使用公筷”等公益广告 5 万余份。开展“文明有礼·春回沙磁”疫情防控复工复产网络有奖问答活动，线上 10 万人次参与。开展“文明礼仪我带头·争做重庆好市民”工作，推进“文明在行动”专项行动，开展“周六文明劝导我参与”志愿服务活动及“礼让斑马线·文明我点赞”文明交通劝导。全年发动劝导志愿者 4.2 万余人次。加强乡风文明建设，发放“十抵制十提倡”宣传海报、《开展移风易俗弘扬时代新风倡议书》5 万余份，开展“新农村新生活”培训活动 1000 余场次，大力宣传厚养薄葬、丧事简办文明新风，抵制大操大办、不孝父母陈规陋习，培育讲文明、守法纪、懂技能、有知识的新时代农民。（杨茂林　杨　威）

【未成年人思想道德建设】 2020 年，沙坪坝在全区中小学开展“我劳动 我快乐”主题活动 600 余场次，12 所学校加入重庆市劳动联盟，其中 2 所任理事单位，10 所任成员单位。组织 5 所学校参加重庆市乡村少年宫学校述职考评，获特等奖 1 个、一等奖 2 个、二等奖 2 个。培育新时代重庆好少年 2 人。其中，覃丽涵获 2020 年新时代重庆好少年，李婉玥宁获 2019 年第四季度新时代重庆好少年。沙坪坝区教委、重庆市南开中学获疫情期间未成年人心理健康辅导工作先进单位，平兴俊获先进个人。区关工委名誉主任左绍中获全国未成年人思想道德建设工作先进个人。（傅仕杰）

老龄工作

【概况】 2020 年，沙坪坝区出台《沙坪坝区老龄工作委员会关于调整组成人员的通知》《关于印发沙坪坝区老龄工作委员会成员单位职责的通知》等文件，调整充实区老龄工作委员会的组成人员，明确成员单位职责。印发《关于深入推进医养结合发展的实施意见》《关于建立完善老年健康服务体系的实施意见》。对 986 名提出申请的失能老年人上门开展健康评估，对提出申请的 981 名失能老年人提供康复护理指导、心理支持等健康服务；接受健康服务的失能老年人中，986 名签约家庭医生。

【为老服务能力建设】 2020 年，沙坪坝区投入专项资金 20 余万元，支持区人民医院、陈家桥医院、区中医院、区中西医结合医院老年医学科室建设，加强老年医学、康复、护理等人才培养，提升为老年患者服务能力。67% 二级以上综合医院开设老年医学科。

【医养结合试点】 2020 年，沙坪坝区有医养结合机构 9 家。“医办养”“养办医”床位 736 张，其中医办养床位 385 张，入住老人 379 人，入住率 98.4%。养办医床位 351 张，为养老区域老人提供住院服务 1713 人次。与 68 家养老机构签订协议，养老机构医疗服务全覆盖。58 家医疗机构开通老年人绿色就医通道。区中西医结合医院获评“全国首批老龄健康医养结合远程协同服务试点机构”。4 家单位获评“全国敬老文明号”，3 人获评“全国敬老爱老助老模范人物”。

【老年人心理关爱项目】 2020 年，沙坪坝区为老年人心理关爱项目实施区县，渝碚路街道、井口街道16个社区为第二批老年人心理关爱项目实施点，全年对2638名65岁以上老年人进行心理健康评估与干预。

【老龄健康宣传】 2020年，沙坪坝区开展“老年健康宣传周”“敬老月”等宣传活动，开展义诊活动27场、健康讲座8场，服务群众3300余人次，发放宣传口袋3000个、宣传折页近2万份。

（胡 音 李 洁）

关心下一代工作

【概况】 2020年，沙坪坝区各镇街、村（社区）、学校关工委组织全覆盖，8名区委常委对区关工委工作作出批示。区关工委被评为全国关心下一代工作先进集体。

【主题活动】 2020年，沙坪坝区以2020“中华魂”科技托起强国梦为主题开展一系列读书、征文、演讲活动。投入专项经费20万元购买读本3万册，发给全区各中小学校。围绕读本开展校级演讲、征文初赛，参与青少年10万人。经过专家复审、区级初赛、区级决赛，精选6人作品20篇参与全市比赛，获演讲征文比赛特等奖6个，一等奖11个。在学校开展“信仰的力量”红岩精神讲座8场，参与青少年5000余人。全年，53个革命传统报告团走进社区、乡村、学校，以青少年党史国史教育读本《继承我们的父兄，时刻准备着》为宣讲资料，讲“红岩”故事，讲“红岩”精神，开展教育讲座73次。6所中小学校500名师生祭扫“11·27”殉难烈士墓园。开展“传承红色基因”主题教育活动200场。印发《沙坪坝区关工委贯彻习近平总书记对制止餐饮浪费行为重要指示精神的实施意见》。开展“厉行节约，反对浪费”区青少年纪念第40个世界粮食日主题教育活动。

【参与社会管理】 2020年，沙坪坝区组织30名“五老”义务监督员对研学旅游文化市场开展调研并到网吧开展义务监督。区文旅委对校园周边文化经营场所如网吧、电影放映厅等进行检查143次，未发现未成年人违规行为。组织30余名“五老”志愿者深入西藏中学、大学城三中、莲光小学进行“光盘行动”检查。邀请“五老”家风家教宣传团骨干深入村、社区为青少年和家长开展家庭教育讲座11场。

【青少年普法教育活动】 2020年，沙坪坝区在全区各中小学校开展以普法为主题的活动1000余次，受教育覆盖面100%。开展第四届“关爱明天，普法先行”青少年普法教育活动，向全区中小学生发放《全国青少年普法教育读本》3300册，挂图257幅。邀请“五老”讲师团及有关专家开展暑期普法讲座进社区，为14个社区、学校开展普法教育、预防未成年人性侵和禁毒讲座24场次，参与人数2500余人。

【帮困助学活动】 2020年，沙坪坝区重视特殊困难青少年群体帮扶工作，看望慰问中梁、歌乐山镇6名无人抚养儿童。六一期间慰问中梁镇小学、阳光家园小学30名困难学生。开展“冬日阳光 温暖你我”关爱农村留守儿童主题公益活动，全区“五老”捐款8万余元，为500名困难学生实现新年愿望。全年，发放关爱帮扶金额257万元。在青少年生命教育实践基地成立关工委，组织退休校长、教育专家、公安干警参与帮教工作，赠送励志书籍《钢铁是怎样炼成的》，为学生开展读书讲座，组织电影公司为孩子们放映红色经典影片。

（熊晓炜）

残疾人事业

【概况】 2020年，沙坪坝区有持有残疾人证残疾人16835人，其中，视力残疾3468人，占21%；听力残疾1511人，占9%；言语残疾193人，占1%；肢体残疾7523人，占45%；智力残疾1361人，占8%；精神残疾2072人，占12%；多重残疾707人，占4%。全年，沙坪坝区在人民网、华龙网、上游新闻等平台宣传报道沙坪坝区残疾人事业发展相关新闻20次。2名残疾人参加“身残志坚、脱贫先锋”媒体评选，爱心企业家陈佐坤获“2020年度中国残疾人事业助残新闻人物”，3名残疾人工作者获“重庆市残疾人工作先进个人”。全年，投入资金2636万元，为残疾人提供康复、教育、社会保障、就业、维权等多方位服务，惠及残疾人1.3万人次。开展爱耳日及全国残疾预防日等活动，发放宣传手册3500本，接待群众咨询2860次。

【残疾人权益维护】 2020年，沙坪坝区完善残疾人法律援助三级服务网络，区残联、法院、检察院、公安、司法、民政、人社、教育、卫生健康9部门联合成立重庆市沙坪坝区残疾人法律救助工作协调领导小组，开展残疾人信访稳定维权工作，维护残疾人合法权益。通过政府购买服务，聘请专业律师担任法律顾问，常态化开展“律师面对面，法律帮我忙”活动，为残疾人提供法律咨询、法律援助、法律维权等服务，引导残疾人学法、懂法、守法、用法。协调跨区域信访案件处理，化解信访诉求2件。组织40名盲人、100名聋人、200名肢体残疾人开展“德法相伴”普法教育宣传座谈会4次，开展“莎姐大普法”活动1次，组织残疾人学习《中华人民共和国宪法》《中华人民共和国残疾人保障法》和《重庆市残疾人保障条例》《信访条例》《中华人民共和国道路交通安全法》等法律法规，发放各类宣传资料1000份。全年，接待来信2件、处理来访28件、电话来访10件，处理率100%。每季度由残联理事长组织残疾人代步车安全组组长学习，开展座谈会，收集意见建议，加强对残疾人代步车车主安全文明出行和不参与非法营运教育管理。开展“只跑一次”“马上就办”活动，帮助残疾人解决房屋拆迁补偿、商品房网签、办理营业执照等急难问题。

【残疾人社会保障】 2020年，沙坪坝区出台3项制度，投入20万元为困难残疾人、残疾人服务机构、残疾人集中就业企业等送去防疫物资3万件；为310名困难残疾人送去米、面、油等生活物资；为残疾人集中就业企业、服务机构等送去复工防疫物资6600件，帮助企业复工复产。定期对残疾人服务机构开展疫情防控和安全检查，做好常态化疫情防控工作。落实残疾人“两项补贴”制度，为沙坪坝区4274名重度残疾人发放护理补贴393万元；为2177名享受城乡低保的残疾人发放生活救助补贴183万元。为457名符合条件的贫困及重度残疾人给予基本养老保险补贴5万元。给予参加城乡居民合作医疗保险的679名人次残疾人补贴25.4万元。投入90万元为188人次因病住院的贫困残疾人实施住院医疗救助。实施“阳光家园”计划，投入16万元新建残疾人日间照料站5所。投入177万元以政府购买服务方式为870名就业年龄段贫困智力、精神残疾人及重度肢体残疾人提供居家托养、日间照料及寄宿型托养服务。开展重度肢体、精神残疾人上门鉴定服务9次，61名残疾人享受到上门服务的便捷。元旦、春节及全国助残日期间慰问残疾人3358人，送去慰问金、慰问品合计51

万元，困难残疾人群众慰问全覆盖。投入9.7万元为4户“一户多残”残疾家庭提供房屋改造、家具家电配置、医疗救助等帮扶。为6名因重大疾病、重大灾情等导致生活极度困难的残疾人给予一次性临时救助金1.3万元。实施“阳光安居”工程，投入3万元资助1户贫困残疾人家庭实施危房改造，新建住房面积70平方米，保障残疾人基本住房。

2020年，残疾人辅助性就业宣传　（区残联供图）

2020年，沙坪坝区残联开展残疾人刺绣技能培训（区残联供图）

2020年，帮助残疾人就业　（区残联供图）

【残疾人康复】 2020年，沙坪坝区开展残疾人康复需求个性化服务，实施残疾人康复服务，残疾人康复服务率100%，辅助器具适配率100%。对16517名残疾人康复基本信息摸底调查，残疾人家庭医生签约并履约服务5642人，家庭医生签约覆盖率90%。投入93万元为1270名精神患者提供服药救助，为90名重度精神患者提供住院治疗。定期开展白内障筛查，完成新增贫困白内障患者免费手术39例。为有条件的3个残疾人日间照料站和3个社区卫生服务中心建立康复训练室，配备康复训练器材48件。为390名有辅助器具需求残疾人提供辅具适配。为110名重度肢体残疾人免费发放普通轮椅，为7名残疾儿童免费发放儿童轮椅，为5名肢体残疾人适配小腿假肢，为80名听力残疾人适配盒式助听器。开展残疾儿童信息监测，监测0~6周岁儿童8472人，筛查出疑似残疾儿童66人，干预治疗39人，转介服务7人。投入292.64万元为218名0~14周岁听力、智力、肢体残疾儿童和孤独症儿童提供康复训练项目救助。出台《开展疑似残疾儿童诊断补贴实施办法》，为13名儿童发放鉴定补贴。举办残疾人康复管理员（协调员）培训班1期，236人参加培训。

【残疾人就业】 2020年，沙坪坝区通过自行组织培训和选送培训等方式为154名残疾人提供职业技能培训，为89名残疾人提供职业指导服务，推荐24名残疾人就业。投入5万元打造1所区级残疾人培训基地。投入3.4万元扶持14名残疾人自主创业，给予21家盲人按摩机构的42名盲人按摩从业人员就业扶持补贴18万元。邀请11家企业参加重庆市首届网络招聘会和第30次全国助残日活动，帮助170名残疾人通过活动解决就业。为11名智力、精神残疾人提供辅助性、支持性就业培训。投入20万元开展“金鸡圆梦”产业扶贫项目，帮助40户残疾人家庭脱贫增收。审核330家企业所录用的1421名残疾人信息，落实按比例安置残疾人就业制度。

【残疾人教育】 2020年，沙坪坝区提高残疾人受教育水平，落实残疾儿童义务教育保障任务，实施“爱心育苗·圆梦行动”，为214名残疾儿童、学生及残疾人子女提供入学补贴共计16.6万元。投入2万元支持沙坪坝区向家湾小学蜀绣教育和培智班建设。为重庆里仁教育咨询中心、重庆新乐树健康科技公司发放6万元特殊教育扶持金，推动特殊教育事业发展。

【残疾人文体活动】 2020年，沙坪坝区以全国助残日、残疾预防日、国际残疾人日等节日为契机，举办大型文艺活动、宣传活动10场，发放各类宣传资料5000份。全年，开展文化体育活动67次，组织4000人次残疾人参与，残疾人文化活动参与率23%。创编舞蹈作品《又见巴山槐花开》、小品作品《大长腿》等2个节目，参加重庆市第六届残疾人文艺会演，获戏剧类、舞蹈类决赛二等奖。创编作品《守望》参加重庆市残联组织的“书香有爱·阅读无碍”2020年重庆市残健融合阅读活动，参赛选手获“银牌阅读者”称号，区残联获“优秀组织奖”。投入7万元在5个街道文体示范点开展文化周、健身周活动12次。投入10万元打造1所区级文体示范点，加强服务阵地建设。

【无障碍环境建设】 2020年，沙坪坝区开展贫困残疾人家庭无障碍改造工作，按照“一户一策”要求，投入49.2万元为169户符合条件的残疾人家庭“一户一策”实施无障碍改造。在沙坪坝区电视台新闻频道开播手语新闻52期。 （牟　娅）

2020年11月30日，沙坪坝区残疾人联合会在重庆图书馆学术报告厅举行“国际残疾人日”活动（彭　亮摄）

镇　街道

青木关镇

【概况】 青木关镇位于沙坪坝区西北部，地处沙坪坝、北碚、璧山三区交接处，属重庆高新区拓展园区。因宝峰山、虎峰山两山夹峙形成险要隘口，境内山林葱绿而得名，又相传是纪念一位卿姓少年斩蟒救母的事迹而得名“亲母关”，素有“重庆第一关”美誉。是全国“重点镇”“发展改革试点镇”，重庆市“休闲旅游特色小镇”“中心镇”，沙坪坝区“农民文学之乡”。文化底蕴丰厚，是重庆著名抗战文化区，中央音乐学院前身——国立音乐院所在地，遗存文化旧址有骝公桥、立夫正桥、八庙场等。自然资源丰富，有500公顷的丝栗“联庆森林”、53.33公顷的青木湖、日自涌量3500立方米的疗养热温泉。交通便利，渝蓉、渝遂、绕城三条高速公路和319、212两条国道在境内纵横连贯，距青凤高科产业园2千米，距国际物流枢纽园、重庆文旅城6千米。辖区面积32.27平方千米，最高海拔高度669米，最低海拔高度195米。镇政府驻青东路29号。辖管家桥、石碾桥、青木湖、四楞碑、关口5个村，青云街、新青路2个社区。2020年年末，户籍人口2.32万人，常住人口4.03万人。有二甲医院沙坪坝区中西医结合医院，市级重点中学青木关中学。

【经济建设】 2020年，规模以上工业总产值16.8亿元，同比下降5.6%；限额以上批发和零售业商品销售总额2.08亿元，下降11.4%；限额以上住宿餐饮业营业总额1012万元，同比增长0.7%；固定资产投资总额2.8亿元，同比增长600%；城乡居民人均可支配收入2.2万元，较上年增长8%。全年完成税收收入3215万元。优化营商环境，开展民营企业“大走访”，落实“一企一组”联系服务企业制度，18个服务组走访联系349家企业，帮助企业解决用工难、融资难等问题45个。协助10家企业申办贷款1500万元，为8家企业申请高新技术补贴63.5万元，协调银行为16家企业调升诚信等级。深化“放管服”改革，登记备案小微企业、个体工商户300余家。

【社区（村）建设】 2020年，实施农村人饮泵站改造工程，铺设供水管网1.9千米，新建加压泵站1座。在319国道管家桥段、关口村关水路、关口村便民服务中心广场安装绿色照明设施125盏。自筹资金300万元，在青木关医院斜对面闲置土地建设7000平方米公交首末站。投入资金190万元实施管家湾水灾房片区环境综合改造。延伸农村管网建设，建成城乡一体污水管网6千米。拓宽改造乡村道路3千米、“四好”农村公路13.2千米，完成四楞碑村风貌改造30户，评选美丽庭院 176 户，推广人居环境整治奖励激励经验，兑现奖励 3628 户 11.1 万余元。

【城建城管】 2020 年，整治违建，拆除新增违建 15 起 1.63 万平方米、存量违建 102 起 13.3 万平方米。推动垃圾分类，入户宣传 9500 余次，发放宣传册 2.5 万份。推进楼层撤桶，以茂余花园小区为试点，配置两分类垃圾桶 234 个，实施积分奖励制度。打好污染防治攻坚战，处理环保投诉 72 起。整治“散乱污”企业 3 家，环保整治工业企业 18 家，落实中央环保督察“回头看”反馈问题整改，督促 4 家污染企业全部搬离。落实“河长制”，巡河 1078 次，排查污水排放点位 46 个，督查整改 30 家，停业整顿 2 家。落实“林长制”，投入 1700 余万元，完成四楞碑、关口 9 个废弃矿山危石清理、种植土回填等工作，完成 27 个片块 68 个点位约 3.4 公顷土地生态修复，完成国土绿化行动任务 332 公顷。

【社会保障】 2020 年，开展再就业培训，开设技能培训班 10 个，466 人参训；开展线上线下招聘活动 6 场，解决就业 225 人。落实就业惠民政策，受理小额担保贷款 9 人 200 万元，优先招用特殊人员就业 36 人。城镇新增就业人数 1743 人。化解劳资纠纷 19 起，为 100 余名务工人员追回欠薪 40.6 余万元。建立村（社区）便民服务代办点，完成代办服务事项 9 类 103 项。服务特殊群体，为 39 位严重精神障碍患者办理低保，解决就医拿药难题；对 49 户失独家庭进行心理疏导，定期入户慰问、面访座谈。慰问驻地部队 4 次，看望走访退役军人、烈属等 743 人次，发放优抚金、津补贴 168 万元。做好残疾人、老人、儿童等群体的社会救助兜底，走访 1100 余人次，发放各类救助金 415 万元。拆除危房 3 栋，完成农村危旧房改造 19 户。建设 8000 平方米健康养老服务中心（一期）。全镇 322 户贫困户“两不愁 三保障”，全部脱贫。推广“三事分流”工作机制，协调解决涉及群众利益问题 80 余件。完成第七次全国人口普查。

【综合治理】 2020 年，每月分析研判安全、稳定、环保、道路交通与自然灾害等领域风险隐患，整改销号 100 件，常态管理 58 件。深化大排查大整治大执法发现问题 150 条，完成整改 148 条，整改完成率 98.6%。全年处置突发事件 22 起；调解征地拆迁、企业欠薪、厂房租赁、工伤工亡等矛盾纠纷 45 件，涉及金额 43 万余元；处置 26 起初期火灾。开展森林灭火、防汛抗旱等应急演练 2 次。投入 555 万元完成青木关中学、碗厂沟社和袁家沟社 3 个地质灾害防治工程。投入 978.5 万元，改造和完善 135 栋老旧建筑消防设施，新增 69 套室外消火栓，维护原有 32 套室外消火栓。排查居民住宅消防安全隐患，拆除可燃雨棚 366 户 4047 平方米，涉及楼栋 98 栋；清理凸出式防盗网、阳台、楼道以及楼顶易燃物 3780 户。开展“生命通道”清障行动，排查消防车道 19 条，打通问题车道 12 条，整治违占经营 1177 起，查处违占停车 982 起。劝导电动车楼道违规停放 35 起，规范停车泊位 20 个，取缔路内停车泊位 62 个。

【科教文卫】 2020 年，做好辖区中小学、幼儿园、培训机构安全督导工作，开展安全检查工作 70 余次，对辖区 10 所幼儿园、16 家校外培训机构开展开学复课核验工作 40 余次，无重大安全事故发生。建成滴翠农民文学馆；扶持滴翠文学社，组织文学沙龙、采风活动 3 次，出版《滴翠报》12 期，李承萍、熊莉等 4 位作家出版书籍 5 部。完成《青木关镇志（1986—2016）》编纂工

2020年1月16日，青木关镇举办迎新春文艺演出，表彰先进典型人物 （冉 兰摄）

作。开展“七一”、国庆等文艺演出10余场，举办全民阅读、特色科普、运动会等文体活动48场，培育舞蹈队、民乐队、乒乓球队等本土文体队伍。组织文明实践志愿服务活动200余场；开设舞蹈、声乐、插花等公益课程，开班24场次。讲好青木关故事，“悠悠缙云山 人文青木关”宣传片获赞30余万次。开展世界无烟日、世界献血者日、世界艾滋病日等宣传活动10余次；动员企业职工开展职业健康体检，走访检查企业30余次；投入138.6万元，在四楞碑村和关口村新改建农村无害化厕所463户。做好创卫复审等重点工作。

【征地拆迁】 2020年，成立10个攻坚组，推进大学城北拓区征地拆迁。接续攻坚一期征地，签约农户46户、企业13家，30个合作社集体资产分配全部达成协议，一期项目完成99.85%；二期项目签约农户246户，完成97.62%，拆除房屋174栋5.79万平方米。攻坚青木关镇小学片区用地18.67公顷征拆扫尾，签订农户协议8户、小产权房62户、企业3家，拆除房屋面积1.41万平方米，完成该项目拆迁工作。 （冉 兰）

凤凰镇

【概况】 凤凰镇地处沙坪坝区西北部，东与回龙坝镇、土主镇隔河相望，南与青木关镇相邻，西与璧山区六塘镇接壤，北与北碚区歇马镇相接。辖区面积31.7平方千米。辖皂桷树、凤凰桥、八字桥、胡南坝、杨家庙、五福、威灵寺7个村和凤凰1个社区。2020年年末，户籍人口21941人。

【经济建设】 2020年，规模以上企业总产值10.77亿元，比上年同期增长5%；累计完成固定资产投资2.11亿元，比上年同期增长42.1%；商贸销售总额2980万元，比上年同期增长14.5%；城乡居民人均可支配收入22886元，同比增长10%；工业企业完成上限升规2家；商贸企业完成上限升规9家（其中法人3家，个体6家）。累计为10余家企业申请贷款贴息补助160万元；支持辖区内3家餐饮企业申报“以奖促治”资金2.54万元，用以整治餐饮油烟污染。全口径税收完成1.33亿元，同比增长21.03%。非税收入64.69万元，同比增长476.05%。2020年，全镇粮食产量1000余吨、蔬菜产量2300余吨，粮食种植面积、产量完成率44%，蔬菜种植面积、产量完成率100%。

【社区（村）建设】 试行食用农产品合格证制度，建立食用农产品合格证制度监管主体名录。完成动物春秋防疫，建立养殖户防疫档案1180份。完成五福村、胡南坝村、杨家庙村的牛车沱、黄桷湾、岩洞、板桥4个提灌站及汉林庄山坪塘等3个山坪塘的维修整治，共投入资金19.76万元。以“三清一改”为重点内容开展集中攻坚整治，发放宣传资料1万余份，引导3000余户农户清理存积垃圾50余吨、清理沟渠40千米、清理农业生产废弃物13吨，受益群众1.5万余人。打造人居环境示范点，在八字桥村冉家湾、威灵寺村何家垭口栽植多年生花卉4000余株；在全镇范围内开展“清洁卫生户”评比活动56次，280户农户获“清洁卫生户”称号；启动皂桷树村长坡社人居环境综合整治，完成项目整体设计、集中居住点污水收集处理工程建设。

【城建城管】 2020年，拆除违法建筑772万平方米，完成率111.5%。完成1个市级违法建筑点位整治，拆除面积3712平方米。完成整改国土卫片督察违建整治所涉及图斑13个，完成整改规划和自然资源领域执法不严问题22个、耕地保护督查反馈问题32个。管控火源进山，设置流动巡查哨3个，固定检查站（卡）7个，新建守卡房2间，将原有12个森林防灭火固定卡点优化调整为7个；新聘护林员6人，人员总数增至14人，平均年龄由65岁降至62岁。更换垃圾分类标识280余套、宣传广告24张、宣传栏8块，在胡南坝村、凤凰桥村新增垃圾箱体8个、手推车6个；裸土补绿2000余平方米，清理岸坡垃圾近3吨。开展人行道机动车乱停放专项整治行动，查处人行道机动车乱停放案件48件；

2020年12月22日，凤凰立交公园一角 （区融媒体中心供图）

开展市政路灯安全巡查，全年维修路灯灯具25盏、线路20米，新建改建绿色照明设施29盏；定期进行市政设施安全巡查，疏通化粪池4座次，清掏无主化粪池50座。提升市容秩序长效管理水平，签订“门前三包”责任书228份，新设置责任牌80块；开展洗车场专项整治行动，取缔占道洗车点1处、农村区域洗车点2处；清理乱张贴广告400余处、违规墙体广告5处，规范车辆停放200余件次，处理数字化通报1000余件。开展“马路办公”，发出限期整改通报7期，交办问题103件，整改率100%；处理区级市容环境综合整治通报63期，整改124起。

【社会保障】 2020年，办理新增低保25户39人，特困35户35人，建档贫困户1户1人，累计有28户44人享受到临时救助，金额30余万元。为1004人发放高龄失能补贴和高龄营养补助22万余元。定期救助9人，共计5.3万余元。办理单位新参保登记36个，企业单位人员参保增加308人、减少222人，纠正3个单位错误信息。城镇职工养老保险个人新参保及续保114人，个人停保81人。办理征地农转非退休55人，接收征地农转非死亡待遇初审38人，城镇职工养老保险退休收件53人，办理社会保障卡新制卡82张。全年新增就业人数1986人，登记失业人员就业169人，就业困难人员就业107人；在疫情期间启动线上新型学徒职业技能培训3期，参训人员120人；全年培训536人，在疫情期间收集57家企业提供招聘岗位500余条，开展线上招聘6场。

【综合治理】 2020年，处置纠纷上访事件10余次，化解市、区交办信访积案3件。打造社会治理特色品牌“凤凰理”，依托党群工作站、梧桐书舍、“安平巷”文化长廊，设置初心传唱、丹凤说法、怡心咨访、“三自”管家、信访赶场、网上诊所、贤人烹鲜、谈心交亲、“三五”细胞等品牌菜单，探索“问需”“议策”“领单”“评效”八字工作法，累计“问需”300余件，“领单”服务150余次，解决诉求近200个。深化社区网格化管理，建成投用荷花苑党群服务站，“云上凤凰栖”平台上线运行，提供免费服务11大类25场（次），惠及群众1200余人次。回复处理网络问政4条。开展各类宣传教育活动30余场次，发放宣传资料3000余份。累计在矫13名社区矫正对象。在管精神病患者81人，其中严重精神障碍患者24人，完成每季度资料归档并进行走访。组织全镇9个调解委员会开展人民调解工作，调解矛盾纠纷81件。

【科教文卫】 2020年，完成各级《文物安全责任书》签订，对5处尚存遗址进行责任牌公示。线上组织文化志愿者开展舞蹈教学8次，线下开办“成人广场舞”公益班3次，招收学员32人，受益群众400余人次。督促企业开展职业病防治工作，共有200家企业开展内环境检测，172家企业开展涉毒岗位员工体检，开展职业病防治网上申报163家，督促其完善职业健康档案和公开栏的整改。强化外来人员管理，督促指导各村（社区）对全镇1500余名外来人员进行防控，对45名重点人员进行闭环管理。细化限流措施，设置单向出口，临时封闭通道，推行“单双号”限行、“三色卡”通行制度，减少人员流动和聚集。

（陈　红）

回龙坝镇

【概况】 回龙坝镇位于沙坪坝区西北部，东与中梁镇相邻，南与土主镇接壤，西与凤凰镇相连，北与北碚区歇马镇毗邻。辖区面积39.1平方千米，打造有红岭溪谷农业旅游景区、彩月岭现代都市农业园。镇政府驻回龙北街21号。辖西溪桥、青龙庙、四龙、回龙坝、大桥、五云山、梁滩桥、真武山、保农、大水沟10个村，回龙坝、聚龙城2个社区；下设166个村民小组、33个居民小组。2020年年末，户籍人口30611人，常住人口29667人，流动人口5538人。

【经济建设】 2020年，受疫情和征地拆迁影响，全年规模以上工业总产值3.48亿元，同比下降14%；固定资产投资总额17.02亿元；社会消费品零售总额99.84亿元，增长8.9%；规模以上服务业经营总额1300万元，下降4%；城镇居民人均可支配收入4.36万元，增长6%。进一步服务优质企业发展，促进传统企业转型升级，推动辖区传统企业转型发展，搭建政企合作交流平台，主动对接物流园、区文旅公司、四川省三台县等，引导传统企业抓住机遇转型发展。探索“文化+农业+旅游”等发展模式，发展观光旅游、休闲采摘等农旅项目。引导镇域经济向产业多元化方向辐射，沿山农旅产业、一三产业融合发展良性循环。

【社区（村）建设】 2020年，新建村便民服务中心2个。完善村规民约，健全红白理事会、道德评议会、村民议事会规则，落实三事分流工作机制，宣传《中华人民共和国村民委员会法》《村民自治条例》，引导村民自己的事自己议，自己协商解决。在聚龙城社区开展成立物业管理委员会筹备工作，建立协商工作机制，规范和完善社区管理制度。推进农村民生项目，完成2019年四好农村公路工程4.66千米沥青路面施工，完成1.82千米混凝土路面硬化；完成2020年四好农村公路工程1.6千米沥青路面施工，完成6.6千米公路硬化。解决沿山3个村22个合作社2700余人生产生活用水问题，缓解沿山16家农业产业生产生活用水，自来水全域覆盖。

2020年11月3日，位于回龙坝镇兴隆村的兴隆场铁路编组站全景　（张成勇摄）

【城建城管】 2020年，坚持整违日巡查制度，强制消除新增违建4起，面积603平方米；处理土地例行督查问题1处；卫片执法、土地非农化13处；区政府强制消除问题11处。完成农村D级危旧房改造17户。开展农村旧房整治提升30户，每户涉及资金5000元。完成农房建设审批27户，协助不动产登记中心办证50余宗。收到并回复沙坪坝区创文、城市品质提升、“马路办公”等通报12起，涉及整改项目72处；收到并整改回复区级农村生活垃圾督察通报4起，涉及整改项目20处；接到数字城管系统案件1680件，全部处置完成；受理办结市政类城市管理服务投诉案件8起。整治市政道路停车点1处；处理违规占道停车25起；整治市政污水管网200米；清除“牛皮癣”610处；处理游商、店外经营等市容秩序问题580件，处罚21人次；路面冲洗96车次；新签订“门前三包”责任书86份；新签订餐厨垃圾收运协议5份，完成临时占道备案登记9份；新增店招店牌备案登记12份；完成市政类工作简报报送230篇。监测有主化粪池360余次，下发限期整改通知12份；聘请专业清淘公司对全部15处无主化粪池进行集中清淘1批次。设置2处检查点，排查整治入镇渣车，对无许可无手续及非法倾倒的渣车进行暂扣并严处，累计出动城管队员1400余人次，累计检查渣车3500余台次。

【社会保障】 2020年，开展入户调查87户，开展评议13次，经济核查418户、688人。新增低保20户、25人，发放低保金211.05万元、1.04万人次，其中城市低保及其他60.51万元、3373人次，农村低保及其他150.54万元、7075人次。新增特困46人，发放特困金49.39万元、523人次。新增民政建档35户85人。新增临时救助21户，发放救助金13.66万元。发放经济困难老人补贴11.7万元，80岁以上老年人营养补贴43.41万元。投入10万元打造3个村养老服务站，开展敬老院安全检查、值班抽查30次。职工医保参保210人，城乡居民医保新参保165人，养老保险参保9832人。因征地农转非办理交叉领保及退保583人，新领待遇初审326人。合作医疗参保2.31万人，参保金额560万元；分散参保线上办理2.26万人，线上参保率100%。

【综合治理】 2020年，建立社会治理智能化视频指挥中心，连接镇派出所200个监控探头及兴隆场车站回龙坝段全线11个涉铁视频监控探头。创新开展平安工作，与平安成员单位签订平安责任书36份。全年排查各类矛盾纠纷792起，调解569起。受理网上转办件24件，其中3件国务院督办件；领导接访下访件208件；信访代理件72件。投放平安建设宣传标语76条，展出宣传解答群众咨询500余人次。新增流动人口4748人，注销3138人，新增房屋租赁户1011户。加强治安乱点等重点区域整治，走访精神障碍患者148人，处理精神病突发事件5次，申请精神残疾人服药及住院救助77人。

【科教文卫】 2020年，联合辖区医院、学校、村（社区）等单位成立科技志愿者团队，加强基层科协组织建设，组织开展科普宣传及科技志愿者志愿服务活动20余次。结合“世界水日”“中国水周”活动，开展以“人人参与节水爱水 共建绿水青山家园”科普主题的宣传活动，发放宣传资料200余份。结合沙画培训课，开展为期25日的沙画科技周科普活动，88名辖区青少年报名参加。举办传统文化节日和重大庆祝活动文艺演出、培训讲座、展览展示、广场健身操、登山健

2020 年 11 月 4 日，回龙坝镇大桥村农家书屋开展读书活动（张成勇摄）

步行、各类主题阅读等系列群众文化体育活动 30 余场次，播放惠民电影 100 余场。10 个村农家书屋新增图书 1600 余册。在聚龙城社区、梁滩桥村、五云山村新装室外健身器材 46 件，更换损坏严重健身器材 8 件。结合春秋季动物疫情防控工作，以“科学防治 众志成城”为主题开展新冠疫情防控宣传活动，入村入户宣传引导，粘贴宣传栏 3 栏，发放宣传单 2000 余份。发放新冠肺炎疫情防控宣传知识图册 5000 余套，印制《致辖区居民的一封信》7000 余份，在全区率先实行小区持卡通行，制作小区人员红黄绿出入卡 1.1 万张，控制住户出入。开展爱国卫生宣传 2 次，发放宣传册 500 余份，开展健康知识培训讲座 3 次。加强病媒生物防治，投放灭鼠药 500 千克，消杀蚊、蝇、蟑螂等有害生物 24 次。开展健康城市创建工作，引导群众管理自身健康，注重膳食健康，倡导文明的生活方式。

【征地拆迁】 2020 年，组建征地拆迁“攻坚组”，推进物流园工业用地、沙田污水处理厂、铁路通道新增征地项目，累计完成 291 户农户、49 个企业拆迁任务，拆除房屋 328 幢，逐步消化片区道路、小城镇建设等项目历史遗留问题 10 个，搬迁 26 户，交付用地约 66.67 万平方米。争取资金 100 万余元协调解决一纵线、青凤连接道施工影响的道路、灌溉问题，组织保护性施工 16 次，确保市、区重点工程开展。征地拆迁与“两违”整治结合，强制消除新增违建 11 起，全年拆除存量新增违法建筑 9.66 万平方米、96 处，完成区级整治任务量 106%。

【生态环境保护】 抓住源头控污水，建立“一河一清单”制，发现并处理问题 130 起；桥东河场镇段安装河道栏杆 400 余米；投入财政资金 1000 余万元，开展梁滩河综合治理一期工程，配套推进 5 千米便道项目，稳定岸坡 4.64 千米，保障沿河居民 190 余户 700 余人安全出行；建立完善清漂台账，累计投入 1200 余人次打捞梁滩河及其支流漂浮物。控制重点治企业，整治 305 家散乱污企业，清理取缔违规迁入企业 12 家，关闭搬迁 15 家，停产停排 9 家。对全镇 125 台环保处理设施巡查 500 次以上，处置相关环保投诉

25 起，配合调查处理环保案件 5 件，其中立案查处 2 件，处罚金额 13 万元。综合治理防污染，对兴隆苑小区电梯、污水、防水等进行整治。完成李家桥沟四龙开发区雨污分流，新建污水主管网 1600 米，解决沿线 700 余家农户雨污混排问题。开展农村人居环境整治及村庄清洁行动，投入 200 万元进行农户农房综合治理。推进“河长制”，招募、聘任 10 位“民间河长”，设置 18 位义务监督员，36 位河道保洁员，成立一支 64 人的守护绿水志愿服务队伍。市级河长巡河 1 次，区级河长巡河 7 次，镇村河长巡河 1560 余次，召开河长制工作推进会 15 次；撰写河长制简报 9 期，简讯 10 条，发放宣传资料 2000 余份，制作宣传视频 1 条，上报“一河一档”资料 1 次。

（蓝　鑫）

中梁镇

【概况】　中梁镇因地处中梁山腹地而得名。辖区面积 40.47 平方千米，镇政府驻新发路 12 号。辖茅山峡、石院、龙泉、庆丰山、永宁寺、新发 6 个村，新店子 1 个社区。2020 年，以斐然湖乡村振兴示范带建设为主要抓手，推进“都市村庄”建设。中梁镇被评为重庆市健康细胞建设示范单位，龙泉村被评为全国文明村，新发村被评为全国“一村一品”示范村，永宁寺村被评为重庆市乡村旅游重点村。2020 年年末，户籍人口 1.81 万人，常住人口约 1.85 万人。（王秋丽）

【经济建设】　2020 年，总产值 11.21 亿万元，同比增长 28%。其中，第一产业总产值 1.78 亿万元，增长 2.5%；第二产业总产值 5.52 亿万元，增长 67.7%；第三产业总产值 3.91 亿万元，增长 4.7%。规模以上工业总产值 2.51 亿万元，增长 9.8%。固定资产投资 1.73 亿万元，增长 1399%。限额以上（法人 + 个体）住宿餐饮业营业收入 702 万元，增长 12.7%。限上批发零售业 2556 万元，增长 49.3%。规模以上服务业营业收入 4609 万元，增长 4.7%。有资质建筑业总产值 5965 万元，下降 43.3%。城乡居民人均可支配收入 27584 元，增长 8.3%。

（朱　彦）

【社区（村）建设】　2020 年，推进农村经济发展，实施农村社级集体产权制度改革，完成 6 个村 127 个社确权确股，发放股民证 7250 本；实施农村土地确权登记颁证，新颁证书 6800 余本。推进农业产业发展，实施农业产业强镇建设，争取中央资金 1000 万元，扶持开心农场等项目 8 个，逐步形成以特色蔬菜、名优水果和精品花卉为主导的农业发展新格局。推进农村人居环境整治，争取资金 700 万余元，完成农村危旧房整治 340 户、农村危房改造 14 户，绿化美化庭院 120 余户、评选美丽庭院 80 户，改造户厕 1450 户。升级农村基础设施，投资 2000 余万元新建、提升公路、便道 26 千米，完成普照寺水库环湖路，打通优化庆龙“断头”公路，逐步形成“一环七射两横”路网。开展农田整治，投资 800 余万元，在龙泉村、新发村、永宁寺村等村完成高标准农田整治 66.67 万平方米。开展水利设施建设，投资 100 万余元，完成龙泉村、茅山峡村排洪沟渠及龙泉村抗旱池整治项目，整治排洪沟渠 1000 余米、抗旱池 20 口。

（杨　桃）

【城建城管】　2020 年，整治市容秩序，开展领导“马路办公”92 次，整治问题 461 处，数字化城市管理整治问题 1453 个，结案率 95% 以上。推进垃圾分类工作，建立镇村两级垃圾分类指导员队伍，实行生活垃圾分类巡查、考评、通报等制度，新设有害垃圾中转站 1 个，评选垃圾分类“时尚达人”5 人。开展“两违”整治，全年整

2020年3月24日，中梁镇龙泉“慢街”景观 （张德丽摄）

治194处、12万平方米，完成下达任务，有力遏制乱搭乱建态势。推进“散乱污”企业整治，完成23家散乱污企业整治工作。 （傅国江）

【社会保障】 2020年，做好危房改造，受理农房审批申请50余户，现场勘查30户，对受地灾威胁的宅基地选址并进行地质勘察12户，联系保险公司向因自然灾害导致房屋受损的11户群众理赔。做好劳动保障，城镇新增就业1678人，强化劳动用工督查，劳动人事争议调解成功率100%。服务企业，协调生产用电、道路硬化和信息共享等“痛点”问题140余个。做好兜底保障，向8409人次发放各类救助金1865.4万元，完成镇养老服务中心改造，完成龙泉、永宁寺等村养老互助点改造。实施全民参保计划，社会保险法定人员全覆盖。 （唐婵娟）

【综合治理】 2020年，推进基层社会治理，结合永宁寺村市级乡村治理示范村建设实施“同心园”工程，一网格一中心，一中心一院坝，推进网格阵地实体化、综合化，完善阵地50个，建成“荷和苑”“初心苑”示范“同心院坝”2个，开展“五小活动”（有事大家议、我当和事佬、文明你我他、法律进院坝、院坝大扫除），解决群众难事急事，推进“三治融合”（法治、德治、自治），探索基层治理新模式。实施专项治理整顿，全年检查各类企业68家150余次，发现并整改隐患93个。防范化解安全风险，对17个群租房、5个住宅小区实行网格化管理，设立独栋楼长25个。 （成蓓丽）

【科教文卫】 2020年，完善文体基础设施，完成茅山峡村体育场地建设，新建、改建新店子社区等6个健身场地；完成6个村居综合文化服务中心建设，面向群众免费开放。实施应急广播系统一期建设工程，建成应急广播镇级分平台1个、村社支平台6个、接收终端28个。投入资金2.5万元，为村居文化书屋新增配图书300余册。开展群众文化活动，组织开展“强身体 抗疫情”等线上线下群众喜闻乐见的文化活动21场次，丰富群众文化生活。宣传中梁形象，挖掘特色农耕文化，拍摄完成《都市新乡、近静乡愁》故里故事宣传片。（况小英）

【都市村庄建设】 2020年，启动实施以斐然湖为核心，环24千米、面积34平方千米的中梁“都市村庄”项目。筛选并确定中冶赛迪、市政设计院、新乡土等设计团队，负责“都市村庄”总体规划及景观打造、道路提升、农房整治等规划设计。打造特色景观，全年清理地表26万平方米，整形地貌25万平方米，栽植乔木3000余株、地表植物9万余平方米；推进斐然湖周边区域污水管网安装建设；改善交通环境，完成2.1千米环湖步道建设，庆龙公路完成减速带整治；提升农房品质，农房风貌整治开工32栋、完成22栋；完善服务功能，游客接待服务中心、生产玻璃大棚建设完成总工程量60%。（唐国庆）

中梁镇“都市村庄”农房风貌改造（崔 敏摄）

曾家镇

【概况】 曾家镇地处沙坪坝区西南隅，东邻香炉山街道，南接金凤电子信息产业园，西靠璧山区璧城街道，北连重庆大学城（虎溪街道），绕城高速公路横贯南北。自然资源丰富独特，有“三区一基地一山一湖”。“三区”即西永综合保税区、西部新城安置区、虎峰山生态旅游区，“一基地”即重庆大学城科技产业园·研发创新基地，“一山”即缙云山（包括虎峰山），“一湖”即莲花湖。2019年12月24日，重庆市第五届人民代表大会常务委员会第十四次会议通过《关于重庆高新技术产业开发区行政管理事项的决定》，曾家镇纳入重庆高新区直管园范围。2020年1月1日起，重庆高新区管委会对曾家镇实行经济社会一体化管理。辖区面积36.51平方千米。镇政府驻中兴街20号。辖双龙、农安、白林、虎峰山、清明、五里冲、福来7个村，曾家、龙荫、五里、汤家、龙台、龙桥6个社区。2020年年末，户籍人口4.06万人。（何梦涵）

【经济建设】 2020年，曾家镇规模以上工业总产值2063亿元，同比增长22.5%。固定资产投资总额30.3亿元，增长73.8%。限额以上批发和零售业销售总额2.3亿元，下降27.4%。限额以上住宿餐饮业营业额1.49亿元，增长25.2%。规模以上服务业营业收入2.58亿元，增长49.3%。有资质建筑业总产值2.9亿元，增长177%。全体居民人均可支配收入31887元，增长8.4%。辖区有企事业单位820家，个体工商户约2100家，新增“四上”企业4家，在库高新技术企业5家，规上企业研发投入6.63亿元。（颜国平）

【社区（村）建设】 2020年，开展双龙村撤销工作。充实社区工作力量，新招聘4名社区工作人员，加强社会工作专业人才队伍建设，组织村（社区）工作人员参加社会工作者职业水平考试，46人取得社会工作职业资格。曾家、五里、龙荫、汤家、龙台、龙桥6个社区全部成立社区环境和物业管理委员会，建立社区物业管理议事协调机制，将物业矛盾纠纷处理纳入社区协商事项中。培育发展社区社会组织，完善127个社会组织台账。（李华容）

【城建城管】 2020年，规范城市秩序，施划禁停黄实线569.16平方米，安装隔离桩720根，处理违停车辆3000余辆。开展三轮车限行和弃土弃渣专项整治，实名登记三轮车254辆，查处违规运输及乱倒弃土弃渣事件7起。更换人行道地砖500平方米、果皮箱190个。完成美丽新城、大定桥垃圾站混凝土坝修缮及排污管道升级改造工程。新增五里冲村湿地、人防工程绿地9300平方米，人防工程489个停车位投入使用。推行垃圾分类，组织入户宣传2000余次，完成农贸市场、商超垃圾分类工作，推进虎峰山、白林、农安垃圾分类市级示范村建设，基本实现农村生活垃圾分类全覆盖。（涂寒秋）

【社会保障】 2020年，城镇新增就业人员3284人，失业登记5708人次，调查失业率控制在3.3%，发放失业保险金147.1万元。发放灵活就业社保补贴54人25.99万元。举办专场招聘会9场次，提供就业岗位6000余个，发布网络招聘391条，就业成功876人。开展困难人员就业技能培训228人，发放创业担保贷款335万元。累计办理居民医保、居民养老、职工医保、职工养老、征地农转非养老、单位参保、退休审核、死亡待遇审核、指纹认证、机关公费医疗、停、续保等业务4.2万人次。开展残疾帮扶1490人次，发放各类慰问物资补贴等90.8万元。组织开展在册低保户和特困户慰问296人19.88万元。受理劳动纠纷、农民工工资纠纷等200余件。梳理行政权力及公共服务事项清单2377项，一体化政务服务线上办理信息1200余条。消费扶贫金额77.82万元，扶贫网注册8000人。（万　丽）

【综合治理】 2020年，规范信访秩序，推进"枫桥经验"重庆实践十项行动，开展化解信访积案"百日攻坚"，落实领导干部接访下访群众工作制，办理网上信访案件146件、公开信箱36件、信访存量清仓见底案件8个，摸排征地拆迁、劳资纠纷等信访42次，妥善处理拖欠农民工工资等问题。打好"扫黑除恶"专项斗争收官战。完成"雪亮工程"视频监控网建设，304个监控探头投入使用。狠抓安全监管，实施安全生产专项整治三年行动和高层建筑消防安全提升计划，开展安全生产、地质灾害、森林防火等检查200余次，发现各类安全隐患308个，整改率100%；开展安全、消防委托执法73次，罚款金额2.66万元。投入1300万元，完成安置房小区消防安全隐患整治、电气改造设计。（陈建和）

【科教文卫】 2020年，有区属各类学校12所。其中，中学1所、小学1所、幼儿园10所。有专任教师442人。其中，中学教师107人、小学教师117人、幼儿园教师218人。中学毕业学生417人，招收学生590人，学籍人数1605人。小学毕业学生273人，招收学生373人，学籍人数2122人。有文化服务中心1个、社区文化室6个、农家书屋6个、社区书屋6个，藏书总量2.5万余册。新增全民健身设施30余件，成立曾家镇老年人体育协会。有社区卫生服务中心1个，交付使用住院楼1栋，有病床99张，卫生技术人员150人，有镇村一体化卫生站2个。

（吴 漫）

【征地工作】 2020年，推进征地遗留问题百日攻坚、攻坚再战、莲花湖产业园项目、大科学装置、虎曾西路、寨山坪生态环境保护工程等新旧征地任务。4个新征地项目共征用5村15社集体土地155.76万平方米，涉及农房385栋、农户483户、农民1348人。攻坚再战行动完成率97.1%、30天内莲花湖产业园项目签约率99.4%、15天内大科学装置等3个项目签约率100%。（王翠平）

覃家岗街道

【概况】 覃家岗街道辖金桥、梨泉、金星、新立、新鸣、梨园、凤天路、马家岩、新凤9个社区，上桥、新桥、梨树湾、童家桥4个行政村，辖区面积31平方千米；街道办事处位于天马路181号。2020年年末，户籍总人口5.33万人，其中非农业人口5.18万人，流动人口7.86万人。

【经济建设】 2020年，规模以上工业总产值21.82亿元，同比增长23.5%；规模以上服务业营业收入3.46亿元，下降17.1%；有资质建筑业总产值22亿元，增长11.6%；全社会固定资产投资总额16.86亿元，增长36.3%；限额以上（法人+个体）批发和零售业商品销售总额13.95亿元，增长10.9%；限额以上（法人+个体）住宿餐饮业营业额0.55亿元，下降10%；城乡居民人均可支配收入45102元，增长6.2%。

【社区（村）建设】 2020年，深化社区（村）综合改造工程，完成新立社区便民服务中心装修改造，推进金星社区、梨泉社区便民服务中心装修工程。完成新桥村、梨树湾村养老互助点建设，完成金星社区、新凤社区养老服务站建设。创建“全国乡镇（街道）示范型退役军人服务站”。

2020年1月，覃家岗街道举行第十届文体艺术节闭幕式暨迎春演出活动 （区融媒体中心供图）

【城建城管】 2020年，清理辖区新增违法建筑3400平方米，整治存量违法建筑面积20.2万平方米，受理小区违法建筑投诉案件47件，查实45件，解决45件。开展打通生命通道集中清障行动，排查消防车道17条，打通消防通道12条；整治车辆乱停放，劝离1.2千余辆次占道停车行为。实行垃圾分类全域化推广，29个小区建成生活垃圾分类收运体系，完成全域楼层撤桶；开展垃圾分类执法行动，开出1份处罚决定书。完成17条支路251个阻车桩的维修安装以及1699个阻车桩的斑秃刷漆，完成83个垃圾箱体的维修以及完善87个垃圾箱体的分类标识。整改完成区领导马路办公、区城综办市容环境综合整治专项行动巡查交办城市管理问题321个。检查60余块门店招牌，拆除有安全隐患及违规店牌18块，新开门店招牌备案率95%以上；开展洗车场专项整治行动，督促23家单位办理排污管网许可证，取缔无证洗车场1处。完成21座无主化粪池及凤鸣山幼儿园1座化粪池的清淘，监测化粪池58座，发出整改通知书6份。接办处置"12319"城管服务热线、市政舆情等投诉215件；接收数字城管案件7858件，结案7683件，结案率99.48%。

【社会保障】 2020年，城镇新增就业2563人，完成年计划128.15%；城镇登记失业人员就业663人，完成年计划135.31%；城镇就业困难人员就业332人，完成年计划的127.69%。城镇登记失业率5.87%，发放失业金360万余元。为下岗失业人员进行职业培训391人次，开展新市民素质培训70余人次。办理职工医保参保374人，居民医保参保23327人，居民民政帮扶人员一档免费参保170人。城乡居民养老保险新参保95人，职工养老保险单位参保307笔、个人参保734笔。深化扶贫帮困长效机制，定期帮扶、临时救助、节日慰问，帮扶困难群众605人次。发放百岁老人生活补助及医疗救助金2.37万元，发放80～99岁老人营养补贴36.57万元；对辖区百岁老人、城市"三无"老人7名老人开展走访慰问活动，发放慰问品慰问金3500元。

【综合治理】 2020年，办理信访件89件，接待群众来访127次400余人。街道平安办记集体三等功，2人记个人三等功，4人记嘉奖。创建"三治结合"法治示范村（社区）阵地累计9个，累计达标率81%，开展以法治宣传栏、标语、LED显示屏、集中定点、网络等为载体的各种法治宣传78场次，悬挂标语90余幅，发放资料3.3万余份，解答群众咨询207人次。区法院入驻梨园社区，成立矛盾纠纷源头化解工作室，司法确认人民调解，全年调解民间纠纷296件，涉及金额860余万元，司法确认132件。全年接收矫正对象34人，解除矫正45人，在册51人，重点关注3人，无一人脱管漏管。接回涉黑、涉毒刑满释放人员2人，落实帮扶措施，解决"三无"刑满释放人员过渡期间临时住宿、生活帮扶1人，协助落实临时救助2人、办理低保2人，对辖区在册215名安置帮教人员进行走访、建档，无重新再犯罪人员。

【科教文卫】 2020年，完成马家岩社区、梨园社区文化室装修；完成3个村的农家书屋创建工作，新增4500余册图书。启动凤天路社区篮球场升级打造、新鸣社区篮球场地坪整治。梨园社区文化室购置电子设备9台。完成98个体育场地统计调查工作。落实街道文联各协会活动常态化建设，推动各类文艺团队进步成长。凤天路社区"春之歌"艺术团在福摩杯"舞动中国——排舞联赛"总决赛暨全国排舞冠军赛中获特等奖、优秀组织奖。继续打造社区教育特色课程和特色项目，开展社区教育公益讲座1场，服务群众100余人次；新鸣社区智享生活、变形“技”被评为2020年重庆市社区教育特色课程，“小壶大乾坤”被评为区级成长课。覃家岗街道“8090”宣讲队被评为2020年重庆市终身学习活动品牌，凤天路社区“春之声”艺术团被评为2020年重庆市学习型团队。以“三长制”为导向，推进公民科学素养提升，开展科普课堂及科普宣传活动10余场次。关注“一老一小”，整合“五老志愿者”力量，开展各类宣传活动和赛事活动20场，服务青少年2000余人次。

【生态环境保护】　2020年，围绕中央环保督察整改、“散乱污”企业整治、蓝天保卫战、碧水保卫战等重点工作，整治、解决环境突出问题。跟踪第一轮中央环保督察14件投诉件、市级环保督察10件投诉件、第二轮中央环保督察7件投诉件，整改回访满意率96.7%。取缔关闭污染企业35家，停产停排9家，整治初验65家，污染治理“回头看”133家，完成“散乱污”企业整治年度目标任务。全年启动污染天气预警11次，出动洒水车356车次，巡查企业700余家次，督促7家企业重污染天气期间错峰生产，配合处理市大气处督导帮扶问题3起。开展餐饮业油烟达标排放监管执法专项行动，巡查餐饮单位2600余家次，处理“12369”餐饮类投诉28件，投诉量同比下降20%。完成801家固定污染源排污许可清理整顿工作。在实施生态环境保护执法委托后，完成全区首例街镇环保执法案件。街道1名环保工作人员受到国务院第二次全国污染源普查领导小组办公室通报表扬，1名环保工作人员被评为“沙坪坝区生态文明建设先进个人”。

（潘　杰　李　一　范思颖）

2020年9月7日，覃家岗街道“8090”宣讲队代表沙坪坝区新时代文明实践宣讲队到回龙坝镇和顺茶馆进行微宣讲　（杨　帅摄）

渝碚路街道

【概况】　渝碚路街道地处沙坪坝区东部核心商圈，辖区面积3平方千米，辖杨梨路、杨公桥、白鹤岭、沙杨路、沙南街、汉渝路、新体村、站东路、双巷子、南友村10个社区，街道党工委、办事处驻陈家湾144号。2020年年末，有户籍人口8.6万人，常住人口14.1万人。辖区有龙湖光年、重百沙坪商场、新世纪凯瑞商都、家乐福等大型商场9个，丽苑大酒店、重庆大酒店等星级酒店3个，重庆大学、重庆师范大学、重庆一中、南开中学、树人小学、南开小学等大中小学10所，重庆大学附属肿瘤医院、区人民医院、区妇幼保健院等医院。公共设施齐备。

【经济建设】　2020年，辖区规模以上工业总产值27782万元，增幅52.8%；有资质建筑业总产值733610万元，增幅13.6%；全社会固定资产投资总额89283万元，下降76.7%；限额以上批发和零售业商品销售总额868209万元，下降5.2%；限额以上住宿和餐饮业营业额24392万元，下降9.4%；规模以上服务业营业收入336994万元，增幅17.3%；城乡居民人均可支配收入46946元，增幅6%。

【社区建设】 2020年，加强社区阵地建设，完成南友村社区扩建和杨公桥社区改建，启动沙南街社区迁建，建设党群服务站6个。落实“院坝会”工作制度，举办院坝会57次，收集问题87个，解决居住环境、城市管理、物业小区矛盾等问题80个。加强居家养老服务，新建渝碚路街道养老服务中心1个，新建杨梨路、杨公桥、沙杨路、白鹤岭养老服务站4个，运营双巷子、汉渝路养老服务站2个；采购专业心理机构服务，为辖区老年人提供心理疏导、精神慰藉、代际沟通、社会融入等服务。

【城建城管】 2020年，落实河长制工作，街道级河长完成巡河48次，社区级河段长完成巡河335次，完成率100%。街道河长办受理问题上报与处置18件，办结率100%。整治辖区污水排污管网及黑臭水体。发现污水直排行为2起，整改1起，查处1起。推进垃圾分类，建设18个垃圾分类提档美化宣传栏和24个垃圾分类宣传亭，通过入户宣传、知识竞答、志愿服务等方式营造浓厚宣传氛围，建设80个标准小区、4个重点示范小区。排查餐饮、汽修、广告企业商家1300余家，发整改通知书70余份，责令拆除或搬离2家。加强对一级饮用水源保护区域的巡查，开展蓝天行动工作，对辖区内工业企业、餐饮业、汽修业等企业商家进行排查，指导、整改。开展“干干净净迎新年”“环境大整治”等专项整治活动，对背街小巷环境卫生进行集中整治。提升城市品质，落实区领导“马路办公”巡查问题交办9处；完成数字化城市管理平台曝光应处置案件4116件，处置率99.98%，部件结案率99.96%，事件结案率99.84%；完成“12319”投诉、市民举报、投诉案件、建议件72个，处置率100%；完成“两违”整治20196平方米，完成率101.82%；完成街道辖区70余处破旧宣传栏、店招店牌拆除、33处店招审批；开展对106个公共停车场的专项执法，规范市容秩序。完成“坡坎崖”城市管理问题整改4处。对大树危树修枝，处置危树17处，消除安全隐患。清水溪学府公园建成投入使用。推进征收工作，开展沙磁片区12号路房屋征收工作，完成率100%；重庆市标准件工具厂家属区排危搬迁项目110户，签约108户。

【社会保障】 2020年，新增就业3244人。创业指导44人次，职业指导439人次，职业介绍451人次，提供职业供求信息169条。实行高校毕业生实名登记、定制服务、去向管理75人。办理失业登记266人、就业登记40人次，开展就业培训512人次。处理劳动人事争议14起，办理失业金领取302人，为44家单位191名员工申请社保补贴74.45万元。征收2021年城乡居民医疗保险20949人；办理单位、个体人员参加社会养老保险和城乡居民养老保险业务3418人次；全年接收、转出失业人员、退休人员档案701件次。国有企业社会化管理移交18家2066人。完成第七次全口人口普查工作，录入人口普查信息144855条。全年低保户社会救助金和物价补贴380万元、过节费16万元；发放特困基本生活供养救助金和物价补贴16万元；发放孤儿基本生活供养救助金和物价补贴1.5万元；发放事实无人抚养儿童基本生活救助金和物价补贴2.9万元；发放残疾人护理补贴和贫困生活补贴44.4万元；办理廉租房82户和住房租赁补贴42户；临时救助75户94人40.6万元；接纳和处置流浪乞讨人员30余人次，护送9人到区救助站。

【综合治理】 2020年，开展公共法律服务宣传活动32场，完成法律咨询服务89件。全年接收社区矫正人员338人，解除306人。加强治安巡逻，开展11次铁路护路宣传工作，巡查并整改安全隐患8处。完成打通“生命通道”集中治理行动工作，督促辖区47个物管小区完成消防通道标识标牌标线设置。完成60栋老旧居住建筑小区消防设施改造和173栋老旧居住小区消防设施的维护保养，推进20部老旧电梯完成改造。完成东和科苑、天越雅园一期等5个小区17栋高层建筑消防安全隐患整治，推进卫星半岛、天越雅园二期、平安家园10栋高层建筑消防隐患整治。每月开展消防应急演练，组织消防应急宣传培训工作4次。开展安全委托执法检查工贸企业20家次，消防安全执法68次，下达整改指令45份，处罚5家有消防安全隐患问题个体和企业。开展严重精神障碍患者筛查评估工作，公安库列管理患者做到“一人一档”资料管理。每月与社区医院、人民医院、派出所信息进行交换，全年协调联合送医事件19次。

【科教文卫】 2020年，依托社区科普大学，开展疫情防控、养生保健等科普知识讲座30余次，组织居民参加公民素质科学培训38次。开展“巴渝好少年 防疫小先锋”、第二期“垃圾分类 应知应会”2020重庆市民网络科普竞答等活动，举办街道第三届公民科学素质比赛。利用“科普宣传周”“全国科普日”等，开展科普宣传活动21场次，发放宣传资料600余份；在10个社区组建科普志愿者队伍，加强社区科普活动阵地建设。杨公桥社区被评为2020年重庆市“基层科普行动计划”科普示范社区、重庆市社区科普大学示范教学点。丰富社区教育内容，在社区开展“青少年假期实践道德活动”“防溺水宣传”“光盘行动”等各类思想道德教育实践活动60余次，开展“全国推广普通话宣传周”活动11场次。提高文化服务水平，举办渝碚路地区第十七届文化体育艺术节，以“我们的节日”为载体，元旦、春节、端午、中秋期间组织开展文体活动近40场，7000余人参与，开展线上线下相结合的全民阅读活动及“读懂渝碚路、认识渝碚路”读书活动，征集读后感100余篇，举办“迎新春”“廉政文

2020年2月，渝碚路街道抗击新冠肺炎疫情先锋队成立誓师大会
（渝碚路街道供图）

化”“幸福生活”等书画展4场。做好卫生工作，全年开展大型世界卫生日活动17次，发放各类宣传单13000余份，新办健康专栏11期。站东路、杨梨路、沙杨路、汉渝路、白鹤岭、杨公桥6个社区被沙坪坝区健康城市建设领导小组命名为健康社区。完成“健康家庭”评选7157户、“健康之星”5493人。（申晓静）

沙坪坝街道

【概况】 沙坪坝街道地处沙坪坝区东部，东临嘉陵江与江北区相望，南接渝碚路街道，西连覃家岗街道，北与磁器口街道接壤，面积3.3平方千米，辖一心村、沙正街、劳动路、饮水村、中渡口、新华村、松林坡、建工村8个社区，街道办事处驻建筑巷1号。2020年年末，户籍总人口59984人，常住人口44771人。辖区有重庆大学、重庆七中、沙坪坝小学、育英小学、汉渝路小学，教育资源丰富；有重庆大学科技园、重庆大学设计创意产业园、金沙星座科创园，科创资源发达。（南　江）

【经济建设】 2020年，规模以上工业总产值1130万元，增幅72.1%，规模以上服务业营业收入4.45亿元，增幅10.4%，有资质建筑业总产值9.6亿元，增幅43.4%，固定资产投资总额6063万元，增幅82.2%，限额以上（法人+个体）住宿餐饮营业收入8324万元，增幅2.7%，全体居民人均可支配收入44744元，增幅5.1%。（陈　缘）

【社区建设】 2020年，协调化解辖区业主、业委会、物业公司之间的矛盾10余次。街道有6个社区开展社会工作室项目；完成2个养老服务站建设，启动饮水村养老服务站建设，一心村和中渡口养老服务站通过运营评估。（王　莉）

【城建城管】 2020年，专项整治汤家湾老旧小区，整治自管小区、农贸市场。投入垃圾分类经费100余万元打造全区垃圾分类示范街道。强化《沙坪坝街道社区城市管理考核》机制，依托“马路办公”、创文督查、“12319”、市政舆情、检查考核通报、社会监督、集中检查等城市管理平台，修复破损道路、房屋立面、管沟等市政设施5000余起，解决投诉80余起，解决数字城管案件6500余件，部件、事件结案率均99%以上。围绕文明城区创建和“春季行动”“马路办公”等专项行动，开展绿化美化城市，清除枯树、藤蔓植物430处，处理枯枝死树110余棵，边坡绿化、美化，补栽绿化4200余平方米，完成草坪建设5500余平方米，栽种乔冠木600棵。8月20日，“嘉陵江2号”洪峰过境，街道辖区内嘉陵江超警戒水位10余米，洪峰过境后街道组织清除淤泥2000余平方米，消杀3000余平方米。（彭　林）

【社会保障】 2020年，完成城镇新增就业人员登记2797人，城镇登记失业人员再就业413人，城镇登记失业率控制在2.78%。先后开展“就业援助月”“春风行动月”“民营企业招聘周”“高校毕业生就业服务月”“农民工日”等活动，接待各类政策咨询3540余人次，免费提供就业服务1470人，职业指导456人。发布用工信息1000余条，提供就业岗位590个，为15家单位申报创业担保贷款300万元。组织各类职业培训10期，培训人员420人。申报“4050”人员社保补贴、医保补贴151人、107.4万元；办理再就业补贴38人次、8.82万元；新增领取失业金131人、341.17元，办理失业人员退休125人。完成国有企业“双解”人员、“单解”人员社会保险缴费补贴19人，完成国有企业“双解”人员、“单解”人员医保补贴11人。全年办理城镇职工医疗保险新参保、续保401人，停保340人，办理补缴费306人，办理异地医保审核、报销9人，发放异地医保金16435.92元。办理2020年城乡合作医疗分散参保13410人，新办城乡合作医疗卡50张。社保办理退休235人次，个人参保、停保706人次，单位开户和人员增减249次。做好辖区企业退休人员的社会化管理服务工作，落实社会保险待遇完成退休人员指纹验证24071人，确保辖区企业退休人员养老金及生活补贴按时按人发放。办理城乡居民养老保险40人，办理死亡抚恤金申领20人。做好劳动监察和劳动维权，全年进行2次专项检查，检查企业85家。社会救助执行政策，保障城镇最低生活保障户数214户、274人。为2321位80～99岁以上高龄老人发放营养补贴102万元，为5位百岁老人发放营养补贴、生日慰问金及过节费2.44万元。建立和完善特殊群体老年人信息台账，在册人员245人。管理193名特扶人员，两月一次更新特扶系统慰问记录，为新增9名特扶人员发放绿色通道卡、联系人卡及建立三级帮扶人联系机制，协助医院与其签约家庭医生，为2名特扶人员办理退出，为5名特扶人员办理医疗费、保险费申报，发放医疗费16432元。（谭爱云）

【综合治理】 2020年，督促企业安全生产，检查123家企业，发现问题154个，发放责令限期整改指令书151份，隐患整改率98%。全年组织安全生产宣讲5千余人次，制作横幅宣传2百条，发放居民安全生活手册5万余份，张贴消防宣传画3千余张，开展各类安全宣传活动20余次，组织各类安全消防综合应急演练10余次。对21名各类重点人员分3级进行管控。开展“扫黑除恶”工作，印发各类宣传资料4万余份，制作各类宣传展板30多幅，开展集中宣传活动4次。通过多种形式进行案件排查，设立举报箱10个、公开电话10部。辖区全年未发生涉黑涉恶案件。（刘德明）

【科教文卫】 2020年，街道组织书画、陶艺、手工、普通话、声乐、舞蹈、剪纸等培训150余课时。开展法律、安全知识培训、健康知识讲座、爱心家教、文明礼仪宣传、文艺演出、体育比赛等形式多样的青少年暑期活动22次。参加沙坪坝区“书香助抗疫 阅读通未来”征文比赛获二等奖2个、三等奖1个；参加区少儿故事比赛获三等奖2个、最佳网络人气奖2个。开展全国体育场地普查工作，普查辖区体育场地119个，辖区健身器材100%全覆盖。开展全民终身学习活动，沙坪坝街道“彩乐”艺术团被评为2020年重庆市学习型团队。沙坪坝街道（松林坡社区）特色课程“绳络手作”被评为2020年沙坪坝区社区教育特色课程。开展爱国卫生运动宣传活动2次，每月进行卫生评比并公示1次，病媒生物宣传活动2次，病媒生物培训1次，新添鼠药200千克。制作街道健教宣传栏4期，开展健康教育培训3次，开展讲座及培训4次。按要求进行严重精神障碍患者联合管理工作，在册管理人员204人，每月对各社区公安库3级以上的严重精神障碍患者41人进行随访（包括电话随访），6月进行严重精神障碍患者以奖代补工作，组织心理辅导员培训21人。（陈 缘）

小龙坎街道

【概况】 小龙坎街道位于沙坪坝区东部中心腹地，东接土湾街道，西至天星桥地区，南连平顶山特色商圈，北邻三峡广场商圈及沙坪坝铁路综合交通枢纽，与覃家岗街道部分地段交错。街道辖区面积1.05平方千米，辖龙泉路、嘉新、快乐里、康宁村4个社区。2020年年末，街道总人口 6.14 万人，其中户籍人口 3.66 万人，流动人口 24844 人。域内驻有区民政局、区城市管理局、区社保局等党政企事业单位 6 个，重庆八中、实验一小等中小学校 3 所、幼儿园 8 所，培训机构 43 家，市公卫中心平顶山院区等医院 4 所。

（罗万兵）

【经济建设】 2020 年，辖区商品销售额 12.44 亿元，餐饮营业收入 2474 万元，社会消费品零售总额 8.24 亿元，规上工业产值 3334 万元，规上服务业营业收入 7228 万元，有资质建筑业产值 3010 万元，固定资产投资 9604 万元。坚持联系走访企业机制，建立政银企微信群，发扬“有呼必应、无事不扰”的店小二精神，落实服务企业“六必访”（创业孵化时必访、升规上限时必访、入库纳统时必访、增资扩产时必访、产业调整时必访、经营困难时必访）制度，走访辖区市场主体 320 户，收集反映问题困难 98 条，通过政策解释、协调处理、对接服务等方式，办结 95 条，办结率 96.9%；盘活优化嘉新大厦楼宇经济，培育打造街道商贸经济新增长点。 （廖宗集）

【社区建设】 2020 年，整顿“软弱涣散”社区，改造快乐里社区便民服务中心无障碍通道，方便老百姓出入，提升党群活动阵地，利用庆铃三分厂原医务室及退管办公室建设社区党员活动室、文化站、人大代表工作站、法律工作室等各类功能室，为党员群众开展活动提供干净敞亮的环境。打造养老服务站，面积 300 平方米。完善龙泉社区便民服务中心和社区改造工程，进行软装家具各项功能室的打造，龙泉路社区于 11 月搬迁至新办公用房开展各项工作；完成龙泉路社区养老服务站的打造，面积 300 平方米，通过评估验收。完善嘉新社区改造项目工程。 （王　赟）

【城建城管】 2020 年，提升城市品质，对背街小巷、居民楼栋、卫生死角、护坡沿线的环境卫生进行集中整治，市容市貌初步实现“街净、规范、有序”目标。加强城管执法，采取跟随方式执法，清理流动摊贩，治理“门前三包”乱象，规范店招店牌，提升城市视觉效果。坚持贯彻落实“门前三包”（“一包”门前市容整洁，无乱设摊点、乱搭建、乱张贴、乱涂写、乱刻画、乱吊挂、乱堆放等行为；“二包”门前环境卫生整洁，无裸露垃圾、粪便、污水，无污迹，无渣土，无蚊蝇孳生地；“三包”门前责任区内的设施、设备和绿地整洁等）制度，结合马路办公，做好城市品质提升工作。做好垃圾分类工作，开展垃圾分类入户宣传 3 万次，开展垃圾分类宣传 190 次，发放垃圾分类宣传资料 5 万份。发放 500 个垃圾分类容器到 30 个小区，并设置示范小区 8 个。采取入户宣传、加强巡查等方式，解决拆迁区域露天焚烧问题。坚持常态化巡查监管，巡查露天焚烧 400 人次，检查餐饮油烟净化器运行情况 200 人次、检查汽修企业错峰喷漆作业 100 人次，开展洒水降温降尘 50 车次。完成年度餐饮油烟整治任务，2 家餐饮企业安装油烟净化器，3 家安装烟道上楼顶。解决长期投诉的小正街万丰宾馆（现名轻旅酒店）烧水锅炉外机噪音扰民问

2020 年 6 月 19 日，小龙坎街道龙泉路社区开展“社区邻里情，端午暖人心”活动 （王尧天摄）

题。解决前两轮中央环保督察案件中三合饭庄（现名馋掉牙驴肠鱼）油烟扰民问题，现场督促商户按月清洗油烟净化器道并做好清洗记录，坚持不定期巡查。2020年，完成13家固定污染源排污登记。开展城管执法工作，全年查处辖区违章占道经营3000起，出动执法人次8800次，执法车次300次，整治乱停放车辆240辆。开展集中整治行动，规范商铺超门店经营30家，将所有摊位规范到店内经营，杜绝骑门、占道等违法经营现象。加强违法建设整治工作，全年拆除违法建筑23190平方米，完成率193.25%；开展违法建筑宣传活动12次，发放宣传资料3000份。

（代定瑜）

【社会保障】 2020年，举办就业创业服务及职业培训8场次，城镇新增就业人数1516人，城镇登记失业人员再就业382人，城镇就业困难人员就业162人。聚焦居民群众反映强烈的问题，完成黄桷湾62～65号成浩支路环境整治、新村路沿线市政照明路灯安装等民生实事。打造1860平米的小龙坎街道养老服务中心（黄桷园）；辖区2个社区养老服务站建成投用；引进福至万嘉社工组织，打造街道适老化改造项目。

（罗万兵）

【综合治理】 2020年，加强安全生产和自然灾害防治工作，全年检查各类企业、经营场所345户，发现各类安全隐患266条，全部整改完成。实行地质灾害常态监测，落实日周月隐患排查监测制度，5个地灾点位稳定可控。开展高层建筑消防安全突出问题专项整治，完成48栋高层建筑消防安全隐患整治任务，建立“三无”小区消防常态维保机制，压紧压实企业消防安全主体责任，会同区消防救援支队开展消防重点单位主要负责人火灾事故警示约谈3次；19个物业小区68栋高层建筑消火栓系统均常态保水保压，物业小区消防应急演练完成率100%。推进辖区5368户可燃雨棚拆除工作（完成2751户、完成率51.2%），开展冬季用火用电用气入户宣传，为辖区161户孤寡独居老人等弱势群体安装独立烟感器。完善雪亮工程建设、用好街道、社区两级综治中心；在沙龙广场、黄桷园等小区建成人脸识别系统；按照“一社区一室”的标准设立警务室；辖区治安防控能力显著提升，治安秩序明显好转，群众安全感明显增强。以社区民警、社区巡逻队、社区综治干部、“红袖标”党群志愿者为成员，坚持近2年的校地安保联勤联防模式，被全国精神文明网、中国网等多家媒体报道。

（吴海军 廖宗集）

【科教文卫】 2020年，深化社区科普大学的普及面和人才培养，完成48节科普课程的教学。组织开展3D打印、机器人、科学就医等科普宣传及讲座3次，组织辖区2020年科学素质大赛。组织各社区开展垃圾分类、科学就医、节能宣传等活动，发放科普宣传资料及手册600余份，普及科学常识。对辖区33名科普志愿者进行个人信息登记，组织志愿者定期开展科普志愿活动。开展“读书日”“全民阅读”“科普周”“垃圾分类”“榜样面对面”等主题活动。围绕区文化体育服务发展战略，健全完善文化公共服务体系，申报打造嘉新体育公园、快乐里社区公共体育设施建设项目。更换修复辖区体育健身设施器材4处、新安装健身点2处。全年对校园、教培及网吧等安全检查200余次。 （李 荣）

天星桥街道

【概况】 天星桥街道位于沙坪坝区东南部，分别与渝碚路街道、小龙坎街道、覃家岗街道、新

天星桥夜景　　（区融媒体中心供图）

桥街道毗邻，辖石碾盘、小正街、天陈路、晒光坪、柑子村、都市花园、红槽房、梨树湾、泉景 9 个社区，总面积 6.1 平方千米，街道党工委、办事处驻天星桥正街 7 号。街道有中学 1 所，小学 5 所，幼儿园 21 所，社区家长学校 9 个。2020 年，街道获集体荣誉奖项 25 个，其中国家级奖项 3 个、市级奖项 11 个、区级奖项 11 个。（孙秋月）

【经济建设】 2020 年，以“成渝双城经济圈”建设为契机，天星桥街道与成都成华区府青路街道结为结对街道，共同策划“双城生活”栏目，为企业参与双城融合搭建平台。全年洽谈新经济项目 11 个，培育市场主体 1224 个，引进企业 2 家。全年规模以上工业总产值 34.08 亿元，同比下降 16.3%；规模以上服务业营业收入 8.93 亿元，同比增长 6.1%；有资质建筑业总产值 57.82 亿元，同比增长 15.6%；固定资产投资总额 5.43 亿元，同比下降 24.1%；限额以上批发和零售业商品销售总额 56.77 亿元，同比增长 0.1%；限额以上住宿和餐饮营业额 0.39 亿元，同比下降 23%；居民人均可支配收入 44813 元，同比增长 6.1%。

（孙秋月　张　禹）

【社区建设】 2020 年，建成天陈路、泉景、柑子村、小正街 4 个社区养老服务站。试点开展养老“助浴”服务，修缮梨树湾社区服务中心多功能活动室，创建都市花园、梨树湾、泉景、柑子村、天陈路 5 个社区区级儿童之家，梨树湾社区创建市级妇女之家。与社会机构合作，以“互联网 +”和线下服务结合方式为居家老年人提供生活照料、家政服务、康复护理、心理健康辅助和家庭医生等服务，接待老人 6.5 万人次，开展社区老年服务活动409场。11月，社区文化服务中心再就业服务超市被中国成人教育协会评为2020年全国终身学习活动品牌。

（孙秋月 冉瑜陵）

【城建城管】 2020年，立足市区重点项目建设，聚焦城市品质提升，提升城市精细化管理水平，在城市配套功能建设、背街小巷“脏乱差”治理、生态环境改善等方面下功夫。完成沙坪坝区大学城复线隧道项目一期征地拆迁及石碾盘电台村30号片区、梨树湾26号自主式搬迁45户居民的签约安置工作。完成16家企业固定污染源排污许可登记，解决环境污染问题27件。落实河长制，开展清水溪巡河132次，处理河长办交办问题4件，完成融汇A区B区、荔枝桥10号污水直排治理。整合街道执法力量，管控红糟房老街、农贸市场等重要点位的市容秩序，全年处理违章停车车辆102台次，清理僵尸车59辆，处理数字城管案件1.8千余件，清运固废及生活垃圾4千余吨，拆除违法建筑2.21万平方米，整治修补梨树湾社区支路、石碾盘农贸市场支路等破损路面6千余平方米。完成石碾盘社区周边及ARC广场入口环境美化整治，修枝砍伐死树、危树200余棵，新增绿地2000平方米。开展垃圾分类工作，创建沙坪坝区无废机关、重庆市市级节约型机关。街道获沙坪坝区创建全国文明城区集体三等功。

（孙秋月 陈明月 曾凡刚）

【社会保障】 2020年，完成第七次全国人口普查工作，普查登记人口54822户、129031人。聚焦劳动就业和社会保障服务。搭建“云招聘”平台拓宽“线上+线下”服务渠道，组织开展“春风行动”“民营企业招聘服务月”“金秋招聘月”“退役军人专场网络招聘会”等公共就业服务活动8场次，为104家企业发布招聘用工岗位信息1084个，开发公益性岗位28个，帮助745人就业。组织开展月嫂、育婴师、重庆火锅调味师等职业技能培训8期，为9家个体工商户申报创业担保贷款180万元。全年新增就业4377人，城镇登记失业率2.37%。推进2019年全民参保计划扩面专项行动和2020年度城乡居民医疗保险征收，完成城乡居民基本医疗保险征缴21896人，新增城镇职工基本养老保险新增个人参保479人、城镇职工基本养老保险单位参保55家1043人、城乡居民基本养老保险38人。做好失业、低保等困难群体兜底服务，全年走访慰问及发放各类惠民资金850万余元，惠及9.5万余人，完成服务群众专项项目7个。完成退休人员养老待遇资格认证12039人。梨树湾社区2020年度重庆市退休人员社会化管理服务示范社区建成并投入使用。

（孙秋月 经 梦）

【综合治理】 2020年，深化基层社会治理，全年化解各类矛盾纠纷135件。采取网格化服务管理，摸排涉黑涉恶问题线索。司法行政提质增效，建成9个社区公共法律服务工作室，成立面向企业和经济实体的公共法律服务企业驿站。开展“七五”普法宣传教育进学校、进企业、进社区、进楼栋活动65场次，发放宣传资料30000余份，提供法律咨询2500余人次，全年达成人民调解案件129件、社区服刑人员脱管漏管“零发生”、刑满释放人员重新犯罪“零发生”。梨树湾社区创建成为第九批“重庆民主法治示范社区”。开展安全生产和消防安全大排查大整治大执法活动，完成辖区消防设施改造91栋、整治高层建筑隐患34栋，划设消防通道标示框83个，划设禁停标示线3170米，设立禁停标识牌14个，拆除隔离桩226个，拆除违规停车位57个，移除阻挡消防通道石墩8个，实现“生命通道”划线全覆盖，住宅小区补增灭火器、水枪水带422套。完成辖区34个点位临街立面破损排危整治修复。全年无重、较大安全事故发生。

（孙秋月　刘聖宏　罗建红　曾　媛）

【科教文卫】　2020年，全年组织开展科普宣传教育活动60场次。街道综合文化服务中心有图书1万余册，每周免费开放70小时，全年举办免费舞蹈培训班80课时，开展少儿舞蹈、跆拳道、拉丁舞、美术等低偿服务项目400余课时。街道组建民间文艺团队42支，全年组织线上线下演出活动、讲座展览、培训等活动68场，受惠人数万余人。街道有社会体育指导员170人，9个社区有体育健身器材443件，实现全覆盖。围绕“争创全国文明城·同做沙磁文明人”主题开展“故里故事”主题活动，获沙坪坝区优秀故事奖。全年开展消杀213次，投放鼠药45箱，增补警示标示23张，更换增补毒饵盒138个。开展“高血压日”“糖尿病日”等主题宣传活动5次，组织居民参加健康生活方式指导员技能培训3次，对餐饮店及带有餐饮的旅店开展督查整治，灭蝇灯使用率100%。2020年，发掘和打造《静意茶香》沙坪坝区社区教育特色课程、《非遗之旗袍制作技艺》沙坪坝区社区教育成长课程、《香醇人生》《辨食》重庆市社区教育特色课程；打造沙坪坝区学习型团队——欢乐健身队、重庆市百姓学习之星——蒋玲均、重庆市终身学习活动品牌——三尺堂、全国百姓学习之星——王军、全国终身学习品牌项目——再就业服务超市。

（孙秋月　郝　莹）

土湾街道

【概况】　土湾街道地处沙坪坝区东南部、嘉陵江南岸，面积1.28平方千米，辖民主村、新生村、模范村、金沙、工人村、滨江6个社区，办事处驻沙坪坝区模范村3号附23号。2020年年末，有户籍人口4万人，常住人口7.8万人。

（漆霜霜）

【经济建设】　2020年，街道固定资产投资7569万元，同比下降76.2%；限额以上批发和零售业商品销售额2356万元，同比增加54.1%；限额以上住宿餐饮营业总额443万元，同比下降73.7%；规模以上服务业营业收入4875万元，同比下降37.1%；有资质建筑业总产值9845万元，同比下降43.5%；城镇居民人均可支配收入42768元，同比增加4.9%。有“四上企业”11家，其中建筑业2家，房地产业3家，服务业3家，商贸企业1家，商贸个体2家。制定《关于切实做好新冠疫情防控期间企业复工复产有关工作的通知》，指导辖区1879家市场主体分类分批复工复产。

（王豫川）

【社区建设】　2020年，推进工人村社区、新生村社区、滨江社区养老服务站建设工作，新生村完成建设并通过验收；工人村和滨江社区完成建设任务；街道社区居家养老服务全覆盖。对辖区老人基本信息分类建档，辖区有80岁以上992人，全年为80岁以上老人发放老龄补贴736825元；百岁老人6人，全年为百岁老人发放老龄补贴45200元；（独居）特殊群体老年人160人，通过建立动态信息管理台账，健全走访、报告、解决、反馈的工作机制，确保各个特殊群体老年人有指定责任人。

（杨燮虹　陈美光）

【城建城管】　2020年，加强环境卫生管理，整治工人村、模范村菜市场周边出店经营和流动摊贩占道经营难题，取缔流动摊位、出店经营398起。处理无人认领的乱停放僵尸摩托车81辆；清理覆盖垃圾广告178起；清理破损横幅21条；处理消防通道上乱停放、乱堆放事件164件。设立2处工地渣车检查点，对辖区工地进出渣车进行检查。提升城市品质，更换安全隐患窨井12个，修复破损道路3100余平方米，修建人行道790余平方米，安装路缘石360多米，新增路灯7盏，升级改造15盏。加强绿化管护，对沙滨路、嘉陵路等主干道沿线，工人村支路、金沙时代支路、新民村社区公园等区域进行绿化修剪管护。对807公交车站周边开展环境综合整治，油化道路940余平方米，规范设置道路交通标志标识，拓宽公交车道，设置斑马线，消除安全隐患。完成辖区100余座化粪池冬季安全排查、对65座无主化粪池进行清淘；开展公共环境病媒生物预防控制，购买灭蝇笼50个，粘鼠贴50张，投放鼠药280千克，整治滋生地12处。推进生活垃圾分类示范片区建设，在居民小区推进垃圾分类智能化建设工作，设置垃圾分类智能设施。落实河长制工作，建立定人定时定点的三级巡河制度，建立健全“四乱”等日常巡查台账，摸排嘉陵江土湾段排污管网15个。强化环保工作，整治油烟排放不达标的餐饮企业30余家；开展春夏季“蓝天行动”大整治，落实专人、专车每天对辖区主次干道进行降尘、道路冲洗作业，开展臭氧污染天气日常巡查工作。开展“无废城市”“污染防治攻坚”“高排放车辆限行”等专项整治活动。推进违法建筑整治，拆除各类违法建筑29处、13030平方米，其中消除存量违法建筑28处、新增违法建筑1处。（陈 杨 蒋益江 陆 洲）

【社会保障】 2020年，开展第七次全国人口普查工作，完成短表登记33867户、78427人；长表登记2242户。办理城乡居民养老险正常人员参保16人，超龄困难人员参保4人。收取个体退休资料195人，发放退休证等资料157人；办理发放社保卡303张，办理职工医保829人。城乡合作医疗保险网上参保15819人。城镇登记失业人员1849人，发放失业保险金288万元。开展灵活就业社保补贴、公益性岗位社保补贴、就业补贴等就业优惠政策办理工作，办理“4050”灵

2020年12月3日，土湾街道在金沙玖悦广场开展“垃圾分类益处多 环境保护靠你我”垃圾分类主题文艺会演（严龙华摄）

活就业社保补贴115人次。开展就业援助月、春风行动等系列援助活动，新增城镇就业人员1110人、城镇就业困难人员306人；联系离校2年内未就业高校毕业生，开展跟踪回访，核实其就业失业状况，对实名制数据库动态更新。开展创业就业政策业务培训，组织就业技能培训200人。全年办理临时救助144户、196人，救助金额64万余元；对59名特困人员发放特困金56万余元、价格补贴3.5万余元；对619户低保户发放低保金和价格补贴662万余元；为18个低保家庭母亲送困难母亲包；为10户行动不便的特困户购买辅助器械，为5户特困高龄、失能、残疾户居家适老化改造。完善困难儿童系统，辖区有困境儿童82人；为困难家庭中考上大学的11个大学生申请助学救助5.7万余元。做好160余名重点优抚对象、企业军转干部等服务对象的服务保障工作，全年发放烈属优待金等各类补助140余万元。重大节日对辖区重点优抚对象等群体420余人次开展慰问。全年采集、更新退役军人及其他优抚对象信息1300余条。推进退役军人就业工作，宣传就业创业相关政策法规，发布招聘信息70余条，开展部分士兵社保接续工作，核查辖区退役军人养老保险和医疗保险的缴费情况。加强《中华人民共和国退役军人保障法》的宣传工作，接受政策咨询200余人，协助交件100余人。

（杨燮虹　陈美光　赵　静）

【综合治理】 2020年，防控社会矛盾，做好对378名社会吸毒人员、13名社会戒毒康复人员、27名公安库3级及以上严重精神障碍患者、18名社区矫正人员等特殊人群的服务管理，预防和减少民转刑案件和极端案事件发生。协助公安机关抓获犯罪嫌疑人2人，协助破获刑事案件1起，协助处理治安案件2起，制止盗车事件11起，开展好人好事56件，调解打架斗殴、酒后闹事等矛盾纠纷10起，送返走失儿童、老人9人次，救助疑似精神病人2人次。消防安全方面，组织开展多种形式消防安全宣传工作，排查辖区重点领域、重点单位、重点隐患，完成上岛郦舍小区、金沙港湾小区消防系统改造工程，完成金沙港湾B区消防救援场地改造。开展消防安全专项治理行动，成立专项行动小组，重点围绕电动自行车、出租房、大型综合商业体、高层建筑、人员密集场所、“三合一”场所等重大火灾隐患场所进行排查，排查辖区高楼117栋、用户22075户，督促整改用气隐患160个、用电隐患185个，帮助辖区14户孤寡家庭整改用气隐患。按要求推进火灾隐患整治，对存在火灾安全隐患的经营单位进行查处，并责令限期整改。全年接收社区矫正人员15人，按时解除社区矫正人员23人，组织开展社区矫正人员集中学习和劳动91人次，无一人脱管漏管。接收刑释解教人员56人，未出现重新违法犯罪的现象。开展“法律八进”法治宣传教育活动41场次，发放宣传资料1.5万余份，组织参加行政执法培训7人次；做好法律援助，全年接待法律援助、法律咨询500多人次。8月20日凌晨2时，街道段“嘉陵江2号”洪峰过境，提前转移群众247人、车辆1283辆；投入人员1025人次、装备37台（辆）参与抗洪救灾，实现无人员伤亡、无车辆泡水。洪峰过境后，清理被淹道路1.5千米，疏通淤泥堵塞管网800米，清理岸坡消落带垃圾20余吨。

（谭　俊　李　进　张海越）

【科教文卫】 2020年，利用辖区40块宣传栏、30块户外LED显示屏、4个微信公众号等载体，开展社会宣传，刊播文明城区创建、社会主义核心价值观、理想信念、垃圾分类、疫情防控、网络安全等内容，张贴海报7千多张，播放宣传标语3万余条次。编辑《土湾之声》报纸12期，向区级有关部门、辖区各社会单位、各居民小区和社区居民赠送《土湾之声》报纸2.7万余份；12月，《土湾之声》报休刊。免费开放1个街道文化服务中心和6个社区文化室，接待群众6400余人次；组织举办合唱、舞蹈、轮滑培训7场，开展“最美奋斗者”图片展1场，开展“中国梦强军梦”庆祝中国解放军建军93周年图片展1场以及其他文艺演出和主题活动36场。土湾文化中心开展“书画展览”“插花培训”“面塑彩绘”等体验活动和“放歌新时代、文化进万家”主题文艺会演，惠及辖区群众万余人。制作“土湾：文明沃土、心灵港湾”主题视频，创作《嘉陵渝水》原创音乐曲目和《土湾美食地图》等文创产品。组织开展“莺歌燕舞迎春回、诗情画意吟土湾”“同圆小康梦、共绘家乡美”等主题展览活动。开展科普知识宣传活动和科普知识讲座60次，参与人数4000人；推动建立“土湾街道科技志愿服务分队”，定期组织科普志愿者通过科普宣传志愿活动及科普讲座的形式向居民宣传、普及科普知识55次；组织辖区居民举办土湾街道2020年“公民科普素质大赛”初赛，挑选4名优秀选手参加全区公民科普素质大赛决赛，获得优秀奖。申报17处健身器材安装和更换，按要求完成体育健身器材普查任务。

【志愿服务】 建立并完善《土湾街道志愿者嘉许激励制度》等各项志愿机制，面向社会新招募500余名志愿者，壮大辖区志愿服务队伍。利用“重庆商务职业学院守望天使团队”“重庆市沙坪坝区渝孝慈志愿服务中心”“重庆沙坪坝区应急救援协会”等5家志愿服务组织及广大志愿者常态化开展“周六文明劝导我参与”、守护母亲河、义诊、义剪、关心关爱弱势群体、垃圾分类宣传、疫情防控、文明城区创建宣传等志愿活动；打造“85+关爱行动”“爱心书屋”“绿色存折”“爱心义剪”“四点半课堂”“聚闲共享铺”等13个特色志愿品牌。全年组织开展志愿服务活动160余次，参与志愿者6千余人次，志愿云系统内志愿活动结项116项，志愿服务时长累计2万余小时。（蒋茂楠　王豫川）

新桥街道

【概况】 新桥街道是沙坪坝东部城区的东南门户，南面和东面分别与九龙坡和高新区相邻，辖高滩岩、新桥、凤鸣山、上桥、张家湾5个社区，面积4.92平方千米，街道办事处驻沙坪坝区上桥新街88号。2020年年末，有常住人口6.4万人。街道医疗资源丰富，有陆军军医大学及附属西南医院、新桥医院；交通多维便捷畅达，内环快速路和渝昆高速十字交错，凤中路快速通道正在扩建，地铁9号线、5号线、环线贯通辖区，重庆西站运行通车，综合交通枢纽正在修建，出行优势明显。

【经济建设】 2020年，全社会固定资产投资总额15.95亿元，增长200%；有资质建筑业总产值75.38亿元，增长6.9%；全体居民人均可支配收入31790元，增长6.1%。复工复产促进主要经济指标负增长趋势大幅度收窄。深化党政班子走访、联系、帮扶企业制度，“优化营商环境百日大走访”活动走访247家企业，落实“支持民营经济发展十六条”，为5家企业343人办理社保降费减负290余万元。

【社区建设】 2020年，创建重庆市社区科普大学示范教学点、示范型退役军人服务站，新桥街道社区学校“健康夜话”获评2020年重庆市社区教育特色课程。高滩岩社区被评为重庆市拥军优属模范单位、重庆市先进城乡社区组织。7月，张家湾社区新便民服务中心揭牌运营。整修凤鸣山社区、高滩岩社区、上桥社区便民服务中心，解决房屋漏水问题。推进物业管理融入社区治理，建立培训指导机制，指导辖区4个社区成立社区环境和物业管理委员会，完成“三供一业”社会化分离移交；利用“解忧巴士”三级服务平台，建立议事协调机制，每季度定期召开物业联席会，研究协商辖区物业管理服务的重大事项，全年召开物业联席会议9次，解决问题13个；联合消防、公安、市场监管等部门每月对辖区物业服务企业服务情况开展督导，并进行通报。

【城建城管】 2020年，启动新桥社区健康休闲公园建设，完成煤科院老家属区改造，维护市政设施2425处，维修上桥新街113号居民化粪池和排水管网。全年领导班子马路办公128次，处理案件512件，按期处置率100%。数字化城管中心城管案件结案率100%，“12319”投诉案件回复率100%。做好垃圾分类工作，打造亮点示范小区10个，设置垃圾分类投放点125个，各类垃圾收运约4602吨，厨余垃圾100%正规收运。

2020年5月26日，新桥街道“解忧巴士”发车活动现场，“为民解忧”流动服务小分队开展义务帮助新时代文明实践志愿活动，为群众提供免费修家电、理发等服务　（文羽婷摄）

提升救灾抢险能力，组织地灾演练1次、防汛演练1次，完成松林坡人行边坡和新山路39号边坡垮塌滑坡抢险，化解第四标准件厂家属区汛期安全风险。开展污水排放专项整治，95家餐饮店安装油水分离器，42家企业完成固定污染源排污登记，双拥大道餐馆楼顶综合整治按期完工。各级河长全年巡河373次解决问题22件，完成四标厂家属区段河道清淤，纠正违规排放行为12处。处置各类大气污染问题69宗，群众投诉环保案件28件。

【社会保障】 2020年，开展职业技能培训3期，举办招聘会8场，发放就业补助金334万元，发放创业担保贷款115万；新增城镇失业人员就业任务完成率159%、城镇登记失业人员任务完成率140%、城镇就业困难人员再就业任务完成率118%，零就业家庭动态清零。做好低保金、临时困难救助金、廉租住房补贴统计发放，加强残疾群体、严重精神障碍患者群体、老年群体、计生特护家庭的分类管理和服务，保障养老机构、物业服务机构等重点场所和退役军人、优抚对象、无军籍职工等重点人员安全稳定。

【综合治理】 2020年，做好平安建设工作。完成张家湾社区（示范）综治中心建设，实施中铁十一局五公司家属区智能安防工程。开展扫黑除恶专项斗争宣传活动20余次，发放宣传品3万余份，加强对西站周边黑车、外来重点人员摸排，消除黑恶势力滋生土壤。守好安全生产屏障。以安全生产大排查大整治大执法为主线，以小微企业安全生产和消防安全综合整治为突破点，开展“打通生命通道”等17个专项行动，出动各类检查人员865人次，发现各类隐患106项，完成整治102项，整治率96.2%。扩宽消防通道、划

2020年9月30日，新桥街道组织70余名失业人员开展中式烹饪师培训考试
（李　薇摄）

禁停线、配备微型消防站物资。化解矛盾纠纷82件，街道主要领导接访下访91件全部办结。开展信访分析研判18次。

【科教文卫】　2020年，开展各类文体活动160余场次，覆盖党员群众4.2万；“健康夜话”获评2020年重庆市社区教育特色课程，高滩岩社区获评重庆市社区科普大学示范教学点，“恩恩家长课堂”获评区级社区教育成长课程，9件作品在区第四届“沙磁杯”社区教育书法、美术、摄影大赛上获奖，其中美术类特等奖《洪韵》、一等奖《硕果累累》在区社区教育成果展上展示。维修、新增体育设施和器材50余处；投入85万修建24小时城市书房，自助式借还书系统，提升城市文化品质；高滩岩社区新建开敞式社区书屋和电子阅览室，凤鸣山社区、上桥社区新建LED电子显示屏。街道文体中心全区首批完成数字文化云建设，全年网络书屋浏览量91万余次。

（文羽婷）

双碑街道

【概况】　双碑街道位于沙坪坝区东北部，歌乐山下、嘉陵江畔，依山傍水，地处重庆向北向西战略连接点、重庆高新区和两江新区交会点、井双新城的核心位置，东、西、北三面与沙坪坝区井口街道接壤，南面与沙坪坝区石井坡街道相邻。辖区面积2.8平方千米，辖双碑街、自由村、勤居村、堆金村4个社区。2020年年末，有常住人口27818人，户籍人口27370人。辖区驻有嘉陵特种装备公司、中冶建工一公司、重庆第三十二中学、嘉陵小学、嘉陵医院、嘉陵宾馆、双碑社区卫生服务中心等社会单位。212国道经辖区南北向穿过，主要有嘉陵支路、奋进路、嘉勤路、远大路、嘉江路、嘉新路、嘉建路7条支路。

【经济建设】　2020年，双碑街道有资质建筑业总产值2556万元，降幅8.8%；限额以上住宿餐饮业营业收入538万元，降幅47.6%；规模以上服务业营业收入7989万元，降幅13.2%；城乡居民人均可支配收入33493元，比2019年同期增加1746元，增幅5.5%；全社会固定资产投资6.8亿元，比去年同期增加20792万元，增幅227%。

【社区建设】 2020年，创建堆金村社区、自由村社区、勤居村社区3个健康社区，打造街道“健康屋”，创建区级无烟机关示范单位。利用卫生宣传日开展健康知识宣传教育活动15次，发放宣传资料2.3万余份，受益人数4200余人次；开展健康知识讲座16场，参与人数1350余人次；开展计生宣传活动9场次，发放各类宣传资料500余册，发放避孕药具1900盒，服务群众3000余人次。建立新时代文明实践站、所5个。组织党员志愿者、青年志愿者，探索“社区党建+志愿服务”模式，打造线下志愿服务站5处，开展“我们的节日”、“文明在行动 重庆更洁净”、城市品质提升、垃圾分类等活动20余场。按期处置各类投诉、督查件4925件，清运垃圾1000余吨，修复市政设施416余处，修补、疏浚排水沟（管网）780米，补绿1万余平方米，新安装太阳能路灯15盏，清洗脏污公厕32座。推行垃圾分类，设置“二分类”点位117个、“四分类”点位24个，配置规范垃圾桶400余个、标识1万余张；制作大型墙面宣传广告13幅、宣传标牌300余张；建成亮点小区8个，开展垃圾分类督查41次，整改问题83项。

【城建城管】 2020年，推进征收拆迁，完成大河沟、滨江路磁井段、井双新城、双碑街棚改等攻坚扫尾征拆项目18个；实施自由村排危搬迁项目，签约率100%。实施“增园添绿”行动，沙坪坝1号（远大路）和2号（堆金山）社区公园建成投用；结合“三供一业”改造工程契机，提前完成“存量违建”拆除任务15609.6平方米；开展辖区“三清三查”活动，排查可燃雨棚面积约85697平方米，防盗网面积约44552平方米。完成市属国有企业社会化管理移交，完成嘉陵特装、中冶建工投资8000余万元“三供一业”代建物业整治项目39个，涉及居民10895户367栋73万平方米；完成22个三级污水管网建设，彻底解决辖区雨污混流问题。建成投用詹家溪湿地公园沿河步道项目，建成人行步道150余米，播撒花籽500余平方米，改观河道风貌。建成嘉陵厂片区截污三级管网11千米，确保詹家溪水清岸绿；摸清詹家溪沿河两岸污染源，开展常态化巡查100余次，发现和整治水环境问题200余个，完成永胜桥段污水直排点整治，新安装排污管网316米。实施重点行业执法行动700余次，重点整治建筑工地、餐饮、汽修等行业128家，整治辖区餐饮油烟达标55家；出动945车次3782人次查处违章占道经营户160家，拆除不合规店招15块；整治违章占道停车82台次，规范摩托车停放1580台次，改善居民生活环境，实现中央环保督察“零投诉”。

【社会保障】 2020年，做实人口普查工作，完成169个普查小区、18090户信息全部摸底上报，登记人数41779人。做好就业帮扶和落实民生保障工作，新增城镇就业2370人，培训再就业254人，发放扶持创业担保贷款131万元，发放失业金3826余人次588万余元，创业贷款131万元，创业就业补贴165.71万余元，对辖区退捕渔民帮扶44次。发放困难党员慰问金105人8.2万元，发放低保金4607人次279.55万元，发放临时救助32人次10.49万元，发放残疾补贴4093人次32.3万元。采集退役军人信息1700余人，悬挂光荣牌1700余户，发放退役军人优抚救济及慰问金90万余元，走访慰问军人及军人家属190余人，解决问题43件。打造勤居村、双碑街社区残疾人康复室、严重精神障碍患者康复点——

康馨家园，为辖区残疾人和严重精神障碍患者提供康复服务。

【综合治理】 2020年，加强和完善社会风险预防、治安防控、矛盾化解体系。修订完善各类安全预案9个，举办灾害防治宣传培训100余次，开展打通“生命通道”集中清障行动，依法查处堵塞消防车道、占用消防救援场地等违法行为21处，对重点领域、重要时段开展安全隐患排查41次98起；落实专人专费，实时监测管控辖区C、D级危房；组织实施“7·22”暴雨受灾应急抢修、枝元村22号楼顶应急整治等工程，为4个社区补足灭火器530余个，消除老旧小区安全隐患。建立辖区治安势态研判制度，完善社区巡逻队伍工作制度。全年辖区发生刑事案件37件，同比下降19.59%。建立人民调解委员会5个，召开人民调解员专题培训会13次；开展矛盾纠纷大排查10次，召开信访稳定专题协调会6次，领导干部接访76次，调解处理嘉陵工业改制、首创·天阅嘉陵维权等矛盾纠纷300件；安置刑满人员114人，帮教率100%。8月20日，街道段“嘉陵江2号”洪峰过境，组建4支“党员+民兵”应急救援队，转移居民和商户441户1259人，分散安置1259人，救援被困群众300余人次，组织人员700人次、环卫车66车次、运渣车120车次，清理、清运垃圾约1400吨，修复洪水损毁管网80米。

【科教文卫】 2020年，创建健康社区3个，推进“一社一品”品牌，举办“书香战役，阅读相伴”、葫芦丝专场演出、端午节、“垃圾可变宝 分类更环保”等文化活动15场。优化辖区闲置空地，维修改造嘉陵足球场。辖区团队获区第五届广场舞比赛一等奖，获“舞动中国——排舞联赛”总决赛暨全国排舞冠军赛特等奖。 （白 雪）

石井坡街道

【概况】 石井坡街道位于沙坪坝区北部，东临嘉陵江畔，南邻童家桥，西临歌乐山脉，北接井口街道，面积7.27平方千米。街道办事处驻团结坝1号，辖光荣坡、和平山、建设坡、团结坝、远祖桥、中心湾、石滨路7个社区。2020年年末，辖区户籍总人口3.35万人，户籍人口总户数1.85万户。辖区内有高中1所、小学4所、幼儿园5所、医院2个，文教卫生事业设施齐全。

【经济建设】 2020年，规上工业总产值1.32亿元、同比增长5.3%，规上服务业营业收入1.54亿元、同比下降6.2%，有资质建筑业总产值2.11亿元、同比增长11.3%，限额以上批发和零售业商品销售额0.26亿元、同比增17.7%，限额以上住宿和餐饮业营业额12万元、同比增长5%，居民人均可支配收入3.3万元、增长4.8%。

【社区建设】 2020年，完成街道养老服务中心和5个社区养老服务站的建设。完成石滨路社区组建，成立社区党委、居委会班子。完成和平山城市公园前期设计招标。打造安心小屋，为社区干部及居民提供心理咨询、疏导及减压服务。

【城建城管】 2020年，完成环境综合整治专项任务120个、“马路办公”交办任务48件；拆除违法建筑约13余万平方米；建成1.3万平方米的时光里社区公园，整治建设坡74号边坡、光荣坡法治广场周边等休闲场地；治理“散乱污”企业5家，搬迁3家；执行长江“十年禁捕”，推动河长巡河和河道清漂工作常态化；实现垃圾转运全域签约专业公司，在14个亮点小区实现垃圾分类的基础上向老旧小区全域推广。完成

石井坡街道改造后的背街小巷　　（区网信办供图）

27号轨道线征收拆迁任务；完成詹一配套道路、AZ1干道、青草坡23户拆迁征收任务；配合完成滨江路石井坡段建设；配合完成特钢创意产业园地块配套一号二号道路建成投入。

【社会保障】 2020年，城镇就业再就业1253人；开展“春风”行动、百日千万网络招聘专项行动、高校毕业生招聘会、金秋招聘会4场，开展医保、养老保险、就业创业、技能培训政策宣传4场。办理“4050”灵活就业社保补贴58人，金额32.5万元；办理低保就业补贴75人次，金额14.6万元；发放失业金1606人次，金额251.3万元；办理职工医保各项业务607人次，城合医保1.15万人；办理城乡居民养老保险76人次，发放社保卡693张。受理退休申报263人。完成指纹采集、比对10701人；办理丧抚手续305人；办理异地医保、查阅档案等服务680余人次。成立街道确保农民工工资支付工作领导小组，建立辖区农民工企业用工动态管理台账，每月对辖区内用人单位开展日常检查督促，协调解决农民工欠薪问题9起。对45名困境儿童及其家庭实行动态化管理；解决民生事实58件；建成养老服务“一中心＋五站”。

【综合治理】 2020年，完成80栋206个单元高层消防设施改造，对196栋低层老旧小区配备796个灭火器。开展消防安全监督检查361家次，发现49处隐患，全部整改。检查在建工地38次，处理违规施工班组5个。集中打通生命通道，在次干道增设违停抓拍电子警察18个。接待群众

217件、350余人次；全年排查矛盾纠纷279件，化解267件；按期办结网上信访件106件，网上信访件办结率100%、满意率100%。对信访重点人员落实政策解释、教育疏导、“一人一策”和“一人一专班”等稳控措施。完成和平山社区双巷子合围小区大门、和平山新增项目工程建设；完成石井坡司法所平台改造项目、市司法行政示范阵地建设项目。

【科教文卫】 2020年，举办文艺演出、展览等文化活动20余场，举办庆国庆文艺演出暨“感动石井坡”人物颁奖仪式，表彰10名感动石井坡人物和20名防汛救灾先进个人。开展全民阅读活动4场。开展“扫黄打非”工作，成功创建重庆市“扫黄打非”进基层示范标兵。举办全民健身运动会，街道全域14个代表团300余名运动员参加。开展“梦想课堂”278堂。开展“我们的节日”主题活动等形式多样的各类活动120余场。建立71人的科普志愿者队伍。为164户孤寡老人、21名重疾卧床人员提供24小时在线关爱服务。开展健康素养讲座42场，2000余人次居民群众参加。开展卫生日宣传活动12场，开展重型精神障碍患者危险性评估1次。

（李 瑞）

童家桥街道

【概况】 童家桥街道地处沙坪坝区北部，呈西高东低之势，属丘陵地带，背靠歌乐山，面对嘉陵江，与磁器口、渝碚路、石井坡、覃家岗街道相接，面积3.4平方千米。下设文苑、壮志路、五灵观、和睦村、阳光5个社区，街道办事处驻大水井1号附231号。2020年年末，有户籍人口3.8万人，常住人口8.4万人。街道有歌乐山烈士陵园，重庆康明斯发动机公司、重庆金美通信公司等重点企业，四川外国语大学、海联职业技术学院（西南政法大学沙坪坝区校区）以及2所中学、3所小学，沙坪坝区中医院、童家桥卫生服务中心2家医疗机构。

【经济建设】 2020年，街道规模以上工业总产值28.84亿元，增幅-9.1%；规模以上服务业营业收入4922万元，增幅-5.3%；有资质建筑业总产值17621万元，增幅120.2%；全社会固定资产投资24306万元，增幅-41.6%；限额以上（法人+个体）批发和零售业商品零售总额3601万元，增幅-24.5%；限额以上（法人+个体）住宿餐饮业营业额1255万元，增幅-76.2%；全体居民人均可支配收入45548元，增幅6.3%。优化营商环境，开展民营企业百日大走访活动，调研走访68家企业，宣传政策，收集到就业难、融资难等问题20件。走访小微企业370家，帮助11家个体商户和企业申报小额担保贷款210万元。采取校地、企地联合方式，帮助康明斯公司解决路灯、围墙等出行安全问题。

【社区建设】 2020年，沙坪坝区首家独立运营老年人爱心食堂“童膳食堂”投用。与西南政法大学采取“校地合作”模式打造街道养老服务中心，完善5个社区养老服务站功能。完善社区服务站适老化功能，采购健康检测一体机、一体训练器、助浴椅等养老辅具80件。为554户老人家庭安装安全扶手，改造适老化道路6条。聚焦群众所思所想所盼民生问题，实施服务群众经费项目9个。优化调整5个社区网格设置，辖区34个网格“多网合一”。整合辖区红色资源，推进红岩党群服务中心建设，创建党建示范社区1个、规范社区3个，完成党建引领社会治理品牌“和睦坊”打造。

【城建城管】 2020年，统筹管理梅林步道等6条人行步道及休闲平台3.4万平方米日常维护及清扫保洁。完成领导马路办公交办任务186件，补齐红岩景区管理短板。完成沙磁片区5号道路线、童正街71号等项目征收拆迁任务34户，完成率100%。安装路灯18盏、休闲座椅26把，整治围墙300米，整治安全隐患5处，改善群众居住环境。按照“一河一策”要求落实河长制，常态化开展3条河流的巡查、保洁等工作。督促餐饮商户新安装油烟净化设备7台、无烟烧烤炉1台，保障蓝天碧水质量。全年拆除违法建筑22处，面积26031平方米，完成率173.54%。打造10个垃圾分类示范小区，通过居民自治方式，建立长效激励机制，推动垃圾分类常态化。

【社会保障】 2020年，城镇新增就业1879人。发布网络招聘信息300条，免费开展技能培训，覆盖229人次。为困难残疾儿童实现“微心愿”22个，慰问老党员、困难群众300余人次。发放宣传资料2万份，选聘普查“两员”254人，全覆盖入户摸排户籍信息28533户（含高校）、人口信息66087人，完成第七次人口普查登记。

【综合治理】 2020年，落实安全生产和稳定工作“党政同责、一岗双责”制度。开展法律“五进”活动21场次，建立“16+N”风险研判工作机制，化解信访矛盾170件次。在金悦城小区建设智能安防项目，投入使用4套人脸识别设施；对壮志路社区老旧小区加装智能安防门，提升小区治安防控能力；开展社区防暴演练，街道、社区配备10种防暴器材、应急物资800件。完成11栋34个单元老旧小区居住高层建筑的消防隐患整改和翰林景苑7部老旧电梯改造，督促指导九鼎名都和富源故里新居小区实施消防隐患整治。

【科教文卫】 2020年，开展红色主题等专题讲座12场次，发挥红色资源优势，组织干部赴渣滓洞、白公馆聆听微党课3次，开展支部规范化“大比拼”、支部书记及骨干党员专题培训等5场次，开展谈心谈话72人次。组建乒乓球队、舞蹈队等10余支队伍，开设舞蹈等文化课程，每周定期开展妙手添翼、变废为宝等8个主题社工活动；重要传统节日开展特色活动丰富居民精神生活。

（谭雪慧）

磁器口街道

【概况】 磁器口街道地处沙坪坝区东北部，东临嘉陵江，南接沙坪坝，西邻童家桥，北靠石井坡，后依歌乐山，境内金碧山、马鞍山、凤凰山三山并列，清水溪、凤凰溪两溪环抱，磁器口正街、小街、横街、幸福街四街棋布，环境优美，人文荟萃，商贸繁荣。磁童路、沙滨路、212国道在此相交，轨道1号线穿境而过，交通便捷。街道辖区面积约2平方千米，下辖金蓉、金碧、凤凰山、磁建村4个社区。2020年年末，有常住人口1.9万，流动人口0.8万。核心部分磁器口古镇是有着上千年历史的巴渝古镇，国家AAAA级旅游景区。古镇内有保存完好的石板路、明清风格的古民居、名胜古刹宝轮寺。历史上磁器口特产有工艺独特的毛血旺、烩千张皮、椒盐花生，号称古镇三绝。沙磁文化广场、磁器口后街、金碧正街文创园、凤凰山公园、磁器口博物馆、磁器口码头改造等项目的落地实施为磁器口发展注入强劲动力。

（高美娟）

【经济建设】 2020年，完成固定资产投资16.55亿元，同比增长21.7%；限额以上批发和零售业商品销售总额10291万元，同比下降

磁器口景观灯饰　　（陈　焊摄）

37.4%；限额以上住宿餐饮业营业额 1628 万元，同比增长 0.3%；全体居民人均可支配收入 4.4 万元，同比增长 5.5%。全年新增市场主体 330 家，其中限额以上商贸业市场主体 2 家。全年磁器口古镇景区接待游客 653.9 万人次，同比下降 49.1%；旅游收入 25.5 亿元，同比下降 49.1%。

（周凡力）

【社区建设】 2020 年，完成 4 个社区养老服务站建设，建成街道养老服务中心。四个社区养老服务站开展老年文体活动、知识讲座 10 余场。

（冉　凌　赵家平）

【城建城管】 2020 年，完成金碧正街征收项目、马鞍山北侧道路延伸段自主式搬迁项目、推进劳动路道路拓宽征收项目。推进风貌码头项目、磁器口后街项目、金碧正街项目建设，完成凤嘴至劳动路新建约 159 米道路建设。实施垃圾分类全覆盖，建立健全垃圾分类配套设施保障体系，增设有害、厨余、可回收备智能设备 3 套；全年处理数字城管案件、“12319”投诉案件处置率 100%，结案率 100%。全年实施行政处罚 166 次，罚款 1.49 万元，实施暂扣 120 次，暂扣物品 432 件。全年拆除、整治违法建筑 75 处，违法建筑面积 2 万余平方米。做好汛前准备和防汛救灾抢险救援工作，印发《磁器口辖区应对类似“8·17 洪水”专项工作方案》应对 8 月特大洪峰过境，按 193.69 米水位标准，摸清 128 处危房、4 处地质灾害点安全情况，发送预警信息 120 余条，覆盖 8.5 万人次，实现辖区商户居民全覆盖。疏散转移商户居民 1467 户 3268 人，转移车辆 1520 余辆，确保无人员伤亡。出动渣车 397 车次，清淤 15 万余平方米。

（胡陈毅　李　勇　刘　伟　赵家平）

【社会保障】 2020年，城镇新增就业2259人，城镇登记失业人员就业349人，城镇就业困难对象就业再就业244人，城镇登记失业率3.98%。通过“重庆就业网”发布招聘信息105条，公共就业服务介绍212人，完成任务111.5%。再就业培训217人，完成任务108.5%。帮助6家个体商户、小微企业申报小额担保贷款110万元，完成任务100%；全年组织82家用人单位参加街道招聘活动。2020年城乡医保集中参保6371人，完成任务106.18%。全年办理“4050”社保补贴67人，发放社保补贴约42万元，办理单位社保补贴11家，发放单位社保补贴约5.1万元；发放就业补贴10人次、1.7万余元；办理失业保险623人次，发放金额约106.4万元。全年办理单位社保开户21家，单位参保人员272人，停保226人；办理个体参保260人次，停保145人次。办理城镇职工医保参保续保停保转档481人次；单双解、破产解体医保补贴14人、新办社保卡400张，发放社保卡361张，全年档案提取216人次，收回及存放181人次。全年指纹采集671人，认证3079人；城乡居民养老保险新增20人，死亡待遇领取32人，工伤保险4人。低保户经济状况核查1445户。落实精神残疾医疗康复救助，向28位需服药的贫困精神残疾人发放600～1200元/人的年度医疗救助卡。落实医疗惠残和生活惠残，发放重度护理补贴3192人、25万余元；困难残疾人生活补贴1230人、86100元，临时救助住院补贴11人、68058元，办理残疾人证32个。落实生活困难补助，为残疾学生及残疾人家庭子女和生活救助补贴5人，残疾人居家托养服务补贴97人、19150元。全年为参战参试退役人员、伤残军人和在乡老复员军人等发放优抚金、医疗救助金、定抚定补物价。深化济困帮扶慈善救助，为51户、70人因意外变故造成生活困难的群众发放临时救助金18.62万元；为住房困难的群众办理廉租房货币补贴12户，实物配租1户。全年发放老年人营养补贴：80～89岁537人次、8.18万元；90～99岁155人次、9.21万元。

（曾晓娟）

【综合治理】 2020年，开展扫黑除恶专项斗争工作。接待各类群众来信来访3件，干部下访接访92次，网上信访31件，网上信访受理结案率100%。开展矛盾纠纷大排查，摸排不稳定因素23件、居民矛盾65件，组织化解59件，涉法涉诉6件。开展普法宣传教育，发放各类法制宣传品3万份，普法讲座4场，悬挂横幅45条，制作宣传展板4块，接待法律咨询20人次。排查矛盾纠纷265件，调解265件，调解成功260件。全年法律顾问代理行政诉讼4件，民事诉讼2件，审查修正合同25份。新增社区矫正对象10人，按期解除社区矫正6人。组建30人的综合应急队伍、80人的社区应急救援队和100人应急处突救援队伍。开展日常业务技能训练34次，安全月训线上4次、线下8次。开展安全生产大检查，排查辖区各单位、九小场所308家，查处安全隐患50处，整改率100%。增设和维修烟感报警器183个。维护更新高清报警设备2组，增设高清报警设备1组。组织开展各类宣传活动32次，散发宣传资料8万余份。组织开展安全知识培训12次、业务技能训练4次、应急演练6次。全年接出警13次，处置初起火情3次、其他警情10次，无人员伤亡和较大财产损失。

（孙希相　赵　丽　赵家平）

【科教文卫】 2020年，整合辖区教学资源，开展暑期青少年教育实践活动10余场，覆盖300余人。推进社区特色教育工作，“非遗进万家”

获重庆市终身学习活动品牌，“百年世家健身队”“金蓉艺术团”获评区级学习型团队，“国防科普”课程获评区级社区教育特色课程。组织辖区居民参加沙坪坝区第四届“沙磁杯——社区教育书法、美术、摄影大赛”，获美术类特等奖3个、一等奖1个、二等奖1个，摄影类二等奖1个，书法类三等奖1个。落实严重精神障碍患者管理服务，协助家属联合送医2人次；为2名严重精神障碍患者申请以奖代补；开展严重精神障碍患者集中入户排查和危险性评估工作，参评率100%。做好特扶人员、流动人口的服务管理，特扶人员共计99人，其中失独人员64人。做好计划生育日常服务与管理，办理生育服务证147个，再生育服务证2个，独生子女父母光荣证12个。开展计划生育广场宣传活动6次，发放宣传资料500余份。（马 敏 冉 凌）

山洞街道

【概况】 山洞街道位于沙坪坝区南部偏中的歌乐山槽上山帚状褶皱南缘，属重庆市“四山”管控区域，地处北纬29.2度，东经106.25度，东邻覃家岗街道新桥村，西南接歌乐山镇山洞村，北邻歌乐山镇新开寺村。山洞原名青龙嘴，又名西山街，因修筑成渝公路时，在青龙嘴开凿一条隧洞，车辆行人从此穿洞而过，遂改名为“山洞”。街道海拔最高点“沙坡顶”人称“寨子山”595米，最低点“龙井”475米，平均高度在500米，东西最宽处900米，南北最长处约3000米，面积1.45平方千米，东高西低，群山环抱。2020年年末，总人口1.8万人，户籍人口2912人。山洞街道抗战遗址遗迹丰富，文化底蕴厚重，有抗战遗址28处，建筑面积10567平方米，有第七批全国重点文物保护单位6个，市重点文物保护单位15处，区文物保护单位1处，一般文物点6处。街道有

2020年10月21日，“梦圆小康”沙坪坝区文化助力决胜小康流动文化志愿服务川剧进基层巡演走进磁器口街道（朱 珊摄）

重庆十五中、山洞小学、曙光幼儿园、重庆市南丁卫生职业学校4所学校；山洞派出所、山洞社区卫生服务站2家社会单位。

【经济建设】 2020年，辖区新登记企业7户、个体工商户38户、食品经营许可证30户，个体工商户转企业2户。受理咨询、投诉、举报21件，处置率100%。限上餐饮行业销售总额365.9万元，同比增加15.5%；限上零售个体营业额558万元，增加24.6%。街道实际在经营市场主体总数132户，其中内资企业27户，个体工商户105户。全年清理拖欠民营企业中小企业账款，合同价共计624.67万元，付款385.02万元。

【社区建设】 2020年，建成林园社区小广场、平安家园自治点等活动阵地5个，建成新时代文明实践站、所、点4个，建成养老服务站。新开设林园社区儿童之家，扩容山洞社区儿童之家阵地。督促4个学生食堂“明厨亮灶”改造，全年未发生校园食品安全事故或影响恶劣的食品安全事件。整合资源组建“山洞能人坊”，依托山洞小学和十五中成立“小巷”说法队，协调部队、社会单位、个体经营户等成立5支志愿服务队，针对群众需求设立服务项目，开

展免费理发、修理家电等志愿服务 50 余次，服务群众 1000 余人次。

【城建城管】 2020 年，加强城市管理和品质提升，对 319 沿线地区完成垃圾清理，完成摄像头安装。申报老菜市场公厕、西山新村公厕 2 处；完成山洞路 10 盏路灯提档升级安装；完成平正村支路派出所围墙提档升级；完成菜市场片区污水管网整治；对华中片区 2 家散乱污企业整治，采取“一企一账”式管理、一月检查 2 次以上；对辖区 34 家涉污企业开展“一企一牌”专项整治工作，搬迁 24 家，整改验收合格 10 家。改造平正村支路和景观建设，平正村支路部分升级，打造平正村支路以及第二期登山步道的建设。建立“一房一账”危房整治；拆除违章建筑面积 4700 余平方米。完成主干道屋面整治项目 38 处，道路两侧景观得到亮化提升。推进辖区生活垃圾分类示范试点工作，整治路面坑洼 50 余处、涂装护栏 1800 米、新安装护栏 300 米。落实河长制，常态化开展清水溪沿岸巡查，推动建设山洞菜市场片区污水管网接入工程。推动平正村支路绿化提档升级，推动山城步道二期建设，建成后将串联起平正村支路和多处抗战遗址。利用民生棚改空地建成停车场，解决群众停车难问题。管控主次干道扬尘，坚持每周冲洗道路 2 次，确保辖区空气质量优良天数达标。

【社会保障】 2020 年，加强社会保障，发放养老、医疗、就业失业补贴 110 人次 19 万余元，慰问退休特困 182 人次。促进就业创业，完成技能培训 85 人次，新增就业 682 人，发放创业贷款 120 万。兵役登记 10 余人，点对点动员大学生入伍 10 余人。对辖区困难退役军人调查摸底，按照“一人一策”要求逐一建档立卡，完成率 100%。落实退役军人就业创业帮扶制度和后续保障服务，解决就业问题。全年发放退役军人及无军籍职工慰问品慰问金 15 万余元，代发放无军籍职工工资 2 千余人次、1317 万余元；全年走访慰问重点优抚对象 100 余人次，代发优抚对象补贴 140 余人次、18 万余元。

【综合治理】 2020 年，落实“属地管理”“一岗双责”，加强安全生产、消防安全检查力度，加强安全生产检查力度，检查企业单位 110 家（次），发现并整改问题 135 个，下达整改指令 19 份，行政处罚 26 家次，实现安全生产零事故。组织安全生产宣传教育 10 余场次，制作安全生产专题宣传栏 11 块。开展应急演练 4 次。推进扫黑除恶专项斗争，摸排、核查线索 1 条，清理清退前科劣迹工作人员 2 人，全年辖区暂无黑恶现象。开展扫黑除恶专项斗争、禁毒、防邪、金融风险防控、安全生产及各类涉及民生的政策解读等各类宣传 60 余场次。加强街道、社区、网格、居民四级联动，构建立体化治安防控体系，划分网格 4 个，网格员 26 人，实组建以党小组长、居民小组长、楼栋长等为首的平安建设志愿服务队伍 6 支。对 97 栋 C、D 级危房实施实时动态监测管理，提升智能化管理水平。自筹资金近 40 万元，安装视频监控镜头 90 个。推进受中梁山隧道扩容炮损影响群体赔偿工作，摸排受损房屋，总计 148 栋、347 户。

【科教文卫】 2020 年，街道免费开放多功能厅、展览厅、排练厅、电子阅览室、图书室设施和场馆，丰富辖区群众精神文化生活。组建 7 支群众文化团队，其中光华艺术团获全市广场舞比赛优秀队伍称号。举办展出活动 2 次；放映电影 8 场；开展文化进基层演出 2 场。为青少年提供学生暑期社会实践活动平台，开展10次活动，确保辖区1000多名青少年学生离校不离教。完成山洞传统风貌区摸底及景观资源定级，绘制《山洞传统风貌街区导游示意图》，落实31处文物安全责任，加大文化墙和基础设施建设力度。（贺宇彬）

歌乐山街道

【概况】 歌乐山街道位于沙坪坝区中部，面积33.03平方千米，平均海拔520米，常年气温较市区低3～5度，下辖山洞、新开寺、天池、歌乐、金刚5个村（下设77个村民小组），高店子、矿山坡、大土村3个社区，街道办事处驻沙坪坝区歌乐山街道北街96号。2020年年末，有常住人口5.17万人，户籍人口3.19万人，其中农村居民2.53万人。街道喀斯特地貌特征明显，灰岩、砂石资源丰富，地下溶洞较多；有森林26.67平方千米、耕地面积6.45平方千米。人文景观众多，有文物保护点23处，其中歌乐山桂花湾抗战遗址群——国民政府铨叙部旧址、吴国桢公馆等5处抗战遗址被确定为“重庆市级抗战遗址保护点”，拥有区级非物质文化遗产2项，建有重庆谈判陈列馆1座。旅游康养优势突出，有乡村酒店和农家乐15家，可接纳5000多人用餐，1500多人住宿；有公办养老机构1家、民办养老机构70余家，床位共6800余张，占全区的90%以上，年均入住率73%。社会单位门类齐全，有立信职业中心、西藏中学等大中小学9所；有市林科院、市公共卫生医疗救治中心等科研及医疗机构4家。

【经济建设】 2020年，规模以上工业总产值21.44亿元，规模以上服务业营业收入1.51亿元，社会固定资产投资总额2.15亿元，有资质建筑业总产值2.17亿元，限额以上批发和零售业总额1.43亿元，限额以上住宿和餐饮业总额0.22亿元，居民人均可支配收入32928元。2家企业升规上限，商贸企业纳入上限升规培养库13家，“四上”企业发展到67家。组织外迁入园对接会20次，动员70余家企业自行外迁或进入工业园区规范发展。完成市级重点项目歌乐山地面塌陷第三、四期回填治理工程，整治地面塌陷坑31个。启动向家湾不稳定斜坡治理工程。完成上下天池环境综合整治、歌矿及山洞老旧小区整治，实施农村C级危房改造8户、农村旧房整治提升30户、实施亮化工程50户、美丽庭院项目40户。建设污水管网6千米、修建人行步道3941米。

【社区（村）建设】 2020年，提升宜居环境，完成农村公路建设项目二标段1.6千米，污水管网建设6千米；完成农村危房改造8户，金刚村美丽庭院创建40户，亮化工程50户。推进“村民变股民、资源变资产、资金变股金”的“三变改革项目”，申报“中央农业生产发展资金农民合作社和家庭农场项目”“2020年度移民后期扶持资金项目”等农业项目，新建钢结构花架1座，新建栈道60米、观光长廊16米，柑橘高接换种1.4万平方米，天池村修建便道路总长4.1千米，修复堡坎长80米，新修梯步125步，改善当地群众出行难问题，提升村社人居环境。完成市级重点项目重庆广播电视发射新塔建设征地，为项目建设提供用地保障。新建矿山坡社区养老服务站和金刚村养老互助点，截至2020年年底，歌乐山街道有养老服务站2个，村级养老互助点5个。

【城建城管】 2020年，实施整违治污，依照“关停取缔一批、整合搬迁一批、提升改造一批”的原则，完成“散乱污”工业企业污染整治556家，其中，山洞村和新开寺村片区487家“散乱污”企业完成整治435家。出台《空置厂房管理办法》《厂房巡查监督实施细则》等制度，建立“横向到边、纵向到底”的街道—村—社三级网格监管体系，巡查空置厂房4100余家次。成立8个整违治污攻坚小组并建立临时党支部，采用“业主自拆、村居助拆、政府强拆”的分类处置机制，全年拆除违法建设452处，面积25.83万平方米。推进农村人居环境整治工作，实施“三清一改”，清理乡村垃圾100余吨，清理沟渠10千米，清理农业废弃物6.5吨，集中开展大扫除、大清洁1176户。完善“河长制”“林长制”工作体系，街道、村两级河长巡河773次，发现整治问题134处。实施国家天然林保护工程，完成国土绿化改造80万平方米。推进蓝天行动，开展油烟专项整治，控制公路扬尘，杜绝露天焚烧，空气质量优良天数310余天。推进垃圾分类工作，健全街道、社区、小区三级联动机制，入户宣传4000余户，开展宣传活动25场次。落实城市管理，维护各类市政设施200处、暴露垃圾约30吨，清除“牛皮癣”800余处，取缔占道摊点360个。完成歌乐山固废物资转运站改造并投入使用。处理数字城管平台案卷6504条、“12319”投诉件41份，处置结案率100%。规范114家“四小店”（理发店、美容院、浴室、诊所）管理，搭建与社服中心的合作平台，实现信息共享。

【社会保障】 2020年，新增低保28户，特困4人，临时救助28人，发放救助金262万元。全年走访慰问特殊群体1000余人次，发放慰问物资20余万元。为949名残疾人更换第三代智能残疾证，发放残疾人康复训练、医疗救助和两项补贴49.6万，承办全区第30个助残日庆祝活动。落实奖特扶和失独家庭帮扶政策，发放扶助金78万元。发放优抚对象生活及医疗补贴97万元、义务兵优待及立功受奖奖励金19万元。对186名严重精神障碍患者进行随访，为5名出行不便的严重精神障碍患者代开精神疾病药物。组织返乡农民工专场招聘会、“春风行动”等线上线下就业创业活动，开展高校毕业生就业创业专项服务，新增就业1868人，其中失业人员再就业322人，困难人员就业96人，发放失业金285万元，创业担保贷款120万元。排查辖区内欠薪状况，检查企业154家，处理劳动监察投诉29起，挽回欠薪约80万元。打造“小桔灯”志愿服务站，推动志愿服务制度化、常态化。

【综合治理】 2020年，提升应急处置能力，建立街道、村（社区）9支应急救援队伍，打造街道应急物资仓库及村（社区）应急救援站。落实应急隐患排查、会商、例会等制度。开展安全宣传活动，发放宣传物资5000余份，开展企业安全培训320余家次。实施大排查大整治大执法，落实安全生产专项整治三年行动，检查生产经营单位134家次，排查人员密集场所88处，整治安全隐患329处，行政罚款8万元。推进消防安全专项整治三年行动，做实危化品、烟花爆竹“打非治违”工作，加强小区、养老机构等重点场所消防安全巡查，培训各行业消防安全300余家次，为老旧小区增设消防器材200套，打通生命通道4处，消除消防安全隐患100余处。发现地灾隐患14处并落实处置措施，开展地灾应急演练27次。开展181户农村危房安全等级鉴定工作，完成8户C、D级危房改造，开展城镇危房动态监测工作。开展森林防火“百日会战”行动，整治森林防火人防、技防、物防薄弱点，悬挂宣传牌360余块，增补防火器材50套，加大守卡及巡查检查力度，全年森林火灾零发生。提高社会治理水平，按照重点群体包人、重点工作包线、重点时段包片原则，落实领导接访下访和包案化解责任制。下访、接访群众620余人次，处理信访案件131件。结合“平安社区”建设、“扫黑除恶”专项斗争等工作，建立治安防控体系和预警机制，实施社区警务战略，开展矛盾纠纷排查10次，犯罪率下降64.8%。挂牌1个公共法律服务工作站，8个公共法律服务工作室，承担化解矛盾纠纷、提供法律服务咨询、法治宣传等职能，接待群众来访、来电、来信法律咨询约200余人次，矛盾纠纷调处率100%，成功率98%。

【科教文卫】 2020年，开展文艺演出、舞蹈培训、讲座培训等42场次。发挥微型少年宫、妇女儿童之家、24小时书屋等载体作用，丰富群众文化生活。开展全民阅读主题活动13次，为各村农家书屋配备图书600余册。开展“文明在行动，满意在重庆”“周六文明劝导我参与”等活动，提升群众素质。推进创建全国文明城区和巩固国家卫生区工作，歌乐村创建全国文明村，天池村通过全国文明村复评。建设村、社健身场地3处，开展2020年度体育场地统计调查及核查工作，对村、社区及社会单位的180余处体育健身场地进行调查统计及查漏补缺，各村、社区均有

2020年7月6日，高店子社区开展防“溺”于未然——防溺水安全知识讲座 （陈梦倩摄）

2支以上健身团队。开展“科普宣传日”活动8次，参与人数200余人次，推送科普信息500余条。开展未成年人暑期防溺水宣传教育，组织“关爱未成年人安全知识”等讲座10次。开展2020年学前教育宣传月活动及征文比赛，选送参加2020年度沙坪坝区社区学院第四届“沙磁杯”社区教育书法、美术、摄影大赛，5个作品获奖。

（张 娇）

井口街道

【概况】 井口街道位于沙坪坝区东北部，东与两江新区礼嘉、大竹林隔嘉陵江相望，西与国际物流枢纽园区、重庆科学城隔中梁山相邻，南接磁器口旅游风景区，北连蔡家、悦来组团，属于井双新城规划核心区。辖区面积22.25平方千米，街道办事处位于井口经济桥社区复兴路48号，辖经济桥、果园、松堡、柏杨村、江家院、美丽阳光家园、宏城名都7个社区和双碑、井口、南溪、二塘4个行政村。2020年年末，户籍人口3万余人，常住人口7万余人。

【经济建设】 2020年，规上工业总产值48.77亿元，同比增长-12.3%；限上批发和零售业销售额103.68亿元，同比增长-12%；住宿餐饮营业额810万元，同比增长-59.1%；有资质建筑业总产值1.24亿元，同比增长-17.6%；全社会固定资产投资13.12亿元，同比增长392.2%；城乡居民人均可支配收入4.32万元，同比增长5.8%。

【社区（村）建设】 2020年，围绕疏通民生堵点、提升城市品质、创新基层治理“三项行动”，美丽阳光家园社区配备18台智能门禁、400个视频监控镜头、车辆违停抓拍镜头12个，以打造“托养＋日照”的养老服务升级版为目标，发放老年

2020年9月29日，歌乐山街道举办“庆国庆、迎中秋”文艺展演 （陈 露摄）

智能终端设备707台；宏城名都社区安装老旧小区防盗门6个，增设安防设施200余件，整治乱停车道路500余米；经济桥社区增设公园1个、健康小院1个、停车场1个；完善村、社区工作制度，指导村、社区代表选举产生村民议事会、红白理事会、道德评议会。完成二塘村、双碑村、井口村、南溪村4个行政村全部农户厕所建档。

【城建城管】 2020年，攻坚征地拆迁签约房屋379户，面积约12万平方米，拆除房屋567户，面积约16万平方米。扫清用地障碍，腾挪城市发展空间约60万平方米土地，出让地块签约42户，拆除房屋275户，完成率93%，完成存量违法建筑整治任务25.21万平方米，完成率105%。提升城市品质，开展“补植、改造、管护”三行动，累积除草、修枝、补绿4.5万余平方米，修复人形护栏2100米，修补修复市政道路93处，更换井盖62处、维修路灯146处。取缔、劝离占道经营、骑门摊1800余处，整治乱涂乱画等“牛皮癣”930处，整治规范店招店牌361处。处置“12319”投诉件85件、数字城管系统案卷11821件。

【社会保障】 2020年，办理城乡居民养老保险3125人次、城乡居民医疗保险1.4万余人，完成率100%。新增城镇就业2463人，发放失业保险金381万余元，以“送政策、送岗位、送培训”等方式，发放宣传资料1100份，发布企业网上招聘信息181条，提供就业岗位542余个，帮助就业困难人员142人就业，将失业率控制在4%以内。办理小额担保贷款168万元，受理劳动纠纷7起，调解率100%。发放低保、临时救助等惠民资金258.4万元，惠残工程办理435人，补贴76.9万元，发放各项优抚补贴145万元，优抚人数计99人。

【综合治理】 2020年，处理矛盾纠纷和急难小事190余起，解决井双新城征拆矛盾30余起，收集意见32条，开展服务治理项目6个。提升

2020 年 1 月 20 日，
井口街道办事处揭牌
（李西忠摄）

安全生产监管能力，检查工贸企业、社会单位 64 家，发现隐患 54 个，处罚 13 家企业，整治较大隐患 9 个。提升应急管理服务，建立横向到边、纵向到底，党政同责、一岗双责“四大体系”，开展应急演练 16 次，参加自然灾害救援培训 7 次。

【科教文卫】 2020 年，街道有小学 3 所、中学 1 所、九年制学校 1 所，在校学生 3486 人，幼儿园 12 所，在园幼儿 2396 人。完成 11 处不可移动文物安全责任书签订。建成应急广播系统。开展基层数字文化点和大数据建设，利用会议视频系统参与区文化馆“沙坪坝区全民艺术普及广场舞”网上培训，组织开展迎新春文艺会演。组织村（社区）开展为“梦想拼搏 为时代铸魂——最美奋斗者”全民阅读和书画展览活动、普通话培训、插花培训等。开展各类爱国卫生、病媒生物、健康教育宣传活动 80 场次。办理独生子女证 31 个，办理生育服务证 231 个，办理再生育服务证 7 个，随访管理 31 名严重精神障碍患者。开展消毒消杀面积 17 万余平方米，控制病媒生物密度。

（廖浙娜）

土主街道

【概况】 土主街道地处沙坪坝区西部，位于全区行政版图的腹心，辖区内有国际物流园、融创文旅城，是“一带一路”的“连接点”，对外开放的“桥头堡”。2020 年 12 月，撤销土主镇，设立土主街道。辖区面积 33.32 平方千米。辖明珠山、田坝、向家坪、四塘、力量、三圣宫 6 个村，土主、团结湾、永祥、双龙、西盛 5 个社区。2020 年年末，户籍人口 34493 人，其中城镇人口 33442 人，农村人口 1051 人，城镇化率 97%。

（陈 雪 邱 垚 李奇缘）

【经济建设】 2020 年，规模以上工业总产值 4.8 亿元，有资质建筑业总资产 2.82 亿元，全社会固定资产投资总额 161.96 亿元，限额以上批发和零售业商品销售总额251.13亿元，限额以上住宿餐饮业营业额6550万元，增长943.2%；规模以上服务业营业收入106.37亿元，增长29.5%；全体居民人均可支配收入3.39万元，增长8.5%。培育优质市场主体，上限升规20家，新增2500家。完成农贸市场各项服务工作，摸排闲置楼宇面积约3万平方米。开通复工复产“绿色通道”，靠前服务国际物流城、融创文旅城等重点业态。帮助900余个市场主体复工复产。推动夜间经济健康发展，加快推动餐饮业复商复市，举办全市第九届休闲消费节，组织企业参加不夜重庆生活节活动。对规上限上企业73家（工业企业2家、建筑业2家、批零企业45家、住宿餐饮业2家、服务业22家）信息统计。

（王　红　李奇缘）

【村（社区）建设】 2020年6月，五一村开展撤村报批和4个社区居委补选工作；11月，完成西盛社区设立工作；7月完成双龙社区建设并于9月投入使用；完成双龙社区养老服务站、永祥社区养老服务站、四塘村养老互助点和力量村养老互助点建设；团结湾养老服务站新站建设和土主临时治丧点异址新建工作推进。

（彭立娜　李奇缘）

【城建城管】 2020年，接管西盛社区近3平方千米城市建成区；开展力量村、明珠山村9千米农村道路改造；整治老街片区巷道3000平方米；建成约4000平方米悦静公园。重新油化4千米市政道路，规范道路标识标线，疏通团歇路连接物流枢纽园区道路堵点。实施土主大桥人行道拓宽改造工程。维修团结湾安置区6栋居民住房7000平方米破损外墙，解除房屋渗漏问题和安全隐患。实施“团结家园”户外党建阵地建设工程，在团结湾B区建设议事亭、学理廊、记忆墙、叙旧园、乡情苑等小区公益设施6200平方米。建成550平方米两轮车临时停车场，配置充电设施；实现西街车道全隔离；铺设人行道200米，完善附属设施；安装照明路灯150盏。督促企业规范施工围挡，审核和监管建筑渣土运输线路，控制扬尘污染；设置卡点24小时严查偷运乱倒建筑垃圾违法行为。依法维护市容秩序，规范场镇经营店牌，整治占道经营乱堆放和违法户外广告，制止“三废”直排，严处违规占道停车。全年办理区领导“马路办公”交办件8件，镇领导“马路办公”交办件196件，数字化城市管理信息系统案2213件，市容环境综合整治专项行动交办限期整改案296件，“12319”城市管理服务热线投诉案87件，舆情件5件，政府公开信箱交办件6件，整改销号完成率100%。抢抓西部（重庆）科学城、成渝地区双城经济圈建设和镇改街道等关键机遇，场镇片区、三圣宫片区、物流园教育居住片区征地拆迁取得重大突破，拓宽科学大道，启动三圣宫立交改造，保障土主隧道、二横线、C1路、区社会护养中心等市区重点项目建设推进，签订征地征收协议290户，拆除旧房10.1万平方米。遏制新增违法建筑；完成2个新建商品房小区违法建筑成片整治前期准备工作；推动存量违法建筑整治，全年消除存量违法建筑面积5.1万平方米，整治任务完成率100%。

（张　翊　王安华　李奇缘）

【社会保障】 2020年，组织融创文旅城专场招聘会等各类小型社区招聘会，促进群众在家门口就业，纾解企业用工难题，助力民营企业复工复产。开设火锅底料等就业技能培训班，提升群众就业能力。全年城镇新增就业1730人，登记失业人员再就业231人，城镇就业困难人员就业

133人。接收离校未就业高校毕业生60人，全部实现就业。新冠疫情期间开发临时防疫公益性岗位33个。全年累计集中参保18294人，其中417人享受政府资助参保。办理个人身份参加职工医疗保险135人，其中3人享受国营企业“双解”补贴。积极扶持小微企业发展，发放创业担保贷款220万元。组织企业开展在岗职工技能提升培训，开设电工、汽车维修等技能提升培训班，培训94人。落实单位社保补贴政策，为辖区13家企业办理单位社保补贴64万余元。完成7家国企290名退休人员社会化管理移交工作。深化“放管服”改革，推进优质社保服务平台建设。承接社保业务下沉工作，累计办理下沉业务830件，同比增长1倍以上。辖区有低保户58户76人，新增3户5人，其中城市低保50户64人，农村低保8户12人；全年发放低保金543224元、过节慰问金30120元、物价补贴50876元，共计624220元。救助临时救助人员21户43人，其中低保户12户、建档户5户、其他困难群众4户，发放救助金额21.9万元。特困人员7人，发放特困金65868元、过节慰问金2610元、物价补贴4694元。孤儿1人，发放生活补贴14448元、过节慰问金410元、物价补贴652元。矽肺人员7人，发放生活补贴64560元。百岁老人1人，发放生活补贴6400元、过节慰问金600元、高龄失能老人生活补贴10800元。完成优抚对象信息核查167人，新增退役军人及现役军人家属信息采集17人，退伍军人报到2人，为困难优抚对象申请临时医疗救助9人，办理优抚关系转出7人，转入6人，优抚人员新增3人。

（朱德新　李　艳　钟　奕　李奇缘）

【综合治理】 2020年，排查化解征地拆迁、房地产等重点行业领域矛盾纠纷196起，办理网上信访件21件，开展重大决策社会风险评估5件，处置突发群体事件13起、自杀事件6起，强制送医重度精神障碍人员5人次。全国“两会”、文旅城开业等重要时段重点人员稳控到位，未发生政治安全、意识形态和公共安全事件。推进扫黑除恶专项斗争，净化社会治安环境。重点排查渣土运输倾倒、驾校考场行业领域黑恶势力情况，派出所出警1825人次，化解矛盾纠纷2295起，查处治安案件412件，处罚39人，开展“滚动式”“错时制”街面巡逻730次，处置突发警情85起。强化司法行政和人民调解工作。严管社区矫正人员173人（已解除156人），安置帮教80人，无脱管漏管和重新犯罪事件发生；组织干部参加法治理论考试41人次、行政执法人员网络培训19人次，应对诉讼案件10件，审查合同40份；创建民主法治示范村（社区）6个，调解伤亡事故纠纷等民事纠纷126件，涉案金额700余万元；向法院推荐任命14名人民陪审员。建立完善应急管理“四大体系”，挂图推进安全生产三年行动计划，排查整改安全隐患279个，罚款1.87万元，推动整治团结湾消防水欠压、远洋下穿道积水、向家坪农村道路毁损等安全隐患。强力推进“打通生命通道”工作，规范停车、消除堵点10处，拆除易燃雨棚60余户，清理整治凸出式防盗网100余户。支援磁器口抗洪抢险救灾。协调处理融创文旅城、中建瑾和城等建设项目工地等欠薪68起，涉及金额760万元。

（王　伟　朱德新　李奇缘）

【科教文卫】 2020年，完成土主科技志愿服务队建设。举办第四届院士专家校园行活动——生物知识进校园、科学防疫义诊。组织开展区第三届公民科学素质大赛，获全区三等奖。组织开展“科技战役·创新强国”科技周系列活动，获区科协2019年度特等奖。完成科普大学教学任务。组织培育4家科技企业申报，完成高新技术企业统计工作。按照“每月一主题”开展群众文化活动46场；举办新春巡游大型节庆活动，举办文艺会演4场、专题展览展示5场；放映惠民电影105场次。联合土主小学开设“甲骨文学堂”“木雕课堂”文化传承课堂。发挥社区儿童之家、综合文化服务站、养老服务站等公共资源作用，开展全民终身学习相关活动。拍摄“故里故事”宣传片《沃土兴业 力主开放》。面向现代服务业员工开展垃圾分类现场教学3场，养老服务站开展老年人手机培训3场，老年大学举办舞蹈、声乐等培训10场，儿童之家开展亲子阅读活动6场。编排原创舞蹈作品2个，编排原创小品2个。规范文旅产业，对辖区内全部8个网吧、2个KTV进行规范管理；与融创公司建立对接联系制度，开展文旅产业相关监管和服务。实施团结体育公园提档升级整治建设；11月室内体育场馆破土动工。新建1个社区文化活动中心并投用。办理生育服务证249个，再生育服务证10个，独生子女父母光荣证30个；办理新增奖扶13人、特扶4人；完善人口家庭信息平台、便民服务系统、计生家庭扶助系统、计生药具系统数据2万余条。重视计生特殊群体的关心关爱工作，发放当年年满49周岁的独生子女父母一次性奖励金5.1万元，兑现0~14周岁独生子女父母奖励1.55万元。开展健康城市创建工作，成功创建健康村6个，健康学校2所，健康社区卫生院1所。利用世界卫生日、世界献血日、世界无烟日、爱国卫生月、爱牙日、全民健康生活方式行动日等普及健康生活方式，开展健康教育宣传26次，发放宣传资料3000余份。开展消杀灭工作，为村（社区）发放溴敌隆灭鼠药300千克。

（钟　玲　李国民　王　红　李奇缘）

陈家桥街道

【概况】 陈家桥街道位于沙坪坝区西部，下辖桥南、桥北、桥东、学府、学林、学苑、官房寺、天马山8个社区，辖区面积17.76平方千米。街道办事处驻陈电路67号。辖区内有巴蜀古代建筑博物馆、冯玉祥故居纪念馆、虎电滨河公园、

2020年8月，土主街道双龙社区开展“东方童子军 欢乐夏令营”活动　　（李梦瑶摄）

学府广场、滨河公园，有重庆医药高等专科学校、重庆电子工程职业学院、重庆警察学院大学城校区、重庆房地产职业学院等学校。2020年年末，户籍人口35444人。

【经济建设】 2020年，全社会固定资产投资总额34.44亿元，同比下降35.2%；有资质建筑业总产值12789.8万元，下降39.73%；重点服务业主营业务收入3001万元，增长13.95%；限上批零行业销售总额11907.9万元，下降30.91%；限上餐饮业营业额4691.7万元，增长5.5%。落实领导走访联系服务民营企业制度，壮大市场主体，营商环境改善，新增市场主体企业723家、个体1326家，增量创历年新高。“上限升规”培育22家，标准入库市场主体11家。龙湖开元、美的金科郡、华远·海蓝和光、水印三生、泷悦华府、西永9号、佳兆业晓岸云起等重点房地产项目推进；龙湖高新天街、龙湖仟百汇、东林广场、学府广场商业街区等7个社区便民服务商圈逐渐形成。

【社区建设】 2020年，完成天马山社区用房建设，建成天马山、桥南2个社区养老服务站，提升社区公共服务能力。完成桥北社区二开发区路面整治，推进桥北社区广场建设及桥东社区阳光之家建设，提高社区服务水平。完善桥北社区党群服务中心，实行“客厅化办公”，开展“散座式、家庭化、客厅式”服务模式，推动社区服务向人性化、亲情化、全方位服务方式转变。官房寺社区、学苑社区获评区级“2018—2019年度青年文明号集体”，桥东社区被评为区级健康示范社区。

【城建城管】 2020年，整治整改市政基础设施，全年开展各级“马路办公”150次，整改问题600个。完成“有颜值又有温度”公厕改造、虎电公园三期广场改造；改善河道基础设施，打通断头路600米，提升河道护栏1500余米；完成陈家桥老桥整治及美化升级。整治河道水域环境，疏通堵塞管网4.8千米，新建管网2千米；完成两岸护坡约1.3万平方米除草翻土，播撒花种900余千克，完成跳蹬桥桥头护坡造型1处，落实“河长制”治理内容；建设跳蹬桥下拦河坝水闸1座。环卫整治全覆盖落实落地，做到道路清扫保洁率、垃圾日产日清率100%，清运暴露垃圾1.5万余吨，清除“牛皮癣”4.3万余处。制作安装四分类垃圾收集亭和公示栏24处，购置二分类不锈钢垃圾桶20个、垃圾分类塑料桶156个，建设有害垃圾暂存点1个，更换人行道二分类果皮箱120个，完成街道级有害垃圾转运点1个，建立158人垃圾分类指导员队伍，开展第三届“最美环卫工”颁奖暨垃圾分类宣传活动。对辖区绿化树木进行打药防虫，部分路段行道树进行修枝，全域除杂草2吨、补栽麦冬0.7吨。更换虎电滨河公园枯死树木98棵，补栽花苗3000余株。新安装LED路灯96盏，检修路灯31盏、老旧电线2000米，处理路灯投诉件100余起，春节前亮灯率100%。巡查桥梁安全80余次，发现问题21余处；集中清淘化粪池446座，改造、更换破损化粪池井盖80余处；更换破损井盖、水箅子300余个，更换修复人行护栏350米，修补市政道路及人行道3600平方米。城管数字中心网络平台接件9431件，按时回复9262件，处置率98.2%。开展交通整治行动，查处非法营运车辆200余辆，查处人行道违停机动车80辆、摩托车167辆，拖移共享单车1984辆。完成存量违法建筑拆除整治3.6万平方米。排查消防车道358次，维护路缘石黄线4750米，完成停车位智能化改造，市政道路消防车通道标志标线标牌全部完善。

陈家桥街道桥北社区党群服务中心　　（夏　雪摄）

2020年10月，陈家桥街道开展第三届“最美环卫工”颁奖暨垃圾分类宣传活动　　（李　均摄）

【社会保障】　2020年，推进就业创业服务，加强征地农转非劳动力就业和技能培训，举办面点、电工、育婴、火锅等特色就业培训活动6场次，举办“春风行动”招聘会，城镇新增就业2506人，登记失业人员就业399人，对333人发放失业保险金271万元；为77人申报“4050”灵活就业社保补贴34.36万元，发放扶持创业贷款200万元。加强社会保障，推进社保扩面，完成城乡居民合作医疗保险参保24864人，全年指纹、人脸采集认证1.1万余人，职工医保参保、停保、补缴482人，发放征地农转非丧葬抚恤金138万元。

【综合治理】　2020年，完成10项民生实事和50项为民服务清单，排查整治239项安全隐患、化解21件历史积案。推进“4+1”社会治安防控体系建设，在人员密集场所廖家坪农贸市场增设8部监控摄像头，完成美丽蓝湾小区安防建设，新增视频监控53部，高空抛物监控15部，人脸识别系统6部。开展扫黑除恶专项斗争及社会治安重点地区排查整治，排查出租户758户，流动人口5793人次，打击处置刑事案件130件，治安案件480件；开展防范和打击非法集资工作，街道、社区开展流动宣传8次，发放宣传资料2万余份。坚持党政领导信访接待日制度，接待群众来访70件次、568人次，其中集体访36批次、497人次。市信访办交办13件，区信访办交办15件，本级录入9件，办结率100%。开展矛盾排查活动，排查出各类矛盾纠纷88件，调处成功80件。与30名严重精神障碍患者监护人签订“以奖代补”协议，发放“以奖代补”资金8.65万元。

【科教文卫】　2020年，开展全民艺术普及合唱培训、全区流动文化服务进基层、迎中秋庆国庆文艺演出、区广场舞比赛等各种文化艺术类活动30余场次，文化服务中心免费开放接待群众1万余人。发展全民健身事业，争取上级资金18万元在学府广场改建羽毛球场3片，对体育广场乒乓球场进行提档升级，更换健身器材50余件。编纂并内部出版《百年陈香——陈家桥世纪流响》。实施教育科普民生事业，成立“三长制”科普工作领导小组；桥东社区科普大学实行春季班网上授课，秋季班线下教学，全年开课28次，受众人次1000余人；开展防疫科普讲座、免费义诊等特色科普教学，组织居民参与科技活动周、全国科普日、防灾减灾日等科普主题活动12次，发放科普资料5000余份。开展创文共建共享活动，累计发放创文入户调查问卷1万余份、宣传海报1500余份、创文宣传口罩89112只，制作安装各类宣传氛围200余处；组织200余名志愿者参与“文明交通劝导”300余次、新时代文明实践志愿服务活动20次；启动“曝光台”专项整治行动，限时整改300余个问题。　（全奕璇）

联芳街道

【概况】　联芳街道位于沙坪坝区、渝中区、九龙坡区三区交界处，辖区面积2.27平方千米，东、南、西、北四方分别与九龙坡区渝州路街道、九龙坡区石桥铺街道、沙坪坝区覃家岗街道、沙坪坝区小龙坎街道接壤。街道办事处驻石小路显丰大道33号，辖圣泉、学堂堡、平顶山、香榭里、双朝门、联芳桥6个社区。2020年年末，辖区户籍人口2.44万人，常住人口5.39万人。

【经济建设】　2020年，规模以上服务业营业收入2.65亿元，增幅-7.7%；全社会固定资产投资总额3.8亿元，增幅21.7%；有资质建筑业总产值3.94亿元，增幅41.9%；限额以上（法人+个体）批发和零售业商品销售总额18.7亿元，增幅 18.7%；限额以上（法人 + 个体）住宿餐饮业营业额 751 万元，增幅 5.1%；社会商品零售额 17.04 亿元，增幅 21.6%；居民人均可支配收入 43692 元，增幅 5%。

【社区建设】 2020 年，推动街道社区党群服务中心提档升级，完成双朝门社区示范点打造、圣泉社区新办公室装修，启动学堂堡社区便民服务中心搬迁工作；打造圣泉、双朝门 2 个主题公园；改善人居环境，启动圣泉便民人行步道、棚户区环境综合整治等，惠及群众 5 千余人。深化社区养老，建立 6 个社区物业管理服务联席会议制度，推动物业管理融入社区治理；新招录选举 5 名社区居委会委员，补齐社区两委班子，制定《联芳街道社区工作人员综合考评办法》，提高社区服务质量。

【城建城管】 2020 年，开展城市品质提升专项行动，完成万达项目环境卫生整治、平顶山文化公园市政设施修复、花开香地车行道等整治，修复市政设施 10 余处，面积 1000 余平方米。实施石小路殡仪馆家属区坡地绿化整治，消除菜地 300 余平方米，复绿面积 400 余平方米；开展绿化环境品质提升专项整治，新栽种乔木红叶石楠 150 余株，播撒花种 20 余千克，播撒面积 1 千余平方米。清理辖区城市干道、护坡等枯枝蔓藤 3 千余平方米，实施辖区道路行道树修枝整形 80 余株，清除背街小巷卫生边角废旧家具垃圾 12 起，开展环境卫生整治 10 余次；开展各类流动摊点、店外经营、露天夜烧烤集中整治 16 次；开展机动车违停专项整治行动；开展环保督察、“蓝天行动”专项工作。每天对街道辖区道路冲洗降尘 2 次以上，确保道路洁净度。对 32 家汽修及驾校开展环保督察检查，整治辖区餐饮油烟污染，处理油烟污染投诉 5 起，100% 整改。推动垃圾分类工作，实现辖区居民小区垃圾分类设施全覆盖；推动辖区 12 个垃圾分类亮点小区打造工作，完成志龙玖嘉怡小区、大城小爱、中方千寻、富洲 D 街区、苹果派二期等高层楼层撤桶工作。拆除违法建筑约 1.45 万余平方米；处理数字城管案件 5272 件，其中市容环境类 2610 件，市政设施类 734 件，宣传广告类 1094 件，街面秩序类 393 件，其他类案件 441 件，处置率 99.15%。

【社会保障】 2020 年，新增就业人员 2978 人，其中单位就业 2763 人，城镇灵活就业人数 214 人，公益性岗位就业 1 人，发布网络招聘 91 条，介绍 247 人；城镇登记失业人员就业人数 343 人，困难人员就业 138 人；失业人员培训 223 人；新增档案管理 56 份，转出档案 27 份；发放失业金 142.77 万余元、926 人次；发放创业补贴 62.81 万元、36 人次；申报“4050”社保补贴 55 人，33.72 万元；发放用人单位社保补贴 16 户，补贴人数 23 人，补贴月数 148 个月，金额 10.91 万元，公益性岗位补贴 2 人，社保补贴 9638.38 元，岗位补贴 4.23 万元。发放低保金及节日慰问金 26.25 万元；物价上涨补贴 2.19 万元，34 名低保户对象参加惠民济困商业医疗保险。临时生活救助 15 人，救助金额 12.55 万元；发放老人营养补贴 6.38 万元。发放重度残疾护理补贴 5.33 万元、困难残疾人生活补贴 1.11 万元，居家托养服务补贴 5750 元，医疗救助 2 人、2.3 万元，临时救助 1 人、3000 元，贫困大学生入学救助 1 人、5000 元，辅具发放 20 人，享受免费服药及医疗救助 16 人，儿童康复训练救助 14 人。办理职工医保 1684 人，办理 2021 年城合医保 11852 人，养老待遇指纹验证 2650 人，个人养老办理 161 人，个体退休办理 43 人，单位养老办理 81 家；采集辖区退役军人信息 700 余人。慰问一线抗疫军人家属、生活困难退役军人、重点优抚对象代表。推进退役军人教育培训及就业创业，为退役军人转发招聘信息近千次，退役军人创办小微企业 3 户、个体工商户 14 户。发放义务兵优待金 6 万余元、义务兵立功受奖奖励金 2000 余元。发放重点优抚对象生活补贴 13 万余元，重点优抚对象医疗费 2 万余元，发放伤残抚恤金 22 万余元，发放各类重点优抚对象各大节日费 2 万余元，发放企业参战人员医疗困难补贴 6000 余元。

【综合治理】 2020 年，完善 1 个街道，6 个社区综治中心建设；推进雪亮工程，在主干道、企业、单位、小区等重点区域安装监控探头 436 个；制定电子网格化管理平面防控图，对辖区 29 个网格实行动态管理；开展社会治安重点地区排查整治，悬挂标识标牌 22 块，印发宣传资料 7000 余份，制作宣传展板 20 余块。核查社会监控镜头 140 个。开展校园周边地区安全隐患专项检查 5 次、校园“三见”巡逻 220 次，专职巡逻 344 次。整治地区刑事案件发案率与去年同期相比下降 30.77%。办理信访案件 57 件，调节化解矛盾纠纷 458 起，成功率 100%，摸排不稳定因素 23 件，71% 以上化解在社区。聚焦基层治理品牌打造，投入 60 余万元，建设以 350 平方米“邻距离”服务总站为原点，辐射辖区 6 个社区的“邻距离”服务驿站。

【安全生产】 2020 年，推进安全生产大排查大整治大执法，检查 294 家次，检查发现问题和隐患 309 个，整改隐患整改率 96%，下发整改文书 112 份，安全生产、消防安全行政处罚款 0.47 万元；开展打通“生命通道”联合执法行动 9 次，查处违章停车 180 台次；开展“三查三清”和“盲区清零”和消防隐患专项整治行动，15 家物业公司和重点单位参与，125 栋高层建筑落实消防安全责任人、管理人，消防安全管理公示牌悬挂率 100 %；开展“三查三清”消防设施隐患综合执法检查。对 23 个小区、34 栋楼、60 处室内外消火栓开展整治执法检查，发现隐患 50 处，出具消防设施隐患限期整改书 20 份；完成联芳花园 1 ~ 6 期、联芳桥私家院子、南方香榭里小区 18 幢等消防设施添置维护改造；强化工贸企业执法检查，对 47 家涉及受限空间企事业单位开展排查，排查化粪池 98 个、地下管网 47 个、污水处理设施 23 个、作业间等地上空间 44 个，组织专业知识培训一次；开展工贸、危化品、建筑、有限空间和特种设备等执法 21 家次，发现隐患 21 个，整治隐患 21 个，整改率 100%；修订完善行政管理体系制度 6 个、组织指挥体系 3 个、应急指挥体系 12 个、制度保障体系 14 个；组建街道应急队伍 40 人、各社区应急队伍 20 人的应急救援队伍；采购价值 4 万余元应急救援物资，提升应急能力；采取多种形式开展安全生产“五进”宣传活动。开展咨询活动 10 场、服务生产经营单位 100 余家，发放安全知识手册 2000 余册和宣传资料 5000 余份，张贴横幅和标语 30 余幅，制作消防、地质灾害、用电用气用火安全和安全生产等各类知识展板 30 张。向辖区群众宣传、展示 10 余种企业（家用）消防设施设备，提供安全生产咨询 2000 余人次。

【志愿服务】 2020 年，成立“邻距离·悦芳华”文艺志愿服务队伍、“邻距离·点亮星光”助残志愿服务队伍、“邻距离·90 青年”科普志愿服务队伍、“邻距离·小树苗”助教志愿服务队伍、“邻距离·暖人心”民政救助志愿服务队伍、“邻距离·啄木鸟”医疗志愿服务队伍，6 支“邻距离”志愿服务队伍招募志愿者 180 人，开展志愿服务活动 18 场。 （张　瑶）

丰文街道

【概况】 丰文街道辖区面积11.95平方千米，辖人和门、三河2个村，丰文、清悦、崇贤、丰盛4个社区，重点区域和单位有学府悦园公租房片区、龙腾丰文和绣美丰文安置区、国盛园墅小区、万达文旅城部分区域、国泰鑫汽博城、中国人民解放军陆军勤务学院、重庆商务职业学院、重庆市运动技术学院等。2020年年末，户籍人口14652人，辖区常住人口8万余人。

【经济建设】 2020年，规模以上工业总产值5299万元，增长18.6%；全社会固定资产投资总额8.89亿元，增长112.6%；限额以上（法人+个体）批发和零售业商品销售总额1.03亿元，下降7.4%；全体居民人均可支配收入41118万元，增长5.4%。辖区限额及规上企业8家，个体6家；市场新增个体197户，企业69户。

【社区（村）建设】 2020年，丰盛社区便民服务中心装修完毕投入使用，丰文社区便民服务中心新建工程完成主体工程建设和装修，三河村便民服务中心新建工程主体工程完成工程量97%。

2020年10月23日，联芳街道双朝门社区孝善文化公园举办“晚霞映初心 逐梦新时代”重阳节文艺演出 （区融媒体中心供图）

组织补选丰文、清悦、崇贤3个社区居委会成员，组织丰盛社区居委会首次选举，撤销人和门村11个村民小组、三河村7个村民小组建制。加强社区（村）干部队伍建设，坚持社区工作人员凡进必考，全年新招录社区工作人员10名。选优配强两委班子队伍，调整崇贤、清悦社区党支部书记，调整11名公租房社区两委班子成员，搭建丰盛社区两委班子；对6名社区工作人员进行轮换；开展集中培训2次，科室业务培训12场。鼓励社区（村）工作人员参加社会工作职业资格考试，25人取得社工职业资格。

【城建城管】 2020年，业务科室全线入驻“渝快办”政务一体化平台，调整发布办事指南200项，补录已办事项1439项，新增电子印章17枚，在政务中介机构超市平台中入驻3家单位；升级线下业务窗口，公共服务中心规整重编业务办理窗口9个，完成村（社区）6个便民服务代办点建设工作，综合服务窗口达标80%。完成65个车棚膜安装工程，新增210个路内划线停车位；养老服务中心完成装修投入使用；完善情悦社区、崇贤社区210个固定摊位设置；修复市政设施（护栏、U形桩）3500余米、人行道地面砖4300平方米；整治树圈1100个、补植绿化1700平方米；完成文化大院道路35盏太阳能路灯安装和龙腾公园900平方米主入口建设。拆除违法建筑2万平方米。开展生活垃圾分类“八进”宣传活动300余场，新建街道有害垃圾中转站1处，设置物业公司大件垃圾暂存点7处、有害垃圾暂存点3处，对辖区垃圾分类标识全部更新更换。排查消防通道隐患点位213个，整改隐患点位212个。整治车辆乱停放，规范共享单车3000余辆、拖移机动车（非机动车）3046台次，清理占用消防隔离桩（墩）、地锁8起。每月开展市容秩序集中整治8次，督促物业清理小区脏乱差24次；收缴非法广告638份，拆除违规招牌广告44块，整治占道经营5152次；处理市长信箱投诉案件30件，受理数字城管“12319”投诉案件2518件，整改2498件，结案率99.2%。

【社会保障】 2020年，举办主题招聘会6场、职业技能培训4场，城镇新增就业2193人。办理2020年度城乡居民合作医疗保险分散参保420人、2021年度城乡居民合作医疗保险集中参保11683人，68名民政资助参保对象参保率100%。发放低保资金40.61万元、临时救助资金8.14万元、特困供养资金4.64万元、失业保险金80.61万元、灵活就业人员社会保险补贴12.87万元，发放80岁以上高龄老人营养补贴及经济困难高龄失能老年人生活补贴24.88万元，发放残疾人各类补贴、帮扶资金17.28万元。全年采集退役军人信息315人，悬挂光荣牌310块，发放优抚金70.41万元，补发2018年、2019年义务兵优待金4.55万元，补发现役军人1人立功受奖奖金2093.4元，2019年入伍大学生一次性奖励金5000元，发放慰问金72830元，发放“中国人民志愿军抗美援朝出国作战70周年”纪念章2枚。

【综合治理】 2020年，打造社会治理品牌“心邻居”。一体化建设玉帛堂人民调解室、祥和斋心理疏导室、丰文人语议事厅、安置帮教室、法律咨询室等功能室。全年接访群众850余人次，登记办理领导接访96次，网上办理转交信访案件71件，处置化解重难点信访案件16件。通过“智慧网格”上报解决群众反映事件4196件，办结4196件，结单率100%，调解案件39件，累计调解金额160万余元，调解成功率100%。接受社区矫正人员16人，解矫9人，组织集中学习147余人次，集中劳动139余人次，个别谈话教育学习2次，入户走访12次，向司法局、法院提供社会调查报告8份。接收刑满释放人员7人，对1名重点释放人员给予帮扶。组织开展各类安全现场宣传20余场，消防安全培训10余次，协调组织参与地灾演练2次，组织森林防火综合演练1次，指导辖区物业和社区开展高层应急救援、疏散演练6次。开展企业安全生产检查150余次，发现整改隐患77个，行政处罚企业3家；开展安全检查、专项执法巡查120人次，发现隐患140余条，一般隐患整改率100%，发出限期整改通知书60余份；开展消防生命通道整治行动10次，整治违停车辆480多辆，清理楼道杂物和生活垃圾200余次。

【科教文卫】 2020年，党群服务中心、社区科普馆建成投入使用，建成三河村8社无害化厕所1座，三河村文化大院二期项目建设、府文广场舞台提升项目基本完工。消除学府悦园公租房AB组团两处非标准篮球场隐患，进行整体提升整治。举办各类演出活动5场次；开展“跳梦想”广场舞培训、“读精品书、做文明人”读书月活动、声乐基础课程、插花艺术等各项培训课程8场；开展“巴渝好少年，防疫小先锋”书画作品选拔赛、丰文街道第三届公民科学素质大赛2场次；开办“最美图书馆”“中国航空”等展览3场，播放红色电影10余场。开展爱国卫生、健康教育宣传活动12场次，“登革热”防治消杀20次，定期增补毒饵盒，全年增补鼠药48次。完成三河村创建市级卫生村、健康村申报。对73名严重精神障碍人员进行筛查，办理独生子女光荣证4个、生育服务证206个、再生育审批2个，孕前优生检查64人，向241人发放独生子女父母奖励金1.7万元。

【乡村振兴】 2020年，推进三河村规划落地，摸索多种入股合作模式，初步确定远山有窑二期、渡兰居文化培训基地、三河村游客接客中心、艺术休闲体验中心等多个项目。优化升级萤火谷、渡兰居、远山有窑、楠之林雪等产业项目。探索三河村乡村旅游提档升级，制订招商方案，引入书画、陶瓷等艺术家和非遗文化传承人，打造“三河村艺术家村落”，签约缙泉烧、镜蓝染等6家艺术家及配套产业。引入本土人才1人，培训农村工匠1人，引回返乡人才10余人。完善农村人居环境整治“一村一策”方案，将三河村建成全市生活垃圾分类示范村，生活垃圾治理率100%；开展“三清一改”集中整治，推进化肥农药减量增效，村庄清洁行动覆盖率100%。建成通组公路4.2千米、户户通连接步道2千米、生态停车场2000平方米、公共区域绿化5000平方米，建设卫生公厕1座，完成80万平方米国土绿化，人居环境整治三年行动成果通过中央及市区检查验收合格。深化“三变改革”（资源变股权、资金变股金、农民变股民），探索公益股、管理股设置，结合“艺术家村落”打造，尝试农房改造租赁合作，盘活农民资产；探索集体建设用地指标合作模式，盘活集体资产，实现村社集体及村民增收，村社集体总收入59万元（不含农民个人收入部分）。主动帮扶辖区31户贫困户，辖区脱贫率100%。 （何苏尧）

西永街道

【概况】 西永街道地处沙坪坝区西部，东靠歌乐山街道，南接九龙坡区含谷镇，西连陈家桥街道，北与土主街道接壤，东北与中梁镇相邻。地势东西高、南北低，海拔高度187～398米，为中梁山脉和缙云山脉之间的浅丘平坝地区，梁滩河自南向北流经全境。成渝高速公路、成渝公路和襄渝铁路贯穿全境。2019年12月24日，重庆市第五届人民代表大会常务委员会第十四次会议通过《关于重庆高新技术产业开发区行政管理事项的决定》，西永街道纳入重庆高新区直管园范围。2020年1月1日起，重庆高新区管委会

2020年12月11日，学府悦园第二小学学生到丰文街道清悦社区科普馆参观 （姚 露摄）

对西永街道实行经济社会一体化管理。辖区面积29.54平方千米，辖富康新城、永兴、棕树湾、微电园第一社区4个社区，劳动、香蕉园、兴隆沟、童善桥、中柱5个村。2020年年末，人口6.05万人，其中户籍人口2.9万人，农业人口0.6万人。

【经济建设】 2020年，辖区内有企业701家，其中工业企业97家、服务业企业396家、批发零售企业143家、住宿餐饮企业21家、建筑业企业42家、房地产企业2家。规模以上工业企业32家，总产值158.35亿元，同比下降19.87%；规模以上服务业企业10家，营业收入6.15亿元，增长1.97%；限额以上批发零售企业4家，商品销售总额1.55亿元，增长15.94%；限额以上住宿餐饮企业4家，营业额6481万元，下降27.91%；辖区消费品零售总额1.3亿元，增长17.65%；有资质建筑企业7家，总产值2.62亿元，增长12.17%；固定资产投资总额30.38亿元，增长51.2%。

【社区（村）建设】 2020年，完成9个村（社区）书记、主任"一肩挑"工作，登记社会组织65个。富康新城社区、永兴社区、棕树湾社区、微电园第一社区成立环境和物业管理委员会，建立社区物业管理服务联席会议机制。升级打造公共服务中心、永兴便民服务中心，新建养老服务中心1个。完成第七次全国人口普查。配合开展社会工作者职业水平考试，29人取得社会工作师证。

【城建城管】 2020年，投入321万元对场镇、乡村道路和9座公厕进行长效清扫保洁。投入10万余元整治迎检点位，冲水42吨，清运暴露垃圾460吨。投入8万余元清运安置房片区废旧家具临时堆放点内垃圾615吨。建立垃圾分类工作领导小组，确定巡检员6人、指导员75人，添置可回收垃圾设备186组，办理垃圾分类积分卡1706张，积分奖励金额497.29元。打造法治主题公园1个。投入47万元聘请专业园林管养企业对辖区4.6万平方米绿化带进行长效管养，补栽植物2236株，维修喷淋灌溉系统3次，维修照明设施195盏，更换水箅子98块。修补破损道路472处、1416.47平方米，改造维修管网104米，新建检查井4座，清淘化粪池115座，应急疏通排污管网23次，更换井盖47块，安装阻车桩142根、人行道安全护栏18.5米。开展联合执法21次，批评教育乱停放车辆行为2864次，罚款1.85万元；取缔流动摊点2051个，制止占道经营554起，整治乱堆放641次、乱挂晒501处，拆除违规广告、横幅18条，清理"牛皮癣"917处；安装渣土防治摄像头9个、值守岗亭2个，修建阻车石墩5处、限高杆2处，加装波形防护栏90米，设立渣车固定卡点3个、夜间巡逻队4支，检查工地建渣69次，检查道路渣土281次，查处违法运输渣土36起，罚款13.7万元，通报典型违法问题4起，渣土违法运输案件、违法倾倒月平均量整体下降率超90%。查处三轮车无证驾驶、未悬挂号牌等违章行为211起，开具罚单9例，清退三轮车93辆。开展"马路办公"92次，出动187人次，发现问题750个，解决问题748个，问题解决率99.7%。完成新征地项目6个，征地209.2万平方米；完成征地项目扫尾攻坚2个，交净地146.67万平方米。完成乱占耕地建房排查，提前近2个月完成梁滩河流域示范段、科学大道扩宽项目涉及11家企业、3.4万平方米拆除任务；开展拟征地范围内123家企业、44万余平方米整违工作，签约率100%，拆除36.7万余平方米。

【社会保障】 2020年，成立青年就业见习基地

7个，开发基层社会服务岗位1个，安置应届高校毕业生15人，帮扶124名湖北返渝人员就业，城镇新增就业4500人。办理灵活就业社保补贴40人次，涉及金额20余万元；办理失业保险金180人次，涉及金额27万元；开办免费技能培训8期、239人；指导12名创业者申报创业担保贷款250万元。新增职工医保单位305家、人员增减2376人次；办理养老业务1232人，2021年城乡居民合作医疗参保1.65万人；4家国企26名退休人员社会化管理移交工作，退休人员生存认证6146人；推广30家国企、事业单位网上申报劳动用工情况。开展根治欠薪行动4次，对辖区75家企业及在建工程的农民工工资支付情况进行排查，调处劳动纠纷110件，涉及金额326万元，成功率85%。

【综合治理】 2020年，辖区刑事案件251件，同比下降4.92%，打击处理50人，上升4.16%。有刑满释放人员46人，严重精神障碍患者17人，重点关爱人员8人，重点关注青少年9人，社区矫正人员18人，社区戒毒人员6人。开展扫黑除恶专项斗争，召开联席会3次，举办宣传活动11次，开展入户宣传16次，发放宣传单3800余份，张贴宣传海报200张，悬挂横幅20条。排查化解辖区各类矛盾纠纷25件，调解金额227.39万元，成功率100%。组织法治理论培训27场次，受教育人数1万余人次，参加法治理论知识考试72人次；开展民法典户外宣传活动5次、专题讲座14场次，悬挂宣传横幅30条，网络推送民法典宣传信息20次。开展安全执法检查273家次，罚款1.4万元，排查、整改隐患185个，整改率100%，辖区小散乱企业关停、搬迁近100家。完成二期安置房BCD区室内消防管道修缮工程，督促各物业公司重新划定消防通道禁停标线、标识20处，安置房高层建筑防盗网开孔600余户。处理公路护坡坍塌阻碍交通问题7次。

【科教文卫】 2020年，新建西丰实验小学、育英永佳小学，新增普惠幼儿园5所，建成重庆高新区首个24小时城市书房。组织迎新春文艺会演、“庆祝国庆·喜迎中秋”文艺演出2场；开展送文化进学校、村（社区）活动，送演出8场、送电影43场；组织迎新春趣味运动会、“运动高新 活力西永”第六届全民运动会2场；开展全民阅读系列活动、少儿故事比赛。签订文物保护协议9份，指定文物保护巡查员1人。制作社区宣传栏36期，开展知识讲座18场。办理生育服务证191人、再生育审批3人、独生子女光荣证14人；开展新冠肺炎、尘肺病、疟疾、碘缺乏病等疾病防治知识，世界无烟日、农村厕所革命等健康卫生宣传活动；为106人次重症精神病患者申请免费药，为3名贫困重症精神病患者提供医疗和生活救助2.28万元。（刘林凤）

虎溪街道

【概况】 虎溪街道位于沙坪坝区西部，是重庆大学城核心区域，东邻陈家桥街道、西永街道，南接曾家镇、香炉山街道，西连璧山区，北接丰文街道，有河流9条、道路43条，是典型的城市化进程的成果。自2003年大学城开城建设以来，由一个较大农业镇迅速演变为新兴现代化城区。2019年12月24日，重庆市第五届人民代表大会常务委员会第十四次会议通过《关于重庆高新技术产业开发区行政管理事项的决定》，虎溪街道纳入重庆高新区直管园范围。2020年1月1日起，重庆高新区管委会对虎溪街道实行经济社会一体化管理。辖区有高校7所（重庆大学、重庆师范大学、陆军军医大学、四川美术学院、重庆医科大学、重庆科技学院、重庆城市管理职业学院），中小学、幼儿园22所，在校师生12万余人（不含陆军军医大学）。有大型商业楼盘42个、成规模银行网点8处、二甲以上医院2家、民办非学历教育培训机构185家，有重庆科技学院众创之家、四川美术学院大学生创业孵化基地等创新创业基地6个。辖区面积25.03平方千米，辖虎兴、石牛岗、花马、大成湖、复兴寺、虎溪花园、熙美、学智8个社区，建新1个村。2020年年末，常住人口30万余人。（叶双利　欧　华）

【经济建设】　2020年，规模以上工业总产值1亿元，同期增长4.8%；有资质建筑业总产值4615万元，同比增长164.0%；限额以上住宿餐饮业营业额2.32亿元，下降12%；规模以上服务业营业收入7.67亿元，增长18.7%；城乡居民人均可支配收入4.22万元，同期增长5.6%。

（伍德梅　欧　华）

【社区（村）建设】　2020年，投入资金22.28万元，完成国土绿化任务53.33万平方米。推进农村“四旁”绿化，拓宽工程1.5千米。新建石马山水库围栏2378米，修建肖家沟污水一体化处理站1个，保障辖区森林和备用饮用水源安全。社区网格化

2020年9月27日，西永街道举办庆祝中华人民共和国成立71周年文艺演出　（管文静摄）

管理，社区文化活动室、养老室免费向居民开放，打造市级巾帼文明岗、妇女之家示范点各1个。

（杜丽娜　叶双利　欧　华）

【城建城管】　2020年，整治占道摊点123处，门前乱堆物68处；查处运输车辆520余车次，出动执法人员3840人次，罚款约7万元。受理回复重庆市“12369”系统交办环境投诉案件285件、全国“12369”系统交办环境投诉案件22件，市长公开信箱交办环境投诉案件15件。与辖区15个建筑工地签订控尘承诺书，责令3个工地增设洒水降尘设施，2个工地规范裸土覆盖，立案查处扬尘污染1起。制止违规露天喷漆行为2起。添置分类垃圾桶1000余个，对辖区400余名生活垃圾分类指导员开展各类培训40余次，在辖区42个物业小区推行生活垃圾强制分类工作。落实“河长制”，聘请三方公司对辖区21.8千米河道进行日常保洁，水质保护良好。

（张　鑫　欧　华）

【社会保障】　2020年，新增城镇就业4034人，开展技能培训6次，200余人受益，组织招聘会2场，发布招聘岗位500余个。开发公益岗位3个，成立青年见习基地，招录青年见习人员60人。发放创业贷款190万元，灵活就业补贴49人次，共计24万余元。受理协调劳动纠纷96起。办理城乡居民合作医疗保险20767人次，完成目标考核任务的121%。制作人力资源社会保障卡2300余张，办理养老金人员指纹采集和认证1200余人次，养老资格核查130人，异地协助认证245人。临时生活救济8户8人，发放15万余元。有城市最低生活保障28户35人，发放低保金40万余元。（孙　娟　何　英　欧　华）

【综合治理】　2020年，开展社区法律服务平台

建设，每个基层法律服务平台指派专业律师，通过网络开展法律咨询服务 20 次，现场法律咨询 30 次。社会治理"网格化 + 信息化"实现全覆盖，42 名巡逻队员在重点时段对辖区开展全方位巡查。开展"6·26"禁毒宣传活动，制作宣传资料 2000 份，宣传海报 48 份。搭建好街道、社区戒毒框架，推进社区服刑人员信息化、网络化管理。（冯启彬　欧　华）

【科教文卫】 2020 年，梳理辖区美术馆、博物馆、实验室及各类网红景点 8 个，拍摄短视频在各类平台点击量超 200 万次；推动"花马画院"艺术扶贫走进建新村。新建文化活动室 3 个，打造文体团队 20 余支，编排《中国社区人》等 10 余个原创作品，举办各类群众文化演出节目 40 余场，播放惠民电影 18 场。参加重庆市"奋进新时代 共圆小康梦"系列文化选拔展演活动获一等奖。开展"文明虎溪 阅享未来"活动，录制 200 余个全民阅读活动宣传视频，分享书籍 1000 余本；开设溪水讲堂，举办家庭教育等 25 场文化知识讲座，获评市级最美书香家庭 1 个；建成重庆市科普示范社区 1 个、打造市级青年见习基地 1 个。（罗春艳　叶双利　欧　华）

2020 年 1 月 10 日，虎溪街道开展新春游园活动（杨芳卉摄）

香炉山街道

【概况】 香炉山街道地处重庆大学城与西永综合保税区腹地，东邻土主镇、西永街道，南接曾家镇、金凤镇，西靠虎溪街道，北连陈家桥街道。2019 年 12 月 24 日，重庆市第五届人民代表大会常务委员会第十四次会议通过《关于重庆高新技术产业开发区行政管理事项的决定》，香炉山街道纳入重庆高新区直管园范围。2020 年 1 月 1 日起，重庆高新区管委会对香炉山街道实行经济社会一体化管理。辖区面积 18.23 平方千米，街道办事处驻大学城东路 17 号附 23 号。辖双佛、香炉山 2 个村，康居西城第一、康居西城第二、康居西城第三、思贤、学善 5 个社区。2020 年年末，户籍人口 1.3 万人，常住人口 8.6 万人。（万乔松）

【经济建设】 2020 年，规模以上工业总产值 21.538 亿元，同比增长 12.1%；固定资产投资 11.128 亿元，下降 7.4%；限上商贸销售总额 3336 万元，下降 77.5%；限上住餐营业额 352 万元，下降 17.4%；规模以上服务业营业收入 3629 万元，下降 17.3%；城乡居民人均可支配收入 40694 元，增长 5.3%。成功申报高新技术企业 2 家、科技企业 13 家。（唐利勤）

【社区（村）建设】 2020 年，指导 3 个小区业委会成立及换届相关工作，成立社区社会组织 62 个、社区环境和物业管理委员会 5 个。投入 50 万元对康居西城第一社区装饰工程进行决算整改；投入 20 万元对康居西城第三社区及学善社区便民服务中心进行提档升级，改造无障碍通道。投入资金 3.8 万元，完成敬老院绿化整治及环境美化升级，在敬老院开展专项消防应急演练、游园活动；建立街道养老服务中心，提供 8 种不同项目养老服务。为优抚对象信息采集316人，光荣牌悬挂9块；完善街道及社区（村）退役军人服务站政治文化环境建设。完成村资金、资产、资源“三资”清理工作。开展玉屏水厂结转大学城水务公司供水管理及维护工作，满足两个村居民和企业的生产生活用水。完成春秋两季畜禽防疫和非洲猪瘟宣传工作。为172户农户发放耕地保护粮食补贴。开展8个地质灾害点应急演练和地灾知识培训；完成森林防火物资采购、防火标识张贴、森林防火责任书签订；完成6户低保户危房鉴定评级、4次农村人居环境整治及2个绿化点位整治。完成32千米农村公路道旁杂草清理整治、6处水毁公路修复整治。（万乔松）

【城建城管】 2020年，开展餐饮业油烟达标排放监管执法专项行动、医疗卫生机构等重点排水户监管执法专项行动、城市公共停车场监管执法专项行动、建筑渣土运输车辆专项整治行动、餐厨垃圾收运专项整治行动、户外招牌整治提升行动。约谈共享单车管理单位2次，新增共享单车停车位940个，新增电瓶车停车位3182个；劝导乱停放车辆326台，锁车3514台，罚款7000元；集中整治辖区12条道路、2个停车场“僵尸车”，依法拖车183辆。审批占道开业商户76家、下达《限期改正通知书》41份；对游摊散贩劝离1023次、暂扣72次、罚款4250元；对违规收运餐厨垃圾罚款400元；审批户外招牌135家、拆除22家；查处违章渣土运输车辆19辆，罚款55250元；开展“马路办公”112次，发现解决问题896个。落实“河长制”，总河长、河长、村社河段长巡河219次；清理白色垃圾、河道漂浮物、水草等4.8吨；完成河流岸坡种植清表及花籽播撒；完成双河口山坪塘溢洪道塌陷位置整治；更换“河长制”公示牌5块、宣传牌7块。完成多个绿化美化项目，实施绿化面积1万余平方米；建成龙湖星星河公园一期；完成人行道地砖修补1000余平方米；新安装护栏2000米。制定生活垃圾分类工作方案并建立指导员制度，将学善社区、思贤社区纳入垃圾分类示范社区，在北麓国际城B区完成垃圾分类智慧化运行。完成征地拆迁“百日攻坚”任务，辖区拟征地范围内自拆协议签订率100%；完成52处农村乱占耕地违建摸排，排除51处可疑图斑点。

（翁巨伟　唐利勤　万乔松）

【社会保障】 2020年，进行失业登记200人，发放失业金77万余元；提供线上公共就业平台为失业人员进行就业意愿登记；对9名高校毕业生开展就业服务计划；开发过渡性安置就业困难人员岗位26个；城镇新增就业人数2838人；发布招聘岗位信息200余个，270人就业；发放扶持创业贷款50万元。受理劳动投诉事件25起，涉及工人约350人，涉及金额约650万元。办理合作医疗分散参保700余人，制发社保卡1500余张；办理职工、居民养老保险各类业务234件；办理征地农转非死亡退保7件；本地养老资格认证140余人次；协助异地养老资格认证50余人次；现场养老资格认证1000余人；办理退休11人，退休人员信息采集106人。完成农村低保对象调标申请1户、低保对象动态审核5户、民政对象系统经济核查7户；为375名低保、特困、老龄、临时救助、残疾人等对象发放各类补贴52.5万元。为55名残疾人购买综合伤害意外保险；鼓励2名残疾人创办盲人按摩机构；为43名残疾人推荐就业岗位；为7名残疾人学生及低保户残疾人家庭子女接受教育提供资助；对2名困难残疾人进行白内障复明手术补贴。2020年9月，安装养老认证新系统，启动川渝两地待遇资格认证。办

理单位参保业务，新增新参保单位54家，服务单位参保人员700余人。（伍丹旗　万乔松）

【综合治理】 2020年，开展社区治安巡逻队员教育培训4次，增配治安巡逻电动车4辆，组织6名志愿者、社区治安巡逻队、城管大队、物业保安配合派出所开展群防群治巡逻。开展特定小区盗窃案专项整治，全年发生社会治安案件同比下降25%。管理社区矫正人员77人，在册矫正人员19人。接待群众来信来访229起800余人次，区转办信访件22件，办结率100%；领导干部公开接访群众92次，走访群众530余人次；调解处理各类矛盾纠纷210余件，法律援助6起，调解成功率95%以上。完成行政诉讼案件应诉6起，聘请街道法律顾问，审改合同31份，参与综合执法60余次。开展法治宣传、禁毒宣传、“扫黑除恶”专项行动等宣传活动34次，发放宣传教育手册1.1万份。违法建筑实现零增量，送达《责令停工通知书》34份，拆除违法建筑23处，制止新增违法建筑37处，制止并恢复小区内占用公区绿化情况6处，处理违建相关投诉22起。召开安全相关会议21次，对企业开展安全检查87家次，发现问题300余条，下达整改指令30份，处罚3家次，罚款1.5万元，对2家企业实行强制断电整改措施；对5个重大危险源建立一企一组，实行领导包干负责制；增设道路交通警示标识和限速标识30处、警示标语30条；开展“安全生产月”、三轮车限行、国际减灾日、“11·9”消防安全周、农村道路交通安全等宣传活动7场，综合应急演练2次。（翁巨伟　王志远）

【科教文卫】 2020年，科普大学春秋季班开班授课24节，上课居民500人次；免费开放科普馆，观展人员1500人次；开展科技周活动，更换科普宣传栏4期。投入资金50万元，完成康城社区广场舞台扩建及学善广场舞台修建；开展第四届文体艺术节等大型活动12场、阅读活动7场、全民终身学习周活动10场、文化政策法律法规宣传11场、免费电影放映22场、科技活动周等大型科普宣传活动4场；在文化服务中心组织文化活动38场；建成24小时智慧书屋1处。承办高新区第十届残疾人健身周活动、第四次全国残疾预防日主题活动。签订文物责任书，指定文物安全巡查员对辖区文物每月进行检查。为香炉山村18名学生发放交通费补助7.2万元；向各学校赠送图书1600余册；开展教师节慰问，表彰16名优秀教师。成立街道老年体育协会，组织开展第四届趣味运动会。维修更换健身器材23套，新增健身器材26套。开展各类健康宣传活动，发放宣传资料3500份。组织居民参与驰援武汉无偿献血活动。组织12家企业开展职业卫生培训1次；督促企业对涉及职业病危害的职工定期体检；组织8家企业完成职业病危害因素调查。开展打击非法行医专项整治行动，突击检查辖区诊所药房和从事诊疗活动的场所26次32家，教育整改16次，上报问题9个。办理生育服务证362人，再生育服务证2人，独生子女父母光荣证22人，查验婚育证明290人次。农村计生奖扶对象新增3人，退出7人，累计享受奖扶对象75人，扶助金9万余元；城镇计生奖扶对象新增24人，扶助金近1万元。发放0~14周岁独生子女父母奖励金2600余元，一次性补发母亲年满49周岁独生子女父母奖励金1万余元；清理失效独生子女父母光荣证44张。为育龄群众免费提供避孕药具2万只；组织社区计生专干开展计生政策、法律法规学习2次，业务交流会2次；发放新生儿哺乳巾200条、围裙200条；开展以孕前优生检查、关爱女童、计生政策宣传等为主题

2020年11月17日，香炉山街道开展文明细胞表彰大会　（向伟才摄）

的活动4场，发放宣传资料、宣传用品1000余份。

（刘国权　万乔松）

【社会治理项目】　2020年，通过政府购买服务方式，实施“成长加油站”“康邻同行”“最美夕阳红”“科普先锋站”“幸福家园”5个社会治理项目结题；启动“成长加油站”“助残扶弱”“党建引领微治理”“阳光家园”“幸福家园”“心灵港湾”6个社会治理项目，其中“成长加油站”项目再次获得市公租房局立项。（万乔松）

人物　荣誉

人物简介

潘继明　男，白族，云南省云县人，中共党员，1968年8月出生，重庆市公安局沙坪坝区分局丰文派出所原民警。1987年10月入伍，2005年10月入警，二级警督警衔，一级警长。新型冠状病毒肺炎疫情防控阻击战打响后，潘继明主动请缨，深入辖区开展疫情防控工作，摸排群众3万余户、近8万人，连续奋战21天。2020年2月16日上午，潘继明在社区开展疫情防控工作时，因劳累过度突发心脏病，经抢救无效不幸牺牲，年仅51岁。2月19日，中共沙坪坝区委追授“沙坪坝区优秀共产党员”称号；2月19日，市总工会追授“重庆五一劳动奖章”；2月20日，市文明委追授“重庆好人”；2月23日，公安部追授潘继明“全国公安系统二级英雄模范”称号；3月4日，中共重庆市委追授“重庆市优秀共产党员”称号；9月8日，中共中央、国务院、中央军委追授“全国抗击新冠肺炎疫情先进个人”称号。

（区公安分局）

谢璐　女，汉族，湖南长沙人，中共党员，1986年10月出生。在深化增值税改革、落实减税降费、防范税收风险上担当作为，推动调整征管流程80余项、优化办税流程6项，帮助纳税人受益政策红利。运用大数据分析发掘虚开线索，协助破获跨省虚开普通发票案。录制减税降费专题宣传课件，通过新媒体创新渠道更好地推广政策红利。2020年1月，人力资源社会保障部、国家税务总局授予“全国税务系统先进工作者”称号；11月，中共中央、国务院授予“全国先进工作者”称号。

（区税务局）

黄奕玮　女，33岁，现任沙坪坝区人民检察院检察二部副主任、一级检察官。在平凡的岗位上坚守，历经千余案件磨炼，扎根基层、忠诚履职、执法为民，从小案中寻找办案密码，所办案件无一错漏。2020年6月，被重庆市人民检察院授予“重庆市十佳公诉人”称号；9月，被最高人民检察院授予“全国十佳公诉人”称号；12月，被重庆市妇女联合会授予“重庆市巾帼建功标兵”称号。

（区检察院）

杨春敏　女，中共党员，1963年4月出生，现任沙坪坝区石井坡街道团结坝社区党委书记、居民委员会主任。多年来创新社区治理，秉持“把邻里当亲人看，把社区当家来建”的信念，克服人心散落、贫困落后、矛盾丛生等不利条件，疏通民意、改善环境、解决困难，把一个人心散乱、贫困落后、矛盾丛生的“问题社区”打造成全市闻名的“明星社区”。2020年6月，被重庆市人力社保局、重庆市妇女联合会授予“2019年度重庆市三八红旗手标兵”称号；9月，被中华全国妇女联合会授予“抗击新冠疫情全国三八红旗手”称号。（石井坡街道）

李胜 男，汉族，中共党员，1971年11月出生，现任重庆市沙坪坝区人民医院呼吸内科主任、主任医师。中国医师协会呼吸医师分会介入呼吸病学工作委会呼吸病血管介入学组委员、重庆市呼吸专委会委员、重庆市医师协会呼吸管理专业委员会委员、重庆市中西医结合呼吸专委会委员、重庆市医院协会呼吸内科专委会委员、重庆市呼吸专委会烟草学病专委会委员，沙坪坝区“白求恩式”医务工作者、沙坪坝区优秀共产党员、沙坪坝区人民医院优秀共产党员、沙坪坝区卫计系统学科带头人。主持市、区医学科研项目2项，发表医学论文10余篇。2020年4月，被重庆市总工会授予重庆五一劳动奖章。（区总工会）

吕珍律 男，汉族，重庆市忠县人，中共党员，1980年9月出生，现任重庆南开中学高级教师。从教以来，坚持立德树人，连续11年扎根高三教学一线，从事语文教学及教学管理工作；连续8年担任高考作文阅卷组组长，推动评分标准科学化和评阅过程公平公正；主研市级重点课题近十项，发表论文十余篇，主编、参编专著、教辅8本；指导青年教师和师范实习生数十名成为教学骨干；积极参与薄弱学校帮扶，发挥示范带动作用，推动教育的优质均衡。先后获得南开中学“优秀共产党员”称号、“沙坪坝优秀教师”称号，获市政府教学成果二等奖、市优秀基础教育著述一等奖等多个奖项。2020年4月，被重庆市总工会授予重庆五一劳动奖章。

（区总工会）

朱彬 女，汉族，中共党员，1976年5月出生，现任国网重庆市区供电公司运维检修部主任。在供电企业从事安全生产工作二十余年，其间组织验收投运及安全运维数十座变电站、开闭所；组织实施数十座变电站、开闭所设备升级改造；多次组织实施电网故障应急抢修工作，确保辖区电网安全稳定运行。曾先后6次获得“优秀共产党员”称号、4次获得“先进生产工作者”称号。2020年4月，被重庆市总工会授予“重庆五一劳动奖章”。（区总工会）

集体荣誉

重庆市公共卫生医疗救治中心 是重庆市唯一一家三级传染病专科医院。2020年，作为主城片区抗击新冠肺炎疫情的主战场，承担着18个区县新冠肺炎患者救治任务。全年收治确诊患者238人，无症状感染者85人，实现全院医务人员零感染、患者零死亡的“双零”目标，为重庆市疫情防控工作取得阶段性胜利做出重要贡献。2020年9月，重庆市公共卫生医疗救治中心党委获得中共中央、国务院、中央军委授予的“全国先进基层党组织”“全国抗击新冠肺炎疫情先进集体”称号。（歌乐山街道）

沙坪坝区人民检察院 区检察院贯彻落实《人民检察院基层建设纲要》，以“创一流业绩，创优秀班子，创过硬队伍，创坚实保障，创规范管理，创公正形象”为目标，推进执法规范化、队伍专业化、管理科学化、保障现代化建设。先后获得“全国先进基层检察院”“全国文明接待室”“全国优秀青少年维权岗”“市级文明单位标兵”“重庆市先进政法单位”“党员示范窗口”“先进基层党组织”等称号。2020年11月，沙坪坝区人民检察院被中央文明委命名为“全国文明单

位”。（区委宣传部）

歌乐山街道歌乐村 位于沙坪坝区歌乐山街道北部，东靠歌乐山烈士陵园景区，西临西永组团，南与天池村接壤，北与金刚村相邻。面积2.6平方千米，下辖14个经济合作社，有1300余户、户籍人口3800余人。2020年11月，歌乐村被中央文明委命名为“全国文明村镇”。

（区委宣传部）

中梁镇龙泉村 位于沙坪坝区中梁镇中部后槽，东与庆丰山村接壤，南靠石院村，西接物流园，北连新发村，紧邻中梁场镇。面积6.5平方千米，耕地面积330万平方米、林地60万平方米，户籍村民1318户、3778人。平均海拔540米，属亚热带季风性湿润气候，常年雨量充沛，森林植被茂密，年平均气温18.3℃，气候宜人。辖区有沙坪坝区万亩无公害蔬菜供应基地和重庆市万亩“渡淡”蔬菜基地，主打玉米、红薯、萝卜、白菜、莴笋等农产品，形成以“开心农场”为代表的体验农业和以“七彩祥耘”为代表的休闲农业，以文旅融合的形式助力乡村振兴。2020年11月，龙泉村被中央文明委命名为“全国文明村镇”。

（区委宣传部）

重庆小康控股有限公司 成立于1986年，是以智能电动汽车、三电、发动机为核心业务的实体制造企业，形成集汽车整车、发动机、三电系统、汽车零部件等自主研发、制造、销售及服务于一体的完整产业链。下辖动力公司、新能源汽车公司、部品公司、进出口公司等多家全资子公司，以及与东风公司合资成立的东风小康汽车有限公司。主营产品包括超级都市SUV、紧凑型MPV、纯电动微型商用车等整车以及1.0～2.0升、1.5T缸内直喷涡轮增压等节能环保高性能发动机。产品远销70多个国家和地区。2016年，公司在A股上市。公司先后获得“中国企业500强”“中国民营企业500强”“重庆企业100强”称号。2020年11月，重庆小康控股有限公司被中央文明委命名为“全国文明单位”。

（区委宣传部）

重庆东华医院 2005年由重庆特钢职工医院改制为非国有医疗机构，逐渐发展成为集医疗、教学、科研、急救于一体的国家二级甲等综合医院，是重庆市疼痛诊疗中心、精神疾病伴发结核病定点医院、全科住院医师规培基地。医院有飞利浦1.5T核磁共振成像系统（MRI）、64排128层螺旋CT、飞利浦四维超声、罗氏全自动生化仪、潘太克斯电子胃肠镜、电视腹腔镜等高端医疗设备和仪器；住院楼、门急诊楼、外科楼、血液透析中心、心理卫生中心、消毒供应中心、内镜室、健康管理中心等硬件设施配套完整。2020年2月，选派医疗队驰援武汉抗击新冠肺炎疫情、组织员工抗疫献血1万余毫升、捐款21万余元。4月，被重庆市总工会授予“重庆五一劳动奖状”。

（区总工会）

重庆国际物流枢纽园区建设有限责任公司建设管理部 国有企业，建设管理部主要负责重庆国际物流枢纽园区工程建设、征地拆迁、土地供应和安全环保四个方面的工作，有职工24人，其中高级工程师5人、中级工程师8人、一级建造师5人、注册安全工程师1人、二级建筑师1人、二级人力资源管理师1人。2019年，获重庆国际物流枢纽园区公司优秀部门。2020年4月，被重庆市总工会授予“重庆市工人先锋号”称号。

（区总工会）

重庆小康工业集团股份有限公司保安管理部 部门有职工 42 人，其中党员 8 人，保安人员从业资格证持证率 100%，考取中级消防员职业资格 12 人。部门坚持“内强素质、外树形象、提高效率、强化服务”的目标，开展好岗位练兵、技术比武、消防安全检查、常态化疫情防控等工作，确保全年安保工作零事故。2020 年 4 月，被重庆市总工会授予“重庆市工人先锋号”称号。

（区总工会）

表 34　　2020 年沙坪坝区获国家级荣誉先进集体一览表

获奖单位	获奖月份	荣誉称号	颁奖单位
沙坪坝区	7 月	全国“基于教学改革、融合信息技术的新型教与学模式”实验区	教育部
沙坪坝区	9 月	国家级信息化教学实验区	教育部
沙坪坝区	10 月	全国双拥模范城	中央双拥工作领导小组、退役军人事务部、中央军委政治工作部
沙坪坝区	11 月	全国优秀校园足球改革试验区	教育部
沙坪坝区	12 月	国家首批文化和旅游消费试点城市	文化和旅游部
沙坪坝区	12 月	全国优秀满天星训练营	教育部
磁器口古镇	1 月	中国华侨国际文化交流基地	中国侨联
区检察院	1 月	全国检察机关信息工作表现突出集体	最高人民检察院
团区委	1 月	2019 年度西部计划全国优秀项目	共青团中央
石井坡街道群团服务站志愿服务爱心托管班项目	2 月	全国最佳志愿服务项目	全国宣传推进学雷锋志愿服务“四个 100”典型活动组委会
区残联	3 月	2015—2018 年全国残疾人体育先进单位	国家体育总局、中国残疾人联合会
沙坪坝小学	5 月	全国家庭教育创新实践基地	中华全国妇女联合会、教育部
潘继明家庭	5 月	全国抗疫最美家庭	中华全国妇女联合会
区法院立案庭（诉讼服务中心）	7 月	全国法院一站式多元解纷诉讼服务体系建设先进单位	最高人民法院
歌乐山街道	7 月	国家卫生镇	全国爱国卫生运动委员会
凤凰镇	7 月	国家卫生镇	全国爱国卫生运动委员会
（原）土主镇人民政府	7 月	国家卫生镇	全国爱国卫生运动委员会
区总工会	8 月	2019 年度基层职工互助保障工作优秀单位	中国职工保险互助会
农工党区委会	8 月	纪念中国农工民主党成立九十周年先进地市级组织	农工党中央
民进区委会	8 月	民进全国会史工作先进集体	中国民主促进会中央委员会
区人力社保局	8 月	2019—2020 年度《中国劳动保障报》新闻宣传工作做得好单位	人力资源和社会保障部办公厅
区生态环境局	9 月	第二次全国污染源普查表现突出集体	国务院第二次全国污染源普查领导小组办公室
区图书馆	10 月	2019 年全民阅读先进单位	中国图书馆学会
刑侦支队	10 月	全国公安机关改革创新大赛三等奖	公安部、全国总工会
区检察院	11 月	全国文明单位	中央文明委
区税务局	11 月	全国文明单位	中央文明委
重庆小康控股有限公司	11 月	全国文明单位	中央文明委

续表 34

获奖单位	获奖月份	荣誉称号	颁奖单位
区工商联	11 月	2020 年度民营企业调查点工作先进基层工商联	全国工商联
中梁镇新发村	11 月	全国“一村一品”示范村	农业农村部
曾家镇虎峰山村	11 月	全国文明村镇	中央文明委
歌乐山街道歌乐村	11 月	全国文明村镇	中央文明委
中梁镇龙泉村	11 月	全国文明村镇	中央文明委
区就业和人才中心	11 月	公共就业服务专项业务竞赛活动优秀就业服务成果三等奖	人力资源和社会保障部就业促进司、中国就业指导中心、中国就业促进会
宏城名都社区	11 月	2020 年全国工会职工书屋示范点	全国工会职工书屋建设领导小组办公室、全国总工会宣传教育部
国际物流枢纽公司	11 月	陆港型国家物流枢纽	国家发展改革委、交通运输部
国际物流枢纽公司	11 月	2020 年度优秀物流园区	中国物流与采购联合会
区检察院	11 月	2020 年度全国检察宣传先进单位	检察日报社
区委党史研究室	12 月	第七届全国地方志优秀成果（年鉴类）三等奖	中国地方志指导小组
天星桥街道都市花园社区	12 月	全国“敬老文明号”	国家卫生健康委、全国老龄办
区福利院	12 月	全国“敬老文明号”	国家卫生健康委、全国老龄办
区河长办公室	12 月	全面推行河（湖）长制先进单位	水利部办公厅、中国农林水利气象工会全国委员会
永辉物流有限公司	12 月	全国物流行业先进集体	人力资源和社会保障部
区人民法院	12 月	2019—2020 年节约型公共机构示范单位	国家机关事务管理局、国家发展改革委、财政部
覃家岗街道商会	12 月	全国“四好”商会	全国工商联
小康集团	12 月	抗击新冠肺炎疫情先进民营企业	全国工商联
东华医院	12 月	抗击新冠肺炎疫情先进民营企业	全国工商联
小康集团	12 月	2020 中国民营企业社会责任优秀案例	全国工商联
邮政分公司	12 月	2018—2019 年度全国交通运输行业精神文明建设先进集体	交通运输部

表 35　　2020 年沙坪坝区获市级荣誉先进集体一览表

获奖单位	获奖月份	荣誉称号	颁奖单位
沙坪坝区	7 月	重庆市普通高中新课程新教材实施示范区	市教委
沙坪坝区	7 月	2019 年度防范化解重大风险攻坚战（平安建设）工作考评等次优秀区县	中共重庆市委平安建设暨防范化解重大风险领导小组办公室
沙坪坝区	11 月	重庆市双拥模范城	中共重庆市委、重庆市人民政府、重庆警备区
沙坪坝区	12 月	健康城市建设示范单位	市爱卫办
区生态环境局	1 月	2019 年全市环境监测人员岗位大练兵暨专业技术大比武活动团体二等奖	市生态环境局、市人力社保局、市总工会、共青团市委、市妇联、市市场监督管理局

续表 35

获奖单位	获奖月份	荣誉称号	颁奖单位
中梁镇永宁村	1 月	重庆市乡村治理示范村	市乡村振兴战略工作领导小组、市农业农村委、市委宣传部、市民政局、市司法局
井口街道	1 月	2019 年度戒毒康复工作先进单位	市禁毒委员会办公室
区供销社	1 月	2019 年度系统财务信息管理工作创先争优活动优胜单位一等奖	市供销合作总社
区体育总会	1 月	2019 年度先进集体称号	市体育局
区体育局	1 月	2019 年度区县体育总会先进集体	市体育总会
区委直属机关工委	1 月	2019 年度全市机关党建研究先进集体	重庆市机关党的建设研究会
石井坡街道团结坝社区	2 月	重庆市先进城乡社区组织	市人力社保局
新桥街道高滩岩社区	2 月	重庆市先进城乡社区组织	市人力社保局
区检察院	2 月	2019 年度全市检察机关年度综合性奖励类嘉奖	市人民检察院
区供销社	3 月	2019 年区县（自治县）供销合作社综合业绩考核二等奖	市供销合作总社
区法院	3 月	2019 年度全市审判工作先进法院	市高级法院
不动产登记中心受理审查科	3 月	重庆市青年文明号	共青团市委
区检察院	3 月	全市检察系统先进集体	市人力社保局、市人民检察院
团区委	3 月	2019 年度重庆共青团工作目标考核特等奖	共青团市委
区应急局危化科	3 月	2019 年度危险化学品烟花爆竹打非治违先进集体	市安委办
刑侦支队	4 月	重庆市工人先锋号	市总工会
区总工会	4 月	2019 年度职工互助保障工作优秀单位	中国职工保险互助会重庆办事处
重庆东华医院	4 月	重庆五一劳动奖状	市总工会
重庆小康工业集团股份有限公司保安管理部	4 月	重庆市工人先锋号	市总工会
区残联	4 月	2019 年全市残疾人工作综合目标考核一等奖	市残联
区残联	4 月	2019 年全市残疾人稳定工作考核先进单位	市残联
重庆国际物流枢纽园区建设有限责任公司建设管理部	4 月	重庆市工人先锋号	市总工会
派出所联合第一团支部	4 月	五四红旗团委	共青团市公安局委员会
区公安分局	4 月	集体二等功	市公安局
区税务局第一税务所	4 月	重庆市青年文明号	共青团市委
区妇联	4 月	2019 年度区县妇联综合考评特等奖	市妇联
新凤社区	4 月	重庆市青年文明号	共青团市委
金桥社区便民服务中心	4 月	2018—2019 年度重庆市青年文明号	共青团市委
新凤社区居民委员会	4 月	2018—2019 年度重庆市青年文明号	共青团市委
磁器口古镇游客中心	4 月	2018—2019 年度重庆市青年文明号	共青团市委
区图书馆	4 月	2019 年重庆市乡村振兴贡献奖先进集体	中共重庆市委、重庆市人民政府

续表 35

获奖单位	获奖月份	荣誉称号	颁奖单位
陈家桥税务所、渝碚路税务所、新桥税务所、歌乐山税务所、童家桥税务所、覃家岗税务所	5 月	重庆市文明单位	市文明办
区消防救援支队团委	5 月	2020 年度“五四红旗团委”	市消防救援总队
磁器口消防救援站	5 月	2020 年度“五四红旗团委”	市消防救援总队
区文化旅游委	5 月	“网聚正能量·共筑中国梦”重庆微视频大赛二等奖	市委宣传部、市文化旅游委
区应急局	5 月	2019 年安全生产综合监管工作先进集体	市应急局
区文联	5 月	重庆市新冠肺炎疫情防控最佳志愿服务组织	市文明办
重庆西站管委会	5 月	重庆市新冠肺炎疫情防控最佳志愿服务组织	市文明办
区应急局	5 月	2019 年工贸行业安全生产工作先进集体	市应急局
区文化旅游委	5 月	“网聚正能量·共筑中国梦”重庆微视频大赛优秀奖	市委宣传部、市文化旅游委
区委党史研究室	5 月	“网聚正能量·共筑中国梦”重庆微视频大赛二等奖	市委宣传部、市文化旅游委
巴蜀古代建筑博物馆	5 月	2019 年度博物馆优秀展览	市文物局
虎溪街道虎兴社区	6 月	重庆市科普示范社区	市科协
虎溪街道	6 月	重庆市民族团结进步示范区示范单位	市民族宗教委
出入境管理支队	6 月	2019 年度重庆市三八红旗集体	市妇联
中梁镇庆丰山村	6 月	重庆市乡村旅游重点村	市发展改革委、市文化旅游委、市农业农村委、市扶贫办
沙磁乱针绣（重庆市永霞工艺品有限公司）	6 月	重庆市第一批市级非物质文化遗产传习所	市文化旅游委
琼缘刺绣（重庆大琼刺绣工艺品有限公司）	6 月	重庆市第一批市级非物质文化遗产传习所	市文化旅游委
渝碚路街道杨公桥社区	6 月	重庆市科普示范社区	市科协
区委党校	6 月	重庆市党校（行政院校）系统 2019 年度办学考评三等奖	重庆市委党校、重庆行政学院
歌乐山街道天池村	7 月	重庆市美丽宜居乡村	市农业农村委、市农村人居环境整治工作领导小组办公室
区教委	7 月	疫情期间未成年人心理健康辅导工作先进单位	市委宣传部、市教委
新鸣社区	8 月	重庆市民主法治示范社区	市司法局、市民政局、市普法办
不动产登记中心	8 月	重庆市文明单位	市文明办
丰文街道三河村	9 月	重庆市首批美丽宜居乡村	市农村人居环境整治工作领导小组办公室
区退役军人事务局	9 月	部分退役士兵社会保险接续集中补缴工作先进集体	中共重庆市委退役军人事务工作领导小组办公室
区社会保险事务中心	9 月	部分退役士兵社会保险接续集中补缴工作先进单位	中共重庆市委退役军人事务工作领导小组办公室
覃家岗街道凤天路社区儿童之家	10 月	重庆市家庭教育创新实践基地	市妇联、市教委

续表 35

获奖单位	获奖月份	荣誉称号	颁奖单位
石井坡街道团结坝社区妇女之家	10 月	重庆市示范妇女之家	市妇联
天星桥街道梨树湾社区妇女之家	10 月	重庆市示范妇女之家	市妇联
覃家岗街道凤天路社区妇女之家	10 月	重庆市示范妇女之家	市妇联
歌乐山街道高店子社区妇女之家	10 月	重庆市示范妇女之家	市妇联
覃家岗街道凤天路社区儿童之家	10 月	重庆市示范儿童之家	市妇联
覃家岗街道新鸣社区儿童之家	10 月	重庆市示范儿童之家	市妇联
石井坡街道和平山社区儿童之家	10 月	重庆市示范儿童之家	市妇联
歌乐山街道高店子社区儿童之家	10 月	重庆市示范儿童之家	市妇联
山洞街道山洞社区儿童之家	10 月	重庆市示范儿童之家	市妇联
土湾街道金沙社区儿童之家	10 月	重庆市示范儿童之家	市妇联
渝碚路街道杨公桥社区儿童之家	10 月	重庆市示范儿童之家	市妇联
渝碚路街道站东路社区儿童之家	10 月	重庆市示范儿童之家	市妇联
井口街道美丽阳光家园社区儿童之家	10 月	重庆市示范儿童之家	市妇联
井口街道松堡社区儿童之家	10 月	重庆市示范儿童之家	市妇联
青木关镇青云街社区儿童之家	10 月	重庆市示范儿童之家	市妇联
美丽阳光家园社区	10 月	重庆市先进基层党组织	中共重庆市委
中梁镇新店子社区儿童之家	10 月	重庆市示范儿童之家	市妇联
虎溪街道党工委	10 月	重庆市抗击新冠肺炎疫情先进集体	中共重庆市委、重庆市人民政府
曾家镇龙桥社区	10 月	重庆市基层先进党组织	中共重庆市委
曾家镇龙桥社区	10 月	重庆市抗击新冠肺炎疫情先进集体	中共重庆市委、重庆市人民政府
虎溪街道虎兴社区	10 月	重庆市示范妇女之家	市妇联
香炉山街道学善社区党总支	10 月	重庆市抗击新冠肺炎疫情先进集体	中共重庆市委、重庆市人民政府
中梁镇龙泉村儿童之家	10 月	重庆市示范儿童之家	市妇联
区中医院党委	10 月	重庆市先进基层党组织	中共重庆市委
区疾病预防控制中心	10 月	重庆市抗击新冠肺炎疫情先进集体	中共重庆市委、重庆市人民政府
区中医院党委	10 月	重庆市抗击新冠肺炎疫情先进集体	中共重庆市委、重庆市人民政府
区教委	10 月	重庆市无废机关	市机关事务局、市生态环境局

续表 35

获奖单位	获奖月份	荣誉称号	颁奖单位
区公安分局人口管理支队	10 月	重庆市抗击新冠肺炎疫情先进集体	中共重庆市委、重庆市人民政府
磁器口消防救援站	10 月	重庆市青年文明号	市消防救援总队
区机关事务局	10 月	重庆市无废机关	市机关事务局、市生态环境局
重庆小康控股有限公司	10 月	重庆市抗击新冠肺炎疫情先进集体	中共重庆市委、重庆市人民政府
重庆火车西站地区管理委员会	10 月	重庆市抗击新冠肺炎疫情先进集体	中共重庆市委、重庆市人民政府
区井口街道美丽阳光家园社区党委	10 月	重庆市抗击新冠肺炎疫情先进集体	中共重庆市委、重庆市人民政府
区文化旅游委	11 月	全市“双晒”大型文旅推介活动最佳传播奖	市委宣传部、市委网信办、市文化旅游委
新桥街道高滩岩社区	11 月	重庆市拥军优属模范单位	中共重庆市委、重庆市人民政府、重庆警备区
经侦支队	11 月	经侦数据化情报导侦大比武战术打击研判二等奖	市公安局
中梁镇庆丰山村、永宁寺村	11 月	重庆市乡村振兴示范村	市农业农村委
区退役军人事务局	11 月	重庆市拥军优属模范单位	中共重庆市委、重庆市人民政府、重庆警备区
渝碚路街道	11 月	2020 年重庆市“扫黄打非”进基层示范点	市“扫黄打非”工作领导小组
区政府外办涉外管理科	11 月	重庆市工人先锋号	市总工会
区人力社保局	11 月	2020 年度重庆市人社窗口单位业务技能练兵比武活动总决赛二等奖	市人力社保局
区委政法委	11 月	2020 年全市人民防线国家安全主题“三微”作品评选三等奖	重庆市国家安全人民防线建设小组
区政协	12 月	2020 年度政协新闻宣传工作先进单位	政协重庆市委员会办公厅
区委直属机关工委	12 月	重庆市节约型机关	市机关事务局、市发展改革委、市财政局
区委老干局	12 月	重庆市老干部工作先进集体	市委组织部、市委老干局、市人力社保局
区民政局	12 月	2020 年重庆市城乡社区治理创新优秀案例评选第一名	市民政局
区生态环境保护综合行政执法支队	12 月	重庆市 2020 年生态环境保护执法大练兵表现突出集体	市生态环境局、市文明办、市委直属机关工委、市总工会、共青团市委、市妇联
区统计局	12 月	重庆市第四次全国经济普查先进集体	市人力社保局、市政府第四次全国经济普查领导小组办公室、市统计局
区机关事务局	12 月	重庆市节约型机关	市机关事务局、市发展改革委、市财政局
（原）土主镇人民政府	12 月	健康细胞建设示范单位	市爱卫办
中梁镇	12 月	健康细胞建设示范单位	市爱卫办
中梁镇龙泉村	12 月	健康细胞建设示范单位	市爱卫办
丰文街道三河村	12 月	健康细胞建设示范单位	市爱卫办
滨江小学	12 月	重庆市优秀卫生单位	市爱卫办

续表 35

获奖单位	获奖月份	荣誉称号	颁奖单位
中梁镇永宁寺村	12 月	重庆市卫生村	市爱卫办
丰文街道三河村	12 月	重庆市卫生村	市爱卫办
民建区委会	12 月	社情民意信息工作先进集体	民建重庆市委会
民进区委会	12 月	社会服务、新闻宣传、参政议政先进单位	民进重庆市委会
致公党区委会	12 月	组织建设先进集体	致公党重庆市委会
致公党区委会	12 月	社会服务先进集体	致公党重庆市委会
致公党区委会	12 月	参政议政先进集体	致公党重庆市委会
九三学社区委会	12 月	参政党理论与社史研究工作先进集体	九三学社重庆市委
九三学社区委会	12 月	组织建设工作先进集体	九三学社重庆市委
覃家岗街道商会	12 月	重庆市“四好”商会	市工商联
天星桥街道商会	12 月	重庆市“四好”商会	市工商联
土主街道商会	12 月	重庆市“四好”商会	市工商联
井口街道宏城名都社区联合基层工会委员会	12 月	2020 年重庆市模范职工之家	市总工会
井口街道美丽阳光家园社区联合基层工会委员会	12 月	2020 年重庆市模范职工之家	市总工会
石井坡街道机关工会委员会	12 月	2020 年重庆市模范职工之家	市总工会
重庆市南开中学校工会委员会	12 月	2020 年重庆市模范职工之家	市总工会
区纪委监委、区妇联	12 月	“清风常伴·廉洁齐家”家庭助廉立德活动表现突出单位	市纪委、市妇联
区疾控中心微生物检验科	12 月	重庆市巾帼文明岗	市妇联
重庆七中优秀科技教师工作室	12 月	重庆市巾帼文明岗	市妇联
区回龙坝镇聚龙城社区和顺茶馆妇女之家	12 月	重庆市巾帼文明岗	市妇联
区井口街道经济桥社区窗口服务岗	12 月	重庆市巾帼文明岗	市妇联
太寺垭森林公园	12 月	重庆市巾帼文明岗	市妇联
区公安分局出入境管理支队	12 月	重庆市巾帼文明岗	市妇联
区残联	12 月	残疾人工作先进集体	市人力社保局、市残联
区税务局	12 月	重庆市节约型机关	市机关事务局、市发展改革委、市财政局
中梁镇、中梁镇新发村、庆丰山村	12 月	重庆市 2020 年“一村一品”示范村镇	市农业农村委
曾家镇人民政府	12 月	重庆市节约型机关	市机关事务局、市发展改革委、市财政局
街道办事处	12 月	重庆市节约型机关	市机关事务局、市发展改革委、市财政局
渝碚路街道	12 月	重庆市节约型机关	市机关事务局
沙坪坝街道	12 月	重庆市节约型机关	市机关事务局、市发展改革委、市财政局

续表 35

获奖单位	获奖月份	荣誉称号	颁奖单位
天星桥街道办事处	12 月	重庆市节约型机关	市机关事务局
天星桥街道梨树湾社区	12 月	2020 年市级企业退休人员社会化管理服务示范社区	市社会保险局
天星桥街道梨树湾社区	12 月	重庆市民主法治示范社区	市司法局、市民政局、市普法办
新桥街道高滩岩社区	12 月	重庆市社区科普大学示范教学点	市科协
石井坡街道	12 月	第四批重庆市“扫黄打非”进基层示范标兵	市委宣传部
石井坡街道光荣坡社区	12 月	重庆市民主法治示范社区	市司法局、市民政局、市普法办
磁器口街道	12 月	重庆市节约型机关	市机关事务局、市发展改革委
歌乐山街道歌乐村	12 月	重庆市 2019 年绿色示范村	市农村人居环境整治工作领导小组办公室、市林业局
（原）土主镇永祥社区居委会	12 月	重庆市第四次全国经济普查市级先进集体	市政府第四次全国经济普查领导小组办公室、市统计局
联芳街道	12 月	重庆市节约型机关	市机关事务局
虎溪街道	12 月	重庆市残疾人工作先进集体	市人力社保局、市残联

个人荣誉

表 36　　2020 年沙坪坝区获国家级表彰先进个人一览表

姓名	性别	所在单位	获奖月份	荣誉称号	颁奖单位
张桓	男	区城市管理综合行政执法支队	1 月	2019 年度专项行动突出个人	住房和城乡建设部
谢璐	女	区税务局	1 月	全国税务系统先进工作者	人力资源社会保障部、国家税务总局
李和杰	男	区人民检察院	1 月	全国检察机关信息工作表现突出个人称号	最高人民检察院
余张铤	男	团区委	2 月	2020 年团县委班子成员和团市委中层干部进修班（第七期）“优秀学员”	中央团校
潘继明	男	丰文派出所	2 月	全国公安系统二级英雄模范	公安部
潘继明	男	丰文派出所	3 月	中国好人	中央文明委
陈志林	男	区侨青会	6 月	全国新冠肺炎疫情防控“最美志愿者”	中央文明委
宋好	男	重庆逗乐坊文化传播有限公司、沙坪坝区戏剧曲艺家协会	7 月	第十一届中国曲艺牡丹奖文学奖	中国文学艺术界联合会、中国曲艺家协会
杨柳青	女	区人民检察院	7 月	检察机关“法治进校园”全国巡讲活动表现突出个人	最高人民检察院
吴秀	女	渝碚路街道	7 月	“全国十佳”基层公共就业服务人员	公共就业服务专项业务竞赛组委会

续表 36

姓名	性别	所在单位	获奖月份	荣誉称号	颁奖单位
刘亦薇	女	区人民检察院	7 月	2019 年度全国检察宣传先进个人	检察日报社
罗兴刚	男	重庆市精神卫生中心歌乐山院区	8 月	纪念中国农工民主党成立九十周年先进个人	农工党中央委员会
田盈	男	重庆师范大学	8 月	纪念中国农工民主党成立九十周年优秀党员	农工党中央委员会
王玥丁	女	区总工会	8 月	2019 年度基层职工互助保障工作优秀个人	中国职工保险互助会
熊迪	女	区公路养护中心	8 月	民进全国会史工作先进个人	民进中央委员会
李春	男	歌乐山街道	9 月	第二次全国污染源普查表现突出个人	国务院第二次全国污染源普查领导小组办公室
潘继明	男	丰文派出所	9 月	全国抗击新冠肺炎疫情先进个人	中共中央委员会、国务院、中央军委
夏惠	女	九三学社区委会	9 月	庆祝九三学社创建 75 周年优秀征文一等奖	九三学社中央委员会
赵艾叶	女	中煤科工集团重庆研究院有限公司	9 月	庆祝九三学社创建 75 周年优秀征文一等奖	九三学社中央委员会
徐宗倚	男	贵州省安顺市科协	9 月	庆祝九三学社创建 75 周年优秀征文二等奖	九三学社中央委员会
肖斯秘	女	中梁镇农业服务中心	9 月	第二次全国污染源普查表现突出个人	国务院第二次全国污染源普查领导小组办公室
杨光云	男	覃家岗街道	9 月	表现突出个人	国务院第二次全国污染源普查领导小组办公室
徐国轩	男	区生态环境局	9 月	第二次全国污染源普查表现突出个人	国务院第二次全国污染源普查领导小组办公室
何怡	女	区生态环境保护综合行政执法支队	9 月	第二次全国污染源普查表现突出个人	国务院第二次全国污染源普查领导小组办公室
黄奕玮	女	区检察院	9 月	全国十佳公诉人	最高人民检察院
杨春敏	女	石井坡街道团结坝社区	9 月	抗击新冠肺炎疫情全国三八红旗手	中华全国妇女联合会
刘灿	男	区公安分局	9 月	全警实战大练兵部级“标兵个人”	公安部
陈琳	女	区生态环境监测站	9 月	第二次全国污染源普查表现突出个人	国务院第二次全国污染源普查领导小组办公室
张目	女	区妇联	10 月	全国三八红旗手	中华全国妇女联合会
张天民	男	区税务局	10 月	减税降费专项工作二等功	国家税务总局
简玉华	女	区人民医院	11 月	湖北抗击新冠肺炎疫情一线优秀社员	九三学社中央委员会
张发珍	女	市公共卫生医疗救治中心	11 月	抗击新冠肺炎疫情先进个人	九三学社中央委员会
王军	女	西南铝业集团有限公司	11 月	2020 年全国百姓学习之星	教育部职业教育与成人教育司、中国成人教育协会
张兴明	男	小康集团	11 月	2019—2020 年度全国优秀企业家	中国企业联合会、中国企业家协会、中国企业管理科学基金会
蔡开勇	男	重庆大学生物工程学院	11 月	第八届“中国侨界贡献奖”一等奖	中国侨联

续表 36

姓名	性别	所在单位	获奖月份	荣誉称号	颁奖单位
向洋	女	区就业和人才中心	11 月	全国十佳职业指导人员	人力资源社会保障部就业促进司、中国就业培训技术指导中心、中国就业促进会
杨荣斌	男	区物流办	11 月	2020 年度物流统计工作先进工作者	中国物流与采购联合会
吴秀	女	区就业和人才中心	11 月	全国十佳基层公共就业服务人员	人力资源社会保障部就业促进司、中国就业培训技术指导中心、中国就业促进会
程硕	男	区检察院	11 月	2020 年度全国检察宣传先进个人	检察日报社
谢璐	女	区税务局	11 月	全国先进工作者	中共中央、国务院
左绍中	男	区关工委	11 月	全国未成年人思想道德建设工作先进个人	中央文明委
高艳萍	女	重庆市福润德养老产业有限公司	12 月	全国“敬老爱老助老模范人物”	国家卫生健康委、全国老年办
汪小辉	男	重庆百康年养老发展有限公司	12 月	全国“敬老爱老助老模范人物”	国家卫生健康委、全国老年办
闫渝	女	丰文街道崇贤社区	12 月	全国抗击新冠肺炎疫情优秀城乡社区工作者	民政部
刘清	女	松鹤园陵园	12 月	2020 年全国行业职业技能竞赛暨第十届全国民政行业职业技能竞赛二等奖	民政部
谭媛	女	区生态环境监测站	12 月	2020 年全国固定污染源排污许可全覆盖工作中表现突出个人	生态环境部办公厅
汪兰芳	女	重庆国际物流枢纽园区建设有限责任公司	12 月	全国物流行业劳动模范	人力资源和社会保障部
何巧	女	磁器口派出所	12 月	2020 全国最美基层民警	公安部
周灵兵	男	区疾病预防控制中心	12 月	抗击新冠肺炎疫情先进个人	民革中央委员会
辛清泉	男	重庆大学	12 月	第八届高等学校科学研究优秀成果奖（人文社会科学）著作论文二等奖	教育部
杜文静	女	区疾病预防控制中心	12 月	抗击新冠肺炎疫情先进个人	民建中央委员会
艾立英	女	重庆市精神卫生中心歌乐山院区	12 月	抗击新冠肺炎疫情先进个人	农工党中央委员会
鲁陆	男	重庆市精神卫生中心歌乐山院区	12 月	抗击新冠肺炎疫情先进个人	农工党中央委员会
陈志林	男	—	12 月	抗击新冠肺炎疫情先进个人	致公党中央委员会
汪瓦水	男	重庆煌华实业有限公司	12 月	抗击新冠肺炎疫情先进个人	中国侨联
邹思邑	女	小龙坎社区卫生服务中心	12 月	全国“敬老爱老助老模范人物”	国家卫生健康委、全国老年办
闫永霞家庭		重庆永霞工艺品公司	12 月	全国五好家庭	中华全国妇女联合会

表 37　　2020 年沙坪坝区获市级表彰先进个人一览表

姓名	性别	所在单位	获奖月份	荣誉称号	颁奖单位
卫珂	女	禁毒支队	1 月	2019 年度戒毒康复工作先进个人	市禁毒委员会办公室
程肇伟	男	区城市管理综合行政执法支队	1 月	重庆市“人民满意的公务员”	中共重庆市委、重庆市人民政府
吴亚	女	永兴社区	1 月	重庆市优秀共产党员	中共重庆市委
吴亚	女	永兴社区	1 月	重庆市抗击新冠肺炎疫情先进个人	中共重庆市委、重庆市人民政府
曾佑廷	男	虎溪街道虎兴社区	1 月	重庆市青少年毒品预防教育“6・27”工程优秀校外辅导员	市禁毒委员会、市教委
周渝蓉	女	区供销社	1 月	2019 年度系统财务信息管理工作创先争优活动先进个人	市供销合作总社
吴秀	女	渝碚路街道办事处	1 月	重庆市公共就业服务系统业务技能练兵比武获“重庆市十佳”基层就业服务人员	市就业服务管理局
周莉莉	女	区图书馆	1 月	2019 年度全市公共图书馆信息工作先进个人	重庆图书馆
李亚林	女	区生态环境监测站	1 月	2019 年度重庆市生态环境监测技术大比武一等奖	市生态环境局、市人力社保局、市总工会、共青团市委、市妇联、市市场监管局
程肇伟	男	区城市管理综合行政执法支队	1 月	第三届重庆市“人民满意的公务员”	中共重庆市委、重庆市人民政府
余淑娟	女	区生态环境监测站	1 月	2019 年度重庆市生态环境监测技术大比武二等奖	市生态环境局、市人力社保局、市总工会、共青团市委、市妇联、市市场监管局
张文斌	男	区生态环境监测站	1 月	2019 年度重庆市生态环境监测技术大比武三等奖	市生态环境局、市人力社保局、市总工会、共青团市委、市妇联、市市场监管局
李婉玥宁	女	凤鸣山小学	1 月	2019 年第四季度“新时代重庆好少年”	市委宣传部、市文明办、市教委、共青团市委、市妇联、市关工委
马建军	女	歌乐山街道高店子社区	2 月	重庆市优秀城乡社区工作者	市人力社保局、市民政局
陈亮	男	区检察院	2 月	2019 年度全市检察机关案件奖励类嘉奖	市人民检察院
潘继明	男	丰文派出所	2 月	重庆五一劳动奖章	市总工会
王志华	男	区检察院	2 月	2019 年度全市检察机关案件奖励类嘉奖	市人民检察院
叶安	男	治安支队	3 月	2019 年度危险化学品烟花爆竹打非治违先进个人	市安全生产委员会
汪鹏	男	区法院	3 月	2019 年度审判管理工作先进个人	市高级法院
龙坤	男	回龙坝镇	3 月	市级最美护河员	市水利局、市总工会
李好	男	区法院	3 月	2019 年度司法警察工作先进个人	市高级法院
潘继明	男	丰文派出所	3 月	重庆市优秀共产党员	中共重庆市委
马志承	男	区法院	3 月	2019 年度联络工作先进个人	市高级法院

续表 37

姓名	性别	所在单位	获奖月份	荣誉称号	颁奖单位
税安礼	女	区法院	3月	2019年度新闻舆论工作先进个人	市高级法院
白斌	男	刑侦支队	4月	重庆五一劳动奖章	市总工会
黄玲	女	四川外国语大学图书馆图情研究所所长	4月	民革重庆市委会社情民意信息先进个人	民革重庆市委会
谭俊贤	男	区教师进修学院	4月	中小学学科带头人	市教委
毛雁	女	区烟草专卖局	4月	重庆烟草专卖商业系统2019年度卷烟销售工作先进个人	市烟草专卖局
王天将	男	土主派出所	4月	重庆市公安局优秀共青团干部	共青团市公安局委员会
李胜	男	区人民医院	4月	重庆五一劳动奖章	市总工会
朱彬	女	国网重庆市区供电公司	4月	重庆五一劳动奖章	市总工会
吕珍律	男	重庆市南开中学	4月	重庆五一劳动奖章	市总工会
韩世坤	男	重庆市第一中学	4月	中小学学科带头人	市教委
蒲大勤	女	井口街道南溪村	4月	2020年重庆市“最美‘守护青山’志愿者”	市委宣传部、市文明办、中共重庆市委网络安全和信息化委员会办公室、市规划自然资源局、市林业局
黎雅红	女	美丽阳光家园社区	5月	重庆市新冠肺炎疫情防控最美志愿者	市文明办
王石清	男	区应急局	5月	先进个人	市应急局
张浩东	男	虎溪特勤站	5月	优秀共青团员	市消防救援总队
石明佩	男	大成湖社区	5月	重庆市新冠肺炎疫情防控最美志愿者	市文明办
杨江	男	土主消防救援站	5月	优秀共青团员	市消防救援总队
周鑫	男	重庆千圣广告有限公司	5月	重庆市新冠肺炎疫情防控最美志愿者	市文明委
陈嘉兴	男	区应急局	5月	先进个人	市应急局
陈志林	男	区侨青会	5月	重庆市新冠肺炎疫情防控最美志愿者	市文明委
覃莉涵	女	烈士墓小学	5月	2020年度“新时代重庆好少年”	市委宣传部、市文明办、市教委、共青团市委、市妇联、市关工委
闫永霞	女	重庆市永霞工艺品有限公司	6月	作品《榜样的力量》获重庆“非遗”购物节和第五届重庆非物质文化遗产暨老字号博览会抗疫作品二等奖	市文化旅游委、重庆市非遗处
刘曲霞	女	区生态环境局	6月	重庆市2020年生态环境执法大练兵演讲比赛三等奖	市生态环境局、市文明办、市委直属机关工委、市总工会、共青团市委、市妇联
袁小燕	女	不动产登记中心	6月	优秀党务工作者	市规划自然资源局
肖力	男	重庆市南开中学	6月	重庆英才　名家名师　教育领域专家	市委组织部
黄奕玮	女	区检察院	6月	全市检察机关第七届十佳公诉人暨优秀公诉人业务竞赛获“重庆市十佳公诉人”称号	市人民检察院
杨春敏	女	石井坡街道团结坝社区	6月	2019年度重庆市三八红旗手标兵	市人力社保局、市妇联

续表 37

姓名	性别	所在单位	获奖月份	荣誉称号	颁奖单位
梁凤	女	重庆市第一中学	6月	重庆市三八红旗手	市人力社保局、市妇联
刘洪通	男	组织干部科（机关党委）	6月	优秀党务工作者	市消防救援总队
刘松	男	大学城消防救援站	6月	优秀共产党员	市消防救援总队
向晓玲	女	区检察院	6月	全市检察机关第七届十佳公诉人暨优秀公诉人业务竞赛获“重庆市十佳公诉人”称号	市人民检察院
胡陈果	女	重庆大学物理学院教授	7月	重庆市自然科学奖一等奖	重庆市人民政府
奚伊	女	重庆大学物理学院副教授	7月	重庆市自然科学奖一等奖	重庆市人民政府
周雷	男	重庆大学资源与环境科学学院副教授	7月	重庆市科学技术奖一等奖	重庆市人民政府
平兴俊	女	区精神卫生中心天星桥院区	7月	疫情期间未成年人心理健康辅导工作先进个人	市委宣传部、市文明办、市教委、市卫生健康委
黄舒寒懋	男	区委政法委	7月	重庆市思想政治工作研究会 2019 年度优秀研究成果三等奖	重庆市思想政治工作研究会
徐中明	男	重庆大学汽车工程学院	8月	2019 年度重庆市自然科学三等奖	重庆市人民政府
易军	男	重庆科技学院	8月	2019 年度重庆市科技进步三等奖	重庆市人民政府
唐明跃	男	区残联	8月	2019 年度先进工作者	重庆市残疾人福利基金会
胡艳丽	女	区图书馆	8月	重庆市第十一届图书馆少儿服务工作学术研讨会征文三等奖	重庆市图书馆学会
吕玉玲	女	回龙坝镇	8月	2020 年重庆人大新闻奖三等奖	市人大、市委宣传部
唐婵娟	女	中梁镇劳动就业和社会保障服务所	9月	重庆市优秀妇联执委	市妇联
雷欢	女	覃家岗街道	9月	重庆市优秀基层妇联执委	市妇联
唐婵娟	女	中梁镇	9月	重庆市优秀基层妇联执委	市妇联
晏妮	女	渝碚路街道	9月	重庆市优秀基层妇联执委	市妇联
余淑娟	女	区生态环境监测站	9月	2020 年重庆市生态环境监测专业技术人员大比武一等奖	市生态环境局、市人力社保局
杨洋	女	区生态环境监测站	9月	2020 年重庆市生态环境监测专业技术人员大比武二等奖	市生态环境局、市人力社保局
李亚林	女	区生态环境监测站	9月	2020 年重庆市生态环境监测专业技术人员大比武三等奖	市生态环境局、市人力社保局
陈益民	男	区财政局	9月	部分退役士兵社会保险接续集中补缴工作先进个人	中共重庆市退役军人事务工作领导小组办公室
曾飞	男	区退役军人服务中心	9月	部分退役士兵社会保险接续集中补缴工作先进个人	中共重庆市委退役军人事务工作领导小组办公室
刘睿	男	重庆师范大学地理与旅游学院院长助理	9月	重庆市高校中青年骨干教师	市教委
倪潇	男	区医疗保障事务中心	9月	部分退役士兵社会保险接续集中补缴工作先进个人	中共重庆市委退役军人事务工作领导小组办公室
杨俊	男	区军休服务中心	9月	部分退役士兵社会保险接续集中补缴工作先进个人	中共重庆市委退役军人事务工作领导小组办公室

续表 37

姓名	性别	所在单位	获奖月份	荣誉称号	颁奖单位
晏妮	女	渝碚路街道南友村社区	9月	重庆市优秀基层妇联执委	市妇联
袁利	女	重庆大学	9月	重庆市最美高校辅导员	市委宣传部、市文明办、市委教工委、市教委
黄可欣	女	井口街道	10月	新冠肺炎疫情防控“重庆市巾帼建功标兵”	市妇联合、市卫生健康委
何盛琴	女	区人民医院	10月	重庆市抗击新冠肺炎疫情先进个人	中共重庆市委、重庆市人民政府
谷晓琴	女	区人民医院	10月	重庆市抗击新冠肺炎疫情先进个人	中共重庆市委、重庆市人民政府
代云鑫	男	区中医院	10月	重庆市抗击新冠肺炎疫情先进个人	中共重庆市委、重庆市人民政府
周永萍	女	区陈家桥医院	10月	重庆市抗击新冠肺炎疫情先进个人	中共重庆市委、重庆市人民政府
刘明伟	男	区回龙坝镇卫生院	10月	重庆市抗击新冠肺炎疫情先进个人	中共重庆市委、重庆市人民政府
王茂	男	重庆东华医院	10月	重庆市抗击新冠肺炎疫情先进个人	中共重庆市委、重庆市人民政府
张鑫	男	区疾病预防控制中心	10月	重庆市抗击新冠肺炎疫情先进个人	中共重庆市委、重庆市人民政府
杨连建	男	区疾病预防控制中心	10月	重庆市抗击新冠肺炎疫情先进个人	中共重庆市委、重庆市人民政府
周怡	男	区公安分局	10月	重庆市抗击新冠肺炎疫情先进个人	中共重庆市委、重庆市人民政府
廖兴文	男	区城市管理局	10月	最美环卫工	重庆市精神文明建设协会、重庆市环境卫生协会
安淳	女	覃家岗街道凤天路社区居委会	10月	重庆市抗击新冠肺炎疫情先进个人	中共重庆市委、重庆市人民政府
冯智	男	重庆康明斯发动机有限公司	10月	重庆市抗击新冠肺炎疫情先进个人	中共重庆市委、重庆市人民政府
李力	女	团区委	10月	重庆市抗击新冠肺炎疫情先进个人	中共重庆市委、重庆市人民政府
何丽娟	女	沙坪坝区回龙坝镇聚龙城社区居委会	10月	重庆市抗击新冠肺炎疫情先进个人	中共重庆市委、重庆市人民政府
韩杰	女	区应急局	10月	新冠肺炎疫情防控“重庆市巾帼建功标兵”	市妇联、市卫生健康委
余显军	男	区卫生健康委	10月	重庆市抗击新冠肺炎疫情先进个人	中共重庆市委、重庆市人民政府
袁国丹	男	重庆市公共卫生医疗救治中心	10月	重庆市抗击新冠肺炎疫情先进个人	中共重庆市委、重庆市人民政府
罗亚东	男	重庆市公共卫生医疗救治中心	10月	重庆市抗击新冠肺炎疫情先进个人	中共重庆市委、重庆市人民政府
徐贵书	女	区房屋征收中心	10月	重庆市抗击新冠肺炎疫情先进个人	中共重庆市委、重庆市人民政府
马智刚	男	区市场监管局综合行政执法支队	10月	重庆市抗击新冠肺炎疫情先进个人	中共重庆市委、重庆市人民政府

续表 37

姓名	性别	所在单位	获奖月份	荣誉称号	颁奖单位
宋亚男	女	区就业和人才中心	10 月	重庆市十佳职业指导师	市就业服务管理局
向洋	女	区就业和人才中心	10 月	重庆市十佳职业指导师	市就业服务管理局
吴秀	女	区就业和人才中心	10 月	重庆市十佳基层就业服务人员	市就业服务管理局
肖志强	男	区环境卫生管理处	10 月	重庆市抗击新冠肺炎疫情先进个人	中共重庆市委、重庆市人民政府
陈飞	男	区疾病预防控制中心	10 月	重庆市抗击新冠肺炎疫情先进个人	中共重庆市委、重庆市人民政府
蒲晓蓉	女	联芳派出所	10 月	重庆市巾帼建功标兵	市妇联、市卫生健康委
朱明会	女	区中医院	10 月	重庆市抗击新冠肺炎疫情先进个人	中共重庆市委、重庆市人民政府
安淳	女	凤天路社区	10 月	重庆市优秀共产党员	中共重庆市委
刘德军	男	新鸣社区	11 月	重庆市拥军优属模范个人	中共重庆市委
官晓燕	女	区就业和人才中心	11 月	重庆市拥军优属模范个人	中共重庆市委、重庆市人民政府、重庆警备区
王朝银	女	区交通局	11 月	2017 年至 2019 年重庆市内部审计先进工作者	重庆市内部审计协会
张卿雅	女	区社会保险事务中心	11 月	2019—2020 年度重庆市青年岗位能手	共青团市委、市人力社保局
董志明	男	重庆科技学院电子信息工程学院教授	11 月	重庆英才创新创业领军人物	市委组织部、市人力社保局
余鹏	男	经侦支队	11 月	重庆市公安局青年岗位能手	市公安局
张兴海	男	小康集团	11 月	首届“重庆市杰出英才奖”	中共重庆市委、重庆市人民政府
宋晓平	男	兴亚集团	11 月	2020 年重庆英才·创业领军人才	中共重庆市委人才工作领导小组
王超	男	区委党校	11 月	重庆市第二批干部教育培训好课程	市委组织部
马英莉	女	区政协	12 月	市政协理论研究会 2020 年度主题理论研讨优秀论文三等奖	政协重庆市委员会办公厅
钟小勇	男	区政协	12 月	2020 年度政协新闻宣传工作先进个人	政协重庆市委员会办公厅
李帙奇	男	区政协	12 月	2020 年度政协新闻宣传工作优秀通讯员	政协重庆市委员会办公厅
何巧	女	区公安分局	12 月	重庆市“最美渝警楷模”	市委宣传部、市文明办、市公安局
熊晓炜	男	区委老干局	12 月	重庆市老干部工作先进个人	市委组织部、市委老干局、市人力社保局
余婷婷	女	区委老干局	12 月	重庆市老干部工作先进个人	市委组织部、市委老干局、市人力社保局
王超	男	区委党校	12 月	重庆市党校（行政院校）系统第四届精品课	重庆市委党校、重庆行政学院
王超	男	区委党校	12 月	重庆市党员教育课件评选一等优秀作品	市委组织部
莫申容	女	区委党校	12 月	第五届科协改革研讨会三等奖	市科协
卫晋丽	女	重庆市第一中学	12 月	重庆市有突出贡献的中青年专家	市委组织部、市人力社保局
邓朝霞	女	区民政局	12 月	2020 年重庆民政创新发展论坛一等奖	市民政局

续表 37

姓名	性别	所在单位	获奖月份	荣誉称号	颁奖单位
陈怡	女	区财政局	12 月	重庆市第四次全国经济普查市级先进个人	重庆市人民政府第四次经济普查领导小组办公室、市统计局
孙忠宜	男	区生态环境保护综合行政执法支队	12 月	重庆市 2020 年生态环境保护执法大练兵表现突出执法人员	市生态环境局、市文明办、市委直属机关工委、市总工会、共青团市委、市妇联
尹修全	男	区生态环境监测站	12 月	重庆市 2020 年生态环境保护执法大练兵表现突出执法人员	市生态环境局、市文明办、市委直属机关工委、市总工会、共青团市委、市妇联
黄奇伟	男	区生态环境保护综合行政执法支队	12 月	重庆市 2020 年生态环境保护执法大练兵表现突出执法人员	市生态环境局、市文明办、市委直属机关工委、市总工会、共青团市委、市妇联
夏晓萍	女	区生态环境保护综合行政执法支队	12 月	重庆市 2020 年生态环境保护执法大练兵表现突出执法人员	市生态环境局、市文明办、市委直属机关工委、市总工会、共青团市委、市妇联
廖宗集	男	小龙坎街道	12 月	重庆市第四次全国经济普查先进个人	市人力社保局、市政府第四次全国经济普查领导小组办公室、市统计局
张荣	男	区统计局	12 月	重庆市第四次全国经济普查先进个人	市人力社保局、市政府第四次全国经济普查领导小组办公室、市统计局
何巧	女	磁器口派出所	12 月	2020 重庆市“最美渝警楷模”	市公安局
曹华盛	男	重庆师范大学	12 月	优秀党员	致公党重庆市委会
谭杨辛	女	区人大	12 月	优秀党员	致公党重庆市委会
陈志林	男	—	12 月	优秀党员	致公党重庆市委会
胡德胜	男	重庆大学	12 月	优秀党员	致公党重庆市委会
陈志林	男	—	12 月	参政议政先进个人	致公党重庆市委会
夏惠	女	九三学社区委	12 月	参政党理论与社史研究成果一等奖	九三学社重庆市委会
赵艾叶	女	中煤科工集团重庆研究院有限公司	12 月	参政党理论与社史研究成果一等奖	九三学社重庆市委会
徐宗侍	男	贵州省安顺市科协	12 月	参政党理论与社史研究成果二等奖	九三学社重庆市委会
刘婷婷	女	九三学社区委	12 月	宣传工作先进个人	九三学社重庆市委会
赵艾叶	女	中煤科工集团重庆研究院有限公司	12 月	宣传工作先进个人	九三学社重庆市委会
徐宗侍	男	贵州省安顺市科协	12 月	宣传工作先进个人	九三学社重庆市委会
杨青山	男	重庆科技学院	12 月	参政议政工作先进个人	九三学社重庆市委会
郭钢	男	重庆大学汽车工程学院	12 月	参政议政工作先进个人	九三学社重庆市委会
周俊	男	重庆市公共卫生医疗救治中心	12 月	社情民意信息工作先进个人	九三学社重庆市委会
徐宗侍	男	贵州省安顺市科协	12 月	社情民意信息工作先进个人	九三学社重庆市委会

续表 37

姓名	性别	所在单位	获奖月份	荣誉称号	颁奖单位
黄成瑜	女	重庆市公共卫生医疗救治中心	12 月	社情民意信息工作先进个人	九三学社重庆市委会
赵晓芳	女	重庆商务职业学院	12 月	社会服务工作先进个人	九三学社重庆市委会
陈曼	女	重庆大学机械传动重点实验室	12 月	组织建设工作先进个人	九三学社重庆市委会
夏惠	女	九三学社区委	12 月	参政党理论与社史研究先进个人	九三学社重庆市委会
赵艾叶	女	中煤科工集团重庆研究院有限公司	12 月	参政党理论与社史研究先进个人	九三学社重庆市委会
徐宗俦	男	贵州省安顺市科协	12 月	参政党理论与社史研究先进个人	九三学社重庆市委会
曹阳	男	重庆大学理学部办公室	12 月	专（工委）工作先进个人	九三学社重庆市委会
沈玉文	女	重庆电子工程职业学院	12 月	专（工委）工作先进个人	九三学社重庆市委会
赵艾叶	女	中煤科工集团重庆研究院有限公司	12 月	专（工委）工作先进个人	九三学社重庆市委会
黄成瑜	女	重庆市公共卫生医疗救治中心	12 月	专（工委）工作先进个人	九三学社重庆市委会
李在军	男	重庆市林业科学研究院	12 月	专（工委）工作先进个人	九三学社重庆市委会
黄亚琼	女	区城市管理局	12 月	重庆市巾帼建功标兵	市妇联
蔡谨	女	区税务局	12 月	重庆市巾帼建功标兵	市妇联
崔艳艳	女	重庆医科大学教授	12 月	重庆市巾帼建功标兵	市妇联
黄奕玮	女	区检察院	12 月	重庆市巾帼建功标兵	市妇联
卞涵	女	山洞街道	12 月	重庆市儿童工作资源中心 2019—2020 年优秀儿童之家园长	市儿童工作资源中心
黄艺璇	女	土湾街道	12 月	重庆市儿童工作资源中心 2019—2020 年优秀儿童之家园长	市儿童工作资源中心
雷欢	女	覃家岗街道	12 月	重庆市儿童工作资源中心 2019—2020 年优秀儿童之家园长	市儿童工作资源中心
李茜	女	区侨联	12 月	重庆市“最美侨联工作者”	市侨联
杨帆	女	区税务局	12 月	重庆市青年志愿者优秀个人	共青团市委、重庆市青年志愿者协会
李洪敏	女	区烟草专卖局	12 月	重庆市烟草专卖局（公司）技术能手	市烟草专卖局
罗艺	男	货拉拉驾驶员	12 月	“重庆好人”	市委宣传部、市文明办
冉凌	女	磁器口街道	12 月	残疾人工作先进个人	市人力社保局、市残联
刘敏	女	井口街道	12 月	残疾人工作先进个人	市人力社保局、市残联
王红	女	土主街道	12 月	重庆市第四次全国经济普查市级先进个人	市人力社保局、市政府第四次全国经济普查领导小组办公室、市统计局

附 录

2020 年重庆市沙坪坝区国民经济和社会发展统计公报

2020 年，面对突如其来的疫情冲击，面对复杂严峻的国际国内形势，全区上下坚决贯彻党中央，市委、市政府决策部署，全力以赴战疫情、战复工、战洪水，统筹推进疫情防控和经济社会发展，抓“六保”促“六稳”，经济呈现出“逐季回升、稳定转好”的良好态势，继续在高质量发展道路上稳步前行。

一、综合

初步核算，2020 年实现地区生产总值 1013.9 亿元，按可比价格计算，比上年增长 3.0%。分产业看，第一产业增加值 4.5 亿元，增长 2.6%；第二产业增加值 322.4 亿元，增长 7.0%；第三产业增加值 687.0 亿元，增长 1.0%。三次产业结构比为：0.4 ： 31.8 ： 67.8。

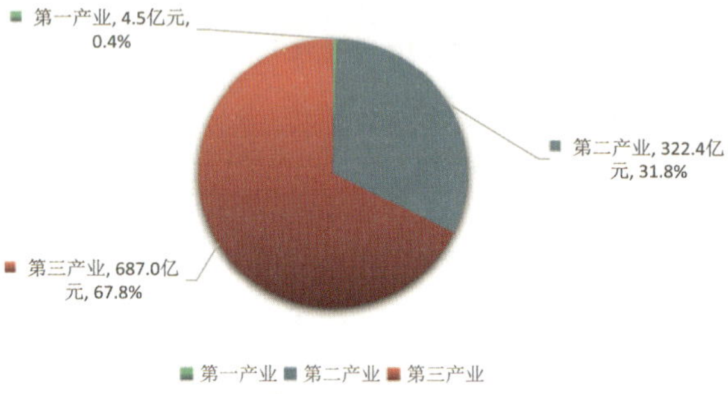

图 1　2020 年三次产业结构

全区年末户籍总人口 90.39 万人，较上年增加 17382 人。其中城镇人口 81.10 万人，比上年增加 20395 人，乡村人口 9.29 万人，较上年减少 3013 人；户籍人口中，男性人口 44.25 万人，女性人口 46.14 万人。

表 1　2020 年年末户籍人口数及其构成

指标	年末数（万人）	比重（%）
年末总人口	90.39	100
按城乡分		
#城镇人口	81.10	89.7
乡村人口	9.29	10.3
按性别分		
#男性	44.25	49.0
女性	46.14	51.0

全年城镇新增就业 4.08 万人，登记失业人员就业 8771 人。

年末全区共有市场主体 120405 户，较去年增长 7.0%，其中内资企业 39693 户，外商投资企业 280 户，个体工商户 80310 户，农民专业合作社 122 户。

二、农业

全年实现农林牧渔业增加值 45344 万元，比上年增长 2.6%。

全年粮食作物播种面积 2488 公顷，比上年下降 1.2%；粮食作物总产量 1.03 万吨，比上年增长 0.8%；蔬菜总产量 3.8 万吨，比上年增长 5.0%；生猪出槽数 3200 头，比上年增长 9.4%；家禽出栏数 10.8 万只，比上年增长 6.5%。

三、工业和建筑业

全年实现工业增加值 232.9 亿元，比上年增长 8.1%。全年规模以上工业企业共 226 家，规模以上工业企业完成总产值 2490.3 亿元，比上年增长 14.8%。分行业看，电子信息制造业完成产值 2211.9 亿元，比上年增长 18.0%；传统业完成产值 278.4 亿元，比上年下降 5.6%。分区域看，高新区部分完成产值 2249.5 亿元，比上年增长 17.8%；其他区域完成产值 240.8 亿元，比上年下降 7.4%。

全年实现规模以上工业销售产值 2453.2 亿元，比上年增长 15.2%；完成出口交货值 2168.4 亿元，比上年增长 20.3%；利润总额 31.4 亿元，比上年下降 10.9%。

表 2　2020 年规模以上工业主要产品产量及增速

产品名称	产量	比上年增长（%）
电子计算机（万台）	6415.7	32.6
#笔记本电脑	6352.1	32.7
显示器（万台）	1172.3	−19.2
打印机（万台）	500.1	−63.1
摩托车（万辆）	10.3	7.0
智能手表（万个）	935.1	65.4
发动机（万千瓦）	1701.0	−26.9

全年实现建筑业增加值 89.5 亿元，比上年增长 3.6%。全区拥有资质等级建筑企业 170 家，完成产值 293.8 亿元，比上年增长 13.8%，其中一级资质建筑企业完成产值 210.6 亿元，比上年增长 13.0%。施工面积 1361.7 万平方米，比上年增长 0.4%；竣工面积 301.1 万平方米，比上年下降 1.8%。

四、商贸服务业

全年实现批发和零售业增加值 87.6 亿元，比上年下降 2.5%；实现住宿和餐饮业增加值 21.8 亿元，比上年下降 4.8%。

全年社会消费品零售总额 486.4 亿元，比上年增长 0.2%。批发和零售业商品销售总额 1300.8 亿元，比上年下降 3.3%；住宿和餐饮业营业收入 82.9 亿元，比上年下降 0.9%。

全年实现规模以上服务业营业收入 248.5 亿元，同比增长 20.7%。其中，交通运输、仓储和邮政业营业收入 133.6 亿元，同比增长 41.4%；营利性服务业营业收入 33.6 亿元，同比增长 7.3%；非营利性服务业营业收入 66.7 亿元，同比增长 1.1%。

五、固定资产投资

全年固定资产投资总额 471.6 亿元，比上年增长 9.5%。建设与改造投资项目数（500 万元以上）257 个，完成投资 173.0 亿元，比上年增长 4.8%。

表 3　2020 年商品房建设与销售主要指标及其增长增速

指标	绝对量	比上年增长（%）
施工面积（万平方米）	1644.9	3.6
#住宅	1042.0	6.8
竣工面积（万平方米）	130.8	55.3
#住宅	100.8	131.7
销售面积（万平方米）	430.0	13.1
#住宅	360.1	13.1
销售额（亿元）	457.2	17.7
#住宅	417.9	25.1

分产业看，第二产业完成投资 48.2 亿元，比上年增长 60.2%；第三产业完成投资 423.4 亿元，比上年增长 5.7%。

房地产开发完成投资 298.6 亿元，比上年增长 12.3%。

六、对外经济

全年实现进出口总额 2993.9 亿元，同比增长 8.2%。其中，出口 2031.0 亿元，同比增长 12.2%；进口 962.9 亿元，同比增长 0.7%。

全年实际利用外资 11.0 亿美元，同比增长 10.5%。

全国首批中欧班列集结中心示范项目落地，新增 3 个海外分拨仓，开行国际班列 4875 列、货值 1100 亿元，分别增长 89%、76%。首次药品口岸、冷链仓建成投运，进口整车 4800 辆。

七、交通运输、邮电和旅游

全年实现交通运输、仓储和邮政业增加值 50.3 亿元，比上年增长 7.0%。

*全社会公路客运量 364 万人，比上年下降 45.9%；旅客运输周转量 13375 万人公里，比上年下降 45.7%；货物运输量 2850 万吨，比上年增加 9.9%；货物周转量 415685 万吨公里，比上年增加 10.12%。

全年共接待旅游者 2368.5 万人，比上年下降 37.7%；实现旅游营业收入 84.9 亿元，比上年下降 40.8%。

八、财政和金融

*全年一般公共预算收入 41.8 亿元，比上年增长 0.6%。其中税收收入 33.1 亿元，比上年增长 0.3%。一般公共预算支出 93.9 亿元，比上年下降 5.8%。

全年实现金融业增加值 150.3 亿元，比上年增长 3.9%。年末金融机构人民币存款余额 1960.7 亿元，比上年末增长 14.9%，金融机构人民币贷款余额 1834.4 亿元，比上年末增长 15.5%。

全区拥有银行分支机构 36 家，证券机构 20 家，保险机构 18 家，累计注册新型金融机构 12 家，其中小额贷款公司 11 家，担保公司 1 家。

九、环境保护和城乡建设

全年重点整治“散乱污”企业 649 家，空气质量优良天数达 314 天、同比增加 27 天，历史性突破 300 天。开展河道“三乱”专项整治，全面禁止肥水养殖，完成歌乐山上下天池等 6 个湖库治理，水质均达Ⅲ类。完成全域管网普查，新改建管网 35 公里，梁滩河水质提升至Ⅳ类。建成“无废城市细胞”50 个，修复废弃矿坑 2000 亩，国土绿化 1.7 万亩。成功创建“中国天然氧吧”。

完成城市征收 21 万平方米、农村征地 7900 亩，拆除尾欠户 851 户。改造棚户区 1500 户，整治老旧小区 20 万平方米，依法拆除违法建筑 160 万平方米，迁改管线 20 公里。47 万平方米菁云湖、25 万平方米五云湖生态景观全面建成，绿化美化坡坎崖 53 处，新建 20 公里景观大道，新增绿化面积 130 万平方米，新建山城步道 27 公里。新增公共停车位 5000 个，新改建公厕 9 座。

打造 34 平方公里中梁都市村庄，建成环斐然湖步道 5 公里、生态景观 30 万平方米，启动 120 栋农房改造。新改建“四好农村路”72 公里，改厕 1912 户，建成美丽庭院 200 个，解决 2000 户饮水安全问题。

十、教育、科学技术

*全区共有各类教育事业单位 279 所。其中，普通高中 11 所，中职学校 4 所，普通初中 17 所，普通小学 54 所，幼儿园 193 所。共有专任教师 9863 人。其中，普通中学教师 3344 人，中职学校教师 753 人，小学教师 3303 人，幼儿园教师 2463 人。幼儿园公办率、普惠率分别提高至 52%、80%。

引进中科院广州能源所、西部地质研究院等独立法人研发机构13个，深圳慧思科技、重庆智能信息研究院等高新企业19家，新增科技型企业476家、增长83%。新建院士专家工作站2家，柔性引进院士5人、高层次专家152人。

全年授权专利数5194件，比上年增长23.7%，其中，授权发明专利数1554件，比上年增长30.5%。

十一、文化、体育和卫生

*全年广播覆盖率、电视综合人口覆盖率均达100%，有线电视入户率达100%。年末公共图书馆总藏书量95.3万册，年读者流通量70万人次，年书刊借阅数34万册次，开展“星期日讲座”特色服务3次。全区举办大型群众文化活动76场次，街镇文化站群众文化活动527场次，广场故事活动30次，参与群众文化活动观众达96万人次，群众文化创作荣获全国级奖10个，群众文化创作荣获省（市）级奖48个。

*全年举办区以上运动会9次。新增全民健身场地14万平方米。

*年末全区共有各级卫生机构598个，其中医院37个，社区卫生服务中心（站）23个，乡镇卫生院5个。卫生机构实有床位数9370张。其中，医院床位8575张，社区卫生服务中心（站）床位574张，乡镇卫生院床位数190张。全区共有卫生技术人员10339人。其中，执业（助理）医师3781人，注册护士5063人。

十二、人民生活和社会保障

全年常住居民人均可支配收入43213元，同比增长5.7%。其中，城镇常住居民人均可支配收入44055元，同比增长5.4%；农村常住居民人均可支配收入23142元，同比增长8.2%。

全年常住居民人均消费性支出31888元，比上年增长4.3%。其中，城镇常住居民人均消费性支出32512元，比上年增长4.1%；农村常住居民人均生活消费支出17032元，比上年增长6.0%。

全年城镇基本养老保险参保64.1万人，比上年增长5.3%；城乡居民养老保险参保5.4万人，比上年下降13.5%；工伤保险参保35.3万人，比上年增长10%；城镇基本医疗保险参保47万人，比上年增长3.5%；城乡居民合作医疗保险参保人数49.4万人，比上年增长1.9%。

注：1.本公报部分数据为快报数，正式数据以《沙坪坝区统计年鉴2021》为准。

2.地区生产总值、各行业增加值的绝对数按现价计算，增长速度按可比价格计算。

3.公报中的客货运量、财政、教育、文化、体育等用*标注的段落，统计范围未包含高新区直管区四镇街。

3.部分数据因取舍不同而产生的计算误差未作机械调整。

2020年沙坪坝区重要文件存目

文件名称	发文字号
关于2019年度履行全面从严治党主体责任情况的报告	沙坪坝委文〔2020〕1号
关于2019年度法治政府建设情况的报告	沙坪坝委文〔2020〕2号
关于沙坪坝区2019年工作情况的报告	沙坪坝委文〔2020〕3号
关于建设沙坪坝区文化创意产业基地推进情况的报告	沙坪坝委文〔2020〕4号
关于2019年沙坪坝区实施乡村振兴战略工作情况的报告	沙坪坝委文〔2020〕5号
关于崔杰同志等5人赴南非、土耳其洽谈商贸及文化旅游项目情况的报告	沙坪坝委文〔2020〕6号
关于区委、区政府领导班子成员分工调整的备案报告	沙坪坝委文〔2020〕7号
关于追授潘继明同志“重庆市优秀共产党员”称号的请示	沙坪坝委文〔2020〕8号
关于2019年度贯彻落实习近平总书记对重庆所作重要讲话和系列重要指示批示精神“回头看”工作情况的自查报告	沙坪坝委文〔2020〕9号
关于深入学习贯彻全市农村工作和扶贫开发工作电视电话会议精神情况的报告	沙坪坝委文〔2020〕10号
关于驻区高校开学复课准备工作情况的报告	沙坪坝委文〔2020〕11号
关于深入学习宣传贯彻市委五届八次全会精神的报告	沙坪坝委文〔2020〕14号
关于申报全国双拥模范城的报告	沙坪坝委文〔2020〕16号
关于在厄瓜多尔进口冷冻南美白虾清查行动中发现外包装新冠病毒阳性样本的报告	沙坪坝委文〔2020〕18号
关于沙坪坝区2020年上半年经济社会发展情况的报告	沙坪坝委文〔2020〕20号
关于贯彻落实《重庆市信访工作责任制实施细则》自查情况的报告	沙坪坝委文〔2020〕22号
关于沙坪坝区违建别墅问题清查整治专项行动的报告	沙坪坝委文〔2020〕23号
关于推荐重庆市抗击新冠肺炎疫情市级表彰情况的报告	沙坪坝委文〔2020〕24号
关于深入学习宣传贯彻西部（重庆）科学城建设动员大会精神的报告	沙坪坝委文〔2020〕29号
关于2020年度食品安全工作情况的报告	沙坪坝委文〔2020〕35号
关于抓好“三农”领域重点工作确保如期实现全面小康的实施意见	沙委发〔2020〕1号
关于加强党的领导、为打赢疫情防控阻击战提供坚强政治保证的通知	沙委发〔2020〕2号
关于追授潘继明同志“沙坪坝区优秀共产党员”称号的决定	沙委发〔2020〕3号
关于全面融入成渝地区双城经济圈建设的决定	沙委发〔2020〕6号
关于给予新中国成立70周年安保维稳工作成效突出的集体和个人记三等功（记功）、嘉奖的决定	沙委发〔2020〕7号
关于对谭顺清等48名同志记三等功、杨勇刚等373名同志记嘉奖的决定	沙委发〔2020〕8号
关于给予沙坪坝区事业单位脱贫攻坚先进集体和先进个人记功、嘉奖的决定	沙委发〔2020〕11号
关于制定重庆市沙坪坝区国民经济和社会发展第十四个五年规划和二〇三五年远景目标的建议	沙委发〔2020〕12号
关于调整重庆市沙坪坝区交通局职能配置和内设机构的通知	沙委办发〔2020〕1号
关于印发《重庆市沙坪坝区体育局职能配置、内设机构和人员编制规定》的通知	沙委办发〔2020〕2号
关于印发《重庆市沙坪坝区人民防空办公室职能配置、内设机构和人员编制规定》的通知	沙委办发〔2020〕3号
关于印发《重庆市沙坪坝区区管企业领导人员管理办法》的通知	沙委办发〔2020〕4号

续表

文件名称	发文字号
关于印发《中共重庆市沙坪坝区委直属机关工作委员会职能配置、内设机构和人员编制规定》的通知	沙委办发〔2020〕6号
关于印发《重庆市沙坪坝区贯彻落实〈重庆市中央生态环境保护督察报告〉整改方案》的通知	沙委办发〔2020〕7号
印发《关于开展“以案改治理、以案改监管、以案改制度、以案改作风”工作的实施方案》的通知	沙委办发〔2020〕8号
关于成立沙坪坝区新型冠状病毒感染的肺炎疫情防控工作领导小组的通知	沙委办〔2020〕1号
关于增补沙坪坝区新型冠状病毒感染的肺炎疫情防控工作领导小组副组长和成员的通知	沙委办〔2020〕2号
关于迅速学习贯彻习近平总书记在中央政治局常务委员会会议上的重要讲话精神全力以赴坚决打赢新型冠状病毒感染的肺炎疫情防控阻击战的通知	沙委办〔2020〕3号
关于开展新型冠状病毒感染的肺炎疫情防控工作专项督查的通知	沙委办〔2020〕4号
关于印发沙坪坝区四大班子领导进一步加强疫情排查防控全覆盖工作联系镇街、管委会安排的通知	沙委办〔2020〕5号
关于进一步严肃机关企事业单位返渝干部职工居家隔离工作纪律的通知	沙委办〔2020〕6号
关于进一步加强疫情排查防控全覆盖工作的通知	沙委办〔2020〕7号
关于成立重庆市沙坪坝区全面融入成渝地区双城经济圈建设领导小组的通知	沙委办〔2020〕8号
关于召开中央脱贫攻坚专项巡视“回头看”反馈意见和国家反馈2019年重庆市脱贫攻坚成效考核问题整改落实工作动员部署会沙坪坝区分会场电视电话会议的通知	沙委办〔2020〕9号
关于区委常委分工的通知	沙委办〔2020〕10号
关于更名区委“三农”工作议事协调机构的通知	沙委办〔2020〕12号
关于做好重庆市沙坪坝区国有企业退休人员社会化管理服务移交工作的通知	沙委办〔2020〕14号
关于召开中国共产党重庆市沙坪坝区第十二届委员会第七次全体会议的通知	沙委办〔2020〕15号
关于成立重庆市沙坪坝区东部城区道路集中建设攻坚指挥部的通知	沙委办〔2020〕16号
关于召开沙坪坝区“一报告两评议”会议的通知	沙委办〔2020〕17号
关于调整党员区领导联系统一战线代表人士的通知	沙委办〔2020〕18号
关于印发《中共重庆市沙坪坝区委2020年度政党协商计划》的通知	沙委办〔2020〕19号
关于印发《沙坪坝区区级领导联系服务重点民营企业、重点商会名单》的通知	沙委办〔2020〕20号
关于成立重庆市沙坪坝区生态环境保护督查工作领导小组的通知	沙委办〔2020〕21号
关于做好沙坪坝区政协提案追踪办理工作的通知	沙委办〔2020〕22号
关于部分调整全区河长制组织体系的通知	沙委办〔2020〕23号
关于成立沙坪坝区市域社会治理现代化试点工作领导小组的通知	沙委办〔2020〕24号
关于做好国家卫生区复审工作的通知	沙委办〔2020〕25号
转发《中共重庆市沙坪坝区委宣传部、中共重庆市沙坪坝区委组织部关于认真组织学习〈习近平谈治国理政〉第三卷的通知》的通知	沙委办〔2020〕26号
关于召开中国共产党重庆市沙坪坝区第十二届委员会第八次全体会议的通知	沙委办〔2020〕28号
关于成立部分区级议事协调机构的通知	沙委办〔2020〕29号
关于朱福荣同志兼任区级议事协调机构职务的通知	沙委办〔2020〕30号
关于印发《〈贯彻落实《关于巩固深化“不忘初心、牢记使命”主题教育成果的意见》的措施〉任务分工方案》的通知	沙委办〔2020〕31号

续表

文件名称	发文字号
关于召开中国共产党重庆市沙坪坝区第十二届委员会第九次全体会议的通知	沙委办〔2020〕32 号
关于做好 2021 年元旦春节期间有关工作的通知	沙委办〔2020〕33 号
沙坪坝区人大常委会党组关于选举、补选部分沙坪坝区第十八届人民代表的请示	沙人党〔2020〕1 号
沙坪坝区人大常委会党组关于举行沙坪坝区第十八届人民代表大会第五次会议的请示	沙人党〔2020〕2 号
沙坪坝区人大常委会党组关于成立区十八届人民大表大会第五次会议临时党委的请示	沙人党〔2020〕3 号
沙坪坝区人大常委会党组关于《重庆市沙坪坝区人大常委会对任命的国家机关工作人员进行履职评价办法（试行）》（草案）制定情况的报告	沙人党〔2020〕4 号
沙坪坝区人大常委会党组关于举行沙坪坝区第十八届人民代表大会第六次会议的请示	沙人党〔2020〕5 号
沙坪坝区人大常委会党组关于成立区十八届人民大表大会第六次会议临时党委的请示	沙人党〔2020〕6 号
沙坪坝区人大常委会关于召开沙坪坝区第十八届人民代表大会第四次会议的通知	沙人党〔2020〕7 号
沙坪坝区人大常委会关于沙坪坝区第十八届人民代表大会第四次会议列席人员通知	沙人党〔2020〕8 号
沙坪坝区人大常委会关于废止《重庆市沙坪坝区人民代表大会代表建议批评和意见的提出和处理办法》的决定	沙人党〔2020〕9 号
沙坪坝区人大常委会关于列席沙坪坝区第十八届人民代表大会第四次会议的通知	沙人党〔2020〕10 号
沙坪坝区人大常委会关于区十八届人大二次会议票决民生实事完成情况及十八届人大四次会议票决民生实事建议名单报告的审议意见	沙人党〔2020〕11 号
沙坪坝区人大常委会关于选举、补选代表的决定	沙人党〔2020〕17 号
关于区 2020 年新增政府债务额度（提前下达部分）及分配方案的决议	沙人发〔2020〕1 号
关于同意重庆市沙坪坝区与韩国仁川广域市桂阳区建立友好城市的决定	沙人发〔2020〕6 号
关于区人民政府贯彻落实《重庆市人民代表大会常务委员会关于依法全力开展新冠肺炎疫情防控工作的决定》情况报告的审议意见	沙人发〔2020〕7 号
关于沙坪坝区人民法院推进以审判为中心的刑事诉讼制度改革工作的审议意见	沙人发〔2020〕8 号
关于区政府 2019 年度环境状况和环境保护目标完成情况的报告的审议意见	沙人发〔2020〕9 号
关于区政府水污染防治工作的评议意见	沙人发〔2020〕10 号
关于朱福荣同志为重庆市沙坪坝区监察委员会代理主任的决定	沙人发〔2020〕14 号
关于区法院审判执行管理体系化建设工作情况报告的审议意见	沙人发〔2020〕15 号
关于区检察院推进以审判为中心的刑事诉讼制度改革工作情况报告的审议意见	沙人发〔2020〕16 号
关于区政府八个专项工作报告的审议意见	沙人发〔2020〕17 号
关于区 2020 年新增政府债务额度及分配方案的决议	沙人发〔2020〕18 号
关于区 2019 年财政决算的决议	沙人发〔2020〕19 号
关于 2019 年度区级财政预算执行和其他财政收支情况审计工作报告的审议意见	沙人发〔2020〕20 号
关于区政府 2020 年 1—6 月财政预算执行情况报告的审议意见	沙人发〔2020〕21 号
关于区政府 2020 年国民经济和社会发展计划上半年执行情况报告的审议意见	沙人发〔2020〕22 号
关于确定沙坪坝区人民陪审员名额的决定	沙人发〔2020〕23 号

续表

文件名称	发文字号
关于《沙坪坝区人民政府关于提请审议沙坪坝区土主镇撤镇设街道行政区划调整的报告》的审议意见	沙人发〔2020〕28 号
关于区十八届人大六次会议代表建议办理工作情况报告的审议意见	沙人发〔2020〕29 号
关于批准《沙坪坝区“十三五”规划纲要部分指标调整方案（草案）的报告》的决议	沙人发〔2020〕30 号
关于区政府 2019 年度企业国有资产（不含金融企业）管理情况报告的审议意见	沙人发〔2020〕31 号
关于沙坪坝区人民政府 2019 年度法治政府建设情况的审议意见	沙人发〔2020〕32 号
关于沙坪坝区稳定就业工作情况的审议意见	沙人发〔2020〕33 号
关于成立沙坪坝区第十八届人民代表大会第七次会议筹备处的决定	沙人发〔2020〕35 号
关于区 2020 年财政收支预算调整的决议	沙人发〔2020〕36 号
关于 2020 年度区人大代表工作考核结果的通报	沙人发〔2020〕37 号
关于 2020 年度优秀区人大代表的通报	沙人发〔2020〕38 号
关于 2020 年度区人大代表优秀建议的通报	沙人发〔2020〕39 号
关于 2020 年度区人大代表小组优秀联络员的通报	沙人发〔2020〕40 号
关于区十八届人大六次会议票决民生实事完成情况及十八届人大七次会议票决民生实事建议名单报告的审议意见	沙人发〔2020〕45 号
关于加强水产养殖管理的决定	沙人发〔2020〕46 号
关于许可区公安分局对区十八届人大代表贺开义采取刑事拘留的限制人身自由措施的决定	沙人发〔2020〕47 号
关于召开沙坪坝区第十八届人民代表大会第七次会议的决定	沙人发〔2020〕48 号
沙坪坝区人大常委会 2020 年工作要点	沙人办发〔2020〕1 号
关于印发《沙坪坝区人大财经委、常委会预算工委 2020 年工作要点的通知》	沙人办发〔2020〕2 号
关于印发《沙坪坝区人大常委会贯彻落实〈中央全面依法治国委员会关于依法防控新型冠状病毒感染肺炎疫情切实保障人民群众生命健康安全的意见〉工作方案》的通知	沙人办发〔2020〕3 号
关于印发《沙坪坝区人大监察和法制委 2020 年工作要点》的通知	沙人办发〔2020〕4 号
关于做好《重庆市沙坪坝区人大常委会关于对全区贯彻执行〈重庆市人民代表大会常务委员会关于依法全力开展新冠肺炎疫情防控工作的决定〉情况的检查》相关准备工作的通知	沙人办发〔2020〕5 号
关于区十八届人大六次会议第 60 号建议办理情况的复函	沙人办发〔2020〕6 号
关于开展《中华人民共和国劳动法》和《中华人民共和国劳动合同法》贯彻实施情况专题调研的通知	沙人办发〔2020〕7 号
关于确定 2020 年重点督办建议和现场验收建议的通知	沙人办发〔2020〕8 号
关于延长代表建议办理时限的通知	沙人办发〔2020〕9 号
关于开展任命干部 2020 年履职评价工作的通知	沙人办发〔2020〕10 号
关于印发《沙坪坝区 2020 年度人大代表工作考核意见》的通知	沙人办发〔2020〕11 号
关于 2019 年度及 2020 年第一季度镇街人大信息宣传工作情况的通报	沙人办发〔2020〕12 号
关于印发《沙坪坝区人大常委会关于开展我区环境保护工作调研方案》的通知	沙人办发〔2020〕13 号
关于调研《重庆市人民代表大会常务委员会关于依法全力开展新冠肺炎疫情防控工作的决定》贯彻执行情况的通知	沙人办发〔2020〕14 号
关于视察农村人居环境整治情况的通知	沙人办发〔2020〕15 号

续表

文件名称	发文字号
关于区十八届人大六次会议第293号建议办理情况的复函	沙人办发〔2020〕17号
关于调整区人大常委会组成人员联系区人大代表的通知	沙人办发〔2020〕18号
关于聘请区第十八届人大常委会规范性文件备案审查咨询专家的通知	沙人办发〔2020〕19号
关于转发《重庆市人大常委会关于全市乡镇年度民生实事项目人大代表票决工作的指导意见》的通知	沙人办发〔2020〕20号
关于视察“三社”融合发展推进乡村振兴情况的通知	沙人办发〔2020〕21号
关于印发《沙坪坝区人大常委会2020年信息宣传工作要点》的通知	沙人办发〔2020〕22号
关于印发《沙坪坝区人大常委会机关2020年绿色机关建设工作方案》《沙坪坝区人大常委会机关创文任务清单》的通知	沙人办发〔2020〕23号
关于转发重庆市人民代表大会制度研究会2020年年会暨理论研讨会征文的通知	沙人办发〔2020〕24号
关于召开区十八届人大六次会议代表建议办理工作情况汇报暨调研座谈会的通知	沙人办发〔2020〕25号
关于书面报送《重庆市全民健身条例》贯彻执行情况报告的通知	沙人办发〔2020〕26号
关于开展2020年度优秀人大代表、代表优秀建议、优秀联络员评选活动的通知	沙人办发〔2020〕27号
关于2019年度区人大常委会主任接待日收集群众诉求办理情况的通报	沙人办发〔2020〕28号
关于印发《沙坪坝区人大常委会机关2020年节约型机关创建工作方案》的通知	沙人办发〔2020〕29号
关于调研企业国有资产（不含金融企业）管理情况的通知	沙人办发〔2020〕30号
关于调研我区2020年城市道路建设推进情况的通知	沙人办发〔2020〕31号
沙坪坝区人大常委会办公室关于2020年1—10月镇街人大信息宣传工作情况的通报	沙人办发〔2020〕32号
沙坪坝区人大常委会第五十八次主任会议关于全区文物保护利用改革情报告的会议纪要	沙人办发〔2020〕33号
关于招商引资项目落地情况的会议纪要	沙人办发〔2020〕34号
关于开展水污染防治工作评议意见办理落实情况视察活动的通知	沙人办发〔2020〕35号
关于开展区十八届人大六次会议代表建议办理工作现场视察的通知	沙人办发〔2020〕36号
关于沙坪坝区2020年城市道路建设推进情况报告的会议纪要	沙人办发〔2020〕37号
关于退役军人安置工作情况会议纪要	沙人办发〔2020〕38号
关于适用认罪认罚从宽制度工作情况报告的纪要	沙人办发〔2020〕39号
关于视察2020年区级重点民生实事办理情况的通知	沙人办发〔2020〕40号
关于调研全流程电子招标工作情况的通知	沙人办发〔2020〕41号
沙坪坝区人大常委会办公室关于召开沙坪坝区第十八届人民代表大会第七次会议和开展会前集中视察的通知	沙人办发〔2020〕42号
沙坪坝区人大常委会关于列席沙坪坝区第十八届人民代大会第七次会议的通知	沙人办发〔2020〕43号
沙坪坝区人大常委会办公室关于妥善解决区镇人大代表换届选举前期调研收集问题的函	沙人办发〔2020〕44号
关于2019年度法治政府建设情况的报告	沙府〔2020〕5号
关于同意2020年安全生产年度监督检查计划的批复	沙府〔2020〕16号
关于设立西盛社区居民委员会的批复	沙府〔2020〕147号
关于同意2021年安全生产年度监督检查计划的批复	沙府〔2020〕185号
关于调整重庆市沙坪坝区食品药品安全委员会成员单位、委员和印发《沙坪坝区食品药品安全委员会工作规则》的通知	沙府办发〔2020〕2号

续表

文件名称	发文字号
关于印发《2020年重点项目及区级重点民生实事名单》的通知	沙府办发〔2020〕7号
关于印发《全区高层建筑消防安全突出问题专项整治工作方案》的通知	沙府办发〔2020〕8号
关于印发《沙坪坝区新型冠状病毒感染的肺炎疫情防控工作方案》的通知	沙府办发〔2020〕9号
关于印发2020年区政府工作目标任务的通知	沙府办发〔2020〕11号
关于调整沙坪坝区新型冠状病毒感染的肺炎疫情防控工作领导小组的通知	沙府办发〔2020〕12号
关于印发《重庆市沙坪坝区人民政府法律顾问工作规则》的通知	沙府办发〔2020〕15号
关于做好《优化营商环境条例》贯彻实施工作的通知	沙府办发〔2020〕16号
关于印发《沙坪坝区有序恢复交通运输秩序工作方案》的通知	沙府办发〔2020〕20号
关于印发《沙坪坝区加强民营经济统计监测工作实施方案（试行）》的通知	沙府办发〔2020〕22号
关于加快推进社会信用体系建设构建以信用为基础的新型监管机制实施意见的通知	沙府办发〔2020〕25号
关于沙坪坝区进一步扩大有效投资的通知	沙府办发〔2020〕28号
关于印发《重庆市沙坪坝区耕地保护责任目标考核办法》的通知	沙府办发〔2020〕29号
关于印发《促进沙坪坝区平台经济规范健康发展的实施意见》的通知	沙府办发〔2020〕37号
关于印发《沙坪坝区绿色生活创建行动实施方案》的通知	沙府办发〔2020〕39号
关于印发《沙坪坝区关于加快5G发展的实施方案》的通知	沙府办发〔2020〕44号
关于印发《重庆市沙坪坝区2020年夏秋季臭氧污染应对攻坚行动方案》的通知	沙府办发〔2020〕46号
关于印发《重庆市沙坪坝区2020年污染防治攻坚行动方案》的通知	沙府办发〔2020〕47号
关于印发《2020年沙坪坝区自然资源文化和历史文化名城保护工作方案》的通知	沙府办发〔2020〕48号
关于印发《沙坪坝区高层建筑消防安全提升计划（2020—2022年）》的通知	沙府办发〔2020〕49号
关于印发《沙坪坝区2020年度地质灾害防治方案》的通知	沙府办发〔2020〕52号
关于印发《沙坪坝区推进养老服务发展实施方案》的通知	沙府办发〔2020〕56号
关于印发《沙坪坝区东部城区道路集中建设攻坚指挥部工作方案》的通知	沙府办发〔2020〕61号
关于印发《沙坪坝区加快发展流通促进商业消费工作方案》的通知	沙府办发〔2020〕65号
关于印发《沙坪坝区禁止活禽交易和宰杀工作方案》的通知	沙府办发〔2020〕66号
关于印发《重庆市沙坪坝区行政规范性文件管理办法》的通知	沙府办发〔2020〕67号
关于印发《沙坪坝区三轮车限行工作方案》的通知	沙府办发〔2020〕69号
关于印发《重庆市沙坪坝区地质灾害防治规划（2020—2023）》的通知	沙府办发〔2020〕70号
关于印发《2020年沙坪坝区污染防治攻坚战目标任务》的通知	沙府办发〔2020〕71号
关于印发《沙坪坝区进一步加强违法建筑整治工作方案》的通知	沙府办发〔2020〕80号
关于印发《重庆市沙坪坝区新型智慧城市建设方案（2020—2022年）》的通知	沙府办发〔2020〕82号
关于转发《高层建筑消防安全突出问题集中整治工作方案》的通知	沙府办发〔2020〕83号
关于扎实做好全区中国社会扶贫网推广应用工作的通知	沙府办发〔2020〕85号
关于印发《2020年沙坪坝区法治政府建设工作要点》的通知	沙府办发〔2020〕90号
关于印发《重庆市沙坪坝区防汛抗旱应急预案》的通知	沙府办发〔2020〕91号
关于印发《沙坪坝区国土绿化提升行动2020年度实施方案》的通知	沙府办发〔2020〕93号
关于转发《重庆市人民政府办公厅关于进一步加强和改进新时代统计工作的通知》的通知	沙府办发〔2020〕96号
关于报送我区获得国家级、市级荣誉称号的通知	沙府办发〔2020〕99号

续表

文件名称	发文字号
关于印发《沙坪坝区深化改革加强食品安全工作方案》的通知	沙府办发〔2020〕104 号
关于贯彻落实《研究处理市人大常委会对法治政府建设工作情况审议意见工作方案》的通知	沙府办发〔2020〕107 号
关于印发《促进 3 岁以下婴幼儿照护服务发展的实施方案》的通知	沙府办发〔2020〕108 号
关于印发《沙坪坝区创建全国计划生育优质服务先进单位实施方案》的通知	沙府办发〔2020〕110 号
关于印发《沙坪坝区历史建筑保护规划利用管理工作方案》的通知	沙府办发〔2020〕111 号
关于印发《重庆市沙坪坝区“绿盾 2020”自然保护地强化监督工作实施方案》的通知	沙府办发〔2020〕112 号
关于印发《长江流域禁捕退捕工作专项行动方案等 5 个方案》的通知	沙府办发〔2020〕113 号
关于印发《重庆市沙坪坝区企业上市工作方案》的通知	沙府办发〔2020〕115 号
关于印发《沙坪坝区创建节水型城市实施方案》的通知	沙府办发〔2020〕123 号
关于印发《沙坪坝区农村乱占耕地建房问题摸排工作实施方案》的通知	沙府办发〔2020〕124 号
关于下达 2020 年度耕地保护责任目标的通知	沙府办发〔2020〕126 号
关于印发《重庆市沙坪坝区天然林保护修复制度实施方案》的通知	沙府办发〔2020〕129 号
关于印发《沙坪坝区进一步激发文化和旅游消费潜力的行动计划》的通知	沙府办发〔2020〕130 号
关于印发《沙坪坝区智慧医疗工作方案（2020—2022 年）》的通知	沙府办发〔2020〕131 号
关于印发《沙坪坝区农村房屋安全隐患排查整治实施方案》的通知	沙府办发〔2020〕132 号
关于印发《重庆市沙坪坝区 2020 年对标国际先进优化营商环境方案》的通知	沙府办发〔2020〕134 号
关于印发《重庆市沙坪坝区 2020 年度粮食安全行政首长责任制考核工作方案》的通知	沙府办发〔2020〕136 号
中共重庆市沙坪坝区政协党组关于履行全面从严治党主体责任的情况报告	沙政协党组文〔2020〕1 号
中共沙坪坝区政协党组关于推荐提任正处级领导职务人选考察对象的报告	沙政协党组文〔2020〕2 号
关于企业复工复产的建议	沙政协党组文〔2020〕3 号
中共沙坪坝区政协党组关于开展 2020 年重点协商、通报、视察、调研、民主评议工作的请示	沙政协党组文〔2020〕4 号
关于召开区政协第十四届第六次会议的请示	沙政协党组文〔2020〕11 号
政协重庆市沙坪坝区委员会关于呈送《关于优化营商环境的建议案》的报告	沙协文〔2020〕1 号
政协重庆市沙坪坝区委员会关于全区政协系统积极参与和支持打赢新冠肺炎疫情防控阻击战的通知	沙协发〔2020〕1 号
政协重庆市沙坪坝区委员会关于印发《政协沙坪坝区委员会常务委员会 2020 年工作要点》的通知	沙协发〔2020〕2 号
政协重庆市沙坪坝区委员会关于印发《政协重庆市沙坪坝区委员会社情民意特邀信息员管理办法（试行）》的通知	沙协发〔2020〕3 号
政协重庆市沙坪坝区委员会关于聘请社情民意特邀信息员的通知	沙协发〔2020〕4 号
政协重庆市沙坪坝区委员会关于印发《政协重庆市沙坪坝区委员会提案质量和提案协商办理质量评议办法（试行）》《政协重庆市沙坪坝区委员会激励委员全流程参与提案协商的办法（试行）》的通知	沙协发〔2020〕5 号
政协重庆市沙坪坝区委员会关于调整区政协各镇街委员组组成人员的通知	沙协发〔2020〕6 号
关于印发《政协重庆市沙坪坝区委员会提案工作条例》的通知	沙协发〔2020〕7 号
政协重庆市沙坪坝区委员会关于《沙坪坝区土主镇撤镇设街道行政区划调整方案》协商意见的复函	沙协发〔2020〕10 号

续表

文件名称	发文字号
区政协机关党组关于成立政治巡察工作领导小组的通知	沙政协机关党组发〔2020〕1号
重庆市沙坪坝区政协机关党组织深化落实全面从严治党主体责任实施细则	沙政协机关党组发〔2020〕2号
政协重庆市沙坪坝区委员会办公室关于成立区政协新型冠状病毒感染的肺炎疫情防控工作领导小组的通知	沙协办发〔2020〕1号
政协沙坪坝区委员会办公室关于转发《政协重庆市委员会关于开展推动成渝地区双城经济圈建设重点履职活动的意见》的通知	沙协办发〔2020〕2号
沙坪坝区政协办公室关于印发《沙坪坝区政协2020年“委员之家”活动方案》的通知	沙协办发〔2020〕4号
政协重庆市沙坪坝区委员会办公室关于印发《沙坪坝区政协2020年重点协商、通报、视察、调研、民主评议计划》的通知	沙协办发〔2020〕6号
政协重庆市沙坪坝区委员会办公室关于印发《区政协各办公室对口联系单位名单》的通知	沙协办发〔2020〕7号
关于印发《重庆市沙坪坝区政协机关公务接待管理办法》的通知	沙协办发〔2020〕8号
关于印发《沙坪坝区政协委员读书活动方案》的通知	沙协办发〔2020〕10号
关于召开政协重庆市沙坪坝区第十四届委员会第六次会议的通知	沙协办发〔2020〕11号

2020年沙坪坝区组织机构及负责人名单

区级党政机关及有关单位

中共沙坪坝区委

书　　记：江涛

副书记：常斌　许宁

区委常委：杨邦维　陶世祥（10月离任）
刘星　蔡道静（女）　蔡焘
朱福荣（7月任职）　陈英（女）
户邑　匡毅（5月离任，任区委一级巡视员）

区委办公室

主　　任：谭顺清

副主任：温庆红（女）　张玺
吴超（4月离任）
曹元一（3月任职）　朱晓村
李喆（女，10月离任）
王玲（女，12月任职）

区委机要局（区密码局）

局　　长：张玺

区委专职密码督查员：孙娟（女，12月离任）

区委保密办（区国家保密局）

主　　任（保密局局长）：张玺

保密委专职副主任：孙娟（女，12月任职）

区档案局

局　　长：温庆红（女）

区档案馆

馆　　长：张俊彪

副馆长：陈永红（女，4月任职）
李传军

区委研究室

主　　任：杨勇刚（9月任职）

副主任：曾丽（女，12月任职）

区战略发展研究中心

主　　任：曾丽（女，12月离任）

沙坪坝区人大常委会

主　　任：赖明才

副主任：何友明（兼区总工会主席）
应平　陈天明　向红（女）
陈忠荣

区人大常委会办公室

主　　任：秦玥珽

副主任：王晓易（9月离任）　郑明春
何才（9月任职）

区人大常委会人事代表工作委员会

主　　任：周利（女）

副主任：秦永生

区人大监察和法制委员会办公室

主　　任：漆鹏

副主任：张涛

区人大财政经济委员会办公室

主　　任：吴涛（女，5月离任）
许兵（5月任职）

副主任：李祯（7月任职）

区人大常委会城乡建设和环境保护工作委员会

主　　任：孟丹（5月离任）
钟曙辉（5月任职）

副主任：周尚维

区人大教育科学文化卫生委员会办公室

主　　任：刘渝红（女）

区人大常委会预算工作委员会

主　　任：钟曙辉（5月离任）
　　　　　刘英兰（9月任职）
副 主 任：谭杨辛（女）　冯阳（女，挂职）

区人大社会建设委员会办公室（区人大常委会信访办）

主　　任：王金亭
副 主 任：周玲（女）

区人大常委会信息中心

主　　任：暂缺

沙坪坝区人民政府

区　　长：常斌
常务副区长：陶世祥（11月离任）
副 区 长：陈登烈　周红玲（女）
　　　　　陈建坪　刘世莉（女）　陈桥
　　　　　代建红

区政府办公室

党组书记：吴加祥
党组成员：杜建民（4月离任）　罗飞
　　　　　何允建　黄浦（11月离任）
　　　　　刘童（12月任职）
　　　　　陈铿（4月离任）　缪旭平
　　　　　张音（5月任职）
主　　任：吴加祥
副 主 任：杜建民（4月离任）　罗飞
　　　　　何允建　黄浦（11月离任）
　　　　　刘童（12月任职）
　　　　　何江泉（兼任）
发展研究中心主任：陆克坚（9月任职）

政协沙坪坝区委员会

主　　席：黎万宏
副 主 席：郭明月　高昶　崔杰　钟树生
　　　　　魏子栋　曾忠　王林
　　　　　丁丽柏（女）
秘 书 长：马英莉（女）
副秘书长：钟小勇

区政协办公室

主　　任：马英莉（女）
副 主 任：刘宁（女）

提案办公室

主　　任：朱晓燕（女，6月离任）
　　　　　杜小平（6月任职）
副 主 任：李芳（女）

文化和联络办公室

主　　任：王小梅（女，9月离任）
副 主 任：朱文奇

经济办公室

主　　任：贾小燕（6月任职）

科教卫体办公室

主　　任：蔡群（女）
副 主 任：高筑（女）

信息研究中心（1月由原信息中心更名）

主　　任：李帙奇

中共沙坪坝区纪委　沙坪坝区监察委员会

区纪委

书　　记：匡毅（5月离任）
　　　　　朱福荣（7月任职）
常务副书记：彭涛（6月离任）
　　　　　胡卫东（11月任职）
副 书 记：胡卫东（11月离任）　邓勇
　　　　　何艺（女，11月任职）
常　　委：雷校置　何艺（女，11月离任）
　　　　　杨刚　谌利　黎宗元
　　　　　周驰（11月任职）

区监委

主　　任：匡毅（7月离任）
　　　　朱福荣（7月任代理主任）
副 主 任：朱福荣（7月任职）
　　　　彭涛（7月离任）　胡卫东
　　　　邓勇　何艺（女，12月任职）
委　　员：雷校置　何艺（女，12月离任）
　　　　杨刚　周驰　王靓

区纪委监委内设机构

办公室主任：王靓
组织部部长：向颖晖（女）
宣传部部长：夏茂（女）
党风政风监督室主任：王冰晶（女）
信访室主任：郭屹（3月离任）
　　　　罗杰（4月任职）
案件监督管理室主任：郑思珂（女，4月任职）
第一监督检查室主任：何晓冬（3月任职）
第二监督检查室主任：牟荣
第三监督检查室主任：郭屹（3月任职）
第四审查调查室主任：张斌
第五审查调查室主任：余波
第六审查调查室主任：沃敏
案件审理室主任：陈亚
纪检监察干部监督室主任：何晓冬（3月离任）
　　　　陈莹（女，12月任职）

区纪委监委派驻机构

区纪委监委驻区委办公室纪检监察组
组　　长：胡红（女，3月离任）
　　　　王娟（女，4月任职）
区纪委监委驻区人大机关纪检监察组
组　　长：黄先宇
区纪委监委驻区政府办公室纪检监察组
组　　长：张音
区纪委监委驻区政协机关纪检监察组
组　　长：罗礼容（女，3月离任）
　　　　彭华军（9月任职）
区纪委监委驻区教委纪检监察组
组　　长：王立川（9月离任）
　　　　刘晓峰（9月任职）
区纪委监委驻区民政局纪检监察组
组　　长：雷萍（女）
区纪委监委驻区国资委纪检监察组（1月由原区纪委监委驻区财政局纪检监察组更名）
组　　长：高腾飞（3月离任）
　　　　邓蓉（女，4月任职）
区纪委监委驻区住房城乡建委纪检监察组
组　　长：李红（女）
区纪委监委驻区城市管理局纪检监察组
组　　长：唐荣川（9月离任）
　　　　王立川（9月任职）
区纪委监委驻区交通局纪检监察组
组　　长：宋红斌
区纪委监委驻区农业农村委纪检监察组
组　　长：任丽梅（女）
区纪委监委驻区卫生健康委纪检监察组
组　　长：张云（女，12月离任）

沙坪坝区监委派出机构

区监察委员会派出第一监察室
主　　任：吴华
区监察委员会派出第二监察室
主　　任：尹向前
区监察委员会派出第三监察室
主　　任：王红（女）
区监察委员会派出第四监察室（7月撤销）
主　　任：张春燕（女，6月离任）
区监察委员会派出第五监察室（7月更名为区监察委员会派出第四监察室）
主　　任：陈启忠（12月离任）
　　　　畅庚（12月任职）

区委各部委及有关单位

区委组织部

部　　长：陈英（女）
常务副部长：陈川
副 部 长：高小余（兼）　姚明（3月离任）
　　刘建华　刘丹（12月离任）
　　黄鑫（3月任职）
部务委员：徐晓明（9月任职）

区委非公有制经济组织和社会组织工作委员会

书　　记：刘建华
副 书 记：朱杰

区公务员局

局　　长：刘丹（12月离任）

区委宣传部

部　　长：户邑
常务副部长：刘望
副 部 长：陈铿（女，9月任职）　沈玲（女）
　　蒋频　李维（女，9月任职）
　　何江（9月离任）

区委统战部

部　　长：蔡道静（女）
常务副部长：江涛峰（女）
副 部 长：喻平（3月离任）　李兴（3月任职）
　　罗安贵（3月离任）　宋文捷（女）
　　雷雪霏（女）　刘珍伟（3月任职）

区台办

主　　任：罗安贵（3月离任）
　　刘珍伟（3月任职）

区侨办

主　　任：罗安贵（4月离任）
　　刘珍伟（4月任职）

区民族宗教委

主　　任：宋文捷（女）

区委政法委

书　　记：杨邦维
常务副书记：冯玲（女）
副 书 记：李勇（挂职，4月任职）　张炜
　　王峰
政治部主任：刘晓峰（9月离任）
　　丁杰（9月任职）

区委网信办

主　　任：袁宇（男，3月任职）
副 主 任：周秋隼

区委编制委员会办公室

主　　任：曾敏（女）
副 主 任：沈东兵（女）　鲁宏

区委直属机关工委

书　　记：邹智莉（女）
副 书 记：田平（女）　唐永强（4月任职）

区委巡察办

主　　任：胡卫东（11月离任）
　　邓勇（11月任职）
副 主 任：李雪丹（女，12月离任）
　　张云（女，12月任职）　张觅
区委巡察组巡察专员：秦纯（女，3月离任）
　　李卫华（女，11月离任）
区委巡察组正处级巡察专员：王晓易（9月任职）
　　唐荣川（9月任职）
　　周驰（11月任职）

区委老干部局

局　　长：高小余
副局长：程梅（女）　张明霞（女）

区委党校（区行政学校、区社会主义学院）

区委党校校长：许宁
区行政学校校长：陶世祥（9月离任）
　　许宁（9月任职）
区社会主义学院院长：周红玲（女）

区委党校党委书记：张大勇（3月离任）
区委党校（区行政学校）党委书记：
姚明（3月任职）
区委党校（区行政学校）党委专职副书记：
姚懿（9月任职）
区委党校（区行政学校）纪委书记：
廖鸿春(女,9月任职）
区委党校党委委员：黄伦宽
区委党校（区行政学校）党委委员：
廖鸿春（女，9月任职）
区委党校常务副校长：张大勇（3月离任）
区委党校（区行政学校）常务副校长：
姚明（3月任职）
区委党校副校长：姚懿（9月离任）
黄伦宽
区行政学校副校长：黄伦宽（9月任职）
夏惠（女，11月任职）
区社会主义学院第一副院长：姚明(3月任职）
区社会主义学院副院长：张大勇（3月离任）
黄伦宽（9月任职）
夏惠（女，11月 任职）

区融媒体中心

党总支书记：蒋频
专职副书记：肖寒（女，9月任职）
主　　任：蒋频
副 主 任 ：黄伟　石芸（女）

区委党史研究室（区地方志编纂中心）

主　　任：陈铿（女，4月任职）
副 主 任 ：陈朝晖　马原（女，4月任职）

区政府各部门及有关单位

区发展改革委（区粮食局）

党组书记：凌健
党组成员：陈鹰（女）　罗杰
曹元一（4月离任）
主　　任：凌健
副 主 任 ：陈鹰（女）　罗杰
曹元一（4月离任）

区粮食局

局　　长：凌健

区教委（区委教育工委）

区委教育工委书记：向斌
区委教育工委专职副书记：江小波
区委教育工委委员：罗天焱
王立川（9月离任）
刘晓峰（9月任职）
袁宇（3月离任）
刘婷婷（女）
李颖（女，5月任职）
主　　任：向斌
副 主 任 ：罗天焱　袁宇（4月离任）
刘婷婷（女）
李颖（女，6月任职）
任洪涛（挂职，1月离任）

区教育考试院

党支部书记：钱小苹（女，1月离任）
邓宏（1月任职）
党支部委员：王红举（1月离任）
王建琼（女）
钱跃（女，1月任职）
院　　长：钱小苹（女，1月离任）
邓宏（1月任职）
副 院 长：王红举（1月离任）　王建琼(女)
钱跃（女，1月任职）

区教师进修学院

党委书记：龚雄飞
党委副书记：李代文
党委委员：余华云　阮刚　陈彦　周波涛

院　　长：龚雄飞
副 院 长：李代文　余华云　阮刚　陈彦
纪委书记：周波涛

区科技局
党组书记：刘鹏
党组成员：黄鑫（4月离任）　吴瑶熙
　　刘瑜（女，5月任职）
　　嘎永（女，1月离任，挂职）
局　　长：马骁
副 局 长：黄鑫（4月离任）　吴瑶熙
　　刘瑜（女，5月任职）
　　嘎永（女，1月离任，挂职）

区经济信息委
党委书记：黄隆波
党委委员：彭华军（9月离任）
　　司文欣(10月任职)
　　康乐(9月任职，挂职)
　　青洋(4月任职)　朱斌
　　刘魁萍（女）
　　龙婧怡(女，4月任职)
　　梁益铭(9月任职)
　　肖光平（女，3月离任）
主　　任：黄隆波
副 主 任：彭华军（9月离任）
　　康乐(9月任职，挂职)
　　朱斌　刘魁萍（女）
　　梁益铭(11月任职)

区民政局
党委书记：邓朝霞（女，3月任职）
　　廖建生(3月离任)
党委副书记：刘斌
党委委员：雷萍（女，5月任职）
　　黄淞
局　　长：邓朝霞（女，4月）
　　贾小燕(4月离任)
副 局 长：刘斌　黄淞
　　胡雯娟（女，11月任职）

区司法局
党组书记：姚力莉（女）
党组成员：梁鲲（9月离任）　何云（女）
　　王永刚（9月任职）
局　　长：姚力莉（女）
副 局 长：梁鲲（9月离任）
　　王永刚（9月任职）
政治部主任：何云（女）

区财政局
党组书记：张磊
党组成员：许兵（4月离任）　朱鸿斌
　　高腾飞（2月离任）　卢霖
　　柏琳（女，5月任职）
局　　长：张磊
副 局 长：许兵（4月离任）　朱鸿斌
　　卢霖　柏琳（女，5月任职）

区人力社保局
党委书记：王凡
党委副书记：朱莉（女）
党委委员：刘新民
　　曹娜(女，4月任职，11月离任)
　　窦嘉（女，11月任职）
　　陈泓锟（4月任职）
　　任德均　何为(女)
局　　长：王凡
副 局 长：朱莉（女）　任洪涛（1月任职）
　　何为（女）

区社会保险事务中心
主　　任：刘新民
副 主 任：曹娜（女，11月离任）
　　窦嘉（女，11月任职）

陈泓锟　陈晓飞（5 月任职）

区就业和人才中心

主　　任：任德均

区生态环境局

党组书记：徐国轩

党组成员：杨晓敏（女）　潘力旌

景小凤（女，3 月任职）

局　　长：徐国轩

副 局 长：王清武 (4 月离任）

屈强（3 月离任）

冯卫东(3月任职）　杨晓敏(女）

景小凤（女，4 月任职）

生态环境保护综合行政执法支队

支 队 长：潘力旌

区住房城乡建委

党委书记：李海 (3 月任职）

李兴（3 月离任）

党委委员：张继雄　严斌

张德权（3 月离任）

徐贵书(女）　李红(女,5月任职）

杨宁佳　聂勇

主　　任：李海（5 月任职）

李兴（5 月离任）

副 主 任：张继雄　严斌

张德权（4 月离任）

徐贵书（女，5 月离任）　聂勇

区房屋征收中心 (1 月原区东部城市改造开发服务中心并入）

党委书记：徐贵书（女，12 月任职）

党委专职副书记：杨宁佳（12 月任职）

主　　任：徐贵书（女，5 月任职）

杨宁佳（5 月离任）

副 主 任：屈青平（5 月任职）

王微（5 月任职）

区住房保障中心（5 月成立）

党委书记：张震（12 月任职）

主　　任：张震（5 月任职）

区城管局

党委书记：黄亚琼（女）

党委委员：唐荣川（9 月离任）

贺文　唐春忠

高腾飞（2 月任职）　陈卓

李伟霞（女，4 月任职）

局　　长：黄亚琼（女）

副 局 长：贺文　唐春忠

冯卫东（3 月离任）

高腾飞（3 月任职）

区城市管理综合行政执法支队

党委书记：陈卓

党委副书记：李伟霞（女，4 月任职）

支 队 长：陈卓

政　　委：李伟霞（女，4 月任职）

区交通局

党委书记：雷厉风（3 月离任）

张玉林（3 月任职）

党委委员：王峻峰(11 月离任）　赵雪梅(女）

宋智杰（3 月离任）

宋红斌（5 月任职）

局　　长：雷厉风（5 月离任）

张玉林（5 月任职）

副 局 长：王峻峰（12 月离任）　刘燕翔

赵雪梅（女）

区农委（区委农工委）

党委书记：傅国义

党委专职副书记：孟英彪

党委委员：任丽梅（女，5 月任职）

程同海（4 月任职）　李祝平

余胜

主　　任：傅国义

副 主 任：李祝平　李涛（女）　余胜

　　　　程同海（4月任职）

区商务委

党委书记：何怀东

党委副书记：徐玮

党委委员：徐玮　徐思华

主　　任：何怀东

副 主 任：徐玮　徐思华　邱勇

区文化旅游委

党委书记：单大国

副 书 记：王小云（女）

党委委员：陈禹（女，9月离任）　杨里

　　　　蔡渝滨　魏熙（12月任职）

主　　任：单大国

副 主 任：王小云（女）　杨里

　　　　程琼梅（女）

区文化市场综合行政执法支队

政　　委：魏熙（12月任职）

队　　长：蔡渝滨

区歌乐山旅游景区事务中心（1月由原区歌乐山风景区保护开发办公室更名，机构调整为正科级）

主　　任：陈禹（女，9月离任）

区卫生健康委

党委书记：吴大君

党委副书记：陶惠（女）

党委委员：张云（12月离任）　黎军

　　　　陈世泽（4月离任）

　　　　余显军　魏运清（4月任职）

主　　任：吴大君

副 主 任：陶惠（女）　陈世泽（4月离任）

　　　　余显军　魏运清（4月任职）

区退役军人事务局

党组书记：周德华（4月任职）

　　　　万天武（4月离任）

局　　长：周德华（4月任职）

　　　　万天武（4月离任）

党组成员：简哨兵（女）　王中委

　　　　何凯贝（女）（9月任职）

　　　　陈嵩圣　罗健（女）　陈阳

副 局 长：王中委　陈阳

区军队离休退休干部服务管理中心

党委书记：简哨兵（女，4月任职）

专职副书记：何凯贝（女，9月任职）

纪委书记：李雪丹（12月任职）

主　　任：简哨兵（女）

副 主 任：陈嵩圣　罗建（女）

　　　　刘元胜（3月任职）

区应急局(区应急管理局党组10月改为党委)

党组（党委）书记：周会锡（4月离任）

　　　　　　　　文刚（4月任职）

党组成员（党委委员）：夏良才　卢远川

　　　　　　　　　　杨达

　　　　　　　　　　张晓（5月任职）

局　　长：周会锡（4月离任）

　　　　文刚（4月任职）

副 局 长：夏良才　卢远川　熊春蓉（女）

政治部主任：杨达

执法支队支队长：张晓（5月任职）

区审计局

党组书记：赵卫红（女）

党组成员：林国勇（4月离任）

　　　　李卫华（女，10月任职）

　　　　王敏（女）　谭毅

　　　　李缇（女，4月任职）

局　　长：赵卫红（女）

副 局 长：林国勇（4月离任）　廖承东

谭毅　李缇（女，4月任职）

纪检组长：李卫华（女，10月任职）

经责联席办主任：王敏（女）

区政府外办

党组书记：缪旭平（女）

主　　任：缪旭平（女）

副主任：邱凤雅（女）

区国资委

党委书记：高彦淳（女）

党委委员：陈雄飞 苟晓敏（女）

邓蓉（女，4月任职）

主　　任：高彦淳（女）

副主任：陈雄飞

区国资中心

主　　任：苟晓敏（女）

区体育局

党组书记：黄华东

党组成员：封元晓佳（女，4月任职）

徐思华（12月任职）

局　　长：黄华东

副局长：徐思华（12月任职）

封元晓佳（女，7月任职）

蔡群（女，3月离任）

区统计局

党组书记：冉渝南

党组成员：郑梅（女，9月离任）

韩莹莹（女）　郑茂（3月任职）

张荣（9月任职）

局　　长：冉渝南

副局长：郑梅（女，9月离任）

韩莹莹（女）

郑茂（4月任职）

张荣（9月任职）

区医保局

党组书记：朱晋伟

党组成员：李永华　王砚脉（女，10月任职）

局　　长：朱晋伟

副局长：李永华

区医保中心

主　　任：王砚脉（女，10月任职）

区机关事务局

党组书记：文 群（女）

党组成员：马先超　张国竟（女，9月任职）

局　　长：文群（女）

副局长：马先超　张国竟（女，9月任职）

区信访办

党组书记：何江泉

党组成员：张兴怀　吴冬云

主　　任：何江泉

副主任：张兴怀　奚秀丽（女）　吴冬云

区物流办

党组书记：李波

主　　任：边维慧

副主任：李建华（女，9月任职）

区人民防空办

党组书记：关越（3月离任）

雷厉风（3月任职）

党组成员：朱平 毛斌（4月任职）

主　　任：关越（3月离任）

雷厉风（3月任职）

副主任：朱平　毛斌（4月任职）

区政务服务办（区公共资源交易监督管理局）

党组书记：兰新宇

党组成员：窦嘉（女，10月离任）

李卫红（女）　何东（12月离任）

李姜鹏（女，12月任职）

主　　任：兰新宇

副主任：窦嘉（女，11月离任）

何东

区公共资源交易中心

主　　任：李卫红（女）

西部新城管委会

党工委书记：陈英（女）

党工委常务副书记：雷勃

党工委委员：周伦（3月离任）　李代林

　　　　　　韩蕾笑（女，6月任职）

主　　任：陈英（女）

常务副主任：雷勃

副 主 任：周伦（离任）　李代林

　　　　　韩蕾笑（女，6月任职）

国际物流枢纽管委会

党委书记：代建红

党委委员：管利（女，9月离任）

　　　　　李建华（女，9月离任）

主　　任：代建红

副 主 任：管利（女，9月离任）

　　　　　李建华（女，9月离任）

三峡广场商圈管委会

党工委书记：崔杰

党工委常务副书记：曾斌

党工委委员：吕勇　王伟

主　　任：崔杰

常务副主任：曾斌

副 主 任：吕勇　王伟

磁器口古镇管委会

党委书记：陈登烈

党委副书记：犹元波　李海（4月离任）

　　　　　　吴超（4月任职）

党委委员：犹元波　杨枫　李海（4月离任）

　　　　　吴超（4月任职）

主　　任：陈登烈

常务副主任：犹元波

副 主 任：杨枫　李海（4月离任）

　　　　　吴超（4月任职）

西站管委会

党委书记：周德华（4月离任）

　　　　　雷发全（5月任职）

党委委员：赵庆　吴刚

主　　任：周德华（4月离任）

　　　　　雷发全（5月任职）

副 主 任：赵庆　吴刚

城投公司

党委书记：漆晓强（2021年1月18日免职）

党委副书记：颜华辉（2021年3月29日免职）

　　　　　　孙策兵（2021年3月29日免职）

纪委书记：朱俊余

党委委员：崔巨光

　　　　　方可钰（2021年3月29日免职）

　　　　　胡廷波（2021年3月29日免职）

　　　　　朱俊余　杨婷（女）　李立之

董事长：漆晓强（2021年1月18日免职）

总经理：颜华辉（2021年3月29日免职）

监事会主席：孙策兵（2021年3月29日免职）

副总经理：崔巨光

　　　　　方可钰（2021年3月29日免职）

　　　　　胡廷波（2021年3月29日免职）

　　　　　杨婷（女）　李立之

国际物流枢纽公司

党委书记：罗书权

副 书 记：谷永红　刘晟

纪委书记：顾志建

党委委员：陈兵　顾志建　韩超

　　　　　孙东方（女）　汪兰芳（女）

董 事 长：罗书权

总 经 理：谷永红

监事会主席：刘晟

副总经理：陈兵　韩超　孙东方（女）

汪兰芳（女）

王冰丹（女，挂职，10月任职）

三级资深经理：张培林　管利（女，9月任职）

四级资深经理：刘平

重庆铁路口岸物流开发有限责任公司

董 事 长 ：罗书权

总 经 理 ：谷永红

工投公司

党委书记：黄翔（1月离任）

党委副书记：赵秀（女）

纪委书记：熊蓉（女，5月任职）

党委委员：姜学军

王砚脉（女，12月离任）　姚川

邹智强　罗会永（5月任职）

董 事 长 ：黄翔（1月离任）

总 经 理 ：赵秀（女）

监事会主席：池福兵

副总经理：姜学军

王砚脉（女,12月离任）　姚川

邹智强　罗会永（5月任职）

祥安公司

党委副书记：陈义　林国勇（4月任职）

党委委员：吴兵（女）　祁善悦　彭峰

张清

总 经 理 ：陈义

监事会主席：林国勇（4月任职）

副总经理：吴兵（女）　祁善悦　彭峰

纪委书记：张清

工会主席：林国勇（4月任职）

房地产公司

党委书记：左杰

党委副书记：左杰 付骏

纪委书记：张礼琴（女）

党委委员：王静（女）　侯跃　张礼琴（女）

总 经 理 ：左杰

监事会主席：付骏

副总经理：王静（女）　侯跃

三级资深经理：叶全强

区征地事务中心

党组书记：魏毅

党组成员：石磊　田超　邹莉（女）

青洋（5月离任）

主　　任：魏毅

副 主 任：石磊　邹莉（女）　青洋（5月离任）

区土储中心

主　　任：田超

区地方志办（1月并入区委党史研究室）

主　　任：陈铿（女，4月离任）

副 主 任 ：陈永红（女，4月离任）

区供销社

党委书记：王勇

党委委员：周建华（女，4月离任）

刘华吉（4月离任）

欧泽章（9月离任）

陈禹（女，9月任职）

主　　任：王勇

副 主 任 ：周建华（女，4月离任）

欧泽章（9月离任）

陈禹（女，9月任职）

殷玉辉（女）

区重公指

指 挥 长 ：陈登烈

副指挥长：雷厉风（3月离任）

张玉林（3月任职）　宋智杰

法院　检察院　公安分局

区法院

党组书记：鲜亚勇

党组成员：刘李美（女）　黄赋强

曹京平（女）　吴健　王东友

院　　长：鲜亚勇

副 院 长：曾康　刘李美（女）　黄赋强

政治部主任：曹京平（女）

纪检组组长：吴健

执行局局长：王东友

专职审判委员会委员：杨飞雪（女）

向槐青

区检察院

党组书记：陈宏

纪检组长：周万红

党组成员：周子衡（10 月离任）　任耀东

吴娟（女）　周万红

张平（女，4 月任职）

检 察 长：陈宏

副检察长：周子衡（10 月离任）

任耀东　吴娟（女）

政治部主任：张平（女，4 月任职）

检察委员会专职委员：钱学敏（女）　朱军

区公安分局

党委书记：陈建坪

党委副书记：龙庆

党委委员：徐愚　陆浩波　李康　李丹

龙四海　王佳映　袁辉伟

局　　长：陈建坪

政　　委：龙庆

副 局 长：徐愚　陆浩波　李康　李丹

政治处主任：龙四海

纪委书记：王佳映

民主党派　工商联　群团

民革区委会

主任委员：钟树生（兼职）

副主任委员：杨玉华（女）　任洪涛（兼职）

廖成群（女，兼职）

王敏（兼职，12 月离任）

陈联（女，兼职，12 月离任）

颜春龙（兼职，12 月任职）

刘敏（女，兼职，12 月任职）

民盟区委会

主任委员：王林（兼职）

副主任委员：杨隽（女，专职）

付文升(兼职)　郑明春(兼职)

殷和素（女，兼职）

赵会明(兼职)　陈泽军(兼职)

民建区委会

主任委员：丁丽柏（女，兼职）

副主任委员：余琼（女，兼职）

边维慧（兼职）

贾小燕(兼职)　周孝华(兼职)

祖权（兼职）

民进区委会

主任委员：刘红斌（女，兼职）

副主任委员: 张希希(兼职)　王鉴辉(兼职)

田鹰（兼职）　钟代笛（兼职）

熊迪（女，兼职）

农工党区委会

主任委员：周红玲（女，兼职）

副主任委员：田盈（兼职）　黄林（女）

段黎明（兼职）

彭静（女，兼职）

赖利（女，兼职）

致公党区委会

主任委员：曾忠（兼职）

副主任委员：王缙（专职）　曹华盛（兼职）

谭杨辛（女，兼职）

呙坤宏（兼职）

九三学社区委会

主任委员：魏子栋（兼职）

副主任委员：夏惠（女，1—11 月专职，11 月转为兼职）　贺一（兼职）　赵良举（兼职）　曾康（兼职）　朱光俊（女，兼职）

区工商联

党组书记：喻平（4 月离任）　李兴（4 月任职）

党组成员：唐晓东　甘玉梅（女）

主　　席：刘俊

常务副主席：喻平（4 月离任）　李兴（4 月任职）

副主席：唐晓东　甘玉梅（女）　谭冲（兼职）　张兴明（兼职）　郑光华（兼职）　陈恳（兼职）　曹兴贵（兼职）　钟辉（兼职）　吴银剑（兼职）　谢连伟（兼职）　吴松泽（兼职）　彭承义（兼职）　王昌渝（兼职）　唐伦胜（兼职）　徐小平（兼职）　徐晓琴（女，兼职）　陈艇（兼职）　邓晓红（女，兼职）　彭卿（女，兼职）　唐仕川（兼职）

秘 书 长：黄勤（女）

区总工会

主　　席：何友明

党组书记：朱正

常务副主席：朱正

副 主 席：梁绍庆　连雪花（女，3 月离任）　胡红（女，3 月任职）　李迎新（挂职）　陈智（挂职）　谭俊贤（兼职，9 月离任）　苟洪（兼职，9 月任职）

经费审查委员会主任：连雪花（女，3 月离任）　胡红（女，3 月任职）

团区委

书　　记：赖红宇（女，9 月离任）　李喆（女，土家族，10 月任职）

副 书 记：黄夷（女）　余张铤　朱汉君（挂职）　陈思亮（兼职，2 月离任）　娄琴（女，兼职）

区妇联

党组书记：张目（女）

党组成员：王晨阳（女）　韦晏（女，4 月离任）　周晴（女，4 月任职）

主　　席：张目（女）

副 主 席：王晨阳（女）　韦晏（女，4 月离任）　周晴（女，4 月任职）　彭揽月（女，挂职，7 月离任）　牟荫（女，挂职）　雷长碧（女，兼职）　安淳（女，兼职）　杨春敏（女，兼职）

区科协

主　　席：向丽华（女）

副 主 席：黄儒剑

区社科联

主　　席：徐晓川

区文联

党组书记：黄峥（女）

主　　席：许世虎（兼）

专职副主席：谢乐曦（女）

副主席（兼职）：刘清泉　黄作林　张礼仁　龙红　王家成　徐赤　赵倩（女）　李析力

区侨联

主　　席：李茜（女）

副 主 席：韦晏（女，5 月任职）

夏冬（女，兼职，11 月离任）
童平（兼职，11 月离任）
周希瑗（女，兼职，11 月离任）
朱莉（女，兼职）
杨春敏（女，兼职）
陈 铿（女，兼职）
汪文洋（兼职）
夏金星（兼职，11 月任职）
涂小林（兼职，11 月任职）
黄威林（兼职） 蔡开勇（兼职）

区残联

党组书记：唐明跃
党组成员：钱卫（女，3 月离任）
罗小华（女，3 月任职）
理 事 长：唐明跃
副理事长：钱卫（女，5 月离任）
罗小华（女，5 月任职）

区红十字会

会 长：周红玲（女，兼职）
副 会 长：余琼（女） 卢霖（兼职）
杨达（兼职） 袁宇（兼职）

区计生协

会 长：周红玲（女）
常务副会长：陶惠（女，3 月任职）
副 会 长：邱杰（女，兼职，5 月任职）
吴宁（女，兼职，5 月任职）
李连辉（兼职，5 月任职）
甘雨耕（兼职，5 月任职）

市属有关单位

区规划和自然资源局

党组书记：李青
纪检组长：刘家麟
党组成员：李青 宋立 邓华 刘源
刘家麟 李颢 沈艳丽（女）
刘红雨（女，12 月离任）
施丽（女）
局 长：李青
副 局 长：宋立 邓华 刘源 李颢
沈艳丽（女） 施丽（女）

区规划和自然资源局执法支队

支队长：张小兵（10 月任职）

区规划和自然资源局事务中心

主 任：刘红雨（女，12 月离任）
宋小川（12 月任职）

区市场监管局

党组书记：梁晚益
党组副书记：龚繁（女，12 月离任）
党组成员：刘清梵（10 月离任）
刘仁万（10 月离任） 周志坚
龙嘉（10 月离任）
张立红（女，10 月离任）
郭光映（10 月离任） 陈东池
张望（10 月离任）
孟云（10 月离任）
陈彬（12 月离任） 魏斌
林丽（女，12 月任职）
贺张（12 月任职）
徐新朋（12 月任职）
机关党委书记：龚繁（女，12 月离任）
纪检组长：陈彬（12 月离任）
徐新朋（12 月任职）
局 长：梁晚益
副 局 长：龚繁（女，12 月离任）
刘清梵（10 月离任）
刘仁万（10 月离任） 周志坚
龙嘉（10 月离任）
张立红（女，10 月离任）
郭光映（10 月离任） 陈东池

张望（10月离任）
孟云（10月离任）
魏斌　林丽（女，12月任职）
贺张（12月任职）

区市场监管综合行政执法支队
支 队 长：龙嘉（3月任职，10月离任）

区知识产权局
局　　长：梁晚益

区食品药品安全委员会办公室
主　　任：梁晚益

区税务局

党委书记：宋敬波
党委副书记：杨桥
纪检组长：刘睿
党委委员：宋晋湘　张晓燕　邓义　朱庆
刘英兰（女，10月离任）
张天民　周莉（女）
王洪宇（女，11月任职）
杨卫东（9月离任）　任渝航
张剑锋　刘睿
局　　长：宋敬波
副 局 长：杨桥　宋晋湘　张晓燕　邓义
朱庆　刘英兰（女，10月离任）
张天民　周莉（女）
王洪宇（女，11月任职）
杨卫东（9月离任）
总经济师：任渝航
总会计师：张剑锋

区气象局

党组书记：童曦（女，3月离任）
刘飞（3月任职）
党组成员：李光武（11月离任）
龙显琼（女，11月任职）
局　　长：童曦（女，3月离任）
刘飞（3月任职）
副 局 长：李光武（11月离任）
龙显琼（女，11月任职）

区烟草专卖局

党组书记：邱先勋
纪检组长：李海洋
局　　长：邱先勋
经　　理：邱先勋
副 经 理：彭立新
副 局 长：喻跃明

区消防救援支队

党委书记：游先军（10月离任）
李海波（10月任职）
党委副书记：段云华
纪委书记：肖东明（10月任职）
党委委员：张润林　董生文
文培俊（10月任职）
肖东明（10月任职）　江南（女）
支 队 长：段云华
政治委员：游先军（10月离任）
李海波（10月任职）
副支队长：张润林　董生文
文培俊（10月任职）
副政治委员：肖东明（10月任职）
政治部主任：江南（女）

区邮政分公司

党委书记：雷春
纪委书记：罗斌
总 经 理：雷春
副总经理：罗斌　李道军

不动产登记中心

党支部书记：肖华
主　　任：肖华

镇　街道

青木关镇

党委书记：梁善能

党委副书记：张玉林（4 月离任）
董丁（4 月任职）

党委专职副书记：无

纪委书记：普赵宏

组织委员：刘利（女）

宣传委员：杜素英（女）

统战委员：杜素英（女）

政法书记：张鉴

党委委员：古德伦　普赵宏　刘利（女）
杜素英（女）　黄春梅（女）
张冬　张鉴　苟明剑（9 月离任）
吴明佼（9 月任职）

镇　　长：张玉林（4 月离任）
董丁（5 月任职）

副 镇 长：张冬　黄春梅（女）
苟明剑（9 月离任）
吴明佼（9 月任职）

人大主席：古德伦

人大专职副主席：巫学瑛（女）

武装部长：苟明剑（9 月离任）
吴明佼（9 月任职）

凤凰镇

党委书记：谭静涛

党委副书记：司文欣（10 月离任）
黄浦 (10 月任职）

党委专职副书记：孙平（女）

纪委书记：周幸福

组织委员：陈清亮

宣传委员：冯先永（女）

统战委员：冯先永（女）

政法书记：张明安

党委委员：杜小平（4 月离任）
陈安素（女，9 月离任）
何江（9 月任职）　孙平（女）
张明安　吴志渝　甘国正
李盛（9 月任职）　周幸福
陈清亮　冯先永（女）

镇　　长：司文欣（10 月离任）
黄浦（11 月任职）

副 镇 长：吴志渝　甘国正
陈安素（女，9 月离任）
李盛（11 月任职）　刘伟

人大主席：何江（11 月任职）

武装部长：甘国正

回龙坝镇

党委书记：梁杰

党委副书记：冯政

党委专职副书记：黎英（女，9 月离任）
陈安素（女，9 月任职）

纪委书记：黎德明（3 月离任）
蔡春柳（女，4 月任职）

组织委员：吴轲

宣传委员：卢莉娟（女）

统战委员：卢莉娟（女）

政法书记：丁杰（9 月离任）

政法委员：何波（9 月任职）

党委委员：张成勇　黎德明（3 月离任）
邱杰（女）　卢莉娟（女）
吴轲　刘强　吴杰（9 月离任）
丁杰（9 月离任）
蔡春柳（女，4 月任职）
何波（9 月任职）
罗征（11 月任职）　陈安素（女）

镇　　长：冯政

副镇长：邱杰（女）　刘强
蔡春柳（女，5月离任）
吴杰（9月离任）
阳成（5月任职）
罗征（12月任职）
人大主席：张成勇
武装部长：吴杰（9月离任）
罗征（11月任职）

土主镇

党委书记：姚永霞（女）
党委副书记：黄鸿彬
党委专职副书记：胡兴刚（3月离任）
苟明剑（9月任职）
纪委书记：刘谋鑫（4月离任）
付胜（9月任职）
组织委员：高媛（女）
宣传委员：郭雪莲（女）
统战委员：郭雪莲（女）
政法书记：王伟
党委委员：江峰桥　张翊
冯春丽（女，9月离任）　王伟
刘谋鑫（4月离任）
郭雪莲（女）　高媛（女）
方伟　付胜（9月任职）
姚澜（9月任职）
镇　长：黄鸿彬
副镇长：徐伦　张翊
冯春丽（女，9月离任）
方伟　姚澜（9月任职）
人大主席：江峰桥
人大副主席：胡兴刚（3月提名离任）
郭雪莲（女，9月任职）
武装部长：方伟

中梁镇

党委书记：梁小丹
党委副书记：李茂松
党委专职副书记：文翋
纪委书记：朱富华
组织委员：王娟（女，4月离任）
宣传委员：廖丽佳（女）
统战委员：廖丽佳（女）
政法书记：万梅（女）
党委委员：冉永忠　万梅（女）　朱富华
廖丽佳（女）
王娟（女，4月离任）
程同海（4月离任）
鲁江（4月任职）
镇　长：李茂松
副镇长：万梅（女）　罗剑
程同海（6月离任）
鲁江（6月任职）
人大主席：冉永忠
人大副主席：廖丽佳（女）
武装部长：程同海（5月离任）
鲁江（5月任职）

曾家镇

党委书记：傅岗（女）
党委副书记：简宗玲（女，11月离任）
张苏（11月任职）
党委专职副书记：邓文清（女）
宣传委员：谭胜（6月任职）
统战委员：谭胜（6月任职）
政法书记：郑洪强
纪委书记：吴文木
组织委员：王桂兰（女）
党委委员：彭洪（女）　郑洪强　陈登林
吴文木　周晓科　王桂兰（女）
张云明　谭胜
人大主席：彭洪（女）
人大副主席：王桂兰（女）

镇　　长：简宗玲（女，11 月离任）
张苏（11 月任职）
副 镇 长：陈登林　周晓科　郭铭华
张云明
武装部长：周晓科

覃家岗街道

党工委书记：钟文
党工委副书记：高丽娇（女）
潘杰（3 月任职）
罗小华（女，3 月离任）
纪工委书记：向桂琴（女）
宣传委员：魏熙（12 月离任）
统战委员：魏熙（12 月离任）
政法书记：秦湛毅
党工委委员：刘春彦（3 月任职）　梁君（女）
黄河（3 月任职）
秦湛毅　向桂琴（女）
刘霏（3 月任职）
魏熙（12 月离任）
李忠田（3 月离任）
董丁（3 月离任）
办事处主任：高丽娇（女）
办事处副主任：梁君（女）　黄河（4 月任职）
秦湛毅　刘霏（4 月任职）
董丁（4 月离任）
潘杰（4 月离任）
人大工委主任：刘春彦（4 月任职）
李忠田（5 月离任）
人大工委副主任：魏熙（12 月离任）
武装部长：刘霏（4 月任职）　潘杰（4 月离任）

渝碚路街道

党工委书记：王卫国
党委副书记：夏林（5 月离任）
谭森（9 月任职）
党委专职副书记：李静（女）
纪工委书记：熊晓瑜（女）
宣传委员：吴宁（女）
统战委员：吴宁（女）
政法书记：樊川
党工委委员：陈洪彪　陈松涛　李朝洪
胡子琳（女，9 月离任）
樊川　熊晓瑜（女）　吴宁（女）
吴俣（9 月任职）
王文（挂职，12 月离任）
主　　任：夏林（5 月离任）
谭森（9 月任职）
副 主 任：陈松涛　李朝洪　樊川
胡子琳（女，9 月离任）
吴俣（9 月任职）
王文（挂职，12 月离任）
人大工委主任：陈洪彪
武装部长：樊川

沙坪坝街道

党工委书记：罗小璐（女）
党工委副书记：李晓峰　刘洪
纪工委书记：肖潇
宣传委员：唐永强（5 月离任）
戚小峰（9 月任职）
统战委员：唐永强（5 月离任）
戚小峰（9 月任职）
政法书记：张志勇
党工委委员：罗小璐（女）　屈红（女）
肖潇　李晓峰　阳志安
张志勇　刘洪
何凯贝（女，10 月离任）
戚小峰　陈静（女，4 月离任）
唐永强（5 月离任）
刘芸帼（9 月任职）
办事处主任：李晓峰
办事处副主任：阳志安　张志勇

何凯贝（女，10月离任）
陈静（女）
刘芸帼（9月任职）

人大工委主任：屈红（女）

武装部长：何凯贝（女，10月离任）
刘芸帼（9月任职）

小龙坎街道

党工委书记：刘中

党工委副书记：陈饶

党工委专职副书记：郑欣（女）

纪工委书记：罗荣

宣传委员：傅林（女）

统战委员：傅林（女）

政法书记：冯小彪

党工委委员：刘芮熙（女）
段文敏（女，12月离任）
冯小彪　廖宗集　罗荣
傅林（女）

办事处主任：陈饶

办事处副主任：段文敏（女，12月离任）
冯小彪　廖宗集

人大工委主任：刘芮熙（女）

武装部长：冯小彪

天星桥街道

党工委书记：董克明

党工委副书记：杨利（女，9月离任）
黄伟（9月任职）
谭森（9月离任）
胡子琳（女，9月任职）

纪工委书记：何艺（女）

宣传委员：雷蕾（女，10月离任）
唐怡（女，10月任职）

统战委员：雷蕾（女，10月离任）
唐怡（女，10月任职）

政法书记：李海庭

党工委委员：刘贻（女）　万树元
李海庭　关翊　何艺（女）
刘晓勇

办事处主任：杨利（女，9月离任）
黄伟（9月任职）

办事处副主任：万树元　李海庭　关翊
刘晓勇

人大工委主任：刘贻（女）

人大工委副主任：雷蕾（女，12月离任）
唐怡（女，12月任职）

武装部长：刘晓勇

土湾街道

党工委书记：潘吉刚（9月任职）
周仁义（9月离任）

党工委副书记：谭宏秋　陈正容（女）

纪工委书记：崔勇维（9月任职）
郑红（9月离任）

宣传委员：高巧（女）

统战委员：高巧（女）

政法书记：董文渊

党工委委员：潘吉刚（9月任职）
周仁义（9月离任）
谭宏秋　谭树祥　陈正容（女）
陈广安　张宗华　高巧（女）
董文渊　崔勇维（9月任职）
郑红（女，9月离任）

主　　任：谭宏秋

副 主 任：陈广安　张宗华　董文渊

人大工委主任：谭树祥

人大工委副主任：高巧（女）

武装部长：陈广安

新桥街道

党工委书记：曾佑明

党工委副书记：青宇　陈静（女）
纪工委书记：邹黎
宣传委员：徐仕艳（女）
统战委员：徐仕艳（女）
政法书记：王坤
党工委委员：屈强　王坤　徐仕艳（女）
　　唐丹（女）　封传悦（女）
　　邹黎
办事处主任：青宇
副 主 任：王坤　唐丹（女）　封传悦（女）
人大工委主任：屈强
人大工委副主任：徐仕艳（女）
武装部长：王坤

双碑街道

党工委书记：袁昌伦
党工委副书记：朱林
党工委专职副书记：杨晓（女）
纪工委书记：陈奕（4月离任）　许强
宣传委员：胡晓（女，9月任职）
统战委员：胡晓（女，9月任职）
政法书记：刘智勇
党工委委员：张静（女）　许强　刘智勇
　　田婕（女）　陈献中
　　胡晓（女，9月任职）
办事处主任：朱林
办事处副主任：刘智勇　田婕（女）
　　陈献中
人大工委主任：张静（女）
人大工委副主任：胡晓（女，9月任职）
武装部长：陈献中

石井坡街道

党工委书记：邓朝霞（女，3月离任）
　　杨利（女，9月任职）
党工委副书记：季钢　曾玲（女）
纪工委书记：明国建(12月离任)
宣传委员：古英（女）
统战委员：古英（女）
政法书记：秦宝骏
党工委委员：胡中应　明国建(12月离任)
　　秦宝骏　黄河（3月离任）
　　古英(女)　陈静(女,3月任职)
　　李连辉
办事处主任：季钢
办事处副主任：秦宝骏　黄河（4月离任）
　　陈静（女，4月任职）
　　李连辉
人大工委主任：胡中应
人大工委副主任：古英（女）
武装部长：李连辉

童家桥街道

党工委书记：张路春
党工委副书记：卿斌文　饶庆（女）
纪工委书记：辛陶（女）
宣传委员：姜毅（4月任职）
统战委员：姜毅（4月任职）
政法书记：易吉生
党工委委员：冉茂琴（女）　易吉生
　　汪雷　辛陶（女）
　　张琴（女）　姜毅（4月任职）
办事处主任：卿斌文
办事处副主任：易吉生　汪雷　张琴（女）
人大工委主任：冉茂琴（女）
武装部长：汪雷

磁器口街道

党工委书记：犹元波
党工委副书记：李海（4月离任）
　　陈维薇（女）
　　吴超（4月任职）

纪工委书记：许前华
宣传委员：王瑞（女）
统战委员：王瑞（女）
政法书记：韩丙振
党工委委员：李海（4月离任）　倪晓红（女）
陈维薇（女）　许前华
李维（女，9月离任）
喻海军　韩丙振　王瑞（女）
吴超（4月任职）
伏戴鑫（11月任职）
办事处主任：李海（4月离任）
吴超（4月任职）
办事处副主任：李维（女，9月离任）
喻海军　韩丙振
伏戴鑫（11月任职）
人大工委主任：倪晓红（女）
人大工委副主任：王瑞（女）
武装部长：喻海军

山洞街道

党工委书记：王晶（女）
党工委副书记：杜建民（4月任职）
纪工委书记：周斌（12月任职）
刘芸帼（8月离任）
组织委员：邓联国
宣传委员：李凌云（女）
统战委员：李凌云（女）
政法书记：刘政伟
党工委委员：魏贵文　李凌云（女）
刘政伟　邓联国
刘芸帼（8月离任）
周斌（12月任职）
办事处主任：杜建民（4月任职）
办事处副主任：李凌云（女）　刘政伟
邓联国
人大工委主任：魏贵文
武装部长：刘政伟

歌乐山街道

党工委书记：唐述华
党工委副书记：舒伟　傅华
纪工委书记：刘珍伟（3月离任）
张望（9月任职）
组织委员：廖鸿春（女，9月离任）
宣传委员：胡艳惠（女）
统战委员：胡艳惠（女）
政法书记：刘霏（3月离任）
陈奕（3月任职）
党工委委员：张祖平　王成有
胡春田（12月离任）
唐良菡（女，4月离任）
刘珍伟（3月离任）
刘霏（3月离任）
廖鸿春（女，9月离任）
胡艳惠（女）　张望（9月任职）
办事处主任：舒伟
副主任：王成有　胡春田
唐良菡（女，4月离任）　杨韧
周俊清（3月任职）
人大工委主任：张祖平
人大工委副主任：胡艳惠（女）
武装部长：王成有

井口街道

党工委书记：黄可欣（女）
党工委副书记：李骥　王琨
纪工委书记：刘代林（3月离任）
胡勇（9月任职）
宣传委员：郭强
统战委员：郭强
政法书记：侯勇

党工委委员：梁鲲（9月任职）
胥世海（9月离任）
刘春彦（4月离任）
刘代林（3月离任）
郑雄龙　江艳（女）　郭强
侯勇　胡勇（9月任职）
徐晔（女，9月任职）
办事处主任：李骥
办事处副主任：胥世海（9月离任）
郑雄龙　江艳（女）
王廷全
徐晔（女，9月任职）
人大工委主任：刘春彦（4月离任）
梁鲲（9月任职）
武装部长：郑雄龙

陈家桥街道

党工委书记：文刚(4月离任)
夏林（4月任职）
党工委副书记：屈强（2月任职）　谭山川
纪工委书记：田时君（女，9月离任）
冯春丽（女，9月任职）
宣传委员：杨梅（女，9月离任）
罗颖（女，9月任职）
统战委员：杨梅（女，9月离任）
罗颖（女，9月任职）
政法书记：刘常亮
党工委委员：曾兴容（女）　袁朝兵
冯春丽（女，9月任职）
刘常亮　吴杰（9月任职）
甘雨耕　罗颖（女，9月任职）
陈晓凤（女，9月离任）
田时君（女，9月离任）
杨梅（女，9月离任）
办事处主任：屈强（2月任职）
办事处副主任：袁朝兵　刘常亮
吴杰（9月任职）　甘雨耕
陈晓凤（女，9月离任）
人大工委主任：曾兴容（女）
武装部长：刘常亮

联芳街道

党工委书记：冉茂华
党工委副书记：吴应辉　游小军
纪工委书记：陈皞
宣传委员：何庆兰（女）
统战委员：何庆兰（女）
政法书记：陈彦如（女，3月任职）
许强（3月离任）
党工委成员：姜君豪（女）　陈远涛
张英（女）　何庆兰（女）
陈皞　陈彦如（女，3月任职）
许强（3月离任）
武装部长：陈远涛
办事处主任：吴应辉
办事处副主任：陈远涛　张英（女）
陈彦如（女，4月任职）
许强（4月离任）
人大工委主任：姜君豪（女）

丰文街道

党工委书记：王泳
党工委副书记：潘吉刚（9月离任）
陈玲（女）
纪工委书记：李盛（9月离任）
杨梅（女，9月任职）
宣传委员：岑远凤（女）
统战委员：岑远凤（女）
政法书记：归胜利
党工委委员：彭立彬　范均（女）
岑远凤（女）　任明强

李盛（9月离任）
杨梅（女，9月任职）
归胜利
办事处主任：潘吉刚（9月离任）
办事处副主任：范均（女） 任明强
归胜利
人大工委主任：彭立彬
人大工委副主任：岑远凤（女）
武装部长：任明强

西永街道

党工委书记：马永红
党工委副书记：黄洪
党工委专职副书记：唐振东
纪工委书记：暂缺
组织委员：彭妮（女）
宣传委员：陈斌
统战委员：陈斌（6月离任）
李其源（6月任职）
政法书记：王厚国（7月任职）
党工委委员：谢珍华（女） 翁德莉（女）
左登福 陈云 何薇（女）
王厚国（7月任职）
办事处主任：黄洪
办事处副主任：翁德莉（女） 左登福
陈云 何薇（女）
人大工委主任：谢珍华（女）
武装部部长：暂缺

虎溪街道

党工委书记：刘涛
党工委副书记：漆光歆（11月离任）
胡玲（女）
纪工委书记：胡玲（女）
组织委员：刘庆江（7月离任）
郑宇（女，7月任职）
宣传委员：陆俊晓（女）
统战委员：陆俊晓（女，7月离任）
刑元振（7月任职）
政法书记：王信超
党工委委员：曾治明 胡玲（女）
徐伦琪（女） 周训才
王信超 刘庆江 肖玥（女）
陆俊晓（女）
刑元振（7月任职）
郑宇（女，7月任职）
办事处主任：漆光歆（11月离任）
办事处副主任：徐伦琪（女） 周训才
王信超 肖玥（女）
人大工委主任：曾治明
武装部长：刘庆江

香炉山街道

党工委书记：周祥永
党工委副书记：王韵 杨黎（女）
组织委员：何欢（女）
宣传委员：刘巧（女，2020年6月任职）
统战委员：张旋（2020年7月任职）
政法书记：唐贵志
党工委委员：杜清容（女） 唐贵志
柏萍（女） 李文梁 何欢（女）
办事处主任：王韵
办事处副主任：唐贵志 柏萍（女）
李文梁
人大工委主任：杜清容（女）
人大工委副主任：何欢（女）
武装部长：李文梁

索 引

A

B

C

D

E

F

G

H

J

K

L

M

N

P

Q

R

S

T

W

X

Y

Z